Die Auswirkungen der Badenischen Sprachenverordnungen von 1897 auf die deutsche und tschechische Bevölkerung des historischen Egerlandes

von

Esther Neblich

Tectum Verlag
Marburg 2002

Die Arbeit wurde im Jahr 2001 von der Philosophischen Fakultät III
- Geschichte, Gesellschaft und Geographie - der Universität Regensburg
als Dissertation angenommen.

Die Deutsche Bibliothek - CIP-Einheitsaufnahme

Neblich, Esther:
Die Auswirkungen der Badenischen Sprachenverordnungen von 1897 auf die deutsche
und tschechische Bevölkerung des historischen Egerlandes
/ von Esther Neblich
- Marburg : Tectum Verlag, 2002
Zugl: Regensburg, Univ. Diss. 2001
ISBN 978-3-8288-8356-7

© Tectum Verlag

Tectum Verlag
Marburg 2002

INHALTSVERZEICHNIS

1. EINLEITUNG 7
2. DER DEUTSCHE UND TSCHECHISCHE SPRACHENGEBRAUCH IM HISTORISCHEN EGERLAND ENDE DES 19. JAHRHUNDERTS BIS ZU DEN BADENISCHEN SPRACHENVERORDNUNGEN VON 1897.. 15

2.1. Die Ausgleichsbemühungen mit der tschechischen Nation bis zur Ausgleichskonferenz 1890 15
2.1.1. Die Fundamentalartikel des Ministeriums Hohenwart-Schäffle 15
2.1.1.1. Das Landesgesetz von 1873 18
2.1.2. Taaffe und Stremayr 19
2.1.3. Die Zwischenzeit von 1880 bis 1890 21
2.1.3.1. Das Linzer Programm 1882 21
2.1.4. Die Ausgleichsverhandlungen von 1890 22
2.1.5. Das Kabinett Windischgrätz 24
2.1.6. Badenis Regierungsanfang 25
2.1.6.1. Die planmäßige administrative Slawisierung ab 1897 31

3. DIE POLITISCHEN GRUPPIERUNGEN DER DEUTSCHEN UND TSCHECHEN ALS TRÄGER NATIONAL-SPRACHLICHER FORDERUNGEN 33

3.1. Die deutschen Parteien und politischen Vereine 33
3.1.1. Auffassung von Gleichberechtigung auf deutscher und tschechischer Seite 33
3.1.2. Die Deutsche Fortschrittspartei 34
3.1.3. Die deutschen konfessionellen Parteien 35
3.1.3.1. Die Christlichsozialen und die Katholische Volkspartei 35
3.1.4. Der Pangermanismus 37
3.1.5. Portraits der wichtigsten Politiker Ende des 19. Jahrhunderts 37
3.1.5.1. Georg Schönerer 37
3.1.5.2. Karel Kramář 40
3.1.5.3. Karl Iro 41
3.1.5.4. Ernst Bareuther 41

3.2. Die tschechischen Parteien 42
3.2.1. Das politische Heranwachsen der Jungtschechen 42
3.2.2. Alt- und Jungtschechen am Ende des 19. Jahrhunderts 47
3.2.2.1. Die tschechische und deutsche Auffassung vom böhmischen Staatsrecht 48
3.2.3. Andere tschechische Parteien 49
3.2.4. Die tschechische Sozialdemokratie 50

4. DER AUSBRUCH DER NATIONALEN GEGENSÄTZE IM HISTORISCHEN EGERLAND 1897 55

4.1. Die wirtschaftliche Lage in den deutschen Gebieten Böhmens in den 80er und 90er Jahren des 19. Jahrhunderts 55
4.2. Das Wahljahr 1897 56

4.2.1. Der Wahlkampf zu Beginn des Jahres 1897 56
4.3. Nationale Konflikte der Jahre 1896/97 vor Publikation der Badenischen Sprachenverordnungen 63
4.4. Die Badenischen Sprachenverordnungen 64
4.4.1. Gerüchte um neue Sprachenverordnungen im Vorfeld 64
4.4.2. Der erste Sturm der Entrüstung nach der Publikation der Sprachenverordnungen 67
4.4.3. Die Proteste der Deutschböhmen vom Mai 1897 bis zum Egerer Volkstag
   am 11. Juli 1897 78
4.4.4. Der Egerer Volkstag am 11. Juli 1897 106
4.4.4.1. Die Vorbereitungen im Juni 1897 106
4.4.4.2. Die abschließenden Vorbereitungen im Juli 1897 108
4.4.4.3. Der Vorabend des Volkstages 110
4.4.4.4. Der Egerer Volkstag 110
4.4.4.5. Das gerichtliche Nachspiel des Egerer Volkstages 113
4.4.4.6. Die literarische Verarbeitung des Egerer Volkstages 119
4.4.4.7. Die Reaktionen der Bevölkerung nach dem Egerer Volkstag 121
4.4.5. Die Folgen des Egerer Volkstages für das öffentliche Leben im Sommer und
   Herbst 1897 bis zur Wiedereröffnung des Reichsrates und der Lex Falkenhayn 122
4.4.6. Die Lösungsversuche der Regierung Badeni und die Reaktion der Bevölkerung 139
4.4.6.1. Die Ausgleichskonferenz im Juli 1897 139
4.4.7. Die Lex Falkenhayn und ihre Auswirkungen 164
4.4.7.1. Die Lex Falkenhayn und die Krawalle in Eger als Reaktion 164
4.4.7.2. Badenis Absetzung 168
4.4.8. Die Aktivitäten zu Jahresende 1897 173
4.4.8.1. Der Akademikertag am 29. Dezember 1897 in Eger 179

5. DAS JAHR 1898 187
**5.1. Die Fortführung des Nationalitätenkampfes der deutschen Bevölkerung
und Politiker gegen die Tschechen Deutschböhmens 187**
5.2. Die Veröffentlichung neuer Sprachenverordnungen unter Gautsch und Thun ... 200
5.2.1. Die Ausarbeitung neuer Sprachenverordnungen unter Ministerpräsident *Gautsch* 200
5.2.1.1. Die Fortführung des Widerstandes gegen die neuen Sprachenverordnungen 200
5.2.2. Der Versuch eines Neubeginns unter Thun-Hohenstein 203
5.2.2.1. Die Demission des Ministeriums Gautsch 203
5.2.2.2. Thun-Hohensteins Regierungsbeginn 203
5.2.2.3. Die Weiterführung des Nationalitätenkampfes gegen die Tschechen 205
5.2.2.4. Die veränderte Obstruktionstaktik der deutschen Parteien im Reichsrat 215
5.2.2.5. Thuns Regierungsarbeit mittels Notstandsverordnungen und deren
   Auswirkungen auf das öffentliche Leben in Deutschböhmen 220
5.2.2.6. Die vorübergehende Aufgabe der Obstruktion seitens der deutschen Parteien 239
5.2.2.6.1. Die Verabschiedung eines Teiles des Ausgleichspaketes mit Ungarn 239
5.2.2.6.2. Das Scheitern der Anklageerhebung gegen Badeni 243

6. DAS JAHR 1899 247
6.1. Fortsetzung der Obstruktion der deutschen Parteien und des Boykotts 247
6.2. Das Brünner Nationalitätenprogramm 256
**6.3. Die Protestwelle nach Verabschiedung des Ausgleiches mit Ungarn und der
Steueranhebungen durch die Notstandsgesetzgebung 261**

6.3.1. Das Veteranenfest am 3. September 1899 in Eger 269
6.4. Die Abschaffung der Sprachenverordnungen unter Clary-Aldringen....................271
6.4.1. Thuns Rücktritt und die Aufhebung der Sprachenverordnungen......................271
6.4.2. Die Reaktionen der deutschen und tschechischen Bevölkerung auf die
Aufhebung der Sprachenverordnungen 272
6.5. Ausblick nach dem Jahr 1899..276

7. SCHLUßBETRACHTUNG 279

8. ANHANG..289
8.1. Die Sprachenverordnungen der Jahre 1897 bis 1899 289
8.1.1. Die Sprachenverordnungen für Böhmen vom 5. April 1897 289
8.1.2. Die Gautschen Sprachenverordnungen 293
8.1.3. Die Clary-Aldringschen Sprachenverordnungen vom 14. Oktober 1899 297
8.2. Statistiken...298
8.2.1. Bevölkerung Böhmens 298
8.3. Ortsverzeichnis 302

9. LITERATURVERZEICHNIS..307
9.1. Primärquellen 307
9.2. Sekundärliteraturverzeichnis..308

10. ABBILDUNGSVERZEICHNIS 313

11. ABKÜRZUNGSVERZEICHNIS 313

12. PERSONENREGISTER 313

1. Einleitung

Im Zeichen der beginnenden Annäherung zwischen Deutschen und Tschechen nicht nur auf politischer Basis, sondern auch im Rahmen des wirtschaftlichen und kulturellen Austausches, rückt die Frage in das Bewußtsein, in welchen Ursachen die schwierigen Beziehungen beider Nationalitäten wurzeln und in welchem zeitlichen Rahmen der Konflikt begann. Gemeinhin steht die Zeit des Nationalsozialismus mit der darauffolgenden Vertreibung der deutschstämmigen Bevölkerung aus der Tschechoslowakei im Vordergrund der allgemeinen Diskussion. Dabei wird jedoch von außen her übersehen, daß die Konflikte zwischen Deutschen und Tschechen wesentlich länger währen und latent vorhanden waren, teils sichtbar, teils eher unterschwellig. Bis zur Revolution im Jahr 1848 funktionierte das Zusammenleben relativ problemlos, man lebte bis dahin miteinander, danach im aufkeimenden Zeitalter des Nationalismus eher nebeneinander, aber immer noch friedlich, ohne sich gegenseitig in irgendeiner Weise national zu benachteiligen.

Die vorliegende Arbeit beschäftigt sich mit dem Ausbruch der offenen Feindschaft zwischen Deutschen und Tschechen im deutschsprachigen Teil Böhmens Ende des 19. Jahrhunderts. Im Vordergrund stehen die Badenischen Sprachenverordnungen, welche den schwelenden Konflikten zum Ausbruch verhalfen. Ziel der Arbeit ist es, die Folgen der Sprachenverordnungen für die Bevölkerung Deutschböhmens, den Staat Österreich aufzuzeigen und Möglichkeiten zu erläutern, daß der sprachliche Konflikt durchaus lösbar gewesen wäre, wenn der Wille hierfür vorhanden gewesen wäre. Für die Einführung der tschechischen Amtssprache gab es stichhaltige Argumente, allerdings muß dabei beachtet werden, daß sie in ganz Böhmen, also auch im deutschsprachigen Teil, wenig Sinn ergab, denn der tschechische Bevölkerungsanteil war äußerst gering. Mit mehr Rücksicht auf die örtlichen Gegebenheiten wäre die Staatskrise der Jahre 1897 bis 1899 zu vermeiden gewesen, zumal die Deutschen in den tschechischen und gemischten Gebieten die tschechische Amtssprache ohne weiteres akzeptiert hätten.

Vorrangig wird das Verhalten der deutschen Bevölkerung, d.h. der ansässigen Bürger, der Abgeordneten der Wahlkreise, hierbei vorrangig die des Egerer und Ascher Kreises, und der Lokalpolitiker, zudem das Verhalten der Regierungsbeamten und -stellen, im Egerer- und Ascher Bezirk, teilweise unter Einschluß anderer Bezirke, wie Pilsen, untersucht. Herausgestellt wird vornehmlich, daß die deutschradikalen Kräfte um Georg Schönerer fast alle Bürger in ihren Bann zogen und keine andere Meinung duldeten. Ebenso wird aufgezeigt, daß gemäßigte Stimmen, die durchaus vorhanden waren und für eine Einigung mit Regierung und Tschechen stimmten, keine Chance hatten, gehört zu werden. Die Radikalen unter Schönerer, seinen Parteigenossen und Anhängern hatten im Untersuchungsgebiet die Mehrheit der Öffentlichkeit unter Kontrolle und übten mehr oder minder Terror auf die Bevölkerung aus, sich ihren Forderungen anzuschließen, obwohl es dieser Gruppe nicht um Ausgleich oder Einigung mit der tschechischen Nationalität oder der jeweils amtierenden Wiener Regierung ging, sondern nur um gewaltsame Ausschreitungen, „Säuberung" Deutschböhmens von allem Tschechischen, Durchsetzung ihrer irrealen Forderung nach der deutschen Staatssprache und Anschluß an das Deutsche Kaiserreich.

Der Untersuchungszeitraum von 1897 bis 1899 beinhaltet drei markante Ereignisse: die Badenischen Sprachenverordnungen vom 5. April 1897, die Gautschen Verordnungen vom 24. Februar 1898 und die Clary-Aldringschen Sprachenverordnungen vom 17. Oktober 1899, welche die Badenischen aufhoben. Anhand dieser Verordnungen wird die Reaktion der deutschen und tschechischen Bevölkerung aufgezeigt, die sich Mitte des Jahres 1898 eigentlich beruhigt hätte, aber durch die Radikalen weiter in Aufregung gehalten wurde. Nach Aufhebung der Sprachenverordnungen verlief der Alltag im Egerer- und Ascher Bezirk wesentlich ruhiger, denn die tschechischen Mitbewohner waren zu diesem Zeitpunkt weitgehend in andere Gebiete gezogen.

Thematisch konzentriert sich die Darstellung auf die Auswirkungen der Badenischen Sprachenverordnungen auf die deutsche und tschechische Bevölkerung der Jahre 1897 bis 1899, zudem ihre Wirkung auf die Innenpolitik Cisleithaniens. Herausgearbeitet werden die direkten Folgen für die Bevölkerung vor Ort, wie sie diese empfanden, welche Einschränkungen und Auswirkungen sie zu erdulden hatte, auf welche Art und Weise sie die politische Arbeit der Politiker aller Couleur beeinflußte und wie die Radikalnationalen die Sprachenverordnungen für Krawallinszenierungen benutzten. Hierbei zeigen sich v.a. die Konsequenzen für die tschechische Minderheit im Egerer- und Ascher Gebiet, sowohl für den Bürger, als auch für Regierungsbeamte. Die Sprachenverordnungen wirkten sich fast augenblicklich auf die Innenpolitik aus. Die innenpolitische Krise der Jahre 1897 bis 1899 wird dargestellt, während derer die Sprachenverordnungen, wenn auch in unterschiedlichen Interpretationen, die Staatsmaschinerie zum Stehen brachten und sämtliche dringend notwendigen Reformen, wirtschaftliche und soziale Gesetzespakete verhinderten.

Der Ursprung der Gegensätze zwischen der deutschen und tschechischen Nationalität in Böhmen liegen im Beginn der Sonderstellung des Egerlandes seit der Verpfändung im Jahr 1322. Der volkstümliche Landschaftsbegriff „Egerland", welcher das Untersuchungsgebiet der Arbeit darstellt, umfaßte das ganze westliche Böhmen bis Karlsbad und bis an die deutsch-tschechische Sprachgrenze bei Pilsen, Mittelböhmen, also den Großteil des damaligen Regierungsbezirkes Eger.[1] Im Vordergrund steht die sprachliche Entwicklung, d.h. der Gebrauch der tschechischen und deutschen Sprache in Deutschböhmen und deren Förderung bzw. Restriktion. Die Verpfändung war das entscheidende Ereignis im Mittelalter, denn auf diese bezogen sich immer wieder die Politiker während des Sprachenstreites. Die Verpfändung funktionierte den Egerer und Ascher Kreis zu einem besonderen juristischen Gebiet um und sanktionierte die Unabhängigkeit von Böhmen.[2] Weitere Einschnitte stellen die Schlacht am Weißen Berg dar, nach der Böhmen in das Herrschaftsgebiet der Habsburger eingegliedert wurde.[3] Nach der erneuerten Landordnung von 1627 galten jedoch noch immer die Privilegien, die Ferdinand versprach zu achten, wie die Unabhängigkeit der Stände. Er erklärte u.a. den alleinigen Gebrauch der tschechischen Sprache für nichtig.[4] Anschließend folgt die Pragmatische Sanktion, welche die gewährleisteten Privilegien ausdrücklich respektierte. 1721 stimmte der Egerer Landtag der Pragmatischen Sanktion zu, allerdings

---

[1] Sturm: Bayern und Eger seit dem Beginn des 19. Jahrhunderts, Fußnote Nr. 13, S. 114
[2] Bosl: Oberpfalz und Egerland im Spannungsfeld der internationalen Politik, S. 147 ff
[3] Wellner: Beiträge zur Geschichte des böhmischen Staatsrechtes, S. 2
[4] Wellner: Beiträge zur Geschichte des böhmischen Staatsrechtes, S. 7

unter dem staatsrechtlichen Vorbehalt der Integrität der Reichspfandschaft.[5] Unter Maria Theresia und Joseph II. setzte die allmähliche Einschränkung der alten Rechte ein und die administrative Zentralisierung. Der böhmische Landtag versank in der Bedeutungslosigkeit, als ihm das Recht der Steuerbewilligung entzogen wurde.[6] Entscheidend für das Erwachen des tschechischen Nationalbewußtseins war die Einführung der deutschen Sprache als allgemein verbindliche Amtssprache durch Joseph II., die er unter dem Aspekt der Nützlichkeit einführte, denn sie sollte seinen Zentralisierungsbestrebungen entscheidenden Vorschub leisten. Allerdings bedeutete dies nicht die Unterdrückung der tschechischen Landessprache, denn an den Schulen wurde weiterhin Tschechisch gelehrt. Wichtig war die Josephinische Gerichtsordnung, welche die landesübliche Sprache als Verhandlungssprache festsetzte.[7]

Die Revolution der Jahre 1848/49 stellte den entscheidenden Einschnitt im deutschtschechischen Verhältnis dar. Während dieser Zeit erwachte das tschechische Nationalbewußtsein vollends, v.a. durch den Einfluß František Palackýs, der einen Entwurf zur Regelung der Nationalitätenfrage vorlegte. Danach begannen beide Nationalitäten sich langsam voneinander abzusondern. Zu Beginn der Revolution fanden noch gemeinsame Veranstaltungen statt, die im Laufe der Zeit immer mehr in deutsche und tschechische Kundgebungen getrennt wurden.[8] Die Ära Bach stand im Zeichen der Unterdrückung aller politischer Aktivitäten, Schwarzenberg versuchte, alle autonomen administrativen Bestrebungen zu beseitigen, der böhmische Landtag hatte nur noch rein beratende Funktion, denn alle Macht lag beim Statthalter.[9]

Der Ausgleich von 1867 enttäuschte die Hoffnungen der tschechischen Politiker, in eine Trias miteingebunden zu werden, die auch in der Tschechischen Deklaration von 1868 Ausdruck fand. Lediglich Artikel 19 der Dezemberverfassung garantierte das Recht auf Wahrung der Nationalität. Ab dem Jahr 1867 wurde das Auseinanderdividieren beider Nationalitäten in Böhmen immer deutlicher, erste Tschechisierungsversuche setzten ein, die sich im Zusatz tschechischer Bezeichnungen äußerten. Beide Volksstämme lebten allerdings noch immer friedlich nebeneinander.[10] Ab den 60er Jahren wurden immer mehr deutsche und tschechische Vereine zur Wahrung und Pflege der eigenen Nationalität gegründet.[11] Die Fundamentalartikel des Ministeriums Hohenwart-Schäffle versuchte den Weg zu bahnen, damit Böhmen dem Ausgleich beitreten konnte.[12] Von Seiten der Regierung wollte man sich der tschechischen Nationalität annähern, was in der Ausgleichskonferenz von 1890 gipfelte, doch schließlich scheiterte. Nach deren Mißerfolg setzten sich Trennungstendenzen beider Nationalitäten weiter fort und erreichten einen ersten Höhepunkt im Fall „Cilli", als die Deutschen durch die Errichtung einer slowenischen Parallelklasse an der Schule in Cilli ihr Deutschtum bedroht sahen. Die Badenischen Sprachenverordnungen des Jahres 1897 setzten dann das Signal für das gewaltsame Auseinanderdriften beider Volksstämme in Böhmen.

---

[5] Bosl: Oberpfalz und Egerland im Spannungsfeld der internationalen Politik, S. 154
[6] Plaschka: Das böhmische Staatsrecht, S.10
[7] Prinz: Die böhmischen Länder von 1848 bis 1914, S. 18
[8] Křen: Die Konfliktgemeinschaft. Tschechen und Deutsche 1780 - 1918, S. 91
[9] Prinz: Die böhmischen Länder von 1848 bis 1914, S. 59
[10] Hantsch: Die Nationalitätenfrage im alten Österreich, S. 56
[11] Křen: Die Konfliktgemeinschaft. Tschechen und Deutsche 1780 - 1918, S. 92
[12] Bernatzik: Die österreichischen Verfassungsgesetze, S. 1098 f.

Das dritte Kapitel befaßt sich mit den politischen Gruppierungen der Deutschen und Tschechen und ihrer Auffassung von Gleichberechtigung. Hierbei werden Parteien und Vereine betrachtet, die wichtigsten Organisationen und Politiker vorgestellt. Ab den 60er Jahren des 19. Jahrhunderts fügten sich die Parteien fester zusammen und entwickelten eigene Parteiprogramme. Diejenigen, welche für den Untersuchungszeitraum von Bedeutung sind, werden genauer vorgestellt, sowie ihre wichtigsten politischen Köpfe. Auf deutscher Seite tritt besonders die Radikalisierung des deutschen Gedankengutes hervor, auf tschechischer Seite die Trennung der jungtschechischen Fraktion von der alttschechischen. Ebenso nimmt der etwas diffuse Begriff des böhmischen Staatsrechtes, der sehr weit interpretiert werden kann, an Bedeutung bei den Jungtschechen zu. Die Durchsetzung des böhmischen Staatsrechtes, so weit wie möglich, war das vorrangige politische Ziel der Jungtschechen in den 90er Jahren.

Die Abschnitte vier bis sechs der Arbeit beschäftigen sich intensiv mit den Ereignissen der Jahre 1897, 1898 und 1899.

Das Jahr 1897 stand zu Beginn im Zeichen des Wahlkampfes und der veränderten Reichsratszusammensetzung. Höhepunkt war der Erlaß der Badenischen Sprachenverordnungen mit ihren Konsequenzen für Bevölkerung und Innenpolitik. Die Einführung der tschechischen Amtssprache, die das Kernstück der Verordnungen darstellte, löste einen Schrei der Empörung bei den Deutschböhmen aus und hatte die sofortige Obstruktion aller deutschen Parteien, mit Ausnahme der Klerikalen, zur Folge. Hiermit wurde der Gang der Staatsgeschäfte auf parlamentarische Weise unmöglich gemacht und die jeweilige Regierung wußte sich nur mit der Notstandsgesetzgebung, also kaiserlichen Verordnungen, zu helfen. Die wichtigsten Ereignisse des Jahres 1897 stellen der Egerer Volkstag, die Lex Falkenhayn, Badenis Absetzung und der Akademikertag in Eger dar. Zudem begann die Vertreibung der tschechischen Mitbewohner durch Kündigung des Arbeitsplatzes und der Wohnung.

Zu Beginn des Jahres 1898 wurden die Badenischen Sprachenverordnungen durch das Übergangsministerium Gautsch überarbeitet, die nun drei Verwaltungseinheiten für Böhmen vorsahen. So wurden die Bestimmungen der vorherigen Verordnung abgemildert, aber nicht die Aufregung in der Bevölkerung, die immer latent vorhanden war. Die großen Krawallexzesse zogen sich vom Ende des Jahres 1897 bis zu Beginn des Jahres 1898 hin, was in der Ausrufung des Stadtrechtes in Prag und dem Verbot des Tragens von nationalen Abzeichen gipfelte. Im weiteren Verlauf des Jahres beruhigte sich die Bevölkerung, aber die Kündigungswelle ging weiter. Ziel der Radikalnationalen war es, alle Tschechen aus den deutschen Gebieten zu vertreiben. Gemäßigte Stimmen hatten in dieser Phase keine Chance, gehört zu werden, denn die Radikalen hatten alles und jeden fest im Griff. Wer sich nicht deren Willen fügte, bekam ihren Terror zu spüren, wie die Berichte der Bezirkshauptmannschaft Eger immer wieder belegen. Im Jahr 1898 kam die Staatsmaschinerie völlig zum Erliegen und die Ausgleichsverhandlungen mit Ungarn, die dringend erledigt werden mußten, stockten immer wieder. Schließlich wurde ein Teil des Ausgleiches Ende 1898 per Notstandsverordnung verabschiedet, was wieder eine Welle des Protestes nach sich zog.

Das Jahr 1899 läßt sich durch den vorrangigen Protest gegen die Verabschiedung eines Teils des Ausgleiches, welche die Anhebung einiger Verbrauchssteuern zur Folge hatte, charakterisieren. Die Sprachenverordnungen verschwanden nicht aus dem Bewußtsein der Öffentlichkeit, nahmen aber nicht mehr den beherrschenden Platz ein. Im

Oktober wurde Ministerpräsident Thun durch Clary-Aldringen[13] ersetzt, der wenig später nach seinem Amtsantritt die Badenischen und Gautschen Sprachenverordnungen zurückzog.

Im Anhang befindet sich ein Ortsverzeichnis, das deutsch - tschechisch angelegt ist und fast alle Orte deutscher Bezeichnung beinhaltet, die in der Arbeit genannt werden. Hierbei wird auf das „Ortslexikon der böhmischen Länder" von Heribert Sturm zurückgegriffen. Allerdings können einige kleine Dörfer nicht mehr eindeutig identifiziert werden bzw. sind nicht aufgelistet. Zudem sind Statistiken über die Bevölkerungsstruktur des untersuchten Zeitraumes und späterer Jahre vorhanden.

Forschungsstand und Quellenlage

Fundierte Studien über die Badenischen Sprachenverordnungen, die sich speziell mit ihren Auswirkungen auf das Land Böhmen und dort mit den deutschsprachigen Gebieten beschäftigen, existieren nicht. Berthold Sutter befaßte sich 1960 mit den Sprachenverordnungen, beschränkte sich jedoch auf die innerösterreichischen Alpenländer. Die meisten Darstellungen konzentrieren sich auf die Zeit des Nationalsozialismus und der Zwischenkriegszeit. Forschungsarbeiten des Zeitraumes vom Ende des 19. Jahrhunderts bis zum Ausbruch des Ersten Weltkrieges sind vielfach vorhanden, jedoch unter Ausklammerung der Ereignisse nach Veröffentlichung der Sprachenverordnungen. Diese Arbeiten betrachten die Vorkommnisse aus dem Blickwinkel der Obrigkeit, also des Kaisers und der Regierenden. Der Nationalitätenkonflikt wird zwar ausführlich diskutiert, allerdings nur aus dieser Warte. Sozialpolitische Betrachtungen über die Konsequenzen der Verordnungen für die ansässige Bevölkerung existieren nicht. Lediglich eine Ausstellung des Adalbert Stifter Vereines München in der „Ostdeutschen Galerie" in Regensburg vom 30. August bis zum 18. Oktober 1998 thematisierte den Nationalitäten- und Sprachenkonflikt zwischen Deutschen und Tschechen in Karikaturen verschiedener Zeitungen und Zeitschriften auf der Ebene des Alltagsgeschehens zwischen deutschen und tschechischen Bürgern, vereinzelt wurden Politiker mit einbezogen. Der Zeitraum umschloß die Jahre 1848 bis 1948. Einige Bilder des Ausstellungskataloges werden auch in der vorliegenden Arbeit verwendet.

Das Sujet der Sprachenfrage wurde in einigen Darstellungen bearbeitet, diese datieren jedoch aus der Zeit vor dem Zweiten Weltkrieg, teilweise noch vor Ausbruch des Ersten Weltkrieges. Thema ist meist die juristische Auslegung der verschiedenen Verordnungen. Hierbei ist die Darstellung Alfred Fischls „Das österreichische Sprachenrecht" sehr nützlich, ebenso „Das Nationalitätenrecht nach der Verfassung von 1867" von Karl Gottfried Hugelmann. Die Reihe „Die Habsburgermonarchie", herausgegeben von Adam Wandruszka und Peter Urbanitsch liefert wertvolle Informationen rund um die Verwaltung und das Sprachenproblem in Böhmen. Die Badenischen Sprachenverordnungen werden nur allgemein behandelt.

Heribert Sturm beschäftigte sich als einziger Autor näher mit der Zeit von 1897 in Form eines Aufsatzes über den Egerer Volkstag, der in den „Mitteilungen des Vereins für vogtländische Geschichte und Altertumskunde zu Plauen" veröffentlicht wurde. In seinem Werk „Eger. Geschichte einer Reichsstadt" befaßt er sich überblicksmäßig mit

---

[13] Eigentl. Clary und Aldringen, wird jedoch in der Literatur sehr oft mit Bindestrich geschrieben. Anm. d. Verf.

den Auswirkungen der Verordnungen auf die Bevölkerung des Regierungsbezirkes Eger.

Mehrere Einzelaufsätze nehmen sich der speziellen Aspekte der Problematik in Böhmen an. Auffallend an vielen Arbeiten rund um die Sprachen- und Nationalitätenproblematik in Böhmen und Österreich ist das Veröffentlichungsdatum. In der jüngsten Zeit rückte dieses Thema kaum in das Forschungsinteresse. Hannelore Burgers Arbeit „Sprachenrecht und Sprachengerechtigkeit im österreichischen Unterrichtswesen 1867 - 1918" ist eine der wenigen neueren Darstellungen dieses diffizilen Punktes. Sie untersucht speziell die Sprachenfrage im Schulwesen.

Einige tschechische Autoren befassen sich mit der Zusammenarbeit zwischen Tschechen und Deutschen zur Zeit der Revolution von 1848/49, wie A. Klíma in seinem Werk" Češi a Němci v revoluci 1848 - 1849" (Tschechen und Deutsche in der Revolution 1848 - 1849). V. Der Slawenkongreß 1848 in Prag bildet das Hauptthema in der Darstellung „Slovanský sjezd v Praze roku 1848" (Der Slawenkongreß in Prag 1848) von V. Žáček. Einen Überblick über die politische Geschichte des tschechischen Volkes in Böhmen liefert ein älteres Werk aus den Jahren 1932 bis 1937. Z. Tobolka geht in seiner vierbändigen Veröffentlichung „Politické dějiny československého národa od roku 1848 až do dnešní doby" (Politische Geschichte des tschechoslowakischen Volkes von 1848 bis zur heutigen Zeit) auf die Geschichte der tschechischen Nationalität von 1848 bis zum Erscheinungszeitraum ein. Besondere Einzeldarstellungen zu den Badenischen Sprachenverordnungen sind nicht vorhanden.

Die vorliegende Arbeit fußt fast ausschließlich auf Quellen des „Statní Okresní Archiv Cheb", die dort reichhaltig in Form von Zeitungen, Aktenmaterial und Gemeindeamtsblättern, Amtsblatt der k.k. Bezirkshauptmannschaft und der Egerer Jahrbücher zu finden sind. Zudem existieren hier Niederschriften einiger Augenzeugen dieser Zeit, speziell rund um den Egerer Volkstag, wie Josef Melzers Aufsatz „Deutscher Volkstag" in Eger. Er war Teilnehmer des Volkstages und schrieb seine Eindrücke unmittelbar danach nieder. Der damalige Bürgermeister Gustav Gschier legte eine Sammlung an, die Notizen und Zuschriften vor und nach dem Egerer Volkstag enthält. Diese gibt wertvolle Aufschlüsse über die Planung des Ablaufes und Intentionen der Lokalpolitiker. Sie ist als Loseblattsammlung unter der Nummer SOAC, č. 5-11-35, 1-34 archiviert. An Zeitungen sind die „Egerer Zeitung", die „Ascher Zeitung" vollständig und das Falkenau-Königsberger-Volks-Blatt" teilweise erhalten. Die „Egerer Nachrichten" sind im „Statní Okresní Archiv Cheb" nicht erhältlich, ebensowenig waren sie zur Einsicht aufzufinden.

Die „Egerer Zeitung" war ein liberales Blatt, das der Deutschen Fortschrittspartei nahestand und sich vor der Publikation der Badenischen Sprachenverordnungen einer gemäßigten Sprache bediente. Es wurde in den Vorjahren fast nie konfisziert. Doch auch die Redakteure dieser Zeitung wurden von dem Strudel der Ereignisse und der nationalen Agitation der Radikalen mitgerissen, was sich am verschärften Tonfall äußerte. So wurde die Regierung, speziell Ministerpräsident Badeni und die lokalen Regierungsbeamten, hier Stadler von Wolffersgrün, des öfteren einer harschen, teilweise beleidigenden Kritik unterzogen, was dann zu häufigen Konfiskationen führte. Die konfiszierten Ausgaben sind teilweise noch erhalten. Die Zweitausgaben waren einige Male im Tonfall kaum gemäßigter. Während die Exemplare des Jahres 1897 viele Male beschlagnahmt wurden, verringerte sich dies im Jahr 1898 deutlich und endete fast völlig im Jahr 1899. Dies zeigt, daß sich diese Zeitung wieder der gemäßigten und halbwegs objektiven Berichterstattung widmete.

Dagegen waren die „Egerer Nachrichten", die „Ascher Zeitung" und das „Falkenau-Königsberger-Volks-Blatt" das Sprachrohr der „Schönererpartei" und dementsprechend ausgerichtet. Diese Blätter wurden im Jahr 1897 sehr oft konfisziert und auch in den Folgejahren 1898 und 1899 nicht davon verschont. Die Berichte der Bezirkshauptmannschaft Eger geben über die Konfiskationen Auskunft und erläutern teilweise zusammenfassend den Inhalt einiger Artikel. Der Tonfall dieser drei Blätter war immer agitatorisch und auf Parteilinie. Hier wurde auch offen zur Feindschaft und zum Boykott der Tschechen aufgerufen und alle, die sich nicht den Zielen und Forderungen der Radikalnationalen anschlossen, öffentlich geächtet. Zwar rief ebenfalls die „Egerer Zeitung" zu Sanktionen gegen die tschechischen Mitbürger auf und unterstützte im Jahr 1897 auch die Kündigungswelle, aber direkt der Hetze der Schönerianer wurde niemand ausgesetzt. Zwischen der „Egerer Zeitung" und den „Egerer Nachrichten" herrschte offene Feindschaft, die sich einige Male in Leitartikeln ausdrückte. So versuchten die Redakteure der „Egerer Nachrichten" diejenigen des Konkurrenzblattes in einer Kampagne zu diffamieren, was aber nicht gelang. Ebenso äußerte sich die „Egerer Zeitung", auch in der Zeit nach dem Egerer Volkstag immer kritisch zu den Ideen Schönerers und seiner Anhänger.

Das Gemeindeamtsblatt der Stadt Eger wurde im Jahr 1897 auch beschlagnahmt, denn einige Sitzungen des Gemeindeausschusses, in denen Resolutionen gegen die Sprachenverordnungen gefaßt wurden, veröffentlichte man, ohne vorher den Zensor bei der Bezirkshauptmannschaft Eger zu befragen.

Die stenographischen Protokolle der Reichsratsitzungen liefern wichtige Erkenntnisse über den Verlauf der Sitzungen der Jahre 1897 bis 1899. Die Obstruktionstaktik läßt sich daran nachvollziehen und die Saalschlachten ebenso. Überhaupt herrschte im Untersuchungszeitraum ein sehr rüder Ton im Abgeordnetenhaus, der meist von den Schönerianern ausging. Schimpfwörter, Drohungen und Beleidigungen waren keine Seltenheit, ebensowenig handgreifliche Auseinandersetzungen und Schlägereien zwischen den Abgeordneten. Diese gipfelten in einigen Duellen des Abgeordneten Wolf mit Badeni und tschechischen Volksvertretern.

Das Statní Okresní Archiv Cheb (SOAC = Staatliches Kreisarchiv Eger) besitzt eine Fülle von Akten- und Archivmaterial für das behandelte Thema. Das umfangreichste Material liefern die Aktenbestände der Kartons 21 bis 25 der Jahre 1897 bis 1899. Hieraus werden die meisten Erkenntnisse über die Aktivitäten von Politikern und Bevölkerung im Zusammenhang mit den Sprachenverordnungen gewonnen. Der Fond eines Kartons ist unterteilt in einen Hauptfond, welcher SOAC abgekürzt wurde und einem Fond, der sich im Hauptfond befindet, OAC abgekürzt. Die Nummer des Fonds, gleichgültig ob es sich um den SOAC oder den OAC handelt, beträgt immer 437, lediglich die Kartonnummer ändert sich je nach Jahreszahl. Auffällig an allen Kartons ist die ungewöhnliche Seitenpaginierung. Die Seiten werden nicht einzeln durchnumeriert, sondern in Zweierschritten, teilweise werden vermutlich später eingefügte Aktenstücke rückwärts gezählt. Daraus erklärt sich die manchmal eigenartige Seitenangabe der zitierten Aktenstücke.

Die Aktensammlung umfaßt Erlasse der Statthalterei Prag, Berichte der Bezirkshauptmannschaft Eger und Berichte anderer Bezirkshauptmannschaften des Egerer Kreises, vereinzelt Rapporte kreisfremder Bezirkshauptmannschaften. Das Landesgendarmeriekommando lieferte einige Berichte über Demonstrationen, Beschwerden oder gewalttätige Ausschreitungen. Zudem befinden sich einige Flugblätter und Plakate in den Kartons, die Erkenntnisse über die propagandistischen Aktivitäten der Schönerianer und der Sozialdemokraten, die sich als Gegenströmung zur nationalen Gruppierung verstanden, liefern.

In den Berichten der Bezirkshauptmannschaft Eger und in den Erlassen der Statthalterei Prag werden die Begriffe „sozialdemokratisch", „sozialistisch" und „anarchistisch" nicht derart ideologisch getrennt gebraucht wie heute, sondern bezeichnen alles, was in irgendeiner Weise mit den Sozialdemokraten zu tun hat. Somit wird keine Trennung zwischen Sozialdemokraten, Sozialisten und Anarchisten gezogen wie dies heute der Fall ist.

Ferner existieren im Statní Okresní Archiv Cheb die Sammlung Gschier als eigenständige Nummer und einige deutsche und tschechische Broschüren, wie der Aufsatz Josef Melzers über den Egerer Volkstag. Außerdem besitzt das Archiv verschiedene deutsche und tschechische Bücher, die sich mit der Lösung des Nationalitätenproblems in Böhmen befaßten.

2. Der deutsche und tschechische Sprachengebrauch im historischen Egerland Ende des 19. Jahrhunderts bis zu den Badenischen Sprachenverordnungen von 1897

2.1. Die Ausgleichsbemühungen mit der tschechischen Nation bis zur Ausgleichskonferenz 1890

2.1.1. Die Fundamentalartikel des Ministeriums Hohenwart-Schäffle

Die böhmischen Ausgleichsverhandlungen von 1871 waren die ersten bis zum Ersten Weltkrieg, an denen Abgeordnete einer der beiden Nationalitäten nicht beteiligt waren. Durch das Kurienwahlsystem befanden sich die politischen Führer der nichtaristokratischen Tschechen und der Deutschen in der Abhängigkeit der Abgeordneten der Großgrundbesitzerkurie. In dieser Kurie war es möglich, durch eine geringfügige Verschiebung der Besitzverhältnisse dem mit der deutschen Partei verbundenen verfassungstreuen Adel oder dem mit den Tschechen verquickten historischen Adel zum Sieg zu verhelfen. Aus diesem Grund war auch die kurzfristige tschechische Mehrheit im böhmischen Landtag vom 18. bis zum 27. Februar 1867 und vom August 1870 bis März 1872 möglich. Die tschechischen Abgeordneten empfanden sich als Repräsentanten der politischen Nation des Königreiches Böhmen, analog der Ungarn, und traten auch in den Verhandlungen so auf.[14]

Am 6. April 1871 schrieb Ignaz von Plener[15] seinem Sohn Ernst, daß mit Rieger und seiner Partei nicht zu verhandeln sei, da beide die Verfassung ablehnten, so wie die Ungarn, und würden nur dann zufrieden gestellt, wenn auch mit Böhmen ein Ausgleich wie mit Ungarn geschlossen wurde, was aber wegen der Deutschböhmen unmöglich sei. Die Wünsche der Tschechen nach Herstellung des alten Staatsrechtes und Tschechisierung des öffentlichen Lebens war der Untergang der Deutschen. Die Deutschen ihrerseits wollten mit den übrigen Deutschen der anderen Kronländer ein Ganzes durch ein Zentralparlament bilden, sie mußten dies sogar tun, da sie in Böhmen in der Minorität waren. Das Problem lag darin, daß man vielleicht Ruthenen und Slowaken magyarisieren oder polnisieren konnte, aber nicht die Deutschen tschechisieren. Die Deutschböhmen waren ein bedeutender Wirtschaftsfaktor in Österreich, so daß die Beschränkung der Deutschen gleichbedeutend war mit der Aufgabe der deutschen Bevölkerung Österreichs.[16] Die größte Gefahr für den Bestand Österreichs war die Verprellung der Deutschen und deren Hinausdrängen vom politischen auf das nationale Gebiet. Der Nationalitätenstreit in Österreich wirkte sich nämlich auch außenpolitisch aus, in dem das Deutsche Reich den Deutschösterreichern seine Unterstützung gewährte, wie die einstimmig angenommene Resolution des Abgeordneten Frankenberg

---

[14] Kořalka: Tschechen im Habsburgerreich und in Europa 1815 - 1914, S. 147 f.
[15] Ignaz von Plener lebte von 1810 - 1908. Als rechtsliberaler Politiker war er als Abgeordneter des Egerer Kreises im böhmischen Landtag vertreten und wurde 1859 in den Reichsrat gewählt. Von 1860 bis 1865 hatte er das Amt des Finanzministers inne, von 1867 bis 1870 das des Handelsministers. Ab 1873 wurde er in das Herrenhaus berufen. Weinmann, Bd.2, S. 62.
[16] Münch: Böhmische Tragödie, S. 343 f.

am 5. April 1871 im reichsdeutschen Reichstag zeigte.[17] Plener zeichnete ein düsteres Bild der Zukunft Österreichs, da die deutschen Gebiete mit Böhmen im Moment des Zerfalls der Monarchie sich an Deutschland angliederten und die Tschechen durch die Preußen bald germanisiert wurden.[18]

Am 12. September 1871 erließ Franz Joseph als König von Böhmen ein Reskript, das die Durchführung des böhmischen Ausgleiches einleiten sollte und in dem er versprach, die Rechte des Königreiches Böhmen mit dem Krönungseid zu bestätigen. In diesem Reskript erklärte sich Franz Joseph bereit, die staatliche Stellung des Königreiches Böhmen anzuerkennen und dies durch seine Krönung in Prag zu manifestieren. Gleichzeitig forderte er den böhmischen Landtag auf, Vorschläge für die Neuordnung des Verhältnisses von Böhmen zum Gesamtstaat zu erarbeiten, die den Rechtsanspruch des Landes selbst befriedigten, die Machtstellung des Reiches nicht gefährdeten und die Ansprüche der anderen Länder nicht beschnitten.[19] Daraufhin verließen die Deutschen den böhmischen Landtag und legten Protest gegen das kaiserliche Reskript ein. Die Tschechen und Föderalisten arbeiteten aber eine Adresse aus, die später als Fundamentalartikel bezeichnet wurde.[20] Die Kommission des Landtages entwarf im Einverständnis mit dem Ministerium Hohenwart-Schäffle die Fundamentalartikel.[21] Darin beschloß der böhmische Landtag, dem Ausgleich mit Ungarn beizutreten. Man erkannte die Außenpolitik, Kriegsangelegenheiten und das Finanzwesen als gemeinsame Subjekte an. Die Verwaltung der gemeinsamen Ministerien unterstand einem gemeinsamen Verwaltungsorgan, das nur dafür zuständig war und keine Kompetenzen für andere Angelegenheiten hatte. Das Gesetzgebungsrecht gemeinsamer Angelegenheiten wurde durch Delegationen[22] ausgeübt. Ungarns Reichstag entsandte in konstitutioneller Weise eine Delegation, die andere wurde von den übrigen Ländern und

---

[17] In dieser Resolution wurde den deutschen Stammesgenossen in den benachbarten Staaten und in den weiter entfernten Ländern für ihre Sympathien, die sie dem geeinten Deutschland entgegenbrachten, Anerkennung gezollt. Die Deutschen im Ausland hätten durch ihre energische Haltung dafür gesorgt, die drohende Interventionsgefahr der anderen europäischen Staaten abzuwenden als der deutsche Staat gebildet wurde. Damit spielte Frankenberg auf Österreich-Ungarn an, ohne es beim Namen zu nennen. Im Anschluß an die Resolution wurde der Abgeordnete Johannes von Miquel in seiner Rede deutlicher. Er war der Meinung, der Haltung der Deutschösterreicher besonderen Dank aussprechen zu müssen. Zwar wolle man sich nicht in die inneren Angelegenheiten Österreich-Ungarns einmischen, was nicht ausschließe, dem nationalen Kampf der Stammesgenossen mit großer Sympathie gegenüberzustehen. Diese Sympathie müsse um so stärker hervortreten, wenn man bedenke, daß die entschiedene Haltung der Deutschösterreicher die Reichsdeutschen während des Einigungsprozesses vor größeren Interventionen bewahrt habe. Daher wolle man den nationalen Kampf der Deutschösterreicher so gut wie möglich unterstützen. Schultze, Thimme: Johannes von Miquels Reden, S. 79 f.
[18] Münch: Böhmische Tragödie, S. 344
[19] Hantsch: Die Nationalitätenfrage im alten Österreich, S. 58
[20] Hantsch: Die Nationalitätenfrage im alten Österreich, S. 59 f.
[21] Bernatzik: Die österreichischen Verfassungsgesetze, S. 1097
[22] Von 1867 bis 1918 stellten die Delegationen einen Parlamentsausschuß zur Beratung der beiden Monarchien hinsichtlich gemeinsamer Angelegenheiten, wie Außenpolitik, Finanzen, okkupierte Länder und Krieg, dar. Sie wurden aus Mitgliedern des Reichsrats und des Reichstages gewählt und tagten abwechselnd in Wien und Budapest. Die Wahl fand jeweils für ein Jahr statt. Die Delegationen konferierten getrennt und verkehrten nur schriftlich durch sogenannte Nuntien. Kam in den Fällen, in denen eine Übereinstimmung nötig war, nach dreimaligem Nuntienwechsel keine Einigung zustande, fand eine gemeinsame Sitzung statt, in der nur abgestimmt wurde. Haberkern/Wallach: Hilfswörterbuch für Historiker, 1, S. 145 f.

Königreichen geschickt. Der böhmische Landtag wählte in diese Delegation 15 Delegierte und acht Ersatzmänner, die Wahl wurde jährlich wiederholt und bis dahin verblieben die Delegierten in ihrer Funktion, sofern keine Neuwahlen bzw. die Schließung des Landtages angeordnet wurden.[23] Ebenso trat Böhmen dem Handelsabkommen zwischen Österreich und Ungarn bei, demzufolge Österreich 70% und Ungarn 30% des gemeinsamen Etats zu bestreiten hatten.[24] Artikel IX regelte, daß alle das Königreich Böhmen betreffenden Angelegenheiten, die nicht den anderen Ländern und Königreichen als gemeinsam erklärt waren, der Gesetzgebung des böhmischen Landtages bzw. der Verwaltung der böhmischen Landesregierung zufielen.[25] Zuletzt wurde bestimmt, daß die Fundamentalartikel nur mit Zustimmung des böhmischen Landtages erfolgten. Gleichzeitig erklärte der böhmische Landtag, daß er sich nicht als berechtigt ansah, den erweiterten Ausgleich definitiv zu beschließen. Die Ausführung des neuen Ausgleiches mußte durch einen Generallandtag erfolgen, an dem Böhmen, Mähren und Schlesien teilnahmen.[26]

Die Entwürfe des Nationalitätengesetzes für Böhmen der Regierung Hohenwart-Schäffle, der Fundamentalartikel und der neuen Wahlordnung wurden am 10. Oktober 1871 mit geringen Änderungen vom böhmischen Landtag angenommen. Der mährische und schlesische Landtag lehnte das Nationalitätengesetz hingegen in wesentlichen Punkten ab, so daß es schließlich auch Franz Joseph nicht unterzeichnete.

In §1 des Nationalitätengesetzes wurde geregelt, daß der böhmische und deutsche Volksstamm in allen Beziehungen des öffentlichen und bürgerlichen Rechtes den gleichen Anspruch auf Achtung, Wahrung und Pflege ihrer nationalen Identität und Sprache hatte. Ferner durften die Angehörigen einer Nationalität weder wegen ihrer Abstammung noch aufgrund ihrer Sprache durch Gesetze und behördliche Verfügungen ungünstiger behandelt werden als Angehörige des anderen Volksstammes unter den gleichen Umständen.[27] Dies galt besonders für das aktive und passive Wahlrecht, für die Zulassung zu öffentlichen Ämtern, für die Gewährung öffentlicher Mittel, für Ausbildungsanstalten und für die Verhandlungssprache bei öffentlichen Ämtern und Behörden. Die Landesgesetze waren in beiden Sprachen zu beschließen und zu publizieren. Während der Verhandlungen im Landtag konnte sich jeder Abgeordneter in der einen oder anderen Landessprache äußern. Alle Mitteilungen der Regierung an den Landtag sowie alle Anträge und Beschlüsse des Landtages und die Landtagsprotokolle waren in beiden Landessprachen zu führen und zu veröffentlichen.

Der Vorsitzende des Landtages und sein Stellvertreter mußten beide Sprachen beherrschen. Wenn in einer Gemeinde die nationale Minderheit mindestens ein Fünftel der Wahlberechtigten stellte, war die Gemeinde verpflichtet, Eingaben in der anderen Sprache zu erledigen und öffentliche Kundgebungen in der Sprache zu veröffentlichen. Dies galt auch für die Landeshauptstadt. Die Sprache der Bevölkerungsmehrheit eines Bezirkes war auch Amtssprache. Befand sich im Bezirk nur eine Gemeinde der anderen Nationalität, so war deren Sprache als Amtssprache zuzulassen.[28] Im Verkehr

---

[23] Bernatzik: Die österreichischen Verfassungsgesetze, S. 1098 f.
[24] Bernatzik: Die österreichischen Verfassungsgesetze, S. 1102
[25] Bernatzik: Die österreichischen Verfassungsgesetze, S. 1102 f.
[26] Bernatzik: Die österreichischen Verfassungsgesetze, S. 1108
[27] Lehmann: Das Nationalitätenproblem in Österreich, S. 55
[28] Lehmann: Das Nationalitätenproblem in Österreich, S. 56

der Behörden untereinander bediente man sich der eigenen Amtssprache. Bei landesfürstlichen Behörden in Böhmen durfte kein Richter oder Konzeptsbeamter angestellt werden, der nicht beide Landessprachen beherrschte. Wenn Beamte nur einer Sprache mächtig waren, war dafür zu sorgen, daß diese nur dort angestellt waren, wo diese Sprache Amtssprache war. Autonome Behörden wurden verpflichtet, dafür zu sorgen, daß die Sprache der Minorität, soweit sie durch das Gesetz zur Anwendung kam, vollständig durchgeführt wurde. Zum Schutz der Unverletzlichkeit des gleichen Rechtes beider Nationalitäten wurde der Landtag in nationale Kurien eingeteilt.[29] Bei der Wahl der Abgeordneten des Landtages in Vertretungskörper, an denen Böhmen mit anderen Königreichen und Ländern Österreichs teilnahm, mußten ein Drittel der Gewählten aus der böhmischen und ein Viertel aus der deutschen Nationalkurie stammen.[30]

Das Gesetzespaket vom 10. Oktober 1871 wurde kontrovers diskutiert. Hohenwart und Handelsminister Schäffle verteidigten die gefundenen Lösungen, während Beust, Andrássy und Finanzminister v. Holzgethan die Papiere ablehnten. Franz Joseph war mit der Bestimmung, wonach dem Landtag die Rekrutenbewilligung zustand, nicht einverstanden, forderte Nachbesserungen und verfügte, daß die tschechischen Unterhändler in neue Verhandlungen einzutreten hatten. Diese lehnten aber die Fortsetzung der Unterredungen ab, da in dem nun vorgelegten und veränderten Entwurf die Fundamentalartikel herausgestrichen wurden und die Dezemberverfassung in der bisherigen Form weiter in Kraft bleiben sollte. Der böhmische Landtag ließ in seiner Resolution vom 8. November 1871 erkennen, daß keine Kompromißbereitschaft mehr vorhanden sei und man auf den staatsrechtlichen Positionen beharre.[31]

Die Regierung wich jedoch vor dem entschiedenen Widerstand der deutschen Liberalen und der ungarischen Regierung zurück, so daß der Kaiser dem Druck nachgab und das Ministerium Hohenwart-Schäffle am 30. Oktober 1871 entließ.[32]

Nach Ernennung des Ministeriums Auersperg am 25. November 1871 wurde Franz Josephs Reskript, das demonstrativ in Böhmen verbreitet wurde, um darzustellen, was vom königlichen Versprechen zu halten war, von der Polizei konfisziert. Das neue Ministerium unter Adolf Fürst Auersperg war wieder ein deutschliberales. Unter Auersperg bestimmten Pressezensur, Reglementierung der Versammlungsfreiheit, die Auflösung der Selbstverwaltungskörperschaften und die Vorherrschaft von Polizei und Gendarmerie das öffentliche Leben.[33]

2.1.1.1. Das Landesgesetz von 1873

Das Landesgesetz vom 24. Februar 1873 versuchte, das Verhältnis der deutschen und tschechischen Nationalität bei der Ortsschul- und Bezirksschulaufsicht zu berücksichtigen, ebenso das Landesgesetz vom 24. Juni 1890. Letzteres regelte die Zusammensetzung des Landesschulrates.[34]

---

[29] Lehmann: Das Nationalitätenproblem in Österreich, S. 57
[30] Lehmann: Das Nationalitätenproblem in Österreich, S. 58 f.
[31] Hoensch: Geschichte Böhmens, S. 363
[32] Hantsch: Die Nationalitätenfrage im alten Österreich, S. 59 f.
[33] Pekař: Tschechoslowakische Geschichte, S. 250 f.
[34] Hellbling: Die Landesverwaltung in Cisleithanien, S. 245

Die Abneigung der Deutschen, Tschechisch zu lernen, ging so weit, daß man sich in deutschen Kreisen pries, kein Wort Tschechisch zu verstehen, während dieses Phänomen auf tschechischer Seite in bezug auf das Deutsche nicht zu beobachten war.[35] Nun erkannten auch die Deutschen die Notwendigkeit an, die tschechische Sprache zu erlernen. Hermann Hallwich[36] war einer der ersten, der auf dieses Versäumnis hinwies. Als Konsequenz davon entschieden sich immer weniger Deutsche, die Beamtenlaufbahn in Böhmen einzuschlagen.[37]

2.1.2. Taaffe und Stremayr

Der „Eiserne Ring"[38] von 1880 wurde zu dem Preis geschmiedet, daß die Tschechen nur mit Rechtsverwahrung in den Reichsrat eintraten und die Polen in Galizien nach Gutdünken handeln konnten.[39]

Taaffe vermied es während seiner Regierungszeit stets, Justizminister Pražák[40] einen bestimmten Wirkungskreis zu gestatten. Dadurch sollte der Einfluß der Jungtschechen so gering wie möglich gehalten werden. Bevor Pražák Böhmen betreffende Akten zur Erledigung erhielt, sah diese Taaffe vor deren Ausführung selbst ein. Dadurch sollte erreicht werden, daß dieser Minister nie wichtige Angelegenheiten zu erledigen hatte. Damit verfolgte Taaffe das Ziel, die Jungtschechen im Reichsrat für die Regierungsvorlagen als Stimmenfänger zu beschäftigen, aber gleichzeitig nie Grund für irgendwelche Schwierigkeiten, die sie der Regierung bereiten konnten, zu erhalten.[41]

Die Taaffe-Stremayrsche Sprachenverordnungen vom 19. März 1880 waren gesetzwidrig, da in Art. 11 des Staatsgrundgesetzes bestimmt wurde, daß die Staatsbehörden innerhalb ihres amtlichen Wirkungskreises nur aufgrund von Gesetzen Verordnungen erlassen konnten.[42]

Die Verordnungen vom 19. April 1880 hatten folgenden Wortlaut:

„§ 1. Die politischen, gerichts- und staatsanwaltschaftlichen Behörden im Lande sind verpflichtet, die an die Parteien über deren mündliche Anbringen oder schriftliche Eingaben ergehenden Erledigungen in jener der beiden Landessprachen auszufertigen, in welcher das mündliche Anbringen vorgebracht wurde oder die Eingabe abgefaßt ist.[43]

---

[35] Hellbling: Die Landesverwaltung in Cisleithanien, S. 246
[36] Hermann Hallwich wurde 1838 in Teplitz-Schönau geboren und starb 1913 in Wien. Ab 1871 war er deutschliberaler Abgeordneter im böhmischen Landtag, von 1873 bis 1897 Reichsratsabgeordneter und dort ab 1878 Berichterstatter über Handels- und Zollverträge. 1892 gründete er den Zentralverband der Industriellen Österreichs und war ab 1904 dessen Präsident. Zudem gründete er den Verein für die Geschichte der Deutschen in Böhmen mit. Sturm: Biographisches Lexikon, Bd. I, S. 517 f.
[37] Kosch: Die Deutschen in Österreich und ihr Ausgleich mit den Tschechen, S. 57
[38] Die Parlamentsmehrheit, die sich aus 179 Vertretern des Großgrundbesitzes, der Katholischen Volkspartei und aus slawischen Nationalen zusammensetzte, wurde „Eiserner Ring" genannt. Prinz: Auf dem Weg in die Moderne, S. 348.
[39] Kielmannsegg: Kaiserhaus, Staatsmänner und Politiker, S. 214
[40] Alois (seit 1882) Frhr. von Pražák war vom 14. Januar 1881 bis zum 11. Dezember 1888 Justizminister der Regierung Taaffe. Spuler: Regenten und Regierungen der Welt, S. 296
[41] Kielmannsegg: Kaiserhaus, Staatsmänner und Politiker, S. 220
[42] Ursin: Die Egerer Sprachenfrage, S. 9
[43] Kaindl: Der Völkerkampf und Sprachenstreit in Böhmen, S. 53 f.

§ 2. Protokollarische Erklärungen der Parteien sind in jener der beiden Landessprachen aufzunehmen, in welcher die Erklärung abgegeben wird.

§ 3. Urkunden oder andere Schriftstücke, welche in einer der beiden Landessprachen abgefaßt sind und als Beilagen, Behelfe und sonst zum amtlichen Gebrauch beigebracht werden, bedürfen keiner Übersetzung.

§ 7. Aussagen von Zeugen sind in jener Landessprache aufzunehmen, in welcher dieselben abgegeben wurden.

§ 10. Die Eintragungen in die öffentlichen Bücher (Landtafel, Bergbuch, Grundbuch, Wasserbuch usw.), dann in die Handelsfirmen-, Genossenschafts- und andere öffentliche Register sind in der Sprache des mündlichen oder schriftlichen Ansuchens beziehungsweise des Bescheides, auf dessen Grund sie erfolgen, zu vollziehen. In derselben Sprache sind die Intabulationsklauseln den Urkunden beizusetzen. Bei Auszügen aus diesen Büchern und Registern ist die Sprache der Eintragungen beizubehalten.

§ 11. Der Verkehr der politischen, gerichtlichen und staatsanwaltschaftlichen Behörden mit den autonomen Organen richtet sich nach der Geschäftssprache, deren sich dieselben bekanntermaßen bedienen. Der Verkehr mit den Gemeindebehörden, welche die Funktionen der politischen Bezirksbehörde ausüben, wird dadurch nicht berührt." [44]

Die deutschböhmischen Abgeordneten sahen dieser Entwicklung nicht tatenlos zu, sondern erarbeiteten einen Gegenentwurf, den Plener am 5. Dezember 1880 im böhmischen Landtag einbrachte. Pleners Antrag enthielt die Aufhebung der Sprachenverordnungen von 1880 und die Forderung nach nationaler Abgrenzung. Im einzelnen lautete sein Antrag folgendermaßen:

1. Die Sprachenverordnung vom 19. April 1880 für die Kreisgerichtssprengel Eger, Brüx, Böhmisch-Leipa, Leimeritz, Reichenberg aufzuheben und den früheren, der Gerichtsordnung entsprechenden Zustand, nach welchem nur die im Gerichtsbezirk übliche Sprache bei Gericht zu gebrauchen ist, wieder herzustellen, sowie die nötig werdende Ausschreibung tschechischer Bezirke und Gemeinden aus diesen deutschen Kreisgerichtssprengeln vorzunehmen.

2. Auf dieselbe sprachrechtliche Grundlage, wie jene der genannten fünf deutschen Kreisgerichte, für die übrigen deutschen Teile des Landes drei neue Kreisgerichte im Nordosten, Westen und Süden zu errichten.

3. Die Bezirke tunlichst nach den Nationalitätenverhältnissen abzugrenzen.

4. Im Anschluß an die neue Einteilung der Gerichtsbezirke zwei Senate beim k.k. Prager Oberlandesgericht zu bilden.

5. Die Verwaltungsbezirke ebenfalls tunlichst nach sprachlichen Grenzen neu einzuteilen.[45]

Baernreither wies am 12. November 1897 im Reichsrat darauf hin, daß nach § 13 der allgemeinen Gerichtsordnung die Sprachenfrage vor Gericht nur durch Gesetze gere-

---

[44] Kaindl: Der Völkerkampf und Sprachenstreit in Böhmen, S. 54
[45] Kaindl: Der Völkerkampf und Sprachenstreit in Böhmen, S. 54

gelt werden konnte. Stremayr selbst gab zu, daß die Sprachenverordnungen nicht den bestehenden Gesetzen entsprachen und nur ein politisches Zugeständnis an die Tschechen der Taaffe-Ära waren.[46]

2.1.3. Die Zwischenzeit von 1880 bis 1890

Nach dem Erlaß der Taaffe-Stremayrschen Sprachenverordnungen gab es bis zu den Ausgleichsverhandlungen 1890 einige Versuche, die Sprachenfrage in Böhmen zu lösen.

Der böhmische Landtag veröffentlichte am 19. Januar 1886 Beschlüsse, in denen Stellung genommen wurde und sprach die Überzeugung aus, daß gemäß der bestehenden Gesetze im ganzen Umfang des Königreiches die böhmische und die deutsche Sprache als gleichberechtigte Landessprachen bzw. als landesübliche Sprachen zu gelten hatten. Demnach mußte es jedermann freistehen, bei allen k.k. Gerichten und landesfürstlichen Zivilbehörden sein Anliegen in tschechischer und deutscher Sprache vorzubringen. Alle k.k. Gerichte und andere landesfürstliche Zivilbehörden hatten im ganzen Instanzenzug in derselben Sprache über die Gesuche zu verhandeln und zu entscheiden. Die Regierung wurde aufgefordert, die bestehenden Gesetze in dieser Hinsicht streng durchzuführen, insofern sie aber diese als hierzu nicht ausreichend erkannte, entsprechende Gesetzesvorlagen einzubringen.[47]

Um die beim Oberlandesgericht vorkommenden sehr zahlreichen Übersetzungen obergerichtlicher Erledigungen auf das unvermeidliche Maß zu beschränken, ordnete Pražák, damals Justizminister, folgendes an: Vom 1. Januar 1887, angefangen beim Oberlandesgericht, mußten in allen Fällen, in denen die Erledigung nur in einer der beiden Landessprachen hinauszugeben war, schon in den Anträgen der Referenten die Entwürfe der Erledigungen und an die Parteien hinausgehende Begründung in jener Sprache abgefaßt und ebenso die gegen den Antrag des Referenten beschlossenen Erledigungen in jener Sprache festgestellt sein, in welcher diese nach den bestehenden Vorschriften der Parteien zuzukommen hatten.[48]

Der Erlaß hatte zwei Absichten: Einmal sollte die Unmöglichkeit der deutschen Sprache als Staatssprache dargelegt werden, zum anderen sollte der tschechischen Sprache für den künftigen tschechischen Staat der Weg geebnet werden. Die Verordnung von 1886 richtete sich gegen die deutsche innere Geschäftssprache, die früher überall Gültigkeit hatte.[49]

2.1.3.1. Das Linzer Programm 1882

Im Linzer Parteiprogramm vom 1. September 1882, das die aktiveren, fortschrittlicheren und national bewußteren jüngeren Mitglieder der Deutschen Fortschrittspartei ausarbeiteten, trat man für eine stärkere Zentralisation Österreichs unter deutscher Führung unter gleichzeitiger Stärkung des deutschen Charakters des Staates ein. Ebenso sollten die slawischen Länder Galizien und Dalmatien von der cisleithanischen Hälfte komplett abgetrennt werden. Mit Deutschland sollte auf wirtschaftlichem und kultu-

---

[46] Ursin: Die Egerer Sprachenfrage, S. 10
[47] Kaindl: Der Völkerkampf und Sprachenstreit in Böhmen, S. 55
[48] Kaindl: Der Völkerkampf und Sprachenstreit in Böhmen, S. 55
[49] Kaindl: Der Völkerkampf und Sprachenstreit in Böhmen, S. 55, Fußnote Nr. 2

rellem Gebiet enger zusammengearbeitet werden, so daß eine Zollunion mit Deutschland befürwortet wurde. Zudem forderte man die Erweiterung des Wahlrechtes, das durch beträchtliche Abschwächung des starren Besitzzensus erreicht werden sollte, und die Schaffung einer Sozialgesetzgebung. Zwei Jahre später nahm der Deutschnationale Verein die Zusätze zum Linzer Programm als eigenes, neues Programm an. Hinzugefügt wurden Passagen, denen zufolge der jüdische Einfluß im Staat verdrängt werden sollte. Der Deutschnationale Verein unter Führung Georg von Schönerers war die erste politische alldeutsche Organisation in Österreich.[50]

Das Linzer Programm hatte zur Folge, daß die Trennung der Deutschen in drei rivalisierende Gruppen, die Liberalen, die Radikalen und die Klerikalen, vollendet wurde. Für die Liberalen war das Programm unannehmbar, da es den Eindruck erweckte, sich selbst politisch in der Defensive zu befinden und überdies unrechtmäßig zu sein, aber in Wirklichkeit, weil es versuchte, gewissen Ballast über Bord zu werfen. Die Liberalen bewiesen durch die Ablehnung des Linzer Programms, daß sie unfähig waren, auf geänderte politische, gesellschaftliche und soziale Gegebenheiten zu reagieren und sich den gewandelten Tatsachen anzupassen. Für die Klerikalen war es inakzeptabel, weil sein sozialer und bildungspolitischer Programminhalt zu fortschrittlich war und weil es in außenpolitischen Fragen geeignet war, das Deutsche auf Kosten des österreichischen Standpunktes zu betonen.[51]

Ein glühender Vertreter der großösterreichischen Idee, Theodor von Sosnosky, mußte sich selbst die Beschuldigung der Voreingenommenheit zuschreiben. Er definierte Schönerers Glaubensbekenntnis als „Es gibt einen Gott, Bismarck, und ich, Schönerer, bin sein Prophet" und dessen drei Ziele, die Germanisierung Österreichs, seine Vereinigung mit Deutschland und das Niederringen der Juden und des katholischen Klerus.[52]

2.1.4. Die Ausgleichsverhandlungen von 1890

Der Schwerpunkt des politischen Interesses verlagerte sich Ende der 80er Jahre des 19. Jahrhunderts nach Böhmen. Die Jungtschechen errangen im Juli 1889 einen triumphalen Sieg bei den Landtagswahlen und zeigten damit deutlich, daß der „Eiserne Ring" Taaffes nur mehr eine Majorität auf Zeit besaß. Der Kaiser kommentierte das Wahlergebnis dahingehend, daß eine sonderbare Gesellschaft an die Oberfläche käme. Die Regierung drängte nach den Wahlen ihre böhmischen Verbündeten, Alttschechen und Feudale, zu Verhandlungen. Am 19. Januar 1890 wurde der böhmische Ausgleich verabschiedet.

Die Vereinbarungen der deutsch-tschechischen Ausgleichskonferenz hatten folgenden Inhalt:

1. Der Landesschulrat in Böhmen soll künftig bestehen:

    a) aus dem Landeschef oder dem von ihm bestellten Stellvertreter als Vorsitzenden.

    b) aus sechs vom Landesausschuß gewählten Abgeordneten, von denen drei der deutschen und drei der böhmischen Nationalität angehören müssen.

---

[50] Kann: Das Nationalitätenproblem in der Habsburgermonarchie, S. 98 f.
[51] Seton-Watson: A history of the Czechs and Slovaks, S. 226
[52] Seton-Watson: A history of the Czechs and Slovaks, S. 227

2. Ist in Schulgemeinden nur mit deutscher oder böhmischer Bevölkerung, in denen öffentliche Volksschulen nur mit deutscher oder böhmischer Unterrichtssprache bestehen, das Bedürfnis nach dem Unterricht für die andere Landessprache vorhanden, so ist diesem durch Errichtung selbständiger öffentlicher allgemeiner Volksschulen mit dieser Unterrichtssprache (Minoritätsschulen) zu entsprechen.[53]

3. Der Landesschulrat hat zu bestehen:

a) aus einer böhmischen Sektion

b) aus einer deutschen Sektion

c) aus einem Präsidialkollegium für gemeinsame Angelegenheiten.

6. Die Sprengel der Bezirks- und Kreisgerichte werden mit Berücksichtigung der Wünsche der beteiligten Bevölkerung, sowie der territorialen Kommunikations- und Verkehrsverhältnisse umgestaltet werden, daß sie, soweit möglich, die Gerichtssprengel und Gemeinden einer und derselben Nationalität umfassen.

7. Bei dem Oberlandesgericht in Prag werden nachstehende Einrichtungen etabliert:

a) Bei Besetzung der für dieses Oberlandesgericht vorhandenen 41 Ratsstellen wird nur bezüglich 26 Stellen am Erfordernis der Kenntnis beider Landessprachen festgehalten. Bei 15 Ratsstellen hingegen wird am Erfordernis der Kenntnis der böhmischen Sprache, und zwar schon in der Konkursausschreibung, abgesehen.

b) Die 41 Ratsstellen werden folgendermaßen aufgeteilt: 26 Stellen erfordern Beamte, die zweisprachig amtieren können. Damit kommen nur Bewerber in Betracht, die beider Landessprachen mächtig sind. Für die restlichen 15 Stellen reichen Kenntnisse lediglich der deutschen Sprache aus. Jeder Teil hat eine Personal- und Disziplinarkommission im Sinn des § 28 der Gerichtsinstruktion zu bilden. In der aus der Gruppe der 26 Räte gebildeten Kommission sind die Personal- und Disziplinarangelegenheiten der Gerichte in dem vorwiegend von Böhmen bewohnten Gebiet, in der aus der Gruppe der 15 Räte gebildeten Kommission die Personal- und Disziplinarangelegenheiten der Gerichte, in dem von überwiegend von Deutschen bewohnten Gebiet zu behandeln.

In jeder dieser beiden Kommissionen sind auch die Vorschläge zur Besetzung der Oberlandesgerichtsratsstellen zu beraten, die in der Gruppe, aus der die Kommission gebildet ist, zur Erledigung kommen.

11. Im Landtag treten an die Stelle der bisherigen Kurien der Abgeordneten der städtischen Bezirke und der Landbezirke unter Fortbestand der Kurie des Großgrundbesitzes zwei neue Kurien: die Kurie der Abgeordneten der böhmischen und die Kurie der Abgeordneten der deutschen Wahlbezirke.[54]

Der Durchbruch war relativ schnell erreicht, da die Deutschen einige Konzessionen erhielten. Den Deutschen wurde die Verwirklichung ihrer Abgrenzungswünsche in Aussicht gestellt, was den Vorstellungen der Tschechen von ihrem böhmischen Staatsrecht nicht entsprach. Schließlich sollten die autonomen Behörden geteilt und ein Ku-

---

[53] Kaindl: Der Völkerkampf und Sprachenstreit in Böhmen, S. 55
[54] Kaindl: Der Völkerkampf und Sprachenstreit in Böhmen, S. 56

riengesetz verabschiedet werden, das die deutsche Minorität im Landtag vor der tschechischen Majorisierung schützte. Die Tschechen erhielten die Zusage, daß tschechische Minoritätsschulen in Deutschböhmen leichter gegründet werden konnten, die tschechischen Sitze durch eine Wahlrechtsreform vermehrt und eine neue Handelskammer für Ostböhmen in Königgrätz errichtet wurden.[55]

Die Deutschnationalen wagten unter diesem Eindruck nicht, die Wiederbeschickung des Landtages zu verweigern. Erst später brachten sie ihre Kritik vor, daß die Sprachenfrage immer noch ungelöst sei. Außerdem räumte das Kuriengesetz auch dem Feudaladel ein Vetorecht ein, was ihm nach Meinung der Deutschnationalen nicht zustand.[56]

Ernst von Plener war maßgeblich daran beteiligt, daß der Ausgleich von 1890 auf dem Parteitag in Teplitz am 9. Februar 1890 angenommen wurde. Deutschnationale Opposition gegen den Ausgleich erhob sich in Reichenberg, aber noch mehr in den Alpenländern.[57] Schmeykal warnte sofort nach dem Teplitzer Parteitag 1890, daß ein Scheitern des Ausgleiches eine unsägliche Täuschung des deutschen Volkes nach sich ziehen würde.[58]

Der Besuch des Kaisers anläßlich der böhmischen Landesausstellung im Sommer 1891 kühlte die nationalen Spannungen ebensowenig ab. Der Sprachenstreit in Böhmen entfachte sich auf das neue, als der Prager Gemeinderat am 11. November 1891 die Entfernung aller deutschen Firmentafeln und Straßenbezeichnungen beschloß, um den tschechischen Charakter der Stadt herauszustellen.[59]

Bei den Wahlen Anfang März 1891 erreichten die Jungtschechen in Böhmen einen erdrutschartigen Sieg. Dadurch verlor der „Eiserne Ring" seine parlamentarische Mehrheit.[60]

2.1.5. Das Kabinett Windischgrätz

Die Deutschen forderten aber die wirksame Fortführung des Ausgleichs, besonders aber die nationalen Bezirksabgrenzungen in Böhmen. In Prag kam es im Mai 1893 im Landtag bei der Debatte um die Errichtung des Kreisgerichtes Trautenau zu gewalttätigen Szenen der Jungtschechen, so daß der Landtag geschlossen werden mußte. Taaffe bereitete eine „Lex Trautenau" vor und über Prag wurde am 12. September 1893 der Ausnahmezustand verhängt. Dadurch hatte er keinen Rückhalt mehr bei den Rechten.[61] Zu Beginn der Herbstsession am 10. Oktober 1893 legte Taaffe dem Reichsrat eine

---

[55] Höbelt: Kornblume und Kaiseradler, S. 54 f.
[56] Höbelt: Kornblume und Kaiseradler, S. 55
[57] Prinz: Die böhmischen Länder von 1848 bis 1914, S. 165
[58] Höbelt: Kornblume und Kaiseradler, S. 56
[59] Prinz: Die böhmischen Länder von 1848 bis 1914, S. 167
[60] Höbelt: Kornblume und Kaiseradler, S. 57
[61] Die Bezeichnungen „rechts" und „links" für politische Gruppierungen hatten im österreichischen Parlament eine andere Bedeutung als im Deutschen Reichsrat. Seit der Wiederkehr des Verfassungslebens saßen auf der äußersten rechten Seite im Sitzungssaal die Polen, an die sich die übrigen Slawen und die klerikalen Gruppen anschlossen. Die Linke bildeten die Deutschliberalen. Zur Zeit des „Eisernen Rings" saßen auf der äußersten linken Seite die Schönerianer und die restlichen Deutschnationalen, später auch die Christlichsozialen und andere deutsche Gruppen. Die Katholische Volkspartei schloß sich den Rechten an. Prinz: Geschichte Böhmens 1848 - 1948, S. 154

Wahlreform vor, die das Wahlrecht in den Städten und Gemeinden auf alle Schulabgänger oder gedienten Wehrpflichtigen ausdehnte. So waren statt 15 Prozent 34 Prozent der männlichen Bevölkerung wahlberechtigt. Nach Taaffes Entlassung wurde Windischgrätz neuer Ministerpräsident, der sich mit dem Ausgleich beschäftigen wollte, aber de facto war dieser nicht mehr zu verwirklichen.[62]

Hermann Hallwich erklärte im Februar 1894 im böhmischen Landtag, daß sich die Deutschen im Interesse der Regierung mit der einstweiligen Vertagung des Ausgleiches abfinden mußten. Solange der Statthalter von Prag, Thun, mit aller Strenge jungtschechische Versammlungen auflöste und Hochverräterprozesse durchführte, war die Solidarität der Deutschen in Böhmen mit der Regierung noch zu erreichen. Allerdings stand der Sieger der politischen Auseinandersetzung schon fest: Die Jungtschechen hatten ihr Ziel erreicht, die Deutschen nicht.[63]

Das Kabinett Windischgrätz wurde am 19. Juni 1895 gestürzt und durch das provisorische Ministerium unter Erich Graf von Kielmannsegg ersetzt.[64]

Am 20. Oktober 1895 wurde der seit zwei Jahren dauernde Ausnahmezustand über Prag aufgehoben. Im Juni 1896 verabschiedete der Reichsrat eine Wahlrechtsreform, derzufolge den bisherigen vier Kurien eine weitere angehängt wurde, in der dreieinhalb Millionen neue Wahlberechtigte aufgenommen wurden. Dies hatte nachhaltige Folgen für die deutschen Parteien. Im Jahr 1873 besaßen die Deutschen im Abgeordnetenhaus eine knappe Zweidrittelmehrheit, nach Taaffes Wahlrechtsreform 1885 nur noch 52,4 % und nach der Badenischen Reform ging der Anteil der Mandate auf 47 % zurück.[65]

2.1.6. Badenis Regierungsanfang

In der ersten Zeit seiner Amtsperiode, die vom 30. September 1895 bis zum 30. November 1897 dauerte, hatte Badeni durchaus politische Erfolge zu verzeichnen: Er reformierte das Wahlrecht durch die Schaffung der V. Kurie, erledigte das Budget für 1896 auf parlamentarische Art und Weise und brachte den Voranschlag für 1897 durch.[66] Am 14. Juni 1896 hatte Badeni mit kaiserlicher Sanktion eine neue Wahlrechtsreform geschaffen. Die V. Kurie wurde als allgemeine Wählerklasse eingeführt. Allerdings entsandten die 5,5 Millionen Wähler dieser Klasse lediglich 72 Abgeordnete in den Reichsrat, wohingegen die 5402 Großgrundbesitzer 85 und 583 Mitglieder der Handelskammer 21 Abgeordnete wählten. Auf die 383.500 Wähler in den Städten entfielen 118, auf die 1.378.572 Wähler der Landgemeinden 129 Mandate. Aus dieser Aufteilung der Wählerstimmen geht klar hervor, daß Badeni das neue Wahlrecht nicht nach demokratischen Prinzipien reformierte und die breiten Bevölkerungsschichten keineswegs zufrieden stellte.[67]

Zur Zeit Badenis vermuteten die deutschen Abgeordneten die Erneuerung einer antideutschen Politik der Rechten, so wie zur Zeit des eisernen Ringes der Ära Taaffe. Aus

---

[62] Höbelt: Kornblume und Kaiseradler, S. 64
[63] Höbelt: Kornblume und Kaiseradler, S. 65
[64] Münch: Böhmische Tragödie, S. 405
[65] Prinz: Die böhmischen Länder von 1848 bis 1914, S. 174 f.
[66] Münch: Böhmische Tragödie, S. 407
[67] Conte-Corti, Sokol: Der alte Kaiser, S. 212 f.

diesem Grund nahmen sie diese unerbittliche Stellung gegen die Majorität des Reichsrates ein. Die Mobilisierung der Bevölkerung gegen die Bildung der Rechten war wegen ihrer eigentlichen Verbitterung, eben der Bildung der Rechten, an der sich auch einige Deutsche beteiligten, unmöglich gewesen. Daher stürzten sie sich mit aller Heftigkeit auf die Sprachenverordnungen, erklärten sie zur Bedrohung für das Deutschtum und die deutsche Bevölkerung und hetzten damit die gesamte Bevölkerung Deutschböhmens auf. Hinzu kam, daß die Detailbestimmungen der Sprachenverordnungen nur den wenigsten bekannt war, so daß sich die Massen leichter aktivieren ließen.[68]

Als sich die Sprachenverordnungen in der Ausarbeitungsphase befanden, beriet sich Badeni anfangs mit seinem Bruder Stanislaus Badeni. Dieser empfahl den Kanzleidirektor des Abgeordnetenhauses, Dr. Heinrich Ritter von Blumenstock-Halban als Berater. Nach den Novembertagen 1897 im Reichsrat beschuldigten die Linken Halban, daß er Badeni bei seinen Unterdrückungsmaßnahmen gegen die parlamentarische Opposition mit Rat zur Seite gestanden habe. Nach Kolmer bestritt Halban jedoch energisch, daß er Badeni nötigte, die Polizei in den Reichsrat zu entsenden.[69]

Badeni weihte den Abgeordneten Dr. Otto Steinwender von der Deutschen Volkspartei und den Abgeordneten der deutschböhmischen Städte Karlsbad, Joachimsthal und Kaaden, Dr. Viktor Wilhelm Ruß, in sein Vorhaben ein. Steinwender äußerte sich dahingehend, die Sprachenverordnungen zu befürworten.[70] Bemerkenswert ist, daß Steinwender und Ruß die beabsichtigten Sprachenverordnungen Badenis guthießen. Man war nicht mit allen Bestimmungen einverstanden, aber mit der Absicht, das bestehende Sprachenrecht in Böhmen zu reformieren. Die Führer der deutschen Minorität versäumten in der Vergangenheit die Regelung der Sprachenfrage in Böhmen, solange sie die Majorität im Reichsrat besaßen und dadurch die Inhalte noch selbst bestimmen konnten.[71]

Baernreither beklagte in diesem Zusammenhang die Haltung der deutschen Abgeordneten. In der Frage der Sprachenverordnungen kümmerten sie sich nicht selbst um Detailfragen, wie die Tschechen, sondern planten ihre Wahlkampfveranstaltungen. Später hatte man Badeni immer vorgeworfen, daß er nur mit den Tschechen verhandelt hatte. Er war von vornherein bemüht, mit den Deutschen einen Kompromiß zu schließen, die jedoch versagten sich beharrlich.[72]

Mitte Dezember 1896 war der Entwurf über die Sprachenverordnungen fertig. Am 17. Dezember 1896 fand eine Konferenz zwischen Badeni und den Vertretern des Tschechenclubs, Herold, Kaizl und Pacák, statt. Diese kritisierten an dem Entwurf, daß er nicht für Mähren galt, erst in fünf Jahren in Kraft treten sollte, keine Normalisierung der inneren Amtssprache insofern nach sich zog, Klarheit darüber zu schaffen, wann und wo ein- oder zweisprachig amtiert werden mußte, und keine Bestimmungen über die Doppelsprachigkeit der Beamten enthielt.[73] Die alleinige Geltung des Deutschen als innere Amtssprache blieb von den Sprachenverordnungen unangetastet. Genau das

---

[68] Kramář: Anmerkungen zur böhmischen Politik, S. 26
[69] Sutter: Die Badenischen Sprachenverordnungen von 1897, Bd. I, S. 129 f. mit Fußnote Nr. 9, S. 130
[70] Sutter: Die Badenischen Sprachenverordnungen von 1897, Bd. I, S. 135 f.
[71] Funder: Vom Gestern ins Heute, S. 202
[72] Baernreither: Der Verfall des Habsburgerreiches, Fußnote Nr. 1, S. 2f.
[73] Sutter: Die Badenischen Sprachenverordnungen von 1897, Bd. I, S. 139

aber war für die Jungtschechen ein Zeichen von Diskriminierung der Gleichberechtigung der tschechischen Sprache. Erst nach einigen Zugeständnissen auf diesem Gebiet waren die Jungtschechen bereit, am 1. April 1897 in die Regierungsmajorität einzutreten. Um den Deutschen Böhmens die Sprachenverordnungen angenehmer erscheinen zu lassen, sollte das Kuriengesetz mit seinem nationalen Vetorecht verabschiedet werden, was eigentlich schon 1890 im Rahmen des böhmischen Ausgleichs hätte geschehen müssen.[74]

Badeni trat mit dem fertigen Gesetz vor den Ministerrat. Dieser war jedoch nicht gewillt, den Tschechen entgegenzukommen, weil einiges an der Haltung der Tschechen mißfiel.[75] Die ablehnende Haltung der Tschechen gegenüber der Armee und ihren Bedürfnissen hatte Landesverteidigungsminister Welfersheimb schwer verstimmt. Er erklärte in einer Sitzung des Ministerrates vom 28. Januar 1897, daß er den Tschechen erst entgegenkommen wolle, wenn diese ihre armeefeindliche Haltung aufgäben. Zeitgleich erörterte Badeni dem Abgeordneten Baernreither seine Pläne zur Sprachverordnung in genau diesen Tagen.[76]

Am 7. Februar 1897 teilte Badeni dem Ministerrat mit, daß er an einer Sprachverordnung für Böhmen arbeite und diese auch erlassen wolle. Das Gesetz sollte somit noch vor den Reichsratswahlen Gültigkeit erlangen, obwohl er nicht wissen konnte, welches Ergebnis und welche Mehrheitsverhältnisse der Parteien die Wahlen brachten.[77] Badeni glaubte, daß er durch die Verordnung zur Besserung des Verhältnisses zwischen Deutschen und Tschechen beitragen konnte, wobei er nur mit den gemäßigten Deutschen zusammenarbeiten wollte.[78] Er lehnte es ab, die extrem nationalistisch gesinnten Deutschen zu umwerben, die für ihn die Klerikalen, Deutschnationalen und Antisemiten repräsentierten.[79] Welfersheimb wies darauf hin, daß seit 37 Jahren alle Ausgleiche auf Kosten der Deutschen erfolgt seien und jetzt die Belastungsgrenze für sie erreicht sei.[80] Er setzte in der Sprachverordnung die Bestimmung durch, wonach die Gendarmeriebehörden und der militärische Sektor von der Verordnung nicht betroffen waren. Da die Verordnung sein Ressort, die Landesverteidigung, nicht betraf, unterzeichnete er sie auch nicht.[81]

Nach den Reichsratswahlen im März 1897 nahm Badeni wieder Fühlung mit den Deutschen auf und plante, Baernreither und den Jungtschechen Kaizl als Minister ohne Geschäftsbereich in die Regierung einzubinden. Beide sollten dann die Verwirklichung der Sprachverordnung unterstützen.[82] In der Sitzung vom 31. März 1897, an der Herrenhausmitglieder, Abgeordnete des Verfassungstreuen Großgrundbesitzes und Mitglieder der Fortschrittspartei teilnahmen, kam man unter Vorsitz Auerspergs zu dem Schluß, daß die Sprachverordnung unannehmbar sei. Ebenso lehnte man den Eintritt Baernreithers in die Regierung ab. Am folgenden Tag wurde der Ministerpräsident durch eine Abordnung aufgesucht. Alle Bestimmungen der Verordnung wurden

---

[74] Höbelt: Kornblume und Kaiseradler, S. 152 f.
[75] Molisch: Geschichte der Badenischen Sprachverordnungen, S. 7
[76] Molisch: Geschichte der Badenischen Sprachverordnungen, S. 7
[77] Molisch: Geschichte der Badenischen Sprachverordnungen, S. 8
[78] Molisch: Geschichte der Badenischen Sprachverordnungen, S. 9
[79] Molisch: Geschichte der Badenischen Sprachverordnungen, S. 9
[80] Molisch: Geschichte der Badenischen Sprachverordnungen, S. 9 f.
[81] Molisch: Geschichte der Badenischen Sprachverordnungen, S. 10
[82] Molisch: Geschichte der Badenischen Sprachverordnungen, S. 12

aufgelistet, die für die Deutschen unannehmbar waren. Ferner wurde er aufgefordert, die Verordnung nicht zu erlassen.[83] Die Verhandlungen Badenis mit den Tschechen befanden sich inzwischen jedoch in fortgeschrittenem Stadium, so daß er die Verordnung nicht mehr zurückziehen konnte. Nur sein Rücktritt hätte diese stoppen können.[84]

Noch vor dem Inkrafttreten der Verordnung kamen die unterschiedlichen Auffassungen darüber zutage. Der Vorsitzende der Jungtschechen, Engel, strebte danach, die Verordnung vor der Zustimmung seiner Partei zum Eintritt für die Mehrheit zu erlassen. Gleispach lehnte dies mit der Begründung ab, daß die Grundlage dafür zu unsicher sei. Außerdem war die Haltung des Verfassungstreuen Großgrundbesitzes noch nicht klar zu erkennen und gegen eine geeinte deutsche Abwehrfront war nicht anzukommen. Gautsch vertrat die Ansicht, daß eine Mehrheit, welcher der Verfassungstreue Großgrundbesitz samt Anhängern angehörte, unbedingt nötig sei. Bilinski trat für einen früheren Erlaß der Verordnung ein, um die parlamentarische Lage zu entschärfen. Badeni und Ledebur beurteilten die Lage als günstig, weil nach der Unterredung mit Baernreither keine grundsätzlich ablehnende Haltung des Verfassungstreuen Großgrundbesitzes zu erkennen war.[85] Engel und Kaizel befürworteten den Eintritt ihrer Partei zur Mehrheit, falls die Verordnung am 3. April 1897 verkündet wurde.[86] Der Verfassungstreue Großgrundbesitz versagte jedoch die Zustimmung, so daß die Regierung genötigt war, ohne feste Mehrheit vor das Abgeordnetenhaus zu treten.[87]

Chlumecky warnte Badeni einige Monate vor dem Erlaß der Sprachenverordnungen vor deren Folgen. In seiner Denkschrift vom 18. September 1896 trat Chlumecky für eine nationale Verständigung ein. Er riet dringend von einseitigen Verfügungen ab und sagte den Sturz der Regierung voraus, den der nationale Teil der nicht klerikalen Deutschen und der rechte Flügel der deutschliberalen Partei verursachen würde, wenn sie die Sprachenverordnungen trotzdem erlassen würde.[88] Badeni zeigte sich nicht gewillt, auf den Boden der Realpolitik zurückgeholt zu werden. Baernreither warnte ihn, den Tschechen zu viele Zugeständnisse zu machen, da sie immer mehr forderten, je mehr sie bekämen. Diesen Einwand wischte Badeni jedoch weg. Er war kein Mann, der intensiv arbeitete, daher hatte er keine Kenntnis der Politik vor Ort und unterschätzte die Wirkungen von Details.[89] Schließlich meinte Baernreither, daß Badeni eine Verständigung zwischen Deutschen und Tschechen ehrlich herbeiführen wollte, aber an seiner totalen Unkenntnis der Verhältnisse scheiterte.[90]

Gautsch war kein Anhänger der Sprachenverordnungen. Er sah die Rechtsgrundlage für die Verordnungen in dem Artikel 19 des Staatsgrundgesetzes. Seiner Meinung nach konnten sich die Sprachenverordnungen demnach auf nichts anderes beziehen als auf das Recht des Staatsbürgers, innerhalb seines Landes alles, was ihn direkt betraf, in seiner Sprache verhandelt zu sehen. Außerhalb seines Landes fielen die Instanzen jedoch nicht unter die Grundbestimmungen des Artikels 19. Dieser erwähnte nur die

---

[83] Molisch: Geschichte der Badenischen Sprachverordnungen, S. 13 f.
[84] Molisch: Geschichte der Badenischen Sprachverordnungen, S. 14
[85] Molisch: Geschichte der Badenischen Sprachverordnungen, S. 14
[86] Molisch: Geschichte der Badenischen Sprachverordnungen, S. 14
[87] Molisch: Geschichte der Badenischen Sprachverordnungen, S. 14
[88] Sieghart: Die letzten Jahrzehnte einer Großmacht, S. 411
[89] Baernreither: Der Verfall des Habsburgerreiches, S. 3
[90] Baernreither: Der Verfall des Habsburgerreiches, S. 32

landesüblichen Sprachen, wodurch seine Gültigkeit auf die lokalen Behörden im betreffenden Land beschränkt blieb. Infolgedessen erstreckte sich die rechtliche Zuständigkeit des Artikels 19 nicht auf die Korrespondenz der Behörden untereinander. Da jedoch die Sprachenverordnungen über die Aussagen des Artikels 19 hinausgingen, war das Einverständnis der deutschen Parteien unbedingt notwendig und Pflicht der Regierung, das Einverständnis der Deutschen einzuholen.[91]

In einem Brief Badenis an Baernreither vom 13. März 1897 erklärte er, daß er sehr wohl wußte, in welche Lage er sich durch die Sprachenverordnungen brachte und daß er diese Schwierigkeiten auch genauso gut hätte vermeiden können. Außerdem war er der Meinung, die Dinge entwickelten sich in der Praxis anders, als er vorher geglaubt hatte, ferner handelte er aus dem Gefühl heraus, Böhmen etwas Gutes zu tun.[92] Badeni war sich der Wirkung seiner Sprachenverordnungen wohl bewußt, da er seit einem Jahr vor der Verkündung die politischen Konstellationen sondierte. Die Liberalen konnten demnach die Sprachenverordnungen annehmen oder stattdessen eine klerikale Regierung erdulden. Vor diesem Hintergrund erklärte Funke, daß ihm die Sprachenverordnungen immer noch lieber seien als konfessionelle Schulen. Badeni hatte wirklich die Absicht, Deutsche und Tschechen miteinander auszusöhnen und beide Volksgruppen in ein Bündnis zu integrieren, aber die Wahl seiner Mittel war dazu nicht geeignet. Die Jungtschechen Kaizl und Kramář waren durchaus zu diesem Experiment bereit, aber auf breite Zustimmung traf die Idee im Jungtschechenklub nicht. Der Vermittler Friedrich Prinz Schwarzenberg, der den Wahlkreis Budweis für sich gewann, nahm die Mühen nicht auf sich, um die Feudalen für ein bürgerliches Bündnis zu begeistern.[93]

Bei einem Diner, das Graf Kapnist, der russische Botschafter in Wien, zu Ehren Badenis gab, erklärte letzterer, daß er die liberalen Elemente der verschiedenen Nationalitätsparteien des Abgeordnetenhauses sammeln und aus diesen eine Majorität für sein Ministerium schaffen wolle. Da die meisten der deutschen und tschechischen Abgeordneten liberal gesinnt waren, wurde mit dieser Allianz im Parlament die nationale Kluft zwischen beiden Volksstämmen abgemildert und der deutsch-tschechische Gegensatz beseitigt. Dabei verschwieg Badeni jedoch, daß Eim, ein jungtschechischer Abgeordneter, den Jungtschechenklub nur um den Preis der Sprachenverordnungen mit der Einführung der tschechischen Amtssprache an der Regierungsmehrheit beteiligte. Der Handel zwischen Badeni und Eim wurde schon kurz nach Badenis Ernennung zum Ministerpräsidenten abgeschlossen.[94] Badeni gab selbst zu, daß er die meiste Zeit in Galizien lebte und die Verhältnisse in den anderen österreichischen Ländern wenig kannte[95], und er war der Meinung, daß er den Ausgleich mit Ungarn fertigstellen müsse. Dazu brauchte er eine feste Majorität, die aus Tschechen, Deutschen und Deutsch-Fortschrittlichen bestehen sollte. Von diesen drei Gruppen brauchte er unbedingt zwei und die Polen, da sonst der Ausgleich nicht machbar war. Badeni wollte die Tschechen und die Deutschen mit den geplanten Sprachenverordnungen vereinen.

---

[91] Sutter: Die Badenischen Sprachenverordnungen von 1897, Bd. I, S. 150 f.
[92] Sutter: Die Badenischen Sprachenverordnungen von 1897, Bd. I, S. 171
[93] Höbelt: Kornblume und Kaiseradler, S.151 f.
[94] Kielmannsegg: Kaiserhaus, Staatsmänner und Politiker, S. 267
[95] Kielmannsegg: Kaiserhaus, Staatsmänner und Politiker, S. 267

Weiterhin gehörte dazu noch eine Wahlordnungsreform für Böhmen. Die Deutschen sollten in Prag eine Akademie der Wissenschaften als Kompensation bekommen.[96]

Auch die Tschechen forderten die Zweisprachigkeit in ihrem Land, da die Deutschen ebenfalls nach nationaler Abgrenzung strebten. Durch Zugeständnisse auf diesem Gebiet konnten die Tschechen am ehesten für die Regierung gewonnen werden.[97] Finanzminister Bilinski wies darauf hin, daß eine Mehrheit im Reichsrat ohne die Tschechen möglich sei, solange die Vereinigte Deutsche Linke als mächtige Partei bestand.[98] Die Regierung unter Taaffe führte jedoch zu einer Zersplitterung dieser Partei.[99] Ministerpräsident Badeni war den Tschechen auf verschiedene Weise entgegengekommen, so daß seit dessen Amtsantritt eine Mehrheit für den Staatsvoranschlag sowie für die Steuer- und Wahlrechtsreform vorhanden war.[100] Badeni war nicht gezwungen, die Zustimmung der Tschechen zur Sicherung des Ausgleichs mit Ungarn mittels der Sprachverordnung zu erkaufen.[101]

In einem Interview mit der Zeitung „Bohemia" vom 27. März 1897, das als „Interview mit einem führenden Staatsmann" betitelt wurde, legte Badeni seine Grundprinzipien dar. Er begründete den Erlaß zweier Sprachenverordnungen, jeweils für Böhmen und Mähren mit gleichem Inhalt, damit, daß jeder Anschein staatlicher Nachgiebigkeit vermieden werden sollte.[102] Danach hielt er daran fest, daß nicht alle Beamten in denjenigen Gebieten, in denen es nicht zwingend notwendig war, also den rein deutschen Regionen, tschechisch beherrschen müßten. Hier reiche es, wenn nur ein Beamter in der Behörde tschechisch beherrsche. Badeni stellte sogleich im Interview klar, daß die Behördensprache auch weiterhin Deutsch bleibe, lediglich in Parteisachen würden je nach Eingabe deutsche oder tschechische Bescheide ausgestellt. Im Verkehr mit anderen Behörden, ausgenommen den Landes- und Oberbehörden, mußten alle Beamte auf Deutsch amtieren. Diese Regelung hatte seiner Meinung auch Auswirkungen auf die tschechischen Beamten, da diese ebenfalls gut Deutsch beherrschen müßte und sich nicht mit mangelhaften Kenntnissen zufrieden geben könnten. Damit betonte er, daß beide Nationalitäten in Böhmen Zwängen unterworfen wären. Zuletzt gab er zu, daß diese Sprachenverordnungen die einzige Forderung der Jungtschechen für den Regierungseintritt seien. Gleichzeitig hob er hervor, daß die Deutschen in der Regierung in gebührendem Maß vertreten seien und die neue Regierung durch die Einbindung der Jungtschechen allen extremen Strömungen eine Absage erteile.[103]

Am 4. April 1897 fand eine Sitzung des Ministerrates unter Vorsitz des Kaisers Franz Joseph statt, in dem er das vorher eingereichte Rücktrittsgesuch der Regierung ablehnte. Franz Joseph und Bilinski waren optimistisch, daß vom Großgrundbesitz kein ernsthafter Widerstand zu erwarten war. Badeni rechnete außerdem mit dem Eintritt der liberalen Deutschböhmen in die Regierung. Der Kaiser lehnte die Bildung eines Ministeriums ab, das den Forderungen der Deutschen mehr entgegenkam und forderte

---

[96] Baernreither: Der Verfall des Habsburgerreiches, S. 1 f.
[97] Molisch: Geschichte der Badenischen Sprachverordnungen, S. 6
[98] Molisch: Geschichte der Badenischen Sprachverordnungen, S. 6
[99] Molisch: Geschichte der Badenischen Sprachverordnungen, S. 6
[100] Molisch: Geschichte der Badenischen Sprachverordnungen, S. 6
[101] Molisch: Geschichte der Badenischen Sprachverordnungen, S. 6
[102] Sutter: Die Badenischen Sprachenverordnungen von 1897, Bd. I, S. 181
[103] Sutter: Die Badenischen Sprachenverordnungen von 1897, Bd. I, S. 182

die Regierung auf, entschiedener weiter zu arbeiten. Der Kaiser wies darauf hin, daß mit den Tschechen Vereinbarungen getroffen worden seien, jetzt dürfe kein Rücktritt erfolgen, nur weil die Deutschliberalen gegen die Verordnung opponierten. Franz Joseph unterschätzte jedoch den Widerstand der Deutschliberalen gewaltig.[104] Badeni und seine Minister Gautsch und Geispach vertraten ihr Rücktrittsgesuch nicht besonders energisch, so daß anzunehmen war, daß sie sich einen weiteren Verbleib in der Regierung vorstellen konnten.[105]

2.1.6.1. Die planmäßige administrative Slawisierung ab 1897

Seit dem Jahr 1897 setzte die aktive Slawisierung in Böhmen ein. Planmäßig wurden von den obersten Verwaltungsstellen tschechische Beamte in deutsche Gebiete versetzt. Auf Veranlassung Kaizls berief die Finanzlandesdirektion Prag tschechische Beamte in die Zollämter, Kaizl handelte ebenso bei den Zentralbehörden seines Ressorts in Wien. Die Justizbehörden agierten genauso. Tschechische Anwärter wurden bevorzugt, deutsche vorzeitig pensioniert, um den tschechischen Bewerbern Platz zu machen. Der Abgeordnete Bendel beklagte sich am 10. November 1897 im Reichsrat, daß einzelne Gerichtsbezirke Böhmens von tschechischen Beamten überschwemmt wurden. So führte er die Bezirke Winterberg, Bergreichenstein, Lobositz, Schluckenau und Tannwald an, in denen fast nur noch tschechische Beamte und Bedienstete arbeiteten. In diesen Gebieten, in denen die Majorität deutsch war, befanden sich an den Gerichtsgebäuden ausschließlich tschechische Aufschriften.[106]

---

[104] Molisch: Geschichte der Badenischen Sprachverordnungen, S. 15
[105] Molisch: Geschichte der Badenischen Sprachverordnungen, S. 15
[106] Münch: Böhmische Tragödie, S. 413

3. Die politischen Gruppierungen der Deutschen und Tschechen als Träger national-sprachlicher Forderungen

3.1. Die deutschen Parteien und politischen Vereine

3.1.1. Auffassung von Gleichberechtigung auf deutscher und tschechischer Seite

Nach dem Tod Schmeykals im Jahr 1894, der das deutsche politische Lager geführt hatte, trennten sich die deutschen Politiker in eine liberale und radikale Gruppe, außerdem wurde die Deutsche Volkspartei gegründet.[107]

Im Gegensatz zu den Deutschen in Böhmen akzeptierten die Tschechen die andere Nationalität als gleichberechtigt. Diese Einstellung wurde überwiegend von den Alttschechen vertreten, die bis 1891 die führende Partei der Tschechen waren. Als die Jungtschechen die dominierende Partei wurden, trat das Schlagwort von der Gleichberechtigung hinter der Forderung nach dem böhmischen Staatsrecht zurück. Trotzdem wurde die Forderung nach Gleichberechtigung weiter aufrecht erhalten.

Im November 1892 erließen alle Vertreter tschechischer Parteien in Böhmen, Mähren und Schlesien bei einer Beratung in Prag eine Kundgebung, in der sie unter anderem die Gleichberechtigung aller Nationen in allen Ländern der böhmischen Krone forderten.

1896 erklärte Kramář in den Delegationen, daß das unverjährbare Recht der Länder der böhmischen Krone nicht nur für die Tschechen gelte, sondern auch für die gleichberechtigten Deutschen und das Reich.[108]

Die Tschechen waren sich vor dem Ersten Weltkrieg darüber im klaren, daß die Deutschen einen wichtigen Bevölkerungsteil Böhmens, Mährens und Schlesiens bildeten. Das Postulat nach Gleichberechtigung erschloß sich aus der Tatsache, daß beide Nationen schon lange im gleichen Land lebten. Allerdings gab es schon vor dem Krieg radikale Kreise, die der Ansicht waren, daß die Deutschen die Grenzgebiete zu Unrecht besetzten und die Tschechen das Anrecht auf dieses Land hätten.[109]

Die tschechische These vertrat den Grundsatz von der Zweisprachigkeit ganz Böhmens, während die deutsche von einsprachigen, rein deutschen Gebieten ausging. Damit wurde zwischen einsprachiger und zweisprachiger Gleichberechtigung unterschieden. Einsprachige Gleichberechtigung bedeutete, daß innerhalb eines Kronlandes in bestimmten Gebieten die eine, in anderen die andere Landessprache dominierte. Zweisprachige Gleichberechtigung bezog die Person mit ein. Das bedeutete, daß das sprachliche Recht und der Gebrauch der Sprache mit der Zugehörigkeit der Person zu einem bestimmten Volksstamm einherging und keine Rücksicht darauf nahm, in welchem Teil des Kronlandes sich die Person an eine Behörde wandte.[110]

Der Verwaltungsgerichtshof interpretierte den Begriff der Landesüblichkeit in dem Erkenntnis vom 15. April 1905 im Sinn der deutschen These, wonach Landesüblich-

---

[107] Kosch: Die Deutschen in Österreich und ihr Ausgleich mit den Tschechen, S. 57
[108] Rádl: Der Kampf zwischen Tschechen und Deutschen, S. 170
[109] Rádl: Der Kampf zwischen Tschechen und Deutschen, S. 170 f.
[110] Stourzh: Die Gleichberechtigung der Nationalitäten, S. 118 f.

keit als lokale Ortsüblichkeit anzusehen war. Das Reichsgericht vertrat mindestens einmal die tschechische Theorie, daß beide Landessprachen in ganz Böhmen landesüblich waren. In Art. 19 (2) äußerte sich das Reichsgericht zuerst zur einsprachigen These, daß in einem Land, in dem mehrere Sprachen landesüblich waren, jede der Sprachen in ihrem Gebiet berechtigt ist, wie die andere in dem ihrigen Gebiet. Weiter erkannte das Reichsgericht, daß jede landesübliche Sprache nicht nur in ihrem Gebiet, sondern im ganzen Land gleichberechtigt war. Bei den Behörden dieses Landes durften also Eingaben in jeder landesüblichen Sprache eingebracht werden. Dabei war unwichtig, ob die Sprache, in der die Eingabe abgefaßt war, bei der betreffenden Behörde üblich war oder nicht.[111]

In Cisleithanien[112] änderte sich das politische Programm der Tschechen, das von der Linie der Alttschechen, die mit der Anerkennung spezieller politischer Rechte der ehemaligen Länder der Böhmischen Krone zufrieden waren, abwich. Das jungtschechische Programm basierte auf aggressiverem Nationalismus und der Förderung der Idee der panslawischen Solidarität innerhalb und außerhalb der Monarchie. Dieser Wechsel beinhaltete eine wichtige Veränderung der politischen Inhalte, weg von der Aristokratie und der oberen Mittelschicht, hin zu den unteren städtischen und ländlichen Mittelschichten. Aber in der Praxis ergab sich kein sofortiger Wechsel der politischen Situation.[113]

Der jungtschechische Radikalismus, im allgemeineren Sinn als in nur innerhalb der Partei, durchdrang die tschechische Nation.[114]

3.1.2. Die Deutsche Fortschrittspartei

Der Deutsche Fortschrittsklub sah seine oberste Aufgabe in der Pflege und Förderung des Deutschtums, daher verwundert es, daß man vor 1880 nie einen Antrag im Reichsrat stellte, die deutsche Sprache als Staatssprache gesetzlich festzulegen, vor allem da man zu dieser Zeit noch die parlamentarischen Möglichkeiten besaß. Erst nach Verkündung der Taaffe-Stremayrschen Sprachenverordnungen im April 1880 wurde den Abgeordneten klar, daß sie ein wichtiges Ziel aus den Augen verloren hatten und nun war es für derartige Anträge im Reichsrat zu spät. Die gesetzliche Durchsetzung der deutschen Sprache als Staatssprache, Vermittlungssprache oder Amtssprache war nicht mehr möglich, da die slawisch-klerikale Rechte die Mehrheit im Haus stellte.[115] Graf Wurmbrand, Abgeordneter des Fortschrittsklubs, stellte am 10. April 1880 den Antrag, Deutsch als Staatssprache gesetzlich zu verankern und begründete seinen Vorstoß damit, daß ein einheitlicher Staat eine Staatssprache benötige, damit das Staatsgebilde gefestigt würde. Er berief sich dabei auf Joseph II., der statt des Lateinischen das Deutsche als Amtssprache eingeführt hatte, jedoch nicht, um die anderen Nationen zu unterdrücken, sondern um die Idee des geeinten Gesamtstaates zu verwirklichen. Ferner stünden die Abgeordneten des Fortschrittsklubs klar zum österreichischen Staat

---

[111] Stourzh: Die Gleichberechtigung der Nationalitäten, S. 119 f.
[112] Nach dem österreichisch-ungarischen Ausgleich von 1867 wurde die österreichische Reichshälfte „Cisleithanien" und die ungarische „Transleithanien" genannt. Anm. d. Verf.
[113] Kann: Habsburg Empire, S. 121 f.
[114] Kann: Habsburg Empire, S. 123 f.
[115] Harrington-Müller: Der Fortschrittsklub im Abgeordnetenhaus des österreichischen Reichsrates, S. 96 f.

und wollten an ihm festhalten. Im Januar 1884 wurde Wurmbrands Antrag nach zweiter Lesung abgelehnt.[116]

Funke legte die Notwendigkeit der gesetzlichen Festhaltung des Deutschen als Staatssprache in einer Rede im Reichsrat vom 29. April 1898 dar. In einem Land, in dem mehrere Sprachen gesprochen würden, wäre es für den inneren, wie für den äußeren Verkehr zweckdienlich, eine gemeinsame Sprache zu besitzen. Dies könnte nur die deutsche Sprache sein, das ginge aus dem historischen Werdegang des österreichischen Reiches hervor, ebenso aus der Bedeutung des Deutschen als Welt- und Kultursprache. Die anderen Sprachen im Reich würden dadurch nicht benachteiligt, da diese ihren regionalen Geltungsbereich nach wie vor innehätten. Funke bewies, daß man mit der gesetzlichen Sanktion nichts Neues schaffen würde, sondern die deutsche Sprache jetzt schon Staatssprache wäre, so beherrsche die Bildungsschicht aller Volksstämme Deutsch, genauso wie der Großteil der Abgeordneten. Gleichfalls erschiene das Reichsgesetzblatt laut kaiserlichem Patent vom 1. Januar 1860 nur in Deutsch, nach der Dezemberverfassung 1867 wäre die deutsche Sprache die offizielle Sprache der österreichischen Delegationen und gemäß des Gesetzes vom 27. Juni 1878 die Geschäftssprache für die österreichische Hälfte bezüglich der österreichisch-ungarischen Bank.[117]

Joseph Unger unternahm 1887 im Herrenhaus einen weiteren Versuch, das Fixieren des Deutschen als Staatssprache rechtlich zu begründen. Er argumentierte, daß die Geltung der deutschen Amtssprache nicht nur faktischen, sondern rechtlichen Charakter besäße, denn sie wäre Bestandteil der öffentlichen Rechtsordnung in Österreich. Es existiere zwar kein geschriebenes Gesetz, das ihre Geltung festlege, allerdings wäre der Gebrauch der deutschen Sprache bei Behörden und Ämtern eine stete Gewohnheit und wurde im Laufe der Zeit Gewohnheitsrecht. Das Gewohnheitsrecht wäre zudem ein wichtiger Bestandteil des öffentlichen Rechtes und hätte die gleiche Gesetzbindung wie Gesetzesrecht.[118]

3.1.3. Die deutschen konfessionellen Parteien

3.1.3.1. Die Christlichsozialen und die Katholische Volkspartei

Am 9. September 1894 wurde in Leitomischl die Christlichsoziale Partei gegründet, deren Programm auf dem Inhalt der Enzyklika „Rerum Novarum" basierte. Ferner forderte man die Aufrechterhaltung der katholischen Tradition im öffentlichen Leben und im Erziehungswesen und versuchte, die kirchlich organisierte Arbeiterschaft für die Partei zu gewinnen.[119]

Die Christlichsoziale Bewegung wurde durch die Reichsratswahlen vom 9. März 1897 in der Bevölkerung gefestigt. Zum ersten Mal durften breite Volksschichten in der neugeschaffenen V. Kurie wählen. Allerdings votierten in dieser auch die Mitglieder der vier anderen Wahlkörper mit. Trotzdem erhielten in Niederösterreich die Christ-

---

[116] Harrington-Müller: Der Fortschrittsklub im Abgeordnetenhaus des österreichischen Reichsrates, S.97f.
[117] Harrington-Müller: Der Fortschrittsklub im Abgeordnetenhaus des österreichischen Reichsrates, S. 99
[118] Stourzh: Die Gleichberechtigung der Volksstämme als Verfassungsprinzip, S. 1047
[119] Hoensch: Geschichte Böhmens, S. 385

lichsozialen mit einem Schlag alle Mandate der V. Kurie. Von 593.000 Stimmen, die in direkter Wahl (alle österreichischen Städtewahlkreise, Wien, Niederösterreich, Graz, Prag, Brünn, Lemberg, Krakau, Triest) abgegeben wurden, bekamen die Christlichsozialen 262.712 Stimmen (= 44,5%). Damit wurden die Sozialdemokraten, die 39 % erhielten, überflügelt. Die Stimmen für die Christlichsozialen stammten zum größten Teil aus deutschen Wahlbezirken, während sich die Stimmen für die Sozialdemokraten aus den deutschen, tschechischen, polnischen und italienischen Wahlkreisen rekrutierten. Bedeutsam ist das Wahlergebnis deswegen, weil ein großer Teil der Arbeiterschaft christlichsozial wählte.[120]

Während die Christlichsozialen eine junge Partei waren, zählte die Katholische Volkspartei zu den etablierten Parteien in Österreich. Sie war schon in der Regierung Taaffe vertreten. Die Verhandlungen, die Badeni in den Tagen vor der Veröffentlichung der Sprachenverordnungen mit verschiedenen Abgeordneten geführt hatte, erbrachten den Anschluß der Katholischen Volkspartei an die Parteien der Rechten und damit die Bildung einer Regierungsmehrheit. In dieser befand sie sich, als einzige deutsche Partei, an der Seite der Polen, Tschechen und Südslawen. Allerdings trat kurze Zeit später die Volkspartei wieder aus der Regierungsmehrheit aus. Baron Dipauli, Obmann der Partei, erklärte dies damit, daß Badeni damals die Bestätigung der Wahl Luegers zum Wiener Bürgermeister, die am 8. April 1897 erfolgt war, verweigerte. Diese Querelen wurden beseitigt, Lueger erhielt die kaiserliche Bestätigung. Da für die Katholische Volkspartei alle Hindernisse zum Regierungseintritt beseitigt worden waren, erwartete Badeni von den Christlichsozialen für die bevorstehenden Entscheidungen, die Sprachenverordnungen, eine freundliche Haltung. Der Pakt mit der Regierung Badeni und mit deren Mehrheit brachte für die Katholische Volkspartei die Verwirklichung eines langgehegten Traumes, die Einrichtung von konfessionellen Schulen.[121]

Schöpfer, Abgeordneter der Katholischen Volkspartei, versuchte im Herbst 1897 seine Partei an die Christlichsoziale anzunähern. Voraussetzung dafür war jedoch, daß die Katholische Volkspartei die Bindung an eine Mehrheit aufgab, in der sie für die Sprachenverordnungen mitverantwortlich war und den Gegnern immer neue Nahrung für deren Vorwurf lieferte, die katholische Kirche beteilige sich an dem Unrecht, das den Deutschen zugefügt wurde. Schöpfer gelang es aber nicht, die Parteileitung von der Gefährlichkeit der Lage und der Last ihrer Verantwortung zu überzeugen. Selbst als die Hoffnung auf die Verwirklichung der konfessionellen Schulen zerschlagen wurde, blieb die Volkspartei in der Regierungsmehrheit. Am 4. Mai 1897 brachte Ebenhoch, Abgeordneter der Katholischen Volkspartei, den Schulantrag im Reichsrat ein, der nicht einmal in einem Ausschuß verhandelt wurde.[122]

Die Christlichsoziale Parteibewegung fand im Volk bald mehr Unterstützung als die alldeutsche. Zum einen unterstützte die Partei Schönerers wenig die wirtschaftlichen Interessen der kleinen Geschäftsleute und Gewerbetreibenden, da sich jene Anhänger vorzugsweise aus den wirtschaftlich schwächeren Schichten rekrutierten. Zudem unterschieden sich die Christlichsozialen von den Schönerianern durch ihre positive Einstellung zur katholischen Religion, was das Volk eher ansprach, da man durch die Überbetonung des Deutschtums der Alldeutschen irritiert war. Allerdings zeigte das

---

[120] Funder: Vom Gestern ins Heute, S. 190f.
[121] Funder: Vom Gestern ins Heute, S. 199
[122] Funder: Vom Gestern ins Heute, S. 212

Jahr 1897, daß sich Christlichsoziale und Liberale durchaus in bezug auf aktuelle Tagesereignisse in das Fahrwasser der Alldeutschen begaben.[123]

3.1.4. Der Pangermanismus

Unter den Deutschösterreichern schnitt die pangermanische Bewegung, die dem ganzen traditionellen österreichischen Staat feindlich gegenüber stand, tief in die Struktur der städtischen und bis zu einem gewissen Grad auch in die der ländlichen Mittelschicht ein. Der Einfluß dieser Bewegung auf die Büroangestellten, die unteren sowie mittleren Schichten des Verwaltungsdienstes konnte nicht in Wählerzahlen ermittelt werden, seitdem sich zahlreiche radikale Splittergruppen untereinander heftig bekämpften und ihren potentiellen Einfluß auf die Regierungstätigkeit dadurch verhinderten. Was die nationalen Gefühle und die indirekte Wirkung auf die anderen deutschen Parteien betraf, repräsentierte der Pangermanismus einen ernstzunehmenden Faktor, der die Integration der verschiedenen Nationalitäten in den Staat Österreich hemmte. Der Pangermanismus entsprang aus der Ernüchterung über den deutschen Liberalismus, der hehre Prinzipien vertrat, aber in der Praxis die sozialen Verhältnisse nicht repräsentierte und in der emotionalen Wirkung altmodisch wirkte. Zur gleichen Zeit wurde die Christlichsoziale Bewegung, die stark die Idee des österreichischen Staates unterstützte, zur verbreitetsten deutschen Partei. Aber die Christlichsozialen konnten nicht die emotionale Wirkung des Pangermanismus ausgleichen, ohne Konzessionen am ideologischen Programm in der Frage der Juden und des kapitalistischen Einflusses zu machen. Die Hauptverantwortung für das gescheiterte Vorhaben, die Angliederung der Christlichsozialen Partei an die anderen deutschnationalen Parteien zu etablieren, lag weniger an der Partei selbst, sondern an dem fehlenden Zusammengehörigkeitsgefühl unter allen österreichischen Nationalitäten.[124]

Die Träger des radikaldeutschen Nationalismus in Böhmen waren in erster Linie die kleinen deutschen Handwerker und Gewerbetreibenden, die direkte tschechische Konkurrenten fürchten mußten, ferner die deutschen Beamten, die nicht zweisprachig amtieren konnten und die deutschen Hochschüler, die sich sorgten, auf dem Stellenmarkt schlechter als ihre zweisprachigen Kommilitonen abzuschneiden.[125]

3.1.5. Portraits der wichtigsten Politiker Ende des 19. Jahrhunderts

3.1.5.1. Georg Schönerer

Seine politischen Schlüsselerlebnisse von 1866 und 1870/71 veränderten Georg Schönerer zu einem glühenden Deutschnationalen und Bismarck-Verehrer. Er erlebte die Niederlage der Habsburger gegen Preußen bei Königgrätz. Den Ausschluß Österreichs aus dem Deutschen Bund empfand er als Schmach und als keineswegs endgültig, da er die baldige Vervollkommnung des Deutschen Reiches durch den Anschluß aller deutschen Teile für unwiderruflich hielt. Bismarcks Satz wurde sein Motto: „Unsere Politik muß sein, daß kein Fußbreit deutschen Landes an den Feind verloren gehe und kein I-Tüpfelchen deutschen Rechtes geopfert werde."[126]

---

[123] Kann: Das Nationalitätenproblem in der Habsburgermonarchie, S. 102 f.
[124] Kann: Habsburg Empire, S. 124
[125] Kořalka: Das Nationalitätenproblem in den böhmischen Ländern, S. 8
[126] Hamann: Hitlers Wien, S. 339

Schönerer schrieb zahlreiche Huldigungsbriefe an Bismarck und ließ sich auch durch dessen kühle Antwortschreiben nicht beirren. Bismarck kam ein ungestümer österreichischer Deutschnationalismus politisch ungelegen, da er den neuen deutschen Staat konsolidieren wollte.[127]

1873 wurde Schönerer für die Deutsche Fortschrittspartei in den Reichsrat gewählt. Dort fiel er vor allem durch seine temperamentvollen Reden und als Querkopf auf, was dazu führte, daß er sich bald mit seiner Partei überwarf. 1876 trat er aus der Fortschrittspartei aus und opponierte von da an gegen den Liberalismus, den Kapitalismus und gegen „die Juden". Er wurde von der inneren Gesinnung her immer deutschnationaler und kämpfte nun auch gegen die Korruption. Viel Feindschaft brachte ihm seine Losung „Volksrecht bricht Staatsrecht". Damit erklärte er die Habsburgerdynastie im Interesse des deutschen Volkes für entbehrlich, da seiner Meinung nach die Hohenzollern das wahre Herrschergeschlecht aller Deutschen waren. Durch diese Äußerungen erhielt er den Rang eines Staatsfeindes und wurde ständig polizeilich überwacht.[128]

Trotz der einmütigen Ablehnung offiziöser Kreise hatte Schönerer zu dieser Zeit eine große Anziehungskraft, so daß sich junge Reform- und Sozialpolitiker um ihn scharten. Aus dieser Bewegung entstanden in den 80er Jahren des 19. Jahrhunderts eine Fülle von Ideen und Aktionen wie 1880 die Gründung des „Deutschen Schulvereins". Dieser Verein finanzierte in gemischtsprachigen Gebieten deutsche Schulen und Kindergärten. Schönerers wichtigste Mitarbeiter waren Victor Adler, Engelbert Pernstorfer, Heinrich Friedjung und Karl Lueger.[129]

Schönerers Kampf für das deutsche Volk mutierte in den 80er Jahren des 19. Jahrhunderts zu einem Kampf gegen alles Jüdische. Zunächst richtete sich seine Agitation gegen die russischen Juden, die seit 1881 vor den Pogromen aus dem Zarenreich flüchteten. Am 11. Mai 1882 protestierte Schönerer im Reichsrat gegen den massenhaften Zustrom der russischen Juden, deren Anzahl sich in den letzten 20 Jahren in Österreich verdoppelt, in Wien sogar verdreifacht hatte. Er forderte die Beschränkung weiterer Einwanderer nach dem Muster des amerikanischen „Chinese Exclusion Acts".[130] Schönerer betrachtete den Antisemitismus als Basis für den nationalen Gedanken der Deutschnationalen, als Fördermittel echt deutscher Gesinnung und dadurch als größte Errungenschaft dieses Jahrhunderts. Am 18. Februar 1884 prangte bei einer von Schönerianern organisierten Massenveranstaltung erstmals ein Schild, auf dem stand: „Juden ist der Eintritt verboten."[131]

1885 fügte Schönerer dem Linzer Programm[132] eigenmächtig einen Arierparagraphen hinzu. Er begründete dies damit, daß zur Durchführung der Reformen jeglicher jüdischer Einfluß aus dem öffentlichen Leben verbannt werden müßte. Das bedeutete für die Weggefährten Adler und Friedjung die Trennung von Schönerer. Beide waren zwar getauft, stammten aber von jüdischen Eltern ab. Somit wandte sich Schönerer

---

[127] Hamann: Hitlers Wien, S. 339
[128] Hamann: Hitlers Wien, S. 340 f.
[129] Hamann: Hitlers Wien, S. 342 f.
[130] 1882 verabschiedete der amerikanische Kongreß das Gesetz namens „Chinese Exclusion Act", um die Zuwanderung chinesischer Arbeiter zu verhindern. Es verbot chinesischen Arbeitern die Aufnahme in die USA für zehn Jahre. American History, S. 571
[131] Hamann: Hitlers Wien, S. 344 f.
[132] Zum Linzer Programm siehe Kap. 2.1.3.1.

nicht nur gegen die nichtdeutschen Nationalitäten in der Monarchie, sondern auch gegen diejenigen Juden, die sich bei Volkszählungen als deutschsprachig bezeichneten, deutsch dachten und für die Deutschnationalen arbeiteten. Juden sollten nun keine Deutschen mehr sein.[133]

Der Kampf gegen die „Judenpresse" erreichte im März 1888 ihren Höhepunkt. Schönerer und einige Kampfgefährten seiner Partei stürmten gewaltsam die Redaktion des „Neuen Wiener Tagblatts" und verprügelten die Redakteure. Der Grund für diese Aktion war die angeblich zu früh herausgegebene Nachricht vom Tod Wilhelms I. Diesmal wurde Schönerer durch Intervention des Kronprinzen Rudolf vor Gericht gestellt und wegen öffentlicher Gewalttätigkeit verurteilt. Er wurde mit vier Monaten schwerem Kerker bestraft und verlor zusätzlich seinen Adelstitel sowie die politischen Rechte für fünf Jahre. Folglich mußte er sein Reichsratsmandat niederlegen.[134]

Die Haft und die dadurch verlorene politische Schlagkraft schwächten Schönerers Einfluß im politischen Leben und machten den Weg frei für andere Parteien. Ab 1888/89 formierten sich die Christlichsozialen unter Karl Lueger und die Sozialdemokraten unter Victor Adler zu Massenparteien. Als Schönerer 1897 in den Reichsrat als Abgeordneter zurückkehrte, erreichten die deutsch-tschechischen Nationalitätenkämpfe in der Badeni-Krise ihren Höhepunkt. Die deutschen Parteien obstruierten in scharfer Form die Regierung.[135]

Ab 1900 verlor Schönerer seine Anziehungskraft mehr und mehr. Um so heftiger steigerte er sich in seine verworrenen Ideen hinein. Inzwischen war die katholische Kirche zusätzlicher Gegner in seiner Politik. Von diesem Zeitpunkt an durfte ein wahrer Deutscher weder den Habsburgern noch der katholischen Kirche dienen. Er mußte zur „wahren" deutschen Religion, dem Luthertum, zurückkehren. Mit der Parole „Los von Rom" rief er zur Konversion zum Protestantismus auf und trat 1900 selbst über.[136]

Als Reaktion darauf begab sich der von Schönerer gegründete „Deutsche Schulverein" in die Opposition[137]. Er weigerte sich, die „Los von Rom" Bewegung zu unterstützen und den Arierparagraphen einzuführen. Schönerer gründete einen Gegenverein, den „Schulverein für Deutsche", in den nur Protestanten eintreten durften. Der Erfolg war kläglich. Als Antwort auf Schönerers Schulverein übernahm der den Christlichsozialen nahestehende Thronfolger Franz Ferdinand 1901 die Schirmherrschaft über den „Katholischen Schulverein", der den Leitspruch „Los von Rom ist los von Österreich" führte. In diesem wurden nur katholische Lehrer und Schüler aufgenommen und er stand unter dem Schutz des Wiener Bürgermeisters Lueger. Dieser distanzierte sich vom ehemaligen Gesinnungsgenossen Schönerer. Beide Kontrahenten beschimpften sich, aber fast niemand nahm Schönerer mehr ernst, er mutierte zur komischen Figur. Seine Parole „Ohne Juda, ohne Rom wird gebaut Germaniens Dom" wurde nur noch verspottet, genauso wie seine jährlichen Pilgerfahrten zu Bismarcks Grab in Friedrichsruh.[138]

---

[133] Hamann: Hitlers Wien, S. 346
[134] Hamann: Hitlers Wien, S. 354
[135] Hamann: Hitlers Wien, S. 355
[136] Hamann: Hitlers Wien, S. 356
[137] Ein fester Ausdruck aus dem Parlamentarismus. Anm. d. Verf.
[138] Hamann: Hitlers Wien, S. 357

Ab 1901 gaben sich die Schönerianer einen Parteinamen und zwar „Alldeutsche Vereinigung". 1902 brach innere Unzufriedenheit über die Kapriolen ihres unberechenbar gewordenen Führers aus. Schönerers fähigster Parteifreund, Karl Hermann Wolf, trat zwar zum Protestantismus über, weigerte sich aber, eine solche Privatangelegenheit zur Bedingung der Parteizugehörigkeit zu machen. Dadurch konnte er die Unzufriedenen in der Partei für sich gewinnen. 1902 löste sich Wolf von Schönerer und gründete die „Freialldeutsche" oder auch „Deutschradikale" Partei. Vier der 21 alldeutschen Reichratsabgeordneten liefen zu Wolf über. Die alldeutschen Vereine spalteten sich nun in Schönerianer und Wolfianer. 1903 mußte Schönerer eine neue Zeitung gründen, das „Alldeutsche Tagblatt", weil seine alte Zeitung, die „Ostdeutsche Rundschau", ins deutschradikale Lager zu Wolf wechselte. Dieses Blatt verkaufte sich sehr schlecht, so daß Schönerer 1908 seine Leser sogar um eine „Julspende" bitten mußte, um 8000 Kronen Buchdruckerschulden bezahlen zu können. Politisch lenkte der geschwächte Schönerer seinen Kampf gegen die Einführung des allgemeinen gleichen Wahlrechtes, was gleichzeitig Kampf gegen die Sozialdemokraten bedeutete, da diese in Massendemonstrationen für dessen Einführung kämpften.[139] Aber seine Schimpftiraden offenbarten deutlich seinen geistigen Abbau. Er hatte nichts Neues mehr zu sagen. Nach Einführung des von ihm verhaßten Wahlrechtes wurde Schönerer nicht mehr ins Parlament gewählt, seine Partei schrumpfte von 22 auf drei Sitze zusammen und verlor somit jeglichen politischen Einfluß im Reichsrat.

Schönerer starb 1921 im Waldviertel und wurde gemäß seinem Wunsch in Friedrichsruh nahe dem Bismarck-Grab beerdigt.[140]

3.1.5.2. Karel Kramář

Karel Kramář, der schnell nach Kaizls Tod ins politische Rampenlicht rückte, war ein Mann von überschäumender Natur, aber sehr gebildet, Sohn eines reichen Industriellen, erzogen in Prag, Straßburg, Berlin und Paris. Er vertrat stark die slawischen Interessen und heiratete die Tochter eines reichen Moskauer Fabrikanten. Er besaß wie kein anderer seiner politischen Weggefährten Weitblick für innen- und außenpolitische Belange. Schon in den späten 90er Jahren des 19. Jahrhunderts wurde ein von ihm in der „Revue de Paris" veröffentlichter Artikel in ganz Europa diskutiert, der zum Meinungsaustausch zwischen Franz Joseph und Wilhelm II. führte. Bald wurde er als unerläßlicher Kritiker der Außenpolitik in den Delegationen und als der qualifizierte Mann angesehen, um das tschechische Problem in seiner weiteren österreichischen und europäischen Umgebung auszulegen. Zwar akzeptierte er den Status Quo und wünschte, daß Österreich als Großmacht überlebte, aber er sah das Duale System als vergänglichen Irrtum an, das unglücklicherweise Ungarn auf Kosten Böhmens als Partner wählte, und verharrte zudem sehr lange bei seiner Überzeugung, daß es möglich war, die Monarchie mit der Vorherrschaft des Slawentums wiederherzustellen. Er erkannte, daß dieses Ziel nur erreicht werden konnte, wenn die Allianz zwischen Wien und Berlin aufgehoben wurde. Daraus folgte, daß er eine Allianz zwischen Österreich und Rußland unterstützte, allerdings nicht auf der lange die österreichische Außenpolitik bestimmenden Basis, wonach beide Mächte gleichzeitig auf dem Balkan politisch vertreten und aktiv sein mußten und der Grundlage der Verteidigung des konservati-

---

[139] Hamann: Hitlers Wien, S. 360
[140] Hamann: Hitlers Wien, S. 361

ven Prinzips in Europa, sondern auf der Voraussetzung eines von deutscher Kontrolle und deutschem Einfluß befreiten Slawentums. Vom innenpolitischen Blickwinkel aus argumentierte er, daß jede Schwächung Österreichs die Stärkung Deutschlands bedeutete. Für die Tschechen ergab sich daraus, daß sie in ihrer Bedeutung sanken und diejenigen gestärkt wurden, die nichts anderes beabsichtigten, als die Tschechen einer rücksichtslosen Germanisierung zu unterwerfen.[141]

Kramář bekannte rückblickend, als er seine „Anmerkungen zur böhmischen Politik" schrieb, daß er die Lex Falkenhayn[142] nicht mehr unterstützt hätte, wie er es 1897 tat, jedoch nicht aus dem Grund, weil die Polizei ins Parlament gerufen wurde, sondern da Badeni nicht entschlossen war, die Angelegenheit bis zum Ende durchzufechten. Seiner Meinung nach hätte man damals die Entschlossenheit haben müssen, die Linken mit Gewalt zu brechen. Dies wäre die einzige Möglichkeit gewesen, um die Obstruktion der Deutschen zu beenden. Ebensowenig hatte er Bedenken, Polizeimaßnahmen in einem Parlament durchzuführen, da damals der Reichsrat keiner mehr im Sinne des Wortes gewesen war. Doch diese Anschauung herrschte bei den übrigen jungtschechischen Abgeordneten nicht vor. Engel, der Obmann des jungtschechischen Klubs, lehnte in den Beratungen mit den Rechten jede Gewaltmaßnahme ab.[143]

Kramář vertrat damals die Auffassung, daß die Gautschen Verordnungen am besten den nationalen Interessen der Tschechen entsprachen. Nur durch die Trennung Böhmens in reine und gemischte Bezirke und die Normierung der inneren Amts- und Dienstsprache proportional zur Sprache der Bevölkerungsmajorität des betreffenden Bezirkes waren die Behörden innerlich und äußerlich für die Bevölkerung sinnvoll aufgebaut. Ausschließlich diese sprachliche Einrichtung der Verwaltung entsprach den Anforderungen eines jeden Volkes nach seinen eigenen Ansprüchen.[144]

3.1.5.3. Karl Iro

Iro war Politiker, Schriftsteller und Egerländer Mundartdichter. Geboren wurde er am 25. September 1861 in Eger und starb am 20. Oktober 1834 in Wien.

Vor seiner Zeit als Abgeordneter betätigte er sich als Wanderlehrer des „Deutschen Schulvereins". Von 1897 bis 1913 hatte er das Mandat des Landtagsabgeordneten des böhmischen Landtages inne, ab 1897 zugleich das des Reichsrates. Außerdem gründete er den „Schulverein für Deutsche". In Wien arbeitete er als Redakteur des „Alldeutschen Tagblattes" und veröffentlichte die „Unverfälschten deutschen Worte" zusammen mit Georg Schönerer. Schriftstellerisch beschäftigte er sich besonders mit nationalpolitischen Fragen und schrieb Egerländer Mundartgedichte.[145]

3.1.5.4. Ernst Bareuther

Bareuther betätigte sich als Rechtsanwalt und Politiker. Er wurde am 19. Januar 1838 in Asch geboren und starb am 17. August 1905.

---

[141] Seton-Watson: A history of the Czechs and Slovaks, S. 245
[142] Siehe Kapitel 4.4.8.1.
[143] Kramář: Anmerkungen zur böhmischen Politik, S. 28 f.
[144] Kramář: Anmerkungen zur böhmischen Politik, S. 30 f.
[145] Weinmann: Egerländer Biographisches Lexikon, S. 240

Nach dem Studium der Rechtswissenschaft in Prag und Wien promovierte er in Wien. Ab 1871 war er Mitglied des böhmischen Landtages und von 1873 bis 1905 Reichsratsabgeordneter für die Wahlkreise Eger und Asch, dessen Ehrenbürger er war, Franzensbad und Roßbach. In seiner politischen Arbeit setzte er sich für die deutsche Staatssprache und die administrative Trennung von Deutschen und Tschechen ein. Außerdem strebte er engere politische und wirtschaftliche Beziehungen mit Deutschland an.

Später schloß er sich der Vereinigten Linken an und war Mitbegründer des Fortschritts-Klubs. Zugleich war er aber auch Mitglied des Deutschen Klubs und der Deutschnationalen Vereinigung Schönerers.[146]

3.2. Die tschechischen Parteien

3.2.1. Das politische Heranwachsen der Jungtschechen

Die Wiedereinführung des Parlamentarismus in der Habsburger Monarchie in den frühen 1860ern befähigte tschechische politische Führer, nach einer zwölfjährigen Pause nach nationaler Autonomie und Selbstregierung zu drängen. Die ungarische Taktik imitierend, konzentrierten sie sich nahezu 20 Jahre darauf, die historischen Rechte der Böhmischen Krone zu restaurieren und sicherten eine beschränkte Unterstützung für die böhmische Aristokratie zu. Die Taktik, die in Ungarn erfolgreich war, versagte in Böhmen.[147]

Im Reichsrat waren vom März bis September 1860 die böhmischen Länder durch einige Adelige repräsentiert, die von Graf Jindřich Clam-Martinic angeführt wurden und welche die Autonomie für die einzelnen Länder forderten, die auf ihren historischen Rechten basierten. Das spätere Oktober Diplom von 1860 nahm nur scheinbar diese föderale Annäherung auf.[148]

Mit dem Wiederaufleben des politischen Lebens in den böhmischen Ländern, erleichtert durch die Wiederbelebung einer energischen Presse, besonders der „Národní Listy", fühlten sich die tschechischen Führer, wiederum angeführt durch Palacký und Rieger, unter der Wirkung des Oktober Diploms zum Programm der historischen Rechte hingezogen, das teilweise 1848/489 aufgegeben worden war. Die tatsächliche Ausführung der Inhalte des Februar Patents von 1861 unter Anton von Schmerlings Ministerium zeigte aus tschechischer Sicht einen enttäuschenden Wechsel vom Föderalismus zum Zentralismus. Das Patent beschränkte den Reichsrat auf politisch zweitrangige Gebiete wie Landwirtschaft, Öffentlichkeitsarbeit und Sozialwesen und, innerhalb des Rahmens der kaiserlichen Gesetzgebung, auf munizipale, schulische und religiöse Angelegenheiten.[149]

Ein entscheidender Punkt innerhalb des tschechischen politischen Lagers war die Annäherung zwischen böhmischen und mährischen Tschechen. Die Fusion des tschechi-

---

[146] Weinmann: Egerländer Biographisches Lexikon, S. 58
[147] Kann, Zdeněk: The peoples of the Eastern Habsburg Lands, S. 297
[148] Kann, Zdeněk: The peoples of the Eastern Habsburg Lands, S. 297
[149] Kann, Zdeněk: The peoples of the Eastern Habsburg Lands, S. 298

schen Nationalismus in Böhmen und Mähren war im allgemeinen in den 1860ern vollendet.[150]

Die Jungtschechische Partei (Národní strana svobodomyslná = Freisinnige Nationalpartei)[151] gründete sich in den 1860er Jahren als eine Vereinigung von demokratischen und radikalen Elementen, die sich gewissen konservativen Grundsätzen innerhalb des wichtigsten politischen Armes der Nation, der Alttschechischen Partei oder Nationalen Partei (Národní strana), widersetzte. Zeichen der Trennung erschienen 1861, als Karel Sladkovský, ein radikaler Demokrat und Journalist, die Alttschechen kritisierte, die sich von den Wahlen zum böhmischen Landtag wegen des Protestes gegen die zentralistischen Züge des Februar Patentes fernhielten. Vor allem attackierten die Jungtschechen, die von den militanten Brüdern Julius und Eduard Grégr geführt wurden, die Alttschechen, die nationalliberale Ziele für die autonomen Ziele des konservativen böhmischen Feudaladels opferten, weil sie die nutzlose Taktik anwandten, den Landtag in Prag und den Reichstag in Wien zu boykottieren.[152]

Im September 1874 trotzten sieben neugewählte Angeordnete der Jungtschechen dem Boykott der Alttschechen und beteiligten sich an den Landtagssitzungen. Einige Monate später erklärte der Gründungskongreß der Jungtschechen seine Unabhängigkeit von den Alttschechen und gab ein umfangreiches Programm heraus, das sich klar von der Mutterpartei unterschied. Trotz der Unstimmigkeiten mit den Alttschechen kooperierten die Jungtschechen aus taktischen Erwägungen mit ihnen in Gesetzgebungsangelegenheiten, indem sie sich dem tschechischen Klub im Parlament anschlossen. Diese interparteiliche Allianz dauerte zehn Jahre, in denen Taaffe den tschechischen Forderungen einige Konzessionen zugestand.

Die 80er Jahre des 19. Jahrhunderts waren Jahre des wachsenden Nationalgefühles unter den Deutschen und Tschechen in Böhmen. Hier zeigten sich die Jungtschechen empfindsamer für die öffentliche Meinung als die Alttschechen und auch empfänglicher. Da die Jungtschechen diese Radikalisierung der Öffentlichkeit wahrnahmen, beendeten sie ihre parlamentarische Allianz und bildeten 1888 ihren eigenen Abgeordnetenklub im Landtag. Die Partei unternahm einen direkten Appell an die kleinen Besitzenden, von denen wenige das Wahlrecht besaßen, und schwamm in diesem Augenblick ganz oben auf der Bauernbewegung, was ihr nach der Trennung von den Alttschechen viele Mandate in der Landtagswahl des folgenden Jahres einbrachte.[153]

In den 80er Jahren des 19. Jahrhunderts befanden sich die Schulen in Böhmen komplett unter nationaler tschechischer Kontrolle und wurden daher ein sehr effizientes Mittel des sich ausbreitenden Nationalismus. Die lokalen Schulräte, die aus örtlich gewählten Mitgliedern bestanden, kontrollierten Primär- und Sekundärschulen und waren folgerichtig tschechischer Nationalität. Weiterführende Schulen wurden von Bezirksschulräten überwacht, die aus gewählten Stadträten bestanden. Jeder deutsche und tschechische Bezirk hatte seinen Schulrat, welcher der eigenen Nationalität angehörte. Theoretisch wurde die tschechische Universität in Prag als staatliche Einrich-

---

[150] Kann, Zdeněk: The peoples of the Eastern Habsburg Lands, S. 299
[151] Kořalka, Crampton: Die Tschechen, S. 513
[152] Winters: The Young Czech Party, S. 427
[153] Winters: The Young Czech Party, S. 428

tung vom Erziehungsministerium überwacht, aber in der Praxis hatte der Senat so viele Selbstverwaltungsrechte, so daß er fast unabhängig agierte. Dadurch hatten tschechischen Nationalisten freie Hand, die Studenten nach ihren eigenen Lehren zu unterrichten. Die Universität wurde somit zu einer Quelle des generationsweise fortschreitenden Nationalismus. In rein deutschen Gebieten leiteten die Tschechen ihre eigenen Schulen, die „Ústřední matice školská"[154], die 1880 gegründet wurden und 46 Schulen mit 6.752 Schülern unterstützten.[155]

Schließlich gingen die Jungtschechen als Sieger aus den österreichischen Parlamentswahlen von 1891 hervor, als sich fast alle Elemente des tschechischen Nationalismus und der tschechischen Demokratie vereinigten, um der Partei eine große Mehrheit über ihren Rivalen, dessen Einfluß schwand, zu verschaffen.

Von 1895 bis 1897 dehnte die Partei ihre unbeugsame oppositionelle Haltung zur Regierung aus, indem sie sich vorläufig an das Regierungsprogramm Badenis anpaßte, der im Ausgleich dazu eine wohlwollende Haltung gegenüber tschechischen Problemen einnahm. Die tschechischen Realisten unter der Führung Masaryks, der die jungtschechische Partei jedoch schon 1893 wieder verließ[156], Kaizls und Kramářs, stellten sich dem Konservatismus und dem staatsrechtlichen Nationalismus der jungtschechischen Bewegung entgegen. Trotz der Kritik an den bestehenden Verhältnissen sahen sie Entfaltungsmöglichkeiten für die tschechische Nation nur im Rahmen der Habsburgermonarchie. In der böhmischen Frage versuchten sie, Autonomieforderungen, also die administrativ-nationale Trennung, mit einer staatsrechtlichen Konzeption zu verbinden, die auf der territorialen Autonomie der böhmischen Länder basierte.[157]

Die Taktik des nationalradikalen Flügels der Jungtschechen zeigte sich nicht in illegaler Konspiration und anarchistischer Propaganda, sondern meist in außerparlamentarischer Opposition und parlamentarischer Obstruktion, da man die Hoffnung hegte, daß sich mit diesen Aktivitäten die Institutionen Cisleithaniens destabilisierten und die Regierung somit zu einer Lösung für Böhmen analog der für Ungarn gezwungen wurde.[158]

1899 erlitt die Partei eine große Niederlage, als die Badenischen Sprachenverordnungen unter immensem Druck der Deutschen zurückgezogen wurden.[159]

Der Nationalismus der Jungtschechischen Partei bestand im wesentlichen im Widerstand gegenüber der Germanisierung und der Wiederbelebung des Konzeptes vom böhmischen Staatsrecht. Seit der Gründung kämpfte die Partei vehement für nationale Rechtsgleichstellung und gegen jeden Anstieg des deutschen Einflusses in den tschechischen Ländern. In den 90er Jahren des 19. Jahrhunderts führte sie die populäre Opposition bei dem Wiener Kompromiß an, der die böhmischen Gerichts- und Verwal-

---

[154] Diese Schulen waren Privatschulen und wurden von tschechischen Vereinen gegründet, welche das tschechische Nationalgefühl stärker in der Bevölkerung verbreiten wollten. Anm. d. Verf.
[155] Brandley: Czech nationalism in the nineteenth century, S. 23
[156] Křen: Nationale Selbstbehauptung im Vielvölkerstaat: Politische Konzeptionen des tschechischen Nationalismus 1890 - 1938, S. 19
[157] Křen: Nationale Behauptung im Vielvölkerstaat: Politische Konzeptionen des tschechischen Nationalismus 1890 - 1938, S. 17
[158] Křen: Nationale Behauptung im Vielvölkerstaat: Politische Konzeptionen des tschechischen Nationalismus 1890 - 1938, S. 17
[159] Winters: The Young Czech Party, S. 428 f.

tungsbezirke und die Wahlkurie in bezug auf die Nationalitäten so eingerichtet hätte, wie von den Deutschböhmen gefordert wurde. 1893 blockierten die Abgeordneten der Jungtschechen erfolgreich den Landtag, der teilweise den Kompromiß ausführte.[160]

Was das böhmische Staatsrecht betraf, belebten die Jungtschechen dieses traditionelle Verfassungskonzept in den Wahlen von 1889 und 1891, das die Alttschechen, die früheren Verfechter des Staatsrechtes, praktisch als politisches Schlagwort aufgegeben hatten. Die Jungtschechen erhofften sich, Vorteile für die Partei zu erlangen, wenn sie um die Staatsrechtsidee nationale Emotionen rankten. Das Staatsrecht in seiner früheren Version, wie es von den Alttschechen unter der Schirmherrschaft des konservativen Flügels des tschechischen Feudaladels propagiert wurde, forderte die Autonomie für die inneren tschechischen Angelegenheiten, mit einem Landtag, in dem die Adeligen und ihre Verbündeten der konservativen Mittelschicht vorherrschten, der die Funktion eines obersten legislativen Organs für die Kronländer erhalten sollte, so wie er sie in den Jahrhunderten vor den zentralistischen Reformen unter Maria Theresia und Joseph II. innehatte. Das Staatsrecht, jedenfalls in der Gestaltung durch die Jungtschechen, wurde ein Programm, das die administrative Autonomie für alle Tschechen in den historischen Kronländern, nicht nur in Böhmen, sondern auch in Mähren und Schlesien etabliert hätte.[161] Verglichen mit der älteren Form des Staatsrechtes bildete die jungtschechische Version ein Abkommen mit den demokratischen Forderungen der Partei, das im positiven Sinn revolutionär in dieser Zeit erschien. Aber angesichts der beschränkten tschechischen nationalen Energie und der ineffektiven politischen Organisation weigerten sich die tschechischen Adeligen, die Deutschböhmen und die Regierungsvertreter, den Tschechen nationale Autonomie zu gewähren, wie sie die Autonomie auch den anderen österreichischen Slawen verweigerten. Die Wiederbelebung der jungtschechischen Idee des aristokratischen Ideals einer Autonomie des Kronlandes, sogar mit seiner nationalistischen Färbung, erschien unproduktiv und einfallslos.[162] Der Nationalismus der Jungtschechen, trotz seiner vielleicht edlen Absichten, markierte den Abfall von dem idealistischen Enthusiasmus früherer Jahrzehnte und konnte essentielle Elemente in der Nation nicht überzeugen, daß der jungtschechische Weg der richtige für sie war, dem sie folgen sollten.[163]

Im großen und ganzen brachte der jungtschechische Liberalismus die demokratische Tradition der Nation in einer Zeit der sozialen Reorganisation und des politischen Wechsels weiter voran. Das Image der Partei wurde in den 60er und 70er Jahren des 19. Jahrhunderts geformt, in den Jahren der Wirtschaftsdepression in Mitteleuropa und der politischen Niederlagen der Tschechen. Die Partei war liberal, radikal und demokratisch im Verhältnis zu den konservativen Kräften und richtete sich dann gegen dieses Parteiimage aus. Das Unglück der Partei war, daß die österreichische bürokratische Trägheit und der chauvinistische deutsche Nationalismus ihr den Erfolg verweigerten, den sie brauchte, um ihr Ansehen aufzufrischen und ihre Massenbasis zu konsolidieren.[164]

---

[160] Winters: The Young Czech Party, S. 430 f.
[161] Winters: The Young Czech Party, S. 431
[162] Winters: The Young Czech Party, S. 432
[163] Winters: The Young Czech Party, S. 433
[164] Winters: The Young Czech Party, S. 435

Die Jungtschechen verlangten die Abschaffung derjenigen Wahlkurie, die für die feudalen böhmischen Landbesitzer reserviert war, die Einführung von direkten Wahlen in der Kurie für die Landbewohner und die Einbeziehung der Bevölkerung in alle Angelegenheiten des politischen und nationalen Lebens. 1896 akzeptierte die Mehrheit der jungtschechischen Reichsratsabgeordneten Badenis begrenzte Wahlrechtsreform, eine beträchtliche Minderheit opponierte jedoch gegen sie. Im Herbst 1897 schlossen sich die tschechischen Sozialdemokraten, die mit den österreichischen Sozialdemokraten verbunden waren, der Obstruktion der deutschen nationalen Parteien im Parlament an, die Badenis Sturz in die Wege leitete, wobei sie einen Keil zwischen sich selbst und den anderen tschechischen Parteien trieb. Dies führte dazu, daß sich viele Jungtschechen den späteren Anstrengungen der Partei widersetzten, das allgemeine Wahlrecht zu erreichen.[165] Ein Ziel war, Tschechen in Schlüsselpositionen der zentralen Regierungsbürokratie und im Ministerkabinett zu situieren. Die Partei erreichte dies, als Kaizl, trotz des Einspruches von militanten Parteiangehörigen, 1898 Thuns Ernennung als Finanzminister annahm. Das war der wichtigste Kabinettsposten, den jemals ein Tscheche während des Bestehens der Monarchie innehatte.[166]

Im Januar 1872 kam es zum offenen Bruch innerhalb des tschechischen Lagers. Nun trennten sich die Jungtschechen von den Alttschechen. Die Alttschechen, die sich Palacký und Rieger anschlossen, gründeten einen eigenen Alttschechenklub, in dem die Aufnahme von Jungtschechen verboten war. Die Jungtschechen ihrerseits verstanden sich als fortschrittliche Bewegung und wandten sich gegen die Verbindung der Alttschechen mit dem Klerus.[167]

Eduard Grégr erklärte am 17. April 1888 den Standpunkt seiner Partei zum böhmischen Staatsrecht dahingehend, daß Böhmen eine unteilbare staatsrechtliche Einheit bilde, die mit den anderen Ländern der Monarchie durch bilaterale Verträge des böhmischen Volkes mit der Dynastie geschlossen worden waren. Die Krönung veranschauliche bildlich diese Zusammengehörigkeit. Das böhmische Volk strebe die Autonomie des Landes an und wolle nur soviel abtreten als unbedingt notwendig sei. Im September 1888 äußerte sich Julius Grégr positiv in den „Národní Listy" über die Möglichkeit eines Ausgleiches mit den Deutschen. Darin führte er aus, daß man an Gebieten nur so viel behalten wolle wie für den tschechischen Staat lebensnotwenig war. Ferner stand für ihn nichts dagegen, die rein deutschen Gebiete mit der deutschen Bevölkerung abzutreten, diese Entäußerungen beträfen allerdings nicht die deutschen Sprachinseln im geschlossenen tschechischen Gebiet. Dadurch könne dem Nationalitätenprinzip soweit entsprochen werden, daß die schützende geographische Lage des tschechischen Vaterlandes keinen Schaden nähme.[168] Aus dem Artikel ging klar hervor, daß die Gründung des Königreiches Böhmen erstes Ziel war. Welche Zugeständnisse man den verbleibenden Deutschen machen wollte, wurde nicht einmal erwähnt.[169]

---

[165] Winters: The Young Czech Party, S. 436 f.
[166] Winters: The Young Czech Party, S. 437
[167] Münch: Böhmische Tragödie, S. 421
[168] Münch: Böhmische Tragödie, S. 431
[169] Münch: Böhmische Tragödie, S. 432

3.2.2. Alt- und Jungtschechen am Ende des 19. Jahrhunderts

Die Jungtschechen verfolgten ab 1888 als konkretes politisches Ziel die Gründung eines tschechischen Staates mit tschechischer Staatssprache, die Krönung Franz Josephs zum König von Böhmen, außerdem die weitere Zurückdrängung des deutschen Einflusses. Zudem forderten sie, die persönlichen Freiheiten zu erweitern, das allgemeine Stimmrecht einzuführen, die Gleichberechtigung der Konfessionen durchzuführen und die Bildungsmöglichkeiten zu verbessern.[170]

Während der späten 90er Jahre des 19. Jahrhunderts rückten die Alttschechen langsam in dem Moment in den Hintergrund, als sie versuchten, ihre Politik der Passivität durch ein neues Konzept zu ersetzen, das die konservative Grundidee weniger negativ darstellte. Unter Badeni zeigten die Jungtschechen mit neuen Führern, daß sie ebenbürtig waren, die deutschen Obstruktionsparteien mit ihren eigenen Waffen zu schlagen. Aber der große Unterschied bestand darin, daß die Deutschen nach dem Motto handeln konnten „Hier bin ich, hier bleibe ich", während die Tschechen Stück für Stück mit hartem Kampf zurückgewinnen mußten, was seit langem ihrer Kontrolle entglitten war. In dieser neuen Periode, während Rieger starb, ohne Nachfolger zu hinterlassen, und die beiden Grégr Brüder lediglich bessere Demagogen waren, ging die Leitung der Partei an drei Männer, die sehr unterschiedliche Schicksale ereilten. Schon in den 80ern formierten Kaizl, Kramář und Masaryk eine kleine politische Gruppe, die auf den Prinzipien des Realismus basierte. Ihre politische Partnerschaft dauerte nicht lange, denn Kaizl und Kramář schlossen sich den Jungtschechen an und Masaryk ging an die Universität zurück.[171] Masaryk gab nach 1895 die konkrete Empfehlung, eine Einigung mit den Deutschen auf Grund der Autonomie im Sinne der größtmöglichen Selbstverwaltung durchzuführen, so daß jedes Volk in der Innenpolitik über sich selbst entscheiden könne.[172]

1890 erfolgte die Teilung des Landesschulrates in Sektionen, ein Jahr später die des Landeskulturrates. Nun stand die nationale Abgrenzung der Gerichtsbezirke an. Die Alttschechen versuchten jedoch, den Bestand ihrer Partei zu retten und beschlossen gemeinsam mit den Feudalen am 1. April 1892 im böhmischen Landtag die Vertagung der Vorlagen.[173]

Den tschechischen Abgeordneten wurde 1890 der Wiedereintritt in den Wiener Reichsrat durch einige Konzessionen versüßt, zu denen die Rechtsverwahrung zugunsten des böhmischen Staatsrechts gehörte und die Bestellung eines tschechischen Landmannministers. Ferner erhielten die Tschechen feste Zusagen bezüglich der Trennung der Prager Universität in eine tschechische und eine deutsche Hochschule, Garantien über die Gleichberechtigung beider Landessprachen bei den staatlichen Behörden, die deutsche innere Amtssprache wurde aber nicht angetastet. Zuletzt versprach man die Einführung der tschechischen Sprache als Pflichtfach in den Mittelschulen.[174]

---

[170] Hoensch: Geschichte Böhmens, S. 374
[171] Seton-Watson: A history of the Czechs and Slovaks, S. 244
[172] Hoensch: Geschichte Böhmens, S. 376
[173] Höbelt: Kornblume und Kaiseradler, S. 61
[174] Prinz: Die böhmischen Länder von 1848 bis 1914, S. 155

Kaizl erklärte vor dem Reichsrat im Dezember 1895 das tschechische Staatsrecht zu einem Endziel, das in Etappen erreicht werden mußte und diese sollten die Schwerpunkte der tschechischen Politik darstellen. Damit wandelte er das staatsrechtliche Programm in ein autonomistisch-nationales um. Kaizl bekannte sich wie Masaryk zu Österreich. Damit man die Monarchie goutierte, mußte sie demokratisch-politisch umgestaltet werden und nicht staats- und verfassungsrechtlich. Wie Masaryk sah Kaizl im staatsrechtlichen Programm keine Gewähr für nationalen tschechischen Gewinn. Er formulierte dies derart: „Unser Horizont ist eng und eingeengt durch das Staatsrecht, in dessen Rahmen wir nach der Kleinstaatlichkeit à la Serbien trachten."[175]

3.2.2.1. Die tschechische und deutsche Auffassung vom böhmischen Staatsrecht

Der Wert des böhmischen Staatsrechtes war gering, wenn man die Kompetenzen des Landtages bis 1848 betrachtet. Danach hatte nur der König das Recht, Anträge in den Landtag einzubringen, jedes andere Mitglied wäre dafür bestraft worden. Für die damalige Zeit bedeutete dies, daß die Fürsten Schwarzenberg oder Lobkowitz kein Initiativrecht besaßen. Außerdem konnte der König das Staatsrecht beliebig abändern, da keine Gesetze verabschiedet werden durften, die in die Rechte des Königs eingriffen. Daraus ist ersichtlich, daß der Landtag keine Möglichkeiten zur aktiven Gestaltung der Politik hatte.[176]

Das Verfassungsrecht Böhmens im Jahre 1848 beruhte auf der erneuerten Landordnung Ferdinands II. vom 10. Mai 1627 (Ferdinandea). Der Vertretungskörper des Königreiches Böhmen wurde aus dem Klerus des ersten, den Herren des zweiten, den Rittern des dritten und den königlichen Städten des vierten Standes gebildet. Diese Zusammensetzung hatte der böhmische Landtag noch 1848, der die Säule des böhmischen Staatsrechtes bildete. Dieser böhmische Landtag wurde infolge der revolutionären Bewegung abgeschafft. Da die Jungtschechen vehement für das böhmische Staatsrecht eintraten, bedeutete dies im Fall der Restauration des Landtages, daß die jungtschechischen Abgeordneten keine Chance hatten, dem Landtag beizutreten. Wenige von ihnen konnten höchstens in den vierten Stand eintreten und hatten gegenüber den Vertretern der drei über ihnen stehenden Stände wenig Mitspracherecht. Die bäuerlichen Wähler der Abgeordneten Herold und Grégr hätten weder passives noch aktives Wahlrecht, denn für die Bauern waren die Aristokraten die Vertreter. Für die Zeit von 1627 bis 1848 war die Ferdinandea die Grundlage des böhmischen Staatsrechtes, das aber seit 1848 nicht mehr galt.[177]

Schlesinger formulierte den Standpunkt der liberalen Partei zum böhmischen Staatsrecht dahingehend, daß die Deutschböhmen die Wiederherstellung der Krone Böhmens nicht begeisterte, da sie dies mit dem Bestand des Staates unvereinbar und für ihre Nationalität gefährlich erachteten.[178]

Friedrich Tezner befaßte sich mit dem böhmischen Staatsrecht als einer der ersten. In seiner Betrachtung legte er dar, daß die Verfechter des böhmischen Staatsrechtes die Vernichtung der böhmischen Hofkanzlei durch die österreichischen Zentralisierungs-

---

[175] Křen: Die Konfliktgemeinschaft. Tschechen und Deutsche 1780 - 1918, S. 202
[176] Menger: Der böhmische Ausgleich, S. 52 f.
[177] Menger: Der böhmische Ausgleich, S. 50 f.
[178] Slapnicka: Die Stellungnahme des Deutschtums der Sudetenländer zum „Historischen Staatsrecht", S. 17

maßnahmen als Rechtsbruch kritisierten, aber nicht erwähnten, daß dadurch das Gerichtswesen der drei Länder der böhmischen Krone und die Privilegien der schlesischen Stände trotz ihres Widerspruchs ebenso abgeschafft wurden. Die böhmische Charte vom 8. April 1848 und auch das Reskript vom 29. September 1870 verwiesen die Forderungen nach Wiederherstellung des böhmischen Staates an die Reichsgesetzgebung und an den Reichstag. Dieses Organ war der böhmischen Landesverfassung völlig unbekannt. Hierbei handelte es sich um keine rechtsverpflichtenden Aktionen. Die gegenwärtigen nationalen und politischen Verhältnisse der Deutschen in Böhmen konnten auf die Bezeichnung „historisch" ebenso Anspruch erheben, wie die Vertreter der staatsrechtlichen Individualität Böhmens. Als letzten Aspekt führte Tezner an, daß es sich bei den Plänen um die Wiederherstellung des böhmischen Staatsrechtes um eine politische Idee handelte, die keine juristischen Belege nachweisen konnte.[179]

3.2.3. Andere tschechische Parteien

Die Fortschrittler-Bewegung um Alois und Antonín Hajn, A.P. Veselý, Rašín und Klofáč trug neben den radikalen Jungtschechen ebenfalls zum national-demokratischen Aufbruch Anfang der 90er Jahre des 19. Jahrhunderts bei. Die Fortschrittler-Bewegung entstand Ende der 80er Jahre aus Studenten und der Arbeiterjugend als linker Flügel der jungtschechischen Partei. Diese Bewegung bildete ein ähnlich unruhiges Potential wie die Generation des Linzer Programms auf Seiten der Deutschen. Die demokratischen, sozialistischen und revolutionären Ideen dieser Zeit prägten die Fortschrittler.[180]

Zur gleichen Zeit formierte sich die äußerste Linke, eine proletarisch-sozialistische Bewegung, welche die Spaltung und ihre Krise der 80er Jahre, verursacht durch die antisozialistischen Verfolgungen, überwand. Die Gründung der sozialdemokratischen Partei vollbrachte ihre Erneuerung. Die nationale und politische Unzufriedenheit bei den Tschechen gab der Arbeiterbewegung mehr Durchschlagskraft. Allerdings distanzierten sich die ersten tschechischen Sozialdemokraten anfangs vom böhmischen Staatsrecht und man betrachtete das komplette nationale Programm als schädlich für das Proletariat, da der Nationalitätenkampf als Angelegenheit der Bourgeoisie und als Mittel zur Täuschung der arbeitenden Klasse angesehen wurde. Diese Auffassung konnte jedoch nicht lange unter den tschechischen Arbeitern aufrecht erhalten werden. Die tschechische Sozialdemokratie gründete im Dezember 1891 die erste nationale Organisation aller tschechischer Arbeiter in der Gesamtmonarchie und nicht nur für die böhmischen Länder. Damit folgte man dem personal-automistischen und nicht dem territorial-staatsrechtlichen Prinzip.[181]

Die Radikalen, Fortschrittler und die Realisten setzten trotz des Widerstandes der konservativen Gruppen durch, daß die Jungtschechen im März 1893 im Reichsrat einen Gesetzentwurf zur Einführung des allgemeinen Wahlrechtes vorlegen konnten. Die Tschechen spielten in dieser demokratischen Bewegung eine sehr aktive Rolle und

---

[179] Slapnicka: Die Stellungnahme des Deutschtums der Sudetenländer zum „Historischen Staatsrecht", S. 21
[180] Křen: Die Konfliktgemeinschaft. Tschechen und Deutsche 1780 - 1918, S. 194
[181] Křen: Die Konfliktgemeinschaft. Tschechen und Deutsche 1780 - 1918, S. 195

stellten bei den zentralen sozialdemokratischen Demonstrationen in Wien am 9. Juli 1893 ein Drittel aller Teilnehmer.[182]

Die parteiunabhängige Fortschrittler-Bewegung fiel in der Mitte der 90er Jahre im Gegensatz zur Sozialdemokratie, die sich immer mehr ausbreitete, auseinander. Die Gründe hierfür lagen im heterogenen Charakter der Bewegung, da sich in ihr höchst unterschiedliche und gegensätzliche Gruppierungen zusammenfanden, die auf Dauer nicht unter einen Hut zu bekommen waren. Zudem stellte sich heraus, daß sich die Hoffnungen, die man in die radikale Politik legte, nicht erfüllten. Ein Teil der Fortschrittler wandte sich vollständig von der Politik ab, ein anderer trat in die Sozialdemokratie ein und die restlichen Fortschrittler gründeten kleine Oppositionsbewegungen, wie die 1897 von Alois Hajn gegründete radikale Fortschrittspartei. Die National-Soziale Partei unter Klofáč und Choc, die 1897 die politische Bühne betrat, wurde Jahre später zu einem gewichtigen Faktor der tschechischen politischen Szene.[183]

3.2.4. Die tschechische Sozialdemokratie

Die Schwäche der österreichischen Sozialdemokratie wurde offensichtlich, als die nationale Hysterie die Massen ergriff. Zwar lieferte die Parteileitung viele Belege, daß sie sich zum Internationalismus bekannte, aber diese Manifestationen zeigten keine theoretisch fundierte und praktisch orientierte politische Konzeption. Alle Abgeordneten der Sozialdemokratie bildeten damals noch einen einheitlichen Klub; die Partei war noch nicht national gespalten.

Als Beweis dient die antistaatliche Erklärung des ersten tschechischen sozialdemokratischen Abgeordneten am 30. März 1897 im Reichsrat, in der die unterzeichnenden tschechischen Sozialdemokraten die Erklärung der Jungtschechen und des konservativen Großgrundbesitzes zurückwiesen.[184] Nach der Eröffnung des Reichsrates am 30. März 1897 stieß die Sozialdemokratie bei der Adreßdebatte in der nationalen Frage vor. Fünf tschechische Abgeordnete gaben eine Stellungnahme ab, in der man sich gegen die Rechtsverwahrung und die Deklarationen der tschechischen, bürgerlichen, klerikalen und feudalen Gruppen in der Frage des böhmischen Staatsrechtes wandte. Weiterhin wurde gegen das Aufwärmen alter historischer Privilegien protestiert. Die tschechischen sozialdemokratischen Abgeordneten bekannten sich zur Zusammenarbeit mit der deutschen Sozialdemokratie in Österreich.[185] Die österreichische Sozialdemokratie vertrat die Ansicht, daß das Staatsrecht nur für die privilegierten Schichten von Vorteil war und nach Steiners Worten die Herrschaft des Adels und des Klerus sicherte. Die Berufung auf historische Rechtstitel erschien in der Ideologie der Sozialdemokratischen Partei, die naturrechtlich ausgerichtet war, reaktionär.[186] Ebenso lehnten national eingestellte tschechische Sozialisten das böhmische Staatsrecht ab, wie z.B. die „Omladina"[187], welche die Staatsrechtserklärung der Sozialdemokratie aus-

---

[182] Křen: Die Konfliktgemeinschaft. Tschechen und Deutsche 1780 - 1918, S. 196
[183] Křen: Die Konfliktgemeinschaft. Tschechen und Deutsche 1780 - 1918, S. 198 f.
[184] Šolle: Die tschechische Sozialdemokratie, S. 190 f. mit Fußnote Nr. 19
[185] Mommsen: Die Sozialdemokratie und die Nationalitätenfrage, S. 267
[186] Mommsen: Die Sozialdemokratie und die Nationalitätenfrage, S. 268
[187] Die „Omladina" (wörtl. übers.: Jugend) war die Jugendorganisation der tschechischen Sozialdemokratie. Anm. d. Verf.

drücklich begrüßte. Allerdings löste die Erklärung der tschechischen Politiker bei den Wählern eine gewaltige nationale Gegenagitation aus, die in der Staatsrechtsfrage nicht mit den Auffassungen der Abgeordneten übereinstimmten.[188]

Im Herbst 1897 veranstalteten tschechische und deutsche Sozialdemokraten in Prag eine Demonstration für den Völkerfrieden in Österreich. Diese Demonstration war aber nur auf Prag beschränkt. Solche Veranstaltungen gegen die Übergriffe der Nationalisten fanden weder in Wien noch in den böhmischen Grenzstädten statt. Ebensowenig wurden Hilfsmaßnahmen für die Opfer des nationalistischen Terrors ergriffen. Die Sozialdemokratie blieb weiter untätig und rief ihre Abgeordneten auch nicht zum Angriff gegen die Nationalisten im Parlament auf. Im Gegenteil wurde die Partei von den beiden nationalen Gruppierungen in den parlamentarischen Zwist um die Sprachenverordnungen mit hineingezogen.[189]

In einem Aufsatz äußerte sich der Sozialdemokrat Dr. Bohumír Šmeral zum böhmischen Staatsrecht. Darin vertrat er die Ansicht, wonach das staatsrechtliche Programm nicht in diesem Staat mit seiner bestehenden Verfassung verwirklicht werden konnte. Seiner Meinung nach sollten die drei deutschböhmischen Gebiete ein eigenes souveränes Reich bilden mit einem eigenen Parlament und eigenen Ministerien. Die Verbindungen zwischen dem „Sudetenreich" und dem tschechischen Staat bewegten sich anschließend nur noch im Rahmen einer Personalunion, da sich die beiden Völker sonst völlig fremd waren. Er verwies in diesem Zusammenhang auf das Beispiel Ungarn.[190] Wenn der tschechische Staat bei seiner Konstituierung die deutschböhmischen Gebiete mit einschlösse, wäre dies kein tschechischer, sondern ein tschechisch-deutscher Staat. In diesem Modell wäre ein Drittel der Bevölkerung deutsch, die von zwei Drittel Tschechen im Parlament regiert würde. Dies könne nicht funktionieren und man dürfe es den Deutschen auch nicht übel nehmen, wenn sie sich der Schaffung eines tschechischen Nationalstaates widersetzten. Für diese Einstellung kein Verständnis zu haben, bedeutete für Šmeral die Sanktion der bestehenden, ungerechten Verhältnisse in Österreich, in denen die Tschechen unterdrückt würden. Die prominentesten Führer der Jungtschechen, Kramář, Fořt und Herold, erklärten in ihren Reden ausdrücklich, daß die staatsrechtliche Idee derzeit nicht verwirklicht werden könnte. Dieses Ziel erreiche man weder politisch noch diplomatisch und schon gar nicht gewaltsam. In der staatsrechtlichen Frage stünden den Tschechen nicht nur die Deutschen feindlich gegenüber, sondern auch die anderen slawischen Völker, die den Deutschen hilflos ausgeliefert wären, da die tschechische Unterstützung fehlen würde.[191]

Selbst wenn der tschechische Nationalstaat verwirklicht werden würde, bedeutete dies noch lange nicht, daß er der breiten Bevölkerung reale materielle Vergünstigungen einbrächte. In diesem Zusammenhang wurde die Behauptung aufgestellt, daß die Abgaben, die nach Wien flossen, nun im eigenen Staat verblieben. Šmeral führte jedoch aus, wie das Geld „zuhause" ausgegeben werden müßte: Man hätte eigene Verwaltungsstellen und Behörden zu schaffen und zu unterhalten, außerdem ein starkes Heer aufzubauen, da der neue Staat außen von haßerfüllten Feinden umgeben wäre und im Inneren mit oppositionellen Kreisen zu kämpfen hätte. Somit wäre der Militarismus

---

[188] Mommsen: Die Sozialdemokratie und die Nationalitätenfrage, S. 271
[189] Šolle: Die tschechische Sozialdemokratie, S. 191 f.
[190] Šolle: Die tschechische Sozialdemokratie, S. 261 f.
[191] Šolle: Die tschechische Sozialdemokratie, S. 262

weitaus stärker ausgebildet als in der österreichischen Monarchie. Zwar hätte man nun sein Geld für den tschechischen Staat, das aber wiederum für unnütze Zwecke ausgegeben werden müßte. Das Volk hätte von diesen Ausgaben überhaupt nichts, außer einigen äußeren Symbolen an den Kasernenmauern, wie den böhmischen Löwen. Er verwies in diesem Zusammenhang wiederum auf Ungarn. Weiterhin stellte sich die Frage, ob dieser tschechische Staat auf Dauer am Leben erhalten werden könnte, der noch jung und ungefestigt wäre und gleichzeitig mit einem Drittel opponierender Deutscher zu kämpfen hätte, die fest entschlossen waren, nicht nur parlamentarischen, sondern gewaltsamen Widerstand zu leisten.[192]

Ferner bedeutete die Forderung nach dem tschechischen Nationalstaat Verrat an den tschechischen Volksgenossen außerhalb Böhmens, besonders in den österreichischen Ländern, da diese im Stich gelassen würden. Der Anspruch auf den eigenen Staat wäre auch nicht fortschrittlich, weil nach dessen Konstitution das restliche Österreich der Reaktion der Wiener Antisemiten, der polnischen Nationalisten und der Alpenklerikalen ausgeliefert wäre.[193]

Šmerals Lösungsansatz für die Nationalitätenfrage zwischen Deutschen und Tschechen fußte auf der prinzipiellen Forderung nach Demokratie. Die Funktionen der landesherrlichen Behörden müßten auf demokratische autonome Körperschaften übergehen. Das Volk wäre erst dann wirklich frei, wenn es über das allgemeine und gleiche Wahlrecht über Gesetze bestimmte und deren Durchführung in der Staatsverwaltung in seinen Händen wüßte. Er verwies auf England als Vorbild. Sobald die Demokratie verwirklicht würde, wäre die Basis zur Lösung des Nationalitätenstreites zwischen Tschechen und Deutschen geschaffen. Die Bezirke könnten in den meisten Fällen national abgegrenzt werden und völlig autonom handeln, wie die Kantone in der Schweiz. In diesen Verwaltungseinheiten würde jede Nation politische Macht besitzen, was alle zufriedenstellen würde. Jede Nationalität könnte dann völlig unabhängig von der anderen und ohne auf diese Rücksicht nehmen zu müssen, Entscheidungen treffen, was in den heutigen Kronländern Österreichs unmöglich wäre.[194]

Kramářs politische Idee bestand darin, daß Österreich von der slawischen Mehrheit geführt wurde und sich in ein festes Bündnis mit Rußland begab. Die tschechischen Sozialdemokraten stellten sich ihm entgegen. 1897 veröffentlichten sie eine Erklärung, in der sie die Berufung der übrigen tschechischen Abgeordneten auf historische Dokumente der Landwehrordnung und die Verträge von 1526 verwarfen. Außerdem mußte zuerst die Gleichstellung aller Nationen Österreichs erreicht werden, damit sich die tschechische Nation wirtschaftlich und sozial entwickeln konnte. Für die tschechischen Sozialdemokraten stand nicht die nationale, sondern die soziale Erhebung im Vordergrund. Den Weg zu diesem Ziel bahnte nicht die Krone an, sondern die internationale Sozialdemokratie, also die Arbeiterklasse und die Verständigung der Tschechen mit den Deutschen. Für diese Erklärung erntete die tschechische Sozialdemokratie in dem damals herrschenden Zeitalter, das von nationalen Streitigkeiten geprägt

---

[192] Šolle: Die tschechische Sozialdemokratie, S. 262 f.
[193] Šolle: Die tschechische Sozialdemokratie, S. 263 f.
[194] Šolle: Die tschechische Sozialdemokratie, S. 264 f.

war, nur verständnislosen Haß der restlichen tschechischen Parteien, mit Ausnahme der Gruppe um Masaryk.[195]

Der national indifferente Verfassungstreue Großgrundbesitz blieb am Anfang der Obstruktion im Reichsrat fern, was bedeutete, daß man die Regierung Badeni indirekt unterstützte. Durch die hochgradige Erregung der Deutschen in Böhmen befand sich die Sozialdemokratie in einer mißlichen Lage, da man sich an der Obstruktion nicht beteiligte. Durch eine offene Verletzung der Geschäftsordnung des Reichsrates durch den Präsidenten Kathrein, er verweigerte die Abstimmung über Daszynskis Antrag auf Öffentlichkeit der Verhandlungen des Legitimationsausschusses, schloß sich die Sozialdemokratische Partei der Obstruktion an und hatte für dieses Vorgehen eine Begründung. Die Zusammenarbeit der Sozialdemokratie mit den Schönerianern in der Obstruktion war bedenklich, weil die nichtdeutsche Arbeiterschaft darin nationale Motive, die im Gegensatz zur Parteiideologie standen, vermuten konnte. Als Badeni gestürzt war, dominierte jedoch der Stolz auf den Sieg des Kabinetts über alle nationalen Rivalitäten. Es gelang auch, die eigenen Anhänger an den schweren Exzessen Ende November 1897 in Prag nicht zu beteiligen.[196] In der parlamentslosen Zeit hielt sich die Sozialdemokratie von den überall stattfindenden deutschen und tschechischen Demonstrationen fern. Ebensowenig veranstaltete man in Eger eine Gegenveranstaltung zum Volkstag mit der Begründung, Badeni dadurch nicht zu unterstützen.[197]

Am 5. September 1897 organisierten die deutschen und tschechischen Sozialdemokraten in Prag eine Massenkundgebung anläßlich der Gründung des Tageblatts „Pravu Lidu" für den nationalen Frieden, an der sich Sozialdemokraten aus allen Teilen Böhmens beteiligten. Die Verhandlungen wurden in beiden Landessprachen geführt. Diese Veranstaltung symbolisierte das Miteinander beider Nationalitäten in Böhmen, und Deutsche wie Tschechen wandten sich gegen den nationalen Kampf. Das Friedensmanifest wurde von allen Teilnehmern heftig beklatscht.[198]

In der Sitzung des Reichsrates vom 23. September 1897 sprachen die sozialdemokratischen Abgeordneten den nationalen Parteien das Recht ab, sich als Vertreter der Interessen der Völker zu bezeichnen. Sie lehnten die deutschnationalen Thesen von der Minderwertigkeit der Slawen ab, genauso wie das böhmische Staatsrecht, bescheinigten die nationale Unterdrückung der Tschechen und traten für eine großzügige Regelung der Frage der Minoritätenschulen ein.[199]

1897 wurde unter Einfluß der Jungtschechen bei Arbeitern und Handwerkern für einen antisemitischen und antideutsch ausgerichteten „slawischen Sozialismus" geworben, da man sich in den nationalen Forderungen von der Sozialdemokratie verraten fühlte. Vom 9. bis 11. April 1897 wurde in Prag eine National-Soziale Partei für Böhmen, Mähren Schlesien, Nieder- und Oberösterreich gegründet. Neben sozialen und politischen Verbesserungen forderte man die Bildung eines souveränen tschechischen Staates auf Basis der historischen böhmischen Ländereinheit.[200]

---

[195] Sieghart: Die letzten Jahrzehnte einer Großmacht, S. 330 f.
[196] Mommsen: Die Sozialdemokratie und die Nationalitätenfrage, S. 286 f.
[197] Mommsen: Die Sozialdemokratie und die Nationalitätenfrage, S. 275 f.
[198] Mommsen: Die Sozialdemokratie und die Nationalitätenfrage, S. 282
[199] Mommsen: Die Sozialdemokratie und die Nationalitätenfrage, S. 283 f.
[200] Hoensch: Geschichte Böhmens, S. 386 f.

4. Der Ausbruch der nationalen Gegensätze im historischen Egerland 1897

4.1. Die wirtschaftliche Lage in den deutschen Gebieten Böhmens in den 80er und 90er Jahren des 19. Jahrhunderts

In den 80er Jahren des 19. Jahrhunderts sorgte die schlechte wirtschaftliche Lage dafür, daß immer mehr Landarbeiter, vor allem Tschechen, in die Industriezentren zogen. Dadurch entstanden an Orten, in denen bisher eine national homogene Bevölkerung lebte, eine nationale Minderheit, die deutlich sozial schlechter gestellt war als die alteingesessenen Bewohner. Diese neuhinzugezogenen Arbeiter lebten von den Einheimischen getrennt und waren nur theoretisch gleichberechtigte Bürger. Somit steigerten sich die nationalen und sozialen Gegensätze, so daß sich eine Rangliste der nationalen und sozialen Privilegierung bzw. Diskriminierung ergab, bei der die hinzugezogenen Tschechen schlechter als die Deutschen abschnitten.[201]

Viele nichtdeutsche Völker der Monarchie sahen sich der Gefahr einer fortschreitenden Germanisierung ausgesetzt. Diese Ängste erschienen angesichts der Tatsache, daß um die Jahrhundertwende ca. 90 % aller nach Österreich importierten Zeitschriften und Bücher aus Deutschland kamen und im Jahr 1914 noch ca. 80 % aller cisleithanischen Beamten Deutschösterreicher waren, die aber nur 35 % der Bevölkerung ausmachten, durchaus gerechtfertigt.[202]

Schon 1890 zeigte sich, daß immer mehr tschechische Arbeiter, die von den Unternehmen herangeholt worden waren, in die großen Industriezentren Nordböhmens strömten, da die Tschechen geringer bezahlt wurden als die deutschen Arbeiter. Die nationale Assimilation der zugewanderten Tschechen mit der deutschen einheimischen Bevölkerung wurde durch ihre ghettoartige Lebensweise verhindert. Die Sprachenkarte, besonders der Gebiete um Pilsen, Dux, Brüx, Teplitz und Reichenberg, wurde auf diese Weise rasch umgestaltet. Gleichzeitig wanderten viele deutsche Arbeiter aus den gemischtsprachigen Bezirken in die lohnintensiveren Gebiete nach Nordböhmen, Wien und Niederösterreich ab.[203] Die Novelle des Heimatgesetzes (RGBL. Nr. 222/1896) führte den Rechtsanspruch auf Erteilung des Heimatrechtes wieder ein, wenn sich der Betreffende zehn Jahre ununterbrochen im selben Ort aufhielt. Allerdings war diese Regelung für die umherziehenden Industriearbeiter nicht lebensnah.[204]

Die Erwerbssteuerleistung betrug um 1900 bei den 2,4 Mill. Deutschböhmen 5,7 Mill. Kronen, bei den 4,2 Mill. Tschechen aber nur 3,1 Mill. Kronen. Vom Landeshaushalt Böhmens, der ca. 100 Millionen Kronen betrug, steuerten die Deutschen mehr als die Hälfte bei, erhielten davon aber nur 24 Mill. Kronen für ihre wirtschaftlichen und kulturellen Notwendigkeiten zurück. Daraus geht hervor, daß der tschechische Bevölkerungsteil von der deutschen Steuerleistung profitierte.[205] Allerdings ging die wirtschaftliche und finanzielle Begünstigung der Tschechen auf Kosten der anderen nichtdeutschen Nationalitäten, ohne daß damit die fortwährende Propaganda des

---

[201] Lehmann: Von der liberalen zur nationalen Revolution, S. 455
[202] Lehmann: Von der liberalen zur nationalen Revolution, S. 456
[203] Prinz: Die böhmischen Länder von 1848 bis 1914, S. 161
[204] Klabouch: Die Lokalverwaltung in Cisleithanien, S. 300
[205] Prinz: Auf dem Weg in die Moderne, S. 371

tschechischen Wirtschaftsbürgertums in punkto der angeblichen Ausbeutung durch die Zentrale in Wien beendet worden wäre.[206] Die tschechischen Politiker befanden sich im politischen Dilemma: Einerseits forderte man die politische und wirtschaftliche Souveränität, andererseits wollte man sich die Vorteile der gemeinsamen Wirtschaft beider Nationen in Böhmen bewahren, denn die nationale Autonomie hätte unvermeidlich wirtschaftliche Nachteile nach sich gezogen, vor denen man sich scheute.[207]

4.2. Das Wahljahr 1897

4.2.1. Der Wahlkampf zu Beginn des Jahres 1897

Das Hauptereignis des Jahres 1897 war in Böhmen zu Jahresanfang die Wahl des Reichsrates, die insofern Bedeutung für das Egerer Gebiet hatte, da Georg Schönerer als Abgeordneter ein Reichsratsmandat erhielt und sein politischer Weggefährte Iro ebenso. Damit repräsentierten Politiker der deutschradikalen Richtung den Egerer Wahlbezirk.

Das Jahr 1897 begann mit Wahlkampagnen der verschiedenen Gruppierungen und Parteien im deutschsprachigem Teil Böhmens. Unter dem Eindruck einer vermeintlichen Gefahr des Deutschtums durch den Zuzug tschechischer Mitbürger fielen die Parolen der deutschradikalen Parteien bei den Deutschen auf fruchtbarem Boden, wie das Wahlergebnis für den Egerer Bezirk zeigt.

Das Jahr 1896 hatte mit einer großen Versammlung in Falkenau geendet. Diese wurde am 27. Dezember 1896 vom „Bund der deutschen Landwirte in der Ostmark" einberufen, bei der Georg Schönerer sprechen sollte. Er war Reichsratskandidat, der seine Wähler auch unter dem Bund der Landwirte hatte. Allerdings konnte Schönerer keine Rede halten, da der Obmannstellvertreter des Bundes, Kittel, aus Brüx mitteilte, daß die Veranstaltung nicht eröffnet werden dürfe. Die Tagung sei durch Regierungskommissär Barvitius untersagt worden. Daraufhin brandete ein Sturm der Entrüstung auf. Der Regierungsvertreter forderte die Anwesenden auf, den Saal zu verlassen, was auch geschah. Als Grund für das Verbot wurde angegeben, daß dem Antrag keine beglaubigte Vereinssatzung beigelegt war und nicht nachgewiesen wurde, daß Dötz, Kittel und Schamberger die Obmann-, bzw. die Obmannstellvertreterposten inne hatten. Allerdings stellte sich später heraus, daß in 81 Fällen den Anträgen des Bundes die gleichen Anlagen wie bei diesem beigelegt waren und die Veranstaltungen immer gebilligt worden waren. Der Verdacht drängte sich auf, daß Schönerer an einer Wahlkampfrede gehindert werden sollte, er wurde erhärtet, als sich herausstellte, daß der Bezirkshauptmann von Falkenau die Gemeindevorsteher vor der Veranstaltung einzeln zu sich beordert hatte und sie beeinflussen wollte, Schönerer nicht zu wählen.

Nach Auflösung der Versammlung in Falkenau protestierten noch einige Bauern auf der Straße, so daß Polizisten mit Bajonett und Schußwaffen antraten.[208]

Zu Jahresanfang verstärkte die „Schönererpartei", wie sie damals allgemein genannt wurde, denn einen selbständigen Parteinamen gab es zu dieser Zeit noch nicht,[209] ihre

---

[206] Prinz: Auf dem Weg in die Moderne, S. 371 f.
[207] Prinz: Auf dem Weg in die Moderne, S. 373
[208] Ascher Zeitung, Nr. 1, 34. Jahrgang, 2.1.1897, S. 2
[209] Die „Schönererpartei" nannte sich erst ab dem Jahr 1901 offiziell „Alldeutsche Vereinigung". (Haman: Hitlers Wien, S. 360) In den Jahren 1897 bis 1901 wurden die Schönerianer zwar auch

Wahlanstrengungen und war mit ihrem Spitzenkandidaten Schönerer mehrfach im Bezirk Eger vertreten. Trotz der groß angelegten Agitation dieser Partei vermutete die Bezirkshauptmannschaft Asch, daß die nunmehr bekanntgegebene Kandidatur des Advokaten Tausche einen teilweisen Stimmungsumschwung einleiten würde und dadurch Schönerer Stimmen im Bezirk abgehen würden.[210]

Gleich zu Beginn des Jahres 1897 war Schönerer wieder im Egerer Bezirk präsent. Am 17. Januar 1897 wohnte er einer Versammlung in Komotau bei. 600 Teilnehmer, meist Landwirte, waren anwesend. Seine Rede, die viel bejubelt wurde, beinhaltete keine hervorstechenden Aussagen.[211]

In der „Ascher Zeitung" wurde ein Aufruf an alle Deutschnationalen veröffentlicht, sich im Wahlkampf agitatorisch für die eigene Partei und für die nationalen Bewerber zu betätigen, außerdem sollten Flugblätter und Berichte über die Manöver der Gegner verbreitet werden. Die Gegner der deutschen Sache waren nach Aussage der Deutschnationalen die Klerikalen, Liberalen und Sozialdemokraten. Ferner sollten Spenden für den nationalen Wahlfond gesammelt werden. Dieser Aufruf wurde vor den Reichsratswahlen noch einige Male in der „Ascher Zeitung" veröffentlicht.[212]

Sämtliche Bezirkshauptmänner erhielten von der vorgesetzten Behörde öffentlich die Aufforderung, sich sofort mit einigen einflußreichen Leuten in Verbindung zu setzen, um die Wahl Schönerers in den Reichsrat zu verhindern. Es wurde gebeten, unverzüglich Meldung zu erstatten, falls die Wahlmänner beeinflußt werden würden.[213]

Die Bezirkshauptmannschaft Tachau meldete, daß in letzter Zeit den Lehrern dieses Bezirkes Flugblätter zukamen, in denen sie aufgefordert wurden, bei den nächsten Reichsratswahlen für Iro zu stimmen. Dieser Aufruf war von mehreren Lehrern in Wien bzw. Niederösterreich unterzeichnet. Nach dem Bericht des Bezirkshauptmanns in Falkenau erschien auch in diesem Bezirk eine ähnliche Aufforderung, welche für die Wahl Schönerers Werbung machte, die von denselben Lehrern unterschrieben war. Beide mit den Fotos Schönerers bzw. Iros versehenen Appelle wandten sich ausfällig gegen die liberale und klerikale Partei, sowie gegen die Lehrererlasse an die Lehrerschaft, denn die „Schönererpartei" stellte der Lehrerschaft das Eintreten für ihre Postulate in Aussicht. Die Statthalterei Prag versuchte der Agitation dadurch entgegenzutreten, die Verteilung der Flugblätter zum einen zu verhindern, zum anderen die Lehrer über Aufklärungskampagnen von der Wahl der „Schönererpartei" abzuhalten.[214] Die in Eger ansässigen Mitglieder des deutschvölkischen Wahlausschusses sollten streng, jedoch unauffällig überwacht und in jedem vorkommenden Fall, gegen

---

schon „Alldeutsche" genannt, aber der Begriff wurde nicht strikt getrennt auf die Mitglieder der „Schönererpartei" bezogen. Alldeutsch waren im Zeitraum 1897 bis 1901 auch jene Vertreter extremistischer deutschnationaler Tendenzen, die nicht zu den Schönerianern gehörten. Anm. d. Verf.

[210] Bezirkshauptmannschaft Asch an Bezirkshauptmannschaft Eger, Nr. 6, 5.1.1897, S. 2, SOAC, Fond čís.: 437, Kartón čís.: 21, Složka čís.: č. inv. 522, Příloh: č. 1 - 600, Časový rozsah: 1897
[211] Ascher Zeitung, Nr. 7, 34. Jahrgang, 23.1.1897, S. 1 f., Beilage
[212] Ascher Zeitung, Nr. 10, 34. Jahrgang, 3.2.1897, S. 2
[213] Ascher Zeitung, Nr. 21, 34. Jahrgang, 13.3.1897, S. 1, 1. Beilage
[214] Statthaltereipräsidium an Statthaltereirat und Bezirkshauptmann Eger, Nr. 15639, 2.1.1897, S. 4, SOAC, Fond čís.: 437, Kartón čís.: 21, Složka čís.: č. inv. 522, Příloh: č. 1 - 600, Časový rozsah: 1897

diese Strafanzeigen wegen unbefugten Verbreitens von Flugschriften erstattet werden.[215]

Auch die liberalen Parteien beschäftigten sich in ihren Wahlkampfthemen mit der befürchteten Bedrohung der Deutschen durch die Tschechen und nahmen sich deshalb aus taktischen Gründen dieses Wahlkampfthemas der Radikalen an. In einem Aufruf an das deutsche Volk in Böhmen, den die Deutsche Fortschrittspartei im Februar 1897 in der „Egerer Zeitung" veröffentlichte, wurden alle Wähler aufgefordert, sich an der Wahl zu beteiligen, weil die Rechte der Deutschen in Gefahr seien. Der nationale Gegner der Deutschböhmen wies das Ansinnen der Deutschen, den nationalen Frieden im Land durch volle nationale Selbstverwaltung zu gewährleisten, immer wieder zurück. Der Kampf müsse wieder aufgenommen werden, um das Slawentum zurückzudrängen und alle Bestrebungen, einen slawischen Nationalstaat zu errichten, müßten vereitelt werden.[216]

Die Sozialdemokraten beteiligten sich ebenso rege am Wahlkampfgeschehen. Ihnen widmeten die Behörden spezielle Aufmerksamkeit, da diese neben den Schönerianern als besonders staatsgefährdend eingestuft wurden. Auffallend am Schriftverkehr der Behörden untereinander war, daß zwischen Sozialdemokraten, Sozialisten und Anarchisten nicht unterschieden wurde.

Nach Mitteilung der Statthalterei Prag sollten Wahlaufrufe der Sozialdemokratischen Partei am 8. Januar 1897 abends verteilt oder ausgestreut werden. Davon wurde der Bezirkshauptmann informiert und aufgefordert, unverzüglich zu handeln.[217]

In Rossenreuth, Seeberg, Grossloh und Liebenstein wurden sozialistische Versammlungen abgehaltenen, bei denen der Landwirt Franz Eberth aus Grasset, Bezirk Falkenau, als sozialistischer Wahlkandidat in den Landgemeinden des Wahlbezirkes Eger, Wildstein, Asch, Graslitz, Neudeck, Falkenau und Ellbogen auftrat. Die Statthalterei Prag forderte den Bezirkshauptmann in Eger auf, diesen Wahlkampf aufmerksam zu verfolgen. Außerdem sollte er auch die Bezirkshauptmänner in Asch (Tittmann)[218], Graslitz (Chotek)[219], Falkenau (Schmidt)[220] und Karlsbad (Maurig)[221] von den Vorgängen unterrichten und alle Beobachtungen über die Tätigkeiten Eberths im Wahlkampf sofort nach Prag weiterleiten.[222]

Im Zirkular-Erlaß vom 17. Juli 1896 wies die Statthalterei Prag auf die zunehmende anarchistische Bewegung hin und die Notwendigkeit von Repressivmaßnahmen. Das Gesetz vom 27. Juli 1871, RGBl. Nr. 88, erwies sich bei entsprechend strenger Hand-

---

[215] Statthaltereipräsidium an Statthaltereirat und Bezirkshauptmann Eger, Nr. 533, 13.1.1897, S. 31, SOAC, Fond čis.: 437, Kartón čis.: 21, Složka čis.: č. inv. 522, Příloh: č. 1 - 600, Časový rozsah: 1897
[216] Egerer Zeitung, Nr. 13, 51. Jahrgang, 13.2.1897, S. 1
[217] Statthaltereipräsidium an Bezirkshauptmann Eger, Nr. zbo, 7.1.1897, S. 8, SOAC, Fond čis.: 437, Kartón čis.: 21, Složka čis.: č. inv. 522, Příloh: č. 1 - 600, Časový rozsah: 1897
[218] Hof- und Staatshandbuch der österreichisch- ungarischen Monarchie für 1897, S. 582
[219] Hof- und Staatshandbuch der österreichisch-ungarischen Monarchie für 1897, S. 583
[220] Hof- und Staatshandbuch der österreichisch-ungarischen Monarchie für 1897, S. 583
[221] Hof- und Staatshandbuch der österreichisch-ungarischen Monarchie für 1897, S. 583
[222] Statthaltereipräsidium an Statthaltereirat und Bezirkshauptmann Eger, Nr. 146, 7.1.1897, S. 9, SOAC, Fond čis.: 437, Kartón čis.: 21, Složka čis.: č. inv. 522, Příloh: č. 1 - 600, Časový rozsah: 1897

habung als das geeignete Mittel, das Treiben der anarchistischen Agitatoren zu beenden.[223]

Seit dem 17. Juli 1896 wurden die Anhänger des Anarchismus des Egerer Bezirkes genau beobachtet und diese Beobachtungen in einem Verzeichnis niedergeschrieben. In diesem Kataster wurden Abgänge bzw. Wohnortwegfall und Zuwächse eingetragen. In der Anmerkungsrubrik wurden die Militärzugehörigkeit und etwaige Verurteilungen sowie alle bei der Überwachung des betreffenden Anarchisten gemachten besonderen Beobachtungen vermerkt. Auf die Heimatzugehörigkeit wurde speziell geachtet, um eventuelle Abschiebungen vorzunehmen. Bei Übersiedlung des Anarchisten in einen anderen Bezirk mußte der Bezirkshauptmann des betreffenden Bezirkes bzw. die Polizeibehörde davon informiert werden. Der Benachrichtigung war eine kurze Charakteristik der betreffenden Person beizufügen. Um das Eindringen anarchistischer Tendenzen bei der Bezirkshauptmannschaft zu vermeiden, sollten alle wehrpflichtigen Personen, die im Zivilleben als Agitatoren oder Anhänger der sozialdemokratischen Partei auffielen, erfaßt werden.[224]

Anläßlich der Reichsratswahlen in der allgemeinen Wählerklasse konstituierte sich in einem Wahlbezirk ein Wahlkomitee der sozialdemokratischen Partei zu Wahlkampfzwecken. Dieses Komitee wurde bei einzelnen politischen Behörden der I. Instanz mit der Bitte angemeldet, diese Konstituierung zur Kenntnis zu nehmen. In einem Fall wurde der Bitte entsprochen und die Anmeldung durch einen Bezirkshauptmann ausdrücklich zur Kenntnis genommen. Dieser Vorgang wurde von der Statthalterei Prag nicht gebilligt, weil dadurch der Bestand des Komitees und sein Auftreten vor der Öffentlichkeit von der Behörde förmlich anerkannt wurde, wofür gesetzliche Grundlagen fehlten. Es sollte so verfahren werden, daß eine solche Anmeldung lediglich zurückgestellt wurde, sofern nach Inhalt und Form gesetzlicher Anlaß zu behördlichem Einschreiten möglich war. Es war nicht ausgeschlossen, daß in einer solchen Vereinigung Merkmale zu finden waren, die nach den Bestimmungen des Vereinsgesetzes politischen Vereinen entsprechen konnten.[225]

Im Februar trat der Wahlkampf langsam in die entscheidende Phase. Die Schönerianer konzentrierten sich darauf, auch Angehörige außerhalb ihrer traditionellen Wählerschicht zu erreichen. Neben den Landwirten und den ärmeren Schichten versuchte man, die Lehrerschaft für sich zu gewinnen.

Der Lehrer Josef Wolf in Schönbach trat für die Wahl Schönerers ein. Über den Bezirksschulinspektor wollte die Behörde in geeigneter Weise auf den Lehrer einwirken und Einfluß nehmen.[226] Ein Anonymus befand sich im Besitz dieses vertraulichen Schreibens und war „mit doppelter Freude" bereit, im Sinn des Inhaltes dieses Briefes mit allem Nachdruck und in unauffälliger Weise tätig zu werden, da Schönerer schon

---

[223] Statthaltereipräsidium an Bezirkshauptmann Eger, Nr. 15739, 7.1.1897, S. 11, SOAC, Fond čis.: 437, Kartón čis.: 21, Složka čis.: č. inv. 522, Příloh: č. 1 - 600, Časový rozsah: 1897

[224] Statthaltereipräsidium an Bezirkshauptmann Eger, Nr. 15248, 20.1.1897, S. 41, SOAC, Fond čis.: 437, Kartón čis.: 21, Složka čis.: č. inv. 522, Příloh: č. 1 - 600, Časový rozsah: 1897

[225] Statthaltereipräsidium an Bezirkshauptmann Eger, Nr. 1446, 27.1.1897, S. 82, SOAC, Fond čis.: 437, Kartón čis.: 21, Složka čis.: č. inv. 522, Příloh: č. 1 - 600, Časový rozsah: 1897

[226] Statthaltereipräsidium an Statthaltereirat und Bezirkshauptmann Eger, Nr. 2432, 10.2.1897, S. 48, SOAC, Fond čis.: 437, Kartón čis.: 21, Složka čis.: č. inv. 522, Příloh: č. 1 - 600, Časový rozsah: 1897

von jeher zu seinen verhaßtesten Politikern gehörte. Wenn er auch einen durchgreifenden Erfolg wegen der fortgeschrittenen Entwicklung nicht garantieren konnte, so hoffte er wenigstens, Schönerer fühlbar zu schaden. Auch er machte in streng vertraulicher Weise darauf aufmerksam, daß Volksschullehrer Josef Wolf ein „eingefleischter" Schönerianer sei und für diesen propagiere. Daher war es angezeigt, durch den Bezirksschulinspektor einen vertraulichen Wink zur Mäßigung zu geben. Er bat aber eindringlichst, in dieser Sache seinen Namen nicht zu nennen.[227]

Um sich einen ungefähren Überblick über die Wahlchancen der verschiedenen Parteien zu verschaffen, wurden die Bezirkshauptmänner des Bezirkes Eger angewiesen, Prognosen über die Wahlergebnisse der Kandidaten an die Statthalterei Prag zu senden.

Die Aufstellung der Bezirkshauptmannschaft Graslitz für die Wahlmänner der Landgemeinden sah folgendermaßen aus:[228]

Gemeinde	Voraussichtliche Wahl von	Zahl der Wahlmänner
Altengrün	Tausche, ev. Eberth	1
Eibenberg b. Neudeck	Schönerer	2
Frankenhammer	Tausche	2
Frühbuss	Eberth	3
Grünberg	Eberth	6
Heinrichsgrün	Tausche, ev. Eberth	4
Hirschenstand	Tausche, ev. Eberth	3
Herrmannsgrün	Tausche, ev. Eberth	1
Hochgarth	Tausche, ev. Eberth	2
Hochofen	Tausche, ev. Eberth	2
Hohenstollen	nicht bekannt	1
Kammersgrün	nicht bekannt	1
Kirchberg	Schönerer	3
Kohling	Eberth, ev. Tausche	2
Kronstadt	Eberth, ev. Tausche	1
Markthausen	Eberth, ev. Tausche	2
Mühlberg	Eberth, ev. Tausche	1
Neudorf	Eberth, ev. Tausche	1
Neu-Hammer	Eberth, ev. Tausche	4
Oedt	Tausche	1
Pechbach	Eberth	2
Rothau	Tausche, ev. Eberth	4
Sauer(s?)rach[229]	Tausche, ev. Eberth	4

---

[227] Anonyme Zuschrift, 7.2.1897, S. 62 f., SOAC, Fond čis.: 437, Kartón čis.: 21, Složka čis.: č. inv. 522, Příloh: č. 1 - 600, Časový rozsah: 1897

[228] Bezirkshauptmannschaft Graslitz an Bezirkshauptmannschaft Eger, 28.2.1897, S. 274 ff, SOAC, Fond čis.: 437, Kartón čis.: 21, Složka čis.: č. inv. 522, Příloh: č. 1 - 600, Časový rozsah: 1897

[229] Der Name der Ortschaft ist in den Originalakten schlecht lesbar und ist auch nicht im „Ortslexikon der böhmischen Länder" verzeichnet. Vgl. Anhang.

Scheft	Schönerer	1
Schindlwald	Tausche, ev. Eberth	2
Schönau	Tausche, ev. Eberth	2
Schönlind	Tausche, ev. Eberth	2
Schönwerth	Schönerer	2
Schwaderbach	Eberth	7
Schwarzenbach	nicht bekannt	1 Wahlmann, engere Wahl
Silberbach	Eberth	6
Silbersgrün	Tausche, ev. Eberth	1
Thierbach	nicht bekannt	1
Truiskaifen	Tausche, ev. Eberth	4
Ullersloh	Tausche, ev. Eberth	1
Voigtsgrün	Schönerer	3
Wailrengrün	Tausche, ev. Eberth	1

Dabei sticht hervor, daß dem Kandidaten Tausche, der für die Sozialdemokraten antrat, größere Wahlchancen eingeräumt wurden, obwohl die Sozialdemokraten im Egerer Kreis traditionell weniger Einfluß besaßen.

Kurz vor dem Wahltermin erging ein Erlaß an die Bezirkshauptmannschaft Eger, in dem sie angewiesen wurde, über alle Vorkommnisse im Egerer Bezirk zu berichten, die im Zusammenhang mit den Reichsratswahlen standen. Der Ministerpräsident legte besonderen Wert darauf, über alle bedeutenden polizeilichen Vorfälle, die sich gegenwärtig durch die ausgeschriebenen Neuwahlen des Reichsrates ereigneten und Folge des Wahlkampfes waren, unterrichtet zu sein. In den Berichten sollte nicht nur in jedem einzelnen Fall die eigentliche Veranstaltung und der Verlauf des Vorfalles sowie das Verhalten der Behörden und der öffentlichen Sicherheitsorgane untersucht werden, sondern allgemein, ob das Militär hinzugezogen wurde, ob die öffentlichen Organe bzw. die Militärassistenz von der Waffe Gebrauch machten, ob Verhaftungen, insbesondere von Wahlkandidaten vorgenommen wurden und ob im konkreten Fall gerichtliche Strafanzeige erstattet oder das politische Strafverfahren eingeleitet wurde.[230]

Ende März lagen die endgültigen Wahlergebnisse für den Reichsrat in Wien vor. In den böhmischen Landgemeinden errangen die deutschradikalen Gruppierungen einen großen Erfolg, da ihre Kandidaten aus Eger, Brüx und Plan in diesen Gemeinden siegten. Herausragend war hierbei der Erfolg Schönerers in Eger. Im folgenden sah die Stimmen- und Sitzverteilung folgendermaßen aus:

Böhmen Landgemeinden[231]

Eger:	Georg Schönerer (Deutsch Völkische Partei),	236 Stimmen
Brüx:	Franz Kittel (Deutsche Volkspartei),	264 Stimmen
Leitmeritz:	Günther (Deutsche Fortschrittspartei),	221 Stimmen
Leipa:	Kirschner (Deutsche Fortschrittspartei),	180 Stimmen

---

[230] Statthaltereipräsidium an Bezirkshauptmann Eger, Nr. 4111, 11.3.1897, S. 255, SOAC, Fond čis.: 437, Kartón čis.: 21, Složka čis.: č. inv. 522, Příloh: č. 1 - 600, Časový rozsah: 1897

[231] Ascher Zeitung, Nr. 23, 34. Jahrgang, 20.3.1897, S. 2

Tetschen:	Nowak (Deutsche Fortschrittspartei),	311 Stimmen
Krumau:	Georg Kletzenbauer (Deutsche Fortschrittspartei), 222 Stimmen	
Prachatitz:	Wenzel Gröschel (Deutsche Fortschrittspartei), 184 Stimmen	
Karlsbad:	Anton Steiner (Deutsche Fortschrittspartei),	221 Stimmen
Leitomischl:	Petschka (Deutsche Fortschrittspartei),	200 Stimmen
Trautenau:	Roser (Deutsche Fortschrittspartei),	206 Stimmen
Plan:	Karl Iro (Deutsch Völkische Partei),	220 Stimmen
Mies:	Vinzenz Hofmann (Deutsche Fortschrittspartei), 274 Stimmen	

Dem Reichsrat gehörten damals 425 Abgeordnete an und auf die Parteien entfielen folgende Stimmenanzahlen:[232]

Klerikale	41 Stimmen
Christlichsoziale Partei	28 Stimmen
Klerikale Tschechen	1 Stimme
Klerikale Italiener	5 Stimmen
Deutsche Volkspartei	39 Stimmen
Slowenen	16 Stimmen
Rumänen	6 Stimmen
Kroaten	11 Stimmen
Serben	2 Stimmen
Feudale Großgrundbesitzer	21 Stimmen
Mittelpartei des Großgrundbesitzes	3 Stimmen
Verfassungstreue Großgrundbesitzer	28 Stimmen
Polen	59 Stimmen
Gemäßigte Ruthenen	6 Stimmen
Radikale Ruthenen	5 Stimmen
Jungtschechen	60 Stimmen
Radikale Jungtschechen	1 Stimme
Agrarische Tschechen	1 Stimme
Polnische Volkspartei	3 Stimmen
Deutsch-Fortschrittliche Partei	49 Stimmen
Liberale Italiener	14 Stimmen
Sozial-Politiker	1 Stimme
Sozial-Demokraten	14 Stimmen
Stojakowski-Partei	6 Stimmen
Deutsch-Nationale Partei (Schönerer)	5 Stimmen

---

[232] Egerer Zeitung, Nr. 25, 51. Jahrgang, 27.3.1897, S. 2

Schönerer wurde demnach zum Abgeordneten des Kreises Eger gewählt. Im Bezirk Eger erhielt er auch die meisten Stimmen, nämlich 67 von 79, in der Stadt Eger dagegen nur 44 Stimmen von 612.[233]

Die Art des Wahlkampfes wurde in der „Egerer Zeitung" entschieden verurteilt. Mit hinterlistigen und infamen Gerüchten und Taktiken sei gearbeitet worden, so daß dieser Wahlkampf für das deutsche Volk in Böhmen unwürdig gewesen wäre. Zudem errang Schönerer seinen Sieg nur durch Terror und nicht mit Argumenten. Die „Völkischen" hätten in den Gemeinden Brüx, Eger, Tachau und Falkenau der Fortschrittspartei das Stadtmandat entrissen.[234]

4.3. Nationale Konflikte der Jahre 1896/97 vor Publikation der Badenischen Sprachenverordnungen

Schon Monate vor Erlaß der Badenischen Sprachenverordnungen ereigneten sich im deutschsprachigen Gebiet Böhmens immer wieder kleinere Auseinandersetzungen zwischen Deutschen und Tschechen, die allerdings meist unblutig, auf dem Papier, ausgetragen wurden.

Der Aussiger Bezirksausschuß bekundete in seinem Protestschreiben vom 2. September 1896 seine Entrüstung über die angebliche Verhetzung seitens der Deutschen gegenüber den tschechischen Bewohnern, was die Tschechen anprangerten und die deutsche Bevölkerung wiederum als Provokation empfand. Daher sollte dafür gesorgt werden, daß dieser tschechischen Agitation möglichst bald Einhalt geboten werde. Gleichzeitig erblickte man nur in der sprachlichen Zweiteilung des Landes die Garantie für ein friedliches Miteinander der beiden Völker. Zudem wehrte man sich dagegen, daß deutsche Steuergelder für national tschechische Angelegenheiten, z.B. für den Minoritätenschutz, verwendet wurden.[235]

Eine tschechische Gemeindevertretung untersagte Ende Januar 1897 den Verwandten eines Toten in zwei Fällen die Aufstellung eines Grabsteines mit deutscher Inschrift. Die darin liegende Absicht, nationale Unduldsamkeit auch Toten gegenüber zu üben, verurteilte die Statthalterei Prag scharf. Nach den zu dieser Zeit noch geltenden Hofdekreten vom 23. August 1784, 17. Dezember 1784, und vom 12. August 1788 war jeder berechtigt, ein der Landessitte entsprechendes Zeichen der Religion, demnach auch ein Denkmal, auf eine Grabstätte setzen zu lassen. Auf die Gemeinde wurde eingewirkt, damit sich derartige Fälle nationaler Unduldsamkeit, sogar Toten gegenüber, in Zukunft nicht mehr ereigneten.[236]

Ein Pflichtexemplar einer Druckschrift, die in einer nicht landesüblichen Sprache erschienen war, wurde im Februar 1897 bei einer Pressebehörde[237] hinterlegt. Daraufhin ordnete der Innenminister im Einvernehmen mit dem Justizministerium im Erlaß vom 4. Februar 1897 an, daß die Verweigerung der Entgegennahme von Pflichtexemplaren einer Druckschrift, die in einer nicht landesüblichen Sprache gedruckt war oder ein

---

[233] Egerer Zeitung, Nr. 23, 51. Jahrgang, 20.3.1897, S. 3
[234] Egerer Zeitung, Nr. 24, 51. Jahrgang, 24.3.1897, S. 1
[235] Hanke: Die nationale Bewegung in Aussig 1848 - 1914, S. 79
[236] Statthaltereipräsidium an Bezirkshauptmann Eger, Nr. 14097, 20.1.1897, S. 298, SOAC, Fond čís.: 437, Kartón čís.: 21, Složka čís.: č. inv. 522, Příloh: č. 1 - 600, Časový rozsah: 1897
[237] Diese Behörde war vorwiegend dafür zuständig, Druckerzeugnisse zu kontrollieren. Anm. d. Verf.

Verbot der Herausgabe solcher Schriftsätze mit dem Pressegesetz nicht vereinbar war. Es war vielmehr Sache der Pressebehörden, Vorsorge zu treffen, daß die preßpolizeiliche Überwachung aller im jeweiligen Gebiet verbreiteten Flugschriften ohne Unterschied der Sprache durchgeführt wurde. Wenn diese Schrift in einer nicht landesüblichen Sprache publiziert war und sich bei der zuständigen Pressebehörde kein der betreffenden Sprache kundiger Beamter befand, mußte sie übersetzt werden. Den Dolmetscher hatte die Pressebehörde auf eigene Kosten heranzuziehen, da der Herausgeber der Schrift aus naheliegenden Gründen dafür nicht in Frage kam.[238]

4.4. Die Badenischen Sprachenverordnungen

4.4.1. Gerüchte um neue Sprachenverordnungen im Vorfeld

Zu Beginn des Jahres 1897 kursierten in Wien Gerüchte über die Absicht Badenis, neue Sprachenverordnungen für Böhmen zu erlassen. Die Regierungserklärung Badenis vom Januar 1897 nahmen die deutschen Abgeordneten mit gemischten Gefühlen auf. Die Erklärung der Regierung zur Eröffnung der Landtagssession in Prag wurde sogar als besorgniserregend eingestuft. Die Forderungen der Tschechen wurden wohlwollend zur Kenntnis genommen, die Ansprüche der Deutschen auf unbestimmte Zeit vertröstet. Das Vorgehen erregte den Verdacht, daß Badeni gegen die Deutschen vorgehen wollte.

Der Landtagsabgeordnete Lippert machte in einer Rede deutlich, daß die Regierungserklärung vom 2. Januar 1897 von den Deutschen mit Verstimmung aufgenommen wurde. Durch die Zeitungen ginge das Gerücht einer geplanten Sprachenverordnung. In der Regierungserklärung wurde die Gleichwertigkeit aller Nationen betont, was so ausgelegt werden konnte, daß die Haltung der Deutschböhmen kritisiert wurde. Gleichberechtigung hieß aber auch Bestand des deutschen Volkes, daher müßten die „Belagerungsapparate" zurückgezogen werden, die um das Gebiet der Deutschböhmen errichtet wurden. Außerdem wurde den Deutschböhmen unterstellt, daß sie ihr Sprachgebiet gegen jeglichen Einfluß anderer Nationalitäten von außen absperren wollten. Der Redner ging dann zur Sprachenfrage über. In Böhmen lehne man jegliches ab, was lediglich aus politischer Profilierungssucht hervorginge und man gestatte alles, was den praktischen Bedürfnissen entspräche. Es gäbe geschlossene deutsche, tschechische und gemischte Gebiete in Böhmen. Welche Sprache ein Beamter sprechen müßte, bestimme der jeweilige Zweck in den Gemeinden. Von diesem Standpunkt aus sei man bereit, eine Übereinkunft zu treffen.

In der Regierungserklärung wurden die Deutschböhmen gemahnt, an die Einheit Österreich-Ungarns zu denken. Lippert verwahrte sich dagegen, tschechische Beamte in ein rein deutsches Gebiet zu versetzen, um die Loyalität der Deutschen gegenüber dem Staat zu überprüfen. Die Regierungserklärung erinnere an die Zeiten des Nationalitätenkampfes. Lippert wandte sich der versprochenen Landtagswahlreform zu. Es wäre ungewöhnlich und Mißtrauen erregend, wenn die Regierung diese Arbeit einem Landesausschuß übertrüge, in dem die Deutschen kaum vertreten wären.[239]

---

[238] Statthaltereipräsidium an Bezirkshauptmann Eger, Nr. 2292, 9.2.1897, S. 50, SOAC, Fond čís.: 437, Kartón čís.: 21, Složka čís.: č. inv. 522, Příloh: č. 1 - 600, Časový rozsah: 1897

[239] Egerer Zeitung, Nr. 12, 51. Jahrgang, 10.2.1897, S. 1

Die Landtagsabgeordneten der verschiedenen Parteien reagierten je nach politischer Richtung unterschiedlich auf die Gerüchte um die neuen Sprachenverordnungen.
In der 8. Sitzung des Landtages vom 9. Februar 1897 hatte der Abgeordnete Herold vor, einen Antrag an Kaiser Franz Joseph zu stellen, in dem die staatsrechtliche Stellung Böhmens ausgeweitet werden sollte. Er begründete dieses Vorhaben damit, daß Böhmen ein selbständiges staatsrechtliches Gebilde sei, in dem sich keine Änderung mit Zustimmung der Bevölkerung vollzogen habe. Die verfassungsmäßige Entwicklung des Reiches stünde im Widerspruch zum böhmischen Staatsrecht. Die Tschechen strebten nach einem eigenen Staat, mit dem sie sich identifizieren könnten und in der Lösung dieser Frage läge der Garant für Ruhe im Land. Der Zentralismus habe abgewirtschaftet, ein Chaos politischer Prinzipien herrsche, alle Klassen stünden sich feindlich gegenüber, die Unzufriedenheit wüchse. Franz Joseph wurde aufgefordert, sich zum König von Böhmen krönen zu lassen und einen Ausgleich mit Böhmen zu schaffen.[240]

Der Abgeordnete Scharfschmid lehnte Herolds Antrag ab. Man betrachte die Änderung der staatsrechtlichen Stellung als nachteilig, wenn Böhmen staatsrechtlich von Österreich-Ungarn getrennt würde. Eine Spaltung stünde einer vielen Jahrhunderte alten Entwicklung entgegen. Außerdem würden dadurch die Leidenschaften der Völker gegeneinander „aufgehetzt", ferner schwäche eine Ablösung das tschechische Volk selbst. Die Deutschen widersetzten sich jeder Tendenz zur Trennung Böhmens von Österreich-Ungarn.[241]

Der Abgeordnete Pacák stellte in der 12. Sitzung des Landtages vom 18. Februar 1897 einen Antrag auf gesetzliche Regelung der sprachlichen Verhältnisse bei den autonomen Behörden. Die Lösung der Sprachenfrage bilde den Anfang zur Lösung der Fragen rund um den Böhmen-Komplex.[242]

Ritsche sah in Pacáks Antrag einen erneuten Angriff auf die „deutsche Nationalität". Er verwies auf die Vereinbarungen vom Jahr 1890, die nicht eingehalten worden seien. Besonders wandte er sich gegen die Forderung (§ 2 des Antragstellers), wonach Gemeinden auch diejenigen schriftlichen Eingaben beantworten müßten, die in einer Landessprache abgefaßt wären, die nicht Sprache der betreffenden Gemeinde wäre.[243] Pacák verwahrte sich gegen den Vorwurf, daß sein Antrag einen Angriff gegen die deutsche Nationalität darstelle. Er verlange nur die gleichen Rechte für die Tschechen, welche die Deutschen auch für sich beanspruchten.[244]

Ein Antrag auf Gebrauch beider Landessprachen zur Bezeichnung aller Straßen und Plätze in Prag wurde in der 13. Sitzung des Landtages vom 20. Februar 1897 gestellt. Seit jeher waren alle Straßennamen und Platzbezeichnungen zweisprachig, aber 1893 wurde in Prag der Beschluß gefaßt, die Straßennamen nur einsprachig zu kennzeichnen. Die deutschen Hausbesitzer wurden unter Androhung von Geldstrafen aufgefordert, die deutschen Tafeln von ihren Häusern zu entfernen. Am 26. Februar 1895 wurde die Sache dem Verwaltungsgericht vorgetragen, das gegen die Einwände der

---

[240] Egerer Zeitung, Nr. 13, 51. Jahrgang, 13.2.1897, S. 3
[241] Egerer Zeitung, Nr. 13, 51. Jahrgang, 13.2.1897, S. 3
[242] Egerer Zeitung, Nr. 15, 51. Jahrgang, 20.2.1897, S. 1
[243] Egerer Zeitung, Nr. 15, 51. Jahrgang, 20.2.1897, S. 1
[244] Egerer Zeitung, Nr. 15, 51. Jahrgang, 20.2.1897, S. 1

deutschen Bewohner entschied. Diese Maßnahme erschwere den Geschäftsgang sehr, deshalb forderten die Deutschen nur für die Landeshauptstadt Prag zweisprachige Schilder, nicht für jede Stadt, in der Deutsche wohnten. Der Antrag wurde damit begründet, daß man im Landtag der Meinung wäre, für eine Landeshauptstadt müßten andere Vorschriften gelten als für eine Provinzstadt.[245]

In einem Artikel der „Egerer Zeitung" vom März 1897, die der Deutschen Fortschrittspartei nahestand, wurde erläutert, was sich die Deutschböhmen für ihr Land wünschten. Die Hoffnungen der Abgeordneten auf friedliches Zusammenleben beider Völker in Böhmen nach Abschluß der Verhandlungen von 1890 wären bitter enttäuscht worden. Dieses Friedenswerk sei von den Jungtschechen zerstört worden. Die Regierung habe den Jungtschechen versichert, auf ihre Wünsche hinsichtlich eines neuen Ausgleiches einzugehen. Jene Erklärung seitens der Regierung zeige, daß sie nicht ernsthaft an einem Ausgleich zwischen Deutschen und Tschechen interessiert sei. Der Ausgleich sei aber dringend nötig. Beide Volksstämme sollten sich vereinen und die bestehenden Gesetze zur Durchführung bringen. Wenn dies gelänge, könnte es niemand wagen, die Rechte der Deutschen zu beschneiden. Die Regierung sei jedoch am schwelenden Konflikt beider Nationen interessiert, damit die Tschechen den maßgebenden Einfluß in Innen- und Außenpolitik beibehielten. Man wolle im Ausgleich nur die deutsche Souveränität und Gleichberechtigung erhalten und kein Staatsbürger zweiter Klasse werden. Weitergehende Forderungen seien nicht geplant.[246]

Franz Joseph kündigte in seiner Thronrede anläßlich der Eröffnung des Reichsrates am 29. März 1897 nach den Reichsratswahlen an, daß die Regierung Entwürfe über eine Reform der Unfall- und Krankenversicherungsgesetze vorlegen werde. Außerdem solle die Entwicklung der Industrie gefördert und die Landwirtschaft durch die Regierung unterstützt werden. Eine Vorlage über die genossenschaftliche Organisation der Landwirte sei überreicht worden. Überhaupt lag der Schwerpunkt seiner Ausführungen weniger in den Nationalitätenproblemen, sondern im wirtschaftlichen und sozialen Bereich. Franz Joseph mahnte die Abgeordneten, daß nationale Gegensätze untereinander die Arbeit im Parlament nicht erschweren dürften, wenn die Lösung der zahlreichen Arbeiten gelingen solle. Die Regierung sei bemüht, Hindernisse bei der Annäherung der verschiedenen Nationen zu entfernen und innerhalb der geltenden Verfassung sich bekämpfende Ansprüche zu beseitigen, um so die Basis für die Aussöhnung der nationalen Gegner zu schaffen.[247]

Die Gerüchte um eine anstehende Sprachenverordnung wurden von der Regierung bestätigt. Badenis Ziel war demnach die Vereinigung beider Völker in Böhmen. Nach Meinung der „Egerer Zeitung" gehörte dazu jedoch mehr, als nur Dekrete und Gesetze zu erlassen. Die Erlernung der tschechischen Sprache sei für einen Deutschen in einem geschlossenen Sprachgebiet nicht möglich. Auch der Unterricht an den Schulen sei nicht sinnvoll, weil sie nie so gelehrt werden konnte, wie es zur Kommunikation nötig war.[248] Die „Egerer Zeitung" vermutete allerdings, daß die Regierung mit der neuen Sprachenverordnung die Koalition mit den Jungtschechen festigen wolle, um sie im neu gewählten Reichsrat willfährig und gefügig zu halten. Dieses Entgegenkommen

---

[245] Egerer Zeitung, Nr. 16, 51. Jahrgang, 24.2.1897, S. 1
[246] Egerer Zeitung, Nr. 20, 51. Jahrgang, 10.3.1897, S. 1
[247] Ascher Zeitung, Nr. 26, 34. Jahrgang, 31.3.1897, S. 1 f.
[248] Egerer Zeitung, Nr. 23, 51. Jahrgang, 20.3.1897, S. 1

bedeute aber auch Konzessionen hinsichtlich der tschechischen staatsrechtlichen Aspirationen.[249]

Badeni gab in einem Interview der Zeitung „Bohemia" an, daß zwei Sprachverordnungen, jeweils eine für Böhmen und eine für Mähren, erlassen werden würden. Man wählte diesen Weg, um jeden Anschein staatsrechtlicher Nachgiebigkeit zu vermeiden. Der Ministerpräsident wertete die Sprachenverordnung für Böhmen nicht negativ, weil der Zwang zur Erlernung einer zweiten Sprache Beamte beider Völker beträfe. Die Verkehrssprache in Böhmen bliebe deutsch, da es sich um ein geschlossenes Sprachgebiet handle. Außerdem hätten die deutschen Beamten sechs, bzw. sieben Jahre Zeit, die tschechische Sprache zu erlernen und den Nachweis darüber zu erbringen. Diese Regelung betreffe nur die neu eingestellten Beamten. Beide Verordnungen bereiteten den Deutschen einige Schmerzen, aber auch große Vorteile, die im Eintritt der Jungtschechen für die Regierungsarbeit bestünden. Dadurch blieben den Deutschen die freien Schulen erhalten. Ferner würde staatsrechtlichen Experimenten der Tschechen endgültig eine Absage erteilt werden, da nach Ansicht der Regierung die Tschechen mit den liberalen Deutschen koalieren würden.[250]

In einem anonymen Brief an den Bürgerausschuß in Eger wurde darauf hingewiesen, daß der Erlaß einer neuen Sprachenverordnung für Böhmen und Mähren kurz bevorstehe. Der Inhalt ließe deutlich erkennen, daß es sich um einen neuen Vorstoß der tschechischen Politik gegen das deutsche Sprachgebiet in Böhmen handle. Die Verordnung sei nichts anderes als eine weitere Etappe, die auf die vollständige Tschechisierung Böhmens und Mährens abziele. Daher sei es ohne Ausnahme Pflicht aller Deutschen, gegen den Angriff Stellung zu beziehen. Deshalb stellte der anonyme Schreiber die Forderung an den Bürgerausschuß, diese Gesinnung durch einen offiziellen Beschluß, der sich entschieden gegen die Sprachenverordnungen wandte, in das Volk zu tragen.[251]

In einem Vollzugserlaß vom 21. April 1897 wurde geregelt, daß sich die Verordnungen nicht auf Angelegenheiten der inneren Dienstsprache bezogen, die keine Parteigegenstände waren. Damit waren Präsidialsachen, Registratur- und administrativer Rechnungsdienst gemeint. Für die vertraulichen und streng offiziellen Angelegenheiten der Behörden untereinander galt nach wie vor die allgemeine Dienstsprache. Die Dinge, die von Parteien eingesehen oder eingereicht wurden, waren in der Sprache der betreffenden Partei anzufertigen.[252]

4.4.2. Der erste Sturm der Entrüstung nach der Publikation der Sprachenverordnungen

Die Enthüllungen Pacáks[253] über die Art und Weise, wie die Sprachenverordnungen zustande kamen und welchen maßgebenden Einfluß die tschechischen Abgeordneten dabei hatten, steigerte die Erregung. Die Angaben Pacáks blieben unwidersprochen, bewiesen aber, daß Badeni mit den Tschechen sehr ausführlich über die Verordnungen gesprochen hatte, während er sich gegenüber den Deutschen nur vage und lückenhaft

---

[249] Egerer Zeitung, Nr. 23, 51. Jahrgang, 20.3.1897, S. 1
[250] Egerer Zeitung, Nr. 26, 51. Jahrgang, 31.3.1897, S. 1
[251] Gschier, Gustav: Sammlung zum Egerer Volkstag, SOAC, č. 5-11-35, 1-34, S. 2
[252] Sutter: Die Badenischen Sprachenverordnungen von 1897, Bd. I, S. 257
[253] Siehe Kap. 2.1.6.

äußerte[254]. Die Stellen in Pacáks Bericht, in denen er detailliert über das Feilschen der Tschechen über kleine Detailfragen schrieb, erregten verständlicherweise den meisten Unmut.[255]

Schon am Tag der Veröffentlichung der neuen Sprachenverordnungen zeigten sich die Folgen.

In der 5. Sitzung des Abgeordnetenhauses am 8. April 1897 beantragte der Abgeordnete Engel, daß nach der Geschäftsordnung das stenographische Protokoll sämtliche Verhandlungen wiedergeben müßte. Daher reichte er den Antrag ein, auch die tschechischen Reden ins Protokoll aufzunehmen. Dieses Gesuch lehnte Präsident Kathrein ab, da bisher immer nur die Reden in deutscher Sprache protokolliert wurden und er keinen Anlaß sah, dies zu ändern.[256]

In der 6. Sitzung des Abgeordnetenhauses vom 9. April 1897 erklärte Wolf in seiner Rede, daß die Sprachenverordnungen ein Schlag ins Gesicht der Deutschen seien, die sich das nicht mehr bieten ließen und nun schärfste Opposition zeigten, da man politisch reifer wurde. Außerdem züchte die Regierung durch solche Verordnungen keinen Patriotismus im Volk und schaffe gleichzeitig die Basis für die Germania Irridenta.

Aber auch aus Gründen des Parlamentsschutzes müßte man gegen die Sprachenverordnungen aktiv werden. Ein Parlament, das der Regierung erlaube, gegen dasselbe auf dem Verordnungsweg Gesetze zu erlassen, sei nicht würdig, weiter zu bestehen. Die Regierung hätte nicht das Recht, über den Köpfen der Abgeordneten hinweg Gesetze zu erlassen, andernfalls benötige man kein Parlament. Daher sei es Pflicht aller Abgeordneten, gegen die Ungesetzlichkeit der Regierung in schärfster Weise vorzugehen, wenn man nicht vor seinen Wählern als politisch unreife Kinder dastehen wolle.[257] Wolf kritisierte neben den Nachteilen für die Deutschen die Art und Weise, wie diese Verordnungen zustanden kamen, nämlich als Verordnungen und nicht als Gesetze. Ebenso drohte er schon mit der Obstruktion der Abgeordneten, was faktisch eine Lahmlegung des parlamentarischen Lebens bedeutete.

Funke führte in der gleichen Sitzung aus, daß 75 deutsche Bezirke kein einziges tschechisches Dorf aufwiesen. 104 tschechische Bezirke besäßen im Gegenzug kein einziges deutsches Dorf. Damit sei bewiesen, daß es ein geschlossenes deutsches Sprachgebiet gebe, was von der Regierung und den Jungtschechen immer abgestritten worden sei. Funke wußte dafür gleich den Grund, der darin bestünde, daß die Tschechen die Deutschen unterdrücken wollten, um ihr Ziel, die Verwirklichung des Staatsrechtes zu erreichen. Er zeigte ebenso auf, daß es recht einfach wäre, die gemischtsprachigen Bezirke „rein" zu halten, woran aber niemand von der Regierung Interesse hätte.[258] Es gäbe folglich weder eine praktische Notwendigkeit noch ein praktisches Bedürfnis, die tschechische Amtssprache in den rein deutschen Gebieten einzuführen.[259]

---

[254] Baernreither widersprach jedoch in seinen Erinnerungen diesen Behauptungen. Danach wurden einige deutsche Abgeordnete, darunter Steinwender, sehr wohl von Badeni über den Wortlaut der Sprachenverordnungen eingeweiht. Siehe ebenso Kap. 2.1.6.
[255] Baernreither: Der Verfall des Habsburgerreiches, S. 7 f.
[256] Stenographische Protokolle, 1. - 20. Sitzung, 12. Session, 1897, S. 19
[257] Stenographische Protokolle, 1. - 20. Sitzung, 12. Session, 1897, S. 240 ff
[258] Stenographische Protokolle, 1. - 20. Sitzung, 12. Session, 1897, S. 253
[259] Stenographische Protokolle, 1. - 20. Sitzung, 12. Session, 1897, S. 254

Während der Debatte um die Sprachenverordnungen im Abgeordnetenhaus, in der ein Dringlichkeitsantrag auf Zurückziehung der Verordnungen gestellt wurde, pöbelte Schönerer den Präsidenten des Abgeordnetenhauses an, daß sich die Deutschen in Zukunft nichts mehr gefallen ließen, denn „Deutsches Volksrecht bricht das böhmische Staatsrecht". Die jungtschechischen Abgeordneten waren das nächste Opfer seiner Ausfälle, denn sie „fressen aus der Regierungskrippe".[260] Überhaupt zeigte sich schon im April 1897, daß Schönerer in seinen Reden wenig Konstruktives zur Lösung des Problems beitrug, sondern lediglich die jungtschechischen Abgeordneten beleidigte und rüde Reden führte. Im Laufe der Monate verschärfte sich dieser Tonfall noch und er schreckte auch nicht vor Handgreiflichkeiten zurück, wie dies im weiteren noch ausgeführt wird.[261]

Der Abgeordnete Wolf von der „Schönererpartei" warnte vor der Opposition der Deutschböhmen, die sich gegen die Regierung erheben würden, wenn diese mit Verordnungen so weiter mache und die Rechte der Deutschen noch gravierender beschnitte. Die Sprachenverordnung vernichte den Patriotismus der Deutschböhmen und deren Loyalität zu Kaiser und Staat und züchte die Germania Irridenta.[262] 1,6 Millionen Deutschböhmen betrachteten die Verordnung als Schlag ins Gesicht. Ein Parlament, das solche Maßnahmen der Regierung zuließ, erfülle seine Aufgaben nicht. Wenn die Jungtschechen den Verordnungen zustimmten, weil sie einige Bonbons für die tschechische Nationalität enthielten, räche sich das später blutig für sie. Wolf behauptete, daß der tschechischen Minorität in den deutschböhmischen Städten nichts an den Verordnungen läge. Sollten sie der deutschen Bevölkerung jedoch aufgezwungen werden, bedeute dies die Vertreibung der Tschechen aus den deutschen Städten.[263]

Der Abgeordnete Wolf von der Fortschrittspartei bezeichnete die Verordnungen als Gewaltakt, willkürliche Ordonnanzen und Verfassungsbruch, denn Artikel 19 der Verfassung bezöge sich nur auf geschlossene „Volksstämme". Das geschlossene tschechische Sprachgebiet wollten die Deutschen dagegen nicht antasten. Daher müßte Artikel 19 auch auf das geschlossene deutsche Gebiet angewandt werden.[264] Die Verordnung zeige, daß Badeni den Tschechen insgeheim viel versprochen hätte. Auf Forderung der Fortschrittspartei, vor Erlassung der Verordnungen den Inhalt lesen zu können, erhielt man nur ablehnende Antwort seitens der Regierung.[265] Regierung und Jungtschechen vertraten im Gegensatz dazu die Ansicht, daß zuerst die Sprachenverordnungen erlassen werden müßten und erst dann könnte der Ausgleich in Angriff genommen werden, was die Deutschen ablehnten. In der momentanen Situation verweigerten die Deutschen ihre Teilnahme an allen Verhandlungen über einen Ausgleich. Auf Grundlage der bestehenden Sprachenverordnung sei kein Ausgleich mit den Tschechen möglich.[266]

---

[260] Egerer Zeitung, Nr. 30, 51. Jahrgang, 14.4.1897, S. 1
[261] Siehe hierzu die Krawalle im Abgeordnetenhaus ab Kap. 4.4.8.1.
[262] Egerer Zeitung, Nr. 30, 51. Jahrgang, 14.4.1897, S. 1
[263] Egerer Zeitung, Nr. 30, 51. Jahrgang, 14.4.1897, S. 1
[264] Egerer Zeitung, Nr. 30, 51. Jahrgang, 14.4.1897, S. 2
[265] Diese Behauptung ist erwiesenermaßen falsch, da Steinwender (Deutsche Volkspartei) sehr wohl den Inhalt der Sprachenverordnungen kannte. Siehe auch Kap. 2.1.6.
[266] Egerer Zeitung, Nr. 30, 51. Jahrgang, 14.4.1897, S. 2

Iro betrachtete die Sprachenverordnung nur als einen weiteren Teil in der Umgestaltung des österreichischen Staates in einen slawischen Nationalstaat. Die Regierung sei nicht gewillt, auf die Interessen der Deutschen einzugehen.[267]

In einer Sitzung des Abgeordnetenhauses Ende April 1897 forderte Schönerer die Wahl eines 24gliedrigen Ausschusses aus dem ganzen Haus, der über alle Angelegenheiten, welche die Verordnungen betrafen, berichten sollte. Anlaß war ein Protestschreiben der Gemeinde Mariakulm gegen die Verordnungen. Weiterhin überreichten Schönerer, Iro, und Türk einen Dringlichkeitsantrag, welcher die Sprachenverordnungen für Böhmen und Mähren als Verfassungsbruch bezeichnete und die Regierung aufforderte, die Verordnungen dem Haus vorzulegen und bis zur legislativen Erledigung außer Kraft zu setzen.[268]

Die Befürworter der strikten Obstruktion beherrschten bald die öffentliche Meinung, da die gemäßigten Kräfte keine moralischen und intellektuellen Führungskräfte aufweisen konnten. Schönerers Motto lautete „Deutsches Volksrecht bricht tschechisches Staatsrecht". Die alldeutsche Obstruktion beabsichtigte nicht, den Staat zu erhalten, sondern wollte ihn zerstören[269] und mit legalen Mitteln konnte sie nicht verhindert werden. Als die Geschäftsordnung verabschiedet wurde, bedeutete parlamentarische Opposition nur Boykott der Beratungen. Im Laufe der Zeit schliffen sich gewisse strenge Formen ab. Chlumecky verhandelte als Präsident des Reichsrates Dringlichkeitsanträge erst am Schluß der Sitzung. Das war jedoch Gewohnheitsrecht und setzte voraus, daß der Antragsteller einverstanden war. Jedes Abweichen der Regierung oder Majorität von der buchstabengetreuen Vorlage der Geschäftsordnung lieferte aber der Opposition neuen Vorwand, um die Obstruktion schärfer zu betreiben.[270]

Die gewaltige Reaktion der deutschen Bevölkerung Böhmens auf die Sprachenverordnungen war nicht nur alleinige Folge der alldeutschen Agitation. Allerdings waren viele Deutschböhmen der Meinung, daß Schönerer und seine Parteimitglieder die einzigen waren, die den deutschen Besitz am stärksten verteidigten.[271] Gemäßigte Politiker wie Steinwender wurden durch die Stürme in der Bevölkerung geradezu ermuntert, sich als Deutsche auszugeben, so wie sie sich früher als Österreicher fühlten, als es um das Militärbudget oder die Ausgleichsverhandlungen mit Ungarn ging. Aber seit Mitte Mai, als die Volksseele kochte, wagten es diese Männer nicht mehr, die Regierung zu stützen, da dieses Verhalten ernsthafte Konsequenzen für deren Karrieren nach sich zog. Somit schlossen sich die Anhänger Steinwenders dem Extremismus an.[272]

Die wenigen gemäßigten Stimmen auf deutscher wie auf tschechischer Seite gingen in der allgemeinen Aufregung unter. Als die deutschen Professoren Emil Pfersche und Josef Ulbrich in Prag am 29. Juli 1897 einen Kompromiß vorschlugen, der die meisten deutschen Forderungen enthielt, wurden sie als Verräter an der deutschen Sache beschimpft.[273]

---

[267] Egerer Zeitung, Nr. 30, 51. Jahrgang, 14.4.1897, S. 4
[268] Egerer Zeitung, Nr. 35, 51. Jahrgang, 1.5.1897, S. 2
[269] Whiteside: Georg Ritter von Schönerer, S. 146 f.
[270] Höbelt: Kornblume und Kaiseradler, S. 157
[271] Whiteside: Georg Ritter von Schönerer, S. 150
[272] Whiteside: Georg Ritter von Schönerer, S. 152
[273] Whiteside: Georg Ritter von Schönerer, S. 156. Siehe Kap. 4.4.6., in dem das Sprachengesetz von Ulbrich und Pfersche näher erläutert wird.

Zu den wenigen besonnenen Politikern, die sich gegen die Polemik Schönerers wehrten, gehörte Karl von Grabmayer. In einer Rede vom 15. April 1898 in Meran erklärte er, daß die Deutschradikalen unter Schönerer den Frieden in Böhmen gar nicht wünschten, sonst würden keine Forderungen aufgestellt werden, die nach bestehender Sachlage nicht zu erfüllen seien. Erkennbar sei dies an den Ansprüchen, daß sich 14 Millionen Nichtdeutsche, die gleichzeitig als minderwertig betrachtet würden, dem Diktat von acht Millionen Deutschen fügen sollten, wie dies die „Schönererpartei" verlange.[274] Dabei bliebe festzuhalten, daß die Anhänger Schönerers nur die lautesten Verfechter ihrer Politik seien und dadurch ein Bild der Deutschösterreicher prägten, das nur zu einem geringen Teil der Wirklichkeit entspräche. In Wahrheit fühlten sich die Deutschen Österreichs als Österreicher und wollten dies auch bleiben.[275]

Die „Schönererpartei" und die jungtschechische Partei ähnelten einander in der sozialen Struktur ihrer Mitglieder, ferner im unversöhnlichen Chauvinismus, der sich zum Nationalismus steigerte und im ideologischen Doktrinarismus (Germanophilie/Staatsrecht). Die deutschnationale Bewegung wuchs seit dem Ausscheiden der Monarchie aus dem Deutschen Bund im Jahr 1866. Die Deutschen sahen sich in immer stärkerem Maß von dem wachsenden Einfluß der Slawen zurückgedrängt. In der radikalsten Ausprägung zeigte sich dieses Gefühl der Bedrohung in einer übersteigerten Bismarckverehrung und „Germania Irredenta", beides wandte sich gegen die Basis der Donaumonarchie.[276]

Nach der Veröffentlichung der Sprachenverordnungen legte die Deutsche Fortschrittspartei im April 1897 ihr Parteiprogramm vor. Grundsätze der Partei waren die Wahrung der wirtschaftlichen Interessen der Deutschen und der Erhalt des deutschen Besitzstandes unter Anerkennung der gewährleisteten Rechte der anderen Nationen. Das Verhältnis der Nationen untereinander sollte auf gesetzlichem Weg geregelt werden, man wehrte sich gegen die Regelung der Sprachenfrage auf dem Verordnungsweg. Weiterhin forderte die Partei, daß das deutsche Element geschützt werden müßte und nicht durch Maßnahmen in der Verwaltung geschwächt und zurückgedrängt werden dürfe. Die Administration müßte auf freiheitlichem Weg umgestaltet werden und mit der Verfassung konformieren. Man forderte ferner die Oberaufsicht des Staates über das Schulwesen und die Beibehaltung seines übernationalen Charakters. Schließlich bildete die Achtung des Grundsatzes der Gleichheit aller Nationen neben weiteren Forderungen den wichtigsten Programmpunkt.[277]

Schon am Tag der Veröffentlichung der Sprachenverordnungen erhob sich Protest der Gemeinden und ihrer Vertreter. So meldete sich Stadtrat Dr. Friedrich Major in der Sitzung des Gemeindeausschusses vom 5. April 1897 zu Wort, um die Protestkundgebung des Stadtrates gegen die geplanten Sprachenverordnungen zu begründen. Er betonte, daß es für die Verordnungen keinen Grund gebe, noch weniger für die durchweg deutsche Bevölkerung des Egerer Kreises. Der Zwang zur Zweisprachigkeit fördere seiner Meinung nach nur den tschechischen Vorstoß in das geschlossene deutsche Sprachgebiet und bedeute eine unheilvolle Schädigung der deutschen Bevölkerung.

---

[274] Sutter: Die politische und rechtliche Stellung der Deutschen in Österreich 1848 bis 1918, S. 229
[275] Sutter: Die politische und rechtliche Stellung der Deutschen in Österreich 1848 bis 1918, S. 230
[276] Prinz: Geschichte Böhmens 1848 - 1948, S. 155
[277] Egerer Zeitung, Nr. 29, 51. Jahrgang, 10.4.1897, S. 1

In der Resolution des Stadtrates, die einstimmig angenommen wurde, wurden die Sprachenverordnungen für unannehmbar erklärt, da durch den Zwang zur Zweisprachigkeit der tschechische Vorstoß in das geschlossene deutsche Sprachgebiet ermöglicht würde und gleichzeitig Deutsche von öffentlichen Ämtern ausgeschlossen würden. Der Egerer Gerichtssprengel mit seinen 20 Gerichtsbezirken wies auf einer Fläche von 75,7 Quadratmeilen keine einzige tschechische Gemeinde auf. Zum Schluß der Resolution erhob der Stadtrat von Eger entschiedenen Protest gegen die Sprachenverordnungen und erwartete von allen deutschen Abgeordneten, gleichgültig welcher Parteirichtung, daß sie ihre Landsleute unterstützten und mit allen gesetzlichen Mitteln das Zustandekommen und die Rechtsgültigkeit der Sprachenverordnungen verhinderten.[278]

Die Ascher Stadtverwaltung verfaßte am 7. April 1897 eine Resolution, in der die Sprachenverordnungen scharf verurteilt wurden. Man sah in ihnen die Absicht, das Deutschtum in Böhmen langsam zu vernichten. Daher lehnte man die Verordnungen mit allem Nachdruck ab und erwartete nun Hilfe von den Abgeordneten. Diese wurden aufgefordert, sich radikal gegen die Sprachenverordnungen einzusetzen, „denn wer für die neuen Sprachenverordnungen ist, hat kein Recht, sich einen Deutschen zu nennen."[279]

Der Ascher Bezirksausschuß faßte am 17. April 1897 einen Beschluß, in dem die Sprachenverordnungen als Kränkung aller Deutschen in Böhmen dargestellt wurden. Sie erregten das nationale Bewußtsein der Deutschen und stünden zudem in Widerspruch mit der geltenden Verfassung. Außerdem seien die Sprachenverordnungen das ideale Instrument, um die deutschen Beamten dem nationalen Gegner auszuliefern. Man protestierte gegen die Verordnungen und bezeichnete sie als Schädigung der Deutschen in Böhmen.[280]

Die Deutsche Volkspartei hatte sich entschlossen, Ministerpräsident Badeni wegen Verfassungsbruch anzuzeigen. Begründet wurde dies mit dem Erlaß der Sprachenverordnungen, da sie als verfassungswidrig angesehen wurden.[281]

Ebenso sprachen sich die Aussiger Gemeindevertretung und die Bezirksvertretung in einer Resolution gegen die Verordnungen aus. Die Bezirksvertretung forderte in ihrer Resolution vom 20. April 1897 die Abgeordneten zur schärfsten und rücksichtslosesten Opposition gegen das Ministerium auf.[282]

Auch in der Bevölkerung brodelte es gleich nach Publikation der Sprachenverordnungen. Zunächst fanden einige Volksversammlungen statt, bei denen die Politiker der unterschiedlichen Parteien gegen die Sprachenverordnungen Stellung bezogen.

Die Volksversammlung in Eger Mitte April 1897, die sehr gut besucht war, wurde vom Landtagsabgeordneten Reiniger einberufen. Anwesend waren unter anderem der Bürgermeister von Eger, Gustav Gschier, Mitglieder der Fortschrittspartei und der Völkischen Partei, außerdem Georg Schönerer.

---

[278] Gemeindeamtsblatt der Stadt Eger, 12. Jahrgang, Bd. 9, April 1897, S. 71 f.
[279] Ascher Zeitung, Nr. 29, 34. Jahrgang, 10.4.1897, S. 1, Beilage
[280] Ascher Zeitung, Nr. 32, 34. Jahrgang, 21.4.1897, S. 1, Beilage
[281] Ascher Zeitung, Nr. 34, 34. Jahrgang, 28.4.1897, S. 1
[282] Hanke: Die nationale Bewegung in Aussig 1848 - 1914, S. 82

Auf der Tagesordnung standen nur zwei Punkte, nämlich der Bericht über die politische Lage unter dem Druck der Verordnungen und die Debatte über Tagesordnungspunkt Nummer eins.

In seiner Rede erläuterte Reiniger, daß die Verordnungen keinem praktischen Bedürfnis entsprächen und nur eine Konzession der Regierung an die Tschechen seien, damit sie sich an der Regierung beteiligten, zudem sei die Tendenz der Verordnungen deutschfeindlich. Die Regierung und die Jungtschechen erklärten, daß die Verordnungen ein Produkt der Gleichwertigkeit beider Nationen seien, tatsächlich aber würden die Tschechen darin eindeutig bevorzugt. Die kurze Übergangszeit von nur vier Jahren nähme den Deutschen die Möglichkeit, Tschechisch zu lernen. Außerdem ergäben sich Schwierigkeiten beim Erlernen der Sprache, da in einem geschlossen deutschen Gebiet kaum tschechisch gesprochen würde. Das Tschechische sei ausgesprochen schwierig zu lernen und außerdem sei bei den Deutschen kein Bedürfnis vorhanden, Tschechisch zu lernen. Zuletzt kämen Verwaltung und Rechtsprechung durch die Sprachenverordnungen in tschechische Hände. Die Thronrede sei von den Deutschen mißmutig aufgenommen worden, weil darin von Frieden und Versöhnung der Nationen gesprochen worden sei, jedoch kaum eine Woche später die Verordnungen erlassen worden seien.[283]

Schücker rief zur Geschlossenheit aller Deutschen und zum Kampf gegen die Verordnungen auf. Wirtschaftlich sei das tschechische Gebiet völlig unterentwickelt, daher wollten sich die Tschechen das deutsche Gebiet einverleiben.[284] Die Teilnehmer jubelten den Rednern zu und unterstützten alle Anträge einstimmig.[285]

In Wildstein fand am 11. April 1897 eine Versammlung statt, die vom „Bund der Deutschen Landwirte in der Ostmark" einberufen wurde. Schönerer war eingeladen und hielt eine Rede.[286] Darin bekundete er, daß ein entschiedenes Eintreten für die Interessen der Deutschen notwendig sei, weil deren Rechte auf das Ärgste bedrängt würden. Die Thronrede vom 29. März 1897 hätte die Linderung der nationalen Gegensätze und die Friedensstiftung zwischen Deutschen und Tschechen zum Inhalt gehabt. Dieses Versprechen hätte die Regierung mit der Sprachenverordnung gebrochen. Die „Schönererpartei" schickte einen Brief an Kaiser Franz Joseph, in dem seine Rede kritisiert wurde. Es folgten heftige Ausfälle gegen die Regierung. Auffallend war, daß deutsche Bezirke in Böhmen tschechische Beamte erhalten sollten. Das wertete Schönerer als Abdriften Österreichs in Richtung Slawisierung Böhmens und dagegen müßten sich die Deutschen wehren. Zuletzt übte er scharfe Kritik an den Sprachenverordnungen. Sie wären ungesetzlich, da Verordnungen keine bestehenden Gesetze aufheben könnten. Die Rede Schönerers wurde oft vom Beifall der Anwesenden unterbrochen.[287]

Kurz darauf wurde in Bad Elster, das sich wenige Kilometer hinter der österreichisch-sächsischen Grenze in Sachsen befand und sich somit des Einflusses der Bezirkshauptmannschaft Egers entzog, am 19. April 1897 eine größere Versammlung einberufen, bei der ca. 6000 Teilnehmer anwesend waren. Sie hatte den Zweck, gegen die

---

[283] Egerer Zeitung, Nr. 30, 51. Jahrgang, 14.4.1897, S. 4 f.
[284] Egerer Zeitung, Nr. 30, 51. Jahrgang, 14.4.1897, S. 5
[285] Egerer Zeitung, Nr. 30, 51. Jahrgang, 14.4.1897, S. 4 ff
[286] Egerer Zeitung, Nr. 30, 51. Jahrgang, 14.4.1897, S. 5
[287] Egerer Zeitung, Nr. 30, 51. Jahrgang, 14.4.1897, S. 6

Sprachenverordnungen zu demonstrieren. Allerdings konnte die Veranstaltung zuerst nicht eröffnet werden, da die sicherheitspolizeiliche Überwachung wegen der vielen Anwesenden nicht mehr möglich war. Daher mußte die Kundgebung durch die königlich-sächsische Amtshauptmannschaft geschlossen werden. Kurzerhand suchte man sich einen anderen Kundgebungsort und wählte dazu die „Agnesruhe", ein Gebiet, das wieder zum österreichischem Territorium gehörte. Dort wurde die Kundgebung unter den Augen eines österreichischen Regierungsvertreters abgehalten. Da die „Agnesruhe" direkt an der Grenze zu Deutschland lag, stand ein Teil der Teilnehmer auf deutschem, der andere auf österreichischem Boden.[288]

Verschiedene Redner verurteilten die Sprachenverordnungen als Knechtung der Deutschböhmen. Ferner wurden die Reichsdeutschen aufgefordert, Kaiser Wilhelm II. zu veranlassen, für die Sache der Deutschböhmen einzutreten und seinen Einfluß bei Franz Joseph geltend zu machen. Die anwesenden Reichsdeutschen wurden aufgerufen, sich für ihre Volksgenossen in Österreich einzusetzen. Der Schlußtenor lautete, daß die Sprachenverordnungen ihren Zweck völlig verfehlen könnten und geeignet seien, die gefürchtete Germania Irridenta einzuleiten und eine Rebellion in Österreich ausbrechen zu lassen.[289]

Zuletzt wurde eine Entschließung einstimmig angenommen, in der die Sprachenverordnungen als Attentat auf die Existenzberechtigung des deutschen Volkes bezeichnet wurden. Man erwartete von allen Deutschböhmen und deren Abgeordneten entschiedenen Widerstand dagegen. Von den Reichsdeutschen rechnete man mit ihrer Unterstützung in diesem Kampf. Zum Schluß der Veranstaltung schickte man Drahtgrüße an Bismarck und Schönerer. Der Gruß an Bismarck nach Friedrichsruh lautete: "Tausende im Walde an der Grenze versammelte deutsche Volksgenossen aus Österreich und Deutschland entbieten in feierlichem Augenblicke dem gewaltigen Greise im Sachsenwalde germanische Grüße. Hurrah Deutschland! Heil Bismarck!"[290]

Am gleichen Tag fand ebenfalls in Bad Elster eine Protestkundgebung gegen die Sprachenverordnungen statt. Ca. 8000 Personen, Deutschösterreicher und Reichsdeutsche, waren anwesend.

Der Redner Franz Stern verurteilte die Sprachenverordnungen der Regierung Badeni und betonte das Zusammengehörigkeitsgefühl der Deutschen diesseits und jenseits der Grenze. Die Tagung in Bad Elster verabschiedete eine Entschließung, in der die Verordnung als Attentat auf die Existenz des deutschen Volkes bezeichnet wurde. Volk und Abgeordnete wurden aufgefordert, energischen Widerstand gegen die Verordnung zu leisten.[291] Die Entschließung wurde unter tosendem Beifall angenommen. Außerdem beschloß man, per Telegraph Grüße an Bismarck und Schönerer zu senden. Die Kundgebung erregte großes Aufsehen.[292]

Die Kundgebung in Bad Elster hatte ein Nachspiel für den Teilnehmer Karl Tins, den Schriftleiter der „Ascher Zeitung". Der Verdacht, daß sich ein Regierungsspitzel in der Menge befand, wurde durch die Anklage Tins als Hochverräter bestätigt. Das Verfah-

---

[288] Ascher Zeitung, Nr. 32, 34. Jahrgang, 21.4.1897, S. 1
[289] Ascher Zeitung, Nr. 32, 34. Jahrgang, 21.4.1897, S. 1 f.
[290] Ascher Zeitung, Nr. 32, 34. Jahrgang, 21.4.1897, S. 2
[291] Egerer Zeitung, Nr. 33, 51. Jahrgang, 24.4.1897, S. 5
[292] Egerer Zeitung, Nr. 33, 51. Jahrgang, 24.4.1897, S. 6

ren befand sich in der Voruntersuchung, der Prozeß fand noch nicht statt. Als Termin für das Verfahren wurde August angesetzt, falls sich der Vorwurf des Hochverrats gegen Tins erhärtete.[293] Tins wurde schließlich inhaftiert und am 27. Juni 1897 wieder aus der Haft entlassen.[294]

Auch Privatorganisationen und Vereine lehnten sich auf. Der „Nationalverein deutscher Bürger und Bauern" hielt am 22. April 1897 in Aussig in der Turnhalle eine Versammlung ab, die ca. 1200 bis 1500 Personen besuchten. Pfersche und Günther fungierten als Redner. Unter tosendem Beifall der Anwesenden wurde eine Petition an das Abgeordnetenhaus des Reichsrates verabschiedet, in der die unverzügliche Aufhebung der Sprachenverordnungen verlangt wurde. Auffallend an dieser Veranstaltung war die zahlreiche Anwesenheit von Sozialdemokraten, deren Führer Dobiasch das Wort ergriff. Er war der Ansicht, daß Pfersche in seiner Petition viel zu sehr bat, nun müßte man stattdessen fordern, wenn man Recht hätte. Dobiasch unterbreitete eine eigene Resolution, welche die Aufhebung der Sprachenverordnungen und die Lösung der Sprachenfrage auf gesetzlichem, nicht auf dem Verordnungsweg forderte. Tatsächlich wurde schließlich diese zweite Fassung einstimmig angenommen.[295]

Nach den Erfahrungen von Bad Elster erließ die Statthalterei Prag Direktiven, um eine Wiederholung der Ereignisse zu vermeiden. Die Veranstaltung hatte nämlich nicht auf österreichischem Boden begonnen, sondern in Sachsen. Nach Vorschlag eines Teilnehmers begaben sich die Versammelten über die Reichsgrenze nach Österreich in den nahegelegenen Bezirk Asch. Dort fand die geplante Versammlung unter freiem Himmel ohne Einspruch durch die hinzugerufene, jedoch an Ort und Stelle nicht erschienene Behörde, tatsächlich statt. Da es nicht ausgeschlossen war, daß sich ein ähnlicher Vorgang wiederholte, sollten die Amtsvorsteher derartigen Unternehmungen ihre besondere Aufmerksamkeit zuwenden und insbesondere Teilnehmern von Vereinen entgegentreten. War die Möglichkeit vorhanden, daß eine im bayerischen oder sächsischen Ausland in der Nähe der österreichischen Grenze einberufene Versammlung auf österreichischem Boden fortgesetzt wurde, so mußten rechtzeitig Beamte abgestellt werden. Außerdem mußte eine entsprechende Gendarmeriemannschaft an geeigneten Punkten der Grenze postieren und vorgesorgt werden, damit eine solche gesetzeswidrige Abhaltung oder Fortsetzung einer Versammlung auf österreichischem Gebiet erfolgreich verhindert wurde. Dieser Erlaß ging auch an alle Bezirkshauptmänner in jene Amtsbezirke Böhmens, die an das Deutsche Reich angrenzten. Der Bezirkshauptmann von Eger wurde angewiesen, sich mit dem von Asch in Verbindung zu setzen und über seine Erfahrungen hinsichtlich politischer Überwachung und nationaler Kundgebungen zu berichten, außerdem sollte er seine Direktiven an den Bezirkshauptmann von Asch weitergeben. Überhaupt sollte der überwachende Statthalteirat die Verhältnisse im Ascher Bezirk mit besonderer Aufmerksamkeit verfolgen und falls nötig, dem Ascher Amtsleiter Dudek nicht nur mit Rat und Tat zur Seite zu stehen und ihn so in der Pflichterfüllung tatkräftigst zu unterstützen, sondern auch den Statthaltereisekretär nach Asch entsenden, ihn anleiten, um Mißerfolge zu verhindern. Coudenhove bezweifelte in diesem Zusammenhang die Fähigkeit Dudeks, den Ascher Bezirks in allen politischen oder nationalen Angelegenheiten alleine, ohne Unterstützung eines be-

---

[293] Ascher Zeitung, Nr. 39, 34. Jahrgang, 15.5.1897, S. 1, Beilage
[294] Ascher Zeitung, Nr. 60, 34. Jahrgang, 28.7.1897, S. 1
[295] Hanke: Die nationale Bewegung in Aussig 1848 - 1914, S. 82 f.

nachbarten Bezirkshauptmannes, zu leiten. Bei allen direkt unpatriotischen Kundgebungen war mit Nachdruck, Strenge und Energie vorzugehen.[296] Wegen der Vorgänge in Asch wurde die zuständige Staatsanwaltschaft eingeschaltet, damit die nötigen Amtshandlungen eingeleitet werden konnten.[297]

Die Taktik, verbotene Versammlungen in das benachbarte bayerische oder sächsische Ausland zu verlegen, wurde immer öfter im Laufe des Jahres 1897 angewendet. Dadurch konnte man sich der Aufsicht der österreichischen Behörden entziehen und die Worte wählen, die man benutzen wollte, ohne Repressalien fürchten zu müssen. Allerdings unterstützten die bayerischen und sächsischen Behörden teilweise ihre österreichischen Kollegen, indem sie die Veranstaltungen auf ihrem Boden kurzerhand verboten.

In einem Aufruf in der „Egerer Zeitung" vom 14. April 1897 wandte sich die Deutsche Fortschrittspartei gegen die Sprachenverordnungen, da sie im Widerspruch zu geltenden Gesetzen stünden. Die wirtschaftliche Situation vieler Familien sei gefährdet, weil der Zugang zu öffentlichen Ämtern in Zukunft ausgeschlossen wurde. Mit den Tschechen wolle man sich gerne arrangieren, sich aber nicht von ihnen unterdrücken lassen. Die Partei sagte den Verordnungen den Kampf an und dafür bräuchte sie die Unterstützung aller Wähler und Parteigenossen.[298]

Die staatlichen Organe reagierten prompt auf die Aktivitäten der verschiedenen Parteien, Gruppierungen und Vereine. Das Kreisgericht Eger hatte auf Befehl der Staatsanwaltschaft verfügt, daß der Inhalt der „Egerer Zeitung", Nr. 30 vom 14. April 1897 beschlagnahmt wurde. In dieser Ausgabe wurde unter anderem auch über die Volksversammlungen in Eger und Wildstein berichtet. Als Grund gab man an, daß der Artikel „Deutsche, seid einig und stark" dazu aufhetze, sich gegen den einheitlichen Staatsverband zu erheben. An anderer Stelle würden Bürger zu Feindseligkeiten gegen die böhmischen Nationalitäten aufgehetzt. Die Weiterverbreitung dieser Nummer wurde untersagt und die Vernichtung noch vorhandener Ausgaben angeordnet.[299]

Die Bezirkshauptmannschaft Eger veröffentlichte die Vorschriften zur Ankündigung von politischen Versammlungen. Danach bedurften Plakate und Flugblätter, in denen politische Ankündigungen, Volksversammlungen etc. veröffentlicht wurden, der schriftlichen Bewilligung der Bezirkshauptmannschaft, die rechtzeitig eingeholt werden mußte. Hintergrund der Bekanntmachung war die Beobachtung der Bezirkshauptmannschaft, daß die Bestimmungen des § 23 des Pressegesetzes vom 17. Dezember 1862, betreffend das Verteilen, Aushängen und Anschlagen von Druckschriften unzureichend beachtet wurden. Aus diesem Grund hatte die Bezirkshauptmannschaft Eger mit dem Erlaß vom 29. März 1897 folgendes verordnet: Verteilen, Aushängen und Anschlagen von Flugschriften außerhalb der ordnungsgemäß bestimmen Lokalitäten ohne besondere Bewilligung der Sicherheitsbehörde waren verboten. Das Verbot bezog sich nicht auf Transparente rein örtlichen oder gewerblichen Cha-

---

[296] Statthaltereipräsidium an Statthaltereirat und Bezirkshauptmann Eger, Nr. 7833, 3.6.1897, S. 368 f., OAC, Fond čis.: 437 OÚ Cheb, Kartón čis.: 21 pres 1897, Složka čis.: 387 pres 1897, Kat. 208, Přiloh: 4
[297] Statthaltereipräsidium an Statthaltereirat Eger, Nr. 9004, 28.6.1897, S. 442, SOAC, Fond čis.: 437, Kartón čis.: 21, Složka čis.: č. inv. 522, Přiloh: č. 1 - 600, Časový rozsah: 1897
[298] Egerer Zeitung, Nr. 30, 51. Jahrgang, 14.4.1897, S. 1
[299] Egerer Zeitung, Nr. 32, 51. Jahrgang, 21.4.1897, S. 1

rakters. Diese durften aber nur auf den von der Behörde bestimmten Plätzen aufgehängt werden. Derartige Schriften waren Reklamezettel, Theateranzeigen, Vermietungen, Formulare oder Einladungen zu Vereinsversammlungen.[300]

Außerdem verurteilte das Statthaltereipräsidium Prag die Agitationsschriften gegen die Sprachenverordnungen, da sie vielfach in Ausdrücken erfolgten, die über das Maß hinausgingen, was die Behörde duldete. Alle Bekundungen waren festzuhalten und die Beamten dahingehend zu instruieren, daß unpatriotische, dem vaterländischen österreichischen Gefühl und Empfinden direkt widersprechende Reden und Kundgebungen in Versammlungen nicht zuzulassen waren. Das galt insbesondere für das Androhen einer Agitation im Sinne der „Germania Irridenta".[301]

Hintergrund der Anordnung war ein konkreter Vorfall. In Eger fand am 12. April 1897 eine Volksversammlung statt, bei der Dr. Reiniger, Dr. Schücker und Dr. Lautermann gegen die Sprachenverordnungen Stellung nahmen. Dr. Reiniger soll in seiner Schlußrede folgende Worte gebraucht haben: „Die Germania irridenta, früher einmal ein Schreckgespenst, ist heute vorhanden, und sie wird rascher wachsen, als es sich die Regierenden haben träumen lassen".[302] Die Beamten der Bezirkshauptmannschaften gingen nach Ansicht Coudenhoves nicht energisch genug gegen aufrührerische Äußerungen der Redner vor. Dies spiegelte sich im Fall Kapp wider. Es wäre seine Pflicht gewesen, den wiederholten unpatriotischen, über das Maß erlaubter Kritik hinausgehenden Äußerungen einzelner Redner entgegenzutreten. Coudenhove rügte dieses Verhalten des Statthalterei-Conzipisten Kapp nachdrücklich.[303]

Durch die Badenischen Sprachenverordnungen wurde der immer stärker und lauter werdende Wunsch der Deutschböhmen nach ethnisch-administrativer Landesteilung mißachtet. Gleichzeitig sanktionierten die Sprachenverordnungen indirekt die Staatsrechtsideologie der Jungtschechen, wonach die historischen böhmischen Länder einheitlich und unauflöslich zusammenhingen. Die Aufregung der Deutschböhmen wird nur dann verständlich, wenn man sich vor Augen hält, daß die Landesverwaltungen Böhmens in den rein deutschen Gebieten unverhältnismäßig hoch mit tschechischen Beamten besetzt waren. Jetzt war es nach den Sprachenverordnungen für jeden deutschen Beamtenanwärter unabdingbare Pflicht, die tschechische Sprache zu erlernen, wollte er in den Staatsdienst im deutschen Gebiet aufgenommen werden. Die Sprachenverordnungen sollten das Land nach tschechischem Wunsch zusammenhalten, was die Deutschen aber ablehnten.[304] Im Reichsrat zeigte sich während des Sprachenstreites klar, daß die Deutschen Westböhmens ihre parlamentarische Vormachtstellung durch das schrittweise abgebaute Zensuswahlrecht nicht behaupten konnten.[305] In einer Mitteilung an Kaizl vom 23. April 1897 erkannte Kramář deutlich, daß die Opposition

---

[300] Gemeindeamtsblatt der Stadt Eger, 12. Jahrgang, Bd. 9, April 1897, S. 80 f.
[301] Statthaltereipräsidium an Bezirkshauptmann Eger, Nr. 5795, 18.4.1897, S. 182, SOAC, Fond čis.: 437, Kartón čis.: 21, Složka čis.: č. inv. 522, Příloh: č. 1 - 600, Časový rozsah: 1897
[302] Statthaltereipräsdium an Statthaltereirat und Bezirkshauptmann Eger, Nr. 5797, 18.4.1897, S. 180, SOAC, Fond čis.: 437, Kartón čis.: 21, Složka čis.: č. inv. 522, Příloh: č. 1 - 600, Časový rozsah: 1897
[303] Statthaltereipräsidium an Statthaltereirat und Bezirkshauptmann Eger, Nr. 5623, 15.4.1897, S. 211, SOAC, Fond čis.: 437, Kartón čis.: 21, Složka čis.: č. inv. 522, Příloh: č. 1 - 600, Časový rozsah: 1897
[304] Prinz: Auf dem Weg in die Moderne, S. 356
[305] Prinz: Auf dem Weg in die Moderne, S. 357

der Deutschen im Reichsrat die Kräfte Badenis überstieg. Durch die eingenommene Haltung waren die jungtschechischen Abgeordneten der Gnade des Adels auf Gedeih und Verderb ausgeliefert, wodurch man jeglichen Spielraum und die Position früherer Jahre verlor.[306]

4.4.3. Die Proteste der Deutschböhmen vom Mai 1897 bis zum Egerer Volkstag am 11. Juli 1897

Im Frühjahr 1897 begannen verstärkt die Proteste der Deutschböhmen gegen die Sprachenverordnungen und kamen mächtig in Bewegung. Auftakt war die Volksversammlung, die Karl Iro für den 2. Mai 1897 in Eger anmeldete und unter freiem Himmel stattfinden sollte.[307] Die Veranstaltung im Egertal bei Peters Steinbruch wurde von der Bezirkshauptmannschaft Eger verboten. Sie hatte zum Zweck, gegen die Badenischen Verordnungen zu protestieren. Als Grund wurde angegeben, daß die Versammlung die öffentliche Ruhe störe, weil in letzter Zeit bei derartigen Kundgebungen das Maß an patriotischen Gefühlen überschritten und sogar über die österreichische Reichsgrenze in das benachbarte Deutsche Kaiserreich getragen würde.[308] Die Reichsratsabgeordneten Iro und Genossen legten in der Sitzung des Abgeordnetenhauses vom 30. April 1897 eine Interpellation wegen der Untersagung der geplanten Versammlung unter freiem Himmel in Eger vor.[309]

Mit dem Bescheid vom 29. April 1897 wurde die Abhaltung einer allgemein zugänglichen Volksversammlung in Eger, die für den 2. Mai 1897 um drei Uhr nachmittags anberaumt wurde, nach § 6 des Gesetzes vom 15. November 1867 verboten. Bei schlechtem Wetter sollte sie in das Schießhaus verlegt werden. Die Veranstaltung hatte zur Tagesordnung, die Lage der Deutschen in Böhmen zu besprechen. Gegen diesen Bescheid legte Reiniger telegraphisch Berufung ein. Ihr wurde nicht stattgegeben, da diese laut Gesetz vom 12. Mai 1896 nicht statthaft war. Sie entsprach nicht der Vorschrift des § 2 des oben zitierten Gesetzes der Bezirkshauptmannschaft in Eger als jener Behörde, die in erster Instanz die angefochtene Entscheidung fällte und die dann am 30. April 1897 unmittelbar der Statthalterei übermittelt wurde.[310]

Die verbotene Versammlung in Eger fand dennoch statt. Ca. 2000 Teilnehmer waren anwesend, darunter viele Vertreter aus Wirtschaft und Politik. Das Lied „Deutschland, Deutschland, über alles" wurde angestimmt. Gleichzeitig eilte der Statthaltereikonzipist Knapp mit vier Gendarmen herbei und forderte ihre Auflösung. Die Teilnehmer folgten der Forderung und fanden sich bald wieder im nahegelegenen Frankentalsaal in Eger ein. Ein Redner sprach, als wieder ein Regierungsvertreter erschien und von den Teilnehmern die Räumung des Saals verlangte. Nun wanderte man in das benach-

---

[306] Urban: Die tschechische Gesellschaft von 1848 bis 1918, S. 675
[307] Statthaltereipräsidium an Statthaltereirat und Bezirkshauptmann Eger, Nr. 6986, 18.5.1897, S. 102, SOAC, Fond čis.: 437, Kartón čis.: 21, Složka čis.: č. inv. 522, Příloh: č. 1 - 600, Časový rozsah: 1897
[308] Egerer Zeitung, Nr. 35, 51. Jahrgang, 1.5.1897, S. 3
[309] Statthaltereipräsidium an Statthaltereirat und Bezirkshauptmann Eger, Nr. 6761, 11.5.1897, S. 123, SOAC, Fond čis.: 437, Kartón čis.: 21, Složka čis.: č. inv. 522, Příloh: č. 1 - 600, Časový rozsah: 1897
[310] Statthaltereipräsidium an Statthaltereirat und Bezirkshauptmann Eger, Nr. 6577, 5.5.1897, S. 135, SOAC, Fond čis.: 437, Kartón čis.: 21, Složka čis.: č. inv. 522, Příloh: č. 1 - 600, Časový rozsah: 1897

barte Mies, das sich auf bayerischem Boden befand. Die Wagen des Regierungskommissärs und der Gendarmen folgten.

In Mies angekommen, attackierte Hofer die Sprachenverordnungen und geißelte den Verfassungsbruch der Regierung mit scharfen Worten.[311] Hier wurde ein großer österreichischer Polizeiapparat aufgeboten, gegen den der Statthaltereirat von Mies protestierte. Die öffentliche Ordnung wurde durch die Versammlung nicht gestört, es ereigneten sich keine Zwischenfälle. Eine Verhaftung erfolgte, aber die Person wurde sofort wieder freigelassen.[312] Dem Bericht der Bezirkshauptmannschaft Eger vom 3. Mai 1897 zufolge, zeichnete sich Statthalterei-Conzipist Kapp durch sein energisches Verhalten aus. Coudenhove hieß dies ausdrücklich gut und sprach Kapp seine Anerkennung aus. Bei dieser Demonstration wurden strafgerichtliche Amtshandlungen gegen Johann Lorenz Hofer,[313] Redakteur der „Egerer Nachrichten", und Dr. Reiniger, Landtagsabgeordneter, vorgenommen.[314]

Die Versammlung in Eger war auch Gegenstand der 10. Parlamentssitzung am 6. Mai 1897 in Wien. Schücker und andere Parteimitglieder brachten eine Interpellation ein, in der begründet wurde, daß das Verbot der Versammlung in Eger nicht gerechtfertigt sei. Folgende Argumente wurden angeführt: Zweck der Versammlung war, eine Erklärung gegen die Sprachenverordnungen zu veröffentlichen. Nach § 3 des Gesetzes vom 15. November 1867 über das Versammlungsrecht und nach Artikel 13 des Staatsgrundgesetzes vom 21. Dezember 1867 waren derartige Versammlungen erlaubt. Trotzdem wurde jene in Eger von der Bezirkshauptmannschaft mit nichtigen und ungesetzlichen Gründen verboten. Da nicht alle Teilnehmer rechtzeitig vom Verbot informiert werden konnten, fanden sich viele Personen am Veranstaltungsort ein und wurden von der Gendarmerie vertrieben, obwohl sie sich ruhig verhielten. Weiterhin bedrohten die Gendarmen unter Führung eines Conceptsbeamten der Bezirkshauptmannschaft Eger die Versammelten mit aufgepflanzten Bajonetten. Die polizeiliche Überwachung erledigte in Eger die Ortspolizei, die vollkommen ausgereicht hätte, falls es tatsächlich zu Unruhen gekommen wäre. Deswegen stellte das Gendarmerieaufgebot einen Eingriff in den Wirkungskreis der Ortspolizei Eger dar, wenn ohne zwingende Notwendigkeit die Gendarmerie eingeschaltet wurde.[315]

Später wurden die Teilnehmer der Kundgebung von den Gendarmen ohne Grund weiter verfolgt. Der Conceptsbeamte zog die Finanzwache zur Verstärkung hinzu, die ebenso mit aufgepflanztem Bajonett gegen die ruhig dastehende Menge vorging. Ein Gendarm setzte einem Egerländer Bauern das Bajonett auf die Brust, worauf dieser ausrief, daß er nur zustechen solle. Diese Vorgänge ereigneten sich, obwohl keine Gewalttätigkeiten von den anwesenden Personen verübt wurden, außerdem rief dieses Verhalten der Regierungsbeamten große Verbitterung in der Egerer Bevölkerung hervor.

---

[311] Egerer Zeitung, Nr. 36, 51. Jahrgang, 5.5.1897, S. 4
[312] Egerer Zeitung, Nr. 36, 51. Jahrgang, 5.5.1897, S. 5
[313] Der Vorname wird in den Zeitungen mit „Lorenz" und „Laurenz" angegeben. Anm. d. Verf.
[314] Statthaltereipräsidium an Statthaltereirat und Bezirkshauptmann Eger, Nr. 6526, 4.5.1897, S. 139, SOAC, Fond čis.: 437, Kartón čis.: 21, Složka čis.: č. inv. 522, Příloh: č. 1 - 600, Časový rozsah: 1897
[315] Stenographische Protokolle, 1. - 20. Sitzung, 12. Session, 1897, S. 509

Die Unterzeichner der Interpellation brachten diese Ereignisse dem Innenminister zur Kenntnis und fragten an, ob er sofort und in entschiedener Weise zum Schutz der den Staatsbürgern gewährten Rechte gegen solche Übergriffe durch die Behörden und Aufsichtsorgane Abhilfe schaffe.[316]

Am gleichen Tag fanden Parteitage der Fortschrittspartei in Teplitz und der Deutschen Volkspartei in Reichenberg statt.

Beim Parteitag in Teplitz waren ca. 2000 Personen vertreten. Er wurde vom Teplitzer Bürgermeister Siegmund eröffnet. Dieser bezeichnete die Sprachenverordnung als schmähliches Joch und beklagte den mangelhaften Zusammenhalt der Deutschen dies- und jenseits des Grenzgebietes. In einem geschichtlichen Rückblick würdigte er die Taten der Deutschen, z.B. beim Kampf gegen den Hussitismus oder die Erfindung des Buchdrucks durch den Deutschen Gutenberg. Ferner wies er darauf hin, daß die Habsburgermonarchie nur durch die Hilfe der Deutschen aufgebaut worden sei. Er wehrte sich entschieden gegen die Verordnung, weil Tschechisch nur von einem Bruchteil der Bevölkerung gesprochen werde und außerhalb Böhmens von niemandem sonst. Zum Schluß erklärte er, daß er die Verordnung, „die aus polnischen Klauen kam", entschieden ablehne.[317]

Ludwig Schlesinger wurde zum Vorsitzenden des Parteitages gewählt. Auch er hielt eine Rede, in der er darauf hinwies, daß in Teplitz 1890 das Friedenswerk zustande gekommen sei, das jetzt zerstört würde. Dieser Vertrag sollte endlich die Nationalitätenkämpfe befrieden, nun aber würden diese Grundsätze fallen gelassen.

In den Regierungserklärungen vom 26. Oktober 1896, im Budgetausschuß vom 6. November 1896 des Abgeordnetenhauses und vom 5. Februar 1897 im böhmischen Landtag versprach die Regierung, objektiv bei der Sprachenverordnung vorzugehen und nur fachlich begründete Anforderungen zu erlassen. Die nationalen Interessen der Deutschen und Tschechen sollten in Einklang gebracht und keine überstürzten Handlungen, die der Augenblick erforderte, durchgeführt werden. Die Regierung wolle, laut den Erklärungen, nichts unternehmen, das sich zuungunsten der nationalen und kulturellen Bedeutung der Deutschen in Böhmen auswirke. Details wolle man nur nach Besprechung mit den Vertretern der Deutschen und Tschechen festsetzen. Diese Grundsätze gerieten aber schnell in Vergessenheit, wie die Erklärung der Abgeordneten, die am 20. und 23. März 1897 in Wien waren, vom 7. April 1897 zeigte. Darin äußerte sich die Regierung bezüglich der Sprachenverordnung, daß diese dringend und unausweichlich wäre, man machte aber keine näheren Angaben zu Details. Aus der Erklärung der Regierung wurde deutlich, daß Maßnahmen gegen die vorher erklärten Prinzipien standen. Die Sprachenverordnung war ein Politikum zugunsten der staatsrechtlichen Bestrebungen der nationalen Gegner der Deutschen in Böhmen. Es erfolgte entschiedener Einspruch der Abgeordneten.[318]

Schlesinger warnte eindringlich vor den Folgen der Verordnung für den Bestand der Monarchie und ihrer Einheit. In einer zweiten Konferenz am 23. März 1897 in Wien, der vier tschechische Abgeordnete beiwohnten, warnten die Vertreter der Deutschböhmen vor einer Lösung zuungunsten der Deutschen. Später wurde publik, daß hinter

---

[316] Stenographische Protokolle, 1. - 20. Sitzung, 12. Session, 1897, S. 510
[317] Die Sprachverordnung vom 5. April 1897, S. 9 ff
[318] Die Sprachverordnung vom 5. April 1897, S. 11 ff

dem Rücken der deutschen Abgeordneten sieben Tschechen mit den Ministern über Details verhandelten, außerdem beteiligte sich die Partei der Großgrundbesitzer rege dabei. Die Regierung hätte nach Ansicht Schlesingers durch die Verordnung das zwei Millionen umfassende Volk der Deutschböhmen aus der Gleichwertigkeit mit den anderen Deutschen Österreichs ausgeschaltet und als Abschlagszahlung an den sich aufbauenden tschechischen Staat preisgegeben.[319] Nun liefen die Reichsratsabgeordneten Sturm gegen die Verordnung, so daß Volk und deren Vertreter eines Sinns und Willens waren.[320]

Danach meldete sich der Abgeordnete Eppinger zu Wort. Er legte die Verfassung folgendermaßen aus: Nach Artikel 19 der Verfassung vom 21. Dezember 1867 waren alle Volksstämme gleichberechtigt und jeder hatte das unverletzliche Recht auf Wahrung und Pflege seiner Nationalität und Sprache. Die Gleichberechtigung aller landesüblichen Sprachen in Schule, Amt und öffentlichem Leben wurde vom Staat anerkannt.

Er fuhr fort, daß die Verfassung ein schlechter Kompromiß sei, denn Deutsch sei nicht als Staatssprache festgesetzt worden. Ängstlichkeit bei der Ausarbeitung, nationale Empfindlichkeiten zu verletzen, seien dafür ausschlaggebend gewesen. Die Festlegung einer Staatssprache sei das Recht des Staates, um seine Existenz zu sichern. Daher räche sich die Unterlassung in der Folgezeit schwer.[321]

Eppinger wehrte sich gegen die Verordnung, weil sie Verfassungsbruch bedeutete. Außerdem gäbe es kein praktisches Verlangen für eine Verordnung. Sie stelle nichts anderes dar als ein schlechtes Tauschgeschäft der Regierung. In der Verordnung würden die Deutschböhmen gegenüber den restlichen Deutschen in Österreich herausragend dargestellt. Damit konnte der Anschein erweckt werden, daß ein besonderes böhmisches Staatsrecht gelte und somit die Einheit aller Deutschen im Kaiserreich untergraben würde.[322]

Auf dem Parteitag wurden einige Resolutionen angenommen. Einstimmig und entschieden wurde gegen die Sprachenverordnungen protestiert. Die Teilnehmer äußerten ihre tiefe Enttäuschung darüber und man wollte die dadurch beabsichtigte Schädigung und Demütigung des deutschen Volkes in Böhmen nie und nimmer hinnehmen. Die Regelung des Sprachengebrauchs in den Ämtern des böhmischen Landes könnte nur durch Reichsgesetzgebung, im Einvernehmen mit den Vertretern der Deutschböhmen und nur nach den tatsächlichen Bedürfnissen der Rechtspflege und Verwaltung auf Grundlage der tatsächlich vorhandenen Sprachgebiete erfolgen. Diese Rechtsgrundsätze hätte die Regierung nicht beachtet, weil sie die Sprachenverordnungen erließ, ohne die realen Bedürfnisse zu beachten. Sie hätte in dieser wichtigen Frage die Reichsgesetzgebung umgangen und das nationale Selbstbestimmungsrecht der Deutschböhmen auf das Empfindlichste verletzt, indem sie die Bedenken der Abgeordneten unbeachtet ließ. Die Bedürfnisse der Behörden würden nicht geprüft und das fachlich Relevante ausgeklammert. In der Regierung verließe man sich nur auf einseitige Informationen, man handle willkürlich und nur im Interesse einer Partei. In der Sprachenverordnung erkannte man deutlich die deutschböhmenfeindliche Politik, eine gegen das Recht ver-

---

[319] Die Sprachverordnung vom 5. April 1897, S. 14 f.
[320] Die Sprachverordnung vom 5. April 1897, S. 15
[321] Die Sprachverordnung vom 5. April 1897, S. 17
[322] Die Sprachverordnung vom 5. April 1897, S. 25 ff

stoßende Abschlagszahlung an die nationalen Gegner, welche die Reichseinheit bedrohe. Die Verordnung spräche die nationale Selbständigkeit eines Gebietes ihre Daseinsberechtigung ab, sie lege den Deutschböhmen Beschränkungen auf, die man anderen Deutschen in den Kronländern nicht aufzuerlegen wage. Sie schließe einen Teil der Bevölkerung von den öffentlichen Ämtern ihres Heimatbodens aus, sie erschwere die Arbeit von Justiz und Verwaltung. Auch sei der angestrebte Zweck, nämlich friedlicher Ausgleich der Nationalitäten in Böhmen, nicht erreicht, sondern vielmehr der Gegner zur Forderung neuer Ansprüche ermuntert worden, welche die Grundlage zu staatsrechtlichen Abenteuern schaffe und den nationalen Frieden im Land störe. Jetzt fühlten sich zwei Millionen Deutsche gedemütigt und betrogen. Die Deutsche Fortschrittspartei forderte alle deutschen Abgeordneten auf, schärfste Opposition gegen die Sprachenverordnungen zu betreiben, auf Aufhebung der selben hinzuarbeiten und auf gesetzmäßige Regelung der Sprachenfrage zu wirken.[323]

Der Parteitag der Deutschen Volkspartei in Reichenberg, ebenfalls am 2. Mai 1897 abgehalten, war sehr stark besucht. Schücker bezeichnete in seiner Rede die Sprachenverordnung als Versuch der Regierung, die Deutschen an die Tschechen auszuliefern. In der Entschließung des Parteitages wurden die Verordnungen auf das Schärfste verurteilt. Außerdem mißbilligte man die Haltung der klerikalen Abgeordneten, welche diese unterstützten. Von allen deutschen Abgeordneten erwartete man entschiedenen Widerstand, der bis zum Stillstand der Tätigkeiten der Selbstverwaltungskörper ging.[324]

In Reichenberg kam es zu einer Resolution, in der alle Bezirksvertretungen, Stadt- und Landgemeinden aufgefordert wurden, an einem bestimmten Tag je einen Vertreter nach Wien zu entsenden. Es sollte der betreffende Abgeordnete des Wahlbezirkes dem Reichsrat eine Bittschrift zur Aufhebung der Sprachenverordnungen vorlegen. Die Versammelten in Reichenberg wählten eine Abordnung, die dem Kaiser die Sachlage in Deutschböhmen wahrheitsgetreu vorzutragen hatte. Die Selbstverwaltungskörper wurden aufgefordert, bis zur Aufhebung der Verordnungen die Mitwirkung im übertragenen Wirkungskreis einzustellen, sofern keine gesetzliche Verpflichtung zur Mitwirkung bestand. Das Regierungsjubiläum des Kaisers sollte zum Anlaß genommen werden, um auf die fortgesetzte „Knechtung" des deutschen Volkes in Böhmen hinzuweisen und den Kaiser aufzufordern, neue nationale Schutzanstalten zu schaffen und die bestehenden tatkräftig zu unterstützen.[325]

Hervorstechendes Merkmal aller Parteitage und Volksversammlungen war die Verabschiedung einer Resolution, die immer von den Anwesenden angenommen wurde. Ebenso nahmen Politiker an öffentlichen Kundgebungen teil, die nicht von ihrer eigenen Partei abgehalten wurden, sofern sie eingeladen waren.

Unterdessen ereignete sich am Egerer Gericht der erste Versuch eines tschechischen Anwaltes, die neuen Regelungen der Sprachenverordnungen in der Praxis zu erproben. Während einer Gerichtsverhandlung in Eger am 7. Mai 1897 wollte der Advokatskonzipient Dr. Hirsch seine Einrede in tschechischer Sprache diktieren lassen. Hirsch war Rechtsanwalt des Beklagten, einem Grundeigentümer aus Klattau. Der Gegenanwalt, Dr. Zuckermann, gestattete dies nicht. Hirsch, der gut deutsch sprach, erklärte, daß er

---

[323] Die Sprachverordnung vom 5. April 1897, S. 39 ff
[324] Egerer Zeitung, Nr. 36, 51. Jahrgang, 5.5.1897, S. 2 f.
[325] Melzer: Deutscher Volkstag in Eger, S. 4 f.

den Auftrag habe, nur tschechisch zu diktieren, und lenkte nicht ein. Der Vorsitzende Richter, Keiler, beschloß, die Verhandlung in beiden Landessprachen führen zu lassen und holte den Gerichtsadjunkten Neuhauser, damit dieser die Verhandlung in tschechischer Sprache aufnahm. Zuckermann protestierte unter Hinweis auf § 11 der Sprachenverordnungen, nach welchen in bürgerlichen Rechtsstreitigkeiten das Protokoll in der Sprache der Klage zu führen war. Damit war ein tschechisch geführtes Protokoll der Anklage eine offensichtliche Gesetzwidrigkeit. Zuckermann stellte den Antrag, den Vertreter des Beklagten, falls er der deutschen Sprache nicht mächtig sei, so zu behandeln, als ob er abwesend sei. Der Antrag Hirschs wurde abgelehnt, das bereits begonnene tschechische Protokoll wurde abgebrochen. Die Einrede Hirschs wurde in deutscher Sprache protokolliert.[326]

Die „Egerer Zeitung" äußerte sich negativ über die Provokationen Hirschs, der offen zugab, die Sprachverordnungen praktisch erproben zu wollen. Sie fuhr fort, daß es „(...) dem Herrn wohl vergehen (wird), noch einmal Eger zum Tummelplatze seiner tschechischen Unverfrorenheit zu machen."[327] Anhand dieser Notiz wird deutlich, daß der Ton in der Zeit nach Bekanntwerden der Sprachenverordnungen in den Zeitungen deutlich rüder wurde, wobei sich die „Egerer Zeitung" im Gegensatz zur „Ascher Zeitung" gemäßigter äußerte.

In der Klage des Rechtsanwaltes Hirsch entschied das Oberlandesgericht in Prag, daß der Tscheche aus Klattau der deutschen Klage des deutschen Klägers auf Tschechisch antworten durfte.[328]

Der Oberste Gerichtshof in Wien fällte in Angelegenheiten der Sprachenverordnungen folgende Entscheidung: Bezüglich der Verhandlungssprache bei Gericht hatte ausschließlich § 13 der allgemeinen Gerichtsordnung Anwendung zu finden. Bei Gerichten in deutschen Gegenden hatte nur die deutsche Sprache gesetzliche Berechtigung. Hirsch legte daraufhin Rekurs beim OLG in Prag ein, das diesem stattgab und berief sich dabei auch auf die Sprachenverordnungen. Das Egerer Kreisgericht wurde vom OLG angewiesen, die Einrede in der gewünschten Sprache zuzulassen. Zuckermann legte gegen diese Entscheidung Beschwerde mit der Begründung ein, daß in Böhmen zwei Sprachen gesprochen würden. In rein deutschen Kreisen und Bezirken, z.B. Eger, wäre die tschechische Sprache nicht landesüblich und daher im Gerichtsgebrauch ausgeschlossen. Außerdem bestritt er die Gesetzmäßigkeit der Sprachenverordnungen.[329]

Das OLG Prag gab der Klage Zuckermann am 3. November 1897 mit der Begründung statt, daß das OLG seine Entscheidung auf die §§ 9 und 11 der Sprachenverordnungen gestützt hätte. Nun wurde die Gültigkeit dieser Verordnungen angezweifelt und gebeten, diese zu prüfen. In der Entscheidung des Obersten Gerichtshofes ging man der Frage der Gesetzlichkeit der Sprachenverordnungen aus dem Weg, hatte diese jedoch als gesetzwidrig erklärt und sie somit außer Kraft gesetzt. Die Sprachenverordnungen waren damit für die Richter ungültig und wirkungslos. Dreh- und Angelpunkt war § 13 a.G.O., nachdem als landesübliche Sprache diejenige anzusehen war, die bei Gericht üblich war. Damit war beim Gericht Eger die deutsche Sprache die einzig zuläs-

---

[326] Egerer Zeitung, Nr. 37, 51. Jahrgang, 8.5.1897, S. 5
[327] Egerer Zeitung, Nr. 37, 51. Jahrgang, 8.5.1897, S. 5
[328] Egerer Zeitung, Nr. 52, 51. Jahrgang, 30.6.1897, S. 1
[329] Egerer Zeitung, Nr. 3, 52. Jahrgang, 8.1.1898, S. 1

sige. Durch die Hervorhebung des § 13 der a.G.O. ging der Oberste Gerichtshof so weit, dadurch die Pražak'sche Verordnung von 1880 aus den Angeln zu heben.[330]

Die „Egerer Zeitung" interpretierte das Urteil des Obersten Gerichtshofes dahingehend, daß es die Anklage Badenis durch die deutschen Abgeordneten im Reichsrat als rechtlich, gesetzlich und politisch begründet legitimiere.[331]

Das Bezirksgericht in Aussig/Elbe erhielt in einer Vormundschaftssache des Bezirksgerichtes in Schlan eine in tschechischer Sprache verfaßte Zuschrift. Der Bericht des Gerichtes in Aussig erfolgte entgegen den Bestimmungen der Sprachenverordnungen in deutscher Sprache. Ebenso wurde auch die Erledigung dieser Sache in deutscher Sprache ausgefertigt und zugeschickt. Aus der Zuschrift wurde ersichtlich, daß es in Aussig nur die deutsche Amtssprache gab. Deswegen stellten der Abgeordnete Adámek (Jungtschechen) und einige andere Parteimitglieder an den Justizminister die Anfrage, auf die Unzulänglichkeiten des Gerichtes in Aussig streng hinzuweisen und gleichzeitig dafür zu sorgen, daß das Gericht die Vorschriften der Sprachenverordnungen genau beachte.[332]

Die deutschnationale Agitation wurde weiter forciert. Die in Wien erscheinende Zeitschrift „Ostdeutsche Rundschau" veröffentlichte in Nr. 125 vom 7. Mai 1897 einen Aufruf, der vom Jurastudenten Karl Müller in Leipzig im Namen des studentischen Ausschusses angefertigt wurde. In diesem wurden alle deutschnationalen Burschenschaften inner- und außerhalb des Reiches aufgefordert, sich an dem vom 8. bis 10. Juni 1897 in Leipzig stattfindenden Parteitag des „Alldeutschen Verbandes" zu beteiligen. In welchem Geist die Verhandlungen dieses Verbandes geführt wurden, ging deutlich aus folgender Stelle des Aufrufes hervor:

> „Mächtiger denn je regt sich in akademischen Kreisen der alldeutsche Gedanke, der die Länder in und außer dem Reich verbindet. Lassen Sie uns ihn in diesen Tagen auf dem geschichtlich geweihten Boden Leipzigs als den <u>Gedanken der Zukunft</u> bekennen." [333]

Nach einer Mitteilung des Präsidenten der Wiener Polizeidirektion dachte man in deutschnationalen Kreisen, insbesondere in der „Schönererpartei", daran, Straßenkundgebungen gegen die Sprachenverordnungen in Wien zu veranstalten. Auch wurde davon gesprochen, daß man eine Massendeputation an das Allerhöchste Hoflager plante, wofür agitiert und gleichzeitig Demonstrationen vorbereitet wurden. Die Anregung zu dieser Massendeputation kam auf Vorschlag der Gemeindevorstehung von Neutitsche in Mähren und dies wurde auch in Böhmen angeregt. Die Zulassung einer solchen Deputation an den Kaiserlichen Hof war nach den bestehenden Direktiven vollständig ausgeschlossen. Aus den Tageszeitungen der letzten Zeit, sowie aus einzelnen bei der Statthalterei eingegangenen Berichten, war zu erfahren, daß die Agitation gegen die für Böhmen erlassenen Sprachenverordnungen auch von Vereinen geführt wurde. Zwar vertrat Coudenhove die Auffassung, daß politischen Vereinen eine gewisse Berechtigung nicht unbedingt abgesprochen werden könnte, diese Ange-

---

[330] Egerer Zeitung, Nr. 3, 52. Jahrgang, 8.1.1898, S. 1
[331] Egerer Zeitung, Nr. 3, 52. Jahrgang, 8.1.1898, S. 2
[332] Stenographische Protokolle, 1. - 20. Sitzung, 12. Session, 1897, S. 917 f.
[333] Statthaltereipräsidium an Bezirkshauptmann Eger, Nr. 7098, 18.5.1897, S. 99, SOAC, Fond čis.: 437, Kartón čis.: 21, Složka čis.: č. inv. 522, Příloh: č. 1 - 600, Časový rozsah: 1897

legenheit in ihre Erörterungen mit einzubeziehen und im allgemeinen stünde den Vereinen das Recht der freien Meinungsäußerung zu, aber er akzeptierte nicht, daß die Art, wie die Regierungsarbeit kommentiert wurde und die dabei gefaßten Beschlüsse, durch die den deutschen Abgeordneten oft Weisungen für ihr zukünftiges Verhalten gegeben wurden, den Rahmen der bloßen Meinungsäußerung weit überschritten und selbst bei politischen Vereinen kaum mit den Vereinsstatuten in Einklang gebracht werden könnten.[334]

Inzwischen wurden auch die verschiedenen deutschen Gemeindevertretungen im westlichen Böhmen gegen die Sprachenverordnungen aktiv. In den nächsten Monaten überschwemmten die Gemeindevertreter, Stadtverordnetenkollegs und Stadträte den Reichsrat mit Petitionen oder Protestkundgebungen. Bis zum 28. Mai 1897 waren 2000 Petitionen gegen die Sprachenverordnungen im Präsidium des Abgeordnetenhauses eingegangen.[335] Ferner wurde darüber beraten, wie man die Regierung dazu zwingen konnte, die Sprachenverordnungen wieder zurückzuziehen und beriet über Boykottmaßnahmen, um die Administration lahmzulegen, so daß die zuständigen Regierungsorgane unter den Folgen der Regierungsarbeit Badenis zu leiden hatten. Die autonomen Gemeinden besaßen hierzu die Möglichkeit, die Arbeiten im übertragenen Wirkungskreis einzustellen, so daß die Bezirkshauptmannschaften noch zusätzlich Arbeit aufgebürdet bekamen.

Der Ascher Stadtrat faßte am 12. Mai 1897 einen Beschluß, in der er den Abgeordneten dankte, die in den letzten Reichsratsverhandlungen scharfen Widerstand gegen die Sprachenverordnungen leisteten. Man sprach die Erwartung aus, daß der Widerstand in allen Fragen solange fortgesetzt würde, bis die Sprachenverordnungen aufgehoben würden.[336]

Türk stellte in der 15. Sitzung des Abgeordnetenhauses vom 13. Mai 1897 fest, daß seit dem Erlaß der Sprachenzwangsverordnungen[337] nicht nur aus Böhmen, Mähren und Schlesien, sondern auch aus den Alpenländern, von vielen Städten und Vereinen eine große Anzahl von Protestpetitionen gegen die Sprachenverordnungen an das Abgeordnetenhaus eingingen. Diese verdienten eine andere Behandlung als gewöhnlich, da in diesen die tiefe Entrüstung des gesamten deutschen Volkes über die Sprachenverordnungen ausgedrückt sei. Deshalb stellte Türk die Frage, was mit diesen Petitionen geschehen solle und ob bereits ein Referent gewählt worden sei, der sie bearbeitete. Außerdem sollte dieser bekanntgegeben werden, da man keinen „fanatischen Tschechen" dulde.[338]

In der folgenden Sitzung am 18. Mai 1897 wurde das Gesuch Türks vom Obmann des Petitionsausschusses Baumgartner behandelt. Dieser entgegnete, daß er die Frage nicht beantworten könnte, weil diese Petitionen nicht im Ausschuß einliefen und daher nicht zur Verteilung und Verhandlung kommen könnten. Es bestünde jedoch die Möglich-

---

[334] Statthaltereipräsidium an Bezirkshauptmann Eger, Nr. 7193, 22.5.1897, S. 324, SOAC, Fond čís.: 437, Kartón čís.: 21, Složka čís.: č. inv. 522, Příloh: č. 1 - 600, Časový rozsah: 1897
[335] Egerer Zeitung, Nr. 44, 51. Jahrgang, 2.6.1897, S. 2
[336] Ascher Zeitung, Nr. 39, 34. Jahrgang, 15.5.1897, S. 1, Beilage
[337] Die Abgeordneten der deutschradikalen Parteien nannten die Sprachenverordnungen oft „Sprachenzwangsverordnungen", um dadurch die angebliche Knechtung der Deutschen durch die Regierung Badeni anschaulicher darzustellen. Anm. d. Verf.
[338] Stenographische Protokolle, 1. - 20. Sitzung, 12. Session, 1897, S. 835

keit, einen eigenen Ausschuß für die Sprachenverordnungen zu wählen, der diese Petitionen erhielt.[339]

Am 18. Mai 1897 fand in Asch eine Sitzung aller Bürgermeister und Ortsvorsteher Deutschböhmens unter Leitung des Ascher Bürgermeisters Emil Schindler statt. Sie hatte den Zweck, darüber zu beraten, wie man gemeinsam gegen die Sprachenverordnungen vorgehen sollte. Beschlossen wurde, daß man die Einziehung der staatlichen Steuern und der Militärtaxe verweigere. Der Beschluß wurde aber nicht sofort in die Tat umgesetzt, da man zuerst noch die Audienz beim Kaiser am 25. Mai 1897 abwarten wollte. Als Stichtag zur Durchführung setzte man den 1. Juni 1897 fest. Bürgermeister Ludwig aus Roßbach und Gemeindevorsteher Thoma aus Gottmannsgrün beteiligten sich nicht daran.[340]

In Eger fand am 22. Mai 1897 eine Sitzung des Gemeindeausschusses statt. Der Tagesordnungspunkt lautete: Beschlußfassung über die Entsendung eines Delegierten der Stadt zu der am 25. Mai 1897 stattfindenden Versammlung von Vertretern deutschböhmischer Vertretungskörper.[341]

Bürgermeister Dr. Gschier wurde als Vertreter der Stadt für die Abordnung nach Wien nominiert. Er sollte dahin tätig werden, die versammelten Vertreter der autonomen Körperschaften zu veranlassen, ihre Beteiligung an den durch kein Gesetz vorgeschriebenen Arbeiten im übertragenen Wirkungskreis solange ruhen zu lassen, wie die Sprachenverordnungen Gültigkeit hatten. Falls der Antrag nicht zustande kam, sollte er eine Versammlung der genannten Vertreter nach Wien beantragen.[342] Bei der Versammlung in Wien wurde schließlich von einer Deputation zu Kaiser Franz Joseph Abstand genommen. Später beschloß man, die Arbeiten in den übertragenen Wahlkreisen einzustellen.[343]

Ergebnis der Beratungen war, daß der 13. Juni 1897 als Versammlungstag in Eger festgesetzt wurde, der „Deutscher Volkstag in Eger" getauft wurde. Ferner sollten die Fortschrittspartei, die Deutsche Volkspartei und die „Schönererpartei" eingeladen werden, also freiheitliche und nationale Gruppierungen.[344] An der Versammlung nahmen nur deutsche Abgeordnete, Bezirksobmänner, Bürgermeister und Gemeindevorstände in Böhmen teil.[345] Bereits Ende Mai faßte man folglich die Abhaltung eines Volkstages ins Auge.

Der Stadtrat brachte ferner den Antrag ein, der einstimmig angenommen wurde, an beide Häuser des Reichsrates in Wien eine Petition zu schicken, in der die Aufhebung der Sprachenverordnung gefordert wurde.[346] Die Handels- und Gewerbekammer Eger hatte in einem Entschluß wenige Tage später gegen die Sprachenverordnung protestiert.[347]

---

[339] Stenographische Protokolle, 1. - 20. Sitzung, 12. Session, 1897, S. 849 f.
[340] Ascher Zeitung, Nr. 40, 34. Jahrgang, 19.5.1897, S. 1, Beilage
[341] Egerer Zeitung, Nr. 42, 51. Jahrgang, 26.5.1897, S. 1
[342] Melzer: Deutscher Volkstag in Eger, S. 5
[343] Melzer: Deutscher Volkstag in Eger, S. 5 f.
[344] Melzer: Deutscher Volkstag in Eger, S. 6
[345] Melzer: Deutscher Volkstag in Eger, S. 6
[346] Egerer Zeitung, Nr. 40, 51. Jahrgang, 19.5.1897, S. 3
[347] Egerer Zeitung, Nr. 41, 51. Jahrgang, 22.5.1897, S. 1

Die Gemeindevorsteher des Reichenberger Bezirkes hielten am 22. Mai 1897 eine Versammlung ab, in der über Mittel zur Abwehr der Sprachenverordnungen diskutiert wurde. Man einigte sich, daß sämtliche deutschen Gemeinden die Mitwirkung im übertragenen Wirkungskreis, sofern keine gesetzliche Verpflichtung bestand, ablehnen sollten, wenn die Sprachenverordnung nicht bis zu einem bestimmten Tag aufgehoben werden würde[348] und forderte die Zweiteilung Böhmens in ein deutsches und tschechisches Verwaltungsgebiet.[349]

Das Stadtverordnetenkollegium bzw. der Bürgermeister von Reichenberg verschickte nach einer Zeitungsmeldung an die deutschen Gemeindevertretungen ein Rundschreiben, in dem zum Beitritt zu einer Aktion gegen die Sprachenverordnungen aufgerufen wurde. Dieses Rundschreiben wurde angeblich als „Portofreie Dienstsache" per Post verschickt, was die Statthalterei Prag entschieden verurteilte, denn hierdurch bekämen die Protestschreiben den Anschein, behördlich sanktioniert zu sein.[350]

Ende Mai wurden erstmals im Abgeordnetenhaus die Ministeranklagen gegen alle Beteiligten deutscher Nationalität an den Sprachenverordnungen beantragt.

Schönerer, Iro, Türk, Kittel und Wolf brachten in der 17. Sitzung des Abgeordnetenhauses vom 24. Mai 1897 den Antrag ein, wonach alle deutschen Minister zurücktreten sollten, die sich für die Verwirklichung der Sprachenverordnungen einsetzten.[351] Die Ministerialklage der deutschen Abgeordneten gegen Badeni wegen Verfassungsbruchs wurde mit 203 zu 163 Stimmen abgelehnt. Die Jungtschechen brachten eine Eingabe auf Übergang zur Tagesordnung ein, wodurch das Gesuch auf Ministerklage übergangen wurde. Diese wurde mit 230 Stimmen befürwortet, 163 stimmten dagegen.[352] Die Debatte über die Ministerialklage wurde danach ruhig zu Ende verhandelt.[353]

Im Abgeordnetenhaus wurde nun die Taktik der Obstruktion gewählt. Die deutschen Abgeordneten störten die Sitzungen nicht mehr durch Zurufe, sondern erschwerten den Gang durch zahlreiche Anträge. Über jedes Detail sollte namentlich abgestimmt werden.[354]

Die Obstruktion in ihrem vollen Umfang begann Anfang Juni 1897 mit einem Protest der Deutschen Fortschrittspartei, der an das Präsidium des Abgeordnetenhauses, also an Dr. Kathrein, gerichtet war. Darin wurde dargelegt, daß in der letzten Sitzung des Abgeordnetenhauses am 24. Mai 1897 die Geschäftsordnung durch die Vorsitzenden Ritter von Abrahamowicz und Dr. Kramář gröblich verletzt worden sei und eine geregelte Beratung unmöglich gemacht hätte. Die Fälle, in denen sie die Geschäftsordnung verletzt hätten, wurden einzeln aufgezählt. Beide Herren unterließen es, bei der Fragestellung zehn Minuten innezuhalten. Dies begründeten die Vorsitzenden damit, daß die Unterbrechungen bei Fragestellungen rein formaler Natur nicht zulässig seien. Von

---

[348] Egerer Zeitung, Nr. 42, 51. Jahrgang, 26.5.1897, S. 2
[349] Egerer Zeitung, Nr. 42, 51. Jahrgang, 26.5.1897, S. 2
[350] Statthaltereipräsidium an Bezirkshauptmann Eger, Nr. 7237, 22.5.1897, S. 325, SOAC, Fond čis.: 437, Kartón čis.: 21, Složka čis.: č. inv. 522, Příloh: č. 1 - 600, Časový rozsah: 1897
[351] Stenographische Protokolle, 1. - 20. Sitzung, 12. Session, 1897, S. 951
[352] Egerer Zeitung, Nr. 38, 51. Jahrgang, 12.5.1897, S. 1
[353] Egerer Zeitung, Nr. 38, 51. Jahrgang, 12.5.1897, S. 2
[354] Egerer Zeitung, Nr. 42, 51. Jahrgang, 26.5.1897, S. 2 f.

beiden Vorsitzenden verlangte man die sofortige Niederlegung der Ehrenämter, da sie für den Posten nicht geeignet seien.[355]

Am 23. Mai 1897 fand in Graslitz eine Protestkundgebung gegen die Sprachenverordnungen statt. Unter den Anwesenden befanden sich auch viele Reichsdeutsche. Aus Wien erschienen die Abgeordneten Schönerer, Schücker, Kayser und Gebler. Die Versammlung wurde im Vorfeld genehmigt.[356]

In seiner Begrüßungsrede verwies der Obmann des Deutschen Volksvereines in Graslitz, Dr. Kriegelstein Ritter von Sternfeld, auf die jahrelangen Vorstöße der nationalen Gegner, um die Rechte der Deutschen zu beschneiden. Nun erzürnten die Sprachenverordnungen die Deutschen, weil Badeni diese nur erließ, um mit den Tschechen ein Bündnis schließen zu können. Diese Koalition benötige er im Reichsrat, damit der Ausgleich mit Ungarn verabschiedet werden könnte. Der Redner wies auf die zahlreichen Protestkundgebungen der vielen deutschböhmischen Städte hin, die zeigten, daß die Schmerzgrenze für die Deutschen erreicht sei. Aus diesem Grund lade der Deutsche Volksverein Graslitz zur heutigen Protestversammlung ein.[357]

Reiniger beschuldigte die tschechischen Politiker als die eigentlichen Urheber der Sprachenverordnungen, um die Deutschen in Böhmen zurückzudrängen, da diese keinem praktischen Bedürfnis entsprächen. Ein harter Kampf für die Sache der Deutschen sei vonnöten. Jeder, der sich daran nicht beteilige, würde als Verräter gebrandmarkt.[358]

Schönerer griff die Klerikalen scharf an, da sie die Sprachenverordnungen unterstützten und sich dadurch gegen die Deutschen wandten.[359]

Schriftleiter Kögler des „Falkenau-Königsberger Volks-Blattes" beantragte die Annahme einer Entschließung, in der bekundet wurde, daß sich 2000 Personen in Graslitz versammelt hätten, um gegen die Sprachenverordnungen zu demonstrieren. Man wies Badenis Äußerung scharf zurück, wonach er behauptete, die Sprachenverordnungen repräsentierten ein Instrument zur Friedensschaffung zwischen beiden Volksstämmen Böhmens. Man erblicke im Gegenteil in den Sprachenverordnungen eine Verletzung der historischen Rechte des deutschen Volkes und das Signal zur Entfesselung eines verbitterten Kampfes zwischen Deutschen und Tschechen, der einen Umfang annehmen werde, den sich die Regierung niemals träumen ließe. Dieser Kampf könnte nicht früher beendet werden, bis den Deutschen zurückgegeben würde, was ihnen zustünde.[360]

Den Inhalt der Sprachenverordnungen verurteile man radikal, weil dadurch die Beamtenlaufbahn für die akademische Jugend erschwert würde, da sich die Studienzeiten wegen der Erlernung einer kulturell unbedeutenden Sprache verlängerten. Außerdem sei älteren Beamten der berufliche Aufstieg verwehrt, wenn sie der tschechischen Sprache nicht mächtig seien. Für die Bevölkerung seien die Sprachenverordnungen von großem Nachteil, da die Gerichte zu Tummelplätzen nationaler Streitigkeiten mißbraucht würden. Im Gegenzug betrachteten die Tschechen die Sprachenverord-

---

[355] Egerer Zeitung, Nr. 44, 51. Jahrgang, 2.6.1897, S. 1
[356] Ascher Zeitung, Nr. 42, 34. Jahrgang, 26.5.1897, S. 1 f.
[357] Falkenau-Königsberger Volks-Blatt, Nr. 41, 1. Jahrgang, 26.5.1897, S. 1
[358] Ascher Zeitung, Nr. 42, 34. Jahrgang, 26.5.1897, S. 1 f.
[359] Ascher Zeitung, Nr. 42, 34. Jahrgang, 26.5.1897, S. 1 f.
[360] Falkenau-Königsberger Volks-Blatt, Nr. 41, 1. Jahrgang, 26.5.1897, S. 2 f.

nungen als erste Etappe zur Verwirklichung des tschechischen Staatsrechtes, weshalb die Deutschen die Verordnungen als Attentat auf die Verfassung ansähen.[361]

Die Versammelten in Graslitz stimmten den Beschlüssen der Parteitage in Reichenberg und Teplitz vollkommen zu und forderten alle deutschen Abgeordneten auf, gleichgültig welcher Parteirichtung, mit größtem Widerstand gegen die Sprachenverordnungen im Parlament vorzugehen, bis diese wieder zurückgezogen werden würden. Außerdem sollten die Abgeordneten mit ihren Wählern in Kontakt treten, um eine große Protestbewegung des deutschen Volkes gegen das bestehende Regierungssystem zu organisieren. Zuletzt bedankte man sich für die Anteilnahme der reichsdeutschen Volksgenossen.[362]

Die Redaktion der „Egerer Zeitung" veröffentlichte Ende Mai 1897 einen Aufruf an alle deutschen Volksgenossen, Vereine und Tischgesellschaften, wonach sie ihren Abgeordneten nach jeder Parlamentssitzung Zustimmungstelegramme und -schreiben schicken sollten, damit die Volksvertreter weiterhin den Kampf gegen die Sprachenverordnungen energisch vorantrieben. Ausgenommen wurden die katholischkonservativen und die christlichsozialen Abgeordneten, die man als Volksverräter bezeichnet, da sie die Badenische Verordnungen unterstützten. Jeder sollte sich energisch an der Opposition gegen die Verordnungen beteiligen.[363]

Durch die gewaltige Agitation von Parteien, Kommunen, Zeitungen und Politikern entwickelte die deutschböhmische Bevölkerung etwa ab Juni 1897 Eigeninitiative im Kampf gegen die Sprachenverordnungen und damit gegen ihren vermeintlichen nationalen Gegner. Im Laufe der Zeit entwickelte dieser Widerstand eine Eigendynamik, der sich fast keiner entziehen konnte.

In späteren Berichten der Bezirkshauptmannschaft Eger wird zu lesen sein, daß sich selbst besonnene und gemäßigte Bürger, sofern diese überhaupt vorhanden waren, ebenfalls an der Hetze gegen die tschechischen Mitbürger beteiligten. Ebenso konnte sich die liberale und als gemäßigt geltende „Egerer Zeitung" dem Strudel der Ereignisse nicht entziehen.

So forderte die „Egerer Zeitung" ihre Leser auf, weder das „Prager Abendblatt" noch die „Prager Zeitung"[364] zu lesen. Beide seien zwar deutsch geschrieben, aber der Inhalt beider Blätter entspräche nicht der Kultur und Art der Deutschen, zudem dienten sie einer deutschfeindlichen Regierung und trügen diese Tendenz ins Volk. Durch Lesen und Bezug der Blätter unterstütze man moralisch die Regierung und leiste aktiven Beitrag, um deren Ansichten im Volk zu publizieren. In Zeiten des Existenzkampfes des deutschen Volkes müßte jeder Opfer bringen. Zwar seien beide Prager Zeitungen billiger, trotzdem müßte die deutsche Presse unterstützt werden.[365]

Die Polizeidirektion Wien konfiszierte am 3. Juni 1897 240 Exemplare eines Aufrufes, der von Schönerer und Genossen unterschrieben war. Der Appell wurde an die Kanzlei des „Bundes der Germanen in Wien" gesendet und beinhaltete die Einrichtung einer „Kriegssteuer" anläßlich der Kämpfe gegen die Sprachenverordnungen. Diese neue

---

[361] Falkenau-Königsberger Volks-Blatt, Nr. 41, 1. Jahrgang, 26.5.1897, S. 2 f.
[362] Falkenau-Königsberger Volks-Blatt, Nr. 41, 1. Jahrgang, 26.5.1897, S. 2 f.
[363] Egerer Zeitung, Nr. 43, 51. Jahrgang, 29.5.1897, S. 1
[364] Beide Blätter wurden in der „Egerer Zeitung" oft als „Lügenschüppel" bezeichnet. Amn. d. Verf.
[365] Egerer Zeitung, Nr. 44, 51. Jahrgang, 2.6.1897, S. 3

Proklamation war identisch mit einer, welche die Bezirkshauptmannschaft Eger früher beschlagnahmt hatte. Diese Konfiskation bildete auch den Gegenstand einer von den Reichsratsabgeordneten Schönerer, Iro und anderer Parteimitglieder in der Sitzung des Abgeordnetenhauses vom 20. Mai 1897 eingebrachten Interpellation.[366]

Die Staatsanwaltschaft Eger belegte die Druckschrift „Aufruf", Herausgeber und Verleger Karl Iro aus Wien, Druck von Georg Adler in Eger, wegen Vergehens nach § 24 des Pressegesetzes mit Beschlag.[367] Beschlagnahmte Exemplare waren sofort an die Bezirkshauptmannschaft Eger zu senden und der noch bestehende Satz wurde zerstört.[368]

Ein Advokat aus Deutschböhmen schrieb einen Mahnbrief in deutscher Sprache an einen Tschechen aus Schüttenhofen. Dieser beantwortete das Schreiben folgendermaßen, daß er in Zukunft keine weiteren deutschen Schreiben mehr entgegennehme, weil er weder Deutsch könne noch lernen wolle und er im Königreich Böhmen keinen Dolmetscher bezahle, der die Schreiben übersetze. So würden die Sprachenverordnungen nach Meinung der „Egerer Zeitung" im tschechischen Volk aufgefaßt: Die Deutschen müßten Tschechisch lernen, aber die Tschechen nicht Deutsch.[369]

Natürlich reagierte auch die tschechische Öffentlichkeit auf die Schikanen der Deutschen. Die Presse beteiligte sich hierbei genauso rege wie die deutsche.

Das jungtschechische Blatt „Národní Listy" war mit dem Verhalten der Klerikalen unzufrieden. Die Katholische Volkspartei sei ein verläßlicher Partner für die Aufrechterhaltung der Sprachenverordnungen gewesen, aber nun würde die Front zu bröckeln beginnen. Als Anlaß für diese Mutmaßung nahm das Blatt die Rede des Abgeordneten Ebenhoch. Er verteidigte darin das Eintreten der Klerikalen für die Mehrheit der Tschechen und Polen in Parlament und Regierung, weil sich seit einiger Zeit der Unmut der deutschen Bevölkerung gegen die Sprachenverordnungen rege. Ebenhoch führte aus, daß es die deutschklerikalen Abgeordneten für ihre Pflicht hielten, die deutschen Interessen zu unterstützen, aber damit dann aufhörten, wenn der Bestand des Reiches bedroht sei. Nun fürchteten die Jungtschechen, daß sich bald das nationale Gefühl bei den Klerikalen regen könne und die Zuverlässigkeit der Partei nicht mehr garantiert sei.[370]

Die „Národní Listy" erklärten in einer anderen Ausgabe die weiteren politischen Ziele der Tschechen, die darin bestünden, daß man gerade einen neuen Stand im Staat, nämlich den der Beamten, erobere. Dessen Einnahme sei das erklärte Ziel der Tschechen. Intelligenz, Landwirtschaft, Industrie, Gewerbe und Handwerk hätte man schon für sich gewonnen, jetzt seien die Beamten an der Reihe. Wenn dies vollbracht sei, mache man sich an die Vereinnahmung der obersten Verwaltung und des Militärs. Überall in der Beamtenschaft müsse Tschechisch gesprochen werden. Aus diesen Mitteilungen

---

[366] Statthaltereipräsidium an Statthaltereirat und Bezirkshauptmann Eger, Nr. 8152, 13.6.1897, S. 381, SOAC, Fond čis.: 437, Kartón čis.: 21, Složka čis.: č. inv. 522, Příloh: č. 1 - 600, Časový rozsah: 1897

[367] Staatsanwaltschaft Eger an Bezirkshauptmannschaft Eger, Z. 5528, 29.6.1897, S. 447, SOAC, Fond čis.: 437, Kartón čis.: 21, Složka čis.: č. inv. 522, Příloh: č. 1 - 600, Časový rozsah: 1897

[368] Bezirkshauptmannschaft Eger an Bezirkssekretär Sykora, 29.6.1897, S. 446, SOAC, Fond čis.: 437, Kartón čis.: 21, Složka čis.: č. inv. 522, Příloh: č. 1 - 600, Časový rozsah: 1897

[369] Egerer Zeitung, Nr. 47, 51. Jahrgang, 12.6.1897, S. 4

[370] Ascher Zeitung, Nr. 51, 34. Jahrgang, 26.6.1897, S. 5, 2. Beilage

ging hervor, daß die Tschechen die Sprachenverordnungen zur Slawisierung des Beamtenstandes hernehmen wollten. Dieses Ziel sei die erste Station zur vollen Slawisierung Böhmens.[371]

Erster Schritt hierfür war die Neubesetzung der Grundbuchführerstelle in Wildstein. Anstelle eines Deutschen wurde ein Tscheche eingestellt, alle deutschen Bewerber wurden übergangen. In Asch passierte dasselbe. Pikant an der Sache war, daß Asch ein rein deutscher Bezirk war und kein Tscheche dort wohnte.[372] An diesem Beispiel kann man erkennen, daß die Obrigkeit mit wenig Fingerspitzengefühl agierte und keine Rücksicht auf die nationalen Empfindsamkeiten der Bewohner nahm. Der weitere Verlauf des Jahres 1897 zeigt noch mehrere derartige Beispiele, die konsequenterweise den Unmut in der Bevölkerung noch weiter anstachelten.

Am 2. Juni 1897 wurde das Abgeordnetenhaus geschlossen, denn die fortwährende Obstruktion der deutschen Abgeordneten ließ keine geordnete parlamentarische Arbeit zu. Die tschechischen Abgeordneten hatten vor ihrer Abreise aus Wien einen Überwachungsausschuß gegründet, der die präzise Durchführung der Sprachenverordnungen beaufsichtigen sollte. Diese Maßnahme wurde auf das Gerücht hin ergriffen, daß Badeni die Absicht hatte, die Sprachenverordnungen in der Praxis allmählich abzuschwächen, so daß sie für die Deutschen annehmbarer waren. Daher hegten die Deutschen die Vermutung, daß die Tschechen die Verschärfung der Sprachenverordnungen erst als die richtige Durchführung ansahen.[373]

Die „Egerer Zeitung" kommentierte die Schließung des Reichsrates dahingehend, daß nur Badeni das Ende der Session des Abgeordnetenhauses verschuldet hätte. In dieser vergangenen Session wurde wenig erledigt, man arbeitete kaum konstruktiv. Die Schuld an den Obstruktionen ginge zu Lasten Badenis, der durch seine Ordonnanzen das deutsche Volk vernichten wollte. Gäbe er jetzt die Schuld an den anarchistischen Zuständen im Parlament den deutschen Abgeordneten, mache er sich der bewußten Unaufrichtigkeit schuldig. Bewußt deswegen, weil er wiederholt äußerte, daß er durch die Sprachenverordnungen den Deutschen ein großes Opfer auferlege. Jetzt wurde bei den Deutschen diskutiert, ob die Schließung des Abgeordnetenhauses Sieg oder Niederlage bedeutete. Damit wurde jedoch die Gültigkeit der Mandate nicht berührt, aber bei Wiedereröffnung mußte ein neuer Präsident gewählt werden. Alle Regierungsvorlagen, Interpellationen, Initiativ- und Dringlichkeitsanträge erloschen und mußten bei der Öffnung neu eingereicht werden. Die Ausschüsse wurden aufgelöst und die Immunität der Abgeordneten für die Dauer der Schließung außer Kraft gesetzt.

Die Obstruktionstaktik wurde als Erfolg gewertet, weil die Regierung begriff, daß sie sich einer Minorität beugen mußte. Allerdings glaubte man nicht, daß Badeni den eingeschlagenen Kurs verlassen würde. Durch die Schließung wollte er nur Zeit gewinnen und durch die Aufhebung der Immunität drängte sich der Verdacht auf, daß sie einen Hieb in Richtung der deutschen Abgeordneten darstellte. In den Parlamentsferien nutzten die Angeordneten die Zeit, um Veranstaltungen gegen Badeni zu organisieren.

---

[371] Egerer Zeitung, Nr. 46, 51. Jahrgang, 9.6.1897, S. 2
[372] Egerer Zeitung, Nr. 52, 51. Jahrgang, 30.6.1897, S. 1
[373] Egerer Zeitung, Nr. 46, 51. Jahrgang, 9.6.1897, S. 1

Da sie keinen Immunitätsschutz genossen, konnten sie nicht so frei reden, wie sie es gerne wollten.[374]

Auch die „Egerer Zeitung" glaubte, daß die Regierung mit der Beendigung der Session nur Zeit gewinnen wollte. Allerdings wurde Badeni klar, daß die Nationalitätsfragen nicht durch Verordnungen vom grünen Tisch aus zu regeln waren. Man betonte, daß sich durch die Schließung des Parlaments die Wut des deutschen Volkes nicht legen würde. Auch nach Wiedereröffnung des Abgeordnetenhauses sollte Badeni den Widerstand der deutschen Abgeordneten bald wieder spüren.[375]

Aus diesem Grund veröffentlichte die Deutsche Fortschrittspartei ein Manifest, in dem man gegen die Art und Weise protestierte, wie die Reichsratssession beendet wurde. Durch diese Maßnahme sei es nicht möglich, gegen den von Badeni erhobenen Vorwurf vorzugehen, das parlamentarische Verhalten der deutschen Abgeordneten wäre staatsfeindlich und verfassungswidrig. Diese Behauptung sei so schwerwiegend, daß sie nicht unwidersprochen bleiben dürfe. Nun wurden alle Deutschen Österreichs als Zeugen aufgerufen, daß die Vorwürfe Badenis nicht auf die Partei, sondern auf jene zurückfallen sollten, deren Einsichtslosigkeit ungesetzliche Zustände hervorgerufen hätten. Die Fortschrittspartei hätte von einem Recht Gebrauch gemacht, das jeder Minderheit im Parlament unter allen Umständen zustünde. Auf Grundlage der Verfassung und der Geschäftsordnung des Reichsrates würden meritorische Arbeiten des Abgeordnetenhauses verhindert und verzögert, weil den vorgetragenen Beschwerden gegen die Regierung keine Rechnung getragen und die Verordnungen für Böhmen und Mähren nicht zurückgezogen worden seien. Sollte tatsächlich fruchtbare Arbeit verhindert worden sein, so träfe die Schuld nur die Urheber der Sprachenverordnungen.[376]

Die Pläne der Gemeindevertreter über die Einstellung der Arbeiten im übertragenen Wirkungskreis nahmen nun konkrete Gestalt an. Mitte Juni 1897 erhielt Schücker einen Brief „mehrere(r) deutschnationale(r) Gesinnungsgenossen. Nach deren Ansicht war es notwendig, zum 1. Juli 1897 die Arbeiten im übertragenen Wirkungskreis einzustellen. Ebenso sollten Auskünfte an die von der Regierung gestellten Funktionäre (Finanzwache) verweigert werden. Man nahm an, daß es die Regierung nicht auf einen Partei- bzw. Städtetag ankommen lassen wollte.[377]

In der Gemeindeausschußsitzung in Eger am 28. Juni 1897 wurde einstimmig beschlossen, die Arbeiten im übertragenen Wirkungskreis einzustellen. Ab dem 15. Juli 1897 sollte der Beschluß wirksam sein. Die Einstellung bezog sich nur auf jene Arbeiten, die gesetzlich nicht geregelt und zwingend vorgeschrieben waren.[378] Folgende Arbeiten wurden demnach eingestellt:

- Einhebung der direkten Steuern

- Zustellung der politischen Erledigungen

- Ausfertigung und Zustellung von speziellen Vorladungen an die einzelnen Stellungspflichtigen zum Stellungstag

---

[374] Egerer Zeitung, Nr. 45, 51. Jahrgang, 5.6.1897, S. 1 f.
[375] Egerer Zeitung, Nr. 45, 51. Jahrgang, 5.6.1897, S. 2
[376] Egerer Zeitung, Nr. 45, 51. Jahrgang, 5.6.1897, S. 1
[377] Gschier, Gustav: Sammlung zum Egerer Volkstag, SOAC, č. 5-11-35, 1-34, S. 5
[378] Gemeindeamtsblatt der Stadt Eger, 12. Jahrgang, Bd. 12, Juli 1897, S. 108

- Zustellungen der Einberufung der Reserve und Ersatzreserve des stehenden Heeres und der Landwehr
- Evidenzhaltung des Wohnortes der dauernd Beurlaubten, der nicht in aktiver Dienstleistung stehenden Offiziere, der Mannschaft der Reserve, der Seewehr und der Landwehr und der nicht aktiven Ersatzreservisten
- Einhebung und Abfuhr der Militärtaxen, sowie Mahnung und Evidenzhaltung der Zahlungsunfähigen
- Alle Amtshandlungen in Gemeindeangelegenheiten, die nicht aufgrund gesetzlicher Vorschriften von der Gemeinde in Anspruch genommen wurden.[379]

Der Verweigerung vieler deutschböhmischer Gemeinden, die Arbeiten im übertragenen Wirkungskreis fortzuführen, versuchte man insofern zu begegnen, indem alle nichtaktiven Personen die vorgeschriebene Meldung selbst zu erledigen hatten.[380]

Trotz des behördlichen Verbotes fand am 27. Juni 1897 das dritte Bundesfest in Aussig statt, zu dem sich etwa 5000 bis 6000 Besucher einfanden. Nach der Hauptversammlung bewegte sich der Zug zum Kaiser Joseph Denkmal, wo zwei Kränze niedergelegt wurden. Nach dem Absingen nationaler Lieder zogen die Festteilnehmer durch die Straßen der Stadt.[381]

Die Aussiger Bezirksvertretung protestierte am 29. Juli 1897 gegen das Verbot und beschloß eine Resolution, in der erkannt wurde, daß die Regierung den Kontakt zwischen Volk und Abgeordneten zu unterbinden versuchte, wodurch die Freiheitsrechte des deutschen Volkes verletzt würden: Der Einsatz tschechischer Polizeimacht, um die Verbindung zwischen Volk und seinen Abgeordneten zu verhindern, beleidige das Volk. Zugleich gefährde diese Maßnahme das Leben der Bürger.[382]

Diese Aktivitäten schüchterten die Tschechen keineswegs ein. Sie veranstalteten ebenso wie die Deutschen Exzesse. In Karbitz wurde derartiges Mitte Juni berichtet, als Deutsche und Tschechen aneinandergerieten.[383] Genauso wie in anderen Städten riefen beide Nationalitäten zum geschäftlichen Boykott der jeweils anderen auf.[384]

Am 13. Juni 1897 wurde in der Turnhalle in Eger ein Städtetag abgehalten. Zu diesem waren alle Reichsrats- und Landtagsabgeordneten der drei deutschnationalen Parteien eingeladen und Vertreter aller deutschen Gemeinden und Bezirke Böhmens. Die Versammlung war auf geladene Gäste beschränkt. Die Statthalterei Prag vermutete, daß diese Veranstaltung, auf der die Reichsratsabgeordneten unter anderem über die politische Lage und über die Verweigerung der Mithilfe im übertragenen Wirkungskreis sprechen würden, der behördlichen Aufsicht entzogen werden sollte.[385]

---

[379] Gemeindeamtsblatt der Stadt Eger, 12. Jahrgang, Bd. 12, Juli 1897, S. 108 f.
[380] Amtsblatt der k.k. Bezirkshauptmannschaft und des k.k. Bezirksschulrates in Eger, 9. Juli 1897, Jahrgang 1897, 13. Stück, S. 119, Z. 526
[381] Hanke: Die nationale Bewegung in Aussig 1848 - 1914, S. 84
[382] Hanke: Die nationale Bewegung in Aussig 1848 - 1914, S. 85
[383] Hanke: Die nationale Bewegung in Aussig 1848 - 1914, S. 86
[384] Hanke: Die nationale Bewegung in Aussig 1848 - 1914, S. 89
[385] Statthaltereipräsidium an Statthaltereirat und Bezirkshauptmann Eger, Nr. 7951, 6.6.1897, S. 353 f., OAC, Fond čís.: 437 OÚ Cheb, Kartón čís.: 21, Složka čís.: 381 pres 1897, Kat. č. 207, Příloh: 3

Laut Zeitungsnachrichten hielten bei der am 13. Juni 1897 in Eger abgehaltenen Versammlung deutsche Angeordnete Reden, wegen der sie strafrechtlich belangt werden konnten. Besonders Hofer hielt einen derartigen Vortrag.[386]

Der Städtetag hatte am Abend noch ein Nachspiel. Laut einer Notiz der Nummer 139 der „Kärntner Zeitung" vom 22. Juni 1897, die in Klagenfurt erschien und mit „Roheiten der Schönerer Truppen" überschrieben war, wurde anläßlich der Demonstrationen am 13. Juni 1897 in Eger, welche die Schönerianer veranstalteten, schulpflichtigen Jungen Geld gegeben, damit sie im Restaurant „Mayergarten", wo der katholische Männerverein und Jünglingsverein ihre Vereinslokale hatten, folgendes schreien sollten: „Heraus mit den Mückern!"[387]. Dabei tat sich besonders ein Schüler der dritten Volksschulklasse der Oberschule namens Becker durch seine Frechheit hervor.[388] Ludwig Becker gab protokollarisch den Tathergang folgendermaßen an: Er befand sich gegen 20.00 Uhr im „Mayergarten". Dann erschien ein Herr, den Becker nicht kannte, der ihm und einigen anderen Jungen Bier versprach, wenn sie in das Lokal gingen und riefen: „Macht's hinaus ihr Mücker". Die Jungen hätten den Auftrag ausgeführt und erhielten hierauf ein Glas Bier, jeder noch zusätzlich drei Kreuzer. Der Vater, Georg Becker, erklärte, daß er von diesen Vorkommnissen, bei denen auch sein Sohn Ludwig anwesend gewesen sei, nichts wüßte.[389] Er bestätigte damit die Angaben in der „Kärtner Zeitung". Die Staatsanwaltschaft sah jedoch zu einer weiteren Verfolgung in dieser Strafsache keinen Grund.[390]

Badeni war entschlossen, den Aufruhr durch Polizeigewalt nieder zu halten und wies im geheimen die Polizei an, Aufrührer zu verhaften.[391]

In seinem Geheimerlaß vom 2. Juni 1897 an die Statthaltereien und Landespräsidien wurde aufgezeigt, wie der Ministerpräsident gegen die Abgeordneten vorzugehen gedachte: So waren zu allen politischen Versammlungen Konzeptsbeamte zu entsenden, die vor allem hochverräterischen und unpatriotischen Äußerungen entgegenzutreten hatten. Besonders war darauf zu achten, den Redner nicht voreilig zu unterbrechen, sondern aussprechen zu lassen, damit das Delikt offen ausgesprochen würde und als Beweis dienen konnte. Danach war die Versammlung eventuell aufzulösen. Zuletzt wurde beanstandet, daß sich die Behörden zu oft passiv verhielten, so daß die Strafverfolgung selten erfolgreich verlaufen würde. Das Reichsgericht stellte fest, daß diese Äußerungen den Vereinen in den meisten Fällen nur als Übertretung des rechtlichen

---

[386] Staatsanwaltschaft Eger an Bezirkshauptmannschaft Eger, Z. 5219 Stat., 19.6.1897, S. 395, SOAC, Fond čis.: 437, Kartón čis.: 21, Složka čis.: č. inv. 522, Příloh: č. 1 - 600, Časový rozsah: 1897

[387] Der Begriff „Mücker" bezeichnet einen dialektischen Ausdruck und benennt vor allem Mitglieder (katholischer) kirchennaher Parteien und deren Sympathisanten. Er stellt immer ein Schimpfwort dar. Anm. d.Verf.

[388] Präsidium des Landesschulrates an Vorsitzenden des Bezirksschulrates Eger, Nr. 93, 1.7.1897, S. 122, SOAC, Fond čis.: 437, Kartón čis.: 22, Složka čis.: č. inv. 522, Příloh: č. 601 - 1008, Časový rozsah: 1897

[389] Protokoll aufgenommen bei der Bezirkshauptmannschaft Eger, 10.7.1897, S. 139, SOAC, Fond čis.: 437, Kartón čis.: 22, Složka čis.: č. inv. 522, Příloh: č. 601 - 1008, Časový rozsah: 1897

[390] Staatsanwaltschaft Eger an Bezirkshauptmannschaft Eger, Z. 7118, 15.8.1897, S. 125, Fond čis.: 437, Kartón čis.: 22, Složka čis.: č. inv. 522, Příloh: č. 601 - 1008, Časový rozsah: 1897

[391] Whiteside: Georg Ritter von Schönerer, S. 155

Wirkungskreises angelastet werden könnten, da derartige Reden nur als Grund zur Versammlungsauflösung dienten, wenn Regierungskommissäre anwesend wären.[392]

Dieser geheime Erlaß des Innenministeriums an alle Unterbehörden wurde Mitte Juni 1897 der „Egerer Zeitung" bekannt, die ihn in ihrer Ausgabe vom 16. Juni 1897 veröffentlichte. Zusätzlich zu den Direktiven des Geheimerlasses besaß sie zusätzliche Informationen zum weiteren Vorgehen der öffentlichen Organe: Sobald die Rede beendet war, konnte der Sachverhalt beanstandet und die Versammlung aufgelöst werden. Passives Verhalten der behördlichen Abgeordneten mußte vermieden werden, weil die Strafsache nicht mehr weiterverfolgt werden konnte. Jede Agitation gegen Regierung und Sprachenverordnungen mußte sofort gemeldet, wenn erforderlich sofort gerichtliche Anzeige erstattet und das Gerichtsurteil unverzüglich der vorgesetzten Behörde bekanntgegeben werden.[393]

Aufgrund dieses Artikels wurde die Nummer 48 der „Egerer Zeitung" vom 16. Juni 1897 konfisziert, was jedoch nicht den gewünschten Erfolg erbrachte, da nur wenig Exemplare aus dem Verkehr gezogen wurden und die Bevölkerung den Inhalt der Zeitung lesen konnte.[394] Allerdings gab es auch einige Politiker, die sich wegen der festgefahrenen Situation im Land sorgten. Graf Oswald Thun-Salm äußerte sich z.B. am 14. Juni 1897 in einem Brief zur Nationalitätenproblematik, daß auf tschechischer Seite durch die errungenen Erfolge und durch die positiven Zukunftsaussichten der Größenwahn seinen Höhepunkt erreicht hätte und vorläufig jede friedliche Auseinandersetzung unmöglich wäre.[395]

Die Regierungsorgane reagierten auf die Protestbewegung der Bevölkerung zunächst in bezug auf Gewaltanwendung eher zurückhaltend und verstärkten vorerst die Überwachung der politischen Versammlungen.

Die neuen Direktiven des Innenministeriums fanden schon für den geplanten Parteitag in Asch Anwendung. Am 27. Juni 1897 sollte dort ein Parteitag stattfinden. Man beantragte rechtzeitig die Genehmigung der Tagung bei den Behörden innerhalb der vorgeschriebenen Frist. Die Versammlung wurde trotzdem verboten, da sich die Teilnehmer nicht auf namentliche Einladung beschränkten, jeder daran teilnehmen konnte und in der Lokalpresse zur Teilnahme aufgerufen wurde.[396]

Auch die Tschechen planten die Abhaltung eines Volkstages in Niederösterreich. Die Proklamation ähnelte stark dem Einladungsschreiben der Deutschen in Böhmen. Nur wurden diesmal die Behauptungen auf die tschechische Nation umgemünzt. Man war der Meinung, daß neben Böhmen, Mähren und Schlesien auch noch große Teile Niederösterreichs zum Besitz der Tschechen gehörten. Es folgte ein historischer Abriß, der die Besitzansprüche der Tschechen belegen sollte.[397]

Statt des verbotenen Parteitages veranstaltete man am 27. Juni 1897 einen zwanglosen Frühschoppen in einer Gastwirtschaft. Noch bevor die Versammlung von Karl Tins

---

[392] Sutter: Die Badenischen Sprachenverordnungen von 1897, Bd. I, S. 269 f.
[393] Egerer Zeitung, Nr. 48, 51. Jahrgang, 16.6.1897, S. 6
[394] Statthaltereipräsidium an Statthaltereirat Eger, Nr. 8790, 25.6.1897, S. 439, SOAC, Fond čís.: 437, Kartón čís.: 21, Složka čis.: č. inv. 522, Příloh: č. 1 - 600, Časový rozsah: 1897
[395] Münch: Böhmische Tragödie, S. 408
[396] Ascher Zeitung, Nr. 51, 34. Jahrgang, 26.6.1897, S. 1
[397] Ascher Zeitung, Nr. 51, 34. Jahrgang, 26.6.1897, S. 2

eröffnet wurde, erklärte sie der Statthaltereikonzipist Hirsch für geschlossen und verlangte die Räumung des Lokals. Dem widersprach Tins und erläuterte, daß es sich hier um einen Frühschoppen und nicht um eine politische Veranstaltung handle. Die Anwesenden weigerten sich, das Lokal zu verlassen mit der Begründung, daß dieses Verhalten des Regierungsbeamten ungesetzlich sei. Schließlich zogen Gendarmen mit aufgepflanztem Bajonett auf, welche die Gäste zerstreuten. Kurzerhand beschloß man, in eine Gastwirtschaft ins nahegelegene Bayern auszuweichen und sang auf dem Weg dorthin die „Wacht am Rhein". Statthaltereirat Stadler [398] löste den Zug jedoch auf und zerstreute ihn. Tins und ein Demonstrant namens Zindel wurden verhaftet, da Tins die Teilnehmer aufrief, nicht als geschlossener Zug, sondern einzeln nach Bayern zu gehen.[399]

Da sich die Nachricht von der Verhaftung und deren Umstände schnell in Asch verbreitete, regte sich großer Volkszorn, der soweit ging, daß man die Freilassung Tins' und Zindels erzwingen wollte. Eine Abordnung, u.a. mit Bürgermeister Schindler, forderte von Stadler die sofortige Freilassung der beiden. Inzwischen versammelten sich ca. 1000 Personen vor dem Gerichtsgebäude. Nachmittags wurden Tins und Zindel schließlich freigelassen. Da die städtischen Behörden für Ruhe und Ordnung sorgen mußten, gab es keine weiteren Demonstrationen seitens der Bevölkerung. Die Freigelassenen wurden lediglich stürmisch begrüßt.[400]

Tins und Zindel erhoben Anklage wegen Verletzung ihrer persönlichen Freiheit beim zuständigen Gericht. Außerdem wurde ein Verfahren gegen Stadler eingeleitet. Tins legte bei der Statthalterei Prag Beschwerde gegen die ungesetzliche Auflösung der Versammlung in der Gastwirtschaft in Asch ein, die Behörde ihrerseits erhob gegen Tins und Zindel Anklage wegen aufrührerischer Tätigkeit.[401]

Am 4. März 1898 begann beim Kreisgericht Eger die Verhandlung gegen Tins und Zindel wegen des Vergehens des Aufstandes und Widerstandes gegen die Staatsgewalt während der Versammlung am 27. Juni 1897 in Stein. Auf der Straße kam es zu Ansammlungen, die Stadler von Wolffersgrün mit Gendarmerieeinsatz auflösen wollte. Tins soll dabei gerufen haben: „Auf nach Bayern zum Zweck". Daraufhin ließ Stadler Tins verhaften. Stadler forderte außerdem Zindel auf, die Gesetze zu achten, was dieser damit beantwortete, daß er (Zindel) keine Gesetze habe. Somit wurde auch Zindel verhaftet. Zur Verhandlung erschienen Stadler und Staatsanwalt Kostial nicht. Reiniger vertrat Tins und Zindel als Rechtsbeistand. Als Belastungszeugen führte Stadler die Beamten Hirsch, Lang, Kunze, Schwan und Kreisch auf.[402]

Tins erklärte sich in der Verhandlung für unschuldig, weil er weder die Menge zur Demonstration aufgerufen, noch sich auf ein Wortgefecht mit den Gendarmen eingelassen habe. Stattdessen rief er in die Menge, daß die Menschen auseinandergehen und einzeln in das Gasthaus „Zweck" nach Bayern gehen sollten. Zindel sagte aus, er habe

---

[398] In Eger wechselte Friedrich Stadler von Wolffersgrün am 26. Juni 1897 auf die Stelle des Statthaltereirates in Eger und löste den bisherigen Statthaltereirat Carl Vogl ab. Amtsblatt der k.k. Bezirkshauptmannschaft und des k.k. Bezirksschulrates in Eger, Jahrgang 1897, 12. Stück, S. 115, Z. 19809
[399] Ascher Zeitung, Nr. 52, 34. Jahrgang, 30.6.1897, S. 1
[400] Ascher Zeitung, Nr. 52, 34. Jahrgang, 30.6.1897, S. 2
[401] Ascher Zeitung, Nr. 53, 34. Jahrgang, 3.7.1897, S. 1, 1. Beilage
[402] Ascher Zeitung, Nr. 19, 35. Jahrgang, 5.3.1898, Beilage, S. 3

zur Verhaftung Tins lediglich angemerkt, daß es wohl keine Gesetze mehr gäbe. Außerdem leistete er bei der Verhaftung keinen Widerstand. Stadlers Zeugenaussage wurde verlesen, die Tins als unwahr bezeichnete. Seiner Meinung nach beabsichtigte Stadler nur, die ungesetzliche Verhaftung zu rechtfertigen. Die Belastungszeugen erklärten einstimmig, daß es sich bei der Versammlung nicht um Ruhestörung gehandelt und sich keiner der Angeklagten widersetzt habe. Klarheit konnte nicht geschaffen werden, was den genauen Wortlaut der Äußerungen Tins' und Zindels betraf. Aus den Zeugenaussagen ging jedoch hervor, daß sich die Angeklagten nicht des Vergehens des Aufruhrs schuldig gemacht hätten.[403]

Im Egerer Verwaltungsbezirk wurde das Gerücht verbreitet, das Kreisgerichtspräsident Müller auch bestätigte, daß diese Verhandlung, an der zahlreiche Deutschnationale aus Asch und Eger teilnahmen, durch die Anwesenheit des Ministerialrates Stadlers von Wolffersgrün eine besondere Bedeutung erlangt hätte. Daher war es nicht ausgeschlossen, daß Demonstrationen stattfinden würden. Dazu trug auch der Umstand bei, daß in Eger vielfach die Ansicht verbreitet war, Stadlers Beförderung vom Statthaltereirat zum Ministerialrat wäre die Belohnung für seine Amtshandlungen, besonders am Egerer Volkstag.[404]

Die Staatsanwaltschaft Eger teilte mit, daß sie bei der Hauptverhandlung die Anklage zurückziehen würde, da wegen der Zeugenaussagen der objektive Tatbestand des Vergehens nicht aufrecht erhalten werden könnte. Die Verhandlung hätte ohne Zweifel mit einem Freispruch geendet, wenn man die Anklage nicht zurückgezogen hätte.[405]

Nach den Erfahrungen mit zahlreichen politischen Versammlungen instruierte die Statthalterei Prag die Beamten der Bezirkshauptmannschaft Eger, wie sie sich bei derartigen Veranstaltungen richtig verhalten sollten.

Die Behörden beobachteten die Entwicklung der Tätigkeiten gegen die Sprachenverordnungen und stellten fest, daß die Agitation in Versammlungen und durch Vereine oft das zulässige Maß überschritt und nicht überall rechtzeitig dagegen die entsprechenden Vorkehrungen getroffen würden. Speziell Vogl und später Stadler hatten dafür zu sorgen, daß die Bestimmungen der Gesetze über das Vereins- und Versammlungsrecht auf das Genaueste gehandhabt würden und jede Übertretung streng geahndet würde.[406]

Von diesem Erlaß erfuhren einige Zeitungen und veröffentlichten ihn, natürlich mit dem Hintergedanken, daß die Obrigkeit mit allen legalen Mitteln versuchte, die Kundgebungen, die als Protest gegen die Sprachenverordnungen veranstaltet wurden, verbieten zu können. Daher ordnete die Statthalterei an, diejenigen Zeitungen nach § 101 des Strafgesetzes zu konfiszieren, die den ganzen oder teilweisen Wortlaut der

---

[403] Ascher Zeitung, Nr. 19, 35. Jahrgang, 5.3.1898, Beilage, S. 3
[404] Bezirkshauptmannschaft Eger an Statthaltereipräsidium, Nr. 168 praes., 25.2.1898, S. 238 f., SOAC, Fond čís.: 437, Kartón čís.: 23, Složka čís.: č. inv. 523, Příloh: č. 1 - 428, Časový rozsah: 1898
[405] Bezirkshauptmannschaft Eger an Statthaltereipräsidium, Nr. 246 praes., 20.3.1898, S. 321, SOAC, Fond čís.: 437, Kartón čís.: 23, Složka čís.: č. inv. 523, Příloh: č. 1 - 428, Časový rozsah: 1898
[406] Statthaltereipräsisium an Bezirkshauptmann, Nr. 7831, 7.6.1897, S. 366 f., OAC, Fond čís.: 437 OÚ Cheb, Kartón čís.: 21 pres 1897, Složka čís.: 387 pres 1897, Kat. 208, Příloh: 4

Direktive ohne Kommentar druckten. Bei Angriffen gegen die Regierung waren die Zeitungen nach § 300 Strafgesetz zu beschlagnahmen.[407]

Die Statthalterei Prag unternahm in der Zwischenzeit Schritte, um die Konfiskationen der Zeitungen effektiver zu gestalten. Anscheinend maßen einzelne Behörden den Vorgängen in ihren Bezirken geringe Bedeutung bei, da sie erst nach Aufforderung der Statthalterei Beschlagnahmen durchführten und selbst nicht aktiv wurden. Dies ließ erkennen, daß einzelne Unterbehörden den politischen Vorgängen im Bezirk zuwenig Aufmerksamkeit schenkten oder wenn ihnen diese bekannt waren, schätzten sie jene für derart unbedeutend ein, daß sie die Berichterstattung unterließen. Das traf besonders für politische Kundgebungen oder wichtige politische Berichte in der Presse zu, denen viel zuwenig Beachtung zuerkannt wurde. Dem Bezirkshauptmann Eger wurde vorgeschlagen, regen Kontakt, sei es durch direkte Anteilnahme oder durch Mittelsmänner mit einzelnen, wenn auch nicht gerade den prominentesten Politikern, zu halten und insbesondere der Presse volle Aufmerksamkeit zu widmen.[408]

Im Juli 1897 verstärkte sich die Bewegung in der Bevölkerung, den tschechischen Mitbewohnern das tägliche Leben so unerträglich wie möglich zu gestalten. Inzwischen wurde öffentlich dazu aufgerufen, sie zu schikanieren. Die „Egerer Zeitung" rief zum wirtschaftlichen Boykott auf. Sie argumentierte, da die österreichische Wirtschaftskraft bedeutend sei, müßte sie gegen die Tschechen eingesetzt werden. Alle Arbeitgeber, die Tschechen beschäftigten, wurden aufgefordert, diese sofort zu entlassen und deutsche Mitarbeiter einzustellen. Diese Maßnahmen seien auf der Stelle durchzuführen, auch wenn Unschuldige betroffen sein könnten und die tschechischen Familien ins Elend gestürzt werden würden. Ebenso sollten tschechische Geschäfte und Firmen boykottiert werden. Gemeinden sollten tschechischen Familien keine Wohnungen mehr zur Verfügung stellen. Alle aufgezählten Vorschläge wurden damit gerechtfertigt, daß die Tschechen die Deutschen ebenfalls in ihrer Existenz bedrohten.[409]

Ein anonymer Brief wurde an Bürgermeister Dr. Gschier gesandt, in dem der Schreiber vorschlug, auf den Briefköpfen aller Privatpersonen und öffentlichen Behörden nur deutsche Orts- und Landesbezeichnungen zu drucken „(...), um die Grenzen des tschechischen Traumstaates zu verwischen,(...)". Außerdem sollte jeder Grundstücksmakler, der Land für Staatsbauten verkaufte, per Eintrag ins Grundbuch sicherstellen, daß keine tschechischen Aufschriften an den zu errichtenden Häusern angebracht werden durften.[410]

Öl in das Feuer der Emotionen gossen zusätzlich Maßnahmen der tschechischen offiziellen Organe. So begannen tschechische Behörden, Straßennamen ins Tschechische zu übersetzen, wie z.B. in Prag. Teilweise wurden ganze Ortsnamen ins Tschechische übersetzt und in Verkehr gebracht. So hatte es den Anschein, als ob der deutsche Name die deutsche Übersetzung der tschechischen Ortsbezeichnung wäre. In Ullersdorf (Bezirk Dux) versuchte man das auch. Der Name wurde in „Oldřichor" übertragen.

---

[407] Statthaltereipräsidium an Bezirkshauptmann Eger, Nr. 8145, 11.6.1897, S. 377, SOAC, Fond čis.: 437, Kartón čis.: 21, Složka čis.: č. inv. 522, Příloh: č. 1 - 600, Časový rozsah: 1897
[408] Statthaltereipräsidium an Bezirkshauptmann Eger, Nr. 8209, 14.6.1897, S. 390, SOAC, Fond čis.: 437, Kartón čis.: 21, Složka čis.: č. inv. 522, Příloh: č. 1 - 600, Časový rozsah: 1897
[409] Egerer Zeitung, Nr. 59, 51. Jahrgang, 24.7.1897, S. 1 f.
[410] Gschier, Gustav: Sammlung zum Egerer Volkstag, SOAC, č. 5-11-35, 1-34, S. 3

Später wurde beantragt, die Übersetzung amtlich zu genehmigen, was die Statthalterei auch tat. Daraufhin konstituierte sich die Ortsgruppe mit dem tschechischen Namen, was die Bezirkshauptmannschaft Dux jedoch untersagte. Es wurde verkündet, daß künftig tschechische Übersetzungen nicht gestattet werden würden, da es sich um Eigenmächtigkeiten mit dem Ziel handle, die Behörden unnötig zu beschäftigen. Die tschechischen Zeitungen berichteten in gereiztem Ton über den Vorfall, weil die Statthalterei erst den tschechischen Namen für die Ortsgruppe genehmigte, die Bezirkshauptmannschaft aber nicht.[411]

In zunehmenden Maß wurden die nationalen Feindschaften auch handgreiflich ausgetragen.

Der Brüxer tschechische Verein „Měšt'anská Beseda"[412] veranstaltete am 4. Juli 1897 in Brüx ein Fest zugunsten der tschechischen Ortsgruppe „Ústřední matice školská". Dieser Verein befaßte sich gemäß seinen Statuten als nicht politischer Verein mit Schulangelegenheiten und der Errichtung einer tschechischen Schule im gemischtsprachigen Gebiet.

Während dieses Festes besetzten die deutschnationalen Redakteure Heidrich und Braun mit einigen jungen Männern das Gasthaus gegenüber den Räumlichkeiten der „Měšt'anská Beseda". Die anwesenden Tschechen wurden durch das Singen der „Wacht am Rhein" und „Heil"-Rufe provoziert, so daß sich im weiteren Verlauf ein Zusammenstoß von Angehörigen beider Nationalitäten ereignete und neben der Gendarmerie auch die Kavallerie eingriff. Ebenso wurde eine Straßensperrung verhängt und der geplante Umzug der „Měšt'anská Beseda" verboten.

In einem Brief vom 8. Juli 1897 protestierte die Stadtgemeinde Brüx gegen die Abhaltung dieses demonstrativen Festes, das auch die gemäßigten politischen Kräfte empöre. Weiterhin lehnte man sich gegen die von der politischen Behörde getroffenen Verfügungen auf, da diese die Gefahr, die vom Fest ausgegangen sei, erkennen hätte müssen. Die Hinzuziehung der Kavallerie bezeichnete man als übertriebene Maßnahme, da sich ein Teil der Deutschen ohne Widerstand nach Aufforderung des Kommissärs von der Straße entfernte und das Erscheinen der Kavallerie große Erbitterung in der Brüxer Bevölkerung erzeugte.[413]

Die tschechischen Bewohner reagierten ebenfalls auf die Ereignisse vom 4. Juli 1897 und auf das Vorgehen der Stadtgemeinde. Am 27. Juli 1897 überreichten die Vertreter der Brüxer Tschechen, Fridolin Bayer, Josef Feitl und Franz Bayer, dem Bezirkshauptmann von Brüx ein Schreiben, in dem über die Unterdrückungsmaßnahmen der deutschen Bevölkerung gegen die Tschechen berichtet wurde. So protestierte man gegen die anmaßenden Versuche der Behörden, die tschechischen Bewohner als minderwertig zu deklassieren, da die Tschechen als gleichwertige Bürger das Recht besäßen, am gesellschaftlichen Leben der Stadt teilzuhaben. Zuletzt erbat man von der Verwaltung den nötigen Schutz der Rechte der Brüxer Tschechen, sowie die Gewähr, daß die Kinder in den Schulen in der tschechischen Muttersprache unterrichtet würden.[414]

---

[411] Egerer Zeitung, Nr. 54, 51. Jahrgang, 7.7.1897, S. 3
[412] Übers.: Bürgerverein
[413] Sewering-Wollanek: Brot oder Nationalität, S. 145
[414] Sewering-Wollanek: Brot oder Nationalität, S. 146 f.

Der Bezirkshauptmann kritisierte das Vorgehen des amtierenden Bezirkskommissärs Svoboda während der Exzesse am 4. Juli 1897, da dieser die gereizte Stimmung in der deutschen Bevölkerung gekannt und sich mit der Bewilligung der Veranstaltung der „Měst'anská Beseda" taktisch unklug verhalten habe. Zudem seien die Sicherheitsvorkehrungen mangelhaft gewesen, da letztendlich Militäreinsatz erforderlich gewesen sei.[415] In einem Bericht des Brüxer Bezirkshauptmannes wurde ferner mitgeteilt, daß die Flugschrift des „Bundes der Deutschen Nordwestböhmens" mit dem Titel „Geliebte Stammesgenossen" konfisziert wurde, da diese offen zu Anfeindungen gegen die Tschechen aufrief.[416]

In Reichenberg fand am 26. Juli 1897 ein Turnfest statt, bei dem es zu Ausschreitungen zwischen Deutschen und Tschechen kam. Tschechische Jugendliche provozierten die Deutschen und griffen diese an. Bürgermeister Bayer versuchte den Streit zu schlichten. An der Rauferei beteiligen sich auch zwei Soldaten. Diese und zehn junge Männer wurden verhaftet. Schon mehrmals ereigneten sich Zwischenfälle dieser Art, bei denen mehrere Menschen verletzt worden waren. Aufgrund dieser Vorfälle wurden die Arbeitgeber in Reichenberg aufgefordert, alle tschechischen Arbeitnehmer zu entlassen.[417]

Mehrere in Eger stationierte Bedienstete, die aus Pilsen stammten, wandten sich mit Versetzungsgesuchen an die Staatsbahndirektion Pilsen. Sie begründeten ihre Gesuche damit, daß ihnen die Wohnungen gekündigt worden seien, sie aufgrund der momentan in Eger herrschenden Stimmung obdachlos zu werden befürchteten und sie auch beim Lebensmitteleinkauf mit Schwierigkeiten zu kämpfen hätten.[418]

Das Landesgendarmeriekommando stellte diesbezüglich eigene Nachforschungen an und stellte fest, daß bisher noch keinem der Bediensteten der Staatsbahnen aus Nationalhaß die Wohnung gekündigt worden wäre. Auch hätten sie keine Schwierigkeiten, Lebensmittel einzukaufen, weil jeder Kaufmann und Händler froh sei, wenn jemand bei ihnen kaufe. Die Hausbesitzer von Eger faßten zwar in Waldsassen den Beschluß, allen ihren Mietern und Gehilfen sowie Dienstboten tschechischer Nationalität zu kündigen, doch bisher taten dies nur wenige Hausbesitzer und Geschäftsleute. Aber es war zu befürchten, daß dies noch erfolgen werde, da am 1. August 1897 die ortsübliche Umzugszeit und Kündigungsfrist begann. Einzelne Hausherren, wie der Händler Kammerer, hatten verlauten lassen, daß sie den Tschechen kündigen wollten. Ein Gendarm beherbergte seit acht Jahren tschechische Parteien in seinem Haus und war sehr zufrieden mit ihnen. Eigentlich habe er nicht die Absicht, ihnen die Wohnungen zu kündigen. Solle er jedoch dafür einen Auftrag erhalten, wolle er sich nicht ausschließen und werde dann ebenfalls die Kündigung aussprechen.

Die Tschechen in Eger wurden in ihrer persönlichen Freiheit ziemlich eingeschränkt, denn sie konnten die mittleren, sogar die besseren Schanklokale nicht mehr besuchen, weil sie überall dem Spott der anwesenden Gäste ausgesetzt waren. Die fremden Eisenbahnbediensteten tschechischer Nationalität, die sich in Eger nur einige Stunden aufhielten, besuchten früher viele Gasthäuser, konnten diese jetzt aber seit dem 11. Juli

---

[415] Sewering-Wollanek: Brot oder Nationalität, S. 149
[416] Sewering-Wollanek: Brot oder Nationalität, S. 148
[417] Egerer Zeitung, Nr. 60, 51. Jahrgang, 28.7.1897, S. 3
[418] Staatsbahndirektion Pilsen an Bezirkshauptmannschaft Eger, 46/praes., 17.7.1897, S. 526, OAC, Fond čís.: 437 OÚ Cheb, Kartón čís.: 21, Složka čis.: 562 pres 1897, Kat. č. 213, Příloh: 7

1897 wegen der vielen Gängeleien nicht mehr betreten und verkehrten daher nur in Bahnhofsgaststätten. Die dadurch geschädigten deutschen Wirte beschwerten sich über ihre Gewinneinbußen, die durch das Verhalten der deutschen Gäste entstanden waren, konnten dagegen aber nichts unternehmen. Auch der Wirt am Kargskeller hatte seiner Kellnerin, einer Tschechin, kündigen müssen, da sonst die Gäste drohten, seine Wirtschaft nicht mehr zu besuchen.[419]

In den Gasthäusern wurden immer wieder Plakate aufgehängt, auf denen die Gäste gewarnt wurden, tschechisch zu sprechen. Die Gendarmen Neutzler und Bilek forschten am 26. Juli 1897 in den Gasthäusern nach verbotenen Aushängen. Dabei trafen beide im Gasthaus „Schwarzes Roß" von Georg Reinel und bei Eduard Fleischmann je ein Exemplar im Gastzimmer aufgehängt an, die sie konfiszierten.[420]

Im Gasthaus von Fanni Klier in Eger wurde ein Transparent mit der Aufschrift „Tschechisch sprechen ist hier nicht gestattet" von der Gendarmerie beschlagnahmt. Sie sagte aus, daß sie dieses nur auf Verlangen der Gäste aufgestellt hätte.

Gendarm Miekal fand am 23. Juli 1897 beim Buchhändler Gschihay fünf Stück der Druckschrift mit der Aufschrift „Tschechisch sprechen ist hier nicht erlaubt" und beschlagnahmte diese. Auch bei anderen Druckern und Verlegern wurden Tafeln gefunden. Diese Konfiskationen wurden nun zwecks Einleitung des Strafverfahrens der Statthalterei Prag übermittelt.[421]

Gendarm Josef Neutzler fand am 24. Juli 1897 bei seinem Dienstgang in der Gastwirtschaft von Georg Grillmaier wieder einen Aushang mit der Aufschrift „Tschechisch reden verboten" vor.

Im Gasthaus des Eduard Fleischmann hing auch ein Zettel „Für Tschechen kein Bier, kein freundliches Wort, jeder Tscheche muß ohne Bier und Antwort wieder fort". Beim Gastwirt Köstler fand Neutzler in der Schankstube folgendes aufgeschrieben: „Tschechen wird hier nichts verabfolgt, geredet darf auch nicht werden. Heil. Heil". Dieser Schriftsatz wurde ausgelöscht.[422]

Gendarm Jakel fand bei seiner Dienstverrichtung noch ein anderes, konfisziertes Objekt im Café Köstler, wo die fanatischsten Deutschnationalen verkehrten. Darauf stand: „Tschechische und jüdische Gäste werden hier nicht bedient". Das Caféhaus Köstler war jedoch kein öffentliches Lokal mehr, sondern ein Privathaus, daher konnte unter dem Schutz der Gewerbebehörde das Exemplar nicht beschlagnahmt werden. Weiter fand Postenführer Bilek im Gastzimmer des Georg Reinel bei einer erneuten Überprüfung der Gaststube ein Plakat mit folgender Aufschrift: Čechen kein Bier, kein

---

[419] Landesgendarmeriekommando Nr. 2, Posten zu Eger Nr. 1 an Bezirkshauptmannschaft Eger, 22.7.1897, S. 529, OAC, Fond čis.: 437 OÚ Cheb, Kartón čis.: 21, Složka čis.: 562 pres 1897, Kat. č. 213, Příloh: 7

[420] Landesgendarmeriekommando Nr. 2, Bezirksposten zu Eger Nr. 1 an Bezirkshauptmannschaft Eger, 26.7.1897, S. 13 , OAC, Fond čis.: 437 OÚ Cheb, Kartón čis.: 22, Složka čis.: 605 pres 1897, Kat. č. 216, Příloh: 13

[421] Staatsanwaltschaft Eger, ad Nr. 579 pr., 14.8.1897, S. 23, OAC, Fond čis.: 437 OÚ Cheb, Kartón čis.: 22, Složka čis.: 605 pres 1897, Kat. č. 216, Příloh: 13

[422] Landesgendarmeriekommando Nr. 2, Bezirksgendarmeriekommando Nr. 1 in Eger an Bezirkshauptmannschaft Eger, 24.7.1897, S. 17, OAC, Fond čis.: 437 OÚ Cheb, Kartón čis.: 22, Složka čis.: 605 pres 1897, Kat. č. 216, Příloh: 13

freundliches Wort, jeder Čeche muß ohne Bier und Antwort wieder fort". Da zu diesem Zeitpunkt noch kein behördliches Verbot vorlag, wurde es nicht abgenommen.[423]

Die genannten Wirte wurden belehrt, daß durch diese Aushänge Personen einer anderen Nationalität und einer anderen staatlich anerkannten Religionsgemeinschaft von dem Besuch der Wirtshäuser ausgeschlossen wurden, wodurch der Charakter eines öffentlichen, jedem zugänglichen Lokals entschieden beeinträchtigt wurde. Ferner widersprach die Anbringung obiger Spruchbänder einerseits dem in Artikel 19 des Staatsgrundgesetzes vom 21. Dezember 1867 ausgesprochenen Grundsatz der Gleichberechtigung aller landesüblichen Sprachen im öffentlichen Leben. Anderseits stellte der Inhalt der Flugblätter eine besondere Feindseligkeit gegen andere Nationalitäten des Landes dar. Bei der in Eger und Umgebung ohnehin herrschenden nationalen Erregung waren diese geeignet, die öffentlichen Ruhe und Ordnung zu stören. Nach all diesen Gründen war das Aufhängen derartiger Schriften in den Wirtsstuben im Sinn des oben erwähnten Gesetzes verboten.[424]

Die Aggressionen der Egerer Bürger richteten sich im zunehmenden Maß auch gegen die Beamten der Bezirkshauptmannschaft Eger. Bezirkssekretär Johann Sykora aus Eger wandte sich mit einem Anliegen an die Statthalterei Prag. Er bat das Präsidium um Gewährung eines Gehaltsvorschusses in Höhe von 200 Gulden. Infolge der Agitation gegen die Beamten der politischen Behörden sowie gegen die tschechischen Beamten wurde ihm am 22. Juli 1897 die Wohnung gekündigt, die er seit 1884 gemietet hatte. Sykora benötigte wegen der Bezahlung der teureren Miete der neuen Wohnung und anderer Kosten eine größere Summe und bat daher um den Vorschuß.[425] Schließlich gewährte ihm die Statthalterei Prag einen Vorschuß in Höhe von 80 Gulden.[426]

Niclas John erklärte in dieser Angelegenheit, daß er nach der in Eger gültigen Kündigungsfrist der Mietordnung seinem Mieter Johann Sykora die Wohnung gekündigt hätte. Er tat dies wegen der Agitation, die gegen Beamte tschechischer Nationalität vorherrschte, zwar ungern, weil er so lange Jahre im Haus gelebt hätte, aber er müßte den auf ihn ausgeübten Druck nachgeben. Auf die Vorgänge um die Kündigung der Wohnung Johann Sykoras wurde der Bürgermeister von Eger angesprochen. Dieser erklärte, daß im Amtsgebäude des Rathauses überhaupt keine Wohnungen vorhanden seien, um ihm eine zu beschaffen, da die Unterbringung Sykoras' im Rathaus in Erwägung gezogen wurde.[427]

Wegen der Wohnungsbeschaffung für Sykora wurde die Statthalterei aktiv, da sich Coudenhove „nur sehr ungern dem Druck beugen würde, der von einer Gruppe rücksichtslosen Hetzern ausgeht". Er wies Czerny im September 1897 an, nach einer Woh-

---

[423] LandesgendarmeriekommandoNr. 2, Bezirksgendarmeriekommando Nr. 1 in Eger an Bezirkshauptmannschaft Eger, 24.7.1897, S. 21, OAC, Fond čis.: 437 OÚ Cheb, Kartón čis.: 22, Složka čis.: 605 pres 1897, Kat.č. 216, Příloh: 13

[424] Ad Nr. 579 pr., 31.7.1897, S. 24 f., OAC, Fond čis.: 437 OÚ Cheb, Kartón čis.: 22, Složka čis.: 605 pres 1897, Kat. č. 216, Příloh: 13

[425] Bezirkshauptmannschaft Eger an Statthaltereipräsidium, Nr. 565, 22.7.1897, S. 534, SOAC, Fond čis.: 437, Kartón čis.: 21, Složka čis.: č. inv. 522, Příloh: č. 1 - 600, Časový rozsah: 1897

[426] Statthaltereipräsdium an Statthaltereirat Eger, E.N. 10651 praes., 29.7.1897, S. 51, SOAC, Fond čis.: 437, Kartón čis.: 22, Složka čis.: č. inv. 522, Příloh: č. 601 - 1008, Časový rozsah: 1897

[427] Bezirkshauptmannschaft Eger an Statthaltereipräsidium, Z. 814 pr., 4.10.1897, S. 265, SOAC, Fond čis.: 437, Kartón čis.: 22, Složka čis.: č. inv. 522, Příloh: č. 601 - 1008, Časový rozsah: 1897

nung für Sykora Ausschau zu halten und zwar im Einvernehmen mit dem Steuerinspektor. Dabei erklärte sich Coudenhove vertraulich gegebenenfalls bereit, der Wohnungsmiete einen entsprechenden Betrag (ca. 100 Gulden jährlich) zuzuzahlen. Ein Mißerfolg in dieser Sache wäre wenig geeignet gewesen, das Ansehen der Behörde zu stärken, so daß Czerny unter allen Umständen eine Wohnung für Sykora finden mußte.[428]

Nach vielen fruchtlosen Versuchen war es Ende Oktober 1897 gelungen, eine entsprechende Wohnung zu beschaffen. Diese befand sich im Haus von Heinrich Lang, umfaßte drei Zimmer und kostete 280 Gulden jährlich.[429]

Ebenso wurde die Veranstaltung politischer Versammlungen weiterhin forciert, Eingaben beim Obersten Gericht eingereicht und Manifeste veröffentlicht.

Eine für den 4. Juli 1897 nach Plan einberufene Versammlung, auf welcher der Angeordnete Iro einen Rechenschaftsbericht seiner parlamentarischen Tätigkeit ablegen wollte, wurde von der Bezirkshauptmannschaft Tepl verboten. Ebenso wurde die Ersatzveranstaltung am 18. Juli 1897 untersagt.[430]

Ebenfalls am 4. Juli 1897 fand im Saal des Schützenhauses in Oelsnitz (Deutschland) eine allgemein zugängliche Versammlung statt, an der sich ca. 500 Personen beteiligten. Als Redner trat unter anderem der Redakteur Hofer aus Eger auf, der die Anwesenden aufforderte, sich am 11. Juli 1897 am Volkstag in Eger zu beteiligen. Der Polizeibeamte Wobaka war zu dieser Veranstaltung entsandt, der mitstenographieren sollte. Eine Abschrift dieses Berichts wurde an den Stadtrat in Oelsnitz geschickt.[431] Leider ist dieser Bericht nicht erhalten.

Die Egerer Advokaten protestierten beim Obersten Gerichtshof gegen die Sprachenverordnungen, da das Oberlandesgericht in Prag festsetzte, daß die tschechische Sprache als Verhandlungssprache im Gericht in Eger zugelassen werden sollte. Man führte aus, daß sich die Advokaten in Eger niederließen, weil dort die Gerichtssprache deutsch war und man selbst nicht Tschechisch verstünde. Durch Billigung einer nicht landesüblichen Sprache wären die Advokaten in ihrer Existenz bedroht. Keine andere Nation, die hier verhandelt wurde, erhob Anspruch auf Zulassung ihrer Landessprache, nur die tschechische forderte in letzter Zeit die Akzeptanz ihrer Sprache als Gerichtssprache. Die Sanktionierung der tschechischen Sprache wäre ein Willkürakt und widerspräche dem Gewohnheitsrecht und dem üblichen Rechtsweg. Die Zulassung der tschechischen Sprache hätte demnach durch den Justizminister verordnet werden müssen. Außerdem brächte der Richterspruch keine Vorteile für alle Nationen Österreichs,

---

[428] Statthaltereipräsidium an Statthaltereirat und Bezirkshauptmann Eger, Nr. 14231, 6.10.1897, S. 307, SOAC, Fond čís.: 437, Kartón čís.: 22, Složka čís.: č. inv. 522, Příloh: č. 601 - 1008, Časový rozsah: 1897

[429] Bezirkshauptmannschaft Eger an Statthaltereipräsidium, ad 858 pr., 21.10.1897, S. 306, SOAC, Fond čís.: 437, Kartón čís.: 22, Složka čís.: č. inv. 522, Příloh: č. 601 - 1008, Časový rozsah: 1897

[430] Egerer Zeitung, Nr. 56, 51. Jahrgang, 14.7.1897, S. 5

[431] Bezirkshauptmannschaft Eger an Statthaltereipräsidium, 3.7.1897, S. 465, SOAC, Fond čís.: 437, Kartón čís.: 21, Složka čís.: č. inv. 522, Příloh: č. 1 - 600, Časový rozsah: 1897

sondern nur einer Nation, was mit keinem Rechtsgrundsatz in Einklang zu bringen wäre.[432]

Wegen all dieser Argumente wurde der oberste Gerichtshof aufgefordert, die deutsche Sprache als Gerichtssprache anzuerkennen, so wie sie seit Jahrhunderten gewohnheitsmäßig in einem geschlossenen deutschen Gebiet angewandt würde.[433]

Im Manifest des Verfassungstreuen Großgrundbesitzes vom 11. Juli 1897 stellte man fest, daß die Sprachenverordnungen eher das Gegenteil erreicht hätten als das, was beabsichtigt gewesen sei. Ein Teil der Bevölkerung würde in den parlamentarischen Widerstand getrieben, was den Gang der Staatsmaschinerie behindere. Die Tschechen würden nicht befriedet, sondern ermuntert, noch weitergehende Ansprüche anzumelden.

Die Sprachenverordnungen verletzten die Verfassung und ihre gesetzliche Geltung. Dagegen gehe der Verfassungstreue Großgrundbesitz vor, weil die Erschütterung der verfassungsmäßigen Zustände auch den Gesamtbestand der Habsburgermonarchie bedrohe. Außerdem unterstütze man alle Maßnahmen, die zur Beilegung des Streites nützlich seien. Man sei sich darüber im klaren, daß alle Nationalitäten ein gewisses Opfer zum Miteinander erbringen müßten. Die Regierung würde daran erinnert, daß der Kampf der Deutschen um Erhalt ihrer nationalen Identität ihr gutes Recht wäre und sie hätte die Pflicht, eine Verhandlungsbasis zu schaffen, welche die Gemüter beruhige. Mit der Verlagerung der Aktivitäten der Deutschen jenseits der böhmischen Grenze sei man nicht einverstanden. Die polizeilichen und behördlichen Unterdrückungsmaßnahmen, wie Versammlungsverbote unter fraglichen Begründungen verurteile man und zeige auf, daß diese Aktionen den Nationalismus der Deutschen noch mehr anstachelten.

Der Verfassungstreue Großgrundbesitz unterstütze die Deutschen ohne Haß und Voreingenommenheit gegenüber den anderen Nationalitäten im Reich. Die Monarchie könne in ihrem Bestand nur gesichert werden, wenn der deutsche Volksstamm seine tragende Rolle behielte.[434]

Die Statthalterei ging dazu über, wöchentlich Stimmungsberichte über die Bevölkerung des Egerer Bezirkes einzufordern, da die Berichte einzelner politischer Unterbehörden äußerst lückenhaft waren und daher kein übersichtliches Bild der in der Bevölkerung herrschenden Bewegung zeigten. Die Berichte sollten nun ausführlicher ausfallen und die momentane Aufregung in der Bevölkerung genauer skizzieren. Ebenso wurden persönliche Einschätzungen des Bezirkshauptmannes verlangt, wie sich die nationale Bewegung in der Bewohnerschaft entwickelte, also zu- oder abnahm und welche Gründe dafür ausschlaggebend waren.[435]

Einer davon war der Bericht über die Lage in Eger Ende Juli 1897. Darin wurde bescheinigt, daß sich die Bevölkerung im großen und ganzen gegen Ende Juli 1897 beruhigte und nach außen hin nicht mehr so aggressiv aufträte. Allerdings käme diese Ruhe lediglich äußerlich in Erscheinung. Die Lokalblätter, insbesondere die „Egerer Nach-

---

[432] Egerer Zeitung, Nr. 60, 51. Jahrgang, 28.7.1897, S. 1
[433] Egerer Zeitung, Nr. 60, 51. Jahrgang, 28.7.1897, S. 2
[434] Egerer Zeitung, Nr. 56, 51. Jahrgang, 14.7.1897, S. 2
[435] Statthaltereipräsidium an Bezirkshauptmann Eger, Nr. 9461, 7.7.1897, S. 546, SOAC, Fond čís.: 437, Kartón čís.: 21, Složka čís.: č. inv. 522, Příloh: č. 1 - 600, Časový rozsah: 1897

richten", sorgten mit ihren aufhetzenden Artikeln dafür, daß die Aufregung in der Bevölkerung nicht in ruhigere Bahnen gelenkt würde oder sich die Erregung gar legte. Dagegen würden die Wühlarbeiten im Untergrund eifrig fortgesetzt, welche die Lokalblätter unterstützten. Noch immer würden tschechische Arbeiter entlassen und tschechischen Mietsparteien gekündigt. Arbeitgeber bzw. Hausherren, welche dies nicht täten, würden in den Zeitungen öffentlich angegriffen. Nur in manchen Gasthäusern würden Tafeln mit der Aufschrift „Hier wird nur deutsch gesprochen" aufgehängt. Besonders an Sonn- und Feiertagen trüge man demonstrativ Kornblumen und schwarz-rot-goldene Schleifen als Abzeichen. [436]

Das Verbot der beiden Versammlungen am 25. Juli 1897 wurde eingehalten und an diesen Tagen die Ruhe nicht gestört. Für den 3. August 1897 wurde neuerlich von Karl Iro in Trebendorf eine öffentliche Volksversammlung einberufen, welche allein wegen der Tagesordnung „Die Ungesetzlichkeit der Sprachenverordnungen und die Unabhängigkeit Egers und des Egerlandes von Böhmen" verboten wurde. Außerdem herrschte in Trebendorf bei der Landbevölkerung große Erregung vor, besonders bei den Anhängern Schönerers, die dort zahlreich vertreten waren. [437]

Am 18. Juli 1897 veranstaltete der deutsche Volksverein von Oberleutensdorf im gleichen Ort eine Versammlung, bei welcher Wolf über die politische Lage sprach. Diese wurde vom Regierungsvertreter, Statthalterei-Conzipistspraktikant Ulm, aufgelöst. Der Grund dafür bestand darin, weil Wolf die Äußerungen machte: „Die Deutschen Österreichs seien in erster Linie Deutsche, dann lange und lange nichts anderes und dann erst Österreicher". Coudenhove billigte das Vorgehen des landesfürstlichen Kommissärs vollständig. [438]

Man versuchte, der Hetze der deutschnationalen Kreise dadurch Herr zu werden, indem man deren politische Gegner, also die Sozialdemokratie, weniger verfolgte. Man ging dazu über, sozialdemokratische Versammlungen nicht mehr zu untersagen, weil man sich Vorteile zur Bekämpfung der deutschnationalen Bewegung erhoffte. So wurde Mitte Juli 1897 in Asch eine sozialdemokratische Versammlung abgehalten, bei welcher ein Abgeordneter sprach. Stadler von Wolffersgrün empfahl dem Bezirkshauptmann von Asch, Tittmann, diese Versammlung nicht zu untersagen, weil die Sozialdemokratie einen Gegenpol zum nationalen Radikalismus bildete. Er sollte lediglich Gendarmerie zusammenziehen, um eine Störung der Versammlung durch die Deutschnationalen zu verhindern. [439]

---

[436] Bezirkshauptmannschaft Eger an Statthaltereipräsidium, Nr. 616, 31.7.1897, S. 39 f., OAC, Fond čis.: 437 OÚ Cheb, Kartón čis. 22:, Složka čis.: 616 pres 1897, Kat. č. 217, Příloh: 2
[437] Bezirkshauptmannschaft Eger an Statthaltereipräsidium, Nr. 616, 31.7.1897, S. 39 f., OAC, Fond čis.: 437 OÚ Cheb, Kartón čis. 22:, Složka čis.: 616 pres 1897, Kat. č. 217, Příloh: 2
[438] Statthaltereipräsidium an Bezirkshauptmann Eger, Nr. 10266, 23.7.1897, S. 555, SOAC, Fond čis.: 437, Kartón čis.: 21, Složka čis.: č. inv. 522, Příloh: č. 1 - 600, Časový rozsah: 1897
[439] Bezirkshauptmannschaft Eger an Statthaltereipräsidium, Nr. 493, 6.7.1897, S. 475, SOAC, Fond čis.: 437, Kartón čis.: 21, Složka čis.: č. inv. 522, Příloh: č. 1 - 600, Časový rozsah: 1897

4.4.4. Der Egerer Volkstag am 11. Juli 1897

4.4.4.1. Die Vorbereitungen im Juni 1897

In der "Egerer Zeitung" erschien ein Aufruf, in dem alle Bürger aufgefordert wurden, sich zum deutschböhmischen Volkstag in Eger am 13. Juni 1897 einzufinden. Hier wurde die durch die Sprachenverordnungen geschaffene politische Lage beraten und gleichzeitig sollten Maßnahmen zum Schutz des Deutschtums in Böhmen beschlossen werden.[440] Gschier gab bekannt, daß am 10. Juni 1897 die Bezirkshauptmannschaft per Erlaß den deutschen Volkstag in Eger verbiete. Gegen das Verbot legte er Einspruch ein. Zeitgleich wurden Vorkehrungen getroffen, daß der Volkstag in Eger doch noch mit derselben Tagesordnung in kürzester Zeit stattfinden konnte.[441]

Statthaltereirat Vogl begründete das Verbot damit, daß die Versammlung zwar den Charakter einer Veranstaltung mit geladenen Gästen hatte, aber die "Egerer Zeitung" die Bevölkerung zur Teilnahme aufriefe. Somit erhielte die Versammlung den Anschein einer allgemein zugänglichen Veranstaltung.[442]

Trotz des Verbots fanden sich am 12. Juni 1897 zahlreiche Abgeordnete in Eger ein. Diese setzten als neues Datum für die Abhaltung des Volkstages gemäß § 2 des Versammlungsgesetzes den 11. Juli 1897 fest[443], wählten ein Exekutivkomitée bestehend aus den Abgeordneten Funke, Pergelt, Schücker, Prache, Kittel und Gschier und empfahlen den Gemeinden die Ablehnung weiterer Dienstleistungen im übertragenen Wirkungskreis ab dem 15. Juli 1897.[444] Funkes Referat über die Einstellung der Mitwirkung der Gemeinden bei den Geschäften des übertragenen Wirkungskreises wurde in Druck gegeben und an alle Gemeindevorsteher verteilt. Damit hatten die Selbstverwaltungskörper schon vor dem 11. Juli 1897 Gelegenheit, ihre Beschlüsse zu fassen.[445]

Um sich vor polizeilichen Maßnahmen zu schützen, beschlossen die Abgeordneten, daß neben dem Bürgermeister noch alle 73 deutschböhmischen Reichsrats- und Landtagsabgeordnete den Volkstag als Einberufer zeichnen sollten, so daß der Antrag nicht den Behörden zur Kenntnisnahme vorgelegt werden müßte. Alle anderen gesetzlichen Vorschriften wurden eingehalten.[446]

Reiniger schlug vor, auf dieser Versammlung Vorschläge für den Ablauf des Volkstages zu erarbeiten und Ansichten über die politische Lage auszutauschen.

Funke ergriff das Wort. Auf dem Parteitag des Alldeutschen Verbandes in Leipzig hätte er den Eindruck gewonnen, daß das deutsche Brudervolk in Deutschland mit den Deutschen in Österreich-Ungarn fühle. Er gab zu, daß die Obstruktion im Reichsrat einen nationalistischen Anstrich hätte und wichtige Arbeiten dadurch hintangestellt würden. Jedoch erläuterte er, daß man die Obstruktion nur zum Wohl des deutschen Volkes durchführe. Bei einer Volksbefragung, in der festgestellt werden sollte, ob die-

---

[440] Egerer Zeitung, Nr. 46, 51. Jahrgang, 9.6.1897, S. 1
[441] Egerer Zeitung, Nr. 47, 51. Jahrgang, 12.6.1897, S. 1
[442] Egerer Zeitung, Nr. 47, 51. Jahrgang, 12.6.1897, S. 1
[443] Gschier, Gustav: Sammlung zum Egerer Volkstag, SOAC, č. 5-11-35, 1-34, S. 16
[444] Melzer: Deutscher Volkstag in Eger, S. 7
[445] Gschier, Gustav: Sammlung zum Egerer Volkstag, SOAC, č. 5-11-35, 1-34, S. 16
[446] Melzer: Deutscher Volkstag in Eger, S. 7 f.

se Taktik die Zustimmung des Volkes hätte, stimmten alle Befragten mit „ja". Der Kampf würde mit aller Macht fortgesetzt und nicht gescheut werden, solange das deutsche Volk einig hinter den Angeordneten stünde. Aber man hätte nicht nur die Tschechen zum Gegner, sondern auch „Verräter" aus dem eigenen Lager, die Klerikalen und die Christlichsozialen, die unwürdige Deutsche seien und aus den eigenen Reihen ausgestoßen würden. Der Kampf gegen alle Gegner würde aber nur auf dem Boden des Gesetzes geführt.[447]

Schönerer meldete sich daraufhin zu Wort. Er begrüßte die Einigkeit der Deutschen und forderte die Abhaltung des Volkstages in Eger. Sollte auch die zweite Ansetzung verboten werden, wolle man über die Grenze nach Bayern gehen, nicht um zu demonstrieren, sondern in Ausübung eines des Deutschböhmen zustehenden Rechtes. Bei den anstehenden Ausgleichsverhandlungen mit Ungarn könnten die Deutschen ihre Macht beweisen. Gegen den Willen der Deutschen käme der Ausgleich nicht zustande und so sei der Erfolg auf Seiten der Deutschen. Sollte die Einigkeit unter den Deutschen im Laufe der Zeit auseinanderbrechen, sei deren Untergang gerechtfertigt. Der Kampf müßte auch gegen versteckte Feinde, die Christlichsozialen, geführt werden. Die Schönerianer stellten jeden Abtrünnigen des Kampfes der Deutschen für die Deutschen öffentlich an den Pranger.[448] Weiterhin legte er seine Ansichten über die Sprachenverordnungen dar: „Vor allem müssen wir (...) das nun Einigende suchen und alles Trennende von uns fernhalten. Wir werden auch weiterhin unsere Pflicht tun, und verlangen von jedem Volksgenossen dasselbe. Wer sich ausschließt, den werden wir öffentlich als Abtrünnigen brandmarken!"[449]

Redakteur Hofer forderte nicht nur die Obstruktionstaktik für die Abgeordneten, sondern für das ganze deutsche Volk. Jeder einzelne müßte in den Kampf um seinen nationalen Erhalt eintreten. Er beschimpfte das Verbot des Volkstages und gleichzeitig die Regierung Badeni mit üblen Worten.[450]

Die Anwesenden unterbrachen die Reden oft mit stürmischem Beifall. Zwischendrin sang man Lieder, wie „Die Wacht am Rhein", „Deutschland, Deutschland, über alles" und die Bismarckhymne.[451]

Schönerer und Iro hielten am 13. Juni 1897 eine nationale Demonstration in Eger ab. Vom Bahnhof aus setzte sich der Zug von ca. 2000 Teilnehmern mit Schönerer, Iro und Reiniger an der Spitze in Bewegung. Sehr viele angesehene Bürger der Stadt Eger waren beteiligt, was der Demonstration einen wichtigen Anschein verleihen sollte. Beim Kaiser Joseph Monument hielt man an und sang die „Wacht am Rhein". Danach hielt Iro eine Rede, in der er das Verbot des Volkstages kritisierte; dieser applaudierte die Menge mit Begeisterung. In der Stadt blieb der Zug unbehelligt, aber beim Siechenhaus erwartete Statthaltereikonzipist Knapp mit einigen Gendarmen die Demonstranten. Die Menge forderte deren Abzug. Die Situation drohte zu eskalieren, als Statthaltereikonzipist Hirsch zwischen Demonstranten und Gendarmerie vermittelte. Schließlich zog sich die Gendarmerie zurück. Im Siechenhaus wurden keine Reden

---

[447] Egerer Zeitung, Nr. 48, 51. Jahrgang, 16.6.1897, S. 1
[448] Egerer Zeitung, Nr. 48, 51. Jahrgang, 16.6.1897, S. 1
[449] Sturm: Der Egerer Volkstag von 1897, S. 11
[450] Egerer Zeitung, Nr. 48, 51. Jahrgang, 16.6.1897, S. 2
[451] Egerer Zeitung, Nr. 48, 51. Jahrgang, 16.6.1897, S. 2

gehalten, stattdessen sang man Lieder. Damit hielt man sich an die vorher gegebenen Zusagen.[452]

Ein Zwischenfall ereignete sich doch noch. Mehrere jüdische Passanten und Familien waren im Siechenhaus anwesend, als Schönerer mit seinen Anhängern dort eintraf. Einige forderten die Juden auf, das Siechenhaus zu verlassen, was diese auch taten. Die „Egerer Zeitung" verurteilte diesen Vorfall.[453]

Am Abend des selben Tages störten einige Nationale eine Theateraufführung des katholischen Lehrlingsvereines. „Heil Schönerer"- und „Heil Iro"-Rufe wurden mit „Heil Lueger"-Rufen beantwortet. Darauf fand ein Handgemenge zwischen Christlichsozialen und Nationalen statt, welches letztere eröffneten.[454]

4.4.4.2. Die abschließenden Vorbereitungen im Juli 1897

Am 7. Juli 1897 trafen die Mitglieder des Gemeindeausschusses im Amtszimmer des Bürgermeisters Gschier zusammen. Dieser teilte die Entscheidung der Bezirkshauptmannschaft Eger vom 6. Juli 1897 mit, wonach der Volkstag für den 11. Juli 1897 verboten sei. Wegen der Veröffentlichungen in den Zeitungen könne die Versammlung nicht als eine Veranstaltung angesehen werden, die sich nur auf geladene Gäste erstrecke und somit von der Anzeigepflicht entbunden sei. Durch die Art der Veranstaltung sollte § 2 des Versammlungsgesetzes für Volks- und allgemein zugängliche Versammlungen umgangen werden. Allerdings erhielte die Kundgebung aufgrund der Veröffentlichung in der Presse und der Abhaltung unter freiem Himmel einen demonstrativen Charakter, der geeignet sei, die öffentliche Ordnung und Sicherheit zu gefährden.[455] Außerdem wurde angefügt, daß der Bürgermeister unmöglich alle Geladenen kennen könne.[456] Alle Vorstände der deutschen Gemeinden des Amtsbezirkes wurden informiert, daß Vorkehrungen gegen jegliche Umgehung des Verbotes getroffen würden. Die Gemeindevorstände müßten davon die zu dem Volkstag geladenen Personen verständigen, sowie auch jene, von denen bekannt sei, daß sie am 11. Juli Eger besuchen wollten.[457]

Den Behörden wurde nach Ansicht der Veranstalter des Egerer Volkstages insofern entgegengekommen, da man die Bezirkshauptmannschaft dennoch von der Versammlung in Kenntnis gesetzt hätte, obwohl die nicht zwingend vorgeschrieben war, da die Zusammenkunft namentlich beschränkt war.[458] Die Ablehnung rief große Empörung bei den Deutschen hervor und wurde als Beweis für das Übelwollen der Regierung gewertet.[459]

Trotz des Verbots befürchtete Gschier, daß ein großer Ansturm von Fremden am 11. Juli 1897 nach Eger einsetzte und die Gemeinde zudem die Pflicht hatte, alle Gäste

---

[452] Egerer Zeitung, Nr. 48, 51. Jahrgang, 16.6.1897, S. 2
[453] Egerer Zeitung, Nr. 48, 51. Jahrgang, 16.6.1897, S. 2
[454] Egerer Zeitung, Nr. 48, 51. Jahrgang, 16.6.1897, S. 2
[455] Egerer Zeitung, Nr. 54, 51. Jahrgang, 7.7.1897, S. 5
[456] Melzer: Deutscher Volkstag in Eger, S. 6 f.
[457] Statthaltereipräsidium an Bezirkshauptmann, Nr. 9419, 6.7.1897, S. 482, OAC, Fond čis.: 437 OÚ Cheb, Kartón čis.: 21, Složka čis.: 500 pres 1897, Kat. č. 210, Příloh: 1
[458] Melzer: Deutscher Volkstag in Eger, S. 10
[459] Melzer: Deutscher Volkstag in Eger, S. 7

einzuquartieren. Ferner setzte man fest, daß die Gemeindeausschußmitglieder die Fremden am Samstag und Sonntag vor dem Volkstag durch die Stadt führten.[460]

Nachdem Funke per Telegramm von Gschier erfahren hatte, daß der Volkstag am 11. Juli 1897 verboten wurde, schickte er seinerseits ein Telegramm an Gschier mit dem Wortlaut: „Macht nichts, wir kommen doch."[461] In einem Brief Funkes an Gschier vom 7. Juli 1897 hielt er am Termin für den Volkstag fest, er sollte stattfinden. Sollte sich trotzdem ein landesfürstlicher Kommissär einschleichen, um die Versammlung aufzulösen, beabsichtigte Funke Protest einzulegen. Außerdem stellte er fest, daß eine behördliche Auflösung für die Partei und den Standpunkt der Fortschrittlichen sehr zweckdienlich sei, da dies eine weitere Gesetzesverletzung gegenüber den deutschen Abgeordneten bedeutete. Funke sprach sich gegen eine Intervention beim Ministerium aus, weil sich die Abgeordneten in der Opposition befänden und man nun nicht als Bittsteller auftreten wolle. Außerdem würden die Abgeordneten auf den Instanzenweg verwiesen werden, was Funke auch für richtig hielt.[462]

Am 9. Juli 1897 wurde Gschier bekannt, daß sein Einspruch gegen das Verbot abgelehnt wurde. Inzwischen hatte der Bezirkshauptmann von Eger, Stadler von Wolfersgrün, veranlaßt, daß 50 Gendarmen, 50 Finanzwachen und 50 berittene Polizisten aus Prag nach Eger abkommandiert wurden. Die Ortspolizei unterrichtete er nicht von dieser Maßnahme. Gschier erfuhr davon erst, als er aufgefordert wurde, Quartiere für das Aufgebot zu stellen. Der Stadtrat von Eger protestierte gegen die Einquartierung, da laut Vorschrift die Gemeinden nur für Militär, nicht aber für Gendarmeriekontingente Quartiere bereithalten müßten. Gschier seinerseits legte beim Statthaltereirat Protest gegen die Heranziehung tschechischer Polizei ein, da diese in der Bevölkerung große Erregung hervorriefe und forderte ihn auf, die Tschechen zurückzuziehen, was dieser auch zusagte.[463]

Die Behörden ließen Plakate an den Straßenecken in Eger und Franzensbad aufhängen, auf denen bekanntgegeben wurde, daß alle Ansammlungen und lärmenden Demonstrationen auf öffentlichen Plätzen und Straßen streng verboten waren. Ferner wurde vor Ausschreitungen gewarnt und man erwartete von den Bürgern, daß sie sich an dieses Verbot hielten.[464]

Das neuerliche Verbot bewirkte nur, daß die gereizte Stimmung bei der Bevölkerung und den Abgeordneten zusätzlich angestachelt wurde. Zahlreiche Zeitungen machten gegen die gesetzlich nicht begründete Bevormundung mobil, einhellig wurde zur Teilnahme in Eger aufgerufen.[465]

Somit fand der Volkstag dennoch statt. Der Bürgermeister konnte selbst beim besten Willen in der kurzen Zeit die große Zahl der Einladungen (ca. 2200) nicht mehr rechtzeitig zurücknehmen.[466]

---

[460] Gschier, Gustav: Sammlung zum Egerer Volkstag, SOAC, č. 5-11-35, 1-34, S. 17
[461] Gschier, Gustav: Sammlung zum Egerer Volkstag, SOAC, č. 5-11-35, 1-34, S. 19
[462] Gschier, Gustav: Sammlung zum Egerer Volkstag, SOAC, č. 5-11-35, 1-34, S. 20
[463] Gschier, Gustav: Sammlung zum Egerer Volkstag, SOAC, č. 5-11-35, 1-34, S. 21
[464] Sturm: Der Egerer Volkstag von 1897, S. 14
[465] Melzer: Deutscher Volkstag in Eger, S. 11
[466] Melzer: Deutscher Volkstag in Eger, S. 11

4.4.4.3. Der Vorabend des Volkstages

Eine große Anzahl von Gendarmerie und Finanzwache traf am 10. Juli 1897 in Eger ein. Aus den umliegenden Bezirken wurde die Staatspolizei nach Eger abgesandt. Ebenso war eine Reiterstaffel mit 56 Reitern aus Prag eingetroffen. Diese erregte stark die Gemüter der Bevölkerung. Man empfand diese Maßnahme als erniedrigend und provozierend. Der Volksmund bezeichnete die tschechische Staffel als „Badeni Husaren", „Zirkus Badeni", „Powidl [467] Reiter", oder „Powidl Husaren". Gegen die tschechische Abordnung legten Gschier, Schücker und Lohr bei der Bezirkshauptmannschaft scharfen Protest ein. Als Antwort erklärte Statthaltereirat Stadler, daß er die Reiterstaffel nur im äußersten Notfall einsetzen wolle.[468] Gschier richtete auch an Badeni persönlich ein Protestschreiben, in dem er erläuterte, daß tschechische Polizei in einer deutschen Stadt als Provokation bei der Bevölkerung angesehen würde, weiterhin sei diese Maßnahme gesetzlich nicht abgedeckt. Der Protest blieb aber ohne Erfolg.[469]

Einige Abgeordnete versammelten sich zur Beratung. Es wurde beschlossen, am nächsten Tag die Abhaltung des Volkstages zu versuchen.[470] Hinter verschlossenen Türen wurde entschieden, einen Protestzug zu organisieren. Durch die Geheimberatungen hätte die Polizei keine Möglichkeit, sich auf das Ereignis vorzubereiten.[471]

4.4.4.4. Der Egerer Volkstag

Am 11. Juli 1897 informierte die Bezirkshauptmannschaft Eger den Egerer Stadtrat, daß ihr die städtische Polizei unterstellt würde, um den Einsatz einheitlich leiten zu können. Dagegen protestierte Gschier sofort heftig, da dieses Vorgehen in die Gemeindeautonomie eingriffe. Gschier wurde die Handhabung der Ortspolizei nicht gestattet, was dazu führte, daß er sogleich jegliche Verantwortung für die Sicherheit ablehnte, eben weil er von allen Sicherheitsvorkehrungen ausgeschlossen wurde. Er übertrug die Verantwortung für die öffentliche Ordnung der Bezirkshauptmannschaft, die ihrerseits die alleinige Verantwortung für den Einsatz nicht auf sich nahm und Gschier darauf verwies, daß er ebenso dafür zuständig sei.[472]

Am gleichen Tag formierte sich beim Stadthaus ein Protestzug von mehreren tausend Teilnehmern. Das Stadthaus wurde als Ausgangspunkt gewählt, weil dort Wallenstein am 25. Februar 1634 ermordet wurde und es somit einen bedeutenden Ort der Geschichte repräsentierte. Der Zug bewegte sich von dort zum Schießhaus. Vor diesem standen mehrere Gendarmen, Finanzwachaufseher und zwei berittene Polizisten unter dem Kommando des Prager Polizeikommissars Knahl. Der Abgeordnete Funke forderte Einlaß ins Schießhaus. Er berief sich dabei auf den Charakter der Veranstaltung als eine Versammlung von geladenen Gästen, weshalb sie nicht angemeldet werden müßte. Er drohte weiter, nur der staatlichen Gewaltanwendung weichen zu wollen, die jedoch ungesetzlich sei.[473]

---

[467] „Powidl" bezeichnet Pflaumenmus und ist vor allem eine tschechische Spezialität. Anm. d. Verf.
[468] Melzer: Deutscher Volkstag in Eger, S. 12 f.
[469] Melzer: Deutscher Volkstag in Eger, S. 14
[470] Melzer: Deutscher Volkstag in Eger, S. 15 f.
[471] Melzer: Deutscher Volkstag in Eger, S. 20
[472] Gschier, Gustav: Sammlung zum Egerer Volkstag, SOAC, č. 5-11-35, 1-34, S. 23
[473] Melzer: Deutscher Volkstag in Eger, S. 22 f.

Knahl verwehrte den Einlaß, setzte aber den Bezirkshauptmann von Funkes Forderung in Kenntnis. Es kam zu keinen Ausschreitungen oder sonstigen Störungen der öffentlichen Ordnung.[474] Stadler hielt jedoch am Verbot fest und erklärte es für rechtmäßig.[475] Der Zug trat danach den Rückweg zum Stadthaus an.[476]

Dort angekommen, bezeichnete Funke in einer Rede das Volk der Deutschböhmen als geeint und rücksichtslos und zwar in der Hinsicht, daß es deutsch bleiben will und für das heilige Recht des deutschen Volkes eintreten wolle. Die Deutschen wollten nicht eher ruhen, bis die Sprachenverordnungen zurückgenommen würden.[477] Pergelt verlas danach das Manifest, das am Vorabend verfaßt wurde. Darin hieß es, daß die Regierung abermals die Versammlung am 11. Juli 1897 untersagt habe und somit eine Aussprache der gewählten Vertreter mit dem Volk über die politische Lage, die mit der Sprachenverordnung geschaffen wurde, vereitelte. Das Verbot wurde als Verletzung angesehen, welche die Regierung nicht beschönigen könne. Man verwahrte sich gegen den Vorwurf, daß durch die Form der Einberufung des Volkstages eine Gesetzesumgehung beabsichtigt sei. Die Regierung wurde angeklagt, „ähnliche(n) Veranstaltungen der Tschechen und volksverräterischer deutscher Parteien (...) kein Verbot zu erteilen."[478] Das Verbot zeige das ungleiche Maß, das die Regierung anwandte[479] und würde als feindselige Haltung der Regierung gegen die Interessen des deutschen Volkes gewertet. Solange die Verordnungen gültig seien, wolle man der Regierung energischen Widerstand leisten.[480] Anschließend würdigte Funke das entschlossene Vorgehen der deutschen Vertreter in Reichsrat und Landtag, das hartnäckig, aber nicht gesetzesuntreu sei. Das Polizeiaufgebot, vor allem die tschechischen Truppen, wurde nachdrücklich verurteilt.[481]

Auf dem Egerer Volkstag wurde auf Schönerers Vorschlag hin folgender Eid geleistet, der als „Egerer Schwur" oder „Egerer Eid" bekannt wurde:

> „Wir harren aus und werden, solange die Sprachenzwangsverordnungen in Geltung bleiben, den bisherigen entschiedensten Widerstand gegen jede Regierung fortsetzen. Regierungen vergehen, das deutsche Volk und sein Recht aber werden immerdar bestehen." [482]

Nach Auflösung des Protestzuges wurde eine Erklärung verlesen, in der auf Abhaltung des Volkstages beharrt und gegen das Verbot Protest eingelegt wurde.[483]

Auf dem Marktplatz in Eger kamen inzwischen viele Menschen zusammen, ohne jedoch die geringste Störung der öffentlichen Ordnung zu verursachen. Trotzdem marschierten starke Sicherheitskräfte auf. Zeitgleich endete der Gottesdienst in der nahegelegenen Kirche und die Besucher wollten über den Marktplatz nach Hause ge-

---

[474] Melzer: Deutscher Volkstag in Eger, S. 23 f.
[475] Melzer: Deutscher Volkstag in Eger, S. 24
[476] Melzer: Deutscher Volkstag in Eger, S. 25
[477] Melzer: Deutscher Volkstag in Eger, S. 26
[478] Melzer: Deutscher Volkstag in Eger, S. 27
[479] Melzer: Deutscher Volkstag in Eger, S. 27 f.
[480] Melzer: Deutscher Volkstag in Eger, S. 28
[481] Melzer: Deutscher Volkstag in Eger, S. 28 f.
[482] Whiteside: Georg Ritter von Schönerer, S. 156 f.
[483] Melzer: Deutscher Volkstag in Eger, S. 30 f.

hen. Daran wurden sie von den Gendarmen gehindert und zurückgetrieben. Eine Frau wurde dabei mit einem Bajonett verletzt.[484] Der Marktplatz wurde nun von einem starken Polizeiaufgebot geräumt. Dabei kam es zu Handgreiflichkeiten seitens der Polizei gegenüber vorwiegend Älteren und Kindern. Die Menschen leisteten keinen Widerstand und der Marktplatz leerte sich.[485]

In der Gastwirtschaft „Krämlings Bastei" fanden sich Teilnehmer des Volkstages und eine größere Zahl von Abgeordneten ein. Dieses Beisammensein wurde zu einer Aussprache zwischen Bevölkerung und Abgeordneten genutzt. Der Abgeordnete Schücker verurteilte das Vorgehen der Regierung, das eine eindeutige deutschfeindliche Spitze zeige.[486] Es folgten weitere Reden, die den Zusammenhalt der Deutschen priesen und die Sprachenverordnungen ablehnten.[487]

Nachmittags befand sich eine größere Anzahl von Menschen auf dem Marktplatz, die das typische Bild eines Sonntagnachmittags abgaben. Trotz des ruhigen und harmlosen Charakters schickte Stadler eine berittene tschechische Polizeistaffel auf den Platz. Diese Maßnahme ließ ihn als Wortbrecher erscheinen, weil er sie nur im äußersten Notfall einsetzen wollte, außerdem wirkte sie völlig überzogen. Der Akt wurde als Provokation empfunden, damit sich die Bevölkerung zu Ungesetzlichkeiten hinreißen ließe, welche die Polizei dann bekämpfen könnte.[488] Der Bürgermeister forderte die sofortige Abberufung der Wache. Stadler kam dem Wunsch nach und zog sie zurück. Allerdings steigerte sich die Empörung in der Bevölkerung noch zusätzlich.[489]

Die Deutschnationalen organisierten zwischenzeitlich eine Versammlung im benachbarten Waldsassen, jenseits der Grenze in Bayern. Etwa 10 000 Personen folgten dem Aufruf. Dabei kam es zu einzelnen Auseinandersetzungen zwischen Deutschen und tschechischen Grenzwachen, zu Gewalttätigkeiten jedoch nicht. Die deutschösterreichische Grenze wurde scharf bewacht. Auf der bayerischen Seite befand sich kein Polizeiaufgebot, weil es die bayerische und sächsische Regierung ablehnte, Dienste für die österreichische Regierung zu verrichten.[490]

Waldsassen wurde unbehelligt und ohne Zwischenfälle erreicht. Die geplante Versammlung auf dem dortigen Kirchplatz wurde vom Königlich Bayerischen Bezirksamt Tirschenreuth verboten. Die Begründung lautete, daß sie nicht den Vorschriften des bayerischen Vereinsgesetzes vom 26. Februar 1850, Art. 1 und 3, entspräche. Bei Beteiligung an der Versammlung drohte nach Art. 21 des Vereinsgesetzes bis zu einem Jahr Gefängnis.[491] Es folgten Angriffe verschiedener Abgeordneter gegen die Nationalitätenpolitik der österreichisch-ungarischen Regierung, die auf Beschneidung der Rechte der Deutschen abziele.[492]

---

[484] Melzer: Deutscher Volkstag in Eger, S. 31
[485] Melzer: Deutscher Volkstag in Eger, S. 33
[486] Melzer: Deutscher Volkstag in Eger, S. 35 f.
[487] Melzer: Deutscher Volkstag in Eger, S. 36 ff
[488] Melzer: Deutscher Volkstag in Eger, S. 41 f.
[489] Melzer: Deutscher Volkstag in Eger, S. 42 f.
[490] Melzer: Deutscher Volkstag in Eger, S. 43 ff
[491] Melzer: Deutscher Volkstag in Eger, S. 45 f.
[492] Melzer: Deutscher Volkstag in Eger, S. 47 ff

Schließlich setzte sich der Zug in Bewegung zurück nach Eger. Die Teilnehmer wurden aufgefordert, bei der Ankunft in Eger jegliche Provokation zu unterlassen und auf keine Brüskierung seitens der Polizei zu reagieren.[493]

Wieder in Eger angekommen, marschierte die Menschenmenge vom Bahnhof zum Marktplatz. Vor dem Kaiser Joseph Monument wurde angehalten und das Lied „Wacht am Rhein" gesungen.[494] Gegen Ende des Liedes rückte die Gendarmerie im Sturmschritt auf die Menge los, fällte das Bajonett und war anscheinend bereit, auf die Menschen, gemäß ihrer Weisung aus Wien, einzuschlagen. Als die Leute nicht sofort wichen, sah es einen Augenblick so aus, als ob die Gendarmen in die Menge feuern wollten. Nun entwickelte sich unter den Ordnungshütern eine Eigendynamik, so daß die Offiziere die Befehlsgewalt über ihre Mannschaft verloren. Einem Rittmeister riefen einige zu, seine Leute zurückzuhalten, doch er war dazu außerstande. In der Bahnhofstraße wurden die Teilnehmer des Volkstages von hinten durch die tschechischen Truppen angegriffen. Ohne Rücksicht ritten diese in die Menge hinein und verteilten Säbelhiebe an jeden, der ihnen vor das Pferd kam. Für die Gewalttätigkeiten boten die Versammelten keinen Anlaß. Es wurden viele verletzt, teilweise schwer, jedoch wurde niemand getötet. Während ihres Angriffes schrieen die tschechischen Reiter: „Wartet ihr deutschen Hunde, wir wollen Euch schon lehren." Trotz der Ausschreitungen seitens der Ordnungstruppen verhielt sich die Egerer Bevölkerung verhältnismäßig ruhig, wenn auch teilweise der Eindruck entstand, daß sofort ein Aufstand ausbrechen würde.[495]

4.4.4.5. Das gerichtliche Nachspiel des Egerer Volkstages

Gleich am nächsten Tag nach dem Egerer Volkstag wurde die Egerer Gemeinde aktiv. Gschier informierte die Bezirkshauptmannschaft über eine außerordentliche Gemeindeausschußsitzung im Sitzungssaal des Stadthauses am 12. Juli 1897. Hierbei sollte ein Protestbeschluß gegen das Vorgehen beim Egerer Volkstag gefaßt werden.[496]

Der Bürgerausschuß der Stadt Eger sprach im Beschluß dieser Gemeindeausschußsitzung seine tiefste Empörung über die Gewaltmaßregeln gegen die friedlichen Einwohner der Stadt Eger am gestrigen Volkstag aus. Insbesondere darüber war man entrüstet, daß entgegen gesetzlichen Vorschriften seitens des Leiters der Bezirkshauptmannschaft in vollständiger Verkennung der lokalen Verhältnisse gegen den ausdrücklichen Protest des Bürgermeisters tschechische Polizisten herangezogen worden seien, deren Verwendung und Verhalten gegen Gesetz und Recht Hohn spräche, denn diese Truppen hätten nicht Gesetzwidrigkeiten zu verhindern gehabt, sondern hätten vielmehr friedliche, vom Bahnhof in die Stadt zurückkehrende Bewohner, ohne Unterschied des Alters, Geschlechtes und Standes mit brutaler Gewalt angegriffen, wörtlich und tätlich schwer beleidigt und die deutsche Bevölkerung von Eger in ihren nationalen Gefühlen

---

[493] Melzer: Deutscher Volkstag in Eger, S. 49
[494] Melzer: Deutscher Volkstag in Eger, S. 49 ff
[495] Ascher Zeitung, Nr. 56, 34. Jahrgang, 14.7.1897, S. 2. Die Berichte über die Ausschreitungen der tschechischen Truppen ähnln sich in fast allen Einzelheiten. Selbst die Zurufe der tschechischen Gendarmen sind bis auf wenige Wörter gleich. Die „Egerer Zeitung" veröffentlichte ebenso einen langen Bericht über den Volkstag, der fast identisch mit dem der „Ascher Zeitung" ist. Anm. d. Verf.
[496] Gschier an Bezirkshauptmannschaft, 12.07.1897, S. 11, OAC, Fond čis.: 437 OÚ Cheb, Kartón čis.: 22, Složka čis.: 604 pres 1897, Kat. č. 215, Příloh: 12

empfindlichst verletzt. Weiterhin wurde der Stadtrat beauftragt, alle vorgekommenen Gewalttaten protokollarisch festzuhalten und zur öffentlichen Kenntnis zu bringen, ein Promemoria zu verfassen, in welchem alle Vorgänge geschildert würden und dem Kaiser durch eine Deputation zu überreichen sowie sämtliche zu Protokoll gegebenen Fälle von Ausschreitungen und Gewalttaten der Staatsanwaltschaft zur strafrechtlicher Verfolgung zu übermitteln.[497]

Die Statthalterei reagierte prompt auf diesen Beschluß. Dabei blieb es Stadler überlassen, gerichtlich gegen den Beschluß vorzugehen, der gegen § 300 des Strafgesetzes verstieß, und zusätzlich die Kompetenzen einer Gemeinde überschritt, da man gegen Verfügungen der Behörde protestierte. Allerdings riet Coudenhove von einer strafrechtlichen Verfolgung der Mitglieder der Gemeindevertretung wegen der beschränkten Kompetenz der Schwurgerichte ab. Letztes Mittel sei die Auflösung der Gemeindevertretung, dabei sei jedoch die Wirkung dieser Maßnahme auf die Bevölkerung der Stadt zu überlegen.[498] Stadler wandte sich gegen die Auflösung der Gemeindevertretung von Eger, da diese Maßnahme zweifellos in der Bevölkerung neue Erregung hervorriefe und neues Material für die heftigste politische Agitation zur Folge habe.

Rechtlich gesehen wäre an der Auflösung der Vertretung nichts zu beanstanden gewesen. Die Einladung zum Volkstag und die Aufforderung, „unter allen Umständen" zu erscheinen, ging in erster Linie von der Stadtgemeinde Eger aus, der Protest gegen die Verwendung der berittenen Prager Sicherheitswache ebenso. Durch diese Aktion wurde die Bevölkerung Egers in ihrer falschen Meinung über die illegal ergriffenen Maßnahmen der Behörde bestärkt. Eine ungesetzliche Menschenansammlung und die Abhaltung von Reden gegen das behördliche Verbot fanden mit Zustimmung der Vertretung Egers am 11. Juli 1897 vormittags im Hof des Rathauses statt. Die Rede des Bürgermeisters an die Mitbürger sprach deutlich genug die Mißachtung gegen die behördlichen Organe aus. Akten über die Vorgänge bei der außerordentlichen Sitzung des Gemeindeausschusses am 12. Juli 1897 lagen zudem vor. Diese zeigten die zügellose Sprache während der Sitzung, des gefaßten Gemeindeausschußbeschlusses und eine Anmaßung von Kompetenz, die einer Gemeinde nicht zustand. Hierbei zeigte sich außerdem die direkte Kollision mit dem Strafgesetz.

Diese Sitzung und der darin gefaßte Beschluß seien einzig und allein nach Meinung des Statthalters das Signal für die Haltung der Presse und die Zustimmungskundgebungen der Gemeinden. Es ließe sich nicht verkennen, daß jede behördliche Verfügung den Kreis der Bewegung erweitere und gleichzeitig die Ausdehnung der staatlichen Repressalien notwendig mache. Ein Schwanken, Zaudern und Nachlassen der staatlichen Organe könne die Bewegung wohl verzögern, allerdings würde die Duldsamkeit der Regierung und die prüfende Überlegung als Ratlosigkeit ausgelegt werden und sporne den Eifer der Agitatoren an. Stadler wies darauf hin, daß er nicht für das Verbot des Volkstages eingetreten sei und beantragte die Erlaubnis zur Abhaltung beim Statthaltereipräsidium.[499] Er betonte, daß durch das Verbot des Volkstages

---

[497] Stadtrat Eger, vertreten durch Bürgermeister Gschier an Bezirkshauptmannschaft, Z. 8420, 15.7.1897, S. 1 f., OAC, Fond čís.: 437 OÚ Cheb, Kartón čís.: 22, Složka čís.: 604 pres 1897, Kat. č. 215, Příloh: 12

[498] Statthaltereipräsidium an Statthaltereirat, 25.7.1897, S. 9, OAC, Fond čís.: 437 OÚ Cheb, Kartón čís.: 22, Složka čís.: 604 pres 1897, Kat. č. 215, Příloh: 12

[499] Die Überprüfung dieser Aussage ist nicht möglich, da die hierfür notwendigen Schriftstücke nicht mehr erhalten sind. Anm. d. Verf.

kaum Konflikte hätten vermieden werden können. Um die staatliche Autorität auch weiterhin aufrecht zu erhalten, beantragte er, Maßnahmen gegen den Stadtrat Egers einleiten zu dürfen.[500]

Nach dem Egerer Volkstag wurden Augenzeugen gesucht, die Aussagen zum Vorgehen der tschechischen Sicherheitswache abgeben konnten. Der Stadtrat wurde angehalten, sämtliche am Volkstag vorgekommenen Gewalttaten protokollarisch festzuhalten und zu veröffentlichen. Alle Gewaltakte wurden danach an die Staatsanwaltschaft weitergeleitet, damit die schuldigen Personen strafgerichtlich belangt werden konnten.[501]

Georg Fischer, Schlosser in Eger, gab zu Protokoll, daß von den angerückten berittenen Polizisten am 11. Juli 1897 gegen 21.30 Uhr auf dem Trottoir des Ladekschen Hauses in der Bahnhofstraße eine ihm unbekannte Frau niedergeritten worden sei. Als er der Frau helfen wollte, aufzustehen, habe ihm ein Polizist, indem er „deutsche Hunde" geschimpft habe, einen kräftig geführten Säbelhieb auf den Hals und einen zweiten auf die Schulter versetzt; Hals und Schulter waren verletzt und stark angeschwollen.[502] Magdalena Weigl wurde der Ärmel der Bluse von einem heranrückenden Soldaten mit gefälltem Bajonett durchstochen. Dies geschah, obwohl sie sich ganz an die Wand drückte, um auszuweichen. Sie beschwerte sich bei dem Offizier wegen dieses Vorgehens und erhielt die barsche Antwort: „Das müssen Sie sich gefallen lassen."[503]

Die Stadtgemeinde Eger erstattete gegen die berittene Sicherheits- und Finanzwache wegen Übertretung des § 331 Strafgesetz bei der Staatsanwaltschaft Anklage wegen der Vorfälle am 11. Juli 1897. Bezüglich der Gendarmerie stellte das Garnisonsgericht die Nachforschungen an.[504]

Die Staatsanwaltschaft Eger erhob nach Ermittlungen gegen Julius Egerer Anklage, der als Diurnist beim Bezirksgericht Marienbad beschäftigt war. Egerer befand sich in der Nacht zum 12. Juli 1897 auf dem Marktplatz in Eger in der Nähe der Bahnhofstraße in der Menschenmenge. Er leistete der Aufforderung der Wache, auseinanderzugehen, keine Folge und ließ sich bei seiner Weigerung mit der Wache in einen (Wort) Streit ein. Damit beging er nach § 284 Strafgesetz ein Vergehen gegen die öffentliche Ruhe und Ordnung. Darüber fand gemäß §§ 13, 57 Strafgesetz die Hauptverhandlung vor dem Kreisgericht Eger statt. Zu diesem Termin waren die Zeugen Josef Kreuzer, Korporal im Infanterieregiment Nr. 73 in Eger und Peter Arouvoič, Leutnant beim Infanterieregiment Nr. 73 in Eger vorgeladen.[505]

Anläßlich einer Menschenansammlung in der Nacht zum 12. Juli 1897 auf dem Marktplatz in Eger, erteilte Arouvoič den Auftrag zur Zerstreuung derselben an das Bataillon des Infanterieregimentes Nr. 73 in Eger, damit dieses mit einer Einheit den

---

[500] Bezirkshauptmannschaft Eger an Statthaltereipräsidium, Z. 604, 30.7.1897, S. 3 ff, Fond čís.: 437 OÚ Cheb, Kartón čís.: 22, Složka čís.: 604 pres 1897, Kat. č. 215, Příloh: 12
[501] Gschier, Gustav: Sammlung zum Egerer Volkstag, SOAC, č. 5-11-35, 1-34, S. 29
[502] Gemeindeamtsblatt der Stadt Eger, 12. Jahrgang, Bd. 13, Juli 1897, S. 127
[503] Gemeindeamtsblatt der Stadt Eger, 12. Jahrgang, Bd. 13, Juli 1897, S. 128
[504] Bezirkshauptmannschaft Eger an Statthaltereipräsidium, Nr. 594 pr., 27.7.1897, S. 557, SOAC, Fond čís.: 437, Kartón čís.: 21, Složka čís.: č. inv. 522, Příloh: č. 1 - 600, Časový rozsah: 1897
[505] Anklageschrift, Z. 6109, 20.7.1897, S. 550 f., SOAC, Fond čís.: 437, Kartón čís.: 22, Složka čís.: č. inv. 522, Příloh: č. 601 - 1008, Časový rozsah: 1897

Marktplatz in Richtung Bahnhofstraße räumte. Arouvoič sowie Kreuzer forderten die Leute zum Auseinandergehen auf, was diese auch taten. Nur Egerer weigerte sich trotz zweimaliger Aufforderung. Daraufhin brachte Arouvoič Julius Egerer zu Kreuzer. Als auch dieser ihn aufforderte, ruhig nach Hause zu gehen, weigerte sich Egerer und äußerte, daß er dazu nicht verpflichtet sei, und er wolle sich beschweren. Wegen dieses Vorfalls wurde Egerer, dessen Personalien noch unbekannt waren, arretiert. Dieser Sachverhalt, wie ihn Arouvoič und Kreuzer bestätigten, mußte trotz der Leugnung Egerers für wahr gehalten werden, deshalb war Egerer dringend verdächtig, die Tat begangen zu haben und rechtfertigte die Anklage nach §§ 90, 207 Strafgesetz.[506]

Am 16. November 1897 fand beim Kreisgericht Eger die Hauptverhandlung statt, bei der Egerer nach § 259 (3) freigesprochen wurde. Das Gericht gewann nicht die Überzeugung, daß sich der objektive Tatbestand des Auflaufes auf den Angeklagten bezog oder auf den zur gleichen Zeit verhafteten Wilhelm Zörkendörfer. Der Zeuge Johann Tendert, der die Verhaftung durchführte, konnte die Identität Julius Egerers nicht zuverlässig bestätigen.[507]

Der Bezirkshauptmann von Tepl teilte ferner mit, daß Julius Egerer derzeit noch als Diurnist beim Bezirksgericht in Marienbad angestellt sei und gegen ihn bisher nichts Nachteiliges vorläge. Man vermutete, daß er sich aufgrund seiner Jugend und der auf ihn wirkenden allgemeinen Aufregung an dem Auflauf beteiligte.[508]

In der Nacht vom 11. zum 12. Juli 1897 luden Einrichtungen tschechischer Vereine regelrecht zur Verwüstung ein. Davon war ein Gasthaus betroffen, in dem sich die Mitglieder der „Beseda"[509] trafen. Das Rapportbuch des städtischen Polizeiamtes vom 13. Juli 1897 gab Auskunft über folgende Ereignisse: Ein Wachmann rügte Karl Schmitzer, Wolf Kahn und Johann Břada wegen Krachschlagens in der Spitalgasse um 20.45 Uhr. Die Beanstandeten wurden mündlich verwarnt und mit der Weisung, sich ruhig nach Hause zu begeben, sofort wieder entlassen. Zudem wurde behauptet, Fenster des Vereines „Beseda" seien mit Steinen und Sand eingeworfen worden. Darüber war jedoch weder beim städtischen Polizeiamt noch bei der Bezirkshauptmannschaft etwas bekannt. Es wurde daher über diesen Vorfall der Sohn der Gasthausbesitzerin Anna Seifert einvernommen, der von einem Mitglied der „Beseda" als Zeuge benannt wurde, denn das Gasthaus von Anna Seifert war das Vereinslokal der „Beseda".[510] Georg Seifert schwor, daß er an jenem Tag stets zuhause gewesen sei und daher wissen müsse, ob die Fenster mit Steinen oder Sand beworfen wurden. Von einem derartigen Vorfall habe er jedoch nichts gehört. Gerüchten zufolge war zu erfahren, daß bereits in der Zeit vor dem Volkstag die Fenster des Vereinslokals der „Beseda" eingeworfen werden sollten, falls die „Beseda" das Lokal nicht verlassen wollte. Nach dem 12. Juli

---

[506] Anklageschrift, Z. 6109, 20.7.1897, S. 550 f., SOAC, Fond čis.: 437, Kartón čis.: 22, Složka čis.: č. inv. 522, Příloh: č. 601 - 1008, Časový rozsah: 1897
[507] Bezirkshauptmannschaft Eger an Statthaltereipräsidium, Nr. 1045, 14.12.1897, S. 552, SOAC, Fond čis.: 437, Kartón čis.: 22, Složka čis.: č. inv. 522, Příloh: č. 601 - 1008, Časový rozsah: 1897
[508] Bezirkshauptmann Tepl an Statthaltereirat Eger, Nr. 371 praes., 4.12.1897, S. 549, SOAC, Fond čis.: 437, Kartón čis.: 22, Složka čis.: č. inv. 522, Příloh: č. 601 - 1008, Časový rozsah: 1897
[509] Übers.: Gespräch, Unterhaltung, gemütliches Beisammensein.
[510] Bezirkshauptmannschaft Eger an Statthaltereipräsidium, Z. 915 praes., 24.10.1897, S. 376 f., OAC, Fond čis.: 437 OÚ Cheb, Kartón čis.: 22, Složka čis.: 915 pres 1897, Kat.č. 229, Příloh: 2

1897 kamen die Mitglieder der „Beseda" nicht mehr ins Lokal, da sie befürchteten, daß es zu gewalttätigen Ausschreitungen käme.[511]

Josef Svoboda wurde als Zeuge zu diesen Vorgängen angehört. Er gab an, seit Herbst letzten Jahres bei Schneidermeister Zentner als Zuschneider beschäftigt gewesen zu sein. Er bestritt, daß er infolge der Ereignisse vom 11. Juli 1897 wegen nationaler Gründe aus der Arbeit entlassen wurde und Eger verlassen mußte. Bisher sei er nicht den geringsten Schwierigkeiten ausgesetzt gewesen. Ebenso sei die Angabe unwahr, wonach er auf der Gasse blutig geschlagen worden sei. Der Meister kündigte aber nach dem 11. Juli 1897 einigen Gehilfen tschechischer Nationalität mit 14-tägiger Kündigungsfrist den Arbeitsplatz. Diese hätten wegen der herrschenden Zustände Eger verlassen müssen. Allerdings verlor der Schneidergehilfe Johann Břada, der ebenfalls bei Zentner beschäftigt war, auch seine Arbeitsstelle. Břada war Svobodas Wissen nach an dem Vorfall in der Spitalgasse beteiligt und beschwerte sich hinterher darüber. Sonst konnte er keine weiteren Angaben in dieser Angelegenheit tätigen.[512]

Unter den Verletzten des Egerer Volkstages befand sich der Dachdecker Georg Kleißner aus Eger, der von einem Wachmann der Prager berittenen Sicherheitswache während eines Spazierganges mit dem Säbel auf den Kopf geschlagen wurde. Dabei spaltete sich die Schädeldecke. Wochenlang schwebte Kleißner zwischen Leben und Tod und konnte wieder einigermaßen genesen das Krankenhaus verlassen. Bis Jahresende 1897 war Kleißner aber nicht völlig gesund. Häufige Schwindelanfälle beeinträchtigten seine Arbeitsfähigkeit. Durch Zeugenaussagen war sichergestellt, daß Kleißner ohne jeden Grund angegriffen wurde und durch die Spätfolgen seiner Verletzung in der Berufsausübung stark eingeschränkt sei. Die auftretenden Schwindelanfälle brächten ihn in Lebensgefahr, wenn er sich auf einem Dach befand. Verschärft wurde seine persönliche Situation noch dadurch, daß er Familie hatte, für die er allein sorgen mußte.

Zahlreiche Zeugen bestätigten die Rufe „Deutsche Hunde! Deutsche Bagage, wir werden Euch schon zeigen!" der Prager Polizisten. Dadurch war für Iro bewiesen, daß staatliche Organe aufgrund nationalen Hasses auf wehrlose Bürger eingeschlagen hätten. Die Schuld an diesen Exzessen in Eger trug seiner Meinung nach die Regierung Badeni, da sie in dieser national so bewegten Zeit in eine deutsche Stadt, angeblich zur Aufrechterhaltung von Ruhe und Ordnung, tschechische Polizei schickte. Die Wahrheit bestand für ihn darin, daß die deutsche Bevölkerung durch die Anwesenheit tschechischer Polizei in Aufruhr versetzt werden sollte, damit sie zu Tätlichkeiten hingerissen würde. So war ein Anlaß vorhanden, den Ausnahmezustand über das deutsche Egerland verhängen zu können. Iro stellte in der 13. Sitzung des Reichsrates am 26. April 1898 die Anfrage, ob der Justizminister Kleißner eine angemessene Summe an Schmerzensgeld zur Verfügung stelle.[513]

Die Regierungsorgane befanden sich angesichts der Vorwürfe in Erklärungsnot. Der Statthaltereirat von Eger gab wegen des Protestes einer Abordnung der Stadt Eger lediglich an, daß die Sicherheitsmaßnahmen berechtigt seien, da ein großer Zuzug frem-

---

[511] Protokoll, aufgenommen bei der Bezirkshauptmannschaft Eger, 23.10.1897, S. 378, OAC, Fond čis.: 437 OÚ Cheb, Kartón čis.: 22, Složka čis.: 915 pres 1897, Kat. č.229, Příloh: 2
[512] Protokoll, aufgenommen bei der Bezirkshauptmannschaft Eger, 19.10.1897, S. 378, OAC, Fond čis.: 437 OÚ Cheb, Kartón čis.: 22, Složka čis.: 915 pres 1897, Kat. č.229, Příloh: 2
[513] Stenographische Protokolle, 1. - 15. Sitzung, 14. Session, 1898, S. 765 f.

der Menschen erwartet wurde. Aus dem gleichen Grund wurde die Heranziehung der tschechischen Polizisten gerechtfertigt.[514]

In der Sitzung des Abgeordnetenhauses vom 22. Oktober 1897 reichte der Abgeordnete Schücker Anklage wegen der Vorgänge am 11. Juli 1897 in Eger ein. Badeni verteidigte den Waffeneinsatz während des Volkstages, fand diesen in Ordnung und bestritt gleichzeitig die angeblich derart große Zahl von Verwundeten. Seiner Kenntnis nach wurde nur eine Person erheblich verletzt. Die „Ascher Zeitung", sowie die „Egerer Zeitung" veröffentlichten in den folgenden Ausgaben eine Liste, in welcher die Verletzten namentlich aufgezählt, sowie ihre Verletzungen beschrieben wurden. In der Nr. 56 der „Egerer Zeitung" vom 14. Juli 1897 wurden 20 Personen mit blutenden Wunden genannt und die Anzahl der Verhaftungen. 21 Personen wurden verhaftet, davon 15 in das Gefängnis überstellt.[515] In der nächsten Ausgabe der „Egerer Zeitung" wurde eine Liste unter der Überschrift „Die Opfer des 11. Juli" veröffentlicht, in welcher 32 Männer und zwei Frauen genannt wurden, die Verletzungen während des Polizeieinsatzes erlitten.[516] Mit der Ausgabe vom 21. Juli 1897 endete die Veröffentlichung der Verletzten. Darin wurden 17 Männer und eine Frau aufgezählt, die verletzt wurden.[517] Von all diesen Personen wurde niemand schwer verletzt. Jeder trug mehr oder weniger blutende oder schmerzende Verwundungen davon, keiner wurde getötet.

Schücker erläuterte, daß zur gleichen Zeit im Juli 1897 in Prag ein Städtetag ohne Zwischenfälle abgehalten worden sei. Da sich der bisherige Statthaltereirat Vogl „(...) wahrscheinlich nicht schneidig genug gegen die deutsche Bevölkerung erging (...)",[518] sei ein neuer Mann auf diesen Posten in Eger gesetzt worden. Dieser, Stadler von Wolffersgrün, habe auch das zweite Verbot des Volkstages unterschrieben.[519] Dieser Erlaß, der offensichtlich von höchster Stelle angeregt worden sei, stelle eine absichtliche Gesetzesverletzung dar. Während Schücker die Vorgänge in Eger schilderte, bestritten einige jungtschechische Abgeordnete, daß die Polizisten aus Prag Tschechen gewesen seien, keiner von diesen könne tschechisch, alle sprächen nur deutsch. Schücker zeigte auf, daß die Prager Polizei nur für die Stadt Prag zuständig und der Bezirkshauptmann nicht berechtigt sei, die Prager Polizei zu ordern.[520] Diese Maßnahme zeige die feindselige Einstellung der Regierung Badeni gegen die Deutschböhmen. Nach Badenis Ansicht seien die Behörden gesetzlich vorgegangen. Er schilderte den aktenmäßigen Vermerk über die Vorgänge um den Egerer Volkstag. Von einer Veranstaltung, die sich nur auf geladene Gäste beschränkte, könne keine Rede sein, da die Versendung der Einladungen zum größten Teil den Bezirksvertretungen überlassen worden sei. Außerdem sei ersichtlich, daß die deutschböhmischen Gemeinden nach dem Volkstag zum Boykott der Verwaltungsarbeit verpflichtet werden sollten, was das öffentliche Leben störe und sich nachteilig für die Bevölkerung auswirke. Da die Tagespresse zum Massenbesuch aufgerufen habe, der den Anschein einer Demonstration

---

[514] Gemeindeamtsblatt der Stadt Eger, 12. Jahrgang, Bd. 13, Juli 1897, S. 129
[515] Egerer Zeitung, Nr. 56, 51. Jahrgang, 14.7.1897, S. 4
[516] Egerer Zeitung, Nr. 57, 51. Jahrgang, 17.7.1897, S. 4
[517] Egerer Zeitung, Nr. 58, 51. Jahrgang,, 21.7.1897, S. 3 f.
[518] Egerer Zeitung, Nr. 86, 51. Jahrgang, 27.10.1897, S. 1
[519] Die Unterschrift Stadlers für das zweite Verbot des Volkstages bedeutet aber noch nicht, daß er wirklich für das Verbot eintrat, da er behauptete, das Verbot nicht zu befürworten. Anm. d. Verf.
[520] Egerer Zeitung, Nr. 86, 51. Jahrgang, 27.10.1897, S. 1 f.

gehabt habe, seien die Sicherheitsmaßnahmen nötig gewesen. Nach Aufzählung all dieser Aspekte sei klar, daß sich die Behörden streng an die Vorschriften hielten.[521]

4.4.4.6. Die literarische Verarbeitung des Egerer Volkstages

Ein Redakteur der „Egerer Zeitung", Josef Melzer, verfaßte eine Broschüre über die Vorgänge um den Volkstag. Dem Bericht einer Unterbehörde zufolge trafen bei einem Zollamt per Post 56 Exemplare der Broschüre „Deutscher Volkstag in Eger - 11. Juli 1897 -, Bericht von J. Melzer, Redakteur der Egerer Zeitung" ein. Beigefügt war ein Begleitschreiben, wonach die Broschüren an die Gemeindevorsteher verteilt werden sollten.[522] In Reichenberg tauchten mehrere Exemplare auf, so daß die Oberstaatsanwaltschaft Prag die Beschlagnahme dieser Druckschrift verfügte und das Verfahren wegen Vergehens nach § 491 Strafgesetz einleitete.[523] Im Egerer Verwaltungsbezirk wurden am 4. November 1897 sechs Exemplare der Broschüre konfisziert.[524]

Gegen die Konfiskation erhoben Schücker und Knoll beim Justizminister Einspruch, da der Inhalt der Broschüre nicht strafbar sei. Die Kritik am Vorgehen der Regierungsorgane bewege sich nach Meinung der Unterzeichner innerhalb der erlaubten Grenzen.[525] Die Konfiszierung sei ihrer Ansicht nach ungesetzlich, da der Justizminister eine Erklärung abgegeben habe, in der er sich zur freien Presse äußerte und freie Meinung befürwortete.[526]

Die Statthalterei Prag legte der Bezirkshauptmannschaft Eger im August 1897 zwei Druckschriften vor, einen Ausschnitt des „Kladderadatsch" mit dem Gedicht „An die Deutschen Österreichs", in dem der Ministerpräsident angegriffen wurde, und das Gedicht „In da Eghastodt, wenn Volkstag is", in dem die Vorgänge vom 11. Juli 1897 in boshafter Weise erörtert wurden. Beide Gedichte wurden dem Staatsanwalt übergeben, damit er die pressebehördlichen Amtshandlungen einleitete.[527] Die Staatsanwaltschaft Eger ordnete daraufhin die Beschlagnahme des Gedichtes „An die Deutschen Österreichs" am 29. August 1897 an. Diese Verfügung wurde am 2. September 1897 vom Kreisgericht Eger bestätigt. Das Verfahren wegen des Gedichtes „In da Eghastodt, wenn Volkstag is" wurde nach § 412 Strafgesetz eingestellt, weil der Täter unbekannt blieb.[528] Da dieses Gedicht nach § 300 Strafgesetz gesetzwidrig war, da auf den Ex-

---

[521] Egerer Zeitung, Nr. 86, 51. Jahrgang, 27.10.1897, S. 2 f.
[522] Statthaltereipräsidium an Bezirkshauptmann Eger, Nr. 15336, 29.10.1897, S. 422, SOAC, Fond čis.: 437, Kartón čis.: 22, Složka čis.: č. inv. 522, Příloh: č. 601 - 1008, Časový rozsah: 1897
[523] Statthaltereipräsidium an Bezirkshauptmann Eger, Nr. 15417, 31.10.1897, S. 421, SOAC, Fond čis.: 437, Kartón čis.: 22, Složka čis.: č. inv. 522, Příloh: č. 601 - 1008, Časový rozsah: 1897
[524] Bezirksgendarmerieposten Eger an Staatsanwaltschaft Reichenberg, Nr. 951 pr., 4.11.1897, S. 420, SOAC, Fond čis.: 437, Kartón čis.: 22, Složka čis.: č. inv. 522, Příloh: č. 601 - 1008, Časový rozsah: 1897
[525] Stenographische Protokolle, Bd. 2, 18. - 32. Sitzung, 13. Session, 1897, S. 1258 f.
[526] Egerer Zeitung, Nr. 91, 51. Jahrgang, 13.11.1897, S. 2
[527] Statthaltereipräsidium an amtierenden Bezirkskommissär Eger, Nr. 10996, 16.8.1897, S.455, SOAC, Fond čis.: 437, Kartón čis.: 22, Složka čis.: č. inv. 522, Příloh: č. 601 - 1008, Časový rozsah: 1897
[528] Bezirkshauptmannschaft Eger an Statthaltereipräsidium, Nr. 942 praes., 31.10.1897, S. 454, SOAC, Fond čis.: 437, Kartón čis.: 22, Složka čis.: č. inv. 522, Příloh: č. 601 - 1008, Časový rozsah: 1897

emplaren die Angabe des Druckers und des Druckortes fehlten[529], begründete dies den Tatbestand des Vergehens gegen die öffentliche Ruhe und Ordnung und die Weiterverbreitung wurde gemäß § 493 Strafgesetz verboten.[530] Czerny veranlaßte im November 1897 die nachträgliche Beschlagnahme und setzte sich deswegen mit dem Staatsanwalt in Verbindung.[531] Allerdings befand sich die Druckschrift „In da Eghastodt, wenn Volkstag is" im November 1897 nicht mehr im Egerer Bezirk im Umlauf. Vom Urteil der Staatsanwaltschaft wurde die Gendarmerie sofort verständigt, um die Konfiskation noch auftauchender Exemplare sogleich vorzunehmen.[532]

Das „Prager Abendblatt" berichtete über den Egerer Volkstag. Darin hieß es, daß die beabsichtigte Wirkung nach hinten losgegangen sei, weil sich die Deutschen mit dieser Aktion selbst geschadet hätten. Trotz des Verbots der Behörden sei eine Versammlung von Abgeordneten abgehalten worden, die gesetzwidrig gewesen sei, damit hätten die Abgeordneten selbst ihre Autorität untergraben. Die Ereignisse am Abend wurden scharf verurteilt, ebenso stellte man die Ereignisse so dar, als ob die deutschen Teilnehmer die Ordnungshüter und die tschechischen Polizisten bewußt provoziert hätten. Es sei nur der Geduld der Beamten zu verdanken gewesen, daß nicht mehr passierte. Aufgrund dieser Berichterstattung rief die „Egerer Zeitung" ihre Leser auf, die offizielle Presse zu meiden und nur deutsche Blätter zu lesen. Wer sich weigere, würde als Verräter am deutschen Volk bezeichnet und öffentlich gebrandmarkt.[533]

Die „Bohemia" meldete in einer Ausgabe nach dem Egerer Volkstag Ähnliches, wie die „Egerer Zeitung" und die „Ascher Zeitung". Auch sie schilderte den Einsatz der tschechischen Truppen, wie sie auf die Menschen eingehauen hätten, dabei wurden die Verletzungen von Frauen und Kindern besonders hervorgehoben. Zusätzlich wurde berichtet, daß Militärs und Gendarmen mit Gewehrkolben auf die Menschen einschlagen hätten. Die Straßen seien die ganze Nacht vom 11. auf den 12. Juli 1897 besetzt gewesen und die Gasthäuser hätten geräumt und gesperrt werden müssen. Die „Bohemia" zitierte die tschechischen Sicherheitsleute mit Aussprüchen, wie „deutsche Bagage", „deutsches Gesindel" und ähnlichem.[534]

Der Bericht der „Národní Listy" unterschied sich gänzlich von denen der deutschen Blätter. Darin wurde die „Germania Irridenta" als Realität und nicht mehr als Phrase bezeichnet. Die Deutschböhmen würden sich mit ihren Abgeordneten an der Spitze dazu bekennen, daß sie sich nach dem Anschluß an Großdeutschland sehnten. Beweis hierfür seien der Egerer Volkstag und die Tumulte in den Abendstunden des 11. Juli

---

[529] Statthaltereipräsdium an Statthaltereirat und Bezirkshauptmann Eger, Nr. 15488, 3.11.1897, S. 451, SOAC, Fond čís.: 437, Kartón čís.: 22, Složka čís.: č. inv. 522, Příloh: č. 601 - 1008, Časový rozsah: 1897

[530] Staatsanwaltschaft Eger an Bezirkshauptmannschaft Eger, ad Z. 10041 St. t., 10.11.1897, S. 460, SOAC, Fond čís.: 437, Kartón čís.: 22, Složka čís.: č. inv. 522, Příloh: č. 601 - 1008, Časový rozsah: 1897

[531] Bezirkshauptmannschaft Eger an Statthaltereipräsidium, Nr. 948 pr., 4.11.1897, S. 452, SOAC, Fond čís.: 437, Kartón čís.: 22, Složka čís.: č. inv. 522, Příloh: č. 601 - 1008, Časový rozsah: 1897

[532] Bezirkshauptmannschaft Eger an Statthaltereipräsidium, Nr. 975 praes., 10.11.1897, S. 460, SOAC, Fond čís.: 437, Kartón čís.: 22, Složka čís.: č. inv. 522, Příloh: č. 601 - 1008, Časový rozsah: 1897

[533] Egerer Zeitung, Nr. 56, 51. Jahrgang, 14.7.1897, S. 3

[534] Ascher Zeitung, Nr. 56, 51. Jahrgang, 14.7.1897, Beilage, S. 5

1897. Dabei stellten die „Národní Listy" fest, daß nicht nur das gemeine Volk wütete, sondern auch Abgeordnete, die männlichen und weiblichen Mitglieder der besseren Gesellschaftsschichten, Studenten, sogar Mädchen und Kinder. Verurteilt wurde das revolutionäre Verhalten der Egerer Bevölkerung und ihre Rufe, wie „Abgang Badeni", „Rache" und „Nieder mit den Tschechen und der polnischen Wirtschaft" und andere Beleidigungen gegen Badeni. Indirekt gab man den Deutschen die Schuld an den Ausschreitungen der Ordnungswache, da man diese durch großdeutsche Abzeichen provoziert habe. So habe Stadtrat Müller die Parole zum Beflaggen der Häuser ausgegeben. Er hing als erster eine schwarz-rot-goldene Fahne aus seinem Haus, so daß viele seinem Beispiel folgten. Auch kommunale Gebäude und die Häuser der Staatsanwaltschaft und der Bezirkshauptmannschaft seien mit diesen Flaggen geschmückt worden. Allerdings ordnete Stadler von Wolffersgrün die Entfernung der Fahne vom Amtsgebäude der Bezirkshauptmannschaft an, was auch erfolgte. Zudem hätten alle Egerer Bürger schwarz-rot-goldene Abzeichen, Kornblumen und Bänder mit der Aufschrift „Heil" getragen. Zuletzt kritisierte man die lasche Haltung der bayerischen und sächsischen Grenzbehörden, da diese die Grenzen nicht gesperrt hätten, obwohl die österreichische Behörde darum ersucht habe.[535]

4.4.4.7. Die Reaktionen der Bevölkerung nach dem Egerer Volkstag

Bürgermeister Gschier bedankte sich bei den Einwohnern Egers für deren besonnenes Verhalten beim Egerer Volkstag.[536]

Als Reaktion auf die Polizeigewalt veröffentlichten 816 Professoren aus dem Deutschen Reich eine Kundgebung, in der sie ihre Sympathien für den Kampf der deutschen Kollegen in Böhmen und Mähren gegen die Sprachenverordnungen ausdrückten.[537]

In einem Brief an Gschier vom 13. Juli 1897 zeigte sich der Abgeordnete Dr. Bayreuther zufrieden über die Eintracht aller Deutschen, Abgeordneten und dem Volk während der Kundgebung. Das Vorgehen der Regierung verurteilte er auf das schärfste. Die Regierung sei auf die schiefe Ebene geraten, die alle Regierungen erreichten, wenn sie mit Blindheit geschlagen seien und eigene Fehler nicht einsehen wollten.[538]

Anläßlich des Volkstages wurden von vielen Gemeindevertretern Telegramme und Zuschriften abgesandt. Der Stadtrat von Karlsbad schickte ein Telegramm, um dem Stadtrat und die Bevölkerung von Eger für die Verteidigung der Rechte des deutschen Volkes in Böhmen Dank und Anerkennung auszusprechen.[539] Sympathie für das Vorgehen der Stadtvertreter und der Bevölkerung Egers bekundete ebenso die Vertretung der Gemeinde Tannwalds.[540] Aus Kaaden kam ein Schreiben, in dem das gewaltsame Vorgehen der tschechischen Polizei scharf kritisiert wurde, genauso befürwortete man das Vorgehen der Deutschen am 11. Juli 1897.[541] Die Gemeindevorstehung der Stadt Gaishorn übermittelte Beschlüsse. Danach schloß sich die Gemeinde den Protesten

---

[535] Ascher Zeitung, Nr. 56, 51. Jahrgang, 14.7.1897, Beilage, S. 5
[536] Egerer Zeitung, Nr. 56, 51. Jahrgang, 14.7.1897, S. 1
[537] Egerer Zeitung, Nr. 58, 51. Jahrgang, 21.7.1897, S. 1
[538] Gschier, Gustav: Sammlung zum Egerer Volkstag, SOAC, č. 5-11-35, 1-34, S. 1
[539] Gemeindeamtsblatt der Stadt Eger, 12. Jahrgang, Bd. 14, August 1897, S. 135
[540] Gemeindeamtsblatt der Stadt Eger, 12. Jahrgang, Bd. 14, August 1897, S. 135
[541] Gemeindeamtsblatt der Stadt Eger, 12. Jahrgang, Bd. 14, August 1897, S. 135

gegen die Sprachenverordnungen an und bedauerte gleichzeitig, im Abgeordnetenhaus von den Reichsratsabgeordneten Schoiswohl und Herk vertreten zu sein, die sich als native Deutsche und Vertreter deutscher Wähler nicht für die deutsche Sache engagierten. Die gewaltsame Intervention der Regierungsbeamten während des Volkstages verurteilte man ebenso.[542] Schließlich äußerte sich der Bezirksausschuß von Reichenberg zu den Ereignissen. Man schloß sich dem Protest der deutschen Abgeordneten gegen das Verbot des Volkstages in Eger an und sprach sich entschieden gegen die ungerechtfertigten Gewaltmaßnahmen gegen das deutsche Volk in Böhmen aus, besonders gegen die Heranziehung tschechischer Polizisten.[543] Zuschriften dieser Art gab es sehr viele aus verschiedenen Orten Böhmens, die im Kern gleich lauteten: Man verurteilte das gewaltsame Einschreiten der Regierungsbeamten, die Heranziehung tschechischer Polizisten und äußerte sich positiv über das Verhalten der Stadtvertretung und der Bevölkerung von Eger. Zuschriften kamen beispielsweise aus Aussig, Tachau, Komotau, Tetschen, Saaz, Elbogen, Klagenfurt, Chodau u.v.a.[544]

In der Gemeindeausschußsitzung am 3. August 1897 wurde beschlossen, im Hof des Stadthauses in Eger ein Denkmal in Erinnerung an den Volkstag zu errichten.[545]

Für die Gedenktafel, die an den Volkstag in Eger erinnern sollte, wurde ein Wettbewerb ausgeschrieben. Der treffendste Text sollte ermittelt werden. Schließlich wurden folgende Worte des Dichters Felix Dahn ausgewählt:

> „Das höchste Gut des Mannes ist sein Volk,
> Das höchste Gut des Volkes ist sein Recht,
> Des Volkes Seele lebt in seiner Sprache:
> Dem Volke, dem Rechte und unsrer Sprache treu
> Fand uns der Tag, wird jeder Tag uns finden!"[546]

4.4.5. Die Folgen des Egerer Volkstages für das öffentliche Leben im Sommer und Herbst 1897 bis zur Wiedereröffnung des Reichsrates und der Lex Falkenhayn

Nach den Erfahrungen des Volkstages versuchte man, zum Boykott der tschechischen Mitbürger noch heftiger aufzuhetzen. So rief die „Egerer Zeitung" wieder zu Sanktionen auf. Alle tschechischen Arbeitnehmer müßten entlassen und alle Wohnungen, in denen sich tschechische Familien befanden, gekündigt werden. Um keine Unschuldigen zu treffen, veröffentlichte man Listen mit tschechischen Mietern und Arbeitnehmern. Entschuldigungen von Hausbesitzern, warum sie den tschechischen Familien nicht kündigen könnten, weil z.B. die Wohnung länger leer stünde und keine Miete einbrächte, wurden nicht anerkannt. Jeder, der dem Aufruf nicht folgte, wurde öffentlich diffamiert. Man erklärte diese Vorgehensweise damit, daß in Zeiten des nationalen Existenzkampfes solche Maßnahmen gerechtfertigt seien.[547] Gleichzeitig wurde in ei-

---

[542] Gemeindeamtsblatt der Stadt Eger, 12. Jahrgang, Bd. 14, August 1897, S. 135
[543] Gemeindeamtsblatt der Stadt Eger, 12. Jahrgang, Bd. 14, August 1897, S. 143
[544] Gemeindeamtsblatt der Stadt Eger, 12. Jahrgang, Bd. 14, August 1897, S. 134 ff
[545] Egerer Zeitung, Nr. 62, 51. Jahrgang, 4.8.1897, S. 2
[546] Gemeindeamtsblatt der Stadt Eger, 12. Jahrgang, Bd. 15, August 1897, S. 154
[547] Egerer Zeitung, Nr. 63, 51. Jahrgang, 7.8.1897, S. 3

nem Artikel allen gedroht, die sich nicht am Boykott beteiligten, öffentlich als Verräter angeprangert zu werden.[548]

Die „Egerer Nachrichten" wirkte ebenfalls an den Aufrufen mit. Im Bericht vom 7. August 1897 wurde die Beschlagnahme der kostenlosen Extraausgabe der „Egerer Nachrichten" vom 6. August 1897 erwähnt. In dieser waren alle in Eger wohnenden Mieter tschechischer Nationalität aufgelistet und gleichzeitig die Hausbesitzer indirekt aufgefordert worden, diesen die Wohnungen zu kündigen.[549] Diese Aufrufe wurden auch gleich in die Praxis umgesetzt. Die Vergeltungsmaßnahmen trafen wiederum vor allem die Staatsbeamten, da diese nach dem Volkstag bei der Egerer Bevölkerung besonders verhaßt waren.

Dem Postassistenten Georg Linhard wurde aus nationalen Gründen der Mittagstisch in einem Gasthaus abbestellt.[550] Daraufhin sollten alle Fälle bekanntgegeben werden, in denen Beamten tschechischer Nationalität die Wohnungen bzw. der Mittagstisch in Eger gekündigt wurde.[551] Um ein repräsentatives Ergebnis zu erhalten, wurden Kreisgericht, Finanzbezirksdirektion, Post- und Telegraphenamt, der Vorstand der Staatsbahn und die Direktion des Staatsobergymnasiums mit den Erkundigungen beauftragt.[552]

Mehreren Bediensteten, die bei den Post- und Telegraphenämtern in Eger beschäftigt waren, wurde nach den Vorfällen in Eger der letzten Zeit die Wohnungen gekündigt. Die Post- und Telegraphendirektion fragte an, ob das gleiche auch bei den Behörden passiere, die der Bezirkshauptmannschaft unterstünden und was die Bezirkshauptmannschaft dagegen unternehmen wolle.[553] Die Bezirkshauptmannschaft Eger teilte mit, daß sich unter den betroffenen Beamten tschechischer Nationalität auch solche der Bezirkshauptmannschaft befänden. Die Kündigungsfrist sei nach der gültigen Mietordnung eingehalten worden. Ein gekündigter Beamter habe eine andere Wohnung finden können. Man wußte lediglich zur Frage, wie man die Beamten vor nationalen Sticheleien schützen könnte, zu melden, daß die Kündigungen erst wieder in November akut werden würden, wenn die nächste Kündigungsfrist anstehen werde. Eine Verfügung in dieser Angelegenheit wurde danach nicht erlassen.[554]

Besondere Maßnahmen der Bezirkshauptmannschaft gegen die Kündigung tschechischer Mieter konnten nicht ergriffen werden, da diese innerhalb der gültigen Frist er-

---

[548] Egerer Zeitung, Nr. 62, 51. Jahrgang, 4.8.1897, S. 3
[549] Statthaltereipräsidium an Statthaltereirat und Bezirkshauptmann Eger, Nr. 14997, 24.10.1897, S. 380, OAC, Fond čis.: 437 OÚ Cheb, Kartón čis.: 22, Složka čis.: 915 pres 1897, Kat. č. 229, Příloh: 2
[550] Postamt Eger an Bezirkshauptmannschaft Eger, ad Nr. 1843, 13.8.1897, S. 99, SOAC, Fond čis.: 437, Kartón čis.: 22, Složka čis.: č. inv. 522, Příloh: č. 601 - 1008, Časový rozsah: 1897
[551] Statthaltereipräsidium an Statthaltereirat Eger, Nr. 11207, 7.8.1897, S. 100, SOAC, Fond čis.: 437, Kartón čis.: 22, Složka čis.: č. inv. 522, Příloh: č. 601 - 1008, Časový rozsah: 1897
[552] Z. 659 pr., praes. 9.8.1897, S. 101, SOAC, Fond čis.: 437, Kartón čis.: 22, Složka čis.: č. inv. 522, Příloh: č. 601 - 1008, Časový rozsah: 1897
[553] Post- und Telegraphendirektion an Statthaltereirat und Bezirkshauptmann Eger, Note Nr. 78624, 28.8.1897, S. 169, SOAC, Fond čis.: 437, Kartón čis.: 22, Složka čis.: č. inv. 522, Příloh: č. 601 - 1008, Časový rozsah: 1897
[554] Bezirkshauptmannschaft Eger an Post- und Telegraphendirektion Prag, Nr. 722 pr., 1.9.1897, S. 169, SOAC, Fond čis.: 437, Kartón čis.: 22, Složka čis.: č. inv. 522, Příloh: č. 601 - 1008, Časový rozsah: 1897

folgt waren. Das Bestreben der Behörde ging dahin, den gekündigten Mietern, insbesondere den Beamten, wieder neue Wohnungen zu besorgen, was in einigen Fällen auch gelungen war. Die Hausbesitzer gaben der Hetze aus Furcht vor dem Terrorismus nach, den besonders die Lokalpresse schürte. Einige der gekündigten Personen, auch Geschäftsleute, hatten später wieder eine Bleibe gefunden.[555]

Johann Trýkar, ein Leidtragender des Nationalitätenhasses in Eger, wandte sich an die Statthalterei. Er berichtete, daß seit dem Egerer Volkstag die deutschstämmigen Bewohner Egers so aufgeregt seien, daß jeder Hausbesitzer jedem tschechischen Bewohner die Wohnung kündigte. Daher sei jeder Betroffene gezwungen, in seine Heimat zurückzukehren. Trýkar war seit 1873 in Eger ansässig, mit einer deutschen Frau verheiratet und Vater von zwei minderjährigen Kindern. Da er infolge eines Gichtleidens für seinen Beruf als Brauer keine gesicherte Stelle finden könne, sei er mit seiner Familie dem größten Elend ausgesetzt. Ebenso sei er nicht in der Lage, für sein Mobiliar die Pachtgebühr und für seine Familie und sich die Bahnfahrt zu bezahlen, da er wegen der unsicheren Lage in Eger wieder in seine tschechische Heimat nach Rauchnitz zurückkehren müsse. Er bat die Statthalterei um Ermäßigung der Mobiliarpacht, die Bezahlung der Fahrkosten für die Familie zur Übersiedlung bis Rauchnitz.[556]

Der Stimmungsbericht der Bezirkshauptmannschaft Eger fiel Anfang August im großen und ganzen nicht viel anders aus als der letzte Ende Juli 1897. Die Verhältnisse in Eger waren im August im allgemeinen die gleichen wie sie im Bericht Ende Juli 1897 geschildert wurden. Nur nahm die Wühlarbeit immer intensivere Ausmaße und größere Dimensionen an. Sie richtete sich insbesondere gegen Beamte, denen schon die Wohnung gekündigt wurde, wenn sie nur halbwegs tschechisch klingende Namen besaßen. So wurde Postofficial Hrousil, einem Deutschen, die Wohnung gekündigt, ebenso Postverwalter Dichrawa, der angeblich in deutschen Kreisen verkehrte. Außer den Genannten wurden noch Finanzwachsektionsleiter Scheyer, Zollofficial Frank, Finanzwachrespicient Maitny und zwei Landwehrfeldwebel aus ihren Wohnungen geworfen. Auch Gewerbetreibende, Meister, Gesellen und Fabrikarbeiter wurden entlassen. So wurden einem Tischler, der schon über 20 Jahre in Eger ansässig war, ebenso einem Buchbindergesellen, der genauso lang in Eger arbeitete, gekündigt. Als besonders charakteristisch war hervorzuheben, daß die Gemeinde einem Mann namens Schulz, der im Amtsgebäude wohnte, die Wohnung kündigte. Am 5. August fand eine vertrauliche Versammlung statt, in der beschlossen wurde, all jene an den Pranger zu stellen, die den ortsansässigen tschechischen Einwohnern nicht kündigten. Am Tag darauf erschien als Folge dieser Besprechung eine Extraausgabe der „Egerer Nachrichten". Stadler schätzte diese Art von Agitation um so gefährlicher ein, da man ihr schlecht entgegentreten konnte.[557]

In dieser Phase der immer verbissener geführten Nationalitätenstreitigkeiten wurde ein Lösungsvorschlag vorgelegt, der allerdings nicht einmal ernstlich diskutiert wurde:

---

[555] Bezirkshauptmannschaft Eger an Statthaltereipräsidium, Nr. 927 praes., 27.10.1897, S. 381, OAC, Fond čis.: 437 OÚ Cheb, Kartón čis.: 22, Složka čis.: 915 pres 1897, Kat. č. 229, Příloh: 2

[556] Johann Trýkar an Statthaltereipräsidium, 13.8.1897, S. 185, SOAC, Fond čis.: 437, Kartón čis.: 22, Složka čis.: č. inv. 522, Příloh: č. 601 - 1008, Časový rozsah: 1897

[557] Bezirkshauptmannschaft Eger an Statthaltereipräsidium, Nr. 649, 6.8.1897, S. 91 f., OAC, Fond čis.: 437, Kartón čis.: 22, Složka čis.: 649 pres 1897, Kat. č. 220, Příloh: 2

Am 29. Juli 1897 veröffentlichten die Professoren Dr. Emil Pfersche und Dr. Josef Ulbrich in der „Neuen Freien Presse" ihren Entwurf eines Sprachengesetzes.[558] Dieser sah 108 einsprachig tschechische Bezirksgerichte, 81 einsprachig deutsche Bezirksgerichte und 32 zweisprachige Gerichtsbezirke vor. Demgegenüber plante der Badenische Entwurf 113 einsprachig tschechische, 80 einsprachig deutsche und 41 zweisprachige Gerichtsbezirke.

Der Entwurf von Pfersche und Ulbrich konzipierte bei einsprachigen Gerichten nur die dort gebräuchliche Gerichtssprache, die berechtigte Anwendung der nicht gerichtsüblichen Sprache wurde aber durch einen Übersetzungsdienst zugesichert. Dadurch war es möglich, schriftliche Eingaben in der nicht landesüblichen Sprache zu bearbeiten und mündliche Verhandlungen durch einen Übersetzer zu behandeln. Für die zweisprachigen Gerichte sollten die Badenischen Verordnungen in modifizierter Weise gelten. Bei einsprachigen Gerichten sollten nur Beamte eingestellt werden, welche Kenntnisse der dort üblichen Gerichtssprache in Wort und Schrift nachwiesen. Die Einstellung der Beamten an zweisprachigen Gerichten erfolgte entsprechend dem tatsächlichen Bedürfnis; beim OLG in Prag waren elf zweisprachige und je 15 einsprachige Ratsstellen vorgesehen.[559]

Pfersches Mitwirkung bei diesem Entwurf zur Lösung des Sprachenproblems hatte für ihn jedoch zur Folge, daß der Stadtrat von Teplitz-Schönau eine Bürgermeisterkonferenz des Aussiger Wahlbezirkes einberief, um Pfersche das Mißtrauen auszusprechen, denn er war Vertreter des Aussiger Bezirkes. Die Zeitungen tadelten, Pfersche solle keine Regierungsvorlagen nach tschechischen Standpunkten ausarbeiten.[560] Seine Bemühungen zur Wiederherstellung geordneter Verhältnisse im deutschen Teil Böhmens wurden ihm nicht gedankt. Zu diesem Zeitpunkt war die allgemeine Stimmung in der deutschen Bevölkerung derart gereizt, daß man sich für vernünftige Lösungsvorschläge, die eben auch Kompromißbereitschaft voraussetzten, nicht empfänglich zeigte. Dies untermauerte auch die eigentlich gemäßigte „Egerer Zeitung", indem sie ebenfalls zum Boykott der tschechischen Mitbewohner aufrief.

Über diesen Entwurf wurde nicht einmal diskutiert, da die Jungtschechen jedes Entgegenkommen ablehnten.[561]

Überhaupt war nach dem Egerer Volkstag zu beobachten, daß die Nationalitätenstreitigkeiten zwischen Deutschen und Tschechen immer öfter gewalttätig geführt wurden. Oftmals kam es zu Schlägereien und Verletzten.

Am 1. August fanden in Eger und Franzensbad Demonstrationen statt. Josef Prader, den die Bezirkshauptmannschaft Eger vorlud, erklärte, daß er mit den Vorfällen am Egerer Bahnhof und in Franzensbad nichts zu tun habe und berief sich dabei auf seinen Bruder. Er sagte ferner aus, daß er sich als Ausländer (Bayer) stets allen demonstrativen Handlungen fernhalte.[562]

---

[558] Münch: Böhmische Tragödie, S. 408
[559] Sutter: Die Badenischen Sprachenverordnungen von 1897, Bd. II, S. 53
[560] Sutter: Die Badenischen Sprachenverordnungen von 1897, Bd. II, S. 54
[561] Münch: Böhmische Tragödie, S. 408
[562] 11.8.1897, S. 67, SOAC, Fond čis.: 437, Kartón čis.: 22, Složka čis.: č. inv. 522, Příloh: č. 601 - 1008, Časový rozsah: 1897

Hans Weichsmüller, der ebenfalls vorgeladen wurde, bekundete, daß die Anzeige gegen ihn, wonach er sich gegen 23.00 Uhr an den Demonstrationen am Franzensbader Bahnhof beteiligte, eine Verleumdung darstelle. Weichsmüller verweigerte die Unterschrift unter das Protokoll, da ihn diese Anschuldigung so aufrege, so daß er in dieser Angelegenheit nicht mit seinem Namen erwähnt werden wolle.[563]

Anfang August 1897 war die Stadt Brüx Schauplatz größerer Straßenschlachten zwischen Deutschen und Tschechen. Unterstützt wurden die Anstifter von tschechischen Bergarbeitern. Allabendlich zogen ca. 300 bis 400 Tschechen durch die Straßen Brüx', sangen nationale Lieder und riefen „Na Zdar".[564] Ernste Zusammenstöße ereigneten sich am 5. August 1897. Bewaffnete junge Tschechen versammelten sich am Marktplatz und griffen deutsche Passanten an. Aus den Nachbarorten Tschautsch und Kopitz kamen ebenfalls Tschechen angereist und beteiligten sich an den Krawallen. Diese weiteten sich aus und drohten zu eskalieren. Stadtrat Kaiser von Brüx forderte Gendarmerieverstärkung an, da die städtische Polizei die Ausschreitungen nicht unter Kontrolle brachte.[565] Einem anderen Bericht nach konnte die städtische Wachmannschaft die Ordnung jedoch wieder herstellen. Es kam zu zahlreichen Verhaftungen, dabei handelte es sich ausschließlich um junge tschechische Arbeiter.[566] Zahlreiche Deutsche wurden verletzt, drei davon lebensgefährlich. Erst gegen 23.00 Uhr beruhigte sich die Lage.[567] An den Stadträndern gab es immer noch vereinzelte Zusammenstöße. Dabei wurden Gebäude beschädigt und einige Deutsche leicht verletzt, ca. zehn tschechische Bergarbeiter wurden verhaftet. Die deutschen Bewohner erhielten einige Tage später Drohbriefe, in denen die Deutschen beschimpft und Gewalttaten angedroht wurden u.a., Brüx in einen Aschenhaufen zu verwandeln.[568]

Am folgenden Tag kam es in Brüx wiederum zu gewalttätigen Zusammenstößen zwischen Deutschen und Tschechen. Bewaffnete tschechische Arbeiter zogen am Abend unter Absingen tschechischer Lieder und „Na Zdar" Rufen durch die Stadt. Die Polizei schritt ein. Bei den Zusammenstößen wurden zwei Deutsche leicht, drei schwer und einer lebensgefährlich verletzt.[569]

In Reichenberg gerieten am 12. August 1897 deutsche und tschechische Soldaten aneinander. Ein tschechischer Soldat hatte in Postrum Streit mit einem deutschen. Die Kameraden des Tschechen verteidigten ihren Landsmann und verletzten den Deutschen schwer. Als mehrere junge Männer dem Deutschen helfen wollten, stürzten sich die Tschechen auf sie. Die Deutschen verbarrikadierten sich in einem nahegelegenen Gasthof, was dazu führte, daß die Tschechen den Gasthof mit Steinen beschädigten. Schließlich wurde das Gebäude gestürmt, die Tschechen verletzten hierbei die Mutter

---

[563] 11.8.1897, S. 68, SOAC, Fond čis.: 437, Kartón čis.: 22, Složka čis.: č. inv. 522, Příloh: č. 601 - 1008, Časový rozsah: 1897
[564] Tschechische Version der „Heil"- Rufe. Anm. d. Verf.
[565] In den Angaben über den Einsatz von Gendarmerie widersprechen sich die „Ascher Zeitung" und das „Falkenau-Königsberger Volks-Blatt". Während die „Ascher Zeitung" berichtete, daß die städtische Wachmannschaft die Ordnung alleine wiederherstellen konnte, forderte dagegen nach Meldungen des „Falkenau-Königsberger Volks-Blattes" der Brüxer Stadtrat Kaiser Gendarmerieverstärkung an. Anm. d. Verf.
[566] Falkenau-Königsberger Volks-Blatt, Nr. 63, 1. Jahrgang, 11.8.1897, S. 3
[567] Falkenau-Königsberger Volks-Blatt, Nr. 63, 1. Jahrgang, 11.8.1897, S. 3
[568] Ascher Zeitung, Nr. 64, 34. Jahrgang, 11.8.1897, S. 7
[569] Egerer Zeitung, Nr. 64, 51. Jahrgang, 11.8.1897, S. 2

und die Schwester des Wirtes schwer. Erst die alarmierte Feuerwehr und zahlreiche Ortsansässige konnten die Ausschreitungen beenden. Den tschechischen Soldaten gelang aber die Flucht, so daß niemand verhaftet werden konnte.[570]

Die Gewalttätigkeiten forderten das erste Todesopfer. Der stellvertretende Feuerwehrkommandant Franz Richter, der sich von einem Fest auf dem Weg nach Hause befand, wurde von einer Horde Tschechen überfallen. Anlaß hierfür war der Ruf „Heil" als Begrüßung innerhalb einer deutschen Ortschaft. Mit einem Ziegelstein wurde Richter tödlich am Kopf verletzt. Am 12. August 1897 wurde er in Herrlich unter großer Anteilnahme der Bevölkerung beerdigt.

Nach diesem Vorfall heizte sich die Stimmung in der Bevölkerung noch mehr auf. Nach der Trauerfeier wurde bekannt, daß ein weiterer Deutscher am Ortsrand von Herrlich von einem Tschechen niedergeschlagen wurde. Die Gendarmerie nahm sich beider Fälle an, jedoch ohne konkrete Fahndungserfolge erzielen zu können.[571]

Nach dem Mord an Franz Richter wurde wieder ein Deutscher von einem Tschechen niedergestochen. Der Bildungsverein „Höstowitz" unternahm einen Ausflug nach Böhmisch Nemetschken. Nach der Einkehr in ein Gasthaus gerieten einige Teilnehmer in Streit, verlagerten die Schlägerei auf die Straße und zogen auch einige unbeteiligte Passanten in Mitleidenschaft. Alle Fußgänger wurden mit Steinen beworfen, einige dabei verletzt. Fensterscheiben gingen zu Bruch, wodurch der Kampf erst richtig in Gang geriet. Auf beiden Seiten gab es Verletzte.[572]

Auch Pilsen war Schauplatz gewalttätiger Auseinandersetzungen. Dort zertrümmerten Tschechen am 19. August 1897 Fensterscheiben deutscher Geschäfte und verwüsteten die Gebäude der Deutschen. Da die Polizei nicht Herr über die Menge wurde, rückte das Militär aus[573], trieb die Menge auseinander und sperrte die Straßen. Ca. 1000 bis 1100 Fensterscheiben wurden während der Konfrontationen zerstört. Die „Egerer Zeitung" beklagte, daß keine einzige Verhaftung durchgeführt worden sei und bemängelte, daß bei einer harmlosen Versammlung in Eger die tschechischen Beamten sofort auf die Deutschen einschlügen, aber die Behörden in Pilsen hätten keinen einzigen Randalierer verhaftet, außerdem kritisierte man scharf, daß sich die Deutschen nicht gewehrt hätten. Die Tschechen seien die wahren Missetäter, da sie gewaltsam gegen die Deutschen vorgegangen seien und diese gleichzeitig als Unterdrücker der tschechischen Nation bezeichnen würden.[574]

Am 21. August kam es wieder zu gewalttätigen Ausschreitungen in Pilsen. Da weitere Exzesse befürchtet wurden, besetzte das Militär einige Ausfallstraßen. Die aufkeimenden Ausschreitungen konnten verhindert werden. In der Weberei der Firma Simon in Dobraken brachen Unruhen aus; Militär wurde dahin entsandt und schaffte Ruhe.[575]

Die „Egerer Zeitung" verhöhnte die Gewalttaten der Tschechen an den Deutschen in verschiedenen Orten Böhmens als „Herrlichkeit tschechischer Waffenthaten".[576] Es

---

[570] Ascher Zeitung, Nr. 65, 34. Jahrgang, 14.8.1897, S. 2, Beilage
[571] Ascher Zeitung, Nr. 66, 34. Jahrgang, 18.8.1897, S. 1
[572] Egerer Zeitung, Nr. 66, 51. Jahrgang, 18.8.1897, S. 2
[573] Egerer Zeitung, Nr. 67, 51. Jahrgang, 21.8.1897, S. 2
[574] Egerer Zeitung, Nr. 67, 51. Jahrgang, 21.8.1897, S. 3
[575] Egerer Zeitung, Nr. 68, 51. Jahrgang, 25.8.1897, S. 6
[576] Egerer Zeitung, Nr. 67, 51. Jahrgang, 21.8.1897, S. 1

wurde als sehr mutig dargestellt, wenn Tschechen mit Waffen auf vorwiegend Ältere, Frauen und Kinder losgingen und diese verletzten.[577]

Genau in dieser Phase, als die Emotionen der Egerer Bevölkerung vor Ärger über den Einsatz tschechischer Truppen beim Egerer Volkstag überkochten und sich die Wut über die tschechischen Mitbürger immer stärker steigerte, überreichte Advokat Hirsch dem Kreisgericht Eger eine Anklage gegen Hofer wegen Ehrenbeleidigung in tschechischer Sprache. Das Gericht lehnte das Schriftstück ab, weil der Beklagte deutschsprachig sei und demnach die Anklageschrift auf deutsch verfaßt werden müsse. Dagegen legte Hirsch beim OLG in Prag Beschwerde ein, der stattgegeben wurde. Das Kreisgericht Eger wurde beauftragt, die tschechische Klage Hirschs zu bearbeiten, weil der Ablehnungsgrund unbegründet war. Das OLG stellte fest, daß im Königreich Böhmen beide Landessprachen üblich seien und es sei daher möglich, dem Kreisgericht Eger eine tschechische Anklageschrift zu überreichen.[578]

Die Egerer Gemeinde legte Beschwerde gegen den Beschluß des Prager Oberlandesgerichtes beim Obersten Gericht ein, in dem es um die Einführung der tschechischen Sprache als Verhandlungssprache beim Gericht in Eger ging.

Man legte man dar, daß die Entscheidung des OLG alle Deutschen in Eger beträfe und deren gerichtliche Vertreter, die nicht tschechisch sprächen. Die Entscheidung gelte daher nicht für einen Einzelfall, sondern für alle. Aus diesen Gründen erscheine die Beschwerde gerechtfertigt. Nach Ansicht der Stadtgemeinde Eger sei das OLG zu dieser Entscheidung nicht berechtigt, und zwar weder nach dem kodifizierten Gesetzesrecht noch nach dem Gewohnheitsrecht. Die Verfügung des OLG sei nicht einmal im Reichsgesetzblatt veröffentlicht worden, dadurch sei sie für das Gebiet Eger und seine Bevölkerung nicht bindend und könne also auch nicht angewandt werden. Die Entscheidung verstoße gegen das geltende Recht, weil dadurch ein seit Jahrhunderten geltender Rechtszustand willkürlich geändert werden würde.[579]

Man führte aus, daß seit Jahrhunderten die deutsche Sprache Landes- und Gerichtssprache sei. Somit entstünde über diese lange Zeit ein Rechtszustand des Gewohnheitsrechtes und dieses könne nur durch ein Gesetz geändert werden, was in den letzten 1000 Jahren aber nicht erfolgt sei, daher gelte der Rechtszustand auch heute noch. Jederzeit trage das Gericht in Eger Sorge dafür, daß fremdsprachige Personen zu ihrem Recht kämen und Dolmetscher zur Verfügung stünden. Niemals hätten die Angehörigen fremder Nationen gefordert, daß ihre Sprache Verhandlungssprache würde, nur die tschechische Nation habe diese Forderung erhoben.[580]

Die Stadt Eger vertrat den Standpunkt, daß alle Nationen Österreichs gleichberechtigt seien und somit die Tschechen in ihrer Forderung nicht bevorzugt werden dürften, auch wenn nur einige Tschechen in deutschen Gebieten ihren Wohnsitz hätten. Sollte die Entscheidung in die Tat umgesetzt werden, müsse ein Kostenaufwand betrieben werden, der in keinem Verhältnis zur Verhandlungssache stünde, da sich der nächste Dolmetscher für Tschechisch 130 km von Eger entfernt befände, die nächste ge-

---

[577] Egerer Zeitung, Nr. 67, 51. Jahrgang, 21.8.1897, S. 1
[578] Ascher Zeitung, Nr. 69, 34. Jahrgang, 28.8.1897, S. 1, Beilage
[579] Egerer Zeitung, Nr. 63, 51. Jahrgang, 7.8.1897, S. 1
[580] Egerer Zeitung, Nr. 63, 51. Jahrgang, 7.8.1897, S. 2

mischte Stadt Pilsen sei, die nur mit großem Aufwand erreicht werden könne.[581] Dadurch entspräche die Forderung der Tschechen keinem realen Bedürfnis, sondern stelle Mißbrauchsversuche dar. Viele Rechtsanwälte ließen sich in Eger nieder, weil die Gerichtssprache deutsch sei und sie kein Tschechisch könnten. Bei Umsetzung des Beschlusses des OLG würde durch die Einführung der tschechischen Verhandlungssprache die Rechtsverfolgung beträchtlich erschwert. Ansässige Deutsche könnten ihre Rechtsinteressen durch den Mutwillen eines tschechischen Staatsbürgers, der aus einem entfernten Ort herkäme, nicht mehr verfolgen.[582]

Nach all diesen Aspekten lasse sich erkennen, daß es in Eger keinen Anspruch auf Gleichberechtigung aller Landessprachen gäbe. Folglich müßten bei Umsetzung der Entscheidung des OLG tschechische Beamte nach Eger versetzt werden. Dagegen verwahre man sich entschieden, da es nur zu Konflikten käme, weil die tschechischen Beamten zwar deutsch sprechen könnten, trotzdem die Verhandlungssache falsch wiedergäben. Man kam zu dem Schluß, daß es weder juristische, politische noch patriotische Gründe für die Einführung der tschechischen Verhandlungssprache gäbe, da auch die Sprachenverordnungen nicht auf gesetzlichem Weg erlassen worden seien und dadurch das Gewohnheitsrecht der Stadt Eger nicht berührten.[583]

Die Egerer Bevölkerung fühlte sich aufgrund dieser Eingabe Hirschs, der schon einmal Anfang April 1897 die Sprachenverordnungen auf ihre praktische Anwendung testen wollte, in ihrer Angst vor dem Eindringen der slawischen Kultur in ihr deutsches Gebiet bestätigt und ließ ihre Wut an den tschechischen Mitbürgern aus, denn man hatte in den Tschechen den geeigneten Prügelknaben für die nationalen Probleme gefunden. Da in diesen Monaten Vernunft und Argumente keine Chance hatten, Gehör zu finden und die Überlegungen, ob die Egerer Bevölkerung jetzt wirklich von den slawischen Nachbarn überrollt werden würde, gar nicht angestellt wurden, gewann die Hetze gegen die tschechischen Mitbürger eine Eigendynamik, die von den Deutschnationalen beständig aufrecht erhalten wurde. Zudem darf man nicht vergessen, daß die Bevölkerung zu dieser Zeit viel leichter zu beeinflussen war als dies heute der Fall ist.

Die Nummer 60 der „Ascher Zeitung" vom 28. Juli 1897 brachte einen Leitartikel über einen angeblich im Monat August stattfindenden Parteitag, der von der Behörde nicht untersagt werden würde.[584] Darin wurde die „Ostdeutsche Rundschau" zitiert, welche die Meldung aus Eger lancierte, daß der verbotene Parteitag in Asch, der für den 27. Juni 1897 geplant war, den man erneut einberufen wollte, nun doch von der Behörde genehmigt werden sollte. Diese Behauptung stützte sich auf eine Unterredung, die Tins am 27. Juni 1897 mit Stadler unmittelbar nach seiner Enthaftung führte.[585] Stadler befand sich an diesem Tag wegen der Freilassung des Schriftleiters der „Ascher Zeitung", Tins, in Asch. Mit ihm führte er ein Gespräch, nur auf dieses konnte sich der Artikel der „Ascher Zeitung" beziehen, denn eigenen Angaben zufolge kam er weder vorher noch nachher mit Tins in Kontakt. Als sich der Ascher Bürgermeister Schindler und die übrigen Herren aus dem Büro entfernten, beabsichtigte Stadler, auf

---

[581] Egerer Zeitung, Nr. 63, 51. Jahrgang, 7.8.1897, S. 3
[582] Egerer Zeitung, Nr. 63, 51. Jahrgang, 7.8.1897, S. 2
[583] Egerer Zeitung, Nr. 63, 51. Jahrgang, 7.8.1897, S. 3
[584] Statthaltereipräsidium an Statthaltereirat Eger, Nr. 10897, 4.8.1897, S. 77, SOAC, Fond čis.: 437, Kartón čis.: 22, Složka čis.: č. inv. 522, Příloh: č. 601 - 1008, Časový rozsah: 1897
[585] Ascher Zeitung, Nr. 60, 34. Jahrgang, 28.7.1897, S. 1

Tins in leutseliger Weise einzuwirken, da ihm dessen Einfluß auf die nationale Bewegung bekannt war. Tins sollte dahingehend einwirken, daß alle öffentlichen Straßendemonstrationen vermieden wurden, denn gerade diese würden unter keinen Umständen geduldet werden, weil die Politik nicht auf die Straße getragen werden dürfe. Tins hatte jedoch nicht vor, diesem Wunsch zu entsprechen, da es seine Pflicht sei, das Volk im nationalen Empfinden wach zu halten und dahin zu beeinflussen, daß alle Feigheit abgestreift würde. Zwar wollten ihm die Behörden das Deutschtum nicht austreiben und er könne die Erhaltung des nationalen Empfindens pflegen, aber alles müsse gesetzliche Grundlagen haben und nichts dürfe zu Straßenexzessen und Ausschreitungen führen. Allerdings beabsichtigte Tins nicht, von diesem Mittel abzusehen, um das Volk wach zu rütteln. Von einem Parteitag sei überhaupt nicht die Rede gewesen und selbstverständlich noch weniger von einer Zusage zur behördlichen Bewilligung.[586]

Die „Ascher Zeitung" gab zwar zu, daß die Meldung der „Ostdeutschen Rundschau" etwas undeutlich sei, aber im Kern vollkommen wahr, denn man habe tatsächlich die Absicht, den Parteitag im Monat August abzuhalten und sei sich sicher, daß die Behörde diesen auch genehmigen werde. Damit bestätigte die „Ascher Zeitung" den Bericht der „Ostdeutschen Rundschau". Der Nachricht wurde deswegen so viel Gewicht beigemessen, da in der gegenwärtigen Lage, wo man einen gesetzlich erlaubten Kampf gegen die Regierung führte, mit einem Regierungsvertreter konfrontiert war, der als ein „Mann der Verfügungen und Entscheidungen" bekannt war. Sarkastisch wurde noch bemerkt, daß Stadler sicherlich wisse, sollte er bis zum Parteitag im August nicht schon von seinem Posten abgelöst worden sein, auf welche Art und Weise er für Ruhe und Ordnung in Asch sorgen könne. Allerdings versprach man, der Staatsgewalt keinen Grund zum Eingreifen zu liefern. Aber man warnte, sollte der Parteitag wider Erwarten doch verboten werden, den Zuzug größerer Menschenmassen, wie in Eger geschehen, nicht verhindern zu können.[587]

Stadler vertrat die Ansicht, daß ein Parteitag, sollte er wirklich abgehalten werden, unmöglich die Bedeutung des Egerer Volkstages erlange. Als öffentliche Volksversammlung würde er aber immerhin eine große Beteiligung erzielen, da sie jedoch von untergeordneter Wichtigkeit sei, messe er ihr nicht so viel Beachtung bei, wenn sie auf geladene Gäste beschränkt werden würde, um ein Verbot nach § 6 des Versammlungsgesetzes auszusprechen. Eine öffentliche Versammlung müsse jedoch mit Rücksicht auf die herrschende Erregung der Bevölkerung Stadlers Ansicht nach trotzdem verboten werden, dabei sei es unwichtig, wie unbedeutend die Versammlung in der politischen Arena auch sein mochte.[588]

Der Parteitag unter freiem Himmel in Asch, der dann am 22. August 1897 stattfinden sollte, wurde verboten. An zwei verschiedenen Plätzen in der Stadt sollten zusätzlich Volksversammlungen mit den Themen „Die Lage des deutschen Volkes in Österreich" und „freie Wechselreden" stattfinden. Die Veranstaltungen wurden mit der Begründung verboten, daß durch ihre Abhaltung an zwei verschiedenen Orten die öffentliche

---

[586] Bezirkshauptmannschaft Eger an Statthaltereipräsidium, Nr. 643, 7.8.1897, S. 79 ff, SOAC, Fond čis.: 437, Kartón čis.: 22, Složka čis.: č. inv. 522, Příloh: č. 601 - 1008, Časový rozsah: 1897
[587] Ascher Zeitung, Nr. 60, 34. Jahrgang, 28.7.1897, S. 1
[588] Bezirkshauptmannschaft Eger an Statthaltereipräsidium, Nr. 643, 7.8.1897, S. 79 ff, SOAC, Fond čis.: 437, Kartón čis.: 22, Složka čis.: č. inv. 522, Příloh: č. 601 - 1008, Časový rozsah: 1897

Sicherheit durch die Behörden nicht mehr gewährleistet werden könne, ferner werde der Verkehr wegen der zu erwartenden großen Menschenmasse in unzumutbarer Weise gestört. Als Ausweichveranstaltung bot Amtsleiter Dudek an, eine Volksversammlung in einem geschlossenen Lokal, eventuell auch in einem zweiten, zu genehmigen. Er forderte die Organisatoren Karl Tins und Christian Krautheim auf, sein Angebot anzunehmen. Sollte das Verbot jedoch umgangen werden, kündigte er strengste Gegenmaßnahmen an.[589]

In Asch wurden bewaffnete Einheiten aufgeboten, um die Kundgebung zu schützen. Die „Ascher Zeitung" forderte die Teilnehmer auf, sich besonnen und nicht provozierend zu verhalten, damit die Gendarmen keinen Grund zum Eingreifen hätten.[590]

Statt des verbotenen Parteitages plante man nun die Veranstaltung eines Ascher Volkstages für den 22. August 1897 nach Egerer Vorbild. Am Vortag vereinbarten Tins und Dudek, daß zwei Versammlungen, eine im Schießhaus und eine in einer Gastwirtschaft genehmigt werden sollten. Dudek machte zur Auflage, daß Tins für die öffentliche Ruhe und Sicherheit bürgen müsse. Über den Abzug der tschechischen Gendarmen konnte keine Einigung erzielt werden.

Am Volkstag selbst erreichten Asch weit über 100 Drahtgrüße. Reichsratsabgeordneter Bareuther lehnte in seinem Gruß eine Regierung ab, welche die deutsche Nationalität grob beleidige. Asch und Eger seien schon vor 1000 Jahren zu Schutzwällen gegen das Slawentum errichtet worden und hätten bis heute ihre Aufgabe erfüllt.[591]

Große Verbitterung riefen die tschechischen Gendarmen in der Bevölkerung hervor, da diese einige Teilnehmer verletzt hatten. Ein Mißverständnis trat auf, als ein Mädchen irrtümlich von einem Tschechen verhaftet wurde. Es wurde von einem Polizisten durch eine Sperre begleitet, und ein anderer sollte es zu einem weiteren Posten bringen. Allerdings verstand der tschechische Polizist kein Deutsch und befand sich in der Annahme, daß die junge Frau verhaftet worden war, weil sie angeblich einen Stein warf. Erst am folgenden Tag wurde sie aus dem Gerichtsgebäude entlassen.[592]

Iro hielt auf der großen Kundgebung eine Rede. Er griff darin Badeni an, der die Deutschen zur Annahme einer zweiten Sprache zwingen wolle. Außerdem wurde der große Polizeieinsatz kritisiert, da man weder rauben noch plündern wolle, sondern nur für den Erhalt des deutschen Volkes kämpfe. Es folgten Ausfälle gegen die Tschechen, welche die Deutschen zurückdrängten. Neben den Einheimischen nahmen einige Reichsdeutsche am Volkstag teil, was Iro veranlaßte, die Einheit aller Deutschen dies- und jenseits der Grenze zu beschwören. Zum Schluß der Rede forderte er die Anwesenden auf, den Heimweg geordnet und ruhig anzutreten, damit die Beamten keinen Grund zur Intervention hätten.[593]

Im Anschluß daran wurden mehrere Reden gehalten, in denen das Deutschtum gewürdigt und die Einheit aller Deutschen beschworen wurde.[594]

---

[589] Ascher Zeitung, Nr. 67, 34. Jahrgang, 21.8.1897, S. 1
[590] Ascher Zeitung, Nr. 67, 34. Jahrgang, 21.8.1897, S. 1
[591] Sonderausgabe der Ascher Zeitung, 23.8.1897, S. 1
[592] Ascher Zeitung, Nr. 68, 34. Jahrgang, 25.8.1897, S. 1
[593] Ascher Zeitung, Nr. 68, 34. Jahrgang, 25.8.1897, S. 1, Beilage
[594] Sonderausgabe der Ascher Zeitung, 23.8.1897, S. 1

Während des Volkstages ereignete sich ein kleiner Zwischenfall. Es ging das Gerücht um, daß sich unter den Teilnehmern ein Regierungsspitzel befinden würde. Daraufhin kam es zu einer leichten Rangelei zwischen Teilnehmern und Gendarmen, bei der niemand verletzt wurde. Erst abends entluden sich Gewalttätigkeiten zwischen Bevölkerung und Polizisten, da die Stadt mit einem übertrieben hohen Polizeikontingent gesichert wurde, was den Zorn der Bewohner schürte. Schließlich gerieten deutsche Bürger und tschechische Beamten aneinander, wobei einige Deutsche zum Teil erheblich verletzt wurden. Erst spät nachts baute man die Straßensperren ab. Den Berichten zufolge verhielten sich die deutschen Landwehrbataillone vorbildlich, wohingegen die tschechischen Polizisten die Situation ausnutzten, um die Deutschen zu schikanieren. Als am nächsten Tag das Militär abzog, beruhigte sich die aufgebrachte Bevölkerung wieder und zog sich zurück.[595] Hierbei zeigte sich, daß man aus dem Egerer Volkstag keine Lehren zog und auch diesmal wieder tschechische Polizei einsetzte, obwohl deren Wirkung auf die deutsche Bevölkerung bekannt war. Mit etwas mehr Fingerspitzengefühl wären die blutigen Zusammenstöße in Asch sicherlich vermeidbar gewesen.

Das „Prager Abendblatt" berichtete ebenfalls über die Ereignisse in Asch. Allerdings wurde der Ablauf aus einer anderen Perspektive geschildert. Nach diesem Bericht sei es nur der Geduld und Nachsicht der Regierungsbeamten zu verdanken gewesen, daß die Situation nicht außer Kontrolle geraten sei, da die Besucher die Beamten provoziert und angegriffen hätten. Die Forderung der Stadtvertretung, die Gendarmerie abzuziehen, wurde im „Abendblatt" kritisiert.[596]

Iro wurde wegen seiner Rede am Volkstag wegen Hochverrats angeklagt und ein Verfahren gegen ihn eingeleitet. Die Deutsche Volkspartei hatte im Gegenzug vor, bei Wiedereröffnung des Reichsrates einen Antrag einzubringen, in dem Badeni wegen der Vorgänge in Eger und Asch angeklagt wurde.[597]

Die Gemeinden im Egerer Bezirk führten nun ihre Beschlüsse über die Einstellung der Arbeiten im übertragenen Wirkungskreis aus. In der Gegend um Eger stellten alle Gemeinden diese Arbeiten ein, mit Ausnahme der Gemeinde Schönthal. In Chodau wurde zwar dasselbe beschlossen, aber es war ungewiß, ob der Beschluß in die Tat umgesetzt werden würde. Er wurde dadurch verletzt, daß die Behörde die Steuerbögen von Polizisten austragen ließ, und Sekretär Pfitzenreitter bei einer Versammlung am 31. Juli 1897 als Regierungsvertreter anwesend war.[598]

Von den 51 Gemeinden des Egerer Verwaltungsbezirkes lehnten 48 Gemeinden die Arbeiten im übertragenen Wirkungskreis ab. Sie wurden nur von den Gemeinden Franzensbad und Palitz des Bezirkes Eger und von der Gemeinde Watzneureuth des Bezirkes Wildstein fortgeführt. Die Wirkung dieser Maßnahme zeigte sich sehr unterschiedlich. Seit der Einstellung im Monat Juli bis August konnte kein klares, abgeschlossenes Urteil über diese Angelegenheit abgegeben werden. Während z.B. einige Gemeinden, wie Wildstein und Schönbach und die Stadt Eger, in entschiedener Weise den Beschluß auf Einstellung der Mitwirkung im übertragenen Wirkungskreis durchführten und alle derartigen Geschäftsstücke mit dem Hinweis auf den Beschluß zu-

---

[595] Sonderausgabe der Ascher Zeitung, 23.8.1897, S. 2
[596] Ascher Zeitung, Nr. 69, 34. Jahrgang, 28.8.1897, S. 1, Beilage
[597] Ascher Zeitung, Nr. 69, 34. Jahrgang, 28.8.1897, S. 2, Beilage
[598] Egerer Zeitung, Nr. 64, 51. Jahrgang, 11.8.1897, S. 5 f.

rücksandten oder gegen einen Auftrag der Bezirkshauptmannschaft Eger auf Durchführung dieser Arbeiten Rekurs einlegten, banden sich einzelne Gemeinden nicht sehr strikt an ihren Beschluß. Sie nahmen trotzdem noch Zustellungen an. Die militärische Evidenzhaltung der dauernd Beurlaubten, der Reservisten und Ersatzreservisten stellten alle Gemeinden mit Ausnahme der erwähnten drei ein, die Verwendungsausweise wurden mit dem 15. Juli 1897 abgeschlossen und nach Eger eingeschickt. Die militärischen Meldungen gingen nun teils mündlich, teils schriftlich aus den verschiedenen Gegenden ein, wodurch für den Bezirksfeldwebel eine bedeutende Arbeitssteigerung entstand. Die Absendung der Geschäfte des übertragenen Wirkungskreises erfolgte im großen und ganzen nach den von den Postbehörden ausgegebenen Direktiven. Vor allem wurden die Zustellungen an die Gemeindeeinwohner abgelehnt, so daß diese jetzt durch die Post viel rascher erfolgten. Um die Zustellungen in Eger bewältigen zu können, mußte eine neue Hilfskraft eingestellt werden. Die Einhebung der Steuern bzw. der Militärtaxen erledigten die Steuerämter, dabei erklärten sie bestimmte Tage als Versendungstage. Bei strikter Einhaltung des Beschlusses auf Einstellung der Arbeiten im übertragenen Wirkungskreis erwuchsen manchen Parteien große Lasten und materielle Nachteile. Daher führten einige Gemeinden, vor allem jene, die von den Bezirkshauptmannschaften oder den Steuerämtern weiter entfernt lagen, den Beschluß nicht vollständig durch. So erleichterte die Ablehnung der in Frage kommenden Arbeiten den Gemeinden, besonders der Stadt Eger, die viele derartige Aufgaben übernommen hatte, den Geschäftsgang. Das betraf besonders die Ablehnung der Erledigung der Zustellungen, die Mitwirkung bei den Unfallerhebungen, so daß kaum angenommen werden konnte, daß diese Gemeinden die Arbeiten wieder übernehmen würden, auch wenn sich die politischen Verhältnisse wieder beruhigen sollten. Es mußte die nunmehr geschaffene Lage angenommen und die Inanspruchnahme der Gemeinden bei den Arbeiten des übertragenen Wirkungskreises vermieden werden. Allerdings entstanden den staatlichen Stellen dadurch zusätzliche Kosten, die nicht verhindert werden konnten.[599]

Wie die Statthalterei Prag erwartet hatte, bereute eine Reihe von Gemeinden die beschlossene und durchgeführte Ablehnung der Geschäftsführung im übertragenen Wirkungskreis bereits nach einigen Monaten und übernahmen stillschweigend den größten Teil der Geschäfte. Grund dafür war nach Angaben der Statthalterei der Druck durch die Bevölkerung. Sofern sich ein Gesinnungswechsel im Egerer Verwaltungsbezirk feststellen ließ, sollte durch Entgegenkommen seitens der Bezirkshauptmannschaft die Wiederherstellung der normalen Zustände erleichtert werden.[600]

Allerdings konnte Czerny[601] die Informationen der Statthalterei nicht bestätigen, denn die Gemeinden des Egerer Verwaltungsbezirkes beharrten im großen und ganzen auf ihrer Ablehnung bezüglich der Mitwirkung im übertragenen Wirkungskreis. Doch begannen einige Gemeinden, wie Schönbach, Aberoth, Wildstein, Gassnitz, Trebendorf

---

[599] Bezirkshauptmannschaft Eger an Statthaltereipräsidium, Z. 597, 7.8.1897, S. 155 ff, SOAC, Fond čis.: 437, Kartón čis.: 22, Složka čis.: č. inv. 522, Příloh: č. 601 - 1008, Časový rozsah: 1897
[600] Statthaltereipräsidium an Bezirkshauptmann Eger, Nr. 15697, 5.11.1897, S. 432, SOAC, Fond čis.: 437, Kartón čis.: 22, Složka čis.: č. inv. 522, Příloh: č. 601 - 1008, Časový rozsah: 1897
[601] Am 26. September 1897 trat Dr. Heinrich Czerny die Stelle des k.k. Statthaltereirates und des Bezirkshauptmannes in Eger an und löste damit Stadler ab. Amtsblatt der k.k. Bezirkshauptmannschaft und des k.k. Bezirksschulrates in Eger, 26.9.1897, Jahrgang 1897, 16. Stück, S. 159, Z. 29323

und Altalbenreuth, die Parteien beim Amt einzuvernehmen und die Zustellung von Militärangelegenheiten zu erledigen. Czerny hoffte, daß auch noch andere Gemeinden nachfolgten. Franzensbad, Palitz und Watzkenreuth hatten hingegen die Mitwirkung im übertragenen Wirkungskreis überhaupt nicht eingestellt.[602]

Nach all den Boykottmaßnahmen der Egerer Bevölkerung, der Gemeinden und Politiker war es eine logische Konsequenz, daß sich die tschechische Bevölkerung sehr unsicher fühlte und sich gegen die Schikanen wehrte. Die jungtschechischen Abgeordneten ergriffen dabei die Initiative und überreichten der Statthalterei Prag ein Beschwerdeschreiben, in dem sie ausführten, daß die Deutschen nicht mehr nur gegen die für das Königreich Böhmen und die Markgrafschaft Mähren herausgegebenen Sprachenverordnungen kämpfen würden, sondern sie würden die staatsrechtliche Einheit Böhmens und zusätzlich die gesetzlich festgelegte Gleichberechtigung der tschechischen mit der deutschen Sprache gefährden. Selbst nationale Rechte jedes Menschen, wie der Gebrauch seiner Muttersprache in der Privatsphäre und die Pflege seiner Nationalität, würden die Deutschen in ihren Kampf mit einschließen. Mit ungekannter Vehemenz, die einer gebildeten Nation unwürdig sei, werde an zahlreichen Orten Böhmens die Ehre, Existenz und persönliche Freiheit jedes einzelnen angegriffen, der in den deutschen Gebieten wohne. Der Zustand, daß Tschechen wegen des Gebrauchs der tschechischen Sprache und ihrer tschechischen Gesinnung aus Ämtern, Arbeitsplätzen und Wohnungen gekündigt, verspottet und sogar verhaftet würden, sei unertragbar.

Weiterhin schreie es zum Himmel, daß vor den Augen der Regierungsbeamten offen daraufhin gearbeitet werde, die Tschechen aus bestimmten Teilen Böhmens hinauszudrängen. Die öffentlichen Organe unternähmen nichts zum Schutz der tschechischen Nation. Daher sei es verständlich, daß deren Aufregung kaum gebremst werden könne.[603]

Anfangs hätten die tschechischen Abgeordneten zu diesen Vorgängen geschwiegen, da man angenommen habe, es handle sich nur um momentane Ausbrüche. Jetzt aber sei ihr Schweigen beendet, damit es nicht als Schwäche ausgelegt werden könne, um den Gegner aufzubauen. Die tschechischen Abgeordneten seien fest entschlossen, alles in ihrer Macht stehende zu tun, um ihr Vaterland zu verteidigen. Man protestierte gegen die an der tschechischen Nation verübten Brutalitäten, tadelte öffentlich, daß die zum Schutz der Tschechen abgestellten Organe passiv blieben und dadurch die Aktivitäten der Deutschen indirekt unterstützten. Man forderte die Regierung auf, die Durchführung der Gesetze zu gewährleisten. Falls die Regierung dieser Aufforderung nicht nachkäme, sei man zum Äußersten entschlossen.[604]

Die „Egerer Zeitung" verurteilte die Beschwerde der Jungtschechen als verlogen und verleumderisch, denn sie verdrehten die Wahrheit und heuchelten vor, vom deutschen Volk bedroht zu werden. Man zeigte Beispiele auf: Der Verteidigungskampf der Deutschen werde als „Angriff gegen die staatsrechtliche Einheit des Königreiches" bezeichnet. Dadurch würden die Deutschen zu Angreifern, die Tschechen zu Opfern

---

[602] Bezirkshauptmannschaft Eger an Statthaltereipräsidium, Nr. 960 praes., 8.11.1897, S. 432, SOAC, Fond čis.: 437, Kartón čis.: 22, Složka čis.: č. inv. 522, Příloh: č. 601 - 1008, Časový rozsah: 1897
[603] Egerer Zeitung, Nr. 62, 51. Jahrgang, 4.8.1897, S. 1
[604] Egerer Zeitung, Nr. 62, 51. Jahrgang, 4.8.1897, S. 1

stigmatisiert. „Schandfleck der Humanität" nannten die Tschechen den wirtschaftlichen Boykott der Deutschen, wenn die Deutschen in Notwehr zu wirksamen Waffen griffen. Für die Behauptung, daß Tschechen mißhandelt und verhaftet worden seien, verlangte man Beweise.[605]

Die Maßnahmen der Behörden vor Ort, um die Gemüter zu besänftigen, waren recht dürftig. Man begnügte sich damit, die Lokalblätter zu beschlagnahmen, allerdings mit sehr mäßigem Erfolg, da die Egerer Bürger auch hier sehr effektiv zusammenarbeiteten und damit die schwerfällige Bürokratie der offiziellen Stellen bloßlegten. Außerdem liegt bei den dermaßen miserablen Ergebnissen der Konfiskationen die Vermutung nicht fern, daß die Beamten vor Ort durch den Widerstand der Bevölkerung völlig entnervt waren, nur mehr geregelt und in Ruhe ihrer Arbeit nachgehen wollten und den Konfiskationsordern der Statthalterei Prag nicht mit letzter Energie nachkamen, vor allem weil die Beamten im Egerer Kreis die Verhältnisse besser einschätzen konnten als die vorgesetzte Behörde in Prag. Zudem waren sie es, die den Widerstand der Egerianer erdulden mußten.

Die Beschlagnahme der Nummer 58 der „Egerer Nachrichten" vom 24. Juli 1897 hatte sehr geringen Erfolg.[606] Auch die Nummer 55 der „Egerer Zeitung" vom 10. Juli 1897 wurde in relativ geringer Menge eingezogen.[607] Insgesamt wurden hiervon 557 Exemplare sofort, nachträglich kein einziges konfisziert.[608] Was die „Egerer Nachrichten" betraf, wurde gegen den Redakteur dieser Zeitung, Hofer, wegen voreiliger Herausgabe der Nummer 60 der „Egerer Nachrichten" vom 31. Juli 1897 die Strafuntersuchung eingeleitet. Die nachträglichen Konfiskationen hatten sehr geringen Erfolg. Vier Exemplare verschiedener Lokalblätter wurden in hiesigen Gasthäusern beschlagnahmt. Die zur Verantwortung gezogenen Gastwirte gaben an, daß diese konfiszierten Blätter von den Gästen liegengelassen wurden.[609] Zweifellos wurden die Exemplare versteckt, so daß sie erst nachträglich beschlagnahmt werden konnten. Was die „Egerer Zeitung" anbelangte, so waren zur Zeit der Konfiskation keine Exemplare in Druck, so daß auch bei geringem Erfolg der Beschlagnahme die Weiterverbreitung dieser Nummer ausgeschlossen war.[610] Die Extraausgabe der „Egerer Nachrichten" wurde genauso be-

---

[605] Egerer Zeitung, Nr. 62, 51. Jahrgang, 4.8.1897, S. 1 f.
[606] Statthaltereipräsidium an Statthaltereirat Eger, Nr. 10576, 27.7.1897, S. 32, Nr. 10576, 27.7.1897, S. 32 f., SOAC, Fond čis.: 437, Kartón čis.:22, Složka čis.: č. inv. 522, Příloh: č. 601 - 1008, Časový rozsah: 1897
[607] Statthaltereipräsidium an Statthaltereirat Eger, Nr. 10362, 2.8.1897, S. 71, SOAC, Fond čis.: 437, Kartón čis.: 22, Složka čis.: č. inv. 522, Příloh: č. 601 - 1008, Časový rozsah: 1897
[608] Bezirkshauptmannschaft Eger an Statthaltereipräsidium, Z. 645 pr., 6.8.1897, S. 87 f., SOAC, Fond čis.: 437, Kartón čis.: 22, Složka čis.: č. inv. 522, Příloh: č. 601 - 1008, Časový rozsah: 1897
[609] Bezirkshauptmannschaft Eger an Statthaltereipräsidium, Z. 645 pr., 6.8.1897, S. 87 f., SOAC, Fond čis.: 437, Kartón čis.: 22, Složka čis.: č. inv. 522, Příloh: č. 601 - 1008, Časový rozsah: 1897
[610] Bezirkshauptmannschaft Eger an Statthaltereipräsidium, Z. 666 pr., 10.8.1897, S. 109, SOAC, Fond čis.: 437, Kartón čis.: 22, Složka čis.: č. inv. 522, Příloh: č. 601 - 1008, Časový rozsah: 1897

schlagnahmt, die wenig erfolgreich war, weil nur 31 Exemplare sichergestellt werden konnten.[611]

Nr. 61 der „Egerer Nachrichten" und die selbe Nummer der gleichlautenden „Falkenau-Königsberger Volkszeitung" vom 4. August 1899 enthielten in der zweiten Auflage, die nach der Beschlagnahmung erschien, einen mit „Presseknebelung" betitelten Leitartikel, der in schärfster Form gegen die Regierungsorgane und ihre Verfügungen hetzte und den Tatbestand des Deliktes nach § 65 Strafgesetz begründete. Ebenso erfüllten die Artikel „Ein unverschämtes Versammlungsverbot" und „Der verbotene Heilruf" den selben Tatbestand.[612]

Langsam regte sich auch in der tschechischen Bevölkerung des Egerer Kreises Unmut über die antitschechische Berichterstattung, von der man sich bedroht fühlte. Einer davon war Michael Kohorn, der eine Extraausgabe der „Egerer Nachrichten" an die Statthalterei Prag schickte und anfragte, welche Maßnahmen zum Schutz der tschechischen Steuerzahler unternommen würden. Kohorn war von Geburt an Deutscher, ging jedoch mehrere Jahre in Pilsen zur Schule, lernte dort Tschechisch und konnte daher diese Sprache sprechen. Er befürchtete, von den Deutschnationalen in seiner Existenz bedroht zu werden und forderte mit diesem Schreiben die Behörden auf, endlich die antitschechische Hetze der Deutschnationalen einzudämmen.[613] Barvitius stellte lediglich fest, daß weder in Eger noch in Franzensbad Leuten tschechischer Nationalität die Wohnung oder der Laden gekündigt worden seien. Die Extraausgabe der „Egerer Nachrichten" beschlagnahmte er.[614]

Um die Konfiskationen einigermaßen zum Erfolg zu führen, versuchte man, die bürokratische Abwicklung so effektiv wie möglich zu gestalten. Da die Statthalterei Prag immer wieder den überaus geringen Erfolg der Beschlagnahmen rügte, sah sich der Bezirkshauptmann von Eger öfter veranlaßt, den genauen Ablauf zu schildern. Ihm war klar, daß er in Eger auf ziemlich verlorenen Posten stand, da er nicht die geringste Unterstützung seitens der Bevölkerung erhielt und die vorhandenen Kräfte der Bezirkshauptmannschaft bei weitem nicht ausreichten. Auch die Anwerbung zusätzlichen Personals verlief negativ. Der Verlauf der Zeitungsbeschlagnahmen sah folgendermaßen aus:

Dem Amt der Bezirkshauptmannschaft wurde das Pflichtexemplar der „Falkenau-Königsberger Volkszeitung" um 8.00 Uhr und das der „Egerer Nachrichten" um 9.30 Uhr vorgelegt. Obwohl die Beamten die schriftlichen Aufträge zur Beschlagnahme dieser Zeitungen schon vorher bereit stellten, die Gendarmerie zur sofortigen Entgegennahme der Konfiskationsermächtigung im Büro der Bezirkshauptmannschaft

---

[611] Statthaltereipräsidium an amtierenden Bezirkskommissär Eger, Nr. 11289, 16.8.1897, S. 130, SOAC, Fond čis.: 437, Kartón čis.: 22, Složka čis.: č. inv. 522, Příloh: č. 601 - 1008, Časový rozsah: 1897

[612] Statthaltereipräsidium an amtierenden Bezirkskommissär Eger, Nr. 11298, 14.8.1897, S. 132, SOAC, Fond čis.: 437, Kartón čis.: 22, Složka čis.: č. inv. 522, Příloh: č. 601 - 1008, Časový rozsah: 1897

[613] Michael Kohorn an Stathalter Prag, 6.8.1897, S. 141 f., SOAC, Fond čis.: 437, Kartón čis.: 22, Složka čis.: č. inv. 522, Příloh: č. 601 - 1008, Časový rozsah: 1897

[614] Amtierender Bezirkskommissär Eger an Statthaltereipräsidium, Z. 696, 20.8.1897, S. 144, SOAC, Fond čis.: 437, Kartón čis.: 22, Složka čis.: č. inv. 522, Příloh: č. 601 - 1008, Časový rozsah: 1897

verfügbar war, überhaupt alles angeordnet wurde, um die Beschlagnahme so schnell wie möglich zu vollziehen, fanden die Einwohner Egers Gelegenheit, in den Besitz des größten Teils der Zeitungen zu gelangen. Die Bevölkerung scheute kein Opfer, sich die Lektüre, die ihr zusagte, zu verschaffen. Schon geraume Zeit vor der Herausgabe dieser Blätter wurden die Redaktionen, Druckereien und Vertriebshallen förmlich belagert.[615] Schließlich überwachte die Gendarmerie das Redaktionslokal und die Verkaufsstände der genannten Blätter, damit die Austeilung und Versendung der Zeitschriften keinesfalls vor der Hinterlegung des Pflichtexemplars erfolgen konnte. Die Statthalterei Prag wurde wegen der ständigen Mißerfolge bei den Konfiskationen langsam ungeduldig und wies die Unterbehörden immer strenger an, endlich die Beschlagnahmen mit Sorgfalt durchzuführen.[616] Alle Gründe, die Barvitius in seinen Berichten für den Mißerfolg der Konfiskationen der „Egerer Nachrichten" anführte, erschienen der Statthalterei nicht stichhaltig genug, um diesen Mißerfolg zu rechtfertigen. Auch die Angabe, daß zur Durchsicht der eingereichten Zeitungsexemplare bei der Staatsanwaltschaft 30 bis 40 Minuten erforderlich seien, galt nicht als Entschuldigungsgrund.[617]

Die Konfiskation der Nummer 71 der „Egerer Nachrichten" vom 8. September 1897 erbrachte lediglich drei sichergestellte Exemplare. Zudem wurde gegen die Wirte, welche die „Egerer Zeitung" in ihren Lokalen auslegten, keine Strafanzeige erstattet. Daraufhin erläuterte Coudenhove, wie er sich die effektive Beschlagnahme von Zeitungen vorstellte: Den Zeitungsausträgern sollten Leute hinterher geschickt werden, die ihnen die Zeitungspakete abnahmen. Für zusätzliche Arbeitskräfte, um die Konfiskationen erfolgreicher durchzuführen, wurde vorläufig ein Betrag von 200 Gulden überwiesen, über dessen Verwendung Rechenschaft abzulegen war.[618]

Auch die Beschlagnahme der Nummer 80 der „Egerer Nachrichten" und der „Falkenau-Königsberger Volkszeitung" war wieder ein größerer Mißerfolg. Czerny wiederholte als Begründung lediglich das, was er und Barvitius schon in ihren früheren Berichten angegeben hatten. Alle Umstände sprachen dafür, daß mit der Verbreitung dieser Druckschriften schon vor der Hinterlegung des Pflichtexemplars bei der Behörde begonnen wurde. Der Verleger war der Behörde auch deshalb stets im Vorteil, weil er über eine große Zahl von Hilfskräften verfügte, die Schmiere standen, unauffällig

---

[615] Bezirkshauptmannschaft Eger an Statthaltereipräsidium, Z. 645 pr., 6.8.1897, S. 87 f., SOAC, Fond čis.: 437, Kartón čis.: 22, Složka čis.: č. inv. 522, Příloh: č. 601 - 1008, Časový rozsah: 1897

[616] Statthaltereipräsidium an amtierenden Bezirkskommissär Eger, Nr. 12007, 28.8.1897, S. 167, SOAC, Fond čis.: 437, Kartón čis.: 22, Složka čis.: č. inv. 522, Příloh: č. 601 - 1008, Časový rozsah: 1897

[617] Statthaltereipräsidium an amtierenden Bezirkskommissär Eger, Nr. 12804, 7.9.1897, S. 195, SOAC, Fond čis.: 437, Kartón čis.: 22, Složka čis.: č. inv. 522, Příloh: č. 601 - 1008, Časový rozsah: 1897

[618] Statthaltereipräsidium an amtierenden Bezirkskommissär Eger, Nr. 13030, 12.9.1897, S. 215 f., SOAC, Fond čis.: 437, Kartón čis.: 22, Složka čis.: č. inv. 522, Příloh: č. 601 - 1008, Časový rozsah: 1897

die Zeitungen austrugen und sonst auch in jeder erdenklichen Art die Täuschung und Irreführung der Behörde mit unterstützen.[619]

Verständlicherweise weckten die Konfiskationen bei den Trafikbesitzern wenig Begeisterung, da sie mit Verdiensteinbußen und im Fall des illegalen Verkaufs mit strafrechtlichen Konsequenzen rechnen mußten. Einer von diesen, Bartholomäus Trapp aus Eger, beauftragte Rechtsanwalt Dr. Reiniger mit der Einleitung einer Beschwerde wegen der Überwachung seines Geschäftes. Am 25. September 1897 erschien ein Gendarmeriewachtmeister vor dem Eingang seiner Tabaktrafik und schritt dort längere Zeit auf und ab. Jeden, der aus- und einging, musterte er in allgemein auffallender Weise. Einen Burschen, der aus seinem Laden kam, hielt der Gendarm auf und fragte ihn, was er gekauft habe. Diese Überwachung des Ladens geschah, wie Trapp vermutete, aus dem Grund, da an diesem Tag die „Egerer Nachrichten" herausgegeben wurden und er diese in seinem Laden verkaufte. Viele Leute trauten sich nicht hinein, um wie gewohnt ihr Blatt abzuholen, da sie befürchteten, es dem Gendarmen wieder abgeben zu müssen. Hierdurch erlitt Trapp beträchtlichen materiellen Schaden. Trapp informierte Reiniger von diesen Vorgängen und ersuchte ihn, über die Hintergründe nachzuforschen. Reiniger erfuhr vom Gendarmen, daß die Zeitung noch nicht beschlagnahmt gewesen sei und erhielt zudem eine barsche Antwort auf die Frage, warum der Gendarm das Geschäft kontrolliere. Trapp und Reiniger beschwerten sich zusätzlich über das Benehmen des Gendarmen. Außerdem sei Reiniger in seiner Eigenschaft als Rechtsanwalt berechtigt, seinen Klienten vor allen Behörden und öffentlichen Organen zu vertreten und habe daher das Recht, in Trapps Namen eine solche Anfrage zu stellen.[620] Trapp erhielt vom Landesgendarmeriekommando lediglich die Antwort, daß eine Amtshandlung in dieser Angelegenheit nicht mehr notwendig sei, denn laut einer Note vom 1. Oktober 1897 der Bezirkshauptmannschaft Eger handelte Wachtmeister Emil Wolf am 25. September 1897 nicht aus eigenem Antrieb, sondern in behördlichem Auftrag. Dabei sei er weder gesetz- noch instruktionswidrig vorgegangen.[621]

Die Bezirkshauptmannschaft Eger berichtete jedoch, daß bei Konfiskationen Gemeindeorgane nicht herangezogen wurden. Ihnen standen zwei politische Beamte, ein bis zwei Steuerbeamte, vier Diurnisten, ein Amtsdiener und drei Gendarmen zur Verfügung, die alle genau instruiert wurden. Die Beamten wurden zur Konfiskation in die Druckereien und Redaktionen geschickt. Die Steueramtspraktikanten und ein Diurnist überprüften die Verkaufshallen, die übrigen drei Diurnisten und der Amtsdiener kontrollierten die Zeitungsausträger. Die Gendarmen besorgten die Beschlagnahme in den öffentlichen Lokalen. Die Anstellung von weiterem Personal war im Gang, verzögerte

---

[619] Bezirkshauptmannschaft Eger an Statthaltereipräsidium, Nr. 882 praes., 13.10.1897, S. 330, SOAC, Fond čís.: 437, Kartón čís.: 22, Složka čís.: č. inv. 522, Příloh: č. 601 - 1008, Časový rozsah: 1897

[620] Bartholomäus Trapp, ausgefertigt von Dr. Reiniger, an Bezirkshauptmannschaft Eger, 25.9.1897, S. 331 ff, SOAC, Fond čís.: 437, Kartón čís.: 22, Složka čís.: č. inv. 522, Příloh: č. 601 - 1008, Časový rozsah: 1897

[621] Landesgendarmeriekommando Nr. 2, Abteilung Nr. 7 in Eger an Bezirkshauptmannschaft Eger, ad. Nr. 1158, 12.10.1897, S. 334, SOAC, Fond čís.: 437, Kartón čís.: 22, Složka čís.: č. inv. 522, Příloh: č. 601 - 1008, Časový rozsah: 1897

sich jedoch, weil Personen trotz bester Bezahlung für diese Amtshandlungen nicht zu bekommen waren.[622]

Was tat die Regierung, um wieder geordnete Verhältnisse im deutschen Teil Böhmens und im Reichsrat herzustellen?

Ende Juli 1897 schilderte Thun-Hohenstein dem Statthalter von Böhmen seine Eindrücke, daß Badeni eine Revolution auslöse, wenn es so weitergehe. Einerseits verbittere er, andererseits lasse er Hoffnungen bei den Tschechen sprießen, die ohne den Zerfall des Reiches nicht erfüllt werden könnten. Er war der Meinung, daß es besser für den Staat sei, je früher Badeni abgesetzt werden würde.[623]

Im Sommer 1897 dachten einige Politiker, vor allem Kaizl, darüber nach, mit einem Staatsstreich die Probleme zu lösen. In einem Schreiben vom 19. Juli 1897 forderte Kaizl Ministerpräsident Badeni auf, sich von niemandem überreden zu lassen, daß ein polnischer Minister nicht den unvermeidlichen Streich führen dürfe. Zuerst sei Badeni nicht polnischer Ministerpräsident, sondern österreichischer Ministerpräsident des Kaisers. Zudem sei nicht einzusehen, warum ein Pole, der geborene Autonomist, nicht am ehesten berufen sein sollte, den zentralistischen verwickelten Knoten zu durchtrennen. Kaizl bestärkte Badeni, dies keinem anderen zu überlassen. Er selbst beneide jeden anderen, der dabei mitwirke. Jetzt müsse man jeden Anschein des Schwankens vermeiden und fest zusammenstehen. Das Beispiel Eger zeige, daß man Staatsgewalt aufzwingen könne. Weiter war Kaizl der Meinung, im Herbst nach Eröffnung des Reichsrates erst die Obstruktion walten zu lassen. Wenn die Delegationswahlen verhindert werden würden, schlage die Stunde für den Staatsstreich.[624]

Sinnvolle Maßnahmen, um den Frieden in Böhmen wieder herzustellen, wurden zu diesem Zeitpunkt weiterhin weder diskutiert noch in Angriff genommen.

4.4.6. Die Lösungsversuche der Regierung Badeni und die Reaktion der Bevölkerung

4.4.6.1. Die Ausgleichskonferenz im Juli 1897

Erst Ende Juli 1897 ging Badeni daran, eine Ausgleichskonferenz einzuberufen, für die er fünf Gesetzesvorlagen vorbereitet hatte. Ein Gesetz legte fest, daß ein Viertel der Bewohner anderer Nationalität als gemischt angesehen werden sollte. Die gleiche Regelung galt auch für die Gerichtsbezirke. Pacáks Vorschlag dagegen sah ein Fünftel vor.[625]

Die wichtigsten Punkte für die Einigung zwischen Deutschen und Tschechen waren folgende:

1. Kuriengesetz: Landesausschuß, Landesanstalten und Landtagsausschüsse erhielten Wahlkurien, die jedoch keine meritorischen Kompetenzen und kein Vetorecht erhielten.

---

[622] Bezirkshauptmannschaft Eger an Statthaltereipräsidium, Z. 787 pr., 17.9.1897, S. 232, SOAC, Fond čis.: 437, Kartón čis.: 22, Slořka čis.: č. inv. 522, Příloh: č. 601 - 1008, Časový rozsah: 1897
[623] Whiteside: Georg Ritter von Schönerer, S. 160
[624] Sutter: Die Badenischen Sprachenverordnungen von 1897, Bd. II, S. 59 f.
[625] Sutter: Die Badenischen Sprachenverordnungen von 1897, Bd. II, S. 65

2. Novelle zur böhmischen Landtagswahlordnung: Erhöhung der Abgeordnetenzahl. Der Verfassungstreue Großgrundbesitz erhielt eine gesicherte Vertretung im Landtag. Eine neue Handelskammer wurde geschaffen, die zwei Abgeordnete wählte.
3. Die Kosten für die Minoritätsschule trug das Land.
4. Gesetz über die Sprache der autonomen Behörden: Der Grundsatz wurde aufgestellt, daß es deutsche, tschechische und gemischte Bezirke gab. Ebenso war vorgesehen, Wünschen der Deutschen hinsichtlich Aufhebung der Sprachenverordnungen entgegenzukommen. Wenn über diesen Gesetzesentwurf Einigkeit unter den Abgeordneten herrschte, änderte die Regierung einzelne Passagen der Sprachenverordnungen gemäß des Gesetzesentwurfs ab.[626]

Schließlich teilte Badeni am 17. August 1897 im Ministerrat offiziell mit, daß er eine Konferenz am 26. August 1897 für die im böhmischen Landtag vertretenen Parteien einberufen wolle, um einen Ausgleich zwischen Tschechen und Deutschen herbeizuführen. Allerdings hegte er wenig Hoffnung, die Deutschen an den Verhandlungstisch zu bekommen,[627] denn die deutschen Abgeordneten machten klar, daß man erst mit den Ausgleichsverhandlungen beginnen wolle, wenn die Sprachenverordnungen außer Kraft gesetzt werden würden.[628] Wie vorhergesehen, lehnte die Deutsche Fortschrittspartei die Einladung zur Konferenz ab. Hintergrund der Ablehnung waren keine sachlichen Gründe, sondern die Angst vor der radikalen „Schönererpartei", die mit knapper Mehrheit bei den letzten Wahlen gewählt wurde.[629]

Der offizielle Ablehnungsgrund lautete selbstverständlich anders und war auch nicht neu. Die Konferenz im Deutschen Haus in Prag beschloß folgende zwei Resolutionen:

1. Resolution:

Die Regelung der Sprachenfrage sei nur auf gesetzlichem Weg möglich, an dieser Forderung halte man fest. Ebenso bleibe man dabei, die Zurückziehung der Sprachenverordnungen für Böhmen und Mähren zu verlangen, die das deutsche Volk verletzten, Reichsungleichheit deutscher Bürger in den einzelnen Ländern der Monarchie schafften, der Bildung des tschechischen Nationalstaates Vorschub leisteten und die Reichseinheit bedrohten. Man solidarisierte sich mit dem deutschen Volkswillen, der sich in zahlreichen Petitionen deutscher Gemeinden, Städte und Bezirke äußere. Außerdem erkenne man, daß die Regierung durch die Absetzung der Sprachenverordnungen neutralen Boden für die Ausgleichsverhandlungen schaffen wolle und nur dann Änderungen in den Sprachenverordnungen durchführe, die der nationale Gegner leicht verhindern könne. Daher sprächen sich alle versammelten Reichsrats- und Landtagsabgeordnete mit aller Entschiedenheit gegen die Teilnahme der vom Ministerpräsidenten am 26. August 1897 anberaumten Konferenz aus.[630]

2. Resolution:

Die Abgeordneten begründeten ihre Entscheidung damit, daß sie über die Treulosigkeit des Verhandlungspartners bei den Ausgleichsverhandlungen 1890 enttäuscht sei-

---

[626] Egerer Zeitung, Nr. 64, 51. Jahrgang, 11.8.1897, S. 3
[627] Sutter: Die Badenischen Sprachenverordnungen von 1897, Bd. II, S. 69
[628] Egerer Zeitung, Nr. 64, 51. Jahrgang, 11.8.1897, S. 3
[629] Sutter: Die Badenischen Sprachenverordnungen von 1897, Bd. II, S. 73
[630] Egerer Zeitung, Nr. 69, 51. Jahrgang, 28.8.1897, S. 1

en. Nach dem Wortlaut der Einladungen würden tschechische Wünsche berücksichtigt, deutsche Forderungen jedoch nicht anerkannt, wie die 1890 geforderte und auch zugestandene Selbstverwaltung.[631]

Ein pragmatischer und realistischer Politiker hätte im August 1897 nach dem gescheiterten Ausgleichsversuch sein Amt niedergelegt, denn die Situation gestaltete sich in dieser Form aussichtslos. Es war klar, daß eine Wiedereröffnung des Reichsrates ohne vorherige Lösung in der Sprachenfrage nur zur Fortsetzung der Ereignisse, wie sie sich seit dem Mai 1897 ereigneten, führte, also zur Lähmung des Reichsrates durch die deutsche Obstruktion. Trotzdem eröffnete Badeni im September den Reichsrat, weil er sich zu Gewaltmaßnahmen im Parlament entschlossen hatte, die er dann Ende November 1897 auch durchführte. Kathrein, der ehemalige Parlamentspräsident, wußte bereits am 16. September von der Anwendung der Polizeimaßregeln, die er strikt ablehnte.[632]

Die Mehrheit der deutschen Abgeordneten wollte im Gegensatz zu den Alldeutschen allerdings immer noch eine verfassungsmäßige Regierung konstituieren. Die Führungspersönlichkeiten der wichtigsten deutschen Parteien, wie Kaiser, Steinwender und Hofmann-Wellenhof von der Deutschen Volkspartei, Pergelt, Funke und Groß von der Deutschen Fortschrittspartei, Baernreither, Graf Stürgh und Grabmayer vom Verfassungstreuen Großgrundbesitz und Lueger und Prinz Liechtenstein von den Christlichsozialen, einigten sich darauf, geheime Verhandlungen mit Freiherr von Beck zu führen, damit neue Sprachenverordnungen ausgearbeitet wurden, die für Tschechen und Deutsche akzeptabel waren. Zudem verständigten sie sich auf einen Präsidenten, der gewählt werden sollte, wenn der Reichsrat wieder zusammenträte, was de facto die Aufgabe der Obstruktion bedeutete. Präsident sollte nach diesen Plänen Viktor Freiherr von Fuchs von den katholisch Konservativen sein und Steinwender sein Vizepräsident, obwohl sich dieser der Gefahr aussetzte, als Verräter gebrandmarkt zu werden.[633] Allerdings endeten diese Geheimverhandlungen ergebnislos.

Die Agitation gegen Regierung, Staat und Tschechen ging unvermindert weiter.

Am 2. September wiederholte sich der Jahrestag der Schlacht bei Sedan. Dieser Anlaß gab, wie in den Vorjahren, den deutschnationalen Vereinen auch in diesem Jahr Gelegenheit zu einer besonderen Feier. Bei dem Umsichgreifen der radikal deutschnationalen Bewegung wurde der Gedenktag 1897 mehr als zuvor in deutschnationaler Weise gefeiert. Es war nicht ausgeschlossen, daß auch versucht wurde, Kundgebungen abzuhalten, die das österreichische Gefühl verletzten oder mit dem Gedanken des einheitlichen österreichischen Staatsverbandes in Widerspruch standen. Daher wurden zu allen Vereins- und sonstigen Versammlungen am 2. September 1897 Amtsabgeordnete abgestellt, sofern diese überhaupt genehmigt wurden. Den Abgeordneten wurde eingeschärft, Kundgebungen der obigen Art entgegenzutreten und sie eventuell aufzulösen. Zeitungsberichten zufolge veranstaltete der „Alldeutsche Verband" am 1. September 1897 in Leipzig eine Sedanfeier, die zu einer alldeutschen Kundgebung der Deutschböhmen benutzt werden sollte, wobei es auch zu einer Demonstration auf dem Leipziger Schlachtfeld im Sinn der Proklamierung der „nationalen Kampfbruderschaft"

---

[631] Egerer Zeitung, Nr. 69, 51. Jahrgang, 28.8.1897, S. 1
[632] Baernreither: Der Verfall des Habsburgerreiches, S. 22
[633] Whiteside: Georg Ritter von Schönerer, S. 172

kommen sollte. Auf diese Veranstaltung richtete sich das Augenmerk und man versuchte festzustellen, wie hoch die Beteiligung aus dem Egerer Bezirk ausfiel und wer zur Sedanfeier nach Leipzig fuhr.[634]

Ca. 500 Deutschösterreicher traten die Fahrt zur Sedanfeier nach Leipzig an, darunter etwa 150 aus der Stadt und dem Bezirk Asch. Ihnen wurde schon während der Zugfahrt an mehreren Stationen ein begeisternder Empfang zuteil, denn ca. 1000 Sachsen versammelten sich an den verschiedenen Bahnhöfen und schwenkten Tücher. Mehrere Blumenkränze wurden an einigen Bahnstationen den Deutschösterreichern überreicht, teilweise von Ansprachen begleitet, die Iro mit kräftigen Worten erwiderte. In Leipzig selbst war der Empfang überwältigend, viele Häuser waren festlich geschmückt und die Deutschösterreicher wurden bejubelt.[635]

Iro hielt zum Abschluß der offiziellen Feierlichkeiten eine Rede, in der er bekundete, aus der engen Heimat in das deutsche Reich hinausgewandert zu sein, denn in Leipzig entwickle sich das deutsche Volksbewußtsein in ungeahnter Höhe. Er käme mit der Tricolore[636], nicht mit der Trauerfahne, nicht als Bettler, sondern als Bruder, um zu sagen, wie den Deutschösterreichern ums Herz sei. Sedan sei ein ganz besonderer Tag.[637] Das Blut, das von allen deutschen Gauen bei Sedan vergossen worden sei, sei es auch, das nie und nimmer zulasse, daß Deutsche von Deutschen geschieden würden. Das Blut sei es, das die Deutschösterreicher nicht alleine in ihrem schweren Kampf stehen lasse. Das Blut erhalte die Sympathien der Leipziger und der restlichen 40 Millionen Deutschen. Darauf wurde stürmischer Beifall gespendet. Iro fuhr fort, daß man nicht bei seinem Kampf in Deutschösterreich verzweifle, man fühle sich stark genug, diesen bis zum Ende zu führen. Vor 27 Jahren habe an diesem Tag der große Aufmarsch zum großen Ringen vor Sedan stattgefunden und den Deutschen Österreichs sei es nicht vergönnt gewesen, das Schwert für Deutschlands herrliche Größe und Einheit zu ziehen. Wenn damals die Deutschösterreicher nicht die Wacht in Österreich gehalten hätten, so hätte wohl Graf Beust eine Armee gegen die deutschen Blutsgenossen aufgestellt. Auch heute sei es wieder das deutsche Herz, das die Deutschösterreicher zu ihren Stammesgenossen führe. Man käme jedoch nicht nach Leipzig, um von den Reichsdeutschen zu verlangen, daß sie sich in den innerösterreichischen politischen Kampf einmischten, den die Deutschösterreicher führten, aber die Tatsache, daß man heute von Eger aus einen nationalen Triumphzug anführe, gebe Graf Badeni vielleicht doch zu denken. (...) Auch die Deutschösterreicher seien zu der Überzeugung gelangt, daß man nur siegen könne, wenn man einig zusammenstehe. Man benötige keine Parteien, sondern nur eine einzige große Partei. Man könne den Schlachttag nicht feiern, wenn sich nicht damals die deutsche Einigkeit über den Erbfeind bewiesen hätte. Unter den Farben schwarz-rot-gold wolle man kämpfen und siegen. Darauf brachte Iro ein Hoch auf die deutschen Nationalfarben aus. Seine Rede beendete ein langanhaltender, stürmischer Applaus.[638]

---

[634] Statthaltereipräsidium an Bezirkshauptmann, Nr. 12133, 25.8.1897, S. 159, SOAC, Fond čis.: 437, Kartón čis.: 22, Složka čis.: č. inv. 522, Příloh: č. 601 - 1008, Časový rozsah: 1897
[635] Ascher Zeitung, Nr. 71, 34. Jahrgang, 4.9.1897, S. 1
[636] Gemeint sind hier die schwarz-rot-goldenen Nationalfarben des Deutschen Kaiserreiches. Anm. d. Verf.
[637] Ascher Zeitung, Nr. 71, 34. Jahrgang, 4.9.1897, S. 2
[638] Ascher Zeitung, Nr. 71, 34. Jahrgang, 4.9.1897, S. 7

Das OLG Prag gab dem Antrag der Staatsanwaltschaft statt, wonach Johann Laurenz Hofer, Schriftleiter der „Egerer Zeitung", verhaftet werden sollte. Der Vorwurf lautete auf Hochverrat. Durch seine Rede in Leipzig machte er sich dieses Verbrechens schuldig. In seiner eigenen Zeitung drucke er die Rede ab und schon allein deren Veröffentlichung beinhalte laut Staatsanwaltschaft das Verbrechen des Hochverrats. Demnach war die Rede selbst auch hochverräterisch, welche Teile der Rede genau beanstandet wurden, an welchen Stellen er zur Trennung Böhmens von Österreich-Ungarn aufrief, erklärte das OLG jedoch nicht. Die „Egerer Zeitung" mutmaßte, daß es auch keine derartigen Stellen in der Rede gebe, die Anklage also nicht bewiesen werden könne, daher erfolge auch keine konkrete Nennung der Stellen durch das Gericht. Das Kreisgericht Eger erkannte in der Rede keine hochverräterischen Stellen.[639]

Anschließend wurde kritisiert, daß das OLG einen wahren Verfassungsbruch nicht erkenne, wie ihn die Sprachenverordnungen darstellten und das Gebärden der Jungtschechen, die offen auf den tschechischen Nationalstaat hinarbeiteten. Die Urteile des OLG erweckten in letzter Zeit den Eindruck, daß die Unabhängigkeit der Richter nicht gewährleistet sei.[640]

Iro, Schönerer, Wolf, Kittel und Türk legten beim Justizminister Protest gegen die Verhaftung Hofers ein. Da zuwenig Beweismaterial für dessen Anklage zur Verfügung stand, wurde eine Hausdurchsuchung eingeleitet, die erfolglos blieb. Aus diesem Grund hob das Kreisgericht Eger die Haft auf. Das OLG Prag überstimmte das Kreisgericht in dieser Entscheidung und ordnete die Weiterführung der Untersuchung und der Haft an. Dagegen protestierten die Schönerianer, da kein Rechtsgrund dafür vorliege. Ebensowenig gebe es Anhaltspunkte in der Rede Hofers in Leipzig, nach denen er sich des Verbrechens des Hochverrats schuldig gemacht habe. Bei den Schönerianern dränge sich der Eindruck auf, daß die Regierungsorgane die oppositionelle Tätigkeit Hofers ersticken wollten. Das OLG lehnte darüber hinaus einen Kautionsantrag ab, weil Fluchtgefahr bestünde. Gleichzeitig sei durch ein amtsärztliches Gutachten bekannt, daß Hofer schwer krank sei. Daher forderten die Schönerianer den Justizminister auf, gegen die Parteilichkeit der tschechischen Richter am OLG Prag vorzugehen[641] und für die Freilassung Hofers zu sorgen.[642]

Der Bericht vom 28. September 1897 der Staatsanwaltschaft Eger, der vom Justizministerium an das Innenministerium weitergeleitet wurde und vom Stand der Voruntersuchung gegen den Redakteur Hofer wegen des Verbrechens des Hochverrates handelte, schloß, daß es nicht gelungen sei, im Inland Zeugen für die Angelegenheit zu gewinnen. Die Staatsanwaltschaft berichtete weiter, daß die in dieser Richtung aufgeforderte Gendarmerie in dieser Sache keine anderen Beweise besäße. Diese Tatsache befremde um so mehr, da mindestens 600 Personen aus Eger und den umliegenden Bezirken an der Feier teilgenommen hätten. Insbesondere sei das Resultat deswegen verwunderlich, weil im Bericht der Bezirkshauptmannschaft Eger vom 4. September 1897, der leider nicht mehr erhalten ist, Persönlichkeiten genannt worden seien, die nach Leipzig fuhren. So seien von den ca. 172 Teilnehmern aus Eger der Bürgermeister Dr. Gschier, dann Iro erwähnt und beigefügt worden, daß sich die übrigen Teil-

---

[639] Egerer Zeitung, Nr. 73, 51. Jahrgang, 11.9.1897, S. 3
[640] Egerer Zeitung, Nr. 73, 51. Jahrgang, 11.9.1897, S. 3 f.
[641] Stenographische Protokolle, Bd. 1, 1. - 17. Sitzung, 13. Session, 1897, S. 229 ff
[642] Egerer Zeitung, Nr. 79, 51. Jahrgang, 2.10.1897, S. 5

nehmer aus Rechtsanwälten, Bürgern und Gewerbetreibenden zusammensetzten. Man hoffe, durch die Einvernahme Gschiers oder des Rechtsanwaltes Dr. Kranz, der auch an der Feier teilgenommen habe, die Namen weiterer Personen zu ermitteln. Die Statthalterei schickte ein Verzeichnis jener Persönlichkeiten an die Bezirkshauptmannschaft, die den Berichten anderer Bezirkshauptmänner zufolge ebenfalls in Leipzig waren und der Sedanfeier beiwohnten. Allerdings war es nicht ausgeschlossen, daß einzelne Personen, die im Verzeichnis erwähnt worden waren, insbesondere Gewerbetreibende und Kaufleute, diesen Anlaß benutzten, um die Leipziger Messe und die sächsische Landesausstellung zu besuchen, ohne an der Sedanfeier teilzunehmen.[643]

Wie vorausgesehen werden konnte, kam es wegen der Verhaftung Hofers zu einer Demonstration, die von den deutschnationalen Studenten Egers veranstaltet wurde. Gegen 20.00 Uhr zogen am 6. September 1897 ca. 100 Personen unter Singen der „Wacht am Rhein" von der Redaktion der „Egerer Nachrichten" zum Gefängnis, um dort zu protestieren. Um dies zu verhindern, wurden alle zur Verfügung stehenden Mittel aufgeboten. Bürgermeister Gschier war sofort mit der städtischen Polizeiwache erschienen. Vom Gefängnis wurden die Demonstranten weggedrängt, sammelten sich aber wieder am Marktplatz, wo Reiniger das Ergebnis der Verhandlungen bezüglich der Freilassung Hofers mitteilte. Die Beamten der Bezirkshauptmannschaft, unterstützt von Gschier, zerstreuten hierauf die Menge, die jedoch an verschiedenen Orten des Marktplatzes, vor allem an den Eingängen der Seitengassen zum Gefängnis wieder zusammenkam. Die eigentlichen Urheber der Demonstration, die Deutschnationalen, zogen sich gegen 20.30 Uhr zurück. Es blieb nur ein Trupp von einigen hundert Menschen am Platz zurück, der aus halbwüchsigen Burschen und teilweise auch aus Kindern bestand, der wiederum von Beamten der städtischen Polizei aufgelöst werden mußte. Allerdings bildeten sich an verschiedenen Orten immer noch kleinere Ansammlungen, welche die „Wacht am Rhein" sangen und „Heil" riefen. Widersetzlichkeiten gegen die Aufforderungen der Beamten, bzw. der Polizei, kamen nicht vor. Gendarmerie wurde nicht eingesetzt, da die vorhandenen Beamten Herr der Lage waren. Gegen 21.30 Uhr zerstreute sich die Menge und am Marktplatz war bis auf wenige „Heil"-Rufe alles ruhig. Das in Eger stationierte Militär, 40 Mann Infanterie und 30 Mann Landwehr, befand sich auf Veranlassung des Bezirkshauptmannes in Bereitschaft. Den nächsten Tag über verhielt sich die Bevölkerung ruhig. Als kritischer Tag wurde der 8. September 1897 eingeschätzt, denn an diesem Tag wurde die Entscheidung über Hofers Haft bekanntgegeben. Gschier und Reiniger wandten sich an Abgeordnete in Prag, um beim OLG die Entscheidung zu veranlassen.[644]

Hofer wurde schließlich am 4. Oktober 1897 aus der Haft entlassen. Die Freilassung habe nach Meinung der „Egerer Zeitung" nur den Zweck, die nationalen Leidenschaften nicht noch weiter zu entzünden, so daß von Entgegenkommen seitens der Regierung keine Rede sein könne. Daher sei es auch nicht nötig, sich für die Freilassung zu bedanken. Der Justizskandal wurde scharf verurteilt, weil alle Rechtsgrundsätze ge-

---

[643] Statthaltereipräsdium an Statthaltereirat und Bezirkshauptmann Eger, Nr. 14124, 9.10.1897, S. 320 f., SOAC, Fond čis.: 437, Kartón čis.: 22, Složka čis.: č. inv. 522, Příloh: č. 601 - 1008, Časový rozsah: 1897

[644] Bezirkshauptmannschaft Eger an Statthaltereipräsidium, Nr. 751, 7.9.1897, S. 187 f., OAC, Fond čis.: 437 OÚ Cheb, Kartón čis.: 22, Složka čis.: 751 pres 1897, Kat. č. 223 , Příloh: 2

brochen worden seien.[645] In der Stadt Eger verbreitete sich schnell die Nachricht von Hofers Freilassung, so daß spontan einige hundert Leute in die Langegasse marschierten, um Hofer zu begrüßen. Er wurde mit „Heil"-Rufen und der „Wacht am Rhein" empfangen. Abends bereiteten ihm die Bewohner der Brudergasse, in der er wohnte, durch Beleuchtung aller Fenster Ovationen. Unter Hofers Fenster versammelten sich Sympathisanten, die ihm zujubelten.[646] Der Gemeindebehörde mit Bürgermeister Dr. Gschier an der Spitze gelang es jedoch, mit den Leitern der Deutschnationalen in Verbindung zu treten, um die Ruhe und Ordnung aufrecht zu erhalten und neuerliche Demonstrationen zu verhindern. Die getroffenen Sicherheitsvorkehrungen und besonders die Befürchtung, Hofer könnte im Fall einer Wiederholung der Demonstrationen vor ein anderes Gericht gestellt werden, trugen wesentlich dazu bei, daß Ruhe und Ordnung nicht gestört wurden.[647] Hofers Gesundheitszustand war bedenklich, er verschlechterte sich durch die Haft noch zusätzlich.[648]

Die „Egerer Nachrichten" kündigten in einigen Nummern an, daß man für die empfindlich erlittenen Unbilden seitens der Bezirkshauptmannschaft und der Staatsanwaltschaft an diesen Behörden Rache nehmen und diese zwingen wolle, auch in der Nacht zu amtieren. Am 23. September 1897 gab Otto Prinz, der damals verantwortliche Redakteur der „Egerer Nachrichten" bekannt, daß sein Blatt außer an den bisherigen Erscheinungstagen, Mittwoch und Samstag, sicher auch donnerstags zwischen 21.00 und 22.30 Uhr und freitags zwischen 23.00 und 0.00 Uhr erscheinen sollte. Diese Anzeige nahm die Bezirkshauptmannschaft Eger nicht zur Kenntnis, weil nach § 10 (1) des Pressegesetzes hierfür nur der Herausgeber und der verantwortliche Redakteur verpflichtet waren.[649] Der Plan, die „Egerer Nachrichten" an zwei Tagen in der Woche um Mitternacht herauszugeben, wurde letztendlich nicht verwirklicht.[650] Die Annahme, daß es sich hierbei lediglich um die offen angekündigte Rache gegenüber der Behörde handelte, war um so begründeter, da die Leser an der Änderung der Erscheinungsweise der Zeitung nie interessiert waren und davon nicht einmal anläßlich der Werbung für den Bezug der Zeitung für das neue Quartal in Kenntnis gesetzt wurden.[651]

In Tetschen fand am 19. September 1897 ein Volkstag statt, dabei wurde Einigkeit aller Deutschen demonstriert. Dieser wurde nicht verboten, was man auf den Erfolg des Egerer Volkstages zurückführte. Die Regierung merkte, daß sie durch Verbote der Volkstage nur noch mehr Öl ins Feuer der nationalen Leidenschaften goß. Mehrere tausend Teilnehmer leisteten dem Aufruf zur Teilnahme Folge. Eine Resolution wurde angenommen, in der die Verhältnisse für die Deutschen in Österreich als unerträglich bezeichnet wurden. Die Sprachenverordnungen würden, wie es hieß, auf allen Ebenen

---

[645] Egerer Zeitung, Nr. 80, 51. Jahrgang, 6.10.1897, S. 3
[646] Egerer Zeitung, Nr. 80, 51. Jahrgang, 6.10.1897, S. 4
[647] Bezirkshauptmannschaft Eger an Statthaltereipräsidium, Z. 767, 11.9.1897, S. 207 f., OAC Fond čis.: 437 OÚ Cheb, Kartón čis.: 22, Složka čis.: 767 pres 1897, Kat. č.224, Příloh: 2
[648] Egerer Zeitung, Nr. 80, 51. Jahrgang, 6.10.1897, S. 4
[649] Dieser Bescheid ist nicht mehr erhalten, so daß der Inhalt nicht angegeben werden kann. Anm. d. Verf.
[650] Bezirkshauptmannschaft Eger an Statthaltereipräsidium, Nr. 916 praes., 29.10.1897, S. 363, SOAC, Fond čis.: 437, Kartón čis.: 22, Složka čis.: č. inv. 522, Příloh: č. 601 - 1008, Časový rozsah: 1897
[651] Bezirkshauptmannschaft Eger an Statthaltereipräsidium, Z. 871 pr., 14.10.1897, S. 317, SOAC, Fond čis.: 437, Kartón čis.: 22, Složka čis.: č. inv. 522, Příloh: č. 601 - 1008, Časový rozsah: 1897

verderblichen Einfluß auszuüben beginnen, mit dem Resultat, daß die Tschechen Ansprüche auf die deutsche Heimat erheben würden. Wiederholte Attentate auf freie Schulen und verschiedene Reden enthüllten immer mehr die deutschfeindliche Tendenz. Die Abgeordneten wurden aufgefordert, den Kampf um den Schutz der Deutschen mit schärfsten Waffen fortzusetzen. Man gelobte, sie dabei mit allen Mitteln zu unterstützen. Jeder Zwiespalt der Parteien müßte verschwinden, alle müßten sich vereinen.[652]

Beim anschließenden Zug in die Bodenbacher Ausstellung wurden die Teilnehmer vom Bezirkshauptmann, Baron Baselli, mit einigen Gendarmen behindert. Ankommende Gendarmen teilten den Zug. Ein gewaltsamer Zusammenstoß lag in der Luft, der jedoch von den Abgeordneten Glöckner und Nowak verhindert wurde. Sie konnten Baselli zum Rückzug der Gendarmerie bewegen. Ohne weiter Zwischenfälle erreichte man die Ausstellung.[653]

Die Gegenmaßnahmen, um die nationalistische Hetze einzudämmen, waren wie in den Vormonaten wenig effektiv. Nun verkündeten die Behörden am 20. September 1897 den Erlaß, daß jeder Kioskbesitzer das „Prager Abendblatt" verkaufen müsse, sonst drohe ihm der Entzug der Konzession. Der Erlaß hatte zum Zweck, der Bevölkerung andere Ansichten als die der „Egerer Zeitung" oder der „Egerer Nachrichten" nahezubringen. Allerdings war die „Egerer Zeitung" der festen Überzeugung, daß kein Egerländer das „Prager Abendblatt" ständig lese. Sollten dennoch einige Deutsche diese Zeitung immer lesen, wollte man diese als Verräter öffentlich bloßstellen.[654] Die Kioskbesitzer wurden aufgefordert, das Blatt ab dem 1. Oktober 1897 im Sortiment zu führen. In Eger wurde der Erlaß verhöhnt, da die behördliche Anordnung vermißt wurde, wonach den Bewohnern befohlen wurde, das „Prager Abendblatt" zu kaufen. In der „Egerer Zeitung" wurde es nur noch als „Lügenschüppel" bezeichnet. Zur Durchführung dieses Erlasses schlug man vor, jede Woche Volksbefragungen tschechischer Beamter zum Inhalt des „Abendblattes" durchführen zu lassen. Je nach Wissensstand sollten die Befragten unterschiedlich lange eingesperrt werden oder auch nicht, wenn die Prüfung bestanden würde. Ebenso wie die „Egerer Zeitung" drohte auch die „Ascher Zeitung" an, jeden namentlich zu veröffentlichen und als Volksverräter zu brandmarken, der das „Prager Abendblatt" kaufte.[655] Dieser Erlaß forderte den Spott der „Egerer Zeitung" und „Egerer Nachrichten" regelrecht heraus, zudem darf der Erfolg dieser Maßnahme durchaus bezweifelt werden.

Am 23. September 1897 wurde das Abgeordnetenhaus wieder geöffnet. Schönerer provozierte durch seine hämischen „Hoch Badeni, hoch der Begründer der deutschen Einigkeit"-Rufe. Iro und Wolf stimmten mit ein und riefen „Nieder mit Badeni".[656]

Als Präsident wurde Dr. Kathrein gewählt. Alle Oppositionsparteien, die Verfassungstreuen Großgrundbesitzer und die Antisemiten enthielten sich ihrer Stimmen. Die Schönerianer beschimpften Kathrein als Verräter, weil er die Wahl angenommen habe und er als Deutscher nicht von Deutschen gewählt worden sei. Tumult kam auf als

---

[652] Egerer Zeitung, Nr. 76, 51. Jahrgang, 22.9.1897, S. 1
[653] Egerer Zeitung, Nr. 76, 51. Jahrgang, 22.9.1897, S. 1
[654] Egerer Zeitung, Nr. 76, 51. Jahrgang, 22.9.1897, S. 2
[655] Ascher Zeitung, Nr. 77, 34. Jahrgang, 25.9.1897, S. 2, Beilage
[656] Egerer Zeitung, Nr. 77, 51. Jahrgang, 25.9.1897, S. 1

Gregorig behauptete, unter den Parlamentsdienern seien Polizisten eingeschleust worden.[657]

Badeni hatte sich in dieser Sitzung des Abgeordnetenhauses vom Abgeordneten Wolf persönlich verletzt gefühlt und ein Duell gefordert. Grund war die scharfe Kritik Wolfs, wonach angeblich Polizisten im Abgeordnetenhaus versammelt seien. Da Badeni keine Auskunft gab, ob Polizisten anwesend seien oder nicht, schrie ihn Wolf an: „Der Badeni soll antworten ! der Schuft!"[658] Zwar zeigte die Öffentlichkeit dafür Verständnis, wenn eine Privatperson zum Duell forderte, aber ein Ministerpräsident könne darauf nicht eingehen, da er ein Vertreter des Gesetzes sei und Duelle gesetzlich verboten waren, auch wenn er satisfaktionsfähig sei. [659]

Das Duell fand dennoch statt, wobei Badeni am rechten Oberarm verletzt wurde und der nächsten Sitzung des Abgeordnetenhauses fernblieb. Wolf wurde nicht verletzt. Die Sekundanten erklärten den Zweikampf für beendet. Badeni reichte angeblich vor dem Duell seine Demission mit der Begründung ein, daß er eine ungesetzliche Handlung begangen habe und als Ministerpräsident nicht mehr tragbar sei. Allerdings gab es widersprüchliche Angaben über die Demission. Eine lautete, er habe die Demission eingereicht, eine andere besagte, er habe nur die Erlaubnis Kaiser Franz Josephs für das Duell erbeten und habe diese auch erhalten, habe demnach also keinen Rücktritt eingereicht.[660]

Auch im Herbst 1897 ging die Agitation gegen die tschechische Bevölkerung und gegen die Staatsbeamten ohne Unterlaß weiter, denn im November lief im Egerer Bezirk die Kündigungsfrist für Wohnungen ab. Aber auch die persönlichen Nadelstiche der Egerer Bürger gegen die tschechischen Mitbewohner hörten nicht auf.

So war Siegrich, der bei der Bezirkshauptmannschaft Eger angestellt war, Opfer einer gegen ihn gerichtete Demonstration, die sich im Gasthaus Künzel in Eger in der Nacht vom 23. auf den 24. September 1897 ereignete. Der Techniker Hans Lienert, ein Freund von Siegrich, streifte auf der Heimreise in die Schweiz Eger und äußerte den Wunsch, Siegrich zu besuchen. Siegrich holte Lienert am 23. September 1897 am Bahnhof in Eger ab. Beide gingen in das Gasthaus Künzel, das sich in der Nähe von Siegrichs Wohnung befand. Als beide um 0.30 Uhr aufbrechen wollten, begannen einige Gäste gegen Siegrich zu demonstrieren, schließlich schlossen sich alle Gäste der Demonstration an. Ca. 40 bis 50 Personen und drängten Siegrich und Lienert aus der Gaststube. Dabei riefen die Gäste „heraus tschechische Spitzel". Um die Namen der wütenden Gäste sicherzustellen und auch das Verhalten des Gastwirtes zu beobachten, kehrte Siegrich unverzüglich in das Gasthaus zurück, wurde jedoch neuerlich durch die vor der Türe angestaute Menge hinausgedrängt. Trotzdem gelang es ihm, ein drittes Mal das Lokal zu betreten und bemerkte, daß der Wirt Wenzel Künzel in keiner Weise auf seine Gäste Einfluß nahm, sondern im Gegenteil diese wüten ließ. Als die

---

[657] Egerer Zeitung, Nr. 77, 51. Jahrgang, 25.9.1897, S. 2
[658] Egerer Zeitung, Nr. 78, 51. Jahrgang, 29.9.1897, S. 1
[659] Egerer Zeitung, Nr. 78, 51. Jahrgang, 29.9.1897, S. 1
[660] Egerer Zeitung, Nr. 78, 51. Jahrgang, 29.9.1897, S. 1. Dieses Duell mit Badeni war weder Wolfs erstes, noch das letzte. Schon am 8. Mai 1897 focht Wolf ein Säbelduell mit dem tschechischen Abgeordneten Horica in Wien aus, wobei Wolf leicht, Horica schwer verletzt wurde. Anlaß war eine beleidigende Äußerung Horicas gegenüber Wolf. Ascher Zeitung, Nr. 38, 34. Jahrgang, 12.5. 1897, S. 1, Beilage

Situation kritisch wurde, zog er sich in seine Wohnung zurück. Von zwei Demonstranten konnte Siegrich die Identität feststellen, dies waren der Jurist Fuchs und eben Künzel. Weder beim Betreten des Lokals noch während des Aufenthalts dort, bis zum Augenblick des Aufbruches, wurden sie in irgendeiner Weise belästigt. Durch diesen plötzlichen Stimmungswechsel wurde Siegrich völlig überrascht.[661]

Lienert gab später zu Protokoll, daß Siegrich plötzlich, als beide die Gaststätte verlassen wollten, ohne jeden Grund, von den anwesenden Gästen, um die sich beide nicht im geringsten gekümmert hätten, mit „heraus" Rufen verhöhnt worden seien und Lienert hätten die Gäste „tschechischer Spitzel, heraus" zugerufen. Einige Gäste hätten Lienert bedrängt, und er sei auf die Straße geworfen worden. Er habe jedoch, da er seinen Hut noch im Lokal hatte, wieder hineingehen müssen. Siegrich forderte den Gastwirt auf, seine Gäste dahingehend zu beeinflussen, daß diese Fremde nicht belästigten.[662]

Die Post- und Telegraphendirektion fragte Ende September 1897 nach, ob es nach den bisherigen Beobachtungen möglich sei, die Bediensteten tschechischer Nationalität, die in Eger in den Postämtern 1 und 2 beschäftigt seien, aufgrund der bekannten Verhältnisse weiter in Eger einzusetzen, da diesen Bediensteten die Wohnungen gekündigt worden seien.[663] Die Bezirkshauptmannschaft bestätigte diese Wohnungskündigungen. Auch Anfang Oktober 1897 war es unmöglich, neue Wohnungen in Eger zu mieten, da die Hausbesitzer dies entweder rundweg ablehnten oder derartig hohe Mieten verlangten, welche die Angestellten aufgrund ihrer Vermögensverhältnisse nicht aufbringen konnten. Sonst gab es nach Meinung der Bezirkshauptmannschaft keine Bedenken gegen einen dauerhaften Verbleib der tschechischen Bediensteten in Eger.[664]

Selbst die Stadt Eger scheute nicht davor zurück, sich an diesem Treiben zu beteiligen. Der Händler Taussig beschwerte sich beim Statthaltereipräsidium, da angeblich wegen Aufrechterhaltung der Ruhe und Ordnung in Eger gemäß eines Auftrages des Polizeikommissärs tschechische Geschäftsleute zum Warenverkauf auf dem Jahrmarkt nicht zugelassen würden.[665]

Die Geschäftsleute in Eger nutzten die vorherrschende Erregung aus, um sich unliebsame Konkurrenz vom Hals zu schaffen. Die Kaufleute veranlaßten durch Anfragen an den Stadtrat in den letzten Nummern der Lokalblätter und durch deren Agitation den Egerer Stadtrat dazu, angeblich zur Wahrung der öffentlichen Ruhe und Ordnung, den wenigen ca. sechs bis acht Marktleuten tschechischer Nationalität das Beziehen des Jahrmarktes zu verbieten. Nach Einlauf der ersten mündlichen Beschwerde machte der

---

[661] Statthalterei-Conzipists-Praktikant Siegrich an Bezirkshauptmannschaft Eger, Nr. 817 pr., 24.9.1897, S. 266 f., SOAC, Fond čis.: 437, Kartón čis.: 22, Složka čis.: č. inv. 522, Příloh: č. 601 - 1008, Časový rozsah: 1897

[662] Protokoll, aufgenommen bei der Bezirkshauptmannschaft Eger, 27.9.1897, S. 268, SOAC, Fond čis.: 437, Kartón čis.: 22, Složka čis.: č. inv. 522, Příloh: č. 601 - 1008, Časový rozsah: 1897

[663] Post- und Telegraphendirektion an Bezirkshauptmannschaft Eger, Note Nr. 992 V.P., 29.9.1897, S. 285, OAC, Fond čis.: 437 OÚ Cheb, Kartón čis.: 22, Složka čis.: 839 pres 1897, Kat. č. 227, Příloh: 2

[664] Bezirkshauptmannschaft Eger an Post- und Telegraphendirektion, Nr. 839 praes., 7.10.1897, S. 286, OAC, Fond čis.: 437 OÚ Cheb, Kartón čis.: 22, Složka čis.: 839 pres 1897, Kat .č. 227, Příloh: 2

[665] Statthaltereipräsidium an amtierenden Bezirkskommissär Eger, Nr. 13102, 12.9.1897, S. 218, OAC, Fond čis.: 437 OÚ Cheb, Kartón čis.: 22, Složka čis.: 775 pres 1897, Kat. č. 225, Příloh: 3

Bezirkshauptmann den Bürgermeister darauf aufmerksam, daß dieses Vorgehen unzulässig sei und stellte außerdem den Schutz der tschechischen Geschäftsleute in Aussicht. Daraufhin erstattete der Egerer Stadtrat am 12. September 1897 Anzeige, worauf die Bezirkshauptmannschaft dem Stadtrat einen Bescheid zukommen ließ. Insgesamt wurden im Amt fünf mündliche Beschwerden eingereicht, davon wurde zwei stattgegeben und eine abgewiesen. Die ersten beiden Beschwerdeführer, Taussig aus Pilsen und Hauser aus Teplitz, hatten in der Erkenntnis, daß sie unter diesen Umständen nur Ausgaben gehabt hätten und keinen Gewinn hätten erzielen können, ihre Waren wieder zurückgeschickt und reisten ab, obwohl ihnen ausreichender Schutz versprochen worden war.[666]

Gschier teilte der Bezirkshauptmannschaft mit, daß er in Anbetracht der Raumverhältnisse auf dem Marktplatz von Eger auf Grund des § 28 (2) der Gemeindeordnung veranlaßt habe, den wenigen tschechischen Firanten den Verkauf auf dem Jahrmarkt zu untersagen. Der Platz reicht nicht aus, um alle Wünsche der heimischen und fremden Marktbesucher zu befriedigen. Außerdem erzielten die tschechischen Marktleute wegen der herrschenden Umstände ohnehin keinen Umsatz.[667] Die Bezirkshauptmannschaft klärte die Stadt Eger darüber auf, daß die Ausschließung tschechischer Firanten allein der Nationalität wegen nach § 3 der Marktordnung nicht zulässig sei. Falls die Mittel, die der Gemeinde zur Aufrechterhaltung der Ruhe und Ordnung zur Verfügung stünden, nicht ausreichten, gewähre die Bezirkshauptmannschaft sofort die notwendige Unterstützung.[668]

Schließlich nahm ein Beamter der Bezirkshauptmannschaft eine Inspektion der Platzverhältnisse vor. Er kam zu dem Schluß, daß die verfügbaren Standplätze auf dem Markt bereits vollkommen vergriffen seien. Daher müßten alle noch eingegangenen Gesuche um Zuteilung von Verkaufsstandplätzen bedingungslos abgewiesen werden. Der Stadtrat erließ mit Rücksicht auf die öffentliche Ruhe und Ordnung eine Beschränkung des Verkaufsrechtes auf dem Jahrmarkt für das Jahr 1897. Daher überwachte die Gendarmerie im Interesse der Sicherheit besonders einzelne tschechische Verkäufer.[669] Trotzdem sollte der Bezirkshauptmann von Eger auch in Zukunft dahingehend tätig werden, daß die gesetzlich garantierte Freiheit des Beziehens von Jahrmärkten mit Rücksicht auf die räumlichen Verhältnisse des Marktplatzes nach der Marktordnung gewahrt bleibe und dieses Recht durch keinerlei anderer Rücksichten eingeschränkt werde.[670]

---

[666] Bezirkshauptmannschaft Eger an Statthaltereipräsidium, Z. 775 pr., 13.9.1897, S. 217, OAC, Fond čis.: 437 OÚ Cheb, Kartón čis.: 22, Složka čis.: 775 pres 1897, Kat. č. 225, Příloh: 3

[667] Stadtrat Eger, vertreten durch Bürgermeister Gschier, an Bezirkshauptmannschaft Eger, 12.9.1897, S. 444, SOAC, Fond čis.: 437, Kartón čis.: 22, Složka čis.: č. inv. 522, Příloh: č. 601 - 1008, Časový rozsah: 1897

[668] Bezirkshauptmannschaft Eger an Stadtrat Eger, Nr. 27090, 12.9.1897, S. 445, SOAC, Fond čis.: 437, Kartón čis.: 22, Složka čis.: č. inv. 522, Příloh: č. 601 - 1008, Časový rozsah: 1897

[669] Stadtrat Eger, vertreten durch Bürgermeister Gschier, an Bezirkshauptmannschaft Eger, 13.9.1897, S. 442 f., SOAC, Fond čis.: 437, Kartón čis.: 22, Složka čis.: č. inv. 522, Příloh: č. 601 - 1008, Časový rozsah: 1897

[670] Statthaltereipräsidium an Statthaltereirat und Bezirkshauptmann Eger, Nr. 13182, 6.11.1897, S. 440, SOAC, Fond čis.: 437, Kartón čis.: 22, Složka čis.: č. inv. 522, Příloh: č. 601 - 1008, Časový rozsah: 1897

Zur allgemeinen Überraschung brachte Baron Dipauli, Führer der katholischen Volkspartei im Abgeordnetenhaus, in der 10. Sitzung am 12. Oktober 1897 einen Dringlichkeitsantrag ein, nach dem sofort ein 36gliedriger Ausschuß aus dem ganzen Haus zu wählen sei, der den Auftrag erhielt, zum Zweck der Abschaffung der Sprachenverordnungen grundsätzliche Bestimmungen über die auf gesetzlichem Weg anzustrebenden Regelung der nationalen Frage und der Sprachenfrage dem Haus vorzulegen. Der Ausschuß müßte in spätestens sechs Wochen Bericht erstatten und Anträge stellen.[671] Dieser Antrag verwirrte die Jungtschechen, aber trotz starker Proteste von ihnen bestand Dipauli darauf. Gegenüber der „Neuen Freien Presse" bekannte Dipauli, den Antrag aus Furcht vor seinen Wählern gestellt zu haben. Eine knappe Woche danach formierte sich in Tirol, einer Hochburg der Klerikalen, der Widerstand der Deutschen gegen das Schicksal ihrer „Volksgenossen" in Böhmen. Am 18. Oktober 1897 fand in Innsbruck ein Parteitag statt, auf dem sich die Fortschrittlichen und die Deutschnationalen im Kampf gegen die Unterdrückung der deutschen Nation vereinigten. Außerdem wurde eine Resolution gegen die Sprachenverordnungen gebilligt, die gleichzeitig die Obstruktionstaktik im Abgeordnetenhaus billigte. Der Parteitag verlief ohne Zwischenfälle mit zahlreichen Teilnehmern und die Redner wurden von den anwesenden Regierungsvertretern auch nicht unterbrochen.[672]

Die „Egerer Zeitung" warnte vor zu großen Hoffnungen, jedoch wertete man das Verhalten Dipaulis als Zeichen, daß die Wählerschaft der Klerikalen begriff, daß es in ihrer Politik neben der Vorherrschaft aus Rom noch andere Ziele gäbe.[673] Wegen des Antrages hätten die Deutschnationalen zwiespältige Gefühle. Einerseits sei ersichtlich, daß Dipaulis Antrag nicht seinem nationalen Gefühl entsprang, andererseits rege sich das Deutschtum auch langsam in den Alpenländern und vor dessen Einigkeit fürchteten sich die Klerikalen. Man schrieb dieses Verhalten dem Erfolg der Obstruktionstaktik der deutschen Abgeordneten zu, so daß auch die Klerikalen allmählich Verständnis für die Zustände in Böhmen zeigten. Allerdings warnte man vor zuviel Optimismus, weil die katholische Volkspartei schon oft im Reichsrat schwankte. Sehr Mißtrauen erregend sei der Schulantrag des Abgeordneten Ebenhoch (Katholischen Volkspartei) gleich nach dem Antrag Dipaulis. Der Verdacht liege nahe, daß das plötzlich erwachte Deutschtum der Klerikalen die Basis für die Einführung der konfessionellen Schulen schaffen wolle. Verstärkt werde diese Vermutung, als durchsickerte, daß Dipauli schon mehrmals von der Regierung die Entlassung des Unterrichtsministers Gautsch forderte. Somit stecke hinter Dipaulis Antrag persönlicher Ehrgeiz und nicht das Eintreten für die nationale Sache.[674]

Überdeutlich wurde der Automatismus der nationalen Hetze durch die Beteiligung der eigentlich liberalen und gemäßigten Presse an den Nationalitätenkämpfe durch einen Artikel der „Egerer Zeitung", in dem der Grundsatz der Gleichwertigkeit aller „Volksrassen" pseudowissenschaftlich widerlegt wurde. Die slawische Rasse wurde als minderwertig dargestellt, weil die Slawen keine Werte produzierten und kein Lebensgefühl besäßen. Die Deutschen dagegen seien gebildet, geschäftstüchtig und fleißig. In einem modernen Staat müsse die Zuteilung politischer Rechte den Steuerlei-

---

[671] Egerer Zeitung, Nr. 81, 51. Jahrgang, 9.10.1897, S. 1
[672] Egerer Zeitung, Nr. 84, 51. Jahrgang, 20.10.1897, S. 1
[673] Egerer Zeitung, Nr. 81, 51. Jahrgang, 9.10.1897, S. 1
[674] Egerer Zeitung, Nr. 81, 51. Jahrgang, 9.10.1897, S. 1

stungen und der Intelligenz der Klasse entsprechen. Im 15. Jahrgang des „Österreichischen Statistischen Jahrbuches" wurde die Steuerleistung der einzelnen Nationen in der Monarchie aufgeführt. Demnach entrichteten:

Nation	direkte Steuern	indirekte Steuern	Gesamt
8,5 Mio. Deutsche	66,3 Mio.	169,2 Mio.	235,5 Mio.
5,5 Mio. Tschechen	27,4Mio.	84,7 Mio.	112,1 Mio.
3,7 Mio. Polen	7,3 Mio.	27,5 Mio.	34,8 Mio.

Aufgrund dieser Zahlen ließ sich der „Kulturwert" der einzelnen Nation ermitteln. Demnach erhielten die Tschechen den Wert 2,3, die Polen 1,1 und die Deutschen 3,2.[675] Allerdings war in diesem Bericht nicht wissenschaftlich belegt, wie diese Zahlen ermittelt wurden und der „Kulturwert" eigentlich zustande kam. Schließlich wurde die Einwohnerzahl der Nationen mit dem „Kulturwert" multipliziert. Dieses Ergebnis stellte die Einheit des politischen Einflusses dar. Die Deutschen kamen auf 27,2, die Tschechen auf 12,6 und die Polen auf 4,0. Nach dieser Tabelle sei ersichtlich, daß den Deutschen die Führung des Staates gebühre. In der Realität verhalte es sich ganz anders, denn der Staat werde vom Polen Badeni geführt, anstatt von einem Deutschen. Pikant werde das Ergebnis, wenn man bedenke, daß in Galizien 2,5 Millionen Analphabeten lebten.[676] Die Borniertheit der Agitatoren ging so weit, daß diese auch vor haarsträubenden „Analysen" nicht zurückschreckten.

Die „Schönererpartei" organisierte wiederum eine Versammlung unter Vorsitz ihres Spitzenpolitikers Iro. Ein Garnisonsinspektionsoffizier fand am 13. Oktober 1897 nachts am Marktplatz in Eger bei den Laternen ca. 600 Zettel verstreut. Er ging zum Egerer Polizeiamt, veranlaßte das Zusammenkehren der Zettel und überzeugte sich um 0.30 Uhr von der Säuberung. Auf dem Zettel, der dem Bericht beigefügt war, wurde bekanntgegeben, daß Iro am nächsten Tag, also den 14. Oktober, um 18.00 Uhr am Bahnhof Eger eintreffen sollte.[677]

Landtagsabgeordneter Dr. Reiniger berief eine auf geladene Gäste beschränkte Versammlung ein, die am 14. Oktober 1897 stattfinden sollte. Tagesordnung war die Besprechung der innenpolitischen Lage. Es wurde auch Iro erwartet, der tatsächlich um 18.00 Uhr mit dem Wiener Zug ankam. Vor dem Bahnhof empfing ihn eine große Anzahl seiner Anhänger. Diese zerstreuten sich ruhig, nachdem Iro im gegenüberliegenden Hotel abgestiegen war. Die Versammlung selbst war sehr stark besucht. Ein Abgeordneter der Bezirkshauptmannschaft kontrollierte durch Einsichtnahme in das

---

[675] Egerer Zeitung, Nr. 82, 51. Jahrgang, 13.10.1897, S. 4
[676] Egerer Zeitung, Nr. 82, 51. Jahrgang, 13.10.1897, S. 4
[677] Landwehrstationskommandant Oberst Robert Scherian Edler von Kranichshain an Bezirkshauptmannschaft Eger, Nr. 15 Res. L. St. C., 14.10.1897, S. 336, SOAC, Fond čis.: 437, Kartón čis.: 22, Složka čis.: č. inv. 522, Příloh: č. 601 - 1008, Časový rozsah: 1897

Verzeichnis der Eingeladenen und durch Vornahme von Stichproben, ob diese tatsächlich nur auf geladene Gäste beschränkt war.[678]

In der Versammlung hielt Iro seine Angaben, die er im Bericht an den Mißbilligungsausschuß mitgeteilt hatte, aufrecht. Von den Anwesenden wurde ihm das Vertrauen ausgesprochen. Zugleich kündigte Iro für den 23. Oktober 1897 eine Wählerversammlung an, die zu entscheiden hatte, ob er sein Mandat als Landtagsabgeordneter behalten oder es zurückgeben sollte. Reiniger besprach die innenpolitische Lage, verurteilte das momentane Verhalten der Opposition und verlangte keine elegante, sondern eine rücksichtslose Obstruktion. Die Teilnehmer verließen unter Absingen der „Wacht am Rhein" das Versammlungslokal und bewahrten sonst Ruhe.

Am 15. Oktober 1897 wurde das Pflichtexemplar der „Egerer Nachrichten" vorgelegt, in der Iro als seinen Nachfolger im Reichsrat den Redakteur Hofer empfahl.[679]

Knapp eine Woche später, am 20. Oktober 1897, fand im Schützenhaus in Asch eine Versammlung statt, bei der ca. 1000 Personen anwesend waren. Tins kritisierte in seiner Rede die Auswirkungen der Sprachenverordnungen. Eine davon sei die Obstruktion der deutschen Abgeordneten im Reichsrat, die für die Regierung sehr gefährlich sei. In diesem Zusammenhang bemängelte er, daß in den letzten Reichsratssitzungen die Obstruktion unzureichend gewesen sei. Ziel sei es gewesen, die Regierung völlig handlungsunfähig zu machen. Skandalös sei demzufolge, daß die Delegationswahlen ohne Probleme den Reichsrat passieren konnten und sich obendrein noch deutsche Abgeordnete in die Delegationen wählen ließen.

Tins wies die Gerüchte über eine Spaltung der „Schönererpartei" von sich, denn er selbst sei nach Wien gereist und habe sich informiert. Die Gerüchte seien deswegen aufgekommen, weil Schönerer gleich zu Beginn der Reichsratssession seinen Urlaub angetreten habe. In einer der letzten Sitzungen hatte Schönerer einen Obstruktionsantrag gestellt, dem die deutsche Volkspartei nicht zustimmte und seine Partei dadurch der Lächerlichkeit preisgab. Um Schwierigkeiten aus dem Weg zu gehen, entschied sich Schönerer, gleich zu Beginn der neuen Session den Urlaub anzutreten.[680]

In der Entschließung zur Versammlung, die einstimmig gefaßt wurde, erwarteten die Teilnehmer die rücksichtslose Durchführung der Obstruktion, bis die Sprachenverordnungen zurückgenommen werden würden. Die Versammlung forderte die Abgeordneten auf, gegen das Ausgleichsprovisorium die schärfste Obstruktion walten zu lassen. Bemerkenswert an der Versammlung war, daß ein Sozialdemokrat, Anton Schöner, eine Rede halten durfte.[681]

Im Oktober 1897 schrieb Theodor Mommsen einen offenen Brief an die „Neue Freie Presse", in dem er die Alldeutschen um Schönerer unterstützte. Darin bezeichnete der die Tschechen als Barbaren und munterte die Deutschösterreicher auf, in der Sache

---

[678] Bezirkshauptmannschaft Eger an Statthaltereipräsidium, Z. 891 praes., 15.10.1897, S. 341, SOAC, Fond čis.: 437, Kartón čis.: 22, Složka čis.: č. inv. 522, Příloh: č. 601 - 1008, Časový rozsah: 1897
[679] Bezirkshauptmannschaft Eger an Statthaltereipräsidium, Z. 891 praes., 15.10.1897, S. 341, SOAC, Fond čis.: 437, Kartón čis.: 22, Složka čis.: č. inv. 522, Příloh: č. 601 - 1008, Časový rozsah: 1897
[680] Ascher Zeitung, Nr. 85, 34. Jahrgang, 23.10.1897, S. 1, Beilage
[681] Ascher Zeitung, Nr. 85, 34. Jahrgang, 23.10.1897, S. 2, Beilage

hart zu bleiben.[682] Das Unerwartete an Mommsens Brief war seine arrogante und brutale Einstellung den Tschechen gegenüber und der Ruf nach Gewalt, um sie in ihre Schranken zu weisen. Mommsens Brief lautete folgendermaßen:

> „Wir (Deutschen, Anm. d. Verf.) hatten geglaubt, daß die Einheit von Deutschland und Österreich endlich gesichert war. Und nun sind die (tschechischen, Anm. d. Verf.) Apostel des Barbarentums dabei, die deutschen Leistungen eines halben Milleniums in den Abgrund ihrer Unkultur zu verschütten. Seid geeint! Das ist das erste Wort. Und das zweite Wort ist: Seid hart! Der tschechische Schädel ist der Vernunft unzugänglich, aber er ist empfänglich für Schläge. In Anbetracht der unpassenden Weichheit, bekam vieles in Österreich übel und morsch. Alles steht auf dem Spiel; überwältigt zu werden bedeutet Vernichtung. Deutschösterreicher können nicht aus dem Gebiet emigrieren, das sie materiell und kulturell zum Blühen brachten, wie die Juden aus Rußland emigrieren können. Wer immer auch nachgibt, muß zu verstehen gegeben werden, daß er entweder seine Kinder oder seine Enkel tschechisieren wird. Seid hart! Das ist das zweite Wort!"[683]

Die Reaktion der tschechischen Öffentlichkeit auf den Brief Mommsens war dementsprechend. Am 2. November 1897 notierten die „Nárondí Listy", daß endlich jeder aus erster Hand die schreckliche Bestialität und Barbarei des Denkens sehen könne, die den Gipfel deutscher Erziehung und Gelehrtheit charakterisiere. Man fragte sich, wie die deutschsprechende Welt irgendwelches Vertrauen in so einen Mann setzen könne. „Čas" verdammte am 6. November den barbarischen Ausbruch deutscher Gesinnung, die nach Blut und Eisen rieche. Antonín Sova richtete ein langes Gedicht an Mommsen, in dem er dem Professor vorgeworfen hatte, in seinem blinden Haß alle Begriffe von Humanität und Gelehrtheit beiseite zu schieben und zu vergessen, daß ein wirklich großer Deutscher, Martin Luther, die Dankesschuld Hus' und der Hussiten anerkannt hatte. Selbst der junge und konservativ eingestellte tschechische Historiker Josef Pekař verurteilte Mommsen in unmißverständlicher Form für dessen Mißachtung der tschechischen Vergangenheit.[684]

Nichtsdestotrotz waren die Tschechen Egers weiterhin dem Haß der Deutschen ausgeliefert.

So erhielt Anna Placht, Inhaberin der Firma „Brüder Placht" in Schönbach, einen anonymen Brief, in dem sie aufgefordert wurde, den tschechischen Buchhalter Sabin zu entlassen. Weitere Drohungen enthielt dieser Brief nicht. Die spätere Entlassung Sabins erfolgte auch nicht aufgrund des Briefes, sondern, da er der Weisung, den Verkehr mit dem Buchhalter Johann Schneiberg einzustellen, nicht nachgekommen war. Hintergrund war, daß Schneiberg bei der Firma Bašta in Schönbach angestellt war. Diese Firma war in der gleichen Branche tätig wie Frau Placht. Außerdem waren die Inhaber beider Firmen miteinander verwandt, standen sich allerdings feindlich gegenüber. Sabin setzte den freundschaftlichen Verkehr mit Schneiberg trotzdem fort. Ebenso verletzte Sabin das Geschäftsgeheimnis, da er Informationen zu Gunsten der Firma

---

[682] Whiteside: Georg Ritter von Schönerer, S. 160
[683] Garver: The Young Czech Party 1874 - 1901 and the emergence of a mulitparty system, S. 251 f.
[684] Garver: The Young Czech Party 1874 - 1901 and the emergence of a mulitparty system, S. 252

Bašta preisgab. Schließlich mußte im Hinblick auf das öffentliche Auftreten beider Buchhalter angemerkt werden, daß sie trotz eingehender Mahnung, in öffentlichen Lokalen deutsch zu sprechen, diese nicht befolgten. Beide sprachen stets tschechisch und wurden deswegen öfter von Bürgern Schönbachs zur Rede gestellt.[685]

Die Statthalterei Prag übergab eine Zusammenstellung derjenigen deutschnationalen Postkarten mit politischer Tendenz, die bisher verbreitet wurden. Sie waren mit Beschlag belegt, da ihre Verbreitung verhindert werden sollte.[686] Coudenhove erreichte jedoch die Meldung, daß in Eger die behördlichen Anordnungen einfach ignoriert wurden und die Beamten sich zu schwach fühlten, um dem dort verübten Terror entgegenzutreten. Postkarten, deren Beschlagnahme verfügt wurde, würden trotzdem in den Schaufenstern der Geschäfte ausgestellt, konfiszierte Zeitungen würden verkauft und lägen in allen öffentlichen Lokalen auf. Ein solches, jede behördliche Autorität Hohn spottendes Vorgehen dulde er unter keinen Umständen und müsse durch Strafanzeige beantwortet werden.[687]

Czerny, der die lokalen Verhältnisse besser kannte, versuchte sich zu rechtfertigen, obwohl er sicher wußte, daß seine Argumente von Coudenhove nicht anerkannt werden würden. Tatsache war, daß durch die politischen Ereignisse in den letzten Monaten die Regierungsbehörden, speziell in Eger, an Autorität gewaltig eingebüßt hatten. Der Großteil der Bevölkerung befand sich infolge der unausgesetzten Agitation der extremradikalen Partei und der Lokalpresse in ständiger Verhetzung und Aufregung. Daher wurde gegen die Bestimmungen und Anordnungen opponiert, wo immer möglich, soweit sie das politische Gebiet berührten. Dies galt ganz besonders für das behördliche Vorgehen gegen die Presse. Die Bezirkshauptmannschaft hatte bei der Durchführung von Beschlagnahmen mit großen Schwierigkeiten zu kämpfen. In der Bevölkerung, und zwar auch bei dem besser gesinnten Teil, fand sich für die Beschlagnahme keine Unterstützung, da sie durch den Terror der „Schönererpartei" eingeschüchtert war. Die Behörde war also ganz auf sich alleine gestellt. Als Beispiel fügte Czerny an, daß schon Kommissär Barvitius während seiner Dienstzeit in Eger den Versuch unternommen hätte, aus der Christlichsozialen Partei Personen zur Durchführung von Konfiskationen gegen gute Bezahlung zu rekrutieren. Dieser Versuch mißlang aber vollständig, da keine der betreffenden Personen erschien, als es um die Durchführung behördlicher Aufgaben ging. Da gegen die Bezirkshauptmannschaft der Vorwurf erhoben wurde, daß hier in Eger Postkarten, deren Beschlagnahme verfügt worden sei, in den Schaufenstern der Geschäfte auslägen, wies Czerny darauf hin, daß der Bezirkshauptmannschaft erst mit dem Erlaß vom 23. Oktober 1897 ein vollständiges Verzeichnis aller beschlagnahmter Ansichtskarten mit politischer Tendenz zugekommen sei. Bis dahin sei keiner Behörde, die Konfiskationen durchführte, deswegen offiziell etwas mitgeteilt worden. In zwei Buchhandlungen und fünf Trafiken wurden insgesamt 297 Karten beschlagnahmt. Seitdem die städtische Polizei bei der Beschlagnahme von Zeitungen nicht mehr mitwirkte und die Bezirkshauptmannschaft

---

[685] Landesgendarmeriekommando Nr. 2, Posten Nr. 7 zu Schönbach an Bezirkshauptmannschaft Eger, Nr. 568, 22.10.1897, S. 379, OAC, Fond čis.: 437 OÚ Cheb, Kartón čis.: 22, Složka čis.: 915 pres 1897, Kat. č.229, Příloh: 2

[686] Statthaltereipräsidium an Bezirkshauptmann Eger, Nr. 14936, 23.10.1897, S. 394, SOAC, Fond čis.: 437, Kartón čis.: 22, Složka čis.: č. inv. 522, Příloh: č. 601 - 1008, Časový rozsah: 1897

[687] Statthalterei Prag an Statthaltereirat Eger, ohne Nummer, 2.11.1897, S. 483 f., OAC, Fond čis.: 437 OÚ Cheb, Kartón čis.: 22, Složka čis.: 994 pres, Kat. č. 235, Příloh: 6

hauptsächlich auf die Gendarmerie angewiesen war, deren Bestand in Eger nur vier Mann betrug, war es geradezu ein Ding der Unmöglichkeit, eine genaue und nachträgliche Überwachung der ca. 80 öffentlichen Lokale in Eger durchzuführen, ob darin beschlagnahmte Zeitungen verkauft wurden.[688]

Die Stimmung in der Bevölkerung wurde im Bericht für die Woche vom 24. bis 30. Oktober 1897 im allgemeinen als ruhig bezeichnet. Auch die Anwesenheit Iros und Schönerers, die beide am 23. Oktober 1897 abends in Eger eingetroffen waren, brachte keine nachhaltige Bewegung hervor. Nachdem Iro bereits in einer an diesem Tag abgehaltenen Wahlversammlung gesprochen hatte, fand am 24. Oktober 1897 nachmittags in Antowenshöhe bei Franzensbad eine öffentliche Vereinskundgebung des „Bundes deutscher Landwirte" statt. Iro trat dabei als Redner nach Schönerer auf. Während ersterer bei dieser Gelegenheit vorwiegend das Thema seiner Mandatsniederlegung behandelte, hatte letzterer die Sprachenverordnungen und die Haltung der Obstruktionsparteien zum Gegenstand seiner Ausführungen. Iro büßte durch die Affäre im Abgeordnetenhaus und sein späteres Verhalten zweifellos einen großen Teil seiner Anhänger ein. Es wurde zu diesem Zeitpunkt schon vielfach bezweifelt, daß er im Fall einer neuerlichen Kandidatur gewählt werden würde, um so mehr, als sich die Christlichsozialen von ihm vollständig lossagten.

Bei der am 24. Oktober 1897 in Eger abgehaltenen Volksversammlung bildete das Thema „Sprachenverordnungen" einen wesentlichen Bestandteil der Rede des Abgeordneten Dr. Verkauf. Die Nummer 85 der „Egerer Nachrichten", die am 27. Oktober herausgegeben wurde, wurde wegen ihres maßlosen Angriffs gegen die Staatsbehörden und gegen Angehörige tschechischer Nationalität konfisziert.[689]

Unterdessen geriet Badeni im Reichsrat immer stärker unter Beschuß. In der 15. Sitzung des Abgeordnetenhauses am 20. Oktober 1897 wurde wieder über die Ministeranklage debattiert. Herold (Jungtschechen) griff das zentralistische System Österreichs an und machte es für die Situation im Land verantwortlich. Er ging über auf die Angriffe der Deutschen gegenüber den tschechischen Minoritäten und schloß damit, daß die Ministeranklage gegen Badeni nicht begründet sei. Herold stellte den Antrag auf Übergang zur Tagesordnung. Alle deutschen Vertreter, außer den Klerikalen, stimmten gegen Herolds Antrag. Mit einer Mehrheit von nur 20 Stimmen wurde die Ministeranklage Badenis verhindert.[690]

Ritter von Jaworski stellte in der 19. Sitzung des Abgeordnetenhauses vom 27. Oktober 1897 den Antrag, daß die parlamentarische Kommission der Rechten (Jungtschechen) das Ausgleichsprovisorium mit Ungarn auf jede Tagesordnung der Abendsitzungen setzen sollte. Abendsitzungen sollten von nun an täglich abgehalten werden, nur um das Ausgleichsprovisorium zu lesen. Damit beabsichtigte er, der Obstruktion der deutschen Abgeordneten entgegenzutreten und diese in ihrer Wirkung abzuschwächen. Funke bezeichnete diesen Antrag als Verletzung der Geschäftsordnung, die es verbot, auf unbestimmte Zeit im voraus die Tagesordnungen für die Abendsitzungen festzule-

---

[688] Bezirkshauptmannschaft Eger an Statthaltereipräsidium, Nr. 991 praes., 16.11.1897, S. 479 ff, OAC, Fond čis.: 437 OÚ Cheb, Kartón čis.:22, Složka čis.:991 pres 1897, katalog č. 234, Příloh: 4

[689] Bezirkshauptmannschaft Eger an Statthaltereipräsidium, Z. 940 praes., 30.10.1897, S. 404 f., OAC, Fond čis.: 437 OÚ Cheb, Kartón čis.: 22, Složka čis.: 940 pres 1897, Kat. č. 231, Příloh: 2

[690] Egerer Zeitung, Nr. 85, 51. Jahrgang, 23.10.1897, S. 2

gen. Als man zur Abstimmung schritt, verließen die Abgeordneten der Deutschen Fortschrittspartei, der Deutschen Volkspartei, des Verfassungstreuen Großgrundbesitzes, der Freien Vereinigung und die Schönerianer den Saal, da sie die Abstimmung für gesetzwidrig hielten. Die Christlichsozialen und die Sozialdemokraten stimmten gegen den Antrag. Letztendlich wurde der Antrag mit 184:30 Stimmen angenommen.[691]

Die Zeitung „Radikalní Listy" wies in der folgenden Ausgabe nach der Parlamentssitzung, darauf hin, daß dieser Antrag eine gewalttätige Verletzung der Geschäftsordnung sei. Zwar gebe man zu, daß die deutsche Opposition für die Tschechen nicht angenehm sei, aber wenigstens wüßten die Deutschen, wofür sie eintreten würden. Von den Jungtschechen habe man nicht die Gewißheit, daß sie wüßten, welche Ziele sie eigentlich verfolgten. Es wurde klar herausgestellt, daß ein Sieg über die Obstruktion der Deutschen nur der Regierung Badeni, aber nicht den Tschechen nützte.[692]

Ende Oktober 1897 stellte die Bezirkshauptmannschaft Eger Nachforschungen über einen Vorfall in Pechtnersreuth (Bayern) an, wo die deutsche Bevölkerung den Finanzkommissär Divišek übel beleidigte. Darüber informierte dieser die Statthalterei Prag. Der in der Eingabe Divišeks beschriebene Vorfall in Pechtnersreuth war, soweit dies durch Nachforschungen sichergestellt werden konnte, auf die damals in der Egerer Bevölkerung herrschende Erregung und die Animositäten gegen die Angehörigen tschechischer Nationalität zurückzuführen.

Das Gasthaus in Pechtnersreuth, das Divišek damals in Begleitung seiner Tante, die nur gebrochen deutsch sprach, aufgesucht hatte, wurde an Sonn- und Feiertagen von den Bewohnern Egers stark frequentiert. Divišek war auch in früherer Zeit dort, ohne je belästigt worden zu sein. An jenem Tag wurde er beim Betreten von den anwesenden Bürgern Egers sofort als Tscheche erkannt und mit rohen Schimpfworten und Verunglimpfungen überhäuft, so daß er fürchten mußte, angegriffen zu werden. Daher versuchte er, ins Freie zu gelangen. Als Zeugen nannte Divišek einen in Eger wohnenden Mann, der das Gasthaus an diesem Tag ebenfalls besuchte. Er beteiligte sich nicht an den Feindseligkeiten. Divišeks Aussage nahm die Bezirkshauptmannschaft Eger protokollarisch auf. Da sich der Zeuge nicht im Inneren des Gasthauses befand, sondern außerhalb, war er nicht in der Lage, über die Vorgänge, die sich drinnen abspielten, berichten zu können. Doch deckten sich dessen Aussagen mit den Angaben Divišeks bis auf die Stelle, in der Divišek angab, auf seinem weiteren Weg verfolgt und bedroht worden zu sein. Es ging aber auch aus der Zeugenaussage hervor, daß Divišek weder durch sein Auftreten noch durch sein Benehmen irgendeinen Anlaß zu dem feindseligen Vorgehen durch einen Teil der anwesenden Gäste gegeben hatte. Soweit bekannt war, wurde wegen des Vorfalles von den bayerischen Sicherheitsbehörden keine Amtshandlung eingeleitet. Daraufhin stellte Divišek an die Statthalterei Prag ein Versetzungsgesuch,[693] das die Bezirkshauptmannschaft nicht befürwortete. Divišeks Stellung in Eger im Hinblick auf seine Nationalität sei ihrer Meinung nach trotzdem haltbar geblieben. Wie aus den bisher erstatteten Berichten ersichtlich sei, habe sich die Stimmung in der Egerer Bevölkerung einigermaßen beruhigt. Auch die

---

[691] Egerer Zeitung, Nr. 87, 51. Jahrgang, 30.10.1897, S. 2
[692] Egerer Zeitung, Nr. 88, 51. Jahrgang, 3.11.1897, S. 1
[693] Statthaltereipräsidium an Statthaltereirat und Bezirkshauptmann Eger, Nr. 14880, 21.10.1897, S. 364, SOAC, Fond čis.: 437, Kartón čis.: 22, Složka čis.: č. inv. 522, Příloh: č. 601 - 1008, Časový rozsah: 1897

Feindseligkeiten gegen die Tschechen ließen nach. Von diesem Aspekt aus betrachtet, herrschten demnach gegen das weitere Verbleiben Divišeks keine Bedenken vor. Man glaubte auch nicht, daß sich die Wohnungssuche ab dem 1. Februar 1897, bis dahin lief seine gegenwärtige Wohnung weiter, besonders schwierig gestaltete.[694]

Anfang November 1897 stellte die Bezirkshauptmannschaft Eger fest, daß die feindselige Bewegung gegen die Staatsbeamten merklich zurückging, nachdem sich die Aufregung in der Bevölkerung etwas gelegt hatte. Im Herbst 1897 wurden Feindseligkeiten zumeist nur noch von der Presse, insbesondere von den „Egerer Nachrichten" geschürt. Sie hatte es besonders auf die politischen Beamten und auf den Staatsanwalt abgesehen. Seit dem Erscheinen des Hetzartikels in der Nummer 84 der „Egerer Nachrichten" wurde kein Boykott gegen Staatsbeamte mehr bekannt. Allerdings schienen die Auslassungen der Zeitung nicht mehr auf fruchtbaren Boden zu fallen, so wie in den Tagen, als die Sprachenverordnungen veröffentlicht wurden. Einige Tschechen, denen die Wohnung gekündigt wurde, fanden wieder eine neue Bleibe, denn die Behörde vermittelte, wie im Fall Sykora, eine Wohnung für sie. Es blieb jedoch noch abzuwarten, ob anläßlich des Kündigungstermins von den „Egerer Nachrichten" die Hetze gegen die Tschechen von neuem in Gang gesetzt werden würde, wie dies schon in einigen Ausgaben angekündigt wurde.[695]

Czerny sprach wiederum bei der Statthalterei Prag die schlechte personelle Lage der Bezirkshauptmannschaft Eger an und zeigte die Folgen der Einstellung der Arbeiten im übertragenen Wirkungskreis durch die Gemeinden für sein Amt auf. Im November 1897 waren bei der Egerer Bezirkshauptmannschaft ein Diener, der 30 Gulden monatlich verdiente, und ein Aushilfsdiener beschäftigt.[696]

Der Stimmungsbericht in der Zeit vom 31. Oktober bis zum 6. November 1897 bescheinigte der Egerer Bevölkerung ruhiges Verhalten. Die auffälligen, professionellen Agitatoren richteten neuerdings ihr Augenmerk auf die Hetze gegen die hier wohnenden Tschechen und Juden, zumal in Eger die Kündigungszeit für Wohnungen begann. Zu diesem Zweck erschien am 5. November 1897 in den „Egerer Nachrichten" eine Liste der Egerer Tschechen und Juden mit Angabe der Hauseigentümer, bei welchen diese wohnten. Dadurch sollte Druck auf die Hausbesitzer ausgeübt werden. In dieser Liste befanden sich auch mehrere Namen von Staatsbeamten der Bezirkshauptmannschaft. Die Liste wurde beschlagnahmt.[697] Die Veröffentlichung dieses Verzeichnisses hatte nur geringen Erfolg. Keinem Beamten tschechischer Nationalität wurde gekündigt. Allerdings verloren eine tschechische und zwei bis drei jüdische Mietsparteien ihre Wohnungen. Ganz ruhige Verhältnisse traten in Eger so bald nicht ein, da ein gro-

---

[694] Bezirkshauptmannschaft Eger an Statthaltereipräsidium, Nr. 917 praes., 28.10.1897, S. 365 f., SOAC, Fond čis.: 437, Kartón čis.: 22, Složka čis.: č. inv. 522, Příloh: č. 601 - 1008, Časový rozsah: 1897

[695] Bezirkshauptmannschaft Eger an Statthaltereipräsidium, Nr. 935, 1.11.1897, S. 396 f., SOAC, Fond čis.: 437, Kartón čis.: 22, Složka čis.: č. inv. 522, Příloh: č. 601 - 1008, Časový rozsah: 1897

[696] Bezirkshauptmannschaft Eger an Statthaltereipräsidium, Nr. 949 pr., 6.11.1897, S. 418, SOAC, Fond čis.: 437, Kartón čis.: 22, Složka čis.: č. inv. 522, Příloh: č. 601 - 1008, Časový rozsah: 1897

[697] Bezirkshauptmannschaft Eger an Statthaltereipräsidium, Nr. 958 praes., 6.11.1897, S. 430 f., OAC, Fond čis.: 437 OÚ Cheb, Kartón čis.: 22, Složka čis.: 958 pres 1897, Kat. č. 232, Příloh: 2

ßer Teil der Bevölkerung durch die „Egerer Nachrichten" und die Radikalnationalen in Erregung gehalten wurde.[698]

Die Ereignisse im Reichsrat, wie die Rede des Abgeordneten Lecher (Deutsche Fortschrittspartei), der zwölf Stunden lang in der Sitzung des Abgeordnetenhauses am 2. November 1897 ununterbrochen sprach, wurden in Eger viel beachtet. Er redete aber nicht nur, um die Zeit tot zu schlagen und damit der Obstruktion zu dienen, sondern er äußerte sich sachlich fundiert zum Ausgleichsproblem mit Ungarn.[699] Zudem rief der Ausgang der Sitzung Mitte November 1897 hier eine gewisse Spannung hervor, ohne daß diese äußerlich zum Ausbruch kam. Die Redaktion der „Egerer Nachrichten" hängte ein Telegramm Schönerers aus, das folgendermaßen lautete:

> „Die deutschen Oppositionsparteien haben mich, Türk, Kittel und Wolf bei unseren heutigen Obstruktionsaktionen wiederholt – mit einzelnen wenigen Ausnahmen – ganz und gar in Stich gelassen und sogar während der Lueger-Schimpfrede sich zumeist als Zuhörer behaglich um den Redner geschart".[700]

Allerdings rief das Telegramm keine besondere Wirkung hervor. Überhaupt schien seit der Iro-Affäre der Einfluß Schönerers in Eger ziemlich zurückgegangen zu sein.[701]

Indessen flammten am 6. November die Proteste in Eger wieder auf. Gegen 20.00 Uhr zog unvermutet ein Trupp, größtenteils halbwüchsige Leute, zur Dominikanerschenke. Der verantwortliche Schriftleiter der „Egerer Nachrichten", Franz Stein, und der als Agitator der „Schönererpartei" bekannte Gerber, Adolf Schmidt, beteiligten sich ebenfalls. In der Schenke befand sich das Vereinslokal der Christlichsozialen von Eger. Dort veranstaltete die Gruppe größeren Lärm und ein Demonstrant schlug ein Fenster der Schenke ein. Hierbei wurde auch die neunjährige Tochter des Wirtes durch Glassplitter verletzt. Der Täter konnte jedoch nicht ermittelt werden. Von da aus zog der Trupp wieder über den Marktplatz und verprügelte den Journalisten Popper.[702]

Von der städtischen Polizei zerstreut, zog die Schar von ca. 200 bis 300 Personen unter Absingen der „Wacht am Rhein" über den Marktplatz und sammelte sich vor dem Café „Arsorine", in dem zum größten Teil Juden verkehrten. Der Trupp zog nach der Auflösung durch die städtische Polizei in die Bahnhofstraße zum Café „Künzel". Dort hielten sich v.a. Schönerianer auf. Unter „Heil"-Rufen auf Schönerer ging die Menge auseinander. Die ganze Demonstration war eine mit größter Heimlichkeit inszenierte Hetze gegen die Christlichsozialen, die vermutlich von den erwähnten Personen organisiert wurde. Erst in zweiter Linie galt diese Aktion den Juden. Die Demonstration diente als Antwort auf die Vorgänge im Reichsrat zwischen Dr. Lueger und den Abgeordneten der „Schönererpartei". An dieser Aktion beteiligte sich die Bürgerschaft

---

[698] Bezirkshauptmannschaft Eger an Statthaltereipräsidium, Nr. 982 praes., 13.11.1897, S. 464 f., OAC, Fond čís.: 437 OÚ Cheb, Kartón čís.: 22, Složka čís.: 982 pres 1897, Kat. č.223, Příloh: 2
[699] Egerer Zeitung, Nr. 88, 51. Jahrgang, 3. November 1897, S. 2
[700] Bezirkshauptmannschaft Eger an Statthaltereipräsidium, Nr. 958 praes., 6.11.1897, S. 430 f., OAC, Fond čís.: 437 OÚ Cheb, Kartón čís.: 22, Složka čís.: 958 pres 1897, Kat. č. 232, Příloh: 2
[701] Bezirkshauptmannschaft Eger an Statthaltereipräsidium, Nr. 958 praes., 6.11.1897, S. 430 f., OAC, Fond čís.: 437 OÚ Cheb, Kartón čís.: 22, Složka čís.: 958 pres 1897, Kat. č. 232, Příloh: 2
[702] Bezirkshauptmannschaft Eger an Statthaltereipräsidium, Z. 1008 pr., 20.11.1897, S. 505 f., OAC, Fond čís.: 437 OÚ Cheb, Kartón čís.: 22, Složka čís.: 1008, Kat. č. 237, Příloh: 4

Egers nicht. Czerny fand keinen Anlaß zum Einschreiten, da die städtische Polizei die Demonstration beendete.[703]

In einer Interpellation der Abgeordneten Schücker, Knoll und weiterer Parteimitglieder an den Eisenbahnminister vom 8. November 1897 wurde folgender Zwischenfall auf der Bahnlinie Prag-Brüx-Moldau am 1. November 1897 geschildert:

Ein deutscher Privatbeamter stieg an der Station Weberschan in den Zug und wurde vom Zugbegleiter in tschechischer Sprache angeredet. Daraufhin erklärte der Beamte, daß er nur deutsch verstehe. Er erhielt die Antwort, daß er rasch einsteigen solle, sonst werde er zurückgelassen. Später wurde der deutsche Fahrgast in einem Abteil von einem tschechischen Mitreisenden wörtlich und tätlich angegriffen. Der Deutsche wurde durch mehrere Faustschläge am rechten Auge verletzt. Er forderte den Zugbegleiter auf, ihn vor Angriffen zu schützen, was dieser jedoch ablehnte. Der Zugbegleiter sprach mit dem Angreifer und schien ihm seine Billigung der Tätlichkeit auszusprechen, diesen Eindruck hätte jedenfalls der Deutsche gehabt. An der Station Obernitz verlangte der Deutsche, daß der Stationsvorstand, ein Tscheche, seine Beschwerde aufnähme. Dieser antwortete, daß er nichts unternehmen könne und deswegen nach Brüx telefonieren müsse. Ein Telefonat erfolgte aber nicht, so daß der tschechische Mitreisende unbehelligt in Brüx aussteigen konnte. Somit bestand keine Möglichkeit, die Personalien festzustellen, um ihn wegen seiner Tätlichkeit zur Rechenschaft zu ziehen. Der Eisenbahnminister wurde aufgefordert, die Identität des Tschechen feststellen zu lassen und Maßnahmen einzuleiten, damit deutsche Reisende vor Gewalttätigkeiten geschützt wurden und das Bahnpersonal zur Pflichterfüllung ohne nationale Leidenschaft anzuhalten.[704]

Am 10. November 1897 veranstaltete die Wiener deutsche Studentenschaft eine Demonstration gegen die Sprachenverordnungen. Der Protestzug ging von der Wiener Universität zum Reichsratsgebäude. Dort besetzten die Studenten die Auffahrtsrampe. Anschließend brachen sie in „Heil"-Rufe auf Schönerer, Iro und Lecher aus, ferner skandierten sie Rufe gegen Badeni. Wachen versuchten die Menge zu zerstreuen, die friedlich vor der Rampe stand. Wolf forderte die Studenten auf, sich geordnet zurückzuziehen, was auch geschah und kehrte selbst wieder zur Universität zurück. Bemerkenswert an der Demonstration war, daß deutschnationale und liberale Studentenverbindungen gemeinsam eine Kundgebung organisierten.[705]

Badeni reagierte nun auf die Obstruktion der Deutschen im Parlament und wandte als letztes Mittel, um die Regierungsgeschäfte erledigen zu können, § 14 der Verfassung an. Jede parlamentarische Arbeit war unmöglich geworden, im Abgeordnetenhaus wurden nur noch Kämpfe, auch handgreifliche, ausgefochten. Jede Sitzung artete in Tumulten aus. § 14 besagte, daß kaiserliche Verordnungen in Kraft träten, wenn parlamentarischverfassungsmäßige Zustände unmöglich seien. Dieser Paragraph sollte den Ausgleich mit Ungarn ermöglichen, den die deutschen Abgeordneten boykottierten, da wegen der Obstruktion die parlamentarische Erledigung des Ausgleichs un-

---

[703] Bezirkshauptmannschaft Eger an Statthaltereipräsidium, Nr. 963, 7.11.1897, S. 436 f., SOAC, Fond čís.: 437, Kartón čís.: 22, Složka čís.: č. inv. 522, Příloh: č. 601 - 1008, Časový rozsah: 1897
[704] Stenographische Protokolle, Bd. 2, 18. - 32. Sitzung, 13. Session, 1897, S. 1257 f.
[705] Egerer Zeitung, Nr. 91, 51. Jahrgang, 13.11.1897, S. 2

möglich geworden war.[706] Die Schuld an den ungeordneten Zuständen im Abgeordnetenhaus hatte laut der „Egerer Zeitung" aber nur Badeni, denn diese könnten sehr schnell wieder geregelt hergestellt werden, wenn er die Sprachenverordnungen außer Kraft setze. Die Anwendung des § 14 sei klarer Verfassungsbruch, was Finanzminister Bilinski auch zugab. Vor der Anwendung des § 14 wurde gewarnt, weil der Sturm der Entrüstung der Deutschen alles und jeden hinwegfege.[707]

Trotz § 14 gingen die Sprachendebatten im Parlament weiter. In einer Interpellation vom 12. November 1897 beschwerten sich die Abgeordneten Sehnal und weitere Parteimitglieder beim Verteidigungsminister, daß das Landsturmbezirkskommando Nr. 48 in Jungbunzlau die Widmungskarte und den Empfangsschein für Landsturmpflichtige nur in deutscher Sprache abfasse. Nach Art. 19 des Staatsgrundgesetzes müsse die Gleichberechtigung aller Nationen garantiert werden, wogegen die Abfassung der Dokumente nur in einer Sprache widerspräche. Sehnal gab die Schriftstücke unter Berufung auf Art. 19 des Staatsgrundgesetzes zurück. Die Bezirkshauptmannschaft Kolin überreichte beide Dokument wieder nur in deutscher Sprache an Sehnal unter Hinweis auf die amtliche Zustellung der Unterlagen nach der kaiserlichen Verordnung vom 20. April 1854. Beide Behörden zitierten ferner einen nicht näher bekannten Erlaß des Verteidigungsministeriums, demzufolge allen, die einigermaßen der deutschen Sprache mächtig waren, die Unterlagen nur in der deutschen Sprache ausgehändigt wurden. Der Verteidigungsminister wurde aufgefordert, diese Mißstände, die gegen die Gleichberechtigung aller Nationen verstießen, zu beseitigen.[708]

Schönerer beteiligte sich am 14. November 1897 in Falkenau an der 115. Versammlung des „Bundes der deutschen Landwirte in der Ostmark". Tags zuvor hatten einige Sozialdemokraten verschiedene Aktionen zur Störung der Veranstaltung unternommen. So wurden Plakate aufgehängt, auf denen zu lesen war, daß man in der Versammlung um das Wort bitten werde. Am Veranstaltungstag versammelten sich einige Sozialdemokraten vor dem Lokal, um Schönerer „gebührend" zu empfangen. Als er ankam, erhob sich großer Lärm und Tumult. An der Aktion beteiligten sich auch einige Frauen, was von der „Ascher Zeitung" abfällig bemerkt wurde. Sie wurden als „megärenhaft" bezeichnet und ähnelten den „Fischweiber(n) der großen französischen Revolution".[709] Den Sozialdemokraten wurde der Eintritt verwehrt, was diese mit Steinwürfen beantworteten. Die Gendarmerie griff ein und löste die Menge auf. Von den Anwesenden wurde Schönerer stürmisch begrüßt. In seiner Rede versprach er, sich für die Interessen der Landwirte einzusetzen und auf Besserung der Situation in der Agrarwirtschaft hinzuarbeiten.[710]

Die Nummer 90 der „Egerer Nachrichten" brachte in der Rubrik „Briefkasten der Schriftleitung" eine Notiz, derzufolge am 14. November 1897 eine größere Anzahl von deutschnationalen Gesinnungsgenossen aus Plauen am Bahnhof in Eger eintreffen sollten. Die sofort eingeleiteten Nachforschungen ergaben kein positives Ergebnis, da nicht ermittelt werden konnte, wieviele Leute aus Plauen in Eger ankommen sollten. Verschiedene Umstände, vor allem die Tatsache, daß für den Besuch keinerlei Vorbe-

---

[706] Egerer Zeitung, Nr. 90, 51. Jahrgang, 10.11.1897, S. 1
[707] Egerer Zeitung, Nr. 90, 51. Jahrgang, 10.11.1897, S. 1
[708] Stenographische Protokolle, Bd. 2, 18. - 32. Sitzung, 13. Session, 1897, S. 1545
[709] Ascher Zeitung, Nr. 93, 34. Jahrgang, 20.11.1897, S. 1
[710] Ascher Zeitung, Nr. 93, 34. Jahrgang, 20.11.1897, S. 1

reitungen getroffen wurden, über diesen nur wenig bekannt war, deswegen keine Versammlung, weder öffentlich noch vereinsintern, geplant war, ließen Vermutungen zu, wonach an diesem Ausflug keine größere Beteiligung zu erwarten sei. Die Bezirkshauptmannschaft Eger veranlaßte alle Maßnahmen, um eine eventuelle Demonstration sofort im Keim zu ersticken.[711] Allerdings wurde der Besuch von Reichsdeutschen aus Plauen abgesagt und an diesem Tag erschien auch niemand von dort in Eger.[712]

Nach einer Mitteilung der Polizeidirektion Prag hätten es die Abgeordneten der „Schönererpartei" darauf abgesehen, das Ascher und Egerer Gebiet für sich zu gewinnen. Die gehäuften Demonstrationen in Eger seien Anzeichen für die subversive Wühlarbeit der Fraktion. Der Schlußabsatz des Artikels „der geplante Staatsstreich" in der Nummer 90 der „Egerer Nachrichten" vom 13. November 1897 wecke bei der Statthalterei den Verdacht, daß man es sogar auf die Herbeiführung einer revolutionären Bewegung abgesehen habe.[713] Die Bezirkshauptmannschaft hatte jedoch keinerlei Anzeichen für einen revolutionären Umsturz durch die Schönerianern wahrgenommen.[714]

Die Woche vom 14. bis zum 20. November 1897 verlief nach Meldung der Bezirkshauptmannschaft Eger im großen und ganzen verhältnismäßig ruhig. Einige Aufregung in die Bevölkerung Egers brachten immer die mittwochs und samstags erscheinenden Lokalblätter. Die „Egerer Nachrichten" und die „Egerer Zeitung" wurden wegen mehrerer aufhetzender Artikel und wegen Angriffe gegen den Ministerpräsidenten konfisziert. Am 19. November 1897 fand in Franzensbad die Gründungsversammlung einer Ortsgruppe des „Bundes der Deutschen in Böhmen" statt, die jedoch nur schwach besucht war.[715]

Mitte November 1897 verstärkte sich der Druck auf Badeni. In der Sitzung des Abgeordnetenhauses vom 15. November 1897 wurde eine Ministeranklage gegen ihn mit 177 : 171 Stimmen abgewiesen. Die erste Klage überstand er noch mit einer respektablen Mehrheit, die zweite mit einer Mehrheit von 20 Stimmen und diesmal waren es nur noch sechs Stimmen mehr. Das ließ erkennen, daß Badenis Stuhl bedenklich wakkelte. Bei dieser Abstimmung waren nur 348 Abgeordnete anwesend, der Rest entzog sich. Damit war ersichtlich, daß die Absetzung Badenis nur noch eine Frage der Zeit war.[716] In dieser Sitzung gab Badeni zu, daß seine Sprachenverordnungen eine falsche Maßnahme gewesen sei und der Volkszorn der Deutschen nicht künstlich hergestellt,

---

[711] Bezirkshauptmannschaft Eger an Statthaltereipräsidium, Nr. 983 praes., 13.11.1897, S. 466 f., SOAC, Fond čís.: 437, Kartón čis.: 22, Složka čis.: č. inv. 522, Příloh: č. 601 - 1008, Časový rozsah: 1897

[712] Bezirkshauptmannschaft Eger an Statthaltereipräsidium, Nr. 999 praes., 20.11.1897, S. 498, SOAC, Fond čis.: 437, Kartón čis.: 22, Složka čis.: č. inv. 522, Příloh: č. 601 - 1008, Časový rozsah: 1897

[713] Statthaltereipräsdium an Statthaltereirat und Bezirkshauptmann Eger, Nr. 16240, 17.11.1897, S. 492, SOAC, Fond čís.: 437, Kartón čis.: 22, Složka čis.: č. inv. 522, Příloh: č. 601 - 1008, Časový rozsah: 1897

[714] Bezirkshauptmannschaft Eger an Statthaltereipräsidium, Nr. 997 praes., 19.11.1897, S. 493, SOAC, Fond čis.: 437, Kartón čis.: 22, Složka čis.: č. inv. 522, Příloh: č. 601 - 1008, Časový rozsah: 1897

[715] Bezirkshauptmannschaft Eger an Statthaltereipräsidium, Z. 1002 pr., 20.11.1897, S. 500, OAC, Fond čís.: 437 OÚ Cheb, Kartón čis.: 22, Složka čis.: 1002 pres 1897, Kat. č. 236, Příloh: 1

[716] Egerer Zeitung, Nr. 92, 51. Jahrgang, 17.11.1897, S. 1

sondern Ausdruck der verletzten Seele sei. Daher müßten die durch die Verordnungen entstandenen Differenzen auf dem Kompromißweg beigelegt werden. Allerdings erreichten seine Worte nicht die beabsichtigte Wirkung, nämlich Gesprächsbereitschaft bei den deutschen Abgeordneten und Beruhigung bei der deutschen Bevölkerung in Böhmen. Man zweifelte an der Aufrichtigkeit seiner Worte und blieb bei der Forderung, die Sprachenverordnungen und Badeni abzusetzen.[717]

Durch die Obstruktionssitzungen wurde die Zuweisung der Vorlagen über den Ausgleich mit Ungarn an den Budgetausschuß um zehn Tage verzögert, da die deutschen Abgeordneten ihn durch Abwesenheit zeitweise beschlußunfähig machten. Allerdings wurde die Obstruktion niedergekämpft und schließlich das Gesetz „betreffend die Verlängerung der Wirksamkeit des Gesetzes über die Beitragsleistung der im Reichsrate vertretenen Königreiche und Länder zu dem Aufwand für die allen Ländern der österreichisch-ungarischen Monarchie gemeinsamen Angelegenheiten, ferner des zwischen den im Reichsrate vertretenen Königreichen und Ländern und den Ländern der ungarischen Krone bestehenden Zoll- und Handelsbündnisses und des Privilegiums der österreichisch-ungarischen Bank bis 31. Dezember 1898" am 19. November 1897 verabschiedet.[718]

Trotz der Verabschiedung eines Teiles der Vertragsinhalte des ungarischen Ausgleiches, den die deutschen Abgeordneten unbedingt verhindern wollten, beschloß der Ausschuß des politischen deutschen Volksvereines in Komotau die Absendung eines Dankschreibens an alle deutschen Abgeordneten, besonders an Wolf, für deren unerschütterliches Eintreten in den Kampf gegen die Unterdrückung der Deutschen und die Weiterführung der Obstruktion. Tiefe Verachtung sprach man deutschen Abgeordneten aus, die der deutschen Sache in den Rücken fielen, namentlich Lueger von der Christlichsozialen Partei.[719]

Die Abgeordneten Březnovský, Sokol und weitere Parteimitglieder richteten am 19. November 1897 eine Interpellation an den Innenminister, in der sie über die inzwischen maßlose Hetze der deutschen Bevölkerung gegen die Tschechen berichteten. In diesem Jahr hätten die Verfolgungen der Deutschen gegen die Tschechen ein unerträgliches Ausmaß erreicht. In den Städten seien Flugblätter und kostenlose Sonderausgaben der verschiedenen Lokalblätter verteilt worden, in denen die deutsche Bevölkerung gegen die tschechischen Mitbewohner aufgestachelt worden sei. Als Anlage wurde ein Aufruf an die deutsche Bevölkerung in Blin und die Beilage der „Egerer Nachrichten" vom 5. November 1897 aufgeführt. Außerdem sei im Sommer 1897 in Teplitz eine Broschüre erschienen, in der zur Vertreibung der Tschechen aufgefordert wurde. An den Innenminister erging die Aufforderung, etwas gegen diese Mißstände zu unternehmen.[720]

In der tschechischen Presse wurde von einem Mord in Aussig berichtet, wonach ein Deutscher einen Tschechen erschlagen habe, was sich jedoch als unwahr herausstellte. Laut amtlichen Meldungen war kein Toter verzeichnet. Der Tscheche fing den Streit selbst an, bei dem er einen Polizisten verletzte und anschließend in Haft genommen

---

[717] Egerer Zeitung, Nr. 92, 51. Jahrgang, 17.11.1897, S. 1
[718] Hugelmann: Das Nationalitätenrecht nach der Verfassung von 1867, S. 188
[719] Egerer Zeitung, Nr. 92, 51. Jahrgang, 17.11.1897, S. 5
[720] Stenographische Protokolle, Bd. 2, 18. - 32. Sitzung, 13. Session, 1897, S. 1691 f.

wurde. Die „Egerer Zeitung" kritisierte, daß sich die deutschen Blätter trotz der Meldung ruhig verhalten und den Vorfall nicht besonders berücksichtigt hätten. Der Vorfall in Herrlich (Tod des Franz Richter) bewies nach Meinung der „Egerer Zeitung", wie die Sprachenverordnungen die niederen Instinkte der Tschechen anheizten und Gewalttätigkeiten gegen die Deutschen schürten. Daher empfahl man die Aussiedlung der Tschechen aus den deutschen Gebieten Böhmens.[721]

Ende November 1897 erreichten die Gewalttätigkeiten im Parlament ihren Höhepunkt. In der Sitzung vom 24. November 1897 des Abgeordnetenhauses kam es zu gewalttätigen Ausschreitungen. Präsident Abrahamowicz eröffnete die Sitzung. Groß stellte den Antrag, in das amtliche Protokoll aufzunehmen, daß der Präsident die letzte Sitzung unberechtigterweise habe schließen lassen, obwohl kein Lärm vorgeherrscht habe; außerdem stelle die vorgenommene Änderung der Tagesordnung einen Gesetzesbruch dar. Der Präsident lehnte die Forderungen ab.

Der erste Tumult brach im Abgeordnetenhaus aus, als Dyk forderte, von den 56 gleichlautenden Petitionen nur eine zu verlesen. Schon vor Eröffnung der Sitzung verbreitete sich unter den Abgeordneten das Gerücht, daß die Rechten die namentliche Abstimmung abschaffen wollten. Insgesamt lagen 70 Petitionen vor, 14 zu verschiedenen Themen, die restlichen 56 behandelten nur die Abschaffung der Sprachenverordnungen und hatten den selben Wortlaut. Nach Dyks Antrag stürmten die deutschen Abgeordneten zum Präsidentenpult und redeten auf den Präsidenten ein. Leichtes Gerangel entstand zwischen Funke und Potoczek. Einige Abgeordnete wollten das Wort ergreifen, wurden vom Präsidenten unterbrochen, was zu noch größerem Lärm führte. Schönerer rannte zur Präsidentenbank, riß die Glocke an sich und läutete, was Potoczek veranlaßte, sie ihm aus der Hand zu reißen. Inzwischen bahnte sich größeres Gerangel zwischen den Abgeordneten der Rechten und Linken an. Die Sitzung wurde unterbrochen, der Tumult dauerte aber an.[722]

Der Präsident verkündete, die Sitzung solange zu unterbrechen, bis Kittel, Wolf und Steiner entfernt seien, weil diese Abgeordneten während des Gerangels besonders aufgefallen seien. Jene Ankündigung setzte das Signal zu einer Schlägerei zwischen Deutschen und slawischen Abgeordneten. Wolf wurde von mehreren Abgeordneten der Rechten verprügelt. Schönerer eilte ihm zur Hilfe, aber Hagenhofer (Klerikal) wollte ihn daran hindern und hielt ihn auf. Pfersche wurde ebenfalls verprügelt, bis er zu seiner Verteidigung ein Messer zog. Im Gerangel ging es aber verloren und verletzte einen anderen Abgeordneten. Abrahamowicz erklärte die Sitzung schließlich angesichts der Gewalttätigkeiten für beendet und beorderte die Raufbolde in sein Büro.[723]

Wegen der Ausschreitungen im Parlament fanden in Asch Ende November 1897 Demonstrationen statt. Eine größere Menschenmenge von mehreren hundert Leuten durchzog die Straßen unter Absingen nationaler Lieder und mit „Heil"-Rufen auf Schönerer und Wolf. Tins hielt eine Protestrede, in der er die Gewalttaten im Parlament verurteilte. Danach zog die Menge singend und heilrufend durch weitere Straßen.

---

[721] Egerer Zeitung, Nr. 93, 51. Jahrgang, 20.11.1897, S. 2
[722] Egerer Zeitung, Nr. 95, 51. Jahrgang, 27.11.1897, S. 2
[723] Egerer Zeitung, Nr. 95, 51. Jahrgang, 27.11.1897, S. 3

Die Gendarmerie befand sich in Bereitschaft, griff aber nicht ein. Während der Demonstration wurden einige Fensterscheiben des Amtsgebäudes zerstört.[724]

Wie reagierten nun gemäßigte Politiker auf Obstruktion, auf die Krawalle in Parlament und auf der Straße? Allgemein lautete der Tenor, daß der Parlamentarismus und die Verfassung durch die Obstruktion einen inneren Feind erhalten hätten, der den geltenden Grundsatz von der Herrschaft der Majorität ins Gegenteil verkehre. Nun müßte sich die Majorität der Herrschaft der Minorität beugen. Die Obstruktion sei das Faustrecht in moderner Gestalt, das den Volksvertretern als Mittel zur Bescheinigung des parlamentarischen Eifers diene.[725] Verurteilt wurden die verschiedenen Krawallszenen im Parlament, das Lärmen mit Pultdeckeln und anderen Gegenständen, um politische Fragen zu lösen. Diese Angeordneten wurden von ihren Anhängern als Helden gefeiert, die durch Krawalle mit aller Kraft das bedrohte Volksrecht verteidigten.[726]

Oft konnte man im allgemeinen Lärm nicht erfahren, um was es eigentlich bei den Debatten ging. Selbst besonnene Personen, wie Pergelt, konnten nicht immer genau Auskunft geben, warum sie sich an dem Tumult im Parlament beteiligten. Irgendwelche Entscheidungen, Zwischenrufe oder Reden entfesselten Wutausbrüche, die ansteckend wirkten. Die Schönerianer legten es zweifelsohne regelrecht darauf an, Tumult zu schüren.[727]

Baernreither erkannte die Obstruktionstaktik der deutschen Abgeordneten durchaus als berechtigt an, verurteilte jedoch deren „Desperado-Haltung". Anstatt innerhalb Österreichs für das Recht der Deutschen mit allen Österreichern und zum Wohl des ganzen Reiches zu kämpfen, sei es den Deutschen völlig egal, was mit dem Reich passiere. Er verurteilte die Verlegung irgendwelcher Kundgebungen nach Deutschland, sondern mahnte, daß alle Deutsche innerhalb des Reiches miteinander um ihr Recht kämpfen sollten. Seiner Meinung nach müßten die Deutschböhmen ihren Kampf nicht nur auf Böhmen beschränken, sondern alle Deutschen der österreichischen Monarchie miteinbeziehen. Der Unterschied zwischen Deutschböhmen und Alpendeutschen sollte verwischt werden.[728] Über die Marathonrede Lechers äußerte sich Baernreither durchaus positiv, weil er sachlich fundiert zum Ausgleichsproblem Stellung genommen habe. Nebenbei sei durch die Rede die Obstruktion moralisch aufgewertet worden, da diese in letzter Zeit nur noch an den Haaren herbeigezogen worden sei.[729]

4.4.7. Die Lex Falkenhayn und ihre Auswirkungen

4.4.7.1. Die Lex Falkenhayn und die Krawalle in Eger als Reaktion

Die 30. Sitzung des Abgeordnetenhauses vom 25. November 1897 muß als Reaktion auf die vorherige verstanden werden. Man versuchte nun, die Obstruktion der deutschen Parteien zu brechen, indem eine neue provisorische Geschäftsordnung eingeführt werden sollte.

---

[724] Ascher Zeitung, Nr. 96, 34. Jahrgang, 1.12.1897, S. 1, Beilage
[725] Czernin: Der Nationalitäten- und Sprachenstreit in Österreich, S. 58
[726] Czernin: Der Nationalitäten- und Sprachenstreit in Österreich, S. 59
[727] Baernreither: Der Verfall des Habsburgerreiches, S. 13
[728] Baernreither: Der Verfall des Habsburgerreiches, S. 18 f.
[729] Baernreither: Der Verfall des Habsburgerreiches, S. 24 f.

Schon beim Eintritt des Präsidenten Abrahamowicz in das Abgeordnetenhaus erhob sich großer Lärm seitens der Linken, der es ihm nicht ermöglichte, die Sitzung zu eröffnen. So wurde sie einstweilen vertagt. Als der Präsident wieder erschien, erteilte er Falkenhayn das Wort. Dieser verkündete, eine Änderung der Geschäftsordnung ohne vorherige Debatte einzuführen. Großer Tumult begann, die Sitzung wurde unterbrochen.[730] Falkenhayns Antrag lautete im Kern, solange Jaworskis Antrag auf Änderung der Geschäftsordnung nicht angenommen würde, eine provisorische Geschäftsordnung zu gelten hätte. Zudem sollte dem Präsidenten das Recht zustehen, Polizei zur Unterstützung in das Parlament zu beordern. Im Tumult nahm der Präsident diesen Antrag an. Die beschlossene Änderung der Geschäftsordnung sollte am nächsten Tag publiziert werden.[731] Falkenhayns Antrag hatte folgenden Inhalt:

> „Bis zur Einführung einer neuen Geschäftsordnung (...) treten folgende Bestimmungen sofort nach ihrer Annahme durch das Haus provisorisch in Kraft:
>
> A) Würde ein Angeordneter trotz erhaltener zwei Ordnungsrufe fortfahren, in seiner Rede, in seinen Zurufen oder in seinem Benehmen den parlamentarischen Anstand oder die parlamentarische Sitte gröblich zu verletzen oder die Verhandlungen durch Tumult oder sonstige Gewalttätigkeiten zu behindern, so steht dem Präsidenten das Recht zu, den Abgeordneten höchstens für drei Sitzungen, dem Hause aber steht das Recht zu, auf Antrag des Präsidenten den betreffenden Abgeordneten für die Dauer von höchstens 30 Tagen aus dem Hause auszuschließen.
>
> Im ersteren Falle steht dem Abgeordneten das Recht zu, an das Haus zu appellieren. Die betreffenden Beschlüsse werden ohne Debatte gefaßt. Sollte der Abgeordnete dieser Ausschließung nicht freiwillig Folge leisten, so ist der Präsident berechtigt, denselben durch die von der Regierung bereitzustellenden Exekutivorgane aus dem Hause entfernen zu lassen.
>
> Im Falle der Ausschließung eines Abgeordneten aus dem Hause durch den Präsidenten oder durch Beschluß des Hauses hört der Bezug des Taggeldes mit dem Tage, an welchem die Ausschließung erfolgte, auf und beginnt erst mit dem Tage wieder, an welchem der Abgeordnete nach Ablauf der Ausschließungsfrist sein Wiedereintreffen im Hause angezeigt hat.
>
> Während der Dauer der Ausschließung darf der Ausgeschlossenen die Räume des Parlamentsgebäudes nicht betreten.
>
> B) Die Regierung wird aufgefordert, dem Präsidenten des Hauses die zur Aufrechterhaltung der Ordnung notwendigen Exekutivorgane zur Verfügung zu stellen.

---

[730] Egerer Zeitung, Nr. 95, 51. Jahrgang, 27.11.1897, S. 4
[731] Egerer Zeitung, Nr. 95, 51. Jahrgang, 27.11.1897, S. 5

C) Insofern diese Bestimmungen nicht im Einklang stehen mit den Bestimmungen der bestehenden Geschäftsordnung, wird letztere für die Dauer dieses Provisoriums aufgehoben." [732]

Die Katholische Volkspartei stimmte dem Antrag der Majorität zu, was zur Folge hatte, daß Dipauli und Zallinger aus dem Club der Katholischen Volkspartei austraten. Die Christlichsozialen hatten sich dem Antrag nicht angeschlossen. Dafür wurde Lueger von den deutschen Angeordneten beglückwünscht. Er verkündete, daß er von nun an mit den deutschen Abgeordneten zusammenarbeiten wolle. Abrahamowicz gab zu, daß der Antrag Falkenhayns nicht mit der Geschäftsordnung zu vereinbaren sei. Aber man handle aus Notwehr, um den Parlamentarismus aufrecht zu erhalten. Später erklärte der Präsident die Sitzung für geschlossen. [733]

Durch die jüngsten Vorfälle im Reichsrat, dabei goß Falkenhayns Antrag noch zusätzlich Öl in das Feuer der Emotionen, wurde die Erregung der Bevölkerung wieder bedeutend gesteigert, die Demonstrationslust regte sich verstärkt. Auch in Eger riefen die Ereignisse im Reichsrat eine mächtige Aufregung hervor.[734] So zogen am 26. November 1897 gegen 20.30 Uhr ca. 200 Personen, meist halbwüchsige Burschen, unter Singen der „Wacht am Rhein" und unter „Heil"-Rufen durch mehrere Straßen der Stadt und über den Marktplatz. Vor der Schriftleitung der „Egerer Nachrichten" brachen sie in „Heil"-Rufe auf Wolf und Schönerer aus. Sie wurden jedoch allmählich von der städtischen Polizei und durch Intervention des Bürgermeisters zerstreut. Einige Nachzügler schlugen beim Post- und Telegraphenamt eine Fensterscheibe ein, worüber Anzeige an die Staatsanwaltschaft erstattet wurde. [735]

Für den 27. November 1897 wurden abermals Demonstrationen erwartet, denn es wurde nicht angenommen, daß sich bei den jetzigen Verhältnissen die Erregung der Gemüter legte, sie erfaßte vielmehr immer weitere Kreise. Bisher sprachen noch keine Anzeichen dafür, daß diese Bewegung gewalttätigen Charakter annehmen würde, da sie nur auf die Stadt Eger begrenzt war. Die Lokalblätter „Egerer Zeitung" und „Egerer Nachrichten" wurden am 27. November 1897 wieder wegen reißerischer Leitartikel anläßlich der Vorgänge im Abgeordnetenhaus konfisziert.[736]

Die folgende Sitzung nach Annahme Falkenhayns Antrag, der als „Lex Falkenhayn" bekannt wurde, war ein regelrechtes Spießrutenlaufen der Regierungsmitglieder. An geregeltes Arbeiten war überhaupt nicht zu denken. Beim Eintritt der polnischen Minister und Badenis erhob sich ohrenbetäubender Lärm, Gejohle und Pfeifen. Dieser verstärkte sich noch, als Präsident Abrahamowicz zu seinem Pult ging. Viele Abgeordnete, darunter auch zwei der Christlichsozialen Partei, Schneider und Bielohausek,

---

[732] Stenographische Protokolle, Bd. 2, 18. - 32. Sitzung, 13. Session, 1897, S. 1813 f.
[733] Egerer Zeitung, Nr. 95, 51. Jahrgang, 27.11.1897, S. 5
[734] Bezirkshauptmannschaft Eger an Statthaltereipräsidium, Z. 1043 praes. ai 1897, 4.12.1897, S. 545 ff, OAC, Fond čís.: 437 OÚ Cheb, Kartón čís.: 22, Složka čis.: 1043 pres 1897, Kat. č. 239, Příloh: 4
[735] Bezirkshauptmannschaft Eger an Statthaltereipräsidium, Z. 1025 praes. ai 1897, 27.11.1897, S. 528 f., OAC, Fond čís.: 437 OÚ Cheb, Kartón čís.: 22, Složka čis.: 1025 pres 1897, Kat č. 238, Příloh: 1
[736] Bezirkshauptmannschaft Eger an Statthaltereipräsidium, Z. 1025 praes. ai 1897, 27.11.1897, S. 528 f., OAC, Fond čís.: 437 OÚ Cheb, Kartón čís.: 22, Složka čis.: 1025 pres 1897, Kat č. 238, Příloh: 1

drangen zum Präsidenten vor und beschimpften ihn. Daraufhin verließen Badeni und Gleispach den Saal, kamen später jedoch wieder zurück.[737]

Wolf bahnte sich gewaltsam den Weg durch die Wache ins Parlament. Als er verhaftet werden sollte, verstellten andere Angeordnete den Polizisten den Weg. Anfangs leisteten sie Widerstand, gaben aber auf, als mehrere Polizisten anrückten. Schließlich wurde Wolf unter größerer Gewaltanwendung aus dem Saal geschafft, verhaftet und eingesperrt, wogegen er heftig protestierte. Die Sitzung endete damit, daß Vizepräsident Kramář sie für geschlossen erklärte.[738]

Abrahamowicz erstattete Anzeige gegen Lecher, weil ihn dieser mit einem Tintenfaß beworfen hatte. Auf der Straße vor dem Parlament versammelten sich inzwischen die von den Sitzungen ausgeschlossenen Sozialdemokraten, welche von der anwesenden Menge stürmisch begrüßt wurden, Daszynaski wurde hierbei besonders gehuldigt. Berittene Polizei zerstreute die Menge, dabei wurden einige Personen verletzt und viele verhaftet. Studenten bewarfen die Polizisten mit Möbelstücken. Die Polizisten verfolgten die Studenten beim Rückzug bis in das Universitätsgebäude, wobei einige verwundet wurden.[739]

Die gewaltsame Ausweisung der Abgeordneten aus dem Parlament hatte in der Bevölkerung ein Nachspiel. Am 26. und 27. November 1897 zogen Tausende von Demonstranten durch die Straßen von Eger. National Gesinnte und Sozialdemokraten beteiligten sich daran. Das Militär befand sich in Bereitschaft, griff aber nicht ein. An den Demonstrationen in diesen Tagen waren eher Arbeiter und Mitglieder der unteren Bevölkerungsschichten beteiligt.

Am 27. November 1897 wiederholten sich diese Demonstrationen in stärkerem Maß, die Teilnahme war größer. 600 bis 700 Personen zogen zum Kaiser Joseph Denkmal, sangen dort die „Wacht am Rhein". Hierauf marschierten sie, nationale Lieder singend, über den Marktplatz, durch mehrere Straßen der Stadt und wurden schließlich von der Polizei zerstreut. An diesem Abend wurden auch die Fensterscheiben einiger tschechischer Häuser eingeschlagen. Das Militär stand in Bereitschaft, wurde aber nicht herangezogen. An der Demonstration am 27. November 1897 beteiligten sich auch die Sozialdemokraten. Unter Singen des „Liedes der Arbeit" schlossen sie sich dem Zug an, entfernten sich jedoch schon früher.[740]

Bei dieser Demonstration wurde in der Wohnung Barbara Kerles eine Fensterscheibe eingeworfen. Am selben Tag und am folgenden wurden auch dem Kaufmann Sigmund Centner nachts fünf Fensterscheiben zertrümmert. Am 28. November 1897 demonstrierten die Angehörigen der Mittelschicht und der höheren Schichten. Im etwa 2000 Leute umfassenden Zug befanden sich Bürgermeister Gschier, Stadträte und Akademiker, außerdem waren alle Parteien vertreten. Schücker sprach in seiner Rede von den Vorgängen im Parlament.[741]

---

[737] Egerer Zeitung, Nr. 96, 51. Jahrgang, 1.12.1897, S. 4
[738] Egerer Zeitung, Nr. 96, 51. Jahrgang, 1.12.1897, S. 4
[739] Egerer Zeitung, Nr. 96, 51. Jahrgang, 1.12.1897, S. 5
[740] Bezirkshauptmannschaft Eger an Statthaltereipräsidium, Z. 1043 praes. ai 1897, 4.12.1897, S. 545 ff, OAC, Fond čís.: 437 OÚ Cheb, Kartón čís.: 22, Složka čís.: 1043 pres 1897, Kat. č. 239, Příloh: 4
[741] Egerer Zeitung, Nr. 96, 51. Jahrgang, 1.12.1897, S. 3

Bei den am 27. und 28. Dezember 1897 stattgefundenen Demonstrationen wurden auch Heinrich Lang insgesamt 12 Fensterscheiben seiner Wohnung eingeschlagen. Lang gab an, daß dies wahrscheinlich aus dem Grund geschehen sei, weil er Sykora eine Wohnung vermietet habe und die Anschläge somit ihm gegolten hätten. Lang bekam schon einige Male anonyme Drohbriefe. Verdächtige konnten in keinem Fall benannt werden.[742]

4.4.7.2. Badenis Absetzung

Als sich am 28. November 1897 das Gerücht über Badenis Absetzung verbreitete, kam es zu gewalttätigen Ausschreitungen einiger Jugendlicher, die Gegenstände zerstörten und Fensterscheiben zertrümmerten. Einige Gruppen zogen, die „Wacht am Rhein" singend, durch die Straßen. Auch am folgenden Tag gab es wieder mehrere Demonstrationsumzüge.[743]

Am gleichen Tag folgte eine neuerliche Demonstration, an der sich diesmal ein großer Teil der Bürgerschaft Egers beteiligte. Ca. 1000 Personen marschierten vom Theaterplatz aus, am Postamtsgebäude vorbei, zum Kaiser Joseph Denkmal auf dem Marktplatz, sangen dort die „Wacht am Rhein" und zogen dann weiter zum Gebäude der Bezirkshauptmannschaft. Dort brachen sie in die Rufe „Nieder mit Badeni" aus. Von da verdrängt, gingen sie zum Stadthaus, dann durch mehrere Gassen an der Wohnung des Staatsanwaltes Kostial vorbei. Hier stießen sie „Pfui"-Rufe aus. Schließlich bewegten sie sich zur Wohnung des Reichsratsabgeordneten Dr. Schücker, der an diese eine ruhige Ansprache richtete und die Leute zur Besonnenheit ermahnte. Von hier aus begaben sich die Demonstranten wieder zum Kaiser Joseph Denkmal und gingen dann nach dem Singen der „Wacht am Rhein" und anderer nationaler Lieder auseinander.[744]

Gegen 19.30 Uhr kamen Demonstranten vom Marktplatz her, gingen weiter in die Rotkirchstraße und von da in die Langegasse. Die hiesige Polizeimannschaft mit Gschier und Polizeikommissär Lukas schritten ein, um die Menge zu zerstreuen. Als sie beim Haus von Max Gottlieb ankam, hatten laut Gottliebs Aussage einige junge Burschen ein Bombardement auf seine Fenster im ersten Stock begonnen, dabei acht äußere und zwei innere Fensterscheiben mit Steinen eingeschlagen. Einige Steine flogen bis ins Wohnzimmer. Nach etwa 15 Minuten kamen die Demonstranten zurück. Ohne ein Wort ging Gottlieb vor sein Haus, da er eine neuerliche Bewerfung seiner Fensterscheiben vermutete, um einen Werfer zu erkennen oder auch festzuhalten. Gottlieb sah dabei, daß Gschier, Lukas und einige Polizisten intervenierten. Einem Polizisten hielt Gottlieb vor, daß niemand verhaftet würde, allerdings sei das nach Auskunft eines Polizisten nicht möglich gewesen, da auch die Polizisten verletzt wor-

---

[742] Landesgendarmeriekommando Nr. 2, Abteilung Nr. 7 in Eger an Bezirkshauptmannschaft Eger, ad. Nr. 1076, 15.12.1897, S. 595 ff, OAC, Fond čis.: 437 OÚ Cheb, Kartón čis.: 22, Složka čis.: 1081 pres 1897, Kat. č. 244, Příloh: 4
[743] Egerer Zeitung, Nr. 96, 51. Jahrgang, 1.12.1897, S. 3
[744] Bezirkshauptmannschaft Eger an Statthaltereipräsidium, Z. 1043 praes. ai 1897, 4.12.1897, S. 545 ff, OAC, Fond čis.: 437 OÚ Cheb, Kartón čis.: 22, Složka čis.: 1043 pres 1897, Kat. č. 239, Příloh: 4

den seien. Gottlieb konnte in der Aufregung von den Demonstranten niemanden identifizieren.[745]

Weiter wurden am gleichen Tag nach 19.30 Uhr beim Kaufmann Josef Rabl zwei Scheiben in der Ladentüre von der herumziehenden Menge eingeworfen. Der Angestellte Josef Markus war auf der Straße vor dem Laden, als die Leute anrückten, konnte aber angeblich auch niemanden erkennen. Im selben Haus wohnte Postdiener Franz Modl, dem ebenfalls bei dieser Gelegenheit von den Demonstranten in seiner Wohnung vier äußere und zwei innere Fensterscheiben zertrümmert wurden. Die Gattin, die allein zuhause war, habe gehört, wie ein Mann auf der Straße gerufen habe: „Hier müßts einwerfen." Mehr konnte auch sie nicht angeben. Beim Lackierer Johann Kodl wurden am gleichen Tag abends im Schlafzimmer mehrere Fensterscheiben und ein Glasbild durch Steinwürfe zerstört. Kodl war während dieses Vorfalles nicht zuhause, seine Familie war in den hinteren Räumen beschäftigt. Er war deshalb nicht in der Lage, eine Aussage zur Identifizierung der Täter zu machen.[746]

Am 29. November 1897 hielt Dr. Schücker im Schießhaussaal eine auf geladene Gäste beschränkte Veranstaltung ab, die stark besucht war und bei der Anhänger aller Parteien vertreten waren.[747]

Schücker gab in seiner Rede zu, daß es zu Gewalttätigkeiten im Parlament gekommen sei, durch die Obstruktion produktive Arbeit verhindert und Mittel ergriffen worden seien, die nicht den parlamentarischen Gepflogenheiten entsprächen, außerdem würden die wirtschaftlichen und sozialen Fragen hintangestellt. Aber man tue dies nur, weil ein höheres Interesse anstehe, nämlich der Bestand des deutschen Volkes in Böhmen. Da die Regierung über die Opposition der deutschen Abgeordneten nicht Herr werden würde, habe der Abgeordnete Falkenhayn den Auftrag erhalten, die „Knebelung" der Abgeordneten zu verlangen.[748]

Über den Sturz Badenis, der immer noch nicht offiziell bestätigt wurde, äußerte sich Schücker sehr zufrieden. Bei dessen Nachfolger, Gautsch war dafür im Gespräch, sei zuerst Vorsicht angebracht und weiterhin enges Zusammengehen aller Deutschen.[749]

Reiniger betonte, daß der Kampf noch nicht zu Ende sei, da Gautsch unter Badeni tatenlos zugesehen habe, als dieser die Sprachenverordnungen verkündete. Man wolle nicht eher Ruhe geben, bis die Verordnungen zurückgezogen würden. In der Resolution der Volksversammlung, die einstimmig angenommen wurde, sprach man allen deutschen Vertretern der Obstruktionsparteien anläßlich Badenis Sturz den Dank für ihren erfolgreichen Kampf aus. Allerdings bedeute der Sturz Badenis noch nicht das Ende des Kampfes, sondern nur eine Etappe zum Ziel. Daher forderte man die Vertre-

---

[745] Landesgendarmeriekommando Nr. 2, Abteilung Nr. 7 in Eger an Bezirkshauptmannschaft Eger, ad. Nr. 1076, 15.12.1897, S. 595 ff, OAC, Fond čis.: 437 OÚ Cheb, Kartón čis.: 22, Složka čis.: 1081 pres 1897, Kat. č. 244, Příloh: 4

[746] Landesgendarmeriekommando Nr. 2, Abteilung Nr. 7 in Eger an Bezirkshauptmannschaft Eger, ad. Nr. 1076, 15.12.1897, S. 595 ff, OAC, Fond čis.: 437 OÚ Cheb, Kartón čis.: 22, Složka čis.: 1081 pres 1897, Kat. č. 244, Příloh: 4

[747] Landesgendarmeriekommando Nr. 2, Abteilung Nr. 7 in Eger an Bezirkshauptmannschaft Eger, ad. Nr. 1076, 15.12.1897, S. 595 ff, OAC, Fond čis.: 437 OÚ Cheb, Kartón čis.: 22, Složka čis.: 1081 pres 1897, Kat. č. 244, Příloh: 4

[748] Egerer Zeitung, Nr. 96, 51. Jahrgang, 1.12.1897, S. 1

[749] Egerer Zeitung, Nr. 96, 51. Jahrgang, 1.12.1897, S. 2

ter auf, sich auf kein Gesprächsangebot seitens der Regierung einzulassen, in dem gefordert würde, die Obstruktion zu beenden und die parlamentarische Arbeit wieder aufzunehmen, solange die Sprachenverordnungen nicht bedingungslos zurückgezogen worden seien.[750]

Die Absetzung Badenis wurde begrüßt, über dessen Nachfolger Gautsch war man jedoch weniger erfreut, da er zur klerikalen Partei gehörte. Von ihm erwartete man keine tiefgreifenden Veränderungen. Die Berufung Gautsch' rief bei den tschechischen Abgeordneten Mißtrauen hervor, weil er Deutscher war und man seine Berufung als Entgegenkommen gegenüber der deutschen Nationalität in der Monarchie ansah.[751]

Die Veranstaltung verlief ruhig und endete nach zweieinhalb Stunden. Danach entfernten sich die Teilnehmer unter Singen der „Wacht am Rhein" und des „Liedes der Arbeit". Da für abends die Parole ausgegeben worden war, wieder die Stadt zu beleuchten und der Aufforderung auch nachgekommen worden war, befand sich das Militär in Bereitschaft, da es zu größeren Ausschreitungen kommen konnte. Nach Einfall der Dunkelheit durchstreiften Gendarmeriepatrouillen, verstärkt durch das Militär, die Straßen der Stadt. Außerdem wurden von Gschier zur Aufrechterhaltung der Ruhe und Ordnung die Freiwillige Feuerwehr und das Rettungskreuz aufgeboten. Von einer wiederholten Beleuchtung der Stadt wurde aber infolge einer Anordnung, die durch den Bürgermeister an alle Hausbesitzer überreicht wurde, Abstand genommen. Nur mehrere hundert Personen durchzogen unter Singen nationaler Lieder die Straßen, wurden aber schließlich von Polizei und Feuerwehr zerstreut. Wie später festgestellt wurde, kamen nur geringe Beschädigungen vor, die zum größten Teil die Stadt Eger bezahlte.[752]

Das Gerücht über die Abdankung Badenis verbreitete sich in Asch sehr schnell, was zur Folge hatte, daß noch mehr Demonstrationen stattfanden. Die Menge zog vor das Amtsgebäude der Gendarmerie und versammelte sich besonders vor Wohnungen, in denen Tschechen lebten. Außerdem marschierten die Demonstranten an Läden vorbei, in denen das „Prager Abendblatt" verkauft wurde. Die Gendarmerie sah wiederum keinen Grund zum Eingreifen. Der größte Zug mit mehreren tausend Teilnehmern fand am 29. November statt. Die Sozialdemokraten organisierten ihn, dem sich die Deutschnationalen anschlossen. Beide Parteien ließen ihre Abgeordneten und die Obstruktion hochleben. Die Demonstration verlief friedlich und ohne Zwischenfälle.[753]

Auch am 30. November 1897 wiederholten sich die Demonstrationen, die wiederum von Polizei und Feuerwehr zerstreut wurden.[754]

Ein anonymer Schreiber verfaßte anläßlich Badenis Sturz ein Gedicht, das im „Falkenau-Königsberger Volks-Blatt" veröffentlicht wurde. Als Druckort wurde lediglich Neudeck angegeben und unbestimmt auf Dezember datiert.

---

[750] Egerer Zeitung, Nr. 96, 51. Jahrgang, 1.12.1897, S. 2
[751] Egerer Zeitung, Nr. 96, 51. Jahrgang, 1.12.1897, S. 1
[752] Bezirkshauptmannschaft Eger an Statthaltereipräsidium, Z. 1043 praes. ai 1897, 4.12.1897, S. 545 ff, OAC, Fond čis.: 437 OÚ Cheb, Kartón čis.: 22, Složka čis.: 1043 pres 1897, Kat. č. 239, Příloh: 4
[753] Ascher Zeitung, Nr. 96, 34. Jahrgang, 1.12.1897, S. 1, Beilage
[754] Bezirkshauptmannschaft Eger an Statthaltereipräsidium, Z. 1043 praes. ai 1897, 4.12.1897, S. 545 ff, OAC, Fond čis.: 437 OÚ Cheb, Kartón čis.: 22, Složka čis.: 1043 pres 1897, Kat. č. 239, Příloh: 4

Der Fall des Casimir
Heldenepos

Casimir, der mit der Glatze,
Polens heiß geliebter Peer,
Mit den großen Eisenfäusten,
Casimir, der ist nicht mehr!

Ist erstickt im eig'nen Pfuhle;
„Česky lev" [755] grämt sich gar sehr,
Wer wird den Sprachenzwang jetzt machen?
Casimir, er ist nicht mehr!

Deutschen Söhnen wollt er rauben
Muttersprache, Sitt' und Ehr';
Doch als Feigling musst' er sinken.
Casimir, er ist nicht mehr!

Stolz steht sie, die deutsche Feste
Unbezwingbar, noch und hehr;
Ihr zu Füßen liegt zerschmettert
Casimir. Er ist nicht mehr!

Nun so ruhe, edler Pole,
Gehe in Dein Heimatland,
Denn das Kämpfen wider Deutschtum
Raubt Dir sonst noch den Verstand! [756]

Am 3. Dezember 1897 gegen Abend wurde die offizielle Demission Badenis und seines Ministeriums in Eger bekannt. Überall in der Stadt bildeten sich Personengruppen, welche dieses Ereignis besprachen. Gegen 19.00 Uhr war die Stadt größtenteils beleuchtet. Einzelne Trupps zogen unter Singen nationaler Lieder in die Stadt und sammelten sich, von der Polizei auseinander getrieben, wieder an verschiedenen Punkten der Stadt. An diesem Abend wurden zahlreiche Fenster von Juden und Tschechen eingeschlagen. Eine Schar halbwüchsiger Jungen wollte zur jüdischen Synagoge ziehen, wurde aber von der Polizei aufgelöst, die bei dieser Aktion blank ziehen mußte. Es gelang auch diesmal der Polizei und durch die Intervention des Bürgermeisters, die Demonstranten zu zerstreuen, so daß in der Stadt nach 21.00 Uhr Ruhe herrschte.[757] In anderen Orten des Verwaltungsbezirkes kam es zu keinerlei Demonstrationen. Die Erregung der Gemüter in Eger war hochgradig und es kam noch öfter zu solchen Umzügen, solange die Agitation anhielt, Ausschreitungen waren in Eger in den Ausmaßen

---

[755] Tschechischer Löwe. Anmerk. d. Verf.
[756] Falkenau-Königsberger Volks-Blatt, Nr. 98, 1. Jahrgang, 11.12.1897, S. 5
[757] Bezirkshauptmannschaft Eger an Statthaltereipräsidium, Z. 1043 praes. ai 1897, 4.12.1897, S. 545 ff, OAC, Fond čis.: 437 OÚ Cheb, Kartón čis.: 22, Složka čis.: 1043 pres 1897, Kat. č. 239, Příloh: 4

wie in Prag nicht zu befürchten. Die Beamten der Bezirkshauptmannschaft befanden sich die ganze Zeit über in Bereitschaft, es ergab sich aber kein Grund zum Einschreiten, da die Gemeinde der Bewegung Herr wurde.[758]

Erst Ende November 1897 leitete die Statthalterei Prag Schritte gegen die Unsitte ein, das Lied „Deutschland, Deutschland über alles" nach der Melodie der österreichischen Volkshymne zu singen. Schon im Juli 1897 wurde vereinzelt beobachtet, daß dieses Lied in der beschriebenen Art und Weise gesungen wurde. In der Nummer 182 der „Ostdeutschen Rundschau" vom 4. Juli 1897 war in der Notiz „Zur dritten Hauptversammlung des Bundes der Deutschen in Böhmen" zu lesen, daß der als „Volkshymne" bezeichnete Text des Liedes „Deutschland, Deutschland über alles" auch im Egerer Verwaltungsbezirk nach der Melodie der österreichischen Volkshymne gesungen wurde. Anläßlich der Räumung des Marktplatzes in Eger am Volkstag durch das Militär wurde dieses Lied in der erwähnten Weise am offenen Fenster des Cafés „Pistorina" gesungen. Dieses Café wurde sofort geräumt. Das genannte Lied wurde bei allen nationalen Anlässen gesungen. Stadler stellte deswegen den Antrag, das Absingen zu verbieten.[759] Auch von den Teilnehmern mehrerer Veranstaltungen wurde das Lied in der beschriebenen Art und Weise gesungen, so geschehen bei einem Ausflug Deutschnationaler nach Großpriesen am 23. Juni 1897, beim Tetschner Volkstag am 19. September 1897 und beim Kommers in Komotau, der zu Ehren des Abgeordneten Wolf vom deutschen Volksverein veranstaltet wurde.[760]

Nach den Ereignissen im Egerer Verwaltungsbezirk nach Einführung der Sprachenverordnungen war die Statthalterei Prag nicht mehr willens, die Singweise des Liedes zu tolerieren, auch wenn die Verbreitung in alten Liedbüchern darauf hindeutete, daß diese seit jeher in Studenten- und Turnerkreisen ohne Hintergedanken in Deutschland üblich war, so mußte doch bedacht werden, daß das Singen des Liedes bei politischen Demonstrationen eine Verletzung der Ergebenheit gegenüber dem Kaiser bedeutete. Es stand daher im Widerspruch mit dem patriotischen Denken und Fühlen. Aus diesem Grund ordnete Coudenhove an, daß in den Fällen, wo dieses Lied nach der Melodie der Kaiserhymne bei nationalen und politischen Versammlungen und Kommersen gesungen wurde, der intervenierende Kommissär die Versammlung aufzulösen habe, wobei er ausdrücklich den antipatriotischen und antidynastischen Charakter der Veranstaltung hervorheben solle. Gegen die Veranstalter und Beteiligten sei im Anschluß Strafanzeige zu erstatten.[761] Die erste Meldung über eine Anzeige wegen „falschen Singens" findet sich ca. sechs Monate später. In Leitmeritz fand im Juni 1898 ein Kommers zu Ehren Schönerers statt, bei dem das Lied „Deutschland, Deutschland über alles" nach der Melodie des österreichischen Kaiserliedes gesungen wurde. Der

---

[758] Bezirkshauptmannschaft Eger an Statthaltereipräsidium, Z. 1043 praes. ai 1897, 4.12.1897, S. 545 ff, OAC, Fond čis.: 437 OÚ Cheb, Kartón čis.: 22, Složka čis.: 1043 pres 1897, Kat. č. 239, Příloh: 4

[759] Bezirkshauptmannschaft Eger an Statthaltereipräsidium, Nr. 621 pr., 1.8.1897, S. 47, OAC, Fond čis.: 437 OÚ Cheb, Kartón čis.: 22, Složka čis.: 621 pres 1897, katalog č. 218, Příloh: 1

[760] Statthaltereipräsidium an Bezirkshauptmann Eger, Nr. 14498, 30.11.1897, S. 544, SOAC, Fond čis.: 437, Kartón čis.: 22, Složka čis.: č. inv. 522, Příloh: č. 601 - 1008, Časový rozsah: 1897

[761] Statthaltereipräsidium an Bezirkshauptmann Eger, Nr. 14498, 30.11.1897, S. 544, SOAC, Fond čis.: 437, Kartón čis.: 22, Složka čis.: č. inv. 522, Příloh: č. 601 - 1008, Časový rozsah: 1897

anwesende Regierungskommissär notierte sich die Namen der Sänger, die daraufhin zu zwischen drei und zehn Tagen Arrest verurteilt wurden.[762]

4.4.8. Die Aktivitäten zu Jahresende 1897

Badenis Absetzung blieb nicht ohne Auswirkungen auf die deutsche und tschechische Bevölkerung in ganz Böhmen. In Prag kam es Ende November 1897 zu schweren Ausschreitungen zwischen Deutschen und Tschechen. Ein deutscher Medizinstudent wurde verletzt, das Gebäude der deutschen Medizinforschung und das Aehrenthal Palais wurden verwüstet und in einem Mädchenlyzeum gingen Fensterscheiben zu Bruch. Die ganze Prager Garnison wurde aufgeboten, um die Unruhen zu beenden. Einige Deutsche wurden verletzt oder mißhandelt. Die Gewalttätigkeiten steigerten sich im Laufe des Tages, so daß auch von Schußwaffen Gebrauch gemacht wurde. Geschäfte deutscher Inhaber wurden von Tschechen verwüstet. Schließlich wurde das Standrecht über Prag und Umgebung verhängt, um die Unruhen in den Griff zu bekommen. Jeder, der Gebäude, Geschäfte oder fremdes Eigentum zerstörte, an Agitationen oder Zerstörungen teilnahm, wurde standrechtlich verurteilt und hingerichtet.[763]

Das Farbentragen der deutschen Studenten in Prag, das jeden Sonntag am Prager Ring von den Mitgliedern der Prager Studentenverbindungen veranstaltet wurde, war eine bewußte Provokation der tschechischen Bürger. Für die Tschechen waren die deutschen Studenten die Verkörperung deutscher Arroganz. Tschechen versammelten sich, sobald sie jemanden mit Band und Mütze sahen, jagten diesen durch die Straßen und zertrümmerten die Fensterscheiben der Verbindungsheime.[764]

Die Studenten waren die Hauptagitatoren für Schönerer. Dabei bedienten sie sich der Musik und des Gesanges, womit sie die Massen begeisterten. Aurelius Polzer und Wilhelm Philipp Hauck schrieben zahlreiche Liedtexte. Polzer verfaßte den folgenden Text zur Melodie des österreichischen Soldatenliedes „Prinz Eugenius, der edle Ritter":

> „Laßt die Schleicher und die Gecken
> Nur im Pflaumenbeet verrecken.
> Feig ist das verfälschte Pack.
> Greift nur zu mit starken Händen.
> Deutsches Lied soll keiner schänden,
> weder Tscheche noch Polack!"

Hauck verfaßte einen anderen Liedtext:

> „Finden Männer sich zusammen,
> Deren Herzen leicht entflammen
> Für die Wahrheit und das Recht,
> Könnt ihr sicher darauf schwören,
> Daß sie alle angehören
> Hermanns adligem Geschlecht." [765]

---

[762] Ascher Zeitung, Nr. 49, 35. Jahrgang, 18.6.1898, Beilage, S. 3
[763] Egerer Zeitung, Nr. 97, 51. Jahrgang, 4.12.1897, S. 2 f.
[764] Whiteside: Georg Ritter von Schönerer, S. 158
[765] Whiteside: Georg Ritter von Schönerer, S. 162 f.

Infolge der Exzesse in Prag machte sich in Eger eine Bewegung dafür stark, die Verlegung der deutschen Universität und der Technischen Hochschule von Prag nach Eger anzustreben. Die nationale Erregung war in Eger sehr groß und wurde von der „Schönererpartei" durch verschiedene Veranstaltungen ständig wach gehalten. Am 8. Dezember 1897 wurden die „Egerer Zeitung" wegen zu extremer Schilderung der Exzesse in Prag und am 11. Dezember 1897 die „Egerer Nachrichten" wegen des Berichtes über die Schönerer-Versammlung in Plan konfisziert.[766] Die „Egerer Zeitung" stellte die Ereignisse in Prag in ihrer Ausgabe vom 8. Dezember 1897 mit kräftigen Worten dar und beschimpfte die Tschechen als revolutionäre Masse, die den Deutschen jegliches Hab und Gut zerstöre, während die Ordnungshüter lediglich zusehen würden, ohne den Deutschen Schutz zu gewähren. Der Statthalter wurde besonders angegriffen, da er die wütende Menge zumindest in ihre Schranken hätte verweisen können, was er jedoch unterlassen habe.[767]

Die Ereignisse in Prag versetzten die tschechische Bevölkerung in helle Aufregung, da die Nationalitätenkonflikte nun in Gewalt und Standrecht ausarteten. Trotzdem war auf keiner Seite der Wille zur Verständigung vorhanden. In einer Proklamation in tschechischer Sprache forderte man die Abschaffung der zweisprachigen Ausschilderung in der Stadt Pilsen. Es sollten nur noch tschechische Schilder und Tafeln aufgestellt werden, damit die Stadt tschechischen Charakter erhalte. Ferner forderte man den Abzug des Militärs, dessen Anwesenheit die Stimmung in der Bevölkerung unnötig reize, solange es in Pilsen stationiert sei. Gleichzeitig wurde die Abberufung des Bezirkshauptmannes gefordert, da man nur Bürgermeister und Stadtrat als Autorität anerkenne. Schließlich wünschte man die Ausweisung aller Deutschen aus Pilsen, damit die öffentliche Ruhe wieder hergestellt werde, die nur durch die Provokationen der Deutschen gestört worden sei.[768]

Die „Národní Listy" forderten die Tschechen zu noch stärkerer Einigkeit im Kampf gegen die Deutschen auf. Das sollte sich darin zeigen, daß man die deutsche Sprache rigoros in tschechischen Gebieten ausschloß. Jeder Deutsche sollte tschechisch angesprochen werden, auch wenn man selbst Deutsch konnte. Wo in tschechischen Gebieten keine Rücksicht auf die tschechische Sprache genommen würde, sollte jeder Beschwerde führen und notfalls einen Rechtsanwalt einschalten, der sich mit seinen Landsleuten solidarisieren und kostenlose Beratungsgespräche anbieten sollte. Jeder Tscheche sollte nur bei Tschechen einkaufen oder Wirtschaftsbeziehungen unterhalten. Deutschland als Urlaubsort sollte boykottiert werden, da nicht nur die Deutschböhmen, sondern alle Deutschen Feinde der Tschechen seien.[769]

Die Boykottaufrufe seitens der Tschechen beantwortete die „Ascher Zeitung" postwendend: Alle deutschen „Volksgenossen" wurden gemahnt, die Weihnachtseinkäufe nur bei Landsleuten zu erledigen und nicht bei Tschechen oder Juden zu kaufen.[770]

In einer Interpellation der Abgeordneten Březnovsky, Sokol und weiterer Parteimitglieder Mitte Dezember 1897 wurde die Regierung wiederum daran erinnert, den

---

[766] Bezirkshauptmannschaft Eger an Statthaltereipräsidium, Z. 1064, 11.12.1897, S. 573 ff, OAC, Fond čis.: 437 OÚ Cheb, Kartón čis.:22, Složka čis.: 1064 pres 1897, Kat č. 242, Příloh: 2
[767] Egerer Zeitung, Nr. 98, 51. Jahrgang, 8.12.1897, S. 2
[768] Ascher Zeitung, Nr. 99, 34. Jahrgang, 11.12.1897, S. 1
[769] Ascher Zeitung, Nr. 99, 34. Jahrgang, 11.12.1897, S. 2
[770] Ascher Zeitung, Nr. 101, 34. Jahrgang, 18.12.1897, S. 1, 2. Beilage

Schutz der tschechischen Bürger im Egerer Gebiet zu verbessern. Seit dem Volkstag in Eger und insbesondere seit dem Einsatz der berittenen Prager Sicherheitswache am Volkstag, mache sich in Eger eine Bewegung gegen die ansässigen Angehörigen der tschechischen Nationalität mit dem Ziel bemerkbar, diese zum Verlassen Egers zu zwingen. Es sei Anfang August eine Extraausgabe der „Egerer Nachrichten" erschienen, die eine Proskriptionsliste enthalten habe, bezeichnet als „Antwort der deutschen Hunde auf die Säbelhiebe der tschechischen Reiter". Diese Liste sei beschlagnahmt worden, doch seien trotzdem durch die geheime Wühlarbeit und des großen Terrors, den die hiesigen Deutschnationalen auf die Hausbesitzer ausgeübt hätten, zahlreichen Beamten und Geschäftsleuten tschechischer Nationalität gekündigt worden, von denen auch mehrere nach Ablauf des Quartals Eger verlassen hätten müssen, da sie keine neue Wohnung mehr gefunden hätten. Gegen die verbliebenen Tschechen sei fortwährend agitiert und die Hausbesitzer seien mit Boykott bedroht worden, falls sie weiter an Tschechen vermieteten. Als dies wenig nützte, sei am 5. November 1897 eine neue Proskriptionsliste in einer Extraausgabe der „Egerer Nachrichten" ediert worden, die ebenfalls beschlagnahmt worden sei. Diese Liste habe sich gegen Tschechen und Juden gerichtet, aber nicht den gewünschten Erfolg erbracht, soweit dies bekannt geworden sei, da sich die Erbitterung gegen die Tschechen, die unmittelbar nach dem Volkstag geherrscht habe, gelegt habe. Erst seit den Prager Ereignissen beginne sich in Eger wieder eine Agitation dahingehend zu entwickeln, nichts bei tschechischen Geschäftsleuten zu kaufen. Diese Hetze sei bisher nur im Verborgenen betrieben worden.[771]

Die Proklamation des Standrechtes in Prag führte zu neuen Demonstrationen in Eger und hielt die Egerer Landbevölkerung in steter Aufregung. Am 4. Dezember 1897 herrschte in Eger Ruhe. Dagegen sammelten sich am 5. Dezember 1897 ungefähr 200 bis 300 Personen vor der Turnhalle an, zogen von dort unter Singen nationaler Lieder zum Kaiser Joseph Denkmal auf den Marktplatz. Dort wuchs die Menge durch den Zuzug von Sonntagsbummlern auf ca. 500 Leute an. Reiniger forderte die Anwesenden in einer kurzen Ansprache zum Ausharren in Revange bis zur Aufhebung der Sprachenverordnungen auf, worauf sich die Demonstranten nach Singen einer Strophe der „Wacht am Rhein" zerstreuten. Am Nachmittag des selben Tages fand in Schönbach eine Versammlung der sozialdemokratischen Partei zum Thema „Die politische Lage in Österreich" statt, bei welcher der Arbeiterführer Jobst als Redner auftrat. Am selben Tag warfen einem Bericht des Gendarmeriepostens Schönbach zufolge gegen 24.00 Uhr bisher noch unbekannte Täter einem Juden und einem Tschechen jeweils eine Fensterscheibe ein. Die Strafanzeige wurde beim Bezirksgericht Wildstein erstattet.[772]

Am 7. Dezember 1897 wurde die Ankunft Schönerers erwartet, der am nächsten Tag in Plan bei einer Versammlung des „Bundes deutscher Landwirte in der Ostmark" sprechen sollte. Aus diesem Anlaß sammelten sich gegen 18.00 Uhr ca. 1000 Personen vor dem Bahnhof an. Als Schönerer erschien, brachen sie in „Heil"-Rufe aus. Schönerer fuhr in das gegenüberliegende Hotel, worauf sich die Menge ruhig zerstreute. Ge-

---

[771] Bezirkshauptmannschaft Eger an Statthaltereipräsidium, Nr. 1057 praes., 17.12.1897, S. 564, OAC, Fond čís.: 437 OÚ Cheb, Kartón čis.: 22, Složka čis.: 1057 pres 1897, Kat. č. 241, Příloh: 1

[772] Bezirkshauptmannschaft Eger an Statthaltereipräsidium, Z. 1064, 11.12.1897, S. 573 ff, OAC, Fond čís.: 437 OÚ Cheb, Kartón čis.:22, Složka čis.: 1064 pres 1897, Kat č. 242, Příloh: 2

gen 20.00 Uhr wurde ein Fackelzug improvisiert, an dem sich 300 bis 400 Personen beteiligten. Der Zug bewegte sich durch teilweise erleuchtete Straßen. Er begab sich vom Bahnhofsplatz am Hotel Schönerers vorbei, marschierte dann unter Singen nationaler Lieder durch die Bahnhofsstraße und über den Marktplatz zur Gastwirtschaft „Frankenthal". Dort löste sich er sich auf. Am Marktplatz folgte eine größere Menschenmenge dem Zug, doch es ereigneten sich keine Ausschreitungen. Gendarmerie und Militär hatten Bereitschaft und waren in den Nebenstraßen postiert. Die Demonstranten versammelten sich vor dem Hotel, in dem Schönerer wohnte. Dieser hielt eine ruhige Ansprache an die Menge, in der er die Fixierung der deutschen Sprache als Staatssprache forderte. Einige Teilnehmer des Fackelzuges kamen abends im Saal des Gasthauses „Frankenthal" zusammen. Dort wurden keine Reden gehalten, sondern nur nationale Lieder gesungen. Die restlichen Tage verliefen vollkommen ruhig.[773]

Diesen Fackelzug organisierte die ortsansässige „Schönererpartei", veranstaltet durch das deutschnationale Komitée in Eger, an dessen Spitze Reiniger, Färber Adolf Schmidt und der ehemalige Schriftleiter der „Egerer Nachrichten", Franz Stein, standen[774]. Er fand unter Mißachtung der §§ 2,3 des Gesetzes vom 15. November 1867 statt, da keine behördliche Genehmigung erteilt wurde und auch kein Bewilligungsgesuch vorlag.[775] Die Staatsanwaltschaft wurde zu weiteren Amtshandlungen in dieser Sache aufgefordert.[776]

Eine gewaltsame Verhinderung des Fackelzuges war selbst mit der zur Verfügung stehenden Gendarmerieverstärkung nicht möglich, dafür hätte Czerny unbedingt Militär heranziehen müssen. Von dieser weitgehenden Maßnahme nahm er aber im Hinblick auf die in der Bevölkerung herrschenden allgemeinen Aufregung Abstand.[777]

Wegen des Fackelzuges wurde Czerny angemahnt, darauf zu achten, in Zukunft alle Vorkehrungen zu treffen, damit die Gesetze unter allen Umständen eingehalten und Demonstrationen verhindert wurden.[778]

Die große Erregung, die seit den Vorgängen vor Schließung des Reichsrates, sowie seit den Exzessen in Prag in der Bevölkerung Egers Platz gegriffen hatte, ließ nunmehr Mitte Dezember 1897 bedeutend nach. Dazu trug weniger Einsicht, als das bevorstehende Weihnachtsfest bei. In Eger selbst herrschte vollkommene Ruhe.[779] Das Haupt-

---

[773] Bezirkshauptmannschaft Eger an Statthaltereipräsidium, Z. 1064, 11.12.1897, S. 573 ff, OAC, Fond čis.: 437 OÚ Cheb, Kartón čis.:22, Složka čis.: 1064 pres 1897, Kat č. 242, Příloh: 2

[774] Landesgendarmeriekommando Eger an Bezirkshauptmannschaft Eger, Nr. 7, 4.1.1898, S. 72, OAC, Fond čis.: 437 OÚ Cheb, Kartón čis.: 23, Složka čis.: 9 pres 1898, Kat. č. 250, Příloh: 2

[775] Bezirkshauptmannschaft Eger an Statthaltereipräsidium, Nr. 1100 praes., 23.12.1897, S. 619, SOAC, Fond čis.: 437, Kartón čis.: 22, Složka čis.: č. inv. 522, Příloh: č. 601 - 1008, Časový rozsah: 1897

[776] Bezirkshauptmannschaft Eger an Staatsanwaltschaft Eger, Nr. 9, 4.1.1898, S. 73 - 72, OAC, Fond čis.: 437 OÚ Cheb, Kartón čis.: 23, Složka čis.: 9 pres 1898, Kat. č. 250, Příloh: 2

[777] Bezirkshauptmannschaft Eger an Statthaltereipräsidium, Nr. 1100 praes., 23.12.1897, S. 619, SOAC, Fond čis.: 437, Kartón čis.: 22, Složka čis.: č. inv. 522, Příloh: č. 601 - 1008, Časový rozsah: 1897

[778] Statthaltereipräsidium an Statthaltereirat und Bezirkshauptmann Eger, Nr. 1014, 30.1.1898, S. 160, SOAC, Fond čis.: 437, Kartón čis.: 23, Složka čis.: č. inv. 523, Příloh: č. 1 - 428, Časový rozsah: 1898

[779] Bezirkshauptmannschaft Eger an Statthaltereipräsidium, Z. 1088 praes., 18.12.1897, S. 602 f., OAC, Fond čis.: 437 OÚ Cheb, Kartón čis.: 22, Složka čis.: 1088 pres 1897, Kat. č. 245, Příloh: 2

interesse der Egerer Bevölkerung konzentrierte sich jetzt auf den Akademikertag, der Ende Dezember 1897 stattfinden sollte.

Unterdessen führten die deutschen Bewohner des Egerer Kreises die Sticheleien gegen ihre tschechischen Mitbürger und gegen die Staatsbeamten unverdrossen weiter.

Der Finanzwachkommissär und Finanzwachkontrollbezirksleiter Julius Pranse aus Wildstein war in der Bevölkerung unbeliebt. Er mischte sich in den verschiedenen Gasthäusern in Wildstein und Umgebung in politische Gespräche ein und zog sich dadurch den Unmut eines Teiles der Bevölkerung und vor allem der Deutschnationalen zu. Diese Erbitterung gegen seine Person rief er nicht durch direkte Beschimpfung der Bewohner Egers hervor, sondern dadurch, daß er die Anschauungen und Ansichten der hiesigen Bevölkerung niemals teilte, vielmehr stets das Gegenteil behauptet hatte. Besonders wenn in Gasthäusern ein Gespräch gegen die Sprachenverordnungen geführt wurde, verteidigte sie Pranse immer und sagte öfter zu den Leuten, daß sie über die Verordnungen schimpften, obwohl sie damit nichts zu tun hätten und sie sich so leicht beeinflussen ließen, was die Leute selbstverständlich erbittert hatte. Auch hatte Pranse vergangenen Sommer im Gasthaus von Andreas Mensinger in Voilersreuth und in dem von Lorenz Kraft in Wildstein erzählt, daß ihm ein tschechischer Aufseher lieber sei, als zehn deutsche Oberaufseher, was von der Bevölkerung in abfälliger Weise besprochen wurde und große Aufregung gegen Pranse verursachte. Durch solche Gespräche geriet Pranse in den Gasthäusern in förmlichen Streit. Wie allgemein hier bekannt war, wurde er im Juli 1897 aus dem Gasthaus Wunderlich in Fleissen hinausgeworfen, wo er mit einigen Finanzwachaufsehern anwesend war.[780]

Die Gemeinden verweigerten, wo es nur ging, den Behörden jegliche Art der Unterstützung. Während der Demonstrationen im Herbst 1897 in Eger kam es öfter vor, daß die Gemeinde die Einquartierung der Militär- und Gendarmeriemannschaft ablehnte, die zur Aufrechterhaltung der öffentlichen Ruhe und Ordnung hinzugezogen wurde. Die §§ 38 bis 54 des Gesetzes vom 11. Juni 1879 regelten die Verpflichtungen der Gemeinden bezüglich kurzfristiger Einquartierungen von Militär- und Gendarmerieverstärkungen. Damit waren die Gemeinden gesetzlich verpflichtet, für Quartiere zu sorgen. Diese Bestimmungen fanden zudem gemäß der Zirkular-Verordnung des Verteidigungsministeriums vom 15. Juli 1879 auch auf die Gendarmerie der im Reichsrat vertretenen Königreiche und Länder Anwendung. Nach § 40 des Gesetzes vom 15. Dezember 1894 galten die bisherigen Vorschriften bezüglich der Einquartierung der Gendarmerie weiterhin. Weigerte sich die Gemeinde dennoch, Unterkünfte für Gendarmerie oder Militär zu besorgen, erfolgte die Einquartierung in Gasthäusern auf deren Kosten.[781]

Die Gemeindevertretung von Wildstein beschloß am 3. Dezember 1897 im Einvernehmen mit ihren Wählern, eine Kundgebung abzuhalten, in der die Vorgänge im Abgeordnetenhaus scharf verurteilt wurden. Gleichzeitig sprach man allen Abgeordneten, die sich an der Obstruktion beteiligten, den Dank aus. Weiterhin forderte man sie auf, die Obstruktion fortzusetzen, falls die neue Regierung die Sprachenverordnungen nicht

---

[780] Landesgendarmeriekommando Nr. 2, Posten Nr. 5 zu Wildstein an Bezirkshauptmannschaft Eger, 10.12.1897, S. 567 f., SOAC, Fond čis.: 437, Kartón čis.: 22, Složka čis.: č. inv. 522, Příloh: č. 601 - 1008, Časový rozsah: 1897

[781] Statthaltereipräsidium an Bezirkshauptmann Eger, Nr. 17123, 11.12.1897, S. 594, SOAC, Fond čis.: 437, Kartón čis.: 22, Složka čis.: č. inv. 522, Příloh: č. 601 - 1008, Časový rozsah: 1897

zurücknehme, sondern nur abschwäche oder ändere. Diese Kundgebung wurde an Schönerer weitergeleitet.[782]

Ministerpräsident Gautsch, der lediglich als Übergangslösung für ein neues Ministerium gedacht war, versuchte nun, die aufgeheizte Stimmung der Deutschböhmen abzuschwächen. Die von ihm eingeleiteten Verhandlungen über das Ausgleichsprovisorium waren allerdings gescheitert. Die Opposition begnügte sich nicht mit der Zusage Gautschs, die Sprachenverordnungen in einigen Punkten abzuschwächen, denn er zeigte keinen Willen, die Sprachenverordnungen zurückzunehmen.[783]

Da auf parlamentarischem Weg kein Regieren mehr möglich war, ging man auf § 14 der Verfassung über und wollte mir kaiserlichen Verordnungen weiterarbeiten. Das Parlament wurde Mitte Dezember 1897 geschlossen, was bedeutete, daß die Abgeordneten ihre Immunität verloren. Außerdem stellte der Gebrauch des § 14 Verfassungsbruch dar, weil die Gegebenheiten für dessen Anwendung nicht vorhanden waren. Gautsch hatte vor, den Ausgleich mit Ungarn mittels Notverordnungen durchzusetzen.[784]

Gautsch' Absichten hatten wütende Proteste zur Folge. Die Anhänger der sozialdemokratischen Partei und der „Schönererpartei" planten, anläßlich der bevorstehenden Verfügung von Anordnungen auf Grund § 14 des Staatsgrundgesetzes an verschiedenen Orten Straßendemonstrationen zu veranstalten. Dies galt insbesondere für den nächsten Sonntag, der auf die tatsächliche Verkündigung einer Anordnung folgte. Damit sollte bei der Bevölkerung der Glauben hervorgerufen werden, die Regierung gehe nicht verfassungsmäßig vor. Den Demonstrationen wollte man sofort von Beginn an ohne Zögern und mit allem Nachdruck entgegentreten, damit diese rasch und umsichtig unterdrückt würden und so nicht auf die Industriezentren übergriffen.[785]

Allerdings wurden im Verwaltungsbezirk bis Ende Dezember 1897 keine Beobachtungen in dieser Hinsicht gemacht, wonach diesbezügliche Demonstrationen geplant waren. Trotzdem war nach den bisherigen Erfahrungen der Bezirkshauptmannschaft Eger nicht daran zu zweifeln, daß im gegebenen Moment in Eger, dem Hauptsitz der „Schönererpartei", Protestzüge veranstaltet wurden. Die sozialdemokratische Partei spielte nur eine untergeordnete Rolle, jedoch war nicht ausgeschlossen, daß auch diese Demonstrationsmärsche beabsichtigte. Da nach den bestehenden Vorschriften für die Aufrechterhaltung der Ruhe und Ordnung zunächst die Gemeinde bzw. der Bürgermeister zuständig waren, hing das Einschreiten der politischen Behörde vom Vorgehen des Bürgermeisters bzw. der städtischen Polizei ab. Czerny erläuterte Gschier im voraus die Notwendigkeit eines energischen Vorgehens schon am Beginn eines Massenprotestes. Ein Demonstrations- oder Umzugsverbot erwog Czerny nur im Notfall, den Umständen entsprechend und mit Hinzuziehung der Gendarmerie oder des Militärs,

---

[782] Egerer Zeitung, Nr. 98, 51. Jahrgang, 8.12.1897, S. 6
[783] Egerer Zeitung, Nr. 99, 51. Jahrgang, 11.12.1897, S. 1
[784] Egerer Zeitung, Nr. 99, 51. Jahrgang, 11.12.1897, S. 2
[785] Statthaltereipräsidium an Bezirkshauptmann Eger, Nr. 18651, 22.12.1897, S. 615, SOAC, Fond čís.: 437, Kartón čís.: 22, Složka čís.: č. inv. 522, Příloh: č. 601 - 1008, Časový rozsah: 1897

falls es sich als unabwendbar erwiese, also nicht schon im Vorfeld eines geplanten Umzuges.[786]

Bemerkenswert war Ende Dezember 1897, daß Redakteur Franz Stein die „Egerer Nachrichten" verließ und am 19. Dezember 1897 nach Wien übersiedelte. Stein war einer der fanatischsten Anhänger der „Schönererpartei" und als Agitator unausgesetzt tätig. Die Redaktion führte seitdem der Eigentümer und Verleger Hofer.[787]

Seit dem 1. Januar 1898 weilte Stein jedoch wieder in Eger und gab die deutschnationale Arbeiterzeitung „Der Hammer" heraus, die früher in Wien erschien. Er bekam von der hiesigen Parteileitung der „Schönererpartei" monatlich 80 Gulden, um in Eger für diese zu agitieren. Seine Tätigkeit war darauf gerichtet, die Arbeiterschicht des Egerer Bezirkes und der angrenzenden Bezirke, die fast durchwegs sozialdemokratisch waren, für die deutschnationale Partei zu gewinnen, was ihm aber kaum gelang. In Eger selbst war er bis auf einige Artikel für die „Egerer Nachrichten" noch nicht in Erscheinung getreten.[788]

Ab dem 19. Februar 1898 übernahm Franz Stein wieder die Redaktion der „Egerer Nachrichten" und sofort wurde eine schärfere Richtung eingeschlagen, wie dies die Konfiskation am 19. Februar 1898 bewies. Die Beschlagnahme erfolgte wegen des Leitartikels „Das Ende Österreichs". Seit neuestem weitete sich die deutschnationale Agitation auch auf die Religion aus. In Flugblättern, die vermutlich aus Asch stammten, wurde Stimmung für den Übertritt zum Protestantismus gemacht, was jedoch bei der streng katholisch gesinnten Bevölkerung keinen Erfolg hatte.[789]

4.4.8.1. Der Akademikertag am 29. Dezember 1897 in Eger

Gleich nach den Exzessen in Prag fanden in Eger Besprechungen von eingeschriebenen und ehemaligen Hochschülern statt, um hier die Einberufung eines deutschen Akademikertages vorzubereiten. Es wurde auch ein vorbereitender Ausschuß gewählt, dessen Ehrenpräsidium Gschier übernahm. Die Ausgabe der „Bohemia" vom 17. Dezember 1897 veröffentlichte einen Aufruf dieses Ausschusses, der von Gschier, Dr. Josef Giebisch, Josef Pascher und Adam Lohr unterzeichnet war.[790]

Die Planungen um den Akademikertag in Eger nahmen Ende Dezember 1897 konkrete Formen an. Die Veranstalter überreichten der Bezirkshauptmannschaft die Anzeige dafür. Danach wurde die öffentliche Veranstaltung, beschränkt auf ehemalige und gegenwärtige Mitglieder von Universitäten und Hochschulen, für den 29. Dezember 1897, mit der Tagesordnung „Beratung und Beschlußfassung über die Frage der Ver-

---

[786] Bezirkshauptmannschaft Eger an Statthaltereipräsidium, Nr. 1099 praes., 24.12.1897, S. 615 ff, SOAC, Fond čis.: 437, Kartón čis.: 22, Složka čis.: č. inv. 522, Příloh: č. 601 - 1008, Časový rozsah: 1897

[787] Bezirkshauptmannschaft Eger an Statthaltereipräsidium, Z. 1102 praes., 25.12.1897, S. 622 f., OAC, Fond čis.: 437 OÚ Cheb, Kartón čis.: 22, Složka čis.: 1102 pres 1897, Kat. č. 246, Příloh: 4

[788] Bezirkshauptmannschaft Eger an Statthaltereipräsidium, Z. 71 praes., 27.1.1898, S. 140, SOAC, Fond čis.: 437, Kartón čis.: 23, Složka čis.: č. inv. 523, Příloh: č. 1 - 428, Časový rozsah: 1898

[789] Bezirkshauptmannschaft Eger an Statthaltereipräsidium, Z. 143 praes., 20.2.1898, S. 209, SOAC, Fond čis.: 437, Kartón čis.: 23, Složka čis.: č. inv. 523, Příloh: č. 1 - 428, Časový rozsah: 1898

[790] Statthaltereipräsdium an Statthaltereirat und Bezirkshauptmann Eger, Nr. 18342, 18.12.1897, S. 608, SOAC, Fond čis.: 437, Kartón čis.: 22, Složka čis.: č. inv. 522, Příloh: č. 601 - 1008, Časový rozsah: 1897

legung der deutschen Hochschule in Prag ins deutsche Sprachgebiet und sonstige zum Schutze dieser Hochschule zu treffende Maßnahmen" angemeldet. Coudenhove wies Czerny an, diese Veranstaltung, wie auch den abends geplanten Kommers nicht zu untersagen. Dem vorbereitenden Ausschuß wurde für die Genehmigung zur Auflage gemacht, daß Ausländer nicht zugelassen werden dürften, eine Erörterung der politischen Lage wie auch aufrührerische Reden und Resolutionen, insbesondere feindselige Angriffe gegen die Regierung unzulässig seien und die sofortige Auflösung der Veranstaltung zur Folge hätten. Begründet wurden diese Forderungen mit der ohnehin im Land herrschenden Aufregung, da nicht zugelassen werden könne, daß diese noch weiter entfacht würde und eine ruhige, maßvolle Verhandlung nur im Interesse der Prager Professoren und Studenten der Prager Universität und aller anderen Prager Deutschen liege. Falls es zu Ausschreitungen oder turbulenten Szenen käme, schreite die Behörde sofort mit aller Strenge ein und löse die Versammlung auf. Alle sich daraus ergebenen Konsequenzen, wie Disziplinaruntersuchung, strafgerichtliche Verfolgung, evtl. Schließung der Universität, hätten sich die Teilnehmer dann selbst zuzuschreiben. Czerny sollte sich zudem mit den Professoren, die bereits am 28. Dezember 1897 in Eger eintrafen und am selben Tag eine Besprechung mit den Veranstaltern abhielten, vorher in das Einvernehmen setzen. Speziell wurde das Singen des Liedes „Deutschland, Deutschland über alles" nach der Melodie der Volkshymne absolut nicht geduldet. Ebenso waren auch Reden auf öffentlichen Plätzen unzulässig, z.B. vor dem Kaiser Joseph Denkmal.[791]

Kurz vor dem Akademikertag befand sich eine Deputation aus Eger bei den Rektoren der deutschen Universität und der Technischen Hochschule in Prag. Die Rektoren sagten zu, bei diesem Akademikertag zu erscheinen. Deren Teilnahme hatte eher zum Zweck, mit Rücksicht auf die in den Kreisen der Prager Professoren vorherrschenden Stimmung, der Idee einer Verlegung der Hochschule ins deutsche Sprachgebiet entgegenzutreten.[792] Die Bewohner der Stadt Eger wurden vom „Ausschuß des allgemeinen deutschen Studententages Eger" aufgerufen, sich zu melden, um Quartiere für die zu erwartenden Besucher, Rektoren und Studenten zum „Allgemeinen deutschen Studententages" in Eger zur Verfügung zu stellen.[793]

Das Innenministerium erließ wegen der bevorstehenden Veranstaltung am 20. November 1897 einen Beschluß, der besagte, daß man diese Versammlung im Hinblick auf den abgedruckten Aufruf in der „Bohemia" nicht als eine auf geladene Gäste beschränkte Tagung zulassen wollte. Czerny sollte den Bürgermeister von Eger auf diesen Umstand in streng vertraulicher Weise aufmerksam machen und sich dabei auf keine höhere Weisung beziehen.[794]

---

[791] Statthaltereipräsidium an Statthaltereirat und Bezirkshauptmann Eger, Nr. 18900, 27.12.1897, S. 627 ff, OAC, Fond čís.: 437 OÚ Cheb, Kartón čis.: 22, Složka čis.: 1106 pres 1897, Kat. č. 248, Příloh: 4

[792] Bezirkshauptmannschaft Eger an Statthaltereipräsidium, Z. 1089 praes., 18.12.1897, S. 604, SOAC, Fond čís.: 437, Kartón čis.: 22, Složka čis.: č. inv. 522, Příloh: č. 601 - 1008, Časový rozsah: 1897

[793] Egerer Zeitung, Nr. 102, 51. Jahrgang, 22. Dezember 1897, S. 3

[794] Statthaltereipräsidium an Statthaltereirat und Bezirkshauptmann Eger, Nr. 18668, 23.12.1897, S. 620, SOAC, Fond čís.: 437, Kartón čis.: 22, Složka čis.: č. inv. 522, Příloh: č. 601 - 1008, Časový rozsah: 1897

Unter reger Anteilnahme der gebildeten Bevölkerungskreise der Stadt Eger, die an diesem Tag mit reichlich Fahnen geschmückt war, begann am 29. Dezember 1897 der deutsche Akademikertag. Hierzu hatten sich teilweise schon am Vorabend, teils am Veranstaltungstag selbst, mehrere deutschböhmische Abgeordnete, Professoren der beiden Prager deutschen Universitäten, Mitglieder der farbentragenden Studentenverbindungen aus Prag und Wien und sonstige Universitätsangehörige, insgesamt ca. 350 Personen, eingefunden. Unter den farbentragenden Studentenverbindungen befanden sich auch Mitglieder der Prager Burschenschaften. Die Anwesenden des Prager Universitätsvereines waren mit deutschnationalen Emblemen geschmückt.[795] Als Regierungsvertreter waren Statthaltereirat Czerny und Konzeptspraktikant Grohmann anwesend. Zugang wurde nur Akademikern gewährt, die Eintrittskarten vorlegen konnten.[796]

Ehrenpräsident Gschier, der sich das Amt mit den Professoren Bachmann und Uhlig teilte, begrüßte nach Eröffnung der Versammlung die Erschienen, insbesondere die Professoren. Er leitete seine Begrüßung mit den Worten ein, daß sich die anwesenden Gäste nicht zu einem Fest, sondern zu ernster Arbeit in der Sorge um den Fortbestand der ältesten Universität versammelt hätten. Er erwähnte die Prager Schreckenstage, in denen die fanatisierte Menge selbst humanitäre Einrichtungen stürmte, bis ihr das Standrecht Einhalt gebot. Er glaubte, daß unter solchen Umständen ein florierender Fortbestand der deutschen Hochschule schwer möglich sei. Gegenstand der heutigen Beratungen sei, ein Mittel der Abhilfe zu finden. Dieser Tag solle so bedeutungsvoll werden, wie der Volkstag am 11. Juli 1897. Heute sollten Beschlüsse gefaßt werden, welche die Bestrebungen der nationalen Gegner zunichte machten. Mit dem Wunsch für den besten Erfolg der Beratungen schloß Gschier seine Begrüßung.[797]

Im Namen der deutschen Studentenschaft hieß Doberauer, Obmann der „Germania" in Prag, die Teilnehmer willkommen. Er erklärte ebenfalls den Grund dieser seltenen Versammlung, nämlich, auf deutschem Boden ernste Beratungen zum Schutz der Universität zu pflegen. Das deutsche Volk könne niemals damit rechnen, trotz der vielen kulturellen Wohltaten, Dank vom tschechischen Volk zu erhalten. Den größten Undank aber habe es während der Prager Straßenschlachten gezeigt. Deshalb dringe aus dem deutschen Volk der Ruf „Weg von Prag!". So ergehe auch die Einladung an die Prager Professoren, durch deren Anwesenheit die heutige Versammlung möglich geworden sei. Doch sollte nicht die Leidenschaft des Augenblickes, sondern nur die Rücksicht auf das Blühen, Wachsen und Gedeihen der Universität für den Gang der kommenden Entscheidungen maßgebend sein. Hierauf verlas der Schriftführer die Zuschrift des Rektors der Prager Universität. Darin rechtfertigte er sein Fernbleiben durch die Anhäufung der Amtsgeschäfte infolge der Ereignisse der letzten Tage. Er berief sich auf den Standpunkt, den er in einer früheren Kundgebung vertreten habe, wonach sich alle der schwierigen Stellung der Professoren und Studenten bewußt sein sollten, in der sie sich befänden und deren Änderung nur durch die Mitwirkung der gesetzlichen Faktoren möglich sei. Gerade jetzt sei es Pflicht, an der alten historischen Stätte festzuhalten. Die Zuschrift schloß mit der Bemerkung, je geeinter sich die Studenten präsentierten, desto besser gestalteten sich die geplanten Wohlfahrtseinrichtun-

---

[795] Egerer Zeitung, Nr. 1, 52. Jahrgang, 1.1.1898, S. 2
[796] Egerer Zeitung, Nr. 1, 52. Jahrgang, 1.1.1898, S. 1
[797] Egerer Zeitung, Nr. 1, 52. Jahrgang, 1.1.1898, S. 2

gen. Nur die Professoren und der Senat hätten sich dafür eingesetzt, den Studenten die Beschäftigung mit der Wissenschaft zu sichern.[798]

Im Anschluß daran dankte Prof. Bachmann im Namen der Prager deutschen Universität und im Auftrag des Rektors für die freundliche Begrüßung und begann seine Rede, daß die beklagenswerten Ereignisse der letzten Tage in Deutschböhmen und in Eger schmerzliche Gefühle auslösten. Der Egerländer entschließe sich langsam und schwer. Aber einmal entschlossen pflege er mit großem Ernst und Nachdruck, seine Entscheidungen auszuführen. Die Gefährdung von nationalen Einrichtungen, wie der Universität, bedrängten seine Freiheit und bedürften der größten Fürsorge aller Beteiligten, der Studierenden, Lehrer und der Regierung. Eine Neuschaffung der Universität sei im Hinblick auf Seminare und Sammlungen mit Schwierigkeiten verbunden. Immer frisch und neu fliege der Samen der Wissenschaft und aus diesem Grund müßten die Anstalten dementsprechend ausgestattet sein. Daher sollte die heutige Entschließung auf Dauer würdig sein, sie sollte zum Wohl der Alma Mater, der Stadt Eger und dem deutschen Volk sein. In diesem Sinn äußerte sich auch Prof. Uhlig. Er hob hervor, daß die mäßigende Haltung der Studenten von den Professoren schon früher anerkannt worden sei. Bachmann wünschte viel Erfolg für die Beratungen.[799]

Anschließend wurden Begrüßungstelegramme und Briefe vorgelesen. In einem Brief wurde dargestellt, daß nicht am Standort der beiden Hochschulen gerüttelt werden dürfe, da diese ein „Hauptbollwerk" nicht nur für das Deutschtum in Prag, sondern für das ganze Böhmen seien. Die Tschechen gäben nicht einmal eine Matice-Schule auf, daher müßten die Studenten an den Prager Hochschulen festhalten. Wolf schickte ein Telegramm, in dem er wünschte, daß die Beratungen fruchtbar verliefen und nichts beschlossen werden würde, was den Tschechen Anlaß zur Freude gebe.[800]

Der nächste Redner war der Student Franze, dessen Rede oft vom Beifall unterbrochen wurde. Er leitete seinen Vortrag ein, daß die Stadt Eger heute einen guten Tag habe. Manche deutschen Worte seien in dieser Stadt schon gesprochen worden. Einige hätten erfahren müssen, für die einen zum Leid, für die anderen zur Freude, daß die Egerländer ungern etwas dreimal sagten, sondern auch zu handeln verstünden. Er schilderte die Prager Krawalle in kräftigen Worten. So kritisierte er die Vorgänge, die sich trotz des Militäraufgebotes und der Verfügungen abspielen konnten. Diese Ereignisse könnten selbst kleine Kulturvölker nicht glauben. Als die Tschechen über ihre eigenen Heldentaten nachdachten, klagten sie die deutschen Studenten als die wahren Schuldigen an. Die Studenten hätten aber nichts anderes getan, als die „Wacht am Rhein" in der Halle der Universität zu singen, um der Standfestigkeit der deutschen Abgeordneten zu gedenken. Überhaupt seien sie darüber nur den Behörden Rechenschaft schuldig.[801]

Schücker bedachte in seiner Rede die Bedeutung der Prager Professoren für die geistige Entwicklung der meisten Versammlungsteilnehmer. Die Universität bedeute für den deutschen Studenten erste Bewegungsfreiheit, nicht nur im schulischen Bereich, son-

---

[798] Egerer Zeitung, Nr. 1, 52. Jahrgang, 1.1.1898, S. 2
[799] Egerer Zeitung, Nr. 1, 52. Jahrgang, 1.1.1898, S. 2
[800] Egerer Zeitung, Nr. 1, 52. Jahrgang, 1.1.1898, S. 2
[801] Relation über den Verlauf des Akademikertages am 29.12.1897, 30.12.1897, S. 637 ff, OAC, Fond čís.: 437 OÚ Cheb, Kartón čís.: 22, Složka čís.: 1110 pres 1897, Kat. č. 249, Příloh: 11

dern auch im gesellschaftlichen Leben.⁸⁰² Er forderte, daß die Bewahrung der akademischen Freiheit der Jugend die Pflicht der Deutschen sei. Die Volksvertreter wurden aufgerufen, für die Sicherung der persönlichen Freiheit einzutreten, um das Deutschtum in der Monarchie wieder an erster Stelle zu setzen. Im böhmischen Landtag hätten alle deutschen Vertreter ohne Parteiunterschied ihre Entrüstung über das Verhalten der Tschechen und der Regierungsorgane Ausdruck verliehen. Schücker merkte jedoch an, daß die Lösung der Frage, ob die deutsche Hochschule in das deutsche Sprachgebiet verlegt werden sollte, Sache der Professoren sei. Seinem Herzen nach befürworte er den Abzug von Prag. Allerdings müßten logistische Probleme bedacht werden, denn eine Universität könnte nicht so einfach verlegt werden.⁸⁰³

Zuletzt beschloß man eine Resolution, die einstimmig angenommen wurde, in welcher die unerhörten Vorgänge in Prag in der letzten Novemberwoche des Jahres, die Gewalttaten, die sich vor allem gegen die Angehörigen und den Besitz der beiden deutschen Hochschulen richteten, insbesondere aber die Haltung der Regierungsorgane, die verpflichtet gewesen wären, die Ausbrüche des Deutschenhasses der tschechischen Bevölkerung Prags entgegenzutreten, die im deutschen Volk Böhmens tiefgehende Verbitterung und Beunruhigung hervorgerufen hätten. Das deutsche Volk erblicke in den Ereignissen nicht nur eine momentane schwere Schädigung der deutschen Hochschule in Prag, sondern den Ausdruck von Gesinnungen und Zuständen, die schwere Sorgen für die Zukunft, für das Blühen und Weitergedeihen dieser alterwürdigen, durch ihre Leistungen weltberühmte Hochschule einflößten, die zu den wertvollsten Besitztümern des deutschen Volkes in Böhmen und der deutschen Gesamtnation gehörten. Es sei sogar dazu gekommen, daß weite Kreise des deutschen Volkes und die Studentenschaft die Verlegung dieser Hochschule in das rein deutsche Gebiet von Böhmen forderten. Eine so tiefe und einschneidende Maßnahme müßte wirklich ernstlich ins Auge gefaßt werden, wenn nicht in kürzester Zeit gewährleistet werden würde, nicht nur die Wiederholung ähnlicher Vorgänge auszuschließen, sondern alle Maßnahmen zu treffen, die ruhiges und ersprießliches Gedeihen der Hochschule ermöglichten. Die auf dem Akademikertag in Eger Versammelten hätten es für ihre heilige Pflicht gehalten, jeden Versuch als bewußte Lüge und Verleumdung auf das Entschiedenste zurückzuweisen, der die deutschakademische Jugend als Urheber der Gewalttaten hinstellen wollte. Die Deutschen forderten nicht nur ausreichenden Schutz für alle Angehörigen und den Besitz der Hochschule, sondern ebenso vom Staat Förderung in jeder Hinsicht, außerdem die volle Gewährleistung nicht nur der bürgerlichen, sondern auch ihrer akademischen Rechte. Für die Studenten verlange man, daß in Prag die Gleichberichtigung der deutschen Sprache und Nationalität in vollem Umfang zur Geltung komme, wie sich dies für eine Stadt gehöre, die würdig sein sollte, die deutsche Hochschule zu besitzen. Die Deutschen erwarteten, daß ihnen und den Angehörigen beider deutschen Hochschulen die Genugtuung für die beschämenden Vorgänge der letzten Zeit zuteil werden würden, welche die akademischen Behörden in Wahrung ihrer Pflicht ebenfalls reklamiert hätten. Die Teilnehmer des Akademikertages sahen es unter allen Umständen als ihre Ehrenpflicht an, die deutschen Hochschulen in Böhmen in jeder Hinsicht, in erster Linie aber durch den zahlreichen Besuch dersel-

---

⁸⁰² Relation über den Verlauf des Akademikertages am 29.12.1897, 30.12.1897, S. 637 ff, OAC, Fond čís.: 437 OÚ Cheb, Kartón čís.: 22, Složka čís.: 1110 pres 1897, Kat. č. 249, Příloh: 11
⁸⁰³ Egerer Zeitung, Nr. 1, 52. Jahrgang, 1.1.1898, S. 3

ben, unbekümmert von Anfeindungen und Beschwernissen auch in Zukunft zu stützen und zu fördern.[804]

Reiniger stellte noch den Antrag, zur Sicherung der Beschlüsse aus der heutigen Versammlung einen ständigen Ausschuß zu wählen, der die Weiterentwicklung der Verlegung der Prager deutschen Hochschulen nach der beschlossenen Resolution aufmerksam verfolgte und aus wichtigem Anlaß einen neuen Akademikertag einberief. Der Ausschuß sollte sich aus dem Egerer Bürgermeister, ferner aus Dr. Giebisch, Josef Pascher und den Obmännern der beiden Zentralvereine der Prager deutschen Studentenschaft zusammensetzen. Auch dieser Zusatz wurde einstimmig angenommen.[805]

Die Lokalblätter berichteten ausführlich über den Akademikertag, allerdings waren deren Schilderungen nicht immer wahrheitsgetreu, so daß die Statthalterei Prag die Bezirkshauptmannschaft Eger aufforderte, einen wahrheitsgemäßen Bericht über den Ablauf des Akademikertages zu verfassen. In seinem Rapport stellte Czerny, der als Regierungsvertreter an der Versammlung teilgenommen hatte, folgendes klar: Die im Zeitungsbericht genannten Studentenverbindungen waren bei der Versammlung keineswegs als solche anwesend. Bei der Versammlung trat kein Umstand zutage, der auf eine korporative Beteiligung hindeutete. Was die von einzelnen Zeitungen gemeldete Nachricht betraf, daß diejenigen Gebäude, in denen sich landesfürstliche Ämter oder Behörden befanden, mit schwarz-rot-gelben Fahnen geschmückt waren, so war diese völlig unwahr. Weder die Gebäude, die sich am Marktplatz befanden, in denen das Kreisgericht, die Bezirkshauptmannschaft und die Finanzbezirksdirektion untergebracht waren, wurden mit Fahnen geschmückt. Ebensowenig war das Gebäude beflaggt, in dem sich das Post- und Telegraphenamt befand, obwohl dies ein Privathaus war. In einzelnen Blättern war die Rede davon, daß den Mitgliedern des vorbereitenden Ausschusses die schärfsten Maßregeln für den Fall von Ausschreitungen oder gesetzwidrigen Vorgängen angedroht worden seien und man sich dabei auf höhere Weisungen berufen habe, so war letztere Meldung falsch. Czerny hatte bei der Besprechung mit einzelnen Mitgliedern des Ausschusses, insbesondere mit Dr. Giebisch, von seinem Standpunkt aus, all jene Momente für das Verhalten der Teilnehmer am Akademikertag hervorgehoben. Hierbei vermied er selbstverständlich jeden Bezug auf höhere Weisung. Wenn trotzdem vermutet wurde, daß solche Weisungen existierten, war dies nicht verwunderlich, da nach dem Umfang der getroffenen Maßnahmen von den Teilnehmern unwillkürlich der Schluß gezogen werden mußte, daß die Verwaltungsbehörden dem deutschen Akademikertag eine besondere Bedeutung beimaßen.[806]

Die Statthalterei in Prag wies die Bezirkshauptmannschaft Eger an, daß der vom Akademikertag am 29. Dezember 1897 in Eger gefaßte Beschluß, wonach ein permanenter Ausschuß, der die Weiterentwicklung der maßgebenden Verhältnisse für die Univer-

---

[804] Egerer Zeitung, Nr. 1, 52. Jahrgang, 1.1.1898, S. 3
[805] Egerer Zeitung, Nr. 1, 52. Jahrgang, 1.1.1898, S. 3
[806] Bezirkshauptmannschaft Eger an Statthaltereipräsidium, Z. 1110 praes., ai 1897, 30.12.1897, S. 634 ff, OAC, Fond čis.: 437 OÚ Cheb, Kartón čis.: 22, Složka čis.: 1110 pres 1897, Kat. č. 249, Příloh: 11

sitätsverlegung beobachten und gegebenenfalls einen neuerlichen Akademikertag einberufen sollte, nicht zuzulassen sei.[807]

Letztendlich verlief der Akademikertag vollkommen ruhig und störungsfrei. Das Militär stand in Bereitschaft, ebenso die Gendarmerie und die Bezirkshauptmannschaft, aber die Behörden hatten keinen Grund zum Eingreifen. Die Sicherheitsvorkehrungen waren sehr stark, was zeigte, wie ernst die Behörden nach den Erfahrungen des Egerer Volkstages um die Sicherheit besorgt waren.[808]

---

[807] Statthaltereipräsdium an Statthaltereirat und Bezirkshauptmann Eger, Nr. 19132, 30.12.1897, S. 61, SOAC, Fond čis.: 437, Kartón čis.: 23, Složka čis.: č. inv. 523, Příloh: č. 1 - 428, Časový rozsah: 1898

[808] Egerer Zeitung, Nr. 1, 52. Jahrgang, 1.1.1898, S. 4

5. Das Jahr 1898

5.1. Die Fortführung des Nationalitätenkampfes der deutschen Bevölkerung und Politiker gegen die Tschechen Deutschböhmens

Zu Beginn des Jahres 1898 waren wiederum Wahlen in Böhmen ausgeschrieben. Das große Thema des Wahlkampfes aller Parteien waren die Sprachenverordnungen und der Kampf der Deutschen gegen die tschechischen Mitbewohner. Somit wurde der Widerstand der Deutschen durch den Regierungswechsel von Badeni zu Gautsch nicht beendet.

Das Jahr begann nach dem Egerer Akademikertag relativ ruhig, wie der Stimmungsbericht vom 2. bis 8. Januar 1898 zeigte. Nach friedlichem Verlauf des Akademikertages, den die Bevölkerung mit Spannung erwartete, blieb die Stimmung der Bewohner Egers auch weiterhin besonnen. Ursache dafür war der Beginn der Faschingssaison, welcher die Bürger ihre Aufmerksamkeit zuwandten.

Die „Schönererpartei" unternahm auch im neuen Jahr vielerlei Anstrengungen, um die Bevölkerung beständig in Aufruhr zu halten. Genauso wie 1897 wurden auch wieder Flugblätter verteilt. Nach einer Mitteilung des Innenministers erschien Anfang Januar 1898 im Verlag von Bruckmeier in Rosenau und im Druck von Faber in Krems eine deutschnationale Flugschrift, die offenbar massenhaft verbreitet werden sollte. Infolge Erlasses des Innenministers vom 5. Januar 1898 mußte jede unbefugte Verbreitung der Flugschrift verhindert werden,[809] da sie antidynastische Tendenzen aufwies.[810]

Sie lautete folgendermaßen:

> „Angesichts der Sprachenzwangsverordnungen, durch welche langsam aber sicher die Slavisierung urdeutscher Gebiete angebahnt wird, mag es wohl erklärlich erscheinen, wenn die Ostmarkdeutschen mit keiner Feststimmung in das Jubeljahr 1898 eintreten.
>
> Besser Kampf, als fauler Friede!
>
> Lieber todt, als unserem Volk untreu!"[811]

Am 9. Januar 1898 wollte der „Bund der Landwirte in der Ostmark" seine 117. Versammlung in Liebenstein abhalten, bei der Schönerer über die politische Lage sprechen sollte. 35 Mann des Bauernvereines holten Schönerer von seinem Quartier in Eger ab und begleiteten ihn nach Liebenstein und wieder zurück. Der Zug bewegte sich durch die Seitenstraßen Egers, in denen sich viele Neugierige ansammelten.[812] Unterwegs veranstalteten halbwüchsige Jungen und Mädchen, die den Sozialdemokraten nahestanden, was daran zu erkennen war, daß sie das Arbeiterlied spielten und

---

[809] Statthaltereipräsidium an Bezirkshauptmann Eger, Nr. 404, 8.1.1898, S. 96 f., SOAC, Fond čis.: 437, Kartón čis.: 23, Složka čis.: č. inv. 523, Příloh: č. 1 - 428, Časový rozsah: 1898
[810] Statthaltereipräsidium an Bezirkshauptmann Eger, Nr. 4882, 23.3.1898, S. 334, SOAC, Fond čis.: 437, Kartón čis.: 23, Složka čis.: č. inv. 523, Příloh: č. 1 - 428, Časový rozsah: 1898
[811] Statthaltereipräsidium an Bezirkshauptmann Eger, Nr. 404, 8.1.1898, S. 96 f., SOAC, Fond čis.: 437, Kartón čis.: 23, Složka čis.: č. inv. 523, Příloh: č. 1 - 428, Časový rozsah: 1898
[812] Bezirkshauptmannschaft Eger an Statthaltereipräsidium, Z. 49 praes., 15.1.1898, S. 123 f., OAC, Fond čis.: 437 OÚ Cheb, Kartón čis.: 22, Složka čis.: 49 pres, Kat. č. 253, Příloh: 2

eine Tafel mit der Aufschrift „Hoch die internationale Sozialdemokratie" trugen, Demonstrationen. Als Schönerer das Gasthaus betreten wollte, erhob sich tosender Lärm. Er wurde mit Schimpfworten überhäuft, vereinzelt flogen Steine in seine Richtung. Die Menge schaffte es schließlich, das Gasthaus zu stürmen und versuchte, Schönerer niederzuschlagen. Da die Lage immer bedrohlicher wurde, erklärte Regierungsvertreter Hirsch aus Eger, daß die Versammlung nicht abgehalten werden dürfe, was die Sozialdemokraten mit „Bravo"-Rufen beantworteten. Die Gendarmerie schritt nicht ein, worüber sich die „Ascher Zeitung" empörte. Bei der Abfahrt wurde Schönerer von vier Gendarmen begleitet, zwei eskortierten ihn bis Eger, da die Sozialdemokraten durch ihr Verhalten Schönerers Leben bedrohten. Nachdem Schönerer Liebenstein verlassen hatte, kam es zu blutigen Zusammenstößen zwischen Deutschnationalen und Sozialdemokraten.[813]

Die Rückkehr Schönerers nach Eger vollzog sich ohne Zwischenfälle. Überhaupt schien der Einfluß Schönerers im Egerland zu sinken, dagegen der vom Abgeordneten Wolf zu steigen. Hierfür sprach der Umstand, daß in verschiedenen Orten Geldsammlungen für ein Ehrengeschenk für Wolf eingeleitet wurden, deren Ergebnis recht beachtlich war. Das Geld war dazu bestimmt, damit Wolf unabhängiger von Schönerer agieren konnte, dem er angeblich 500 Gulden für die „Ostdeutsche Rundschau" schuldete. In Eger wurden 2000 Mark gesammelt und an Wolf übergeben.[814]

Der Landtagsabgeordnete Dr. Heinrich Záhoře und weitere Parteimitglieder brachten in der 25. Sitzung des böhmischen Landtages am 10. Januar 1898 eine Interpellation an den Statthalter ein. Darin wurden die Drangsalierung und Boykottierung der tschechischen Minoritäten durch die deutsche Bevölkerung kritisiert. Das Statthaltereipräsidium forderte von der Bezirkshauptmannschaft Eger einen Bericht an, in dem über die Wohnungskündigungen und Entlassungen tschechischer Bewohner Auskunft erteilt werden sollte.[815]

Der angeforderte Bericht beinhaltete alle Erkenntnisse, welche die Bezirkshauptmannschaft Eger der Statthalterei schon mehrmals mitgeteilt hatte. Zusammenfassend wurde berichtet, daß die nationalen Gegensätze zwischen Deutschen und Tschechen in Eger erst nach der Veröffentlichung der Sprachenverordnungen ausgebrochen waren. Die Emotionen wurden dabei bewußt von der „Schönererpartei" geschürt und gipfelten nach dem Egerer Volkstag in Pamphleten gegen die tschechischen Mitbewohner, in Wohnungs- und Arbeitsplatzkündigungen der ansässigen Tschechen, die ebenso Staatsbeamte betrafen.[816]

Im Lauf der Zeit begann die Agitation in dieser Angelegenheit nachzulassen und flammte erst wieder wegen der Ereignisse infolge der Schließung des Reichsrates auf. Danach erschien eine neue Sonderausgabe der „Egerer Nachrichten" mit einem neuen Verzeichnis der hier lebenden Tschechen und Juden, die konfisziert wurde. Ein eigentlicher Boykott der tschechischen Bevölkerung im engeren Sinn fand nicht statt.

---

[813] Ascher Zeitung, Nr. 4, 35. Jahrgang, 12.1.1898, Beilage, S. 3
[814] Bezirkshauptmannschaft Eger an Statthaltereipräsidium, Z. 49 praes., 15.1.1898, S. 123 f., OAC, Fond čis.: 437 OÚ Cheb, Kartón čis.: 22, Složka čis.: 49 pres, Kat. č. 253, Příloh: 2
[815] Statthaltereipräsidium an Statthaltereirat und Bezirkshauptmann Eger, Nr. 783, 16.1.1898, S. 125, OAC, Fond čis.: 437 OÚ Cheb, Kartón čis.: 23, Složka čis.: 56 pres, Kat. č. 254, Příloh: 4
[816] Bezirkshauptmannschaft Eger an Statthaltereipräsidium, Nr. 56 pr., 21.1.1898, S. 127 f., OAC, Fond čis.: 437 OÚ Cheb, Kartón čis.: 23, Složka čis.: 56 pres 1898, Kat. č. 254, Příloh: 4

Bei dieser Angelegenheit spielte auch der Geschäftsneid eine große Rolle. Die Egerer Geschäftsleute glaubten, sich ihrer unbequemen und billiger produzierenden Konkurrenten im Schatten der Nationalitätenfeindlichkeiten entledigen zu können.[817] Da wegen der Vorgänge keine Beschwerden einliefen, war es nicht möglich, in dieser Richtung irgendwelche Amtshandlungen einzuleiten. Bisher gelang es noch nicht, den eigentlichen Agitatoren auf die Spur zu kommen, obwohl einige Leute verdächtigt wurden. Die radikalnationale Partei inszenierte die Agitation und daher standen vermutlich ihre Führer an der Spitze der Bewegung. Allerdings gingen in dieser Hinsicht noch keine Hinweise bei der Bezirkshauptmannschaft ein. Bei dem bekannten Terror durch diese Partei fürchtet sich jeder vor einer Zeugenaussage.[818]

In der gleichen Sitzung des böhmischen Landtages legten die deutschen Abgeordneten ebenfalls eine Interpellation über die Vorfälle in Prag vor. Diese wurde von Dr. Werunsky und anderen Parteimitgliedern verlesen und richtete sich an den Statthalter Coudenhove. Darin wurde aufgezeigt, daß gegen Ende des Jahres 1897, insbesondere vom 29. November bis 2. Dezember, in Prag und in den Vororten umfangreiche Ruhestörungen stattgefunden hätten, diese sich rasch zu Gewalttätigkeiten durch Eigentumsbeschädigungen zahlreicher Stadtbewohner und sich in vielen Fällen in Raub und Diebstähle, in einzelnen Fällen sich sogar in Brandstiftungen ausgewachsen hätten. Alles habe einen äußerst bedrohlichen Charakter angenommen und sich zum förmlichen Aufruhr gesteigert. Laut Zeitungsnachrichten seien in mehr als 800 Häusern die Fenster eingeschlagen, zahlreiche Firmentafeln zerstört und 44 Geschäfte ausgeraubt worden. Diese Gewalttätigkeiten hätten sich vorzugsweise gegen Häuser gerichtet, die von Deutschen bewohnt worden seien oder Deutschen gehört hätten, ohne daß von der Bevölkerung Prags und der Vororte irgendein Anlaß für die Ausschreitungen gegeben worden sei.[819] Die Krawalle hätten sich gegen Versammlungspunkte der Deutschen gerichtet, z.B. gegen das „Neue Deutsche Theater", Vereinshäuser und Unterrichtsanstalten. Das Gebäude der deutschen Universität sei stark beschädigt und Teile der Sammlungen vernichtet worden. Sogar Humanitäts- und Krankenhäuser seien nicht verschont worden. Am 1. Dezember 1897 hätten die Unruhen Ausmaße eines Aufruhrs angenommen und nicht nur das Eigentum, sondern auch das Leben vieler Bürger bedroht. Um so verblüffender sei die auf Beschwichtigung abzielende Bemerkung Coudenhoves gewesen, die durch Bürgermeister Dr. Podlipný veröffentlicht wurde. Die Unterzeichner dieser Interpellation stellten daher an Coudenhove mehrere Fragen, da die Ereignisse nicht zufälliger Ausbruch von Roheit seien, denn das Resultat einer planmäßigen Hetze sei zu offensichtlich. So wundere man sich, wie es möglich gewesen sei, daß nach Einschreiten des Militärs, da die Polizeiwachmannschaft zahlenmäßig nicht ausreichte, trotzdem in nächster Nähe der Militärposten die Zerstörungen fortgesetzt werden konnten. Coudenhove sollte zudem die Zusicherung geben, daß der deutschen Bevölkerung in Prag und in den Vororten vermehrt Personen- und Eigentumsschutz zuteil werden würde, als dies bisher der Fall sei. Außerdem sollte der

---

[817] Bezirkshauptmannschaft Eger an Statthaltereipräsidium, Nr. 56 pr., 21.1.1898, S. 127 f., OAC, Fond čís.: 437 OÚ Cheb, Kartón čís.: 23, Složka čís.: 56 pres 1898, Kat. č. 254, Příloh: 4

[818] Bezirkshauptmannschaft Eger an Statthaltereipräsidium, Nr. 56 pr., 21.1.1898, S. 127 f., OAC, Fond čís.: 437 OÚ Cheb, Kartón čís.: 23, Složka čís.: 56 pres 1898, Kat. č. 254, Příloh: 4

[819] Egerer Zeitung, Nr. 4, 52. Jahrgang, 12.1.1898, S. 1 f.

Statthalter dahin wirken, daß die Personen, die durch die Verwüstungen geschädigt wurden, volle Entschädigung aus der Staatskasse erhielten.[820]

Zuletzt überreichten Schlesinger und Genossen den Antrag, die Regierung durch den Landtag aufzufordern, die Sprachenverordnungen vom 5. April 1897 für Böhmen aufzuheben. Als Begründung wurde angegeben, daß die Verordnungen neue Grundzüge für die Organisation der Gerichte und Behörden in Böhmen schafften und Bestimmungen enthielten, die weder durch die tatsächlichen Bevölkerungsverhältnisse noch durch die praktischen Erfordernisse der Verwaltung und Rechtspflege zu rechtfertigen seien. Diese Verordnungen stünden im Widerspruch zum Gedanken des österreichischen Einheitsstaates. Außerdem würden die Deutschen Böhmens wichtiger sprachlicher Rechte beraubt werden, die den Deutschen anderer österreichischer Provinzen gewährt würden. Diese Rechte seien den Deutschböhmen durch den böhmischen Ausgleich von 1890 vom Staat zuerkannt und verbürgt worden, überhaupt entsprächen die Sprachenverordnungen nicht den staatsrechtlichen Grundlagen Österreichs.[821]

Die Partei der Großgrundbesitzer stieß in der 25. Sitzung des böhmischen Landtages am 10. Januar 1898 in Sachen Regelung der Sprachenfrage vor, die auf gesetzlichem Weg verabschiedet werden sollte. Graf Buquoy reichte einen Antrag ein, in dem der Landtag aufgefordert wurde, den Beschluß zu fassen, eine Kommission mit 24 Mitgliedern einzuberufen, die sich aus vier von jeder Kurie und 12 des gesamten Landtages zusammensetzen sollte. Diese sollte den Auftrag erhalten, darüber zu beraten und anschließend dem Landtag Bericht erstatten, in welcher Weise die Sprachenfrage in Böhmen im Einverständnis mit den Vertretern beider Volksstämme zu regeln sei.[822] In der 30. Landtagssession wurde Buquoys Antrag mit 139 : 69 Stimmen angenommen und damit eine Kommission eingesetzt, die über die Sprachenfrage beraten sollte.[823] Nachdem der Landtag den Antrag angenommen hatte, erhob sich großer Lärm bei den deutschen Abgeordneten.[824]

In der 28. Sitzung des böhmischen Landtages am 17. Januar 1898 stellte Coudenhove klar, daß ihn keinerlei Schuld an den Exzessen in Prag treffe. Er wies die Behauptung weit von sich, er habe die Schuld an den Ausschreitungen den deutschen Studenten zugeschoben, denn so hatte er sich kurz nach Beendigung der Prager Krawalle geäußert. Gleichzeitig bestritt er, jemals eine derartige Behauptung aufgestellt zu haben.[825]

Wenig später stellte die Regierung Gautsch durch Coudenhove in einer Sitzung des böhmischen Landtages im Januar 1898 ihr neues Sprachenprogramm vor, das die Badenische Sprachenverordnungen durch die sprachliche Dreiteilung Böhmens ersetzte. Danach wurde ein rein deutsches, ein rein tschechisches und ein gemischtsprachiges Gebiet gegründet. In den Mittelschulen wurde die zweite Landessprache verpflichtend eingeführt. Das neue Programm sollte auch auf dem Verordnungsweg erlassen werden. Der Zusatz, daß die zweite Landessprache verpflichtend an den Mittelschulen eingeführt wurde, wurde nicht als Konzession an die Deutschen angesehen. Diese Bestim-

---

[820] Egerer Zeitung, Nr. 4, 52. Jahrgang, 12.1.1898, S. 2
[821] Egerer Zeitung, Nr. 4, 52. Jahrgang, 12.1.1898, S. 2
[822] Egerer Zeitung, Nr. 4, 52. Jahrgang, 12.1.1898, S. 1
[823] Egerer Zeitung, Nr. 7, 52. Jahrgang, 22.1.1898, S. 3
[824] Egerer Zeitung, Nr. 5, 52. Jahrgang, 15.1.1898, S. 3
[825] Egerer Zeitung, Nr. 6, 52. Jahrgang, 19.1.1898, S. 6

mung hatte den Sinn, daß Ämter und Behörden tschechische Anfragen auch auf tschechisch beantworten konnten, auch wenn die Amtssprache deutsch war.[826]

Die „Egerer Zeitung" zeigte die Folgen dieser neuen Verordnung auf. An deutschen Schulen würden sicherlich Tschechen als Tschechischlehrer eingestellt, die ihren Deutschenhaß an den Kindern auslebten. Umgekehrt würden natürlich keine Deutschen für den Deutschunterricht verpflichtet, da deren Leben nach offizieller Meinung gefährdet sei. Tschechische Deutschlehrer gefährdeten zudem den Fortbestand des deutschen Kulturgutes.[827]

Der Stimmungsbericht für den Zeitraum vom 15. bis zum 22. Januar 1898 verdeutlichte die Wirkung der Diskussion um eine neue Sprachenverordnung. Seit den Ereignissen in Prag und seit der Erklärung des Statthalters zu den neuen Sprachenverordnungen, sowie der Einführung der tschechischen Sprache an den Mittelschulen machte sich hier eine größere Erregung bemerkbar. Diese wurde durch die beiden Lokalblätter, besonders durch die „Egerer Nachrichten" lebhaft geschürt. Die Ankündigung, wonach die tschechische Sprache an den Mittelschulen eingeführt wurde, benutzten die Radikalnationalen Egers als neues Agitationsmittel, um die zum Teil schon etwas ruhiger gewordene Bevölkerung erneut in Rage zu bringen. Bis jetzt verhielt sie sich ruhig, verfolgte aber mit regem Interesse die Vorgänge in Prag. Zur Beunruhigung trugen ebenso verschiedene Gerüchte bei, die in der Stadt kursierten,[828] wie jenes, wonach Wolf in Prag erschossen worden sei. Da diese Behauptung erst nach 20.00 Uhr verbreitet wurde, übte sie keine Wirkung aus und es kam zu keinen Ansammlungen. Am anderen Morgen wurde diese Nachricht dementiert. Im Bezirk selbst herrschte Ruhe. Nur in Schönbach begann durch die Mandatsniederlegung des Reichsratsabgeordneten Gebler der Wahlkampf. Dort standen sich Schönerianer, die für Hofer eintraten und Anhänger der Deutschen Volkspartei, die für den Redakteur der „Ostdeutschen Rundschau" Paul Tacher stimmten, gegenüber. Die „Egerer Nachrichten" wurden dreimal hintereinander wegen maßloser Angriffe gegen den Statthalter von Prag und die Regierung konfisziert.[829]

Der Abgeordnete Wolf griff in seiner Rede in der 28. Sitzung des böhmischen Landtages die Jungtschechen und die Regierung an, da er klagte, sich in Prag nicht frei bewegen zu können. Für diese Zustände seien die jungtschechischen Abgeordneten verantwortlich, da sie die Interessen des Landes, welche zugleich die der Deutschen seien, mißachteten. Er fuhr fort, daß es ein rechtes Vergnügen sei, als Vertreter einer kulturell viel höher stehenden Nation von den Pepici's belästigt zu werden. Aber nicht nur der Mob beteilige sich, auch Leute mit Zylinder und Tschamara. Wolf stellte klar, daß alle Versuche der Jungtschechen, die Deutschen von ihrer Sache abzubringen, ins Leere schlügen, zugleich aber den Willen der Deutschen stärkten, ihr Anliegen schärfer zu verfolgen. Um als deutscher Vertreter in Prag spazierenzugehen, benötige man

---

[826] Egerer Zeitung, Nr. 7, 52. Jahrgang, 22.1.1898, S. 1
[827] Egerer Zeitung, Nr. 7, 52. Jahrgang, 22.1.1989, S. 1
[828] Bezirkshauptmannschaft Eger an Statthaltereipräsidium, Z. 66 pr., 22.1.1898, S. 137 f., OAC, Fond čis.: 437 OÚ Cheb, Kartón čis.: 23, Složka čis.: č. inv. 523, Příloh: č. 1 - 428, Časový rozsah: 1898
[829] Bezirkshauptmannschaft Eger an Statthaltereipräsidium, Z. 66 pr., 22.1.1898, S. 137 f., OAC, Fond čis.: 437 OÚ Cheb, Kartón čis.: 23, Složka čis.: č. inv. 523, Příloh: č. 1 - 428, Časový rozsah: 1898

einen Revolver. Er führte als Beispiel zwei deutsche Studenten an, die am 16. Januar 1898 in Prag angegriffen wurden. Nur dem Einschreiten der Polizei war es zu verdanken, daß jene nicht erschlagen wurden.[830]

Nun wandte sich Wolf dem Statthalter zu, in dem er den Antrag einbrachte, den Landtag in einer deutschen Stadt einzuberufen. Dort würden die Jungtschechen zwar nicht mit Begeisterung empfangen, aber geachtet werden, weil Deutsche mit dem Geist und nicht mit der Faust kämpften. Er fügte hinzu, daß die deutsche Kultur mit wirtschaftlichem Boykott verteidigt werden würde und genauso wehre man sich gegen die Vertschechung der deutschen Städte. Ohne die Hilfe der Deutschen würden die Tschechen nämlich noch immer auf dem Baum sitzen. Wolf stellte klar, daß man nicht die tschechischen Gebiete fordere, sondern nur seine eigenen behalten wolle. Zudem zeigte er auf, daß die föderalistischen Bestrebungen der Tschechen die Habsburger Monarchie zerstören würden.

Im letzten Teil seiner Rede erging sich Wolf in Ausfällen gegen den Prager Bürgermeister Podlipný, den er als „Hanswurst" und den Großgrundbesitz als „wirtschaftliche Pestbeule" bezeichnete. Zu den Exzessen in Prag wäre es seiner Meinung nicht gekommen, wäre ein tüchtiger Statthalter vorhanden gewesen. Einer, der dem Bürgermeister aufrührerische Worte in den Mund legte, sei kein Repräsentant einer Regierung, mit welcher die Deutschen verhandeln konnten.[831] Nach dieser Rede rügte Oberstlandmarschall Fürst Georg Lobkowitz Wolf wegen seiner Beschuldigung, wonach der Statthalter aufrührerische Worte ausgesprochen habe. Sofort kritisierte Wolf, daß man im böhmischen Landtag nicht die Wahrheit sagen dürfe und wiederholte seinen Vorwurf der laschen Amtsführung seitens Coudenhove bei den deutschen Kundgebungen in Eger, Teplitz und Reichenberg und bei den Ausschreitungen in Prag, bei denen Coudenhove durch rechtzeitiges Einschreiten viel Blutvergießen hätte verhindern können.[832] Wolfs Rede ließen die jungtschechischen Abgeordneten nicht unkommentiert im Raum stehen, denn danach sprach der Abgeordnete Sylva Tarouca in ausgesprochen aggressiver Weise gegen die Deutschen, die auf einer schiefen Ebene liefen und für den preußischen König arbeiten würden. Nach diesen Worten erhob sich ein Sturm der Entrüstung auf der deutschen Bank.[833] Coudenhove versuchte, die Situation dadurch zu retten, indem er die Pläne der Regierung Gautsch näher erläuterte, die Sprachenfrage zu lösen. Die Regierung wollte einsprachige und gemischtsprachige Gebiete schaffen, aber an der Einheit Böhmens festhalten.[834]

In der nächsten Landtagssession brachte die Regierung eine Vorlage zur Reform der Mittelschulen ein, da nun beide Landessprachen gelehrt werden sollten. Dadurch sollte für beide Nationalitäten in Böhmen die Schwierigkeit des Erlernens der anderen Landessprache beseitigt werden. Diese Erklärung beruhigte die Gemüter keineswegs, sondern der Lärm hielt weiter an.[835]

Wolf teilte dem Landtag mit, daß er soeben die Meldung erhalten habe, wonach ein deutscher Student auf dem Graben in Prag blutig geprügelt worden sei. Ungeheurer

---

[830] Egerer Zeitung, Nr. 6, 52. Jahrgang, 19.1.1898, S. 1 f.
[831] Egerer Zeitung, Nr. 6, 52. Jahrgang, 19.1.1898, S. 2
[832] Egerer Zeitung, Nr. 6, 52. Jahrgang, 19.1.1898, S. 2
[833] Egerer Zeitung, Nr. 6, 52. Jahrgang, 19.1.1898, S. 2
[834] Egerer Zeitung, Nr. 6, 52. Jahrgang, 19.1.1898, S. 2
[835] Egerer Zeitung, Nr. 6, 52. Jahrgang, 19.1.1898, S. 3

Tumult erhob sich, Coudenhove wurde von den deutschen Abgeordneten bestürmt, die deutsche Universität zu schützen. Lobkowitz unterbrach daraufhin die Sitzung für 30 Minuten. Nach Wiederaufnahme der Session berichtete Coudenhove, daß ein deutscher farbentragender Student von einem Tschechen mit einem Stock am Kopf verletzt worden sei. Der Schläger sei verhaftet worden, ebenso weitere Personen. Coudenhove erklärte, falls das Farbentragen der Auslöser des Angriffs gewesen sei, so stelle dies keinen Grund dar, denn das Farbentragen sei das statutarische Recht der deutschen Verbindungen. Es dürfe Gewalttätigkeiten nicht rechtfertigen und werde mit aller Schärfe verurteilt. Er kündigte an, daß im Februar die neuen Sprachenverordnungen in Kraft treten sollten, welche aber die deutschen Vertreter ablehnten, da sie Gesetze forderten. Coudenhove wies die Vorwürfe entschieden zurück, die ihn beschuldigten, an den Exzessen in Prag Ende letzten Jahres mitschuldig zu sein. So sei behauptet worden, daß er die Ausschreitungen dadurch entschuldigt habe, daß er den anderen, also den deutschen Studenten die Schuld in die Schuhe schob. Niemals habe er sich in dieser Weise geäußert.[836]

Nach dieser Erklärung forderten die deutschen Abgeordneten den Rauswurf des Statthalters, dabei tat sich Wolf besonders hervor. Coudenhove belehrte Wolf dahingehend, daß er nicht Statthalter von seinen Gnaden, sondern von denen des Kaisers sei.[837]

Einige Tage später, am 22. Januar 1898, erließ die Polizeidirektion ein Verbot des Tragens von Vereinsabzeichen aller Art in Prag. Am gleichen Tag reichten die deutschen Abgeordneten im Landtag eine Interpellation ein, in der gefordert wurde, umgehend dieses Verbot aufzuheben, da es sich eindeutig gegen die deutschen Studenten richte.[838] In der Ausgabe vom 26. Januar 1898 verhöhnte die „Egerer Zeitung" in einem Leitartikel den Wert von Coudenhoves Versprechungen. Coudenhove habe sich erst vor kurzem durch die Ereignisse in Prag einen weitreichenden Ruf der Unfähigkeit erworben und habe in einer Landtagssitzung von „dem statutarisch gewährleisteten Rechte der deutschen Studenten am Sitze der Universität und in der Landeshauptstadt." gesprochen.[839] Man fuhr fort, daß jeder Durchschnittsbürger zwischen Coudenhoves Worten und seiner Tat einen Widerspruch finde, im ganzen Vorgehen eine Inkonsequenz und Charakterschwäche, die so ungeheuerlich sei, daß sie sogar bei ihm überrasche. „Die hochadeligen Gehirnhälften der Konservativen aber, mit einem viel größeren und dehnbareren Denkvermögen ausgestattet, finden das alles ganz in Ordnung, ganz selbstverständlich, und infolge dessen auch der von ihnen am Gängelbandel geleitete Herr Graf Coudenhove, Statthalter von Böhmen. Welche geistige Größe oft ein Mensch entwickeln kann, ist ganz erstaunlich. Wenn aber hiezu noch so seltene Charaktereigenschaften kommen, wie Festigkeit, Treue, unerschütterliches Rechtsbewußtsein, Liebe für alle Mitmenschen, dann wird ein Individuum vollkommen, Gott ähnlich. Der Statthalter Graf Coudenhove ist so ein Mann. Der gewöhnliche Verstand kann nur die Größe seines Handelns nicht ermessen. Die Tschechen, diese glorreiche Nation, verstehen ihn besser. Mögen sie sich ihn behalten, er sei ihnen geschenkt."[840]

---

[836] Egerer Zeitung, Nr. 6, 52. Jahrgang, 19.1.1898, S. 6
[837] Egerer Zeitung, Nr. 6, 52. Jahrgang, 19.1.1898, S. 6
[838] Egerer Zeitung, Nr. 7, 52. Jahrgang, 22.1.1898, S. 3
[839] Egerer Zeitung, Nr. 8, 52. Jahrgang, 26.1.1898, S. 1
[840] Egerer Zeitung, Nr. 8, 52. Jahrgang, 26.1.1898, S. 1

Am 29. Januar 1898 fand in Leitmeritz nach dem Egerer Vorbild ein Akademikertag statt, an dem ca. 1200 Personen teilnahmen. Es war kein Regierungsvertreter anwesend.

Bürgermeister Dr. Funke begrüßte die Teilnehmer am Marktplatz und mahnte, daß die Zeit schwer und ernst sei. Die Deutschen nähmen den Kampf auf und beendeten ihn erst, wenn er für sie entschieden sei. Die Professoren und Studenten müßten in der Wissenschaft frei bleiben und durch den Staat geschützt werden. Rektor Ulbrich erklärte in seiner Rede, daß die Professoren den Studenten folgten, weil sich beide Teile einig fühlten und für ihre gemeinsamen Rechte einträten. Die Studenten verhielten sich während der schweren Tage in Prag so zurückhaltend und musterhaft, daß sie heute das Richtige zum Wohl der deutschen Universität täten. Im Namen der Studentenschaft sprach Kunze. Er erklärte, daß nur auf deutschem Boden die Entscheidungen gefaßt werden könnten, die für den Fortbestand der deutschen Wissenschaft in Böhmen wichtig seien. Mit diesem Tag hänge das Schicksal der deutschen Studenten, der deutschen Hochschulen Prags und das der Deutschböhmen zusammen.[841]

Nachmittags fanden die eigentlichen Beratungen statt. Funke verlas die Resolution des Egerer Akademikertages. Die Forderung nach Schutz der Universität durch den Staat sei nicht erfüllt worden, wie das Verbot des Farbentragens für die Studenten beweise. Aus diesem Grund erachte der vorbereitende Ausschuß die Einberufung eines zweiten Akademikertages für notwendig. Funke fuhr fort, daß den Studenten zum Schutz des Rechtes die Ausübung eines Rechtes, das Farbentragen, verboten würde. Das wolle man sich nicht bieten lassen.[842]

Die Redner der Studentenschaft nahmen unterschiedliche Positionen zur Frage der Verlegung der Universitäten ins deutsche Sprachgebiet ein. Ein Teil forderte die Verlegung, damit die Studenten ihre wissenschaftliche Arbeit in Ruhe fortführen könnten, ohne in ständiger Gefahr leben zu müssen. Der andere Teil forderte den Verbleib in Prag, da ein deutscher Posten nicht aufgegeben werden dürfte und verlangte entschiedenen Kampf der Deutschen.[843]

Schließlich wurde eine Resolution ausgearbeitet, die einstimmig angenommen wurde. Darin wurde die Verlegung der deutschen Universitäten aus Prag ins deutsche Sprachgebiet in Böhmen mit allen gesetzlichen Mitteln und von allen maßgebenden Faktoren, insbesondere von den deutschen Abgeordneten, sofort angestrebt. Man müßte so lange in Prag ausharren, bis das berechtigte Verlangen unter der Bedingung durchgeführt worden sei, Professoren und Studenten hinreichenden gesetzlichen Schutz zu gewährleisten. Daher müßte für verstärkten Besuch der Universitäten gesorgt werden.[844]

Ferner sprach man sich auch dagegen aus, die Vorlesungen weiter zu besuchen. Der Senat der Prager Hochschule habe demissioniert, weil die Zustände unhaltbar geblieben seien und das Farbentragen verboten worden sei. Nur Doberauer sprach sich dafür aus, die Vorlesungen weiter zu besuchen, da es nicht nur Radikalismus der Ehre, sondern auch der Pflicht gebe, der verlange, auszuharren. Der Antrag, der Regierung ein Ultimatum zu stellen, die Vorlesungen solange nicht zu besuchen, bis das Verbot des

---

[841] Egerer Zeitung, Nr. 10, 52. Jahrgang, 2.2.1898, S. 1
[842] Egerer Zeitung, Nr. 10, 52. Jahrgang, 2.2.1898, S. 2
[843] Egerer Zeitung, Nr. 10, 52. Jahrgang, 2.2.1898, S. 2
[844] Egerer Zeitung, Nr. 10, 52. Jahrgang, 2.2.1898, S. 2

Farbentragens aufgehoben werden würde, wurde sehr zwiespältig aufgenommen. Wegen dieser Frage erhob sich Tumult unter den Studenten. Schließlich wurde er mit großer Mehrheit angenommen. Dem Ministerium wurde bis zum 31. Januar 1898, 12.00 Uhr, ein Ultimatum gesetzt, das Verbot des Farbentragens aufzuheben. Bei Nichterfüllung würden die Studierenden den Besuch der Vorlesungen weiter einstellen.[845]

Am 30. Januar 1898 fand im Anschluß an den Akademikertag in Leitmeritz der deutsche Volkstag statt. Bürgermeister Dr. Funke eröffnete ihn mit einer Rückschau, wie sich seit dem Erlaß der Sprachenverordnungen die politische Lage entwickelte: Das solidarische Verhalten aller Deutschen wurde verstärkt und durch die Abhaltung von mehreren Volkstagen zeigte man die Einigkeit zum Widerstand. Man engagierte sich wieder im böhmischen Landtag, um die deutschen Interessen und die der Studenten zu wahren und den Tschechen die Stirn zu bieten. In einigen Reden wurde die kritische Situation der Prager Studenten aufgezeigt und die Notwendigkeit der Universitätsverlegung erläutert.

Wolf erklärte, daß sich Volks- und Akademikertag ergänzen müßten. Wenn man schon den jungen Menschen verbiete, sich als Deutsche erkennen zu geben, treffe dies die Älteren noch schwerer. Ein Teil des Volkstums gehe verloren, wenn den Studenten ein Stück Eigentümlichkeit untersagt werden würde, da die Studenten eng mit dem Volk verwachsen seien. Er forderte alle Deutschen zum Widerstand und zum einheitlichen Kampf gegen die Tschechen auf. Der nationale Gedanke müsse wach gehalten, für die Rechte der Deutschen hart gekämpft werden, damit die Wissenschaft frei bleibe. Man könne sich dieses Opfer der Ehre, das Verbot des Farbentragens, neben all den materiellen Schäden der Menschen in Prag nicht bieten lassen.[846]

Funke brachte eine Entschließung zur Abstimmung, die einstimmig angenommen wurde, ein. Darin sprach der deutsche Volkstag von Leitmeritz seine tiefe Entrüstung über die in jüngster Zeit in Prag von der tschechischen Bevölkerung erfolgten Angriffe und gewalttätigen Mißhandlungen gegen die deutschen Hochschüler aus. Der Volkstag verlangte von der Regierung die Gewährung des vollen Schutzes für die uneingeschränkten persönlichen Freiheiten und für die akademischen Rechte der deutschen Hochschüler in Prag. Man forderte außerdem die sofortige Aufhebung des Farbenverbotes für die Studierenden. Der Volkstag billigte zudem den Beschluß des zweiten Akademikertages, den Besuch der Vorlesungen erst nach Aufhebung des Farbenverbotes wieder aufzunehmen. Schließlich trat man angesichts der permanenten Verfolgungen, denen die Studierenden und die Bevölkerung Prags von der tschechischen Bevölkerung ausgesetzt seien, dem Beschluß des zweiten Akademikertages bei, die Verlegung der deutschen Hochschulen in das deutsche Sprachgebiet mit allen gesetzlichen Mitteln anzustreben, da unter den bestehenden Verhältnissen nur die Verlegung den Bestand und das Aufblühen der Universitäten sichern könne.[847]

Die Bewegung um die Egerer und Leitmeritzer Akademikertage schlief im Laufe des Jahres 1898 nach und nach ein. Im Sommer 1898 legte der „Deutsche Verein" in Prag dem Ministerpräsidenten eine Entschließung vor, in der Thun gebeten wurde, die

---

[845] Egerer Zeitung, Nr. 10, 52. Jahrgang, 2.2.1898, S. 3
[846] Egerer Zeitung, Nr. 10, 52. Jahrgang, 2.2.1898, S. 3
[847] Egerer Zeitung, Nr. 10, 52. Jahrgang, 2.2.1898, S. 3

Doppelsprachigkeit in Prag zu erhalten. Diese Forderung stand im Gegensatz zu den Beschlüssen in Eger und Leitmeritz, in denen die Verlegung der Prager Hochschulen in das deutsche Sprachgebiet postuliert wurde.[848] Anderweitige Ansprüche wurden nicht mehr gestellt, ebensowenig verfolgte man weiter die Verlegung der deutschen Universität in das deutsche Gebiet Böhmens. Ab Jahresmitte 1898 wurde über die Verlegung nicht mehr diskutiert und verschwand aus der politischen Debatte.

An den politischen Kundgebungen der letzten Zeit beteiligten sich auch Hörer der Hochschulen in hervorstechender Weise, überhaupt nahm seit einiger Zeit die Studentenschaft immer mehr am politischen Leben teil. Diese Erscheinung wurde von Coudenhove als bedenklich eingestuft, da dies nicht nur Nachteile für das allgemeine Staatsinteresse nach sich ziehe, sondern auch für die Studenten selbst, die dadurch von ihrem eigentlichen Beruf abgelenkt werden würden. Der Kultusminister setzte sich aus diesem Anlaß schon mit einigen Rektoren, deren Hochschulen besonders in Betracht kamen, in Verbindung, um ihnen Maßnahmen aufzuzeigen, welche die Bewegung in Zukunft eindämmen sollten. Da sich die Vorfälle größtenteils außerhalb der Universitäten abspielten, waren auch die politischen Behörden gefordert, die Aktivitäten der Studenten zu beschränken und ihre Demonstrationen unter keinen Umständen zu dulden. In dieser Beziehung wurden die Bestimmungen des Vereins- und Versammlungsrechtes überaus genau interpretiert und die Studentenvereine besonders überwacht, damit ihr Wirkungskreis nicht überschritten wurde. Czerny wurde angewiesen, die entsprechenden Maßnahmen zu ergreifen und sofort über alle Aktivitäten der Studentenschaft zu berichten. Von verläßlicher Seite kam Coudenhove zu Ohren, daß die radikalnationalen Parteien den Studenten die Aufgabe zugeteilt hätten, als Vermittler zwischen den Führern der radikalnationalen Bewegung und den unteren Schichten zu fungieren, da diese für gewalttätige Ausschreitungen besonders geeignet seien, um gegebenenfalls nach bestimmten zugeteilten Parolen Exzesse zu inszenieren.[849]

Durch ungeschickte Stellenbesetzungen reizte man die Bevölkerung noch zusätzlich, wie das Beispiel der Pfarrei für Ober-Mittel- und Nieder-Langen zeigte, in welcher die Stelle des Pfarrers vakant wurde. Die Diözese Königgrätz besetzte sie mit einem tschechischen Pfarrer, den die Bevölkerung strikt ablehnte. Da die Stimmung sehr aufgeheizt war, erhielt der neue Pfarrer eine Polizeieskorte. Die Gemeindevertretung schickte an die Diözese Königgrätz eine Erklärung, in der man klarstellte, niemals einen tschechischen Pfarrer zu akzeptieren. Man verlangte einen deutschen Pfarrer und kündigte an, zu den äußersten Konsequenzen entschlossen zu sein. Sollte der tschechische Pfarrer nicht abgezogen werden, drohte man an, daß die ganze Gemeinde aus der katholischen Kirche austrete und sich ein Bekenntnis suche, das ihr Deutschtum auch in kirchlicher Hinsicht sichere. Der tschechische Pfarrer mußte schließlich wegen der entschiedenen Ablehnung seitens der Bevölkerung die Pfarrei verlassen. Nun wurde nicht der bisherige Kaplan Ringl, der bei der Bevölkerung sehr beliebt und zudem Deutscher war, auf die Stelle berufen, sondern wieder ein Tscheche. Das Konsistorium beorderte Ringl nach Königgrätz und beschuldigte ihn, die Bewegung hervorgerufen zu haben, um die Stelle als Pfarrer zu erhalten. Ein zweiter Tscheche wurde nunmehr als Kaplan nach Langen geschickt. Bei den Bewohnern hielt sich hartnäckig das Ge-

---

[848] Egerer Zeitung, Nr. 61, 52. Jahrgang, 3.8.1898, S. 2 f.
[849] Statthaltereipräsidium an Bezirkshauptmann Eger, Nr. 1056, 23.1.1898, S. 153, SOAC, Fond čis.: 437, Kartón čis.: 23, Složka čis.: č. inv. 523, Příloh: č. 1 - 428, Časový rozsah: 1898

rücht, wonach Ringl in eine Klosterzelle eingesperrt worden sei. Inzwischen steigerte sich in der Pfarrei die Empörung immer mehr. Dieses Ereignis brachten Wolf und Genossen im Landtag am 12. Februar 1898 vor und forderten den Statthalter auf, Auskunft zu geben, ob er von den Vorgängen wisse und was er tun wolle, um der Bevölkerung Langens zu ihrem Recht zu verhelfen. Weiter wurde er befragt, ob er wegen der angeblichen Festhaltung Ringls eine Untersuchung einsetzen wolle, um deren Ergebnis im Landtag zu veröffentlichen. Außerdem sollte Coudenhove für den Fall, daß Ringl tatsächlich eingesperrt worden sei, die Staatsanwaltschaft einschalten, um die Schuldigen zur Rechenschaft zu ziehen.[850]

Inmitten der inzwischen wieder stark entfachten Querelen, die durch die immer latent vorhandenen Gerüchte um eine neue Sprachenverordnung des Ministeriums Gautsch aufrecht erhalten wurden, veröffentlichten die tschechischen Abgeordneten Herold und Pacák am 4. Februar 1898 einen Antrag über die Unteilbarkeit Böhmens und die Gleichberechtigung beider Volksstämme. Er umfaßte folgende Kernpunkte:

1. Das Königreich Böhmen bildet in Angelegenheiten der gesamten öffentlichen Verwaltung und auf dem Gebiet der Gesetzgebung ein einheitliches unteilbares Ganzes.

3. Die Landeszentralämter, sowohl die staatlichen als auch die autonomen, üben ihre Wirksamkeit im ganzen Gebiet des Königreiches Böhmen aus.

4. Die böhmische und die deutsche Sprache sind im ganzen Gebiet des Königreiches Böhmen gleichberechtigte Landessprachen.

6. Sowohl die böhmische, als auch die deutsche Sprache sind bei sämtlichen Staats- und Landesämtern im Königreich Böhmen Amtssprachen. Es müssen alle im Land angestellten Staats- und Landesbeamten beider Amtssprachen mächtig sein. Jeder Staatsbürger hat das Recht, die eine oder die andere Landessprache in allen Staats- und Landesämtern im ganzen Land zu gebrauchen.[851]

In der Sitzung des böhmischen Landtages am 14. Februar 1898 brachte Herold seinen Antrag vor. Sollte der Antrag angenommen werden, wünschte Herold, daß er an eine separate Kommission weitergeleitet werde, in der auch Deutsche vertreten sein sollten. Die deutschen Abgeordneten wiesen den Antrag zurück, da er im Kern nicht auf die Gleichberechtigung beider Volksstämme abziele, sondern auf die Unterdrückung der Deutschen. Man wandte sich gegen den Gedanken der Unteilbarkeit Böhmens, da das Land jetzt schon in viele autonome Bezirke unterteilt sei. Der Antrag wurde mit den Stimmen der Jungtschechen und der Großgrundbesitzer gegen die deutschen Abgeordneten angenommen und einer 18gliedrigen Kommission zugeteilt.[852]

Natürlich regte sich gegen die Zweiteilung Böhmens sofort Widerstand, der sich im Boykott tschechischer Kaufleute äußerte. Die „Alldeutschen Blätter" traten in den letzten Ausgaben dafür ein, im Interesse der Deutschen durch wirtschaftliche Kampfmittel, die sich gegen die Tschechen richteten, Mißstimmung in der tschechischen Bevölkerung gegen die jungtschechische Partei zu erzeugen. Dies sollte vor allem durch wirtschaftlichen Boykott der tschechischen Arbeiter erreicht werden. Die Schutzvereine „Südmark" und „Bund der Deutschen in Böhmen" sollten diesseits und der „All-

---

[850] Egerer Zeitung, Nr. 14, 52. Jahrgang, 16.2.1898, S. 2
[851] Kaindl: Der Völkerkampf und Sprachenstreit in Böhmen, S. 58
[852] Egerer Zeitung, Nr. 14, 52. Jahrgang, 16.2.1898, S. 3

deutsche Verband" mit seinen Ortsgruppen jenseits der Reichsgrenze als Auskunftsstellen für den jeweiligen Bedarf von Arbeitskräften fungieren. Die überzähligen deutschen Arbeiter Deutschböhmens sollten in das Deutsche Reich vermittelt werden. Weiter wurde zum Erhalt von Grundbesitz in deutscher Hand erwogen, alle möglichen Güter aufzukaufen, die sich derzeit im tschechischen Besitz befanden. Zu diesem Zweck sollte eine Güterkaufstelle im Deutschen Reich geschaffen werden. Die verschiedenen Schutzvereine in Deutschböhmen sollten die Sprachgrenze nach Gütern absuchen, die zum Verkauf frei gegeben waren und der Güterkaufstelle die Unterlagen liefern, um Landwirte zur Übersiedlung ins Deutsche Reich zu veranlassen. Gleichzeitig wurde empfohlen, größere Güter zu zerschlagen und geschlossene deutsche Bauerndörfer zu errichten. Ferner sollte ein Adreßbuch angefertigt werden, in dem die Besitzer gewerblicher Anlagen nach ihrer nationalen Zugehörigkeit eingeteilt wurden, um auf diese Weise den Absatz tschechischer Produkte zu erschweren.[853]

Die Stimmung der Bevölkerung der Stadt und des Bezirkes Eger war Anfang Februar 1898 ruhig. Die Ankunft Schönerers und Iros am Bahnhof Eger am 9. Februar 1898 rief keine besondere Aufregung hervor. Schönerer und Iro wurden am Bahnhof von ca. 150 Gesinnungsgenossen empfangen. Eine aktivere Bewegung würden voraussichtlich erst die angekündigten neuen Sprachenverordnungen hervorrufen und wenn sich die Verhandlungen im Landtag stürmisch gestalten sollten. Für den 27. Februar 1898 wurde nach den Notizen der „Egerer Nachrichten", die konfisziert wurde, eine „deutschvölkische Tagung" im Schießhaus in Eger geplant. Diese Veranstaltung ging von der „Schönererpartei" aus und war zweifellos dafür gedacht, in der hiesigen Bevölkerung die nationale Bewegung wach zu halten.[854]

Großes Aufsehen erregte in Eger die Gerichtsverhandlung gegen Hofer und John, die ebenfalls am 9. Februar 1898 stattfinden sollte, nachdem der jüdische Amtsarzt Kohn beide wegen Ehrenbeleidigung angezeigt hatte. Auf Verlangen der Bezirkshauptmannschaft Falkenau und deren Bezirkshauptmann, Franz Joseph Schmidt[855], erhob die Staatsanwaltschaft Eger wegen einer Notiz in der Nr. 27 der „Egerer Nachrichten" und der „Falkenau-Königsberger Volks-Zeitung", die sich gegen den Amtsarzt Dr. Kohn richtete, gegen Hofer und Wenzel John, Redakteur in Königsberg, Anklage wegen Ehrenbeleidigung. Nun sollte über diese Strafsache beim Kreis- und Schwurgericht Eger am 9. Februar 1898 die Hauptverhandlung eröffnet werden. Da der Beleidigte Staatsbeamter und noch dazu jüdischer Konfession war, konnte bei den gegenwärtigen politischen Verhältnissen und bei der in dieser Gegend vorhandenen antisemitischen Strömung wohl mit aller Bestimmtheit angenommen werden, daß der Spruch der Geschworenen auf „nichtschuldig" lautete. Dieser Umstand war für die staatliche Autorität und das Ansehen des Beamtenstandes äußerst nachteilig. Die Bedenken wurden noch zusätzlich verstärkt, als der Staatsanwalt mitteilte, daß die Angeklagten den Antrag einbringen wollten, Entlastungszeugen zuzulassen. Dieser wurde von der Ratskammer abgelehnt, allerdings beabsichtigten die Angeklagten, ihn bei der Hauptver-

---

[853] Statthaltereipräsidium an Bezirkshauptmann Eger, Z. 2146, 6.2.1898, S. 194, SOAC, Fond čis.: 437, Kartón čis.: 23, Složka čis.: č. inv. 523, Příloh: č. 1 - 428, Časový rozsah: 1898
[854] Bezirkshauptmannschaft Eger an Stationskommando Eger, Z. 127 praes., 13.2.1898, S. 193, SOAC, Fond čis.: 437, Kartón čis.: 23, Složka čis.: č. inv. 523, Příloh: č. 1 - 428, Časový rozsah: 1898
[855] Hof- und Staatshandbuch der österreichisch-ungarischen Monarchie für 1898, S. 591

handlung erneut zu stellen. Dieser beinhaltete eine Fülle aller möglichen Vorkommnisse aus der Amtstätigkeit des Bezirksarztes Dr. Kohn. Die Daten waren bezüglich ihrer Richtigkeit jedoch nicht kontrollierbar und vielleicht auch manipuliert.[856] Demnach wurde der Beamte vollkommen überflüssig vor der Öffentlichkeit an den Pranger gestellt, ganz abgesehen von dem ungünstigen Erfolg der Verhandlung, der wieder nur Hofer zugute käme. Den hiesigen Extremnationalen und Antisemiten, die schon durch die „Egerer Nachrichten" aufgefordert wurden, zahlreich zur Verhandlung zu erscheinen, wurde die Gelegenheit geboten, sich an einem Beamten jüdischer Konfession abzureagieren. Ebenso war es nicht ausgeschlossen, daß wegen der Verhandlung Demonstrationen stattfanden. Selbst der hiesige Rechtsanwalt und der Kreisgerichtspräsident Dr. Müller, mit dem Czerny Rücksprache hielt, teilten die Bedenken. Man hielt es für ratsam, es überhaupt nicht zur Verhandlung kommen zu lassen. Nach einer Unterredung Czernys mit der Bezirkshauptmannschaft Falkenau und Dr. Kohn holte man deren Zustimmung ein und stellte die dringende Bitte, daß das Statthaltereipräsidium Prag durch die Oberstaatsanwaltschaft Prag das Geeignete veranlasse, damit die Klage zurückgezogen werde und die Verhandlung somit nicht stattfinde.[857]

Czerny berichtete schließlich an das Statthaltereipräsidium Prag, daß sofort nach Ankunft der Weisung Dr. Samuel Kohn in Falkenau verständigt würde. Kohn erteilte noch am selben Tag der Staatsanwaltschaft Eger telegraphisch seine Zustimmung zur Rücknahme der Klage gegen Hofer und John. Die Staatsanwaltschaft Eger gab ebenfalls in diesem Sinn eine Erklärung ab. Danach stellte die Ratskammer des Kreisgerichtes Eger mit dem Bescheid vom 7. Februar 1898 das Strafverfahren gegen Hofer und John ein.[858]

Hofer stellte in seiner Anfrage an den Justizminister in der 13. Sitzung des Abgeordnetenhauses am 26. April 1898 fest, daß die Zurückziehung der Anklage nur durch den Wahrheitsbeweis erfolgt sei, den die Angeklagten Hofer und John vorgelegt hätten. Die Staatsanwaltschaft Eger habe offensichtlich eingesehen, daß es den Angeklagten gelingen werde, ihre Unschuld zu beweisen, was zur Folge gehabt hätte, daß Kohn verurteilt worden wäre.[859]

---

[856] Bezirkshauptmannschaft Eger an Statthaltereipräsidium, Nr. 102, 6.2.1898, S. 172 f. - 170, SOAC, Fond čis.: 437, Kartón čis.: 23, Složka čis.: č. inv. 523, Příloh: č. 1 - 428, Časový rozsah: 1898
[857] Bezirkshauptmannschaft Eger an Statthaltereipräsidium, Nr. 102, 6.2.1898, S. 172 f. - 170, SOAC, Fond čis.: 437, Kartón čis.: 23, Složka čis.: č. inv. 523, Příloh: č. 1 - 428, Časový rozsah: 1898
[858] Bezirkshauptmannschaft Eger an Statthaltereipräsidium, Nr. 119 praes., 11.2.1898, S. 182 f., SOAC, Fond čis.: 437, Kartón čis.: 23, Složka čis.: č. inv. 523, Příloh: č. 1 - 428, Časový rozsah: 1898
[859] Stenographische Protokolle, 1. - 15. Sitzung, 14. Session, 1898, S. 762 f.

5.2. Die Veröffentlichung neuer Sprachenverordnungen unter Gautsch und Thun

5.2.1. Die Ausarbeitung neuer Sprachenverordnungen unter Ministerpräsident Gautsch

5.2.1.1. Die Fortführung des Widerstandes gegen die neuen Sprachenverordnungen

Am 24. Februar 1898 veröffentlichte das Ministerium Gautsch neue Sprachenverordnungen für Böhmen und Mähren, welche die Badenischen abänderten.[860]

Nach den neuen Sprachenverordnungen wurden die Bezirke folgendermaßen eingeteilt[861]:

Gebietsaufteilung:

Einsprachig deutsch	Gemischte Gebiete	Rein tschechische Gebiete
Asch, Aussig, Karbitz, Hostau, Ronsperg, Leipa, Haida, Niemes, Braunau, Brüx, Katharinaberg, Dauba, Wergstädtel, Eger, Wildstein, Falkenau, Elbogen, Friedland, Gabel, Zwickau, Gablonz, Tannwald, Graslitz, Neudeck, Hohenelbe, Joachimstal, Platten, Kaaden, Puppau, Preßnitz, Kaplitz, Hohenfurth, Gratzen, Karlsbad, Petschen, Neuern, Komotau, Gorken, Sebastiansberg, Kalsching, Ober-Plan, Auschau, Leitmeritz, Luditz, Buchau, Mies, Staab, Tutschkau, Plan, Bistritz, Königswart, Podersam, Technitz, Wallern, Kratzau, Reichenberg, Rumburg, Warnsdorf, Postelberg, Saaz, Schluckenau, Hainspach, Hartmanitz, Grulich, Rokinitz, Rochlitz, Pfraumberg, Tachau, Tepl, Marienbad, Weseritz, Bilin, Dux, Teplitz, Bensen, Böhmisch-Kamnitz, Tetschen, Trautenau, Schatzlar, Marschendorf (80)	Bischofteinitz, Politz-Budweis, Stecken, Königinhof, Krumau, Landskron, Wildenschwert, Lobositz, Leitomischl, Weißwasser, Neuhaus, Policka, Pradatitz, Winterberg, Bergreichenstein (16).	restliche Gebiete

Kreisgerichte

Rein deutsche Gerichte	Gemischte Gerichte	Rein tschechische Gerichte
Eger, Leipa, Reichenberg	Brüx, Budweis, Jitschin, Königgrätz, Leitmeritz, Pilsek, Pilsen	Chrudim, Jungbunzla, Kuttenberg, Tabor

---

[860] Text siehe Anhang.
[861] Ascher Zeitung, Nr. 21, 35. Jahrgang, 12.3.1898, Beilage, S. 4

Die 46. Sitzung des böhmischen Landtages vom 26. Februar 1898 leitete die Proteste der Deutschen gegen die Gautschen Sprachenverordnungen ein. Eine Kommission aus deutschen Abgeordneten entwarf eine Protesterklärung, die an Kaiser Franz Joseph übergeben werden sollte, in welcher man seine Verfassung von 1867 als Fortschritt nicht anerkannte. Stattdessen tadelte und klagte man an, daß die Deutschen in ihrer Großmachtstellung nach innen und außen bedroht seien. Die Abgeordneten erklärten, an der Einheit des Staates als Grundbedingung seiner Existenz und an der vom Kaiser erlassenen Verfassung festzuhalten, denn diese sei im fortschrittlichen Sinn ausbaufähig.[862]

Der Entwurf Herolds, der die Deutschen diskriminiere, sollte auf die Tagesordnung des Landtages gesetzt werden und die deutschen Abgeordneten sollten an den Beratungen teilnehmen. Aus diesem Grund sei es den Abgeordneten nicht möglich, weiter an den Verhandlungen zu partizipieren, ohne die nationale Ehre zu verlieren.

Daraufhin verließen alle deutschen Abgeordneten mit Lippert an der Spitze das Parlament. Coudenhove stellte klar, daß sich die Regierung an der Debatte um Herolds Antrag nicht beteilige und noch einmal betone, den staatsrechtlichen Standpunkt der Tschechen nicht zu billigen. Die Partei des konservativen Großgrundbesitzes griff in die Debatte nicht ein. Schließlich wurde der Antrag vom Parlament angenommen.[863]

Die „Egerer Zeitung" kommentierte den Auszug der deutschen Abgeordneten aus dem böhmischen Landtag dahingehend, daß er zur Konsequenz habe, den Tschechen das Betätigungsfeld völlig zu überlassen. Nun könnten sie ohne Kampf und Widerstand durch die Deutschen schalten und walten. Der Rumpflandtag fasse sicherlich Beschlüsse, die den wirtschaftlichen Interessen der Deutschen widersprächen und durch die deutschen Abgeordneten hätten verhindert werden können. Sie begrüßte dennoch trotz aller Nachteile den Auszug der Abgeordneten, weil über den wirtschaftlichen Interessen die nationale Ehre stehen müsse. Mit dieser sei es unvereinbar, sich als Spielball tschechisch-feudaler Interessen herzugeben und Zielscheibe nationaler Roheit zu sein. Die Geduld der Abgeordneten müsse bewundert werden, da sie trotz Lebensgefahr für das Wohl ihrer Wähler eingetreten seien. Durch die Untätigkeit der Regierung, die deutschen Interessen gegen die tschechischen Angriffe zu schützen, würden die Regierungserklärungen Gautsch' jede Bedeutung verlieren. Zwar habe Coudenhove erklärt, daß die Regierung den staatsrechtlichen Standpunkt der Tschechen nicht absegne, aber angesichts der Untätigkeit der Regierung, die Tschechen mit ihren Forderungen zurückzudrängen, hätten diese Erklärungen keinen Wert. Auch nach Einberufung des Reichsrates müßten die deutschen Abgeordneten schärfste Obstruktion leisten und dürften der Regierung nichts bewilligen, solange die eingeschlagenen Bahnen beibehalten wurden.[864] Am 2. März 1898 wurde der böhmische Landtag geschlossen.[865]

Mitte Februar 1898 wurde geplant, in Eger eine deutschvölkische Tagung abzuhalten. Bis dahin wurde noch keine Anmeldung für die Veranstaltung eingereicht, der Schießhaussaal jedoch schon angemietet. Wie bekannt wurde, war die Versammlung auf ge-

---

[862] Egerer Zeitung, Nr. 18, 52. Jahrgang, 2.3.1898, S. 1
[863] Egerer Zeitung, Nr. 18, 52. Jahrgang, 2.3.1898, S. 2
[864] Egerer Zeitung, Nr. 18, 52. Jahrgang, 2.3.1898, S. 1
[865] Egerer Zeitung, Nr. 19, 52. Jahrgang, 5.3.1898, S. 1

ladene Gäste beschränkt und der Zutritt nur mit namentlicher Eintrittskarte gestattet. Man verfuhr vermutlich deswegen so, um die Sozialdemokraten am Eintritt zu hindern.[866]

Schönerer und Iro meldeten schließlich am 22. Februar per Post die Abhaltung für den 27. Februar 1898 an. Die Veranstaltung war auf geladene Gäste beschränkt und fand im Schießhaussaal mit der bereits bekannten Tagesordnung statt.

Am gleichen Tag wollte auch der politische Verein „Vorwärts" fast zeitgleich eine Versammlung abhalten. Diese Veranstaltung war angemeldet und wurde genehmigt und fungierte als Demonstration gegen die von Schönerer und Iro einberufene Tagung. Da es nicht ausgeschlossen war, daß es zwischen beiden Parteien nach Veranstaltungsende zu Zusammenstößen kommen konnte, obwohl keine Anzeichen dafür vorhanden waren, wurde zur Aufrechterhaltung der Ruhe und Ordnung die Gendarmerie um 20 Mann verstärkt. Im Bedarfsfall sollte ein Bataillon Militär angefordert werden, das in Bereitschaft stand.[867]

Barvitius teilte mit, daß es trotz Umfrage nicht möglich sei, die Zahl der Besucher aus Asch an der deutschvölkischen Tagung in Eger genau anzugeben. Abgesehen von den bereits bekannten Berichten in der „Ascher Zeitung" und im beschlagnahmten Bericht der Zeitung mit dem Titel „Zur Tagung in Eger" gelange nichts mehr an die Öffentlichkeit. Von einer regen Agitation in Asch sei nichts zu bemerken. Nach Meinung Barvitius' würden höchstens 50 Teilnehmer aus Asch nach Eger fahren, auch wenn mit dem Mittagszug viele Leute in Eger ankämen. Allerdings würden nicht alle die Tagung besuchen, sondern die Nachmittagsvorstellung im Egerer Theater. Weiterhin brachte er in Erfahrung, daß die Ascher Sozialdemokraten nicht beabsichtigten, zur Tagung nach Eger zu fahren.[868]

In den Resolutionen, die alle einstimmig angenommen wurden, erklärten die Versammelten, daß es im nationalen Interesse der Deutschen liege, die ehemaligen deutschen Bundesländer zu einem unteilbaren Ganzes zusammenzufügen, denn jede Teilung sei der nationalen Zukunft der Deutschen abträglich. Außerdem wurde an dem verbrieften Recht der Unabhängigkeit Egers und der Sonderrechte des Ascher Gebietes festgehalten und dieser Standpunkt gegenüber den staatsrechtlichen Bestrebungen der Tschechen zum Ausdruck gebracht. Der Antrag Falkenhayns auf Abänderung der Geschäftsordnung des Abgeordnetenhauses, die vom Präsidium mit Polizeigewalt durchgeführt wurde, bezeichnete man als beispiellosen Eingriff in die gesetzlich gewährleisteten Rechte der Abgeordneten und man fand es ungeheuerlich, daß der Vorgang bis heute nicht bestraft wurde. Zuletzt richtete sich eine Resolution gegen die Badenischen Sprachenverordnungen, die auf dem Verordnungsweg erlassen worden waren und den neuerlichen Versuch Gautsch', die Sprachenfrage in der selben Weise zu lösen. Daher müßten die Sprachenverordnungen zurückgezogen und auf gesetzlichem Weg gelöst werden, wobei die deutsche Sprache als Staatssprache festzusetzen sei. Gleichzeitig

---

[866] Bezirkshauptmannschaft Eger an Statthaltereipräsidium, Z. 136 pr., 14.2.1898, S. 201 f., SOAC, Fond čís.: 437, Kartón čís.: 23, Složka čís.: č. inv. 523, Příloh: č. 1 - 428, Časový rozsah: 1898

[867] Bezirkshauptmannschaft Eger an Statthaltereipräsidium, Z. 158 pr., 24.2.1898, S. 221 f., SOAC, Fond čís.: 437, Kartón čís.: 23, Složka čís.: č. inv. 523, Příloh: č. 1 - 428, Časový rozsah: 1898

[868] Bezirkshaptmann Asch an Staathaltereirat Eger, Z. 80 pr., 26.2.1898, S. 250, SOAC, Fond čís.: 437, Kartón čís.: 23, Složka čís.: č. inv. 523, Příloh: č. 1 - 428, Časový rozsah: 1898

wurde jedem deutschen Abgeordneten mißtraut, der sich auf dem Verhandlungsweg über die Sprachenfrage einließ.[869]

5.2.2. Der Versuch eines Neubeginns unter Thun-Hohenstein

5.2.2.1. Die Demission des Ministeriums Gautsch

Ministerpräsident Gautsch nahm am 5. März 1898 seine Demission und wurde durch das Ministerium Thun ersetzt.[870]

Die Gautschen Verordnungen wurden noch vor dessen Rücktritt publiziert. Zwar wurde den Deutschen ein eigenes Sprachgebiet zuerkannt, aber auch in diesem mußte tschechisch verhandelt werden. Folglich mußten im deutschen Gebiet tschechische Beamte beschäftigt werden. Obwohl die neuen Sprachenverordnungen den Deutschen einige Zugeständnisse einbrachten, wurden sie dennoch von vielen abgelehnt, da die nationale Benachteiligung ihrer Ansicht nach überwog.

In den neuen Verordnungen[871] hieß es in § 1, daß alle Eingaben, mündlich oder schriftlich, in der Sprache bearbeitet werden mußten in der sie abgefaßt waren. In § 7 wurde die Amtssprache geregelt. Danach wurde die Sprache als Dienstsprache anerkannt, zu welcher sich die Bevölkerung des Bezirkes nach dem Ergebnis der Volkszählung als Umgangssprache bekannte. In gemischtsprachigen Gebieten hatten beide Landessprachen gleichmäßige Anwendung zu finden.

§ 9 regelte, daß alle amtlichen Bekanntmachungen in beiden Landessprachen erfolgen mußten. Ausgenommen wurden davon nur Bekanntmachungen, die nur für einzelne Bezirke galten.[872]

Im § 17 wurden die Behörden angehalten, die Besetzung der Beamtenstellen mit den Verordnungen in Einklang zu bringen, nach Vorgabe der tatsächlichen Bedürfnisse vorzugehen und die sprachliche Qualifikation der Beamten danach zu beurteilen. Jeder Beamte mußte daher die Sprachkenntnisse besitzen, die der Dienst erforderte. Sie traten am 15. März 1898 auf dem Verordnungsweg in Kraft und lösten die Badenischen Sprachenverordnungen ab.[873]

5.2.2.2. Thun-Hohensteins Regierungsbeginn

Thuns Amtsantritt als Ministerpräsident war durch seine Tätigkeit als Statthalter von Prag vorbelastet. Vor allem die Jungtschechen hatten ihn nicht in besonders guter Erinnerung. Am 2. Oktober 1889 hatte er die Stelle des Statthalters von Prag angetreten. Zu dieser Zeit herrschten große Spannungen zwischen den Deutschen, Altttschechen und den Großgrundbesitzern wegen der Ausgleichspunktationen. Thuns Aufgabe bestand darin, die Vereinbarungen der Punktation im böhmischen Landtag zu vertreten. Die Jungtschechen, die gegen den böhmischen Ausgleich waren, standen Thun feindlich gegenüber und warfen ihm vor, nicht vollständig die tschechische Sprache zu beherrschen. Die Deutschen waren auf Thun wegen der Auflösung der Reichenberger

---

[869] Egerer Zeitung, Nr. 18, 52. Jahrgang, 2.3.1898, S. 2
[870] Egerer Zeitung, Nr. 20, 52. Jahrgang, 9.3.1898, S. 1
[871] Der vollständige Wortlaut befindet sich im Anhang.
[872] Egerer Zeitung, Nr. 20, 52. Jahrgang, 9.3.1898, S. 2
[873] Egerer Zeitung, Nr. 20, 52. Jahrgang, 9.3.1898, S. 3

Stadtvertretung nicht gut zu sprechen. Aufgrund dieser Differenzen verliefen die Sitzungen des böhmischen Landtages stürmisch und die jungtschechischen Abgeordneten führten die lärmende Obstruktion als Kampfmittel ein. Schließlich scheiterte der böhmische Ausgleich 1890.[874] In den nächsten Jahren standen sich Thun und die Jungtschechen feindlich gegenüber. Im Sommer 1893 verhängte er wegen der gewalttätigen Wirren in Prag den Ausnahmezustand. Die Spannungen zwischen dem Statthalter und den Jungtschechen dauerten bis zur Ernennung Badenis zum Ministerpräsidenten. Schließlich reichte Thun seinen Rücktritt als Statthalter von Prag ein und am 16. Februar 1896 wurde Graf Coudenhove sein Nachfolger.[875]

Die Jungtschechen warfen Thun während seiner Amtszeit als Statthalter besonders die Art und Weise der Handhabung des Vereins- und Versammlungsgesetzes vor. Jungtschechische Versammlungen ließ Thun entweder gleich verbieten oder löste diese sofort nach dem Zusammentreten durch einen behördlichen Abgeordneten auf.[876]

Thuns Kabinett trug bereits parlamentarische Züge: Die Hauptstütze bildeten die deutschen Klerikalen, die mehrere Vertrauensmänner auf Ministerposten setzen konnten (Kast, Wittek, später Dipauli), ferner waren ein Jungtscheche (Kaizl) und ein Verfassungstreuer (Baernreither) an der Regierung beteiligt. Somit bot das Kabinett Thun die Chance für einen Neuanfang, da es nicht mit eigenen Sprachenverordnungen belastet war und auch Gautsch ausdrücklich seine Sprachenverordnungen als Provisorium bezeichnete. Theoretisch bestand die Möglichkeit, die Sprachenfrage nach dem lange geforderten gesetzlichen Weg zu lösen. Allerdings schlossen die Deutschen ihre Mitwirkung an der gesetzlichen Regelung kategorisch aus, solange die momentanen Sprachenverordnungen gültig waren. Nur mit Mühe konnten die deutschen Abgeordneten von der Fortsetzung der Obstruktion abgehalten werden, da immer wieder versprochen wurde, ein zufriedenstellendes Gesetz zu erarbeiten. Da Thun bei den Linken keine Unterstützung fand, mußte er sich diese bei den Rechten suchen und den Tschechen immer wieder Konzessionen anbieten. Die Tschechen ließen sich im Gegenzug ihre Unterstützung durch eine Vielzahl von kleineren Konzessionen bezahlen, die von Lokalbahnen bis zu Schulbauten und Beamtenernennungen reichten. Dieses Verhalten stärkte aber erst recht den Widerstand der Deutschen gegen die „Slawisierung" der Regierung.[877]

Thun hatte offenbar vor, die Einigkeit der deutschen Abgeordneten zu zerstören, da er Baernreither vom Verfassungstreuen Großgrundbesitz in sein Ministerium berief. Der Großgrundbesitz stellte zwar noch drei Forderungen, aber diese verdeckten nicht das wortbrüchige Vorgehen. Baernreither war nur unter drei Bedingungen bereit, im Ministerium mitzuarbeiten. Zum einen forderte er, daß die Regierung nichts unternehme, was der Verfassung widerspreche, daß ferner nichts veranlaßt werden würde, was die nationalen Interessen der Deutschen schädige. Zuletzt wollte er zugesichert haben, daß dem liberalen Großgrundbesitz die volle Freiheit gegenüber der Regierung vorbehalten bliebe. Sollte eine dieser Forderungen nicht erfüllt werden, wollte Baernreither sofort aus dem Ministerium austreten. Thun gestand alle Forderungen zu. Trotzdem hatte er noch keinen Sieg davon getragen, weil die „Schönererpartei", die Deutsche Fort-

---

[874] Siehe dazu Kap. 2.1.4.
[875] Kielmannsegg: Kaiserhaus, Staatsmänner und Politiker, S. 275
[876] Kielmannsegg: Kaiserhaus, Staatsmänner und Politiker, S. 277
[877] Höbelt: Kornblume und Kaiseradler, S. 168 f.

schrittspartei und die Deutsche Volkspartei entschlossen im Kampf gegen die Sprachenverordnungen waren.

In seinem Regierungsprogramm stellte Thun klar, daß er den staatsrechtlichen Standpunkt der Jungtschechen nicht teile und sich zur bestehenden Verfassung bekenne. Um den Geschäftsgang im Reichsrat wieder herzustellen, verschärfte er nicht die Geschäftsordnung. Zur Bekämpfung der Obstruktion wollte er andere Maßnahmen ergreifen. Sollte die Obstruktion fortgesetzt werden, würd er sofort den Reichsrat schließen und ihn nach ca. zwei Monaten wieder eröffnen. So wollte er bei jeder Obstruktion vorgehen. Würde er zu diesem Vorgehen dreimal gezwungen, schriebe er Neuwahlen aus und wartete ab, ob sich eine arbeitsfähige Mehrheit ergäbe. Ergäbe sich keine, wollte er zurücktreten. Auch Thun sah die Gautschen Verordnungen nur als Provisorium an und befürwortete eine gesetzliche Lösung der Sprachenfrage.[878]

Thuns erste Handlung als neuer Regierungschef war die Beruhigung der Lage in Prag. Daher setzte er am 4. März 1898 das Verbot, öffentliche Farben und Abzeichen zu tragen, das nach den Krawallen in Prag verhängt worden war, außer Kraft.[879]

5.2.2.3. Die Weiterführung des Nationalitätenkampfes gegen die Tschechen

Ab Anfang März 1898 begann abermals die Flut von Kundgebungen aller gesellschaftlicher Schichten gegen die Gautschen Sprachenverordnungen.

Am 7. März 1898 trat der Gemeindeausschuß der Stadt Eger zusammen, um über die neuen Sprachenverordnungen zu verhandeln.[880] Karg verwies auf die Sprachenverordnungen des Ministeriums Gautsch. Er bezeichnete diese als eine zweite Auflage der Badenischen Sprachenverordnungen, die nicht den Forderungen des deutschen Volkes entsprächen. Der Unterschied bestünde darin, daß die Regierung zwar reine und gemischtsprachige Gebiete anerkenne, aber es werde vorgeschrieben, daß auch in rein deutschen Bezirken je nach Bedarf anderssprachig verhandelt werden müsse. Die Bedeutung der neuen Verordnungen zeige sich darin, daß der Jungtschechenclub mit diesen zufrieden sei, dieser Umstand sei für die Deutschen sehr beachtenswert. Karg beantragte unter diesen Bedingungen die Annahme einer Resolution, die einstimmig verabschiedet wurde.[881]

Der Gemeindeausschuß der Stadt Eger sah in den Verordnungen des Ministeriums Gautsch vom 24. Februar 1898 einen völlig verfehlten Versuch zur Lösung der Sprachenverhältnisse in Böhmen und Mähren. Durch die neuen Verordnungen würden die durch die Badenischen Sprachenverordnungen heraufbeschworenen Gefahren für das deutsche Volk nicht beseitigt. Man erwartete deshalb, daß alle deutschen Abgeordneten diesen neuen Verordnungen den größten Widerstand entgegensetzten und in der schärfsten Opposition gegen die Regierung verharrten, da diese das gute Recht des deutschen Volkes verletzten.[882]

Schücker gab zwar zu, daß die neuen Verordnungen Verbesserungen enthielten, wie z.B. die sprachliche Dreiteilung Böhmens. Ebenso sei angekündigt worden, daß die

---

[878] Egerer Zeitung, Nr. 22, 52. Jahrgang, 16.3.1898, S. 2
[879] Ascher Zeitung, Nr. 19, 35. Jahrgang, 5.3.1898, S. 7
[880] Egerer Zeitung, Nr. 20, 52. Jahrgang, 9.3.1898, S. 3
[881] Gemeindeamtsblatt der Stadt Eger, 13. Jahrgang, Bd. 5, März 1898, S. 69
[882] Gemeindeamtsblatt der Stadt Eger, 13. Jahrgang, Bd. 5, März 1898, S. 69

Gautschen Verordnungen nur ein Provisorium darstellten und im Reichsrat auf gesetzlichem Weg geregelt werden sollten. Dadurch könnten die deutschen Abgeordneten bei der Gestaltung mitwirken. Jetzt müsse nicht mehr jeder Beamte die tschechische Sprache beherrschen, die lokalen Verhältnisse seien nun maßgebend. Aber der Passus, wonach Eingaben an Ämter in der Sprache erledigt werden mußten, in der sie eingereicht wurden, könne nicht angenommen werden. Man wolle in Eger weder die tschechische Sprache noch tschechische Beamte dulden. Genauso sei die Stelle der Verordnungen unannehmbar, in der sich die Regierung vorbehielt, in den gemischtsprachigen Gebieten die Anzahl der zweisprachigen Beamten selbst festzulegen. Aus diesen Gründen könnten die neuen Verordnungen nicht akzeptiert werden. Allein schon die Tatsache, daß die tschechischen Abgeordneten mit den neuen Verordnungen einverstanden seien, beweise, daß sie ins Fleisch der Deutschen einschnitten.[883]

Der Stadtrat von Asch beschloß am 12. März 1898 eine Kundgebung, in der die „hinterhältigen" Gautschen Sprachenverordnungen vom 24. Februar 1898 lediglich als eine Neuauflage der „berüchtigten" Badenischen Verordnungen bezeichnet wurden.[884] Man sprach die Überzeugung aus, daß die deutschen Abgeordneten mit allen legalen Mitteln auf die gesetzliche Festlegung der deutschen Sprache als Staatssprache hinwirkten und dafür sorgten, die Verordnungen abzuschaffen. Bis dahin müßte an der schärfsten Obstruktion festgehalten werden. Sollte der Verfassungstreue Großgrundbesitz der deutschen Sache den Rücken kehren, müßten die Bauern selbst in den Kampf für ihr nationales Überleben eintreten.[885]

Die praktische Erprobung der neuen Sprachenverordnungen ließ nicht lange auf sich warten. Am Amtsgericht Saaz beantragte Dr. Janka Mitte März 1898, der mehreren deutschen Vereinen angehörte, ihm eine Kopie des Sitzungsprotokolls in tschechischer Sprache auszuhändigen. Der gegnerische Vertreter, Dr. Broudve, erhob dagegen Einspruch, da aufgrund der Entscheidung des Obersten Gerichtes vom 3. November 1897 die Amtssprache in Saaz deutsch wäre. Trotzdem bestand Janka auf der tschechischen Kopie und berief sich auf die Sprachenverordnungen. In diesem Streitfall mußte das OLG in Prag entscheiden.[886]

Wegen des Erlasses der neuen Sprachenverordnungen wurde die deutsche Bevölkerung wieder verstärkt gegen ihre tschechischen Mitbewohner aktiv. Die Bezirkshauptmannschaft Eger stellte fest, daß gegen den Gymnasialprofessor Heřman einige Egerer Bürger nach dem Egerer Volkstag wegen seiner tschechischen Nationalität agitierten. So wurde ihm, wie vielen anderen Tschechen, die Wohnung gekündigt. Allerdings war nicht bekannt, ob sich Schüler des Gymnasiums, an dem er unterrichtete, an der Hetze beteiligten.[887] Heřman arbeitete in Pilsen, wurde aber in Eger geboren.[888] Dagegen verkehrte er ohne Belästigungen in den Gasthäusern Wildsteins.[889]

---

[883] Egerer Zeitung, Nr. 20, 52. Jahrgang, 9.3.1898, S. 3
[884] Ascher Zeitung, Nr. 22, 35. Jahrgang, 16.3.1898, Beilage S. 3
[885] Ascher Zeitung, Nr. 22, 35. Jahrgang, 16.3.1898, Beilage S. 3
[886] Egerer Zeitung, Nr. 21, 52. Jahrgang, 12.3.1898, S. 2 f.
[887] Bezirkshauptmannschaft Eger an Statthaltereipräsidium, Z. 191 praes., 28.2.1898, S. 434, SOAC, Fond čís.: 437, Kartón čís.: 23, Složka čís.: č. inv. 523, Příloh: č. 1 - 428, Časový rozsah: 1898
[888] Statthaltereirat Pilsen an Statthaltereirat Eger, Nr. 222, 1.3.1898, S. 435, SOAC, Fond čís.: 437, Kartón čís.: 23, Složka čís.: č. inv. 523, Příloh: č. 1 - 428, Časový rozsah: 1898
[889] Bezirkshauptmannschaft Eger an Statthaltereipräsidium, Z. 191 praes., 28.2.1898, S. 434, SOAC, Fond čís.: 437, Kartón čís.: 23, Složka čís.: č. inv. 523, Příloh: č. 1 - 428, Časový rozsah: 1898

Die Nr. 26 der Zeitung „Plzeňské Listý" brachte unter dem Titel „Z memoirů chebske kultury"[890] eine Notiz, in der verschiedene Widrigkeiten aufgeführt wurden, die Prof. Heřman widerfahren sein sollten. Da die geschilderten Vorfälle geeignet waren, die nationale Mißstimmung gegen die Deutschen, die auch in Pilsen zu einigen Ausschreitungen führte, zu steigern und zu Exzessen aufzureizen, beabsichtigte die zuständige Behörde eine amtliche Berichtigung zu veröffentlichen, falls sich die Behauptungen nicht bewahrheiteten.[891]

Genauso rasch erfolgten die Boykottaufrufe an die Deutschen, den tschechischen Mitbürgern das Leben so unerträglich wie möglich zu gestalten. In der Nr. 21 der „Egerer Nachrichten" vom 16. März 1898 war ein Appell an die Bevölkerung Falkenaus und Umgebung veröffentlicht, in dem sie aufgefordert wurde, bis zum 31. März 1898 eine Liste aufzustellen, in der alle in Falkenau und Umgebung wohnenden und arbeitenden Tschechen genannt werden sollten. Die Verzeichnisse nahm die Schriftleitung der „Egerer Nachrichten" entgegen. Da der Index bezweckte, die Tschechen des Bezirkes zu boykottieren, mußte die Verbreitung der Liste nach Auffassung der Statthalterei Prag verhindert werden. Die deutschnationalen Lokalblätter wurden folglich einer strengen Zensur unterzogen.[892]

Mitte März 1898 näherte sich der 50. Jahrestag des Ausbruchs der Revolution von 1848.[893] Die Statthalterei Prag befürchtete, daß dieses Ereignis von verschiedenen politischen Parteien zu öffentlichen Kundgebungen benutzt werden würde und die Sozialdemokraten in Industriezentren Demonstrationen und Arbeiterbewegungen veranstalteten. Czerny wurde angewiesen, entsprechend der Anzeichen für geplante Aufmärsche und Kundgebungen, rechtzeitig Gendarmerie- oder Militärverstärkung anzufordern. Veranstaltungen, deren Tagesordnungen schon aufreizenden Charakter besaßen, wurden komplett untersagt. In jede nicht verbotene Versammlung, in der die Ereignisse des Jahres 1848 besprochen würden, mußten behördliche Abgeordnete entsandt werden. Bei gesetzwidrigen Auslassungen und Beschlüssen hatten die Beamten mit aller Entschiedenheit aufzutreten und Ausschreitungen zu verhindern. Sie mußten auch darauf achten, daß die Kundgebungen die öffentliche Ruhe und Ordnung nicht störten. Versammlungen, die sich auf geladene Gäste beschränkten, wurden kontrolliert, Straßenumzüge verboten.[894]

Die radikale Presse besprach eingehend die Ereignisse von 1848, weshalb sie in nächster Zeit schärfer überwacht wurde. In dieser Sache informierte die Oberstaatsanwalt-

---

[890] Erinnerungen an die Egerer Kultur. Übers. d. Verf.
[891] Statthaltereirat Pilsen an Statthaltereirat Eger, Nr. 222, 1.3.1898, S. 435, SOAC, Fond čis.: 437, Kartón čis.: 23, Složka čis.: č. inv. 523, Příloh: č. 1 - 428, Časový rozsah: 1898
[892] Statthaltereipräsidium an Statthaltereirat Eger, Nr. 4800, 19.3.1898, S. 328, SOAC, Fond čis.: 437, Kartón čis.: 23, Složka čis.: č. inv. 523, Příloh: č. 1 - 428, Časový rozsah: 1898
[893] Am 13. März 1848, dem Geburtstag Kaisers Joseph II., versammelten sich die niederösterreichischen Stände in der Herrengasse. Gleichzeitig fand eine Demonstration von Studenten und Bürgern im Hof des Landhauses in der Herrengasse statt. Adolf Fischhof hielt die „erste freie Rede" in Österreich, Kossuths Rede wurde vorlesen, in Wien und in den Vororten kam es zu gewalttätigen Aufständen der Arbeiter. Am gleichen Tag floh Metternich, die Zensur wurde aufgehoben und eine Verfassung versprochen. Vacha: Die Habsburger, S. 397 f.
[894] Statthaltereipräsidium an Bezirkshauptmann Eger, Nr. 3696, 2.3.1898, S. 267 f., SOAC, Fond čis.: 437, Kartón čis.: 23, Složka čis.: č. inv. 523, Příloh: č. 1 - 428, Časový rozsah: 1898

schaft ihre Unterbehörden. Die unbefugte Verbreitung von Flugschriften mußte mit allen Mitteln verhindert werden und gegen die Verbreiter wurde Anklage erhoben.[895]

Der 13. März 1898 verlief in Eger und im Verwaltungsbezirk vollkommen ruhig.[896] Am Vorabend zündeten Studenten ein Feuer an, während ein Student das Gedicht „Die Flammenzeichen ragen" von Körner rezitierte. Danach zerstreuten sich die Teilnehmer.[897]

Am gleichen Tag hielt der sozialdemokratische Verein „Vorwärts" im Schießhaussaal eine sehr gut besuchte Volksversammlung ab, bei der Reichsratsabgeordneter Dr. Verkauf über die Tagesordnung „1848 - 1898" sprach. Nach Ende der Veranstaltung zogen ca. 400 Personen ruhig, mit roten Nelken geschmückt, über den Marktplatz. Dabei stießen sie weder Rufe aus noch sangen sie. Vom Marktplatz ging es weiter zum Bürgermeisteramt, an der Bezirkshauptmannschaft vorbei zum Hotel „Kronprinz Rudolf". Dort gingen die Leute auseinander und in ihre Vereinslokale.[898]

In Saaz fand am 17. März 1898 eine Versammlung statt, bei der die Abgeordneten Urban und Schücker Rechenschaftsberichte über ihre parlamentarische Tätigkeit ablegen wollten. Die hiesigen Deutschnationalen riefen jedoch in Flugblättern dazu auf, die Versammlung zu stören, da der Tscheche Urban und der Liberale Schücker nicht von den Deutschnationalen gewählt und daher nicht ihr Vertrauen genießen würden. Beiden sollte die schärfste Mißbilligung ausgesprochen werden. Am Tagungsort, der Turnhalle, versammelten sich viele Deutschnationale, von denen allerdings die meisten das Wahlrecht nicht besaßen. Beide Abgeordnete konnten wegen des lautstarken Tumultes nicht sprechen, so daß der Regierungsvertreter, Statthaltereirat Campe, die Versammlung auflöste. Es dauerte längere Zeit, bis der Saal geräumt wurde. Danach zogen deutschnationale Trupps durch die Straßen, sangen Lieder und versammelten sich wieder vor der Turnhalle. Dort schlugen sie alle Fenster ein und richteten größere Schäden an. Die „Egerer Zeitung" lehnte dieses Verhalten der Deutschnationalen ab.[899]

Der Reichsrat wurde am 21. März 1898 wieder eröffnet. Der neugewählte Präsident Fuchs erklärte, daß er den Antrag Falkenhayns, der in der Sitzung am 25. November 1897 gestellt wurde, als hinfällig ansehe und er ihn daher nicht anwende, weil er eine provisorische, in Verbindung mit einem Initiativantrag der rechten Seite dieses Hauses eingebrachte Maßregel darstelle. Während Fuchs redete, wurde er oft von Schönerer und Wolf unterbrochen. Sie bezeichneten ihn als Verbrecher, da er seinerzeit den Antrag Falkenhayns zur Durchführung gebracht habe. Nach Ende der Rede stellten die Vertreter der Parteien verschiedene Anträge, in denen sie die Ansicht Fuchs' nicht teilten und darauf bestanden, die Schuldigen an den Ereignissen im Parlament zur Verantwortung zu ziehen.[900]

---

[895] Statthaltereipräsidium an Bezirkshauptmann Eger, Nr. 3696, 2.3.1898, S. 267 f., SOAC, Fond čis.: 437, Kartón čis.: 23, Složka čis.: č. inv. 523, Příloh: č. 1 - 428, Časový rozsah: 1898
[896] Bezirkshauptmannschaft Eger an Statthaltereipräsidium, Z. 195 praes., 19.3.1898, S. 265, SOAC, Fond čis.: 437, Kartón čis.: 23, Složka čis.: č. inv. 523, Příloh: č. 1 - 428, Časový rozsah: 1898
[897] Bezirkshauptmannschaft Eger an Statthaltereipräsidium, Z. 195 praes., 19.3.1898, S. 265, SOAC, Fond čis.: 437, Kartón čis.: 23, Složka čis.: č. inv. 523, Příloh: č. 1 - 428, Časový rozsah: 1898
[898] Bezirkshauptmannschaft Eger an Statthaltereipräsidium, Z. 195 praes., 19.3.1898, S. 265, SOAC, Fond čis.: 437, Kartón čis.: 23, Složka čis.: č. inv. 523, Příloh: č. 1 - 428, Časový rozsah: 1898
[899] Egerer Zeitung, Nr. 23, 52. Jahrgang, 19.3.1898, S. 4
[900] Egerer Zeitung, Nr. 24, 52. Jahrgang, 23.3.1898, S. 2

Gleich nach Wiedereröffnung des Reichsrates wurden die ersten Interpellationen eingereicht. In der ersten Sitzung des Abgeordnetenhauses stellten die Abgeordneten Prinz Liechtenstein, Pattai, Axmann und weitere Parteimitglieder den Antrag, die Sprachenverordnungen vom 5. April 1897 und vom 24. Februar 1898 für ungültig zu erklären. Die Regierung wurde aufgefordert, unverzüglich ein Sprachengesetz auszuarbeiten, das der berechtigten Stellung des deutschen Volkes in Österreich und seinen Anspruch auf nationale Entwicklung, Rechtsprechung und Verwaltung im Staat überhaupt und in den deutschen Gebieten in Böhmen und Mähren im besonderen volle Rechnung trüge. In diesem Gesetz müßte auf die Stellung der deutschen Sprache Rücksicht genommen werden, die ihr im Hinblick auf die Einheit des Reiches, seiner Verwaltung, Justiz und historischen Entwicklung der Monarchie gebührte. Ohne die Gleichberechtigung der anderen Nationen zu verletzen müßte die Stellung der deutschen Sprache schon im österreichischen Interesse gewahrt bleiben.[901]

Der Abgeordnete Sokol und mehrere Parteimitglieder stellten in ihrer Interpellation in der 2. Sitzung des Abgeordnetenhauses am 23. März 1898 dar, daß die Verfolgungen der tschechischen Bevölkerung kein Ende nähmen. Die Deutschen erklärten es als ihr Privatrecht, die Tschechen aus den Gebieten durch Boykott zu vertreiben. Die deutschen Gemeindevertretungen übten Druck auf die Hausbesitzer aus, damit sie den tschechischen Bewohnern die Wohnungen kündigten. Auf diese Art und Weise würden vielen hundert tschechischen Familien die Wohnungen genommen werden. Dazu fügten sie mehrere Beispiele an: In Bilin wurde 60 tschechischen Familien, die ihre Kinder auf tschechische Schulen schickten, die Wohnungen gekündigt. Die Rekurse dagegen blieben ohne Erfolg. Alle Hauseigentümer erklärten, daß sie vom Bürgermeister und vom Polizeikommissär Pichol gezwungen wurden, den tschechischen Parteien zu kündigen. Die Gekündigten suchten eine neue Wohnung in der Stadt, was die Stadtpolizei jedoch vereitelte. Plötzlich wurden auch tschechische Arbeiter entlassen, die jahrelang in den ansässigen Unternehmen arbeiteten. Diese Verfolgungen erweckten Erbitterung in der Bevölkerung. Es sei nach Sokols Ansicht Pflicht der Regierung, Vorkehrungen zu treffen, damit die Verfolgungen aufhörten. Anderseits erwecke diese Hetze auch bei den besonnenen Deutschen Widerwillen. Die Stadt Dux setzte ein Mitglied des Stadtverordnetenkollegs Schmähungen aus, weil er Baugrund, den vorher kein Bewohner der Stadt erwerben wollte, an Tschechen verkaufte. Die „Duxer Zeitung" vom 12. März 1898 berichtete ausführlich von Demonstrationen, welche die deutsche Gemeindevertretung gegen den Bürger veranstaltete.[902]

In der gleichen Sitzung beklagte sich der Abgeordnete Türk, daß sich Thun in seiner Rede nicht zur Aufhebung der Sprachenverordnungen geäußert habe. Türks Partei war bereit, mit der Regierung zusammenzuarbeiten, aber nur unter der Voraussetzung, daß die Sprachenverordnungen zurückgezogen würden. Abschaffung der Sprachenverordnungen war der erste Programmpunkt der Partei und darauf bestehe man. Es gebe keinen Grund, den sprachlichen Frieden durch die Verordnungen zu stören. Außerdem monierte Türk, daß Thun in seiner Antrittsrede kein Wort zugunsten der Deutschen verloren habe. Wenn die Regierung kein Vertrauen in das deutsche Volk habe, vertraue das Volk auch keiner Regierung.[903]

---

[901] Stenographische Protokolle, 1. - 15. Sitzung, 14. Session, 1898, S. 20
[902] Stenographische Protokolle, 1. - 15. Sitzung, 14. Session, 1898, S. 64
[903] Egerer Zeitung, Nr. 25, 52. Jahrgang, 26.3.1898, S. 2 f.

Engel erklärte deutlich, daß der Grundsatz der deutschen Staatssprache für ihn unannehmbar sei und er auf seine Standpunkte verweise, die in dem Landtagsentwurf klar formuliert worden seien.[904]

In den letzten Märztagen wurden wieder Deutsche in Pilsen überfallen, die Lage eskalierte am 23. März 1898. Am Nachmittag zogen Tschechen, die von einem Begräbnis kamen, am „Deutschen Haus" und an der „Aktienbierhalle" vorbei und führten ein ohrenbetäubendes Spektakel auf. Die Menge konnte ohne polizeiliche Beanstandung weiterziehen. Gegen 20.00 Uhr gingen drei Arbeiter von der Brauerei nach Hause und unterhielten sich dabei auf deutsch. Daraufhin wurde einer der Arbeiter von einem Tschechen mit einem Stock am Kopf verletzt. Dieser konnte flüchteten. Zufällig vorbeikommende Soldaten nahmen die Verfolgung auf, die jedoch erfolglos blieb. Der Verletzte wurde auf dem Polizeirevier verarztet und erstattete Anzeige.[905]

Die Zusammenstöße in Pilsen wirkten sich in der näheren Umgebung aus, denn am 25. und 26. März 1898 war Eger wieder Schauplatz kleinerer Demonstrationen, die jedoch unblutig verliefen. Es erschienen plötzlich ungefähr 100 Leute mit Pfeifen und verschiedenen anderen lärmenden Instrumenten vor der Wohnung Schückers und veranstalteten dort ein besonderes „Konzert". Hintergrund der Aktion war Schückers Wahlannahme in die Delegationen. Von dort aus zog die Gruppe zur Wohnung des Staatsanwaltes Dr. Kostial, wo sie ebenfalls lärmte. Die städtische Polizei zerstreute die Menge, worauf Ruhe einkehrte. Ausschreitungen kamen nicht vor. Allerdings schloß die Bezirkshauptmannschaft Eger nicht aus, daß die Schönerianer Egers derartige Demonstrationen gegen die Anhänger der deutschfortschrittlichen Partei wiederholen würden.[906]

Ende März 1898 stellte die Statthalterei Prag fest, daß sich in den letzten Tagen, vom Standpunkt des Reichsinteresses betrachtet, ein erfreulicher Zwiespalt zwischen der „Schönererpartei" und den übrigen deutschen Parteien zeige. Die von Schönerer und Wolf vertretene extremnationale Richtung wirke durch absichtliche und konsequente Bekämpfung des österreichischen Reichsgedankens und der dynastischen Gefühle in höchstem Maß staatsgefährdend. Der Zusammenhalt aller Deutschen Böhmens, hervorgerufen durch ihren heftigen Kampf, bereite den Behörden große Schwierigkeiten, der rücksichtslosen Agitation Schönerers und Wolfs wirksam entgegenzutreten. Aus diesem Grund müsse mit Bedacht und Aufmerksamkeit jedes Mittel eingesetzt werden, um den weiteren Erfolg der Agitation einzuschränken. Dazu gehörte die entschlossenere Anwendung der Gesetze gegen die von der „Schönererpartei" angemeldeten Versammlungen, eine wirksamere Überwachung der Presse, Vereine und Kundgebungen. Alle Äußerungen in Versammlungen, die dem österreichischen Reichsgedanken widersprächen und sich auf eine „Germania Irridenta" bezögen und mit Beifall beklatscht würden, seien mit der sofortigen Auflösung zu beantworten. Die Wiederherstellung normaler Verhältnisse in Böhmen sei von großer Wichtigkeit, so daß auch Czerny nützliche Aktivitäten entfalten solle. In diesem Sinn solle er öffentlich versichern, daß der Regierung nichts ferner liege, als das Interesse des deutschen Volkes zu schädigen, auf das bevorstehende Regierungsjubiläum Kaisers Franz Joseph hinweisen

---

[904] Egerer Zeitung, Nr. 25, 52. Jahrgang, 26.3.1898, S. 3
[905] Egerer Zeitung, Nr. 23, 52. Jahrgang, 19.3.1898, S. 2
[906] Bezirkshauptmannschaft Eger an Statthaltereipräsidium, Z. 263 praes., 27.3.1898, S. 338, SOAC, Fond čís.: 437, Kartón čís.: 23, Složka čís.: č. inv. 523, Příloh: č. 1 - 428, Časový rozsah: 1898

und an das österreichische Empfinden appellieren, das die Pflege des Volkstums in keiner Weise ausschließe.[907]

Den Bismarckfeiern Ende März 1898, welche die Deutschnationalen veranstalteten, um den Geburtstag Otto von Bismarcks[908] zu feiern, galt die besondere Aufmerksamkeit der Behörden. Diese Feiern wurden oft zu antidynastischen Agitationen benützt. Der „Bund der Germanen" veranstaltete auch dieses Jahr wieder am 1. April 1898 eine Feier, über welche die Statthalterei Prag informiert werden wollte. Der Leiter der Bezirkshauptmannschaft in Asch berichtete am 29. März 1898, daß anläßlich der Bismarckfeier im Selbstverlag des Germanenverbandes „Balmünz" in Asch Liedertexte erschienen seien. Die Liedtexte „Reichsgruß" und „Trutzlied für Deutschböhmen" wurden beschlagnahmt und durften weder verbreitet noch gesungen werden.[909]

Die Nachforschungen über die beiden Lieder „Reichsgruß" und „Trutzlied für Deutschböhmen" wurden von verschiedenen Posten im Egerer Verwaltungsbezirk eingeleitet[910], ohne Exemplare des Liedtextes zu finden. In Eger selbst waren diese Lieder nicht verbreitet. Bisher wurde das Lied „Deutschland, Deutschland über alles" nach der Melodie der Volkshymne nur einmal im Januar von den Gästen aus Plauen während ihres Aufenthaltes gesungen, aber nicht in demonstrativer Weise. Dies geschah während der Wanderung der Plauener in das Frankental; ein Amtsabgeordneter veranlaßte sie zum Auseinandergehen.[911]

Ende März 1898 wurden Bismarckfeiern im Egerer Gebiet abgehalten. Die Bismarckverehrung war zwar immer latent bei den Deutschnationalen vorhanden, steigerte sich aber erst seit Einführung der Badenischen Sprachenverordnungen zu deutschnationalen Agitationen. Dabei wurde völlig übersehen, daß Bismarck in politischer Hinsicht zwar konservativ eingestellt war, aber nie extrem nationalistisch deutsch.

Der Reichsratsabgeordnete Holanský und einige seiner Parteimänner brachten Anfang April 1898 im Abgeordnetenhaus eine Interpellation ein, in welcher der Boykott der tschechischen Minorität in den deutschen Gegenden Böhmens und Mährens und speziell in Eger dargestellt wurde:[912] Danach traten in letzter Zeit in einigen Städten des „sogenannten deutschen Sprachgebietes"[913] in Böhmen und Mähren Erscheinungen zutage, die jeder Beschreibung spotteten und nur von einem übermächtigen Haß der Deutschen gegenüber der tschechischen Minderheit zeugten. Diese Anlässe waren geeignet, in der tschechischen Bevölkerung große Aufregung zu verursachen und weckten begründete Befürchtungen, daß die deutschen Bewohner mit dem Gedanken

---

[907] Statthaltereipräsidium an Bezirkshauptmann Eger, Nr. 5141, 27.3.1898, S. 345, SOAC, Fond čis.: 437, Kartón čis.: 23, Složka čis.: č. inv. 523, Příloh: č. 1 - 428, Časový rozsah: 1898
[908] Otto von Bismarck wurde am 1. April 1815 geboren. Anm. d. Verf.
[909] Statthaltereipräsidium an Statthaltereirat und Bezirkshauptmann Eger, Nr. 5440, 3.4.1898, S. 365, SOAC, Fond čis.: 437, Kartón čis.: 23, Složka čis.: č. inv. 523, Příloh: č. 1 - 428, Časový rozsah: 1898
[910] Bezirksgendarmeriekommando Eger an Bezirkshauptmannschaft Eger, 7.4.1898, S. 366, SOAC, Fond čis.: 437, Kartón čis.: 23, Složka čis.: č. inv. 523, Příloh: č. 1 - 428, Časový rozsah: 1898
[911] Bezirkshauptmannschaft Eger an Statthaltereipräsidium, Nr. 302 praes., 14.4.1898, S. 364, SOAC, Fond čis.: 437, Kartón čis.: 23, Složka čis.: č. inv. 523, Příloh: č. 1 - 428, Časový rozsah: 1898
[912] Statthaltereipräsidium an Statthaltereirat und Bezirkshauptmann Eger, Nr. 5584, 7.4.1898, S. 403, OAC, Fond čis.: 437 OÚ Cheb, Kartón čis.: 23, Složka čis.: 322 pres 1898, Kat. č. 257, Příloh: 6
[913] Stenographische Protokolle, 1. - 15. Sitzung, 14. Session, 1898, S. 155

spielten, den Tschechen die Existenzbedingungen zu vernichten. Die tschechische Bevölkerung war hauptsächlich in Eger maßlosen Verfolgungen ausgesetzt, so daß es den Anschein hatte, sie wäre aller Rechte beraubt und würde keinen gesetzlichen Schutz mehr genießen. Den Geschäftsleuten entzog man ihre Beschäftigung, die Arbeiter wurden entlassen. Die Einzelhändler Beranek, Torejt und andere mußten nach dieser Aktion Eger verlassen. Als Beweis für die Vorwürfe der Interpellanten diente das zu Neujahr 1898 herausgegebene Adreßbuch, das trotz Beschlagnahme verbreitet wurde.[914]

Es war Tatsache, daß infolge der maßlosen Agitation der radikalnationalen Kreise in Eger zahlreiche Geschäftsleute tschechischer Nationalität, darunter auch die in der Interpellation genannten, Eger verlassen mußten. Sie waren durch Wohnungskündigungen und Aufhebung der Mietverträge für deren Geschäftsräume, durch wirtschaftlichen Boykott und den ausgeübten Terror in geschäftlicher Beziehung lahmgelegt und geradezu gezwungen, Eger zu verlassen. Diese Hetze wurde nicht offen, sondern versteckt betrieben. Die Behörde war aufgrund der herrschenden Rechtslage gegenüber diesem Phänomen machtlos. Dabei mußte betont werden, daß schon seit Monaten lediglich ein einziger Fall vorkam, wo sich ein Tscheche aus Eger über die Drangsalierung der Radikalnationalen beschwerte und den Schutz der Behörde anforderte. Deswegen war die Behörde auch gar nicht in der Lage einzuschreiten. Im Lauf der Zeit verlor diese Bewegung jedoch bedeutend an Intensität, da die Zahl der tschechischen Bewohner und Geschäftsleute in Eger stark sank.[915]

Sofern in Zeitungen („Egerer Nachrichten") und anderen Preßerzeugnissen nationale Hetze betrieben wurde, machte die Staatsanwaltschaft vom Konfiskationsrecht ausgiebig Gebrauch, wenn auch mit geringem Erfolg. Die Ursache lag darin, daß die Behörde bei der Durchführung von Beschlagnahmen absolut keine Unterstützung in der Egerer Bevölkerung fand. Die Konfiskation des „Wegweisers deutscher Geschäftsleute in Eger", welcher der Interpellation Holanskýs beilag, verfügte die Egerer Staatsanwaltschaft am 27. Januar 1898. Alle Gendarmerieposten im Bezirk Eger wurden davon verständigt.[916]

Im Frühjahr 1898 wurden wiederholt zahlreiche Volksversammlungen abgehalten.

In Saaz fand am 3. April 1898 eine deutschnationale Versammlung statt, bei welcher der Schriftleiter der „Egerer Nachrichten" Stein in heftigster Weise gegen die liberale Partei und die Juden polemisierte. In seinen weiteren Ausführungen sprach Stein in unehrbietlichen Ausdrücken vom Kaiser und sagte nach einer Unterbrechung durch den Kommissär: „Wir sind nicht so ungeschickt, den Hochverrath auszusprechen ... Die Interessen des deutschen Volkes stehen höher als der Staat!". Der Regierungsvertreter löste nach einigen unverständlichen Bemerkungen Steins, da der Lärm zu groß war, die Veranstaltung auf.[917]

---

[914] Stenographische Protokolle, 1. - 15. Sitzung, 14. Session, 1898, S. 155
[915] Bezirkshauptmannschaft Eger an Statthaltereipräsidium, Z. 322 praes., 19.4.1898, S. 405 ff, OAC, Fond čís.: 437 OÚ Cheb, Kartón čís.: 23, Složka čis.: 322 pres 1898, Kat. č. 257, Příloh: 6
[916] Bezirkshauptmannschaft Eger an Statthaltereipräsidium, Z. 322 praes., 19.4.1898, S. 405 ff, OAC, Fond čís.: 437 OÚ Cheb, Kartón čís.: 23, Složka čis.: 322 pres 1898, Kat. č. 257, Příloh: 6
[917] Statthaltereipräsidium an Bezirkshauptmann Eger, Nr. 5625, 7.4.1898, S. 361, SOAC, Fond čís.: 437, Kartón čís.: 23, Složka čis.: č. inv. 523, Příloh: č. 1 - 428, Časový rozsah: 1898

Tags darauf fand sich Schönerer in Eger ein, denn die Ortsgruppe der „Schönererpartei" veranstaltete am 4. April 1898 in den Frankentalsälen eine allgemein zugängliche Volksversammlung, in der die Besprechung der allgemeinen politischen Lage auf dem Programm stand. Der eigentliche Zweck bestand in der Inszenierung einer Mißtrauenskundgebung gegen Dr. Schücker. Als Referent trat Stein auf. Zur Kundgebung fanden sich ca. 500 Personen ein, darunter zahlreiche Sozialdemokraten. In den Abendstunden verbreitete sich in Eger das Gerücht, daß es im Verlauf der Veranstaltung zu stürmischen Ereignissen, sogar zu Tätlichkeiten gekommen sei, da es die Sozialdemokraten auf den ihnen verhaßten Stein abgesehen hätten. Aus diesem Grund wurde der Gendarmerieposten Egers, der aus vier Mann bestand, in Bereitschaft versetzt und um Militärverstärkung gebeten, die das Militärkommando veranlaßte. Das Bürgermeisteramt bot die städtische Polizei auf.[918]

Gleich nachdem Schmidt, das jüngste Mitglied der Egerer „Schönererpartei", die Versammlung eröffnet hatte, kam es bei der Wahl des Präsidiums zu solch stürmischen Szenen zwischen Schönerianern und Sozialdemokraten, die auf der Wahl ihres Führers Nitsche bestanden, so daß der Vorsitzende selbst die Veranstaltung auflöste. Der anwesende Regierungsvertreter Hirsch beschränkte sich darauf, den Saal zu räumen.[919]

Die Versammlungsteilnehmer zogen unter Singen der „Wacht am Rhein" und des „Arbeiterliedes" und den Rufen „Heil" und „Hoch die Arbeit" zum Marktplatz und in die Bahnhofstraße, wo die städtische Polizei sie allmählich zerstreute. Ein großer Teil der Demonstranten begab sich sodann in die entsprechenden Vereinslokale, die Sozialdemokraten in das Hotel „Kronprinz Rudolf" und die Schönerianer in das Café „Wallenstein". Einige Schönerianer versuchten noch lärmend zur Villa Schückers am Theaterplatz zu ziehen, wurden aber durch das energische Eingreifen der städtischen Polizei daran gehindert, die alle Straßen, die zum Theaterplatz führten, absperrte. Czerny befand sich mit Hirsch und Siegrich bei der Demonstration, sah sich aber nicht veranlaßt, Gendarmerie oder Militär anzufordern, da die städtische Polizei erfolgreich einschritt. Ausschreitungen kamen nicht vor.[920]

Am Abend des selben Tages erschien eine Extraausgabe der „Egerer Zeitung", die eine scharfe Gegendarstellung der Angriffe und Agitationen der „Schönererpartei" enthielt. Dieser Sonderdruck fand reißenden Absatz und verstärkte die schon vorhandene Aufregung, speziell in den extremnationalen Kreisen.[921]

Am 15. April fand in Asch eine deutschnationale Versammlung statt, bei der Stein, Schriftleiter der „Egerer Nachrichten", eine lange Rede hielt. Darin beschimpfte er das Verhalten der Deutschen Fortschrittspartei, die den Entwurf Schönerers für eine Mini-

---

[918] Bezirkshauptmannschaft Eger an Statthaltereipräsidium, Z. 286 praes., 5.4.1898, S. 354 ff, SOAC, Fond čis.: 437, Kartón čis.: 23, Složka čis.: č. inv. 523, Příloh: č. 1 - 428, Časový rozsah: 1898

[919] Bezirkshauptmannschaft Eger an Statthaltereipräsidium, Z. 286 praes., 5.4.1898, S. 354 ff, SOAC, Fond čis.: 437, Kartón čis.: 23, Složka čis.: č. inv. 523, Příloh: č. 1 - 428, Časový rozsah: 1898

[920] Bezirkshauptmannschaft Eger an Statthaltereipräsidium, Z. 286 praes., 5.4.1898, S. 354 ff, SOAC, Fond čis.: 437, Kartón čis.: 23, Složka čis.: č. inv. 523, Příloh: č. 1 - 428, Časový rozsah: 1898

[921] Bezirkshauptmannschaft Eger an Statthaltereipräsidium, Z. 286 praes., 5.4.1898, S. 354 ff, SOAC, Fond čis.: 437, Kartón čis.: 23, Složka čis.: č. inv. 523, Příloh: č. 1 - 428, Časový rozsah: 1898

steranklage nicht mit unterschreiben und der dadurch nicht im Reichsrat verhandelt werden würde. Schönerer beabsichtigte in diesem Entwurf, alle Beteiligten an der Ausarbeitung der Gautschen Sprachenverordnungen in den Anklagezustand zu versetzen.

Stein wandte sich ebenso gegen die Katholische Volkspartei. Diese hätte seiner Meinung nach keine Berechtigung, im Reichsrat vertreten zu sein, da sie eine religiöse und keine politische Partei sei. In gleicher Weise hetzte er gegen die Christlichsoziale Partei und ihren Führer Lueger.[922]

Schließlich wandte er sich in seiner Rede den Sprachenverordnungen zu. Diese sollten den Deutschen den Todesstoß versetzen. Er rief dazu auf, weiterhin den Kampf für deren Abschaffung zu betreiben. Die Abgeordneten forderte er auf, auch weiterhin in der entschiedensten Opposition im Reichsrat zu verbleiben, bis die Sprachenverordnungen zurückgezogen werden würden.[923]

Am 17. April 1898 sollte nachmittags in Alois Pöerners Gasthaus in Tauschnitz bei Buchau eine Wählerversammlung für die Gemeindewähler des Bezirkes Buchau-Luditz stattfinden. Dabei stand der Rechenschaftsbericht Iros und die Besprechung der politischen Lage auf dem Programm, ferner ein Referat Steins über soziale Fragen und Anfragen und Anträge der Wähler.[924] Der Bezirkshauptmann von Luditz verbot jedoch die Veranstaltung.[925]

Mitte April 1898 verschickte Schönerer Flugschriften an deutschböhmische Gemeinden, in denen die gesetzliche Verankerung der deutschen Staatssprache gefordert wurde. Die Bezirkshauptmannschaften in Kaplitz und in Plan meldeten, daß Schönerer von Zwettl aus eine in Krems gedruckte Aufforderung an die Gemeindeämter versendete. Dieser lag ein Formular in Form einer Bittschrift bei, die an das Abgeordnetenhaus in Wien überreicht werden sollte. Darin ging es um die gesetzliche Sicherung der deutschen Staatssprache. Alle Formulare mußten unterschrieben und so schnell wie möglich wieder an Schönerer zurückgeschickt werden. In diesen Schreiben wurde gegen die letzten Sprachenverordnungen Stellung genommen, diese als vorsätzliche Gesetzesverletzung bezeichnet und das Abgeordnetenhaus aufgefordert, gegen die Minister Gautsch (Ministerpräsident und Inneres), Koerber (Handel), Böhm (Finanzen), Ruber (Justiz) und Bylandt (Landwirtschaft) Anklage zu erheben. Da der Appell Schönerers weder den Druckort noch die Namen des Druckers und Verlegern aufwies und das Formular an das Abgeordnetenhaus nur den Vermerk „Druck von Karl Bornemann in Znaim" trug, entsprach diese Druckschrift nicht ganz den Vorschriften des Pressegesetzes. Czerny wurde mit der Beschlagnahme des Rundschreibens beauftragt. Die konfiszierten Exemplare sollte die Staatsanwaltschaft in Znaim erhalten.[926] Die Nachforschungen nach den Schreiben Schönerers, in denen er zur Unterschriftenaktion

---

[922] Ascher Zeitung, Nr. 32, 35. Jahrgang, 20.4.1898, S. 1
[923] Ascher Zeitung, Nr. 32, 35. Jahrgang, 20.4.1898, S. 2
[924] Bezirkshauptmannschaft Eger an Bezirkshauptmann Luditz, Nr. 308 praes ai 1898, 12.4.1898, S. 370, SOAC, Fond čis.: 437, Kartón čis.: 23, Složka čis.: č. inv. 523, Příloh: č. 1 - 428, Časový rozsah: 1898
[925] Bezirkshauptmann Luditz an Statthaltereirat Eger, Z. 71 praes., 14.4.1898, S. 377, SOAC, Fond čis.: 437, Kartón čis.: 23, Složka čis.: č. inv. 523, Příloh: č. 1 - 428, Časový rozsah: 1898
[926] Statthaltereipräsidium an Bezirkshauptmann Eger, Nr. 6229, 17.4.1898, S. 432, SOAC, Fond čis.: 437, Kartón čis.: 23, Složka čis.: č. inv. 523, Příloh: č. 1 - 428, Časový rozsah: 1898

für die Ministeranklage aufrief, ergaben nur die Konfiskation eines Exemplars beim Gastwirt Dominik Kreuzinger. Andere Exemplare wurden nicht gefunden.[927]

Anlaß für diesen Vorstoß Schönerers dürften sprachliche „Übergriffe" tschechischer Beamten gewesen sein, die ebenso vermehrt auftraten. Eine Glückwunschkarte, welche die Mitglieder der Ferienverbindung „Freya" von Leitmeritz nach Tschernosek zu einem Verbindungsbruder schickten, wurde verändert. So wurde der Ankunftsort tschechisch übersetzt und unter „Leitmeritz" wurde „Königreich Böhmen" gesetzt. Außerdem standen neben dem Empfänger einige Schimpfwörter. Nachforschungen wurden eingeleitet, um den Betreffenden zu ermitteln. Der Vorfall sollte ferner im Reichsrat zur Sprache kommen.[928]

Zudem wurde abermals eine Liste für deutsche Geschäftsleute veröffentlicht, in welcher diese aufgefordert wurden, tschechische Lieferanten zu boykottieren. Die Beschlagnahme des „Wegweisers der deutschen Geschäftsleute in Eger" hatte keinen Erfolg, da dieser in keinem öffentlichen Lokal und auch nicht in Buchhandlungen oder sonstigen Verkaufsstellen auflag. Die Verbreitung und Verteilung erfolgten unter der Hand durch Privatpersonen.[929]

5.2.2.4. Die veränderte Obstruktionstaktik der deutschen Parteien im Reichsrat

Die Obstruktion wurde im Abgeordnetenhaus weiterhin fortgesetzt, nur kam sie diesmal auf leisen Sohlen und ohne Getöse, Pultdeckelschlagen und Raufereien. Dem Parlament lagen über 50 Dringlichkeitsanträge vor, die laut Geschäftsordnung erst verhandelt werden mußten, bevor zur Tagesordnung übergegangen werden konnte. Die Vertreter der Deutschen Volkspartei und der Fortschrittspartei erklärten, daß sie weiter Obstruktion betrieben, wenn die Sprachenverordnungen nicht abgeschafft werden würden. Falls die deutschen Abgeordneten weiter obstruierten, war es nicht möglich, den Ausgleich mit Ungarn zu erledigen, Rekruten auszuheben und den Staatsvoranschlag zu verabschieden. Inzwischen wurden die tschechischen Abgeordneten unruhig und drohten ihrerseits Obstruktion und Opposition an, wenn Thun den Deutschen zu sehr entgegenkäme. Man befürchtete außerdem, daß die Katholische Volkspartei ihre nationale Gesinnung entdecken könnte, abtrünnig werden würde und sich den deutschen Abgeordneten zuwandte.[930]

Die Einheit der deutschen Abgeordneten im Reichsrat erhielt erste Risse. Anlaß war die Beschuldigung Schönerers, die Mitglieder der Deutschen Fortschrittspartei und der Deutschen Volkspartei hätten Gautsch die Zusage gegeben, keine Ministerklage im Reichsrat einzubringen. Kaiser (Deutsche Volkspartei) gab dies zu und begründete das Vorgehen damit, daß sich die Gautschen Verordnungen wesentlich von den Badenischen unterschieden, indem sie als provisorisch bezeichnet würden und gesetzlich gelöst werden sollten. Schönerer wollte Kaiser und seine Parteigenossen unbedingt dazu

---

[927] Landesgendarmeriekommando Nr. 2, Bezirksgendarmeriekommando Nr. 2 in Eger an Bezirkshauptmannschaft Eger, 27.4.1898, S. 452, SOAC, Fond čis.: 437, Kartón čis.: 23, Složka čis.: č. inv. 523, Příloh: č. 1 - 428, Časový rozsah: 1898
[928] Egerer Zeitung, Nr. 30, 52. Jahrgang, 13.4.1898, S. 2 f.
[929] Bezirkshauptmannschaft Eger an Statthaltereipräsidium, Nr. 344 praes., 26.4.1898, S. 449, SOAC, Fond čis.: 437, Kartón čis.: 23, Složka čis.: č. inv. 523, Příloh: č. 1 - 428, Časový rozsah: 1898
[930] Egerer Zeitung, Nr. 30, 52. Jahrgang, 13.4.1898, S. 1

verpflichten, mit der „Schönererpartei" die Ministerklage zu unterschreiben, was Kaiser jedoch ablehnte.[931] In der Sitzung des Abgeordnetenhauses am 26. April 1898 wurde mit 175 zu 167 Stimmen entschieden, die Ministeranklage gegen Badeni an den Ausschuß zu übergeben. Die „Egerer Zeitung" feierte dieses Ergebnis als Sieg der Deutschen und ihrer Einheit, selbst wenn der Ausschuß die Anklage ablehnen würde. Das Abgeordnetenhaus hätte damit Badeni und Falkenhayn verurteilt.[932] Gleichzeitig tauchten Gerüchte auf, die Badeni als Geisteskranken hinstellten. Zeitungsmeldungen zufolge sollte Graf Badeni geistesgestört sein und müßte von seiner Umgebung auf das Sorgfältigste beobachtet werden.[933] Diese Nachrichten ließen sich jedoch nicht bestätigen. Nach Auskunft seines Sohnes sei er geistig voll auf der Höhe, habe allerdings keinen Drang mehr, sich in der Politik zu engagieren.[934]

In einer Interpellation stellten Schücker und weitere Parteimitglieder dar, daß die Deutschen Opfer der tschechischen Minderheiten seien. Als Beweis brachte er folgenden Vorfall zur Sprache:

Der deutsche Turnverein Oberleutensdorf unternahm am 24. April 1898 einen Marsch zum Turnverein in Klostergrab. Die Rückfahrt erfolgte am Bahnhof Kosten. Kaum erreichten die Oberleutensdorfer diesen Ort, als sie ohne jeden Grund von der tschechischen Bevölkerung beschimpft und angespuckt wurden. Drei Turner wurden mit Steinen beworfen, gingen auf die Provokation jedoch nicht ein. Polizeischutz wurde den Oberleutensdorfer nicht gewährt.

Im Ort Brňík, in dem viele Tschechen wohnten, wurden regelmäßig deutsch sprechende Passanten beschimpft und beleidigt. Die von ihnen bei der Behörde vorgebrachten Beschwerden blieben wirkungslos.

Diese Vorgänge kontrastierten seltsam mit den Klagen der Tschechen über Drangsalierungen durch die Deutschen im deutschen Sprachgebiet. Die Vorfälle ließen erkennen, welchem Schicksal die Deutschen Böhmens ausgesetzt seien, wenn die Tschechen die Verwaltung des Landes übernehmen würden. Zum Schutz der Deutschen wurde der Ministerpräsident Thun aufgefordert, die Gendarmerieposten in den bedrohten Orten zu verstärken.[935] Diese Interpellation mußte als Vorstoß gesehen werden, weil Schücker nach Annahme der Delegationswahlen heftig unter Beschuß lag.

Gleich nach diesem Ereignis fand am 24. April 1898 in Teplitz eine Versammlung deutschnationaler Vertrauensmänner aus Böhmen statt, die wegen einer neuen Parteiorganisation wichtige Beschlüsse fassen wollten. Nach den Ausführungen des Vorsitzenden der Versammlung, enthielt das Konzept zur Parteireform folgende Grundzüge: Für jeden Verwaltungsbezirk einer Bezirkshauptmannschaft in Böhmen sollte ein freigewählter Bezirksverband gegründet werden. Diese sollten sich zu Gauverbänden vereinigen und diese wiederum in einen Landesverband. All diese Verbände sollten nicht als Vereine ausgestattet werden, sondern lediglich als Mehrheiten von Vertrauensmännern, die von nationalen Vereinen und Versammlungen gewählt werden. Wo nötig,

---

[931] Egerer Zeitung, Nr. 27, 52. Jahrgang, 2.4.1898, S. 1 f.
[932] Egerer Zeitung, Nr. 35, 52. Jahrgang, 30.4.1898, S. 1
[933] Franzensbader Tagblatt, Nr. 11, 1. Jahrgang, 14.6.1898, S. 1
[934] Ascher Zeitung, Nr. 41, 35. Jahrgang, 21.5.1898, S. 2
[935] Stenographische Protokolle, 1. - 15. Sitzung, 14. Session, 1898, S. 781

sollten auch Ortsverbände gegründet werden, während in kleineren Orten einzelne Vertrauensmänner die Geschäfte der Partei besorgen sollten.[936]

Nach den Berichten der deutschnationalen Zeitungen über den Verlauf der Versammlung stand die Partei auf der Grundlage des „Linzer Programmes". Ein Parteifond sollte gebildet werden, für den die Bezirksverbände den Grundstock aufbrachten.[937]

Diese Grundsätze wurden von der zahlreich besuchten Veranstaltung, ca. 800 Parteigenossen aus vielen Bezirken Böhmens waren anwesend, einstimmig angenommen. Der Versammlungsausschuß wurde mit der Durchführung der Parteiorganisation beauftragt und die Gründung eines deutschnationalen Landtagsblattes mit eigener Druckerei beschlossen. Die Zeitung sollte den Sitz in Prag haben, solange diese Stadt Landeshauptstadt wäre. Durch die Gründung dieses Organs sollten die „Bohemia", das „Prager Tagblatt" und das „Prager Abendblatt" verdrängt werden und den Parteimitgliedern ein Ersatz für die „verjudete liberale" Presse geboten werden.[938]

Schließlich nahm die Versammlung eine sehr scharfe Resolution gegen die schwache Haltung eines großen Teiles der deutschen Abgeordneten an, in der besonders Lippert, Pfersche, Kaiser, Steinwender, Grabmayer und Schücker an den Pranger gestellt wurden. Man gab der Erwartung Ausdruck, daß nun alle deutschen Abgeordneten in der rücksichtslosen Obstruktion verharrten, bis die das deutsche Volk in seinem Recht, seiner Freiheit und seinem Bestand schädigenden Sprachenverordnungen zurückgezogen werden würden. Die Stellungnahme der deutschradikalen Angeordneten wurde unter Dankeskundgebungen an Schönerer und Wolf gutgeheißen. Jedem Abgeordneten, der es wagte, von den auf dem vorjährigen Volkstag aufgestellten Grundsätzen abzuweichen, wurde mit der Brandmarkung als Volksverräter gedroht.

Dieses Vorhaben zur Parteiorganisation hatte nicht nur nationale, sondern vor allem politische Grundlagen. Deshalb ordnete die Statthalterei Prag an, dieser Bewegung samt den Mitgliedern und Delegierten der verschiedenen Verbände die vollste Aufmerksamkeit zuzuwenden. Ebenso war die Gründung der Zeitung genau zu verfolgen, wie diese erfolgte, damit gesetzmäßig eingegriffen werden konnte.[939]

Nach der Affäre um den Abgeordneten Schücker, welche die Egerer nationalen Kreise in heftige Aufregung versetzte, wurde es in Eger und Umgebung wieder etwas ruhiger. Die „Schönererpartei" trat in den letzten Wochen, abgesehen von den Äußerungen der Parteipresse, nicht in Erscheinung. Seit der von den Sozialdemokraten am 4. April 1898 gesprengten öffentlichen Volksversammlung wurden keine größeren Veranstaltungen mehr einberufen. Stein verlagerte allen Anschein nach seine Tätigkeit weiter nach außen und trat in verschiedenen deutschnationalen Versammlungen außerhalb des Egerer Bezirkes als Redner auf.

---

[936] Statthaltereipräsidium an Bezirkshauptmann Eger, Nr. 6718, 4.5.1898, S. 493 f., SOAC, Fond čís.: 437, Kartón čís.: 23, Složka čís.: č. inv. 523, Příloh: č. 1 - 428, Časový rozsah: 1898
[937] Statthaltereipräsidium an Bezirkshauptmann Eger, Nr. 6718, 4.5.1898, S. 493 f., SOAC, Fond čís.: 437, Kartón čís.: 23, Složka čís.: č. inv. 523, Příloh: č. 1 - 428, Časový rozsah: 1898
[938] Statthaltereipräsidium an Bezirkshauptmann Eger, Nr. 6718, 4.5.1898, S. 493 f., SOAC, Fond čís.: 437, Kartón čís.: 23, Složka čís.: č. inv. 523, Příloh: č. 1 - 428, Časový rozsah: 1898
[939] Statthaltereipräsidium an Bezirkshauptmann Eger, Nr. 6718, 4.5.1898, S. 493 f., SOAC, Fond čís.: 437, Kartón čís.: 23, Složka čís.: č. inv. 523, Příloh: č. 1 - 428, Časový rozsah: 1898

Die Deutsche Fortschrittspartei war in dieser Zeit ohne eigentlichen Führer und entwickelte keine nennenswerte Tätigkeit. Das Organ dieser Partei, die „Egerer Zeitung", führte in wohltuendem Gegensatz zu den „Egerer Nachrichten" eine gemäßigte Sprache, weshalb sie im Jahr 1898 eher selten konfisziert wurde.

Die „Schönererpartei" wartete erst einmal ab. Das weitere Vorgehen hing vom Verlauf der parlamentarischen Tätigkeit ab und von der Haltung der Regierung zur Sprachenfrage.

Die Aufmerksamkeit der Bevölkerung in den letzten 14 Tagen konzentrierte sich auf die sozialdemokratische Bewegung, die in den verschiedenen Streiks der einzelnen Berufsgruppen zutage trat. So streikten in Eger die Bauarbeiter, die Lackierer und Zimmerer begannen damit, so daß sie von der eigentlichen Tagespolitik abgelenkt wurde.

Was die Einstellung bei der Mitwirkung der Gemeinden an den Arbeiten des übertragenen Wirkungskreises betraf, vertraten die Egerer Gemeinden formell weiter ihren früheren Standpunkt. In Wirklichkeit erledigten zahlreiche Gemeinden einzelne Arbeiten ohne Probleme, z.B. die Zustellungen und die Annahme von Strafsachen. Die Stadt Eger hielt jedoch an ihrer Ablehnung fest.[940]

Im Abgeordnetenhaus wurden Anfang Mai 1898 vermehrt Interpellationen eingereicht.

Hofer und weitere Parteimitglieder brachten am 5. Mai 1898 in der 19. Sitzung des Abgeordnetenhauses eine Interpellation ein, die sich auf einen Artikel bezog, der in der Nr. 5 der tschechischen Zeitschrift „Obchodní Propaganda" vom 1. April 1898 abgedruckt war.[941] Darin wurden die geschäftlichen Leistungen Johann Baštas gewürdigt. Ferner wurde in dem Bericht sein Engagement hervorgehoben, sich gegen die „unsolide" deutsche Konkurrenz durchzusetzen. Es wurde herausgestellt, daß Bašta der einzige tschechische Musikalienhändler in der Umgebung von Schönbach und Graslitz sei und berichtet, daß Bašta in Schönbach seines Lebens nicht sicher sei. Hofer verurteilte den Artikel, da er den Zweck habe, einen tschechischen Unternehmer auf Kosten der deutschen Industrie zu bevorzugen.[942] Hofer stellte klar, daß Bašta lediglich Musikinstrumente verkaufe, aber nicht herstelle und die Erzeugnisse von deutschen Herstellern beziehe, die in dem Artikel als „unsolide" bezeichnet werden würden. Er forderte den Ministerpräsidenten auf, geeignete Maßnahmen zum Schutz der deutschen Industrie zu ergreifen.[943]

Die Bezirkshauptmannschaft Eger forschte in dieser Angelegenheit weiter nach und schickte einen Bericht über ihre Erkenntnisse an die Statthalterei Prag. Demzufolge gehe Johann Bašta in Schönbach dem Handel mit Musikinstrumenten nach und nicht ihrer Herstellung. Seine Waren beziehe Bašta von deutschen Firmen aus Schönbach und Sachsen.[944]

---

[940] Bezirkshauptmannschaft Eger an Statthaltereipräsidium, Nr. 350 praes., 28.4.1898, S. 456 f., OAC, Fond čís.: 437 OÚ Cheb, Kartón čís.: 23, Složka čís.: 350 pres 1898, Kat. č. 260, Příloh: 2

[941] Statthaltereipräsidium an Statthaltereirat und Bezirkshauptmann Eger, Nr. 7794, 15.5.1898, S. 583, OAC, Fond čís.: 437 OÚ Cheb, Kartón čís.: 24, Složka čís.: 431 pres 1898, Kat. č. 263, Příloh:10

[942] Stenographische Protokolle, 16. - 25. Sitzung, 14. Session, 1898, S. 1135

[943] Stenographische Protokolle, 16. - 25. Sitzung, 14. Session, 1898, S. 1136

[944] Bezirkshauptmannschaft Eger an Statthaltereipräsidium, Z. 431 praes., 7.6.1898, S. 581 f., OAC, Fond čís.: 437 OÚ Cheb, Kartón čís.: 24, Složka čís.: 431 pres 1898, Kat. č. 263, Příloh: 10

Der Zeitungsartikel hatte offenbar den Zweck, die übrigen deutschen Firmen Schönbachs zu schädigen, die an tschechische Kunden lieferten. Vollkommen falsch war die Behauptung, wonach Bašta in Schönbach seines Lebens nicht mehr sicher sei. Gleich nach der Gründung seines Geschäftes ließ er am Haus eine tschechische Firmenaufschrift anbringen, was zwar von der einheimischen Bevölkerung abfällig kommentiert wurde, aber ohne tätliche Auswirkungen auf ihn blieb. Erst im Herbst 1897 nach den Vorfällen im Reichsrat hatten sich die Angehörigen der „Schönererpartei" öfter vor seinem Haus versammelt und ihrer Abneigung gegen ihn, die hauptsächlich persönlichen Ursachen entsprang, durch Gejohle Ausdruck verliehen. Andere Ausschreitungen gegen ihn kamen nicht vor. Wegen der aufgeregten Stimmung in der deutschen Bevölkerung ließ Bašta die tschechische Firmenaufschrift entfernen.[945]

Die Interpellation Hofers zog eine solche der jungtschechischen Seite nach sich, in welcher die Aktivitäten eines deutschen Vereines näher beleuchtet wurden. Der „Verein der deutschen Abwehr" stachle den Nationalhaß der Deutschen an und betrachte es als sein Ziel, alle Tschechen aus den gemischtsprachigen Gebieten zu vertreiben. Sokol lehnte in seiner Interpellation an den Ministerpräsidenten die These ab, wonach ein geschlossenes deutsches Sprachgebiet existiere, da unter den Deutschen viele Tschechen lebten und die Bildung eines geschlossenen deutschen Sprachgebietes nach den bestehenden Verhältnissen eine Gewalttat sei. Er untermauerte seine Behauptung durch folgenden Bericht:

In einem Verzeichnis des „Vereines der deutschen Abwehr" für die Stadt Bilin wurden 189 Namen von tschechischen Bürgern aufgeführt, die aus der Stadt vertrieben werden sollten. Aussig hatte nach der Liste 58 tschechische Beamte, 174 tschechische Gewerbetreibende und 186 sonstige Einwohner tschechischer Nationalität. Danach waren beide Städte nicht rein deutsch, sondern von tschechischen Einwohnern stark besiedelt. Die Namensliste von Aussig stand unter dem Motto: „Vom Feinde lernst Du jederzeit, auch noch in unseren Tagen; doch macht der Feind sich bei Dir breit, dann fasse ihn am Kragen. Dann wahre Dir Dein Hausrecht und wirf ihn aus dem Hause selbst, oder mittels Hausknecht, 'naus, 'naus, 'naus." (Rudolf Baumbach)

Der „Verein der deutschen Abwehr" veröffentlichte außerdem eine Mahnung, in der die Hausbesitzer aufgefordert wurden, den tschechischen Mietern zu kündigen. Hintergrund war die Bestimmung, daß nur derjenige Anspruch auf Heimatberechtigung hatte, der zehn Jahre ohne Unterbrechung in einer Gemeinde wohnte. Daher sollten die Tschechen diese Heimatberechtigung nicht erhalten, was bedeutete, daß sie durch die Wohnungskündigungen gezwungen wurden, in eine andere Gemeinde zu ziehen. Dadurch war der permanente Wohnsitz in einer Gemeinde unterbrochen, so daß vorerst der Anspruch auf Heimatberechtigung erlosch und die Gekündigten erst wieder zehn Jahre in einer anderen Gemeinde wohnen mußten. Deshalb waren alle tschechischen Einwohner angegeben, die ihren Anspruch auf Heimatberechtigung im Jahr 1901 erlangen würden. Ferner sollten alle Hausbesitzer, die ihrer „nationalen Pflicht" nicht nachkamen, geächtet werden und keiner durfte tschechische Geschäftsleute, in welcher Form auch immer, unterstützen.[946]

---

[945] Bezirkshauptmannschaft Eger an Statthaltereipräsidium, Z. 431 praes., 7.6.1898, S. 581 f., OAC, Fond čís.: 437 OÚ Cheb, Kartón čis.: 24, Složka čis.: 431 pres 1898, Kat. č. 263, Přiloh: 10
[946] Stenographische Protokolle, 16. - 25. Sitzung, 14. Session, 1898, S. 1136 f.

Um wenigstens den Anschein zu wahren, daß die Regierung Aktivitäten zur Entschärfung des Sprachenkampfes in Böhmen unternahm, setzte sie einen Sprachenausschuß ein, der darüber beriet, die Sprachenfrage auf gesetzlichem Weg zu regeln. Allerdings waren die Entschlüsse dieses Ausschusses für die Regierung nicht bindend.[947]

Wenig später erließ die Finanz-Landesoberbehörde die Anordnung, daß mit dem Prager Magistrat je nach Wortlaut der Schriftstücke tschechisch oder deutsch verhandelt werden müßte. Wenn die Finanz-Landesoberbehörde die Weisung gäbe, nur tschechisch zu verhandeln, so müßte mit der Prager Stadtvertretung in tschechischer Sprache korrespondiert werden. Die Amtssprache richtete sich demzufolge nach der Sprache des betreffenden Amtes.[948]

5.2.2.5. Thuns Regierungsarbeit mittels Notstandsverordnungen und deren Auswirkungen auf das öffentliche Leben in Deutschböhmen

Thun sprach in Juni 1898 die Vertagung des Reichsrates aus, da man in der Sprachendebatte zu keinem Ergebnis gekommen sei. Um weiter regieren zu können, griff er auf § 14 zurück, um über die Notstandsregelung alle eingebrachten Gesetzesvorlagen verabschieden zu können. Die „Egerer Zeitung" bezeichnete die Vertagung als Werk der kraftvollen Opposition der deutschen Abgeordneten, die Thun zu diesem Schritt gezwungen habe. Ebenso werde deutlich, daß er mit seinem Latein am Ende sei und sich nicht anders zu helfen wisse, als auf die Notstandsregelung zurückzugreifen.[949] Trotz der Vertagung des Reichsrates hielten alle deutschen Parteien an der Abschaffung der Sprachenverordnungen fest. Ebenso fänden Sitzungen der Klubobmänner statt, in denen man das weitere Vorgehen berate.[950]

Nach Schließung des Reichsrates veröffentlichten die Deutsche Fortschrittspartei und die Deutsche Volkspartei jeweils eine Kundgebung, die sich an ihre Wähler richtete, da durch die Vertagung des Reichsrates eine neue politische Situation geschaffen wurde. In derjenigen der Fortschrittspartei wurde angekündigt, daß ein Ende des nationalen Kampfes nicht abzusehen sei, obwohl man einzelne Siege errungen habe, wie z.B. die verschiedenen Ministerwechsel. Man blockiere solange jede Tätigkeit im Parlament, bis die Sprachenverordnungen abgeschafft werden würden. Bei den nationalen Gegnern sehe man keinen Willen zur Verständigung, ebensowenig bei der Regierung, die für die böhmischen Finanzbehörden neue Sprachenerlasse schaffe, die zur Folge hätten, daß in Prag nur noch tschechisch verhandelt werden würde und alle deutschen Aufschriften verschwinden würden. Zwar erreiche man die Durchsetzung der eigenen Ziele nicht, hindere die Tschechen jedoch an der Fortsetzung der Slawisierung.

Man beklagte ferner, daß nun wieder § 14 statt des Volkswillens walte und beanstandete, daß noch immer kein Ausgleichsentwurf mit Ungarn zustande gekommen sei, der keine der beiden Reichshälften benachteilige. Die Schuld daran treffe aber nicht die deutschen Abgeordneten, sondern diejenigen, welche die Volksvertreter zur Oppositi-

---

[947] Egerer Zeitung, Nr. 39, 52. Jahrgang, 14.5.1898, S. 3
[948] Ascher Zeitung, Nr. 41, 35. Jahrgang, 21.5.1898, S. 1
[949] Egerer Zeitung, Nr. 47, 52. Jahrgang, 15.6.1898; S. 1
[950] Egerer Zeitung, Nr. 48, 52. Jahrgang, 18.6.1898, S. 1

on gezwungen und die mit der ungarischen Regierung einen für Österreich unannehmbaren Ausgleich abgeschlossen hätten.

Trotz der ungewissen Zukunft verharre man weiter im Ringen für das deutsche Recht, da man sich im Existenzkampf um den Fortbestand der Deutschen sehe.[951]

In der Kundgebung der Deutschen Volkspartei stellte man klar, daß durch die dritte Vertagung des Reichsrates deutlich werden würde, daß der Geschäftsgang und die Erledigung von Staatsangelegenheiten nicht fortschreiten könnten, solange die Sprachenverordnungen bestehen blieben. Durch diese würde das deutsche Volk gekränkt, wie drei Regierungen hätten erfahren müssen. Sie hätten ihre Erfahrungen gemacht und müßten zur Einsicht kommen, daß die Zurücknahme der Sprachenverordnungen der einzige Weg sei, um den Frieden im Land wieder herzustellen. Leider habe sich auch die jetzige Regierung nicht belehren lassen. Der Kampf habe alle Deutschen gehärtet und noch enger aneinandergeschweißt. Man protestiere gegen die mißbräuchliche Anwendung des § 14 und gegen die Experimente mit kaiserlichen Dekreten, da der Weg über die Verfassung der einzig zulässige sei. Folglich müßte die Regierung ihre Pflicht tun und die Sprachenverordnungen aufheben, da sie große Empörung ausgelöst hätten. Sollte die Regierung die Sprachenverordnungen nicht zurückziehen, sei sie schuld an unnötiger Zeitverschwendung. Würden sie aufgehoben, stünde der Verständigung mit den Völkern in Böhmen nichts mehr im Weg und die Bahn sei frei für produktive Arbeit.[952]

Ungeachtet aller Versuche seitens der Regierung und der Behörden ging die deutschnationale Hetze ein Stück weiter und machte auch nicht vor der allseits beliebten und über allen Streitigkeiten erhabenen Institution des Kaisers halt. Eine Agitation war im Gange, die sich gegen die Beteiligung gewisser Vereine und Körperschaften an der Kaiser-Jubiläumsfeier wandte. Unter den Feuerwehren wurde in dieser Richtung gewirkt. Czerny sollte sich darum kümmern und seinen Einfluß dahin geltend machen, daß von diesen Korporationen nicht aus politischen Gründen Beschlüsse gefaßt werden würden, die mit dem patriotischen Geist und den dynastischen Gefühlen im Widerspruch stünden.[953]

Die Deutschnationalen suchten nach geeigneten Methoden, um ihre Lehren besser im Volk verbreiten zu können und damit ihre Agitation effizienter zu gestalten. Der „Bund der Deutschen in Böhmen" beschloß in der Generalversammlung am 17. Mai 1898 die Anstellung von Wanderlehrern. In der Zeitung „Der deutsche Volksbote" wurden die Stellen ausgeschrieben. Die Wanderlehrer waren allerdings nichts anderes, als vom Bund bezahlte Agitatoren, obwohl der Verein als nicht politisch eingestuft war. Zuerst mußte aber die zuständige Behörde sicherstellen, ob diese Lehrer wirklich politische Agitatoren waren.[954]

Der Bezirkshauptmann von Leitomischl und der Polizeidirektor stellten fest, daß Franz Zesser, früherer Kanzleipraktikant in Brünn, vom „Bund der Deutschen in Böhmen"

---

[951] Egerer Zeitung, Nr. 48, 52. Jahrgang, 18.6.1898, S. 2
[952] Egerer Zeitung, Nr. 48, 52. Jahrgang, 18.6.1898, S. 2
[953] Statthaltereipräsidium an Bezirkshauptmann Eger, Nr. 7147, 3.5.1898, S. 474, SOAC, Fond čis.: 437, Kartón čis.: 23, Složka čis.: č. inv. 523, Příloh: č. 1 - 428, Časový rozsah: 1898
[954] Statthaltereipräsidium an Bezirkshauptmann Eger, Nr. 6664, 17.6.1898, S. 520, SOAC, Fond čis.: 437, Kartón čis.: 24, Složka čis.: č. inv. 523, Příloh: č. 429 - 1190, Časový rozah: 1898

als Volks- und landwirtschaftlicher Lehrer angestellt wurde. Er erhielt ein Jahresgehalt von 1200 Gulden und die Vergütung der Reisekosten. Zesser reiste von Leitomischl nach Nordböhmen, um Vorträge zu halten. Der Statthaltereirat von Podersam meldete, daß Zesser am 16. November 1898 einen Vortrag zum Thema „Über die Ziele und Zwecke des Bundes" hielt. Organisiert wurde das Referat von der Ortsgruppe des „Bundes der Deutschen in Böhmen" in Kriegern. Am 18. November 1898 sprach er zum gleichen Thema in einer Versammlung der Podersamer Ortsgruppe.[955]

Gleichfalls verbesserten die deutschböhmischen Gemeinden ihre Organisation. Am 29. Mai 1898 fand in Reichenberg der dritte deutsche Städtetag statt. Ziel war die Gründung eines „Bundes der deutschen Städte in Böhmen". Der Reichenberger Bürgermeister Bayer erklärte in seiner Begrüßungsrede, daß die Regierung selbst den Boden geschaffen habe, damit sich alle Deutschen Böhmens verbündeten und den Bruderzwist untereinander beendeten. Man verteidige das Erbe der Väter bedingungslos und fordere die Zweiteilung des Landes, damit man sich der Tschechen und ihrer Nationalstaatsidee entledige, in dem die Deutschen keinen Platz hätten. Der Zusammenschluß der Städte in Böhmen sollte keine revolutionäre Liga darstellen, sondern ein patriotisches Werk, das wirtschaftliche und nationale Aufgaben löste. Ein Verband sollte geschaffen werden, der eher gehört werden würde und Einfluß nehmen könnte, als die Kundgebungen einzelner Städte. Bayer fuhr fort, daß der Bund gegründet werden müsse, um den Forderungen der Deutschen mehr Nachdruck zu verleihen. 158 deutsche Städte Böhmens wurden zum Beitritt aufgefordert, von denen 151 zusagten.[956]

Die Regierung teilte über Coudenhove bereits ihre Einstellung zum Städtebund mit. In einem Erlaß der Prager Statthalterei an den Reichenberger Stadtrat wurde betont, die Satzungen des geplanten Bundes zeigten deutlich, daß der Zweck desselben weit über den gesetzlich bestimmten Wirkungskreis der kommunalen Selbstverwaltung hinausging. Nach der Gesetzeslage umfaßte der Wirkungskreis einer Gemeinde alles, was deren Interesse berührte. Innerhalb ihrer eigenen Grenzen konnte das Gemeindeinteresse aus eigener Kraft durchgeführt werden. Nach Auffassung der Statthalterei standen die Satzungen des Bundes mit den bestehenden Gemeindegesetzen im Widerspruch.

Gschier führte aus, daß der Städtebund eigentlich schon gegründet sei, da 151 deutsche Städte Böhmens durch legale Beschlüsse ihre Zustimmung gegeben hätten und von der Statthalterei bisher nicht beanstandet wurden. Sinn des Bundes sei die Durchsetzung seiner Statuten mit gesetzlichen Mitteln, daher könnte man den Maßnahmen der Regierung gelassen entgegensehen.

Nach Beendigung der Reden wurden die Statuten des Bundes einstimmig angenommen.[957] Den Satzungen zufolge hatte der Bund den Zweck, für die Erhaltung des Deutschtums und die Hebung der wirtschaftlichen Lage in den Städten Böhmens zu sorgen. Die Mittel dazu waren Versammlungen, Gründung von Arbeitsvermittlungsanstalten, Pressemitteilungen, Herausgabe von Druckschriften, Überreichung von Bittschriften, Fassung von Entschließungen und Kundgebungen und Veranstaltungen aller

---

[955] Statthaltereipräsidium an Bezirkshauptmann Eger, Nr. 18057, 26.11.1898, S. 391, SOAC, Fond čis.: 437, Kartón čis.: 24, Složka čis.: č. inv. 523, Příloh: č. 429 - 1190, Časový rozah: 1898
[956] Egerer Zeitung, Nr. 44, 52. Jahrgang, 4.6.1898, S. 1
[957] Egerer Zeitung, Nr. 44, 52. Jahrgang, 4.6.1898, S. 1

Art. Finanziert wurden die Aktivitäten durch regelmäßige Mitgliedsbeiträge, Spenden und Vermächtnisse und durch die Einkünfte der verschiedenen Unternehmungen. Mitglied des Bundes konnte jede Stadt werden, die eine mehrheitlich deutsche Gemeindevertretung besaß. Jedes Mitglied genoß die Vorteile des Bundes und hatte die Pflicht, die Beiträge rechtzeitig zu entrichten und die Interessen des Bundes überall zu vertreten.[958]

Die Statthalterei in Prag verbot die geplante Gründung des deutschen Städtebundes für Böhmen. Die gegen diesen Bescheid von den Gründern vorgebrachte Beschwerde wurde vom Innenministerium abgelehnt. Die Einberufer des Städtebundes wandten sich nun an das Reichsgericht. Der Vertreter des Ministeriums, Simorelli, führte zur Begründung des Verbotes an, daß der Bund laut Satzung politische Zwecke verfolge, denn die Erhaltung des Deutschtums müsse als politische Tätigkeit aufgefaßt werden. Die Gründung sei daher als staatsgefährdend einzustufen, weil in der Beitrittsaufforderung der Bund als undurchdringliche deutsche Mauer bezeichnet würde. Vom Reichsgericht wurde die Beschwerde des Reichenberger Stadtrates als Gründungsmitglied des Städtebundes abgelehnt.[959]

Ab Juni 1898 wurde verstärkt in rein deutschen Städten Böhmens der Versuch unternommen, behördliche Kundmachungen und Anordnungen zweisprachig zu erlassen. In Asch wurden an öffentlichen Gebäuden zweisprachige Bekanntmachungen angebracht. Bürgermeister Schindler reagierte darauf sofort und ließ auf Gemeindekosten einsprachige Plakate drucken. Alle Hausbesitzer wurde aufgefordert, keine zweisprachigen Zettel aufzuhängen, sondern nur einsprachige. Begründet wurde dieses Vorgehen mit dem Beispiel der Stadt Reichenberg, die inzwischen gemischtsprachig war.[960] Mehrere hundert Menschen veranstalteten eine Protestkundgebung vor dem Postgebäude, um gegen die zweisprachigen Bekanntmachungen zu demonstrieren. Daraufhin wurden die zweisprachigen durch einsprachige Plakate ersetzt.[961]

In Böhmisch-Aicha, das an der Sprachgrenze im Norden lag, ereignete sich Ähnliches. Die Stadt hatte 3550 Einwohner, von denen 2250 deutsch und 1300 tschechisch waren. Die Gemeindevertretung war rein deutsch, der umliegende Bezirk rein tschechisch. Seit Bestehen des Bezirksgerichtes waren alle Aufschriften zweisprachig, ebenso alle Formulare. Nach Amtsantritt des Bezirksrichters Bitek veranlaßte dieser, daß nach Erscheinen der Gautschen Verordnungen der Amtsadler am Gebäude entfernt und die tschechische Amtssprache durchgesetzt wurde. Alle Aufschriften waren nun einsprachig tschechisch, auch die Formulare. Die Gemeindevertretung von Böhmisch-Aicha erhob gegen diesen, die Deutschen verletzenden Akt, Beschwerde beim Justizministerium. Außerdem wurde wegen dieser Vorgänge im Reichsrat eine Interpellation eingebracht.[962]

Die Palacký-Feiern im Juni 1898 in Prag, vor allem die Rede des russischen Generals Komarov, wirkten sich auch in Deutschböhmen aus. Anläßlich des hundertsten Geburtstages Palackýs versammelten sich viele Vertreter slawischer Volksstämme in Juni 1898 zur Grundsteinlegung eines Denkmales am Moldauufer in Prag. Zu diesen Fest-

---

[958] Ascher Zeitung, Nr. 44, 35. Jahrgang, 1.6.1898, Beilage, S. 5
[959] Falkenauer-Königsberger-Volks-Blatt, Nr. 7, 3. Jahrgang, 25.1.1899, S. 2
[960] Ascher Zeitung, Nr. 52, 35. Jahrgang, 29.6.1898, Beilage, S. 3
[961] Ascher Zeitung, Nr. 53, 35. Jahrgang, 2.7.1898, Beilage, S. 3
[962] Egerer Zeitung, Nr. 46, 52. Jahrgang, 11.6.1898, S. 2

veranstaltungen wurde auch der russische General Komarov entsandt, der beim Bankett eine Rede hielt, in der er sich sehr scharf gegen das Deutschtum wandte. Er wies darauf hin, daß die Slawenapostel Kyrill und Method die Slawen gegen die „Mörder" geeint hätten und in dieser Gemeinsamkeit lebe man noch heute. Die Russen betrachteten die Angelegenheiten der Tschechen auch als die ihrigen, so daß man keine Ungerechtigkeit zulasse und erst alle zufrieden seien, wenn das Deutschtum wieder dorthin zurückgeworfen würde, wo es herkäme.[963] In seiner Rede beschwor Komarov die Bruderschaft aller slawischen Völker, dabei sei es unerheblich, ob es sich um Polen, Tschechen oder Russen handle. Nach der Einigung unternähme Deutschland wiederum einen Angriff auf die slawischen Völker, um diese zu vernichten. Die ersten Opfer dabei seien die Tschechen. Er rief die Journalisten und Zeitungen auf, an die Einigkeit der Slawen zu appellieren und zu erinnern. Zuletzt forderte er dazu auf, sich gegen den einen Feind des Slawentums zum Kampf zu rüsten.[964]

Zu den Feierlichkeiten war Statthalter Graf Coudenhove nicht eingeladen worden. Vom böhmischen Adel war ebenfalls fast niemand anwesend, ebensowenig Vertreter der polnischen Abgeordneten. Diese absichtliche Ignoranz Coudenhoves war auf das Absagetelegramm des Ministerpräsidenten Graf Thun zurückzuführen, das in deutscher Sprache abgefaßt war.[965]

Kurz nach dem Palacký-Festakt kam es in Brünn zu gewaltsamen Zusammenstößen zwischen Tschechen aus allen Teilen Böhmens, Mährens und Schlesiens und Deutschen. Sehr viele Personen wurden verletzt und ca. 100 verhaftet. Bürgermeister Dr. Podlipný wurde bei seiner Ankunft in Brünn mit Steinen und faulen Eiern beworfen. Viele deutsche und tschechische Lokale wurden verwüstet.[966]

Um den Tschechen den Verbleib in den deutschen Gebieten Böhmens möglichst schwer zu gestalten, wurde von einer Gemeinde in einem nordböhmischen Bezirk das Ansinnen an die Nachbargemeinde gestellt, bei den Bergdirektoren bzw. bei den Werksleitungen dahin zu wirken, die fremden Bergarbeiter ohne Unterschied ihrer Nationalität von ihren bisherigen Arbeitsorten in andere Schächte zu versetzen, die in anderen Gemeinden lagen. Dadurch wurden die Arbeiter genötigt, den Wohnort zu wechseln. Auf diese Weise sollte die Erlangung des Heimatrechtes nach den Bestimmungen des neuen Heimatgesetzes erschwert bzw. unmöglich gemacht werden. Diese Maßnahme sollte alle Arbeiter betreffen, die am 1. Januar 1901 das Heimatrecht in ihren momentanen Wohnorten erlangen würden.[967]

Die Vereine blieben in dieser Hinsicht ebenfalls nicht untätig. In Mies fand am 26. Juni 1898 eine Feier des „Bundes der Deutschen" statt. Zweck des Bundes war die Förderung des geistigen und wirtschaftlichen Wohlergehens des deutschen Volkes in Böhmen. Der Wahlspruch lautete: „Den Deutschen kann nur durch Deutsche geholfen werden".[968]

---

[963] Münch: Böhmische Tragödie, S. 452
[964] Sutter: Die Badenischen Sprachenverordnungen von 1897, Bd. II, S. 389
[965] Franzensbader Tagblatt, Nr. 17, 1. Jahrgang, 21.6.1898, S. 1
[966] Franzensbader Tagblatt, Nr. 11, 1. Jahrgang, 14.6.1898, S. 1
[967] Statthaltereipräsidium an Bezirkshauptmann Eger, Nr. 4451, 2.6.1898, S. 570, SOAC, Fond čis.: 437, Kartón čis.: 24, Složka čis.: č. inv. 523, Přfloh: č. 429 - 1190, Časový rozah: 1898
[968] Falkenau-Königsberger-Volksblatt, Nr. 51, 2. Jahrgang, 2.7.1898, S. 7

An dieser Feier nahmen die Abgeordneten Wolf, Iro, Reiniger und Hofer teil. Bürgermeister Ritter von Streeruwitz verwies in seiner Begrüßungsrede auf die Geschichte von Mies im jahrhundertelangen Kampf der Deutschen gegen die Slawen. Er würdigte die Aufopferung der deutschen Bevölkerung durch die Jahrhunderte, um die eigene Kultur zu verteidigen.[969]

Schücker, der Obmann des Bundes, forderte dazu auf, die deutschen Güter und Errungenschaften zu schützen. Er verurteilte den Deutschenhaß, der während der Palacký-Feiern zutage getreten sei und die Forderung, das Deutschtum müsse dem Slawentum zu Füßen liegen. Schücker war sich jedoch sicher, daß die Deutschen den Kampf um die Wahrung ihrer Kultur gewinnen würden. Die Behörden schritten während der gesamten Veranstaltung nicht ein.[970]

Ende Juni 1898 bot sich für die Egerer Deutschnationalen eine weitere Gelegenheit, um ausländischen Besuchern ihr vermeintlich bedrohtes Deutschtum anschaulich zu demonstrieren. Am 29. Juni 1898 trafen ca. 30 Offiziere des bayerischen Infanterieregimentes Nr. 7 zum Besuch der österreichischen Offiziere des Infanterieregimentes Nr. 73 am Bahnhof in Eger ein. Sie wurden vom Landwehroberst Scherian von Kranichshain in kameradschaftlicher Weise empfangen. Während die bayerischen Offiziere aus dem Zug stiegen, brach eine aus 20 bis 30 Personen bestehende Gruppe der „Schönererpartei" aus Eger in „Heil"-Rufe aus und sang die „Wacht am Rhein". Alle trugen außerdem noch eine Kornblume im Knopfloch. Scherian teilte mit, daß er den bayerischen Oberst sofort auf die Tendenz der Demonstration aufmerksam gemacht habe, da sich die bayerischen Offiziere über den Empfang durch die Gruppe begeistert zeigten und bat sie, den Demonstranten keine Beachtung zu schenken, worauf sich die Bayern mit den österreichischen Offizieren in den Wartesaal begaben.

Die Angaben der „Egerer Nachrichten" über die Zahl der Demonstranten, sie nannte ca. 100 Teilnehmer, waren stark übertrieben. Ebenso entsprach die Behauptung der Zeitung, daß sich die bayerischen Offiziere für die Begrüßung der Deutschnationalen Egers nach militärischer Art bedankt hätten, laut Scherians Aussage nicht der Wahrheit[971]

Wilde Gerüchte über den angeblich geplanten Staatsstreich Thuns gingen Anfang Juli 1898 durch verschiedene Zeitungen und sorgten für Aufregung bei den Egerer Bürgern. So wurde behauptet, Thun hätte die kaiserliche Genehmigung zur Auflösung des Reichsrates erhalten, da mit diesem der Ausgleich mit Ungarn nicht zu verabschieden wäre. Außerdem sollte die Verfassung revidiert werden. Im Sommer 1898 sollte der Reichsrat geschlossen werden, daraufhin sollte im August eine kaiserliche Anordnung erscheinen, welche die inneren Angelegenheiten den Landtagen übergäbe. Die V. Kurie sollte ebenso abgeschafft werden, um die Schönerianer und die Sozialdemokraten aus dem Parlament zu bekommen. Thun hätte angeblich auch geplant, § 14 zu überarbeiten. Danach sollte eine dauernde Belastung der Staatsfinanzen ohne vorherige Genehmigung des Reichsrates zulässig sein. Allerdings wäre Thun von diesem Plan wieder abgekommen, da einige Militärkommandos, die in deutschen Gemeinden sta-

---

[969] Falkenau-Königsberger-Volksblatt, Nr. 51, 2. Jahrgang, 2.7.1898, S. 2
[970] Falkenau-Königsberger-Volksblatt, Nr. 51, 2. Jahrgang, 2.7.1898, S. 3
[971] Bezirkshauptmannschaft Eger an Statthaltereipräsidium, Nr. 535 praes., 30.6.1898, S. 487 ff, OAC, Fond čis.: 437 OÚ Cheb, Kartón čis.: 24, Složka čis.: 535 pres 1898, Kat.č. 264, Příloh: 3

tioniert waren, in geheimen Berichten die aufgewühlte Stimmung der deutschnational gesinnten Soldaten mitgeteilt hätten.[972]

In der parlamentslosen Zeit beriet sich Thun mit den tschechischen Abgeordneten, um Lösungen für die Zusammenführung beider Volksstämme zu finden. Er überreichte auch eine Einladung zu diesen Gesprächen an die deutschen Abgeordneten. Alle Parteien der Linken, außer dem Verfassungstreuen Großgrundbesitz erklärten einstimmig, daß man sich nicht eher in Beratungen über die Sprachenfrage begebe, bevor die Sprachenverordnungen aufgehoben seien. Damit lehnten die deutschen Abgeordneten das Gesprächsangebot ab.[973]

Am 10. Juli 1898 stellte die Obmännerkonferenz der Parteien der Linken in einer Kundgebung mit Bedauern fest, daß sich die hochgradige Erregung, in der sich das deutsche Volk befinde, durch eine Reihe von Regierungsmaßnahmen in letzter Zeit erheblich verschärft habe. So sei die Lösung der innenpolitischen Probleme nicht möglich. Die Aufhebung der Sprachenverordnungen sichere nach wie vor den Gang der Staatsgeschäfte und sorge für ordentlichen Ablauf der Arbeiten im Reichsrat. Die Obmänner machten die Entscheidung, sich in Verhandlungen mit der Regierung über die gesetzliche Regelung der Sprachenfrage zu begeben, davon abhängig, daß sie vor Eintritt der deutschen Vertreter in die Verhandlungen darlege, welche Grundsätze sie auf diesem Gebiet habe und wie sie in den einzelnen Verwaltungszweigen durchgeführt werden würden. Daher bleibe es der Regierung überlassen, die entsprechenden Auskünfte zu erteilen.[974] Diese Bekanntmachung wurde noch am selben Tag an Thun überreicht. Er teilte daraufhin seine Grundsätze mit, worauf wiederum eine Kundgebung von den Obmännern erlassen wurde.

Am 12. Juli 1898 erklärte die Obmännerkonferenz übereinstimmend, daß die Mitteilung der Regierung sowie die von ihr bekanntgegebenen Grundsätze für eine gesetzliche Regelung der Sprachenfrage für Böhmen und Mähren und zum Zweck der Aufhebung der Sprachenverordnungen nicht geeignet seien, als Grundlage für eine Besprechung mit der Regierung zu dienen. Auch diese Resolution wurde dem Ministerpräsidenten überreicht.[975] Der Verfassungstreue Großgrundbesitz hat in Separatkonferenzen die Vorschläge Thuns einstimmig abgelehnt.[976]

Zu diesem Zeitpunkt, als man über die zukünftige Gestaltung der Sprachenverordnungen verhandelte, wurde der Vizepräsident der Prager Statthalterei, Stummer, zum Sektionschef im Innenministerium ernannt. Stummer war von 1882 bis 1891 Statthaltereirat und Leiter der Bezirkshauptmannschaft von Eger. In dieser Zeit gewann er viele Sympathien, die sich darin äußerten, daß er zum Ehrenbürger von Eger und Franzensbad ernannt wurde. So liegt die Vermutung nahe, daß diese Beförderung nicht zufällig geschah, sondern man damit die deutschen Abgeordneten für weitere Verhandlungen zu gewinnen versuchte.[977] Einerseits begrüßten die Deutschen die Berufung eines Deutschen in das Innenministerium, andererseits betrachtete man sie mit Argwohn, da sich die Prager Exzesse unter Stummer ereigneten, außerdem hatte er die Grundsätze

---

[972] Ascher Zeitung, Nr. 53, 35. Jahrgang, 2.7.1898, S. 1 f.
[973] Egerer Zeitung, Nr. 55, 52. Jahrgang, 13.7.1898, S. 1
[974] Egerer Zeitung, Nr. 56, 52. Jahrgang, 16.7.1898, S. 1
[975] Egerer Zeitung, Nr. 56, 52. Jahrgang, 16.7.1898, S. 1
[976] Egerer Zeitung, Nr. 57, 52. Jahrgang, 20.7.1898, S. 2
[977] Egerer Zeitung, Nr. 59, 52. Jahrgang, 27.7.1898, S. 3

der Thunschen Sprachengesetze ausgearbeitet.[978] Von allen deutschen Parteien wurden diese als noch nachteiliger für die Deutschen bewertet als die Verordnungen von Badeni und Gautsch. Da Stummer für die Ausarbeitung des Sprachengesetzes mit einer Beförderung belohnt wurde, war ersichtlich, daß er sich um die Belange der Deutschen nicht kümmerte, sondern aus Karrieregründen handelte. Dieses Verhalten wurde kritisiert, da er sich im Gegensatz zu den tschechischen Beamten, die zuerst Tschechen waren und dann erst Beamte, nicht für seine Nation einsetzte, sondern so handelte, wie es für Thun am angenehmsten war.[979]

Im Juli 1898 jährte sich der Egerer Volkstag zum ersten Mal. Aus diesem Grund war die Statthalterei Prag vorgewarnt und gab ihre Instruktionen rechtzeitig bekannt. Czerny wurde angewiesen, die Versammlung zur Erinnerung an den Egerer Volkstag von 1897 nicht zu untersagen und sich nur darauf zu beschränken, behördliche Abgeordnete zu entsenden. Auf den Organisator der Veranstaltung sollte dahingehend Einfluß genommen werden, der Versammlung keinen exzessiven Charakter zu verleihen.[980]

So fand lediglich eine Demonstration statt. Am 14. Juli 1898 erschienen ca. 150 Angehörige der „Schönererpartei" und einige Burschen mit Plakaten, auf denen folgendes geschrieben war: „Nieder Pergelt", „Nieder Groß", „Heil Schönerer", „Heil Wolf" und „Heil Iro". Sie zogen unter Singen nationaler Lieder über den Marktplatz, am Stadthaus und am Gebäude der Bezirkshauptmannschaft vorbei, weiter durch die Bahnhofsstraße, wobei sie „Heil"-Rufe auf die Abgeordneten der „Schönererpartei", „Pfui"-und „Nieder"-Rufe auf Pergelt und Groß ausstießen. Beim Hotel „Kronprinz Rudolf", dem Vereinslokal der Sozialdemokraten, waren ca. 100 Sozialdemokraten angesammelt, die den Zug mit „Pfui"-Rufen und ironischen „Heil"-Rufen empfingen. Gschier und der Kommissär der städtischen Polizei waren mit mehreren Polizisten anwesend, welche die Menge in kurzer Zeit zerstreuten und auch verhinderten, daß sich die Demonstranten auf dem Weg zum Kaiser Joseph Denkmal wieder sammeln konnten. Um 21.30 Uhr herrschte wieder Ruhe, Ausschreitungen kamen nicht vor.[981]

An der Reichenberger Lehrerbildungsanstalt wurde im Juli 1898 von der Regierung das Tragen von Kornblumen als Zeichen deutschnationaler Gesinnung verboten. Ebenso war es den Schülern untersagt, diese auch außerhalb der Stadt zu tragen. In Saaz hatte sich trotzdem ein Schüler eine Kornblume angesteckt, was der Direktor bemerkte. Auch der Direktor der Elbogener Realschule, ein Tscheche, verbot das Tragen solcher Blumen auch außerhalb der Stadt unter Androhung des Schulausschlusses. Der Direktor der Aussiger Handelsschule entriß einem Schüler die angesteckt Kornblume.[982] Bei der am 15. Oktober 1898 abgehaltenen allgemeinen Bezirkslehrerkonferenz des Schulbezirkes Eger brachte Bezirksschulinspektor Franz Krämer der Lehrerschaft den Erlaß über das Verbot des Tragens von Kornblumen im Schulunterricht in Erinnerung und fügte hinzu, daß diese nicht nur ein nationales sondern auch ein politisches

---

[978] Egerer Zeitung, Nr. 59, 52. Jahrgang, 27.7.1898, S. 1
[979] Egerer Zeitung, Nr. 59, 52. Jahrgang, 27.7.1898, S. 2
[980] Statthaltereipräsidium an Statthaltereirat und Bezirkshauptmann Eger, Nr. 10409, 6.7.1898, S. 470, SOAC, Fond čis.: 437, Kartón čis.: 24, Složka čis.: č. inv. 523, Příloh: č. 429 - 1190, Časový rozah: 1898
[981] Bezirkshauptmannschaft Eger an Statthaltereipräsidium, Z. 577 praes., 15.7.1898, S. 452, OAC, Fond čis.: 437 OÚ Cheb, Kartón čis.: 24, Složka čis.: 592 pres 1898, Kat. č. 265, Příloh: 3
[982] Falkenau-Königsberger-Volksblatt, Nr. 54, 2. Jahrgang, 13.7.1898, S. 2

Abzeichen seien und daher das Tragen durch die Schüler nicht gestattet sei und deshalb selbstverständlich, daß die Lehrer mit gutem Beispiel vorangehen müßten.[983]

In der 17. Sitzung des Abgeordnetenhauses am 8. November 1898 stellten Iro und weitere Parteimitglieder eine Anfrage an den Kultusminister wegen des Verbotes des Kornblumentragens. Iro verwies auf die Artikel 8, 13 und 19 des Staatsgrundgesetzes, wonach die Pflege nationalen Brauchtums allen Nationalitäten gestattet sei. Die Kornblume symbolisiere die Treue zum deutschen Volk. Daher sei das Verbot ein Eingriff in das nationale Empfinden. Ebensowenig dürfe ein Lehrer durch einen Vorgesetzten in seiner persönlichen Freiheit behindert werden.[984]

Am 15. November 1898 fand in Eger die Bezirkslehrerkonferenz des Schulbezirkes Eger statt. Der Schulinspektor Krünes machte die anwesenden 150 Lehrer darauf aufmerksam, daß den Schülern das Tragen von Kornblumen verboten sei. Begründet wurde dies damit, daß es sich um ein politisches Abzeichen handle. Ebenso sollten die Lehrer auch keine Kornblumen tragen.

Aus den wenigen Veranstaltungen im Juni/Juli 1898 wird ersichtlich, daß sich die Stimmung in der Bevölkerung etwas beruhigt hatte und vor allem die Ausschreitungen drastisch zurückgegangen waren. Allerdings war diese oberflächliche Ruhe nicht gleichbedeutend mit Aufgabe der Forderung nach Abschaffung der Sprachenverordnungen. Wie schon der Fall Komarov zeigte, reichte nur ein Ereignis, das auch im weit entfernten Prag stattfinden konnte, um die Wut der Egerer Bürger wieder zu entfachen. Der Widerstand äußerte sich am deutlichsten in bürokratischer Hinsicht, wie die Einstellung der Arbeiten im übertragenen Wirkungskreis, welche die Stadt Eger beharrlich fortführte.

Der Tod Bismarcks am 30. Juli 1898 erschütterte die Schönerianer schwer. Aus diesem Anlaß zeigte der Vorstand der evangelischen Gemeinde Egers für den 6. August 1898 einen Trauergottesdienst an, der auch stattfand. Daran beteiligten sich Czerny, Gschier mit dem Stadtrat und viele Angehörige der deutschnationalen Partei Egers.[985]

Abends fand die von Hofer angemeldete Gedenkfeier im Frankentalsaal statt, bei der ein behördlicher Abgeordneter anwesend war. Bareuther, Iro, Schönerer, Reiniger und der reichsdeutsche Reichstagsabgeordnete Knotze nahmen ebenso teil, ferner ca. 400 Personen.[986]

Der Führer der Egerer Deutschnationalen, Adolf Schmidt, begrüßte die Anwesenden. Hofer hielt die Gedenkrede. Darin führte er aus, daß ein Drang des Herzens die Teilnehmenden zusammenführe, aber auch das Gefühl der Dankbarkeit. Mutter Germania stehe am Grab ihres größten Sohnes, das deutsche Volk trauere am Sarg seines besten Beraters. Sei das deutsche Volk in Gefahr, so würde es seinen Blick nach Friedrichsruh wenden. An den Leiden des deutschen Volkes Österreichs sei Bismarck nicht teil-

---

[983] Statthaltereirat Eger als Vorsitzender des Bezirksschulrates Eger an Präsidium des Landesschulrates, Nr. 1003, 14.2.1899, S. 139, SOAC, Fond čis.: 437, Kartón čis.: 25, Složka čis.: č. inv., Přiloh: č.1 - 1328, Časový rozah: 1899
[984] Stenographische Protokolle, 1. - 18. Sitzung, 15. Session, 1898, S. 1086 f.
[985] Bezirkshauptmannschaft Eger an Statthaltereipräsidium, Z. 656 pr., 7.8.1898, S. 395 f., SOAC, Fond čis.: 437, Kartón čis.: 24, Složka čis.: č. inv. 523, Přiloh: č. 429 - 1190, Časový rozah: 1898
[986] Bezirkshauptmannschaft Eger an Statthaltereipräsidium, Z. 656 pr., 7.8.1898, S. 395 f., SOAC, Fond čis.: 437, Kartón čis.: 24, Složka čis.: č. inv. 523, Přiloh: č. 429 - 1190, Časový rozah: 1898

nahmslos vorübergegangen, er habe mit ihm gefühlt. Hofer wandte sich gegen die klerikale Partei und die Sozialdemokraten, die nicht an der Feier teilnahmen. Er führte aus, daß durch Bismarck das deutsche Nationalgefühl erwacht sei, er sei der Erzieher der Deutschen gewesen. Hofer forderte die Anwesenden auf, das Gelöbnis abzulegen, die Ideen zu bewahren, für die Bismarck gekämpft und gelebt hatte. Wenn Bismarck später in der Walhalla frage, ob sie ihr Pfandgut behütet hätten, sollten alle sagen können, sie seien in seinen Bahnen weitergewandelt, ihr Leben sei ein Kämpfen und Streiten für die Ehre und Größe ihres Volkes gewesen. Hofer forderte alle zum Schluß auf, treu zu ihrem Volk zu stehen und dies auch zu beschwören, stets für das Volk zu kämpfen, wenn es sein müßte, auch dafür zu sterben.

Nach der Rede schloß der Vorsitzende die Feier. Die Anwesenden stimmten das „Bismarcklied" an, worauf sie sich entfernten. Alles verlief ruhig.[987]

Die einzig größere Veranstaltung im Sommer 1898 war der Ascher Volkstag am 21. August 1898. An diesem nahm der offizielle Vertreter des Alldeutschen Verbandes, Dr. Lehr, teil, außerdem mehrere Abgeordnete. Die Stadt war wie im letzten Jahr reich mit deutschen und österreichischen Fahnen geschmückt. Wolf, Reiniger und Bareuther wurden am Bahnhof von einer begeisterten Menge empfangen und mit „Heil"-Rufen begrüßt.[988]

Am Vormittag begann die Tagung, an der mehr Menschen teilnehmen wollten als in den Sälen Platz fanden. Reichsdeutsche Teilnehmer waren anwesend, ebenfalls ein Regierungsvertreter.[989]

Reiniger besprach in seiner Rede die zukünftigen nationalen Ziele seiner Politik in Österreich. Wenn nun das Gerücht über die Aufhebung der Sprachenverordnungen umgehe, brauche man im Fall der Aufhebung der Regierung nicht dankbar zu sein, da diese nur ihre Pflicht tue und ihr begangenes Unrecht eingestehe. Von der Abschaffung der Verordnungen erwarte man nicht viel, weil Thun den Ausgleich mit Ungarn durchbringen wolle. Sei dies geschehen, würde er eine neue Sprachenverordnung erlassen. Seiner Meinung nach war die Lösung der Sprachenfrage nur auf gesetzlichem Weg zulässig und nicht per Verordnung. Er betonte, daß die Haltung der Deutschen noch lange oppositionell bleibe, da nur eine radikale Politik der Regierung etwas abtrotzen könne.[990]

Anschließend sprach Wolf, der ausführte, daß alle Kultur in Österreich auf deutschen Einfluß zurückgehe. Er prangerte an, heute Schutzvereine gründen zu müssen, um nicht slawisiert zu werden. Wenn man vor 15 Jahren den Widerstand gezeigt hätte, den man heute an den Tag lege, wäre die Slawisierung nie möglich geworden. Unruhe trat ein, als Wolf den jetzigen Unterrichtsminister Dipauli beschuldigte, in die eigene Tasche zu wirtschaften und er vom Regierungsvertreter unterbrochen wurde. Er antwortete, daß er sich das Wort nicht verbieten lasse, worauf einige Teilnehmer lärmten. Die Ruhe war allerdings gleich wieder hergestellt.

---

[987] Bezirkshauptmannschaft Eger an Statthaltereipräsidium, Z. 656 pr., 7.8.1898, S. 395 f., SOAC, Fond čis.: 437, Kartón čis.: 24, Složka čis.: č. inv. 523, Příloh: č. 429 - 1190, Časový rozah: 1898
[988] Ascher Zeitung, Nr. 68, 35. Jahrgang, 24.8.1898, S. 1
[989] Ascher Zeitung, Nr. 68, 35. Jahrgang, 24.8.1898, S. 1
[990] Ascher Zeitung, Nr. 68, 35. Jahrgang, 24.8.1898, S. 2

Danach wurde ein Telegramm Schönerers verlesen, in dem er die Haltung einiger deutscher Abgeordneten verurteilte, die trotz des Schwures, nicht vor Aufhebung der Sprachenverordnungen in Verhandlungen mit der Regierung zu treten, mit Thun verhandelten. Gleichzeitig würdigte er die Ablehnung des Abgeordneten Bareuthers, der an den Gesprächen nicht teilnahm. Schönerer strafte jeden Volksgenossen, der den Schwur brach, mit öffentlicher Verachtung und bat um Publikation seines Telegramms.[991]

Zuletzt wurde eine Entschließung einstimmig angenommen. Darin erklärten die Versammelten nach Anhörung der Redner verschiedener Parteien, daß die Volksvertreter konform des Schwures vom Egerer Volkstag auf ihrem Standpunkt verharrten, da die Sprachenverordnungen nicht zurückgezogen werden würden. Die Versammlung schloß sich der Egerer Kundgebung vom 10. Juli 1898 an, die alle Vertreter, die den Egerer Schwur brachen, mit tiefster Verachtung strafte. Im Hinblick auf die augenblickliche innenpolitische Lage sprachen die Versammelten die Erwartung aus, auch nach Aufhebung der Sprachenverordnungen die Obstruktion beizubehalten, bis die Regierung die Garantie gebe, keine weiteren Eingriffe in die Rechte des Ostmarkvolkes zu unternehmen. Am Schluß wurde gefordert, die deutsche Sprache als Staatssprache festzusetzen.[992]

Bareuther ehrte in seiner Rede die Taten des verstorbenen Bismarck. Er warnte vor der Entdeutschung des Beamtenstandes, weil dadurch das deutsche Volk in seiner Schlagkraft geschwächt und der tschechische Nationalismus angestachelt werde. Die Gautschen Verordnungen empfand er als Unverschämtheit, welche die Deutschen angesichts des bevorstehenden Ausgleiches mit Ungarn milde stimmen sollten. Man würde alle Gewaltmittel anwenden, die das Volks-, Staats- und Parlamentsrecht gewährte, um das Unrecht wieder zu beseitigen.[993]

Bareuther erklärte weiter, daß er den Gang zu den Verhandlungen niemals über das Herz gebracht hätte, um dann seinen Wählern zu sagen, daß er nichts sagen dürfe. Er blieb bei seiner Ansicht, daß zuerst die Sprachenverordnungen abgeschafft werden müßten, bevor er mit Thun verhandelte.[994]

Nach diesem Volkstag verstärkten sich die Aktivitäten gegen die tschechischen Mitbürger. So wurden Beschwerden laut, denen zufolge das beginnenden Schuljahr und die damit verbundenen Einschreibungen dazu benutzt wurden, um gegen die tschechischen Minoritäten agitatorisch vorzugehen. Kein Mittel wurde unterlassen, um die Schülerzahlen an den tschechischen Schulen zu verringern. Czerny hatte jeder Ungesetzlichkeit dieser Art sofort energisch entgegenzutreten und den tschechischen Minderheiten den vollen gesetzlichen Schutz zu gewähren. Außerdem mußte er dafür sorgen, daß jede ungesetzliche Beeinflussung unterblieb, so daß die Flugblätter und die Presse aufmerksam beobachtet wurden.[995]

---

[991] Ascher Zeitung, Nr. 68, 35. Jahrgang, 24.8.1898, S. 2
[992] Ascher Zeitung, Nr. 68, 35. Jahrgang, 24.8.1898, Beilage, S. 4
[993] Ascher Zeitung, Nr. 68, 35. Jahrgang, 24.8.1898, Beilage, S. 3
[994] Ascher Zeitung, Nr. 68, 35. Jahrgang, 24.8.1898, Beilage, S. 4
[995] Statthaltereipräsidium an Bezirkshauptmann Eger, Nr. 13230, 30.8.1898, S. 316, SOAC, Fond čis.: 437, Kartón čis.: 24, Složka čis.: č. inv. 523, Příloh: č. 429 - 1190, Časový rozah: 1898

Karl Souček reichte eine Beschwerde bei der Bezirkshauptmannschaft Eger über folgenden Vorfall ein: In Johann Mayers Gasthaus waren tschechische Gäste anwesend, die sich tschechisch unterhielten, worüber sich die anwesenden deutschen Gäste beschwerten. Schließlich forderte Mayer die Tschechen auf, sein Lokal zu verlassen, was diese taten. Daraufhin bestellte die Bezirkshauptmannschaft Eger Mayer zur Einvernahme. Er gab zu Protokoll, daß die Angaben Karl Součeks nicht vollständig der Wahrheit entsprächen. Seinen Schilderungen zufolge spielte sich die Begebenheit folgendermaßen ab:

Mayer war zu der Zeit, als die Gesellschaft in seine Gastwirtschaft kam, nicht anwesend. Er erfuhr aber auf dem Weg zu seinem Lokal, daß im Garten Tschechen saßen. Als Souček das Wirtshaus betrat, bemerkte Mayer, daß die Gäste ihre Köpfe zusammensteckten, weshalb Mayer einen Skandal befürchtete. Als mehrere Gäste zu ihm kamen und ankündigten, daß sie aggressiv gegen die Gesellschaft vorgehen wollten, da sich diese tschechisch unterhielt, versuchte Mayer die Gäste dahin zu bewegen, jeden Skandal zu vermeiden. Er wies die Kellnerin für den Fall an, daß die Tschechen noch Bier verlangten, keines mehr auszuschenken. Außerdem sollte sie die Gesellschaft wegen der erregten Stimmung der übrigen Gäste zum Verlassen des Lokals bewegen.

Als Souček noch ein Bier bestellte, führte die Kellnerin den Auftrag ihres Chefs aus. Souček beharrte jedoch auf seiner Bestellung und versprach, daß alle das Lokal verließen, wenn er das Bier getrunken hätte. Darüber informierte die Kellnerin Mayer. Allerdings hielt sich ein Begleiter Součeks nicht an die Vereinbarung und orderte gleichfalls ein Bier. Da Mayer die gesteigerte Erregung seiner Gäste bemerkte, ging er zu den Tschechen und erinnerte Souček an die Abmachung. Er ersuchte ihn höflich, aber bestimmt, das Lokal zu verlassen um jeden Krawall zu vermeiden. Zwischen beiden entwickelte sich ein etwas lauterer Disput, der darin endete, daß die Tschechen aus dem Lokal gingen. Mayer rechtfertigte den Rauswurf der tschechischen Gäste damit, daß er als Inhaber schließlich für die Ruhe und Ordnung in seinem Lokal verantwortlich war und jeden Zusammenstoß verhindern wollte.[996]

Auch auf tschechischer Seite wurde wieder vermehrt gegen Deutsche polemisiert. Nach Amerika ausgewanderte Tschechen gründeten einen Verein, der zum Ziel hatte, alles Deutsche auszumerzen. Von Amerika aus wurden bekannte tschechische Persönlichkeiten angeschrieben und zum Beitritt aufgefordert. Unter anderem erreichte ein solches Gesuch auch Brünn. Darin wurden Podlipný in Prag und Stansky in Brünn als Anlaufstelle genannt, die Anträge entgegennahmen.[997]

In den Briefen war zu lesen, daß der Adressat den Vereinsmitgliedern als einer der berühmtesten unter den Tschechen bekannt sei und er daher aufgefordert werden würde, dem „Verein zur Unterdrückung alles Deutschen" als Mitglied beizutreten. Pflicht jedes Mitgliedes sei es, im Bekanntenkreis alles Deutsche auszurotten, was gewiß nicht schwer falle, da dies doch der Herzenswunsch jedes guten Tschechen sei. Der Verein verschicke diese Aufforderungen an die bekanntesten Namen in der ganzen Welt, denn so gelinge es, den größten Feind, die Deutschen, von der Wurzel aus zu

---

[996] Actum bei der Bezirkshauptmannschaft Eger, Z. 688 pr., 25.8.1898, S. 309, SOAC, Fond čis.: 437, Kartón čis.: 24, Složka čis.: č. inv. 523, Příloh: č. 429 - 1190, Časový rozah: 1898
[997] Egerer Zeitung, Nr. 68, 52. Jahrgang, 27.8.1898, S. 3

vernichten. Das Motto des Vereines laute: „Verderben den Deutschen, Ruhm den Tschechen!"⁹⁹⁸

Bei einem Brand in der Ortschaft Miletitz (tschechisch), die an der Sprachgrenze lag, wurden die Feindlichkeiten offen ausgetragen. Die beiden deutschen Feuerwehren aus Bistritz und Petrowitz erschienen, um den brennenden Meierhof zu löschen, der einem deutschen Pächter gehörte. Tschechische Feuerwehren befanden sich nicht an der Brandstelle, stattdessen wurde jeder einzelne behindert, der sich an den Löscharbeiten beteiligte. Den deutschen Wehren wurde die Brandbekämpfung von tschechischen Bewohnern erschwert, da das Gerücht umging, daß der Hof hoch versichert wäre, was jedoch nicht zutraf. Verletzte gab es bei dem Brand nicht. Dem Pächter gelang es, einige Möbelstücke zu retten und auf einen Wagen zu laden. Allerdings wurden ihm die meisten Teile gestohlen. Während der Löscharbeiten bedrohten die tschechischen Bewohner den deutschen Pächter und die Feuerwehrleute, so daß der Feuerwehrkommandant Gendarmerie zum Schutz anforderte. Durch die Falschmeldung, daß anderswo Feuer ausgebrochen wäre, wurden die Gendarmen vom Meierhof weggelockt, worauf sofort eine Prügelei zwischen Deutschen und Tschechen begann. Nachdem der Brand gelöscht worden war, wurden beide Feuerwehren auf dem Heimweg von tschechischen Bewohnern mit Steinen beworfen, so daß keiner der Feuerwehrleute unverletzt den Heimatort erreichte.⁹⁹⁹

Ende August bemühte sich Thun, die Staatsmaschinerie halbwegs weiter am Laufen zu halten. Dringendstes Problem war der wirtschaftliche Ausgleich mit Ungarn. Die Ausgleichsverhandlungen kamen jedoch keinen Schritt voran. Die ungarische Regierung mit Ministerpräsident Bánffy an der Spitze bestand auf der Ratifizierung des Ausgleiches durch den österreichischen Reichsrat. Von einigen kleineren Zeitungen wurde das Gerücht ausgestreut, daß die Sprachenverordnungen bald aufgehoben werden sollten. Andere Blätter brachten die Nachricht, daß ein Staatsstreich erfolgen und durch § 14 der Verfassung verschleiert werden sollte. Thun spiele mit dem Gedanken, den Ausgleich über die Notstandsgesetzgebung, ohne Debatte im Parlament zu verabschieden. In diesem Fall drohe die ungarische Regierung, sich wirtschaftlich von Österreich abzutrennen, da man die Verabschiedung des Ausgleiches über § 14 nicht akzeptiere. Ebenso spreche sich auch Kaiser Franz Joseph entschieden dagegen aus, den Ausgleich über § 14 zu erledigen.¹⁰⁰⁰

Im August 1898 fand in Ischl eine Konferenz zwischen österreichischen und ungarischen Ministern mit beiden Ministerpräsidenten an der Spitze und dem Kaiser statt, auf der über den Ausgleich beraten wurde. Die Gespräche endeten ohne konkrete Ergebnisse und wurden auf den 24. August 1898 verschoben.¹⁰⁰¹ Schließlich fand man doch einen Kompromiß. Die Ischler Abmachungen zwischen der österreichischen und ungarischen Regierung sahen den Modus der Verabschiedung vor, nach dem statt der parlamentarischen Ratifizierung des Ausgleiches eine selbständige Regelung der betreffenden Artikel für Ungarn durch den ungarischen Reichsrat, für Österreich dagegen die Anwendung des §14 in Aussicht gestellt wurde. Damit konnte Ungarn den Ausgleich, wie gefordert, für die ungarische Reichshälfte durch das Parlament ratifizieren,

---

⁹⁹⁸ Ascher Zeitung, Nr. 73, 35. Jahrgang, 10.9.1898, S. 7
⁹⁹⁹ Egerer Zeitung, Nr. 69, 52. Jahrgang, 31.8.1898, S. 3
¹⁰⁰⁰ Egerer Zeitung, Nr. 66, 52. Jahrgang, 20.8.1898, S. 1
¹⁰⁰¹ Egerer Zeitung, Nr. 66, 52. Jahrgang, 20.8.1898, S. 1

Österreich hingegen war mit der Anwendung des § 14 ebenso in der Lage, den Ausgleich zu erledigen. Dabei war allerdings offensichtlich, daß diese Vereinbarungen schwer mit der Verfassung in Einklang zu bringen waren.[1002]

Wie jedes Jahr wurde auch 1898 der Jahrestag der Schlacht bei Sedan am 2. September 1898 von den deutschnationalen Kreisen gefeiert. Die Behörden widmeten diesem Tag und den Feiern vermehrt ihre Aufmerksamkeit.[1003] Im Verwaltungsbezirk Eger fanden am 2. September 1898 keine Sedanfeiern statt, soweit dies überhaupt der politischen Behörde bekannt wurde. Bei der Bezirkshauptmannschaft Eger wurden aus diesem Anlaß auch keine Anzeigen von Privatpersonen oder Vereinen eingereicht.

Dagegen nahmen an der Sedanfeier in Plauen am 4. September 1898 sehr viele Bürger Egers und der Umgebung, ca. 500 Personen, teil. Die Königlich Sächsische Amtshauptmannschaft in Plauen wurde von der Fahrt rechtzeitig verständigt. Czerny schickte keinen Amtsabgeordneten zur Feier, um nähere Informationen über den Ablauf zu erlangen.

Die Zeitungen der deutschnationalen Richtung berichteten ausführlich über den Verlauf der Feier in Plauen. Nach den Artikeln der „Egerer Nachrichten" zu urteilen, konnte der Inhalt der Reden österreichischer Teilnehmer gut entnommen werden. Die Nr. 71 der „Egerer Nachrichten" vom 7. September 1898 wurde wegen der Berichterstattung konfisziert.[1004]

Nachmittags wurde ein Kommers veranstaltet, bei dem einige Abgeordnete sprachen. Reinigers Rede richtete sich an die Waffenbrüderschaft zwischen Vogtländern und Deutschösterreichern, die seit Jahrhunderten bestehe. Schon seit dem Zeitalter der Vögte von Plauen sei die Bruderschaft zur Abwehr tschechischen Übermutes geschlossen worden. Beide Volksstämme hätten sich im Kampf immer treu zur Seite gestanden und daher sei man der Einladung nach Plauen mit Freude gefolgt.

Wolf führte aus, daß es den Deutschösterreichern von gewisser Seite übelgenommen werden würde, wenn diese ihre Volksgenossen in Deutschland besuchten. Man kam deswegen so gerne nach Deutschland, weil die Nähe der Slawen den Deutschösterreichern nicht behage.[1005] Im Norden oder Westen fühle man sich nicht wie im Ausland und man lasse es sich nicht verbieten, sich mit seinen Volksgenossen zu beraten.

Wolf ging auf die Haltung der Deutschösterreicher über, die es müde seien, ein „minderwertiges" Volk durchzufüttern. Er gab zwar zu, daß die Obstruktion nicht immer friedlich ablaufe, aber sie sei notwendig. Jetzt, da das Nationalgefühl geweckt worden sei, mache die nationale Bewegung große Fortschritte, denn es herrschten keine Parteigegensätze mehr vor, sondern Gemeinschaft. Der Rede Wolfs folgten große Begeisterungsstürme.[1006]

[1002] Ascher Zeitung, Nr. 79, 35. Jahrgang, 1.10.1898, Beilage, S. 5
[1003] Statthaltereipräsidium an Bezirkshauptmann Eger, Nr. 12984, 26.8.1898, S. 323, SOAC, Fond čis.: 437, Kartón čis.: 24, Složka čis.: č. inv. 523, Příloh: č. 429 - 1190, Časový rozah: 1898
[1004] Bezirkshauptmannschaft Eger an Statthaltereipräsidium, Nr. 717 praes., 9.9.1898, S. 323 f., SOAC, Fond čis.: 437, Kartón čis.: 24, Složka čis.: č. inv. 523, Příloh: č. 429 - 1190, Časový rozah: 1898
[1005] Egerer Zeitung, Nr. 71, 52. Jahrgang, 7.9.1898, S. 2
[1006] Egerer Zeitung, Nr. 71, 52. Jahrgang, 7.9.1898, S. 3

Die sächsischen Behörden untersagten den Reichsratsabgeordneten Iro und Hofer, in der öffentlichen Versammlung im Vogtland, die in Kürze abgehalten werden sollte, als Redner aufzutreten. Gleichzeitig wurde mitgeteilt, daß solche Kundgebungen, wie sie am 4. September 1898 in Plauen abgehalten worden waren, künftig verboten seien. Gegen diese Entscheidung wurde Rekurs eingelegt. Trotzdem bestätigte der Kreishauptmann dieses Verbot und begründete es mit dem deutsch-österreichischen Bündnis.[1007]

Zeitgleich hielt Schücker, wohl als Gegenveranstaltung zu den nationalistischen Sedanfeiern, eine Wählerversammlung ab, die zahlreich besucht war. In seinem Tätigkeitsbericht legte er dar, daß die innere Lage Österreichs völlig zerfahren sei. In knapp einem Jahr schließe immer ein anderes Ministerium den Reichsrat. Durch den Sturz zweier Regierungen und die Lahmlegung der dritten werde deutlich, daß Österreich ohne die Deutschen nicht regiert werden könne. Selbst die Gefahr, daß durch die Blockade des Reichsrates die Staatsgeschäfte nicht voran kämen, werde für den Volkswillen in Kauf genommen. Diese Tatsache müsse sich die Regierung vor Augen halten.

Schücker kritisierte die momentane Parlamentsmajorität und führte aus, daß diese dem nationalen Widerstand nicht gewachsen und ihre absolutistische Regierungsweise mit § 14 auf Dauer nicht möglich sei. Vom 23. Dezember 1897 bis heute seien 18 Verordnungen mit § 14 durchgedrückt worden, die der nachträglichen Bestätigung durch das Parlament bedürften und dafür seien die Stimmen der Deutschen nötig.

Die zerrissene innere Lage kennzeichne ebenso die Ausgleichsverhandlungen mit Ungarn. Sie könnten nur mit Zustimmung beider Parlamente vollzogen werden und dadurch sei die Möglichkeit ausgeschlossen, den Ausgleich über die Notstandsgesetzgebung zu verabschieden.[1008] Weder die ungarische Regierung noch die Deutschösterreicher billigten dieses Verfahren. Die Verhandlungen in Ischl und anschließend in Budapest zeigten deutlich die Schwäche der österreichischen Regierung. Thun habe auf die ungarischen Forderungen eingehen müssen, z.B. daß Bánffy den Ausgleich über die Notstandsverordnung nicht anerkannte. Weiterhin habe Thun die Vereinbarungen, die zwischen Badeni und Bánffy geschlossen wurden, als Grundlage für die Verhandlungen akzeptieren müssen.[1009]

Schücker erklärte ferner, daß der Reichsrat arbeitsunfähig bleibe, wenn er wieder einberufen würde, da die Deutschen an ihrer Obstruktion festhielten. Jede Regierung müsse erkennen, daß mit den deutschen Abgeordneten nicht zu arbeiten sei, solange die Sprachenverordnungen fortbestünden. Schücker forderte Garantien von Thun für das deutsche Volk, Besitzstand und die erworbenen historischen Rechte zuzusichern. Diese müßten durch die Bildung einer neuen Parlamentsmehrheit unter deutscher Führung und gesetzlicher Anerkennung der deutschen Sprache als Staatssprache sanktioniert werden. Speziell für Böhmen müßten den Deutschen ihre Forderungen nach Schutz des Deutschtums und Schaffung einer deutschen Kurie mit Vetorecht zugestanden werden, um den Versuchen der nationalen Gegner, die Deutschen in ihren

---

[1007] Egerer Zeitung, Nr. 85, 52. Jahrgang, 26.10.1898, S. 5
[1008] Die neuen Abmachungen, welche in Bad Ischl zwischen Österreich und Ungarn getroffen wurden, waren zu dieser Zeit noch nicht allgemein bekannt. Anm. d. Verf.
[1009] Egerer Zeitung, Nr. 70, 52. Jahrgang, 3.9.1898, S. 2

Rechten zu beschneiden, entgegenzutreten. Solange diese Forderungen nicht erfüllt würden, sei an die Aufgabe des Widerstandes im Reichsrat nicht zu denken.[1010]

Einige Tage später, am 6. September 1898, veranstaltete auch Bareuther eine Wählerversammlung, die schwach besucht war. In seiner Rede reflektierte er die Bedeutung des Egerer Volkstages von 1897 und das unselige Vorgehen der Regierung. Er streifte die Ära Badeni und gedachte des Sturms der Entrüstung, den die Regelung der Sprachenfrage per Verordnung unter den Deutschen entfachte. Badeni habe die Sprachenverordnungen erlassen, um den Ausgleich mit Ungarn mit Hilfe der Jungtschechen als Koalitionspartner verabschieden zu können. Die Verordnungen seien das Zuckerstück für die Jungtschechen, damit sie dem Ausgleich zustimmten. Bareuther kreidete Badeni an, daß er von den Verhältnissen in Böhmen und Mähren keine Kenntnis gehabt und über die Köpfe der Deutschböhmen hinweg seine Verordnungen erlassen habe.

Er verurteilte weiter den Eintritt Baernreithers in das Kabinett Thun als Verrat an der deutschen Sache. Thun scheue die Aufhebung der Sprachenverordnungen, da er befürchte, daß die jungtschechischen Abgeordneten im Reichsrat in die Opposition gegen die Regierung gingen. Bareuther führte aus, daß Thun die tschechische Obstruktion nicht zu fürchten bräuchte, da laut § 5 der Geschäftsordnung im Reichsrat Neuwahlen ausgeschrieben werden müßten, wenn ein Abgeordneter seine Amtsvereidigung unter Beschränkungen gelobe. Die tschechischen Abgeordneten hätten unter dem Vorbehalt ihres Staatsrechtes die Amtsvereidigung gelobt, folglich hätten sie in diesem Augenblick ihre Mandate verloren.[1011]

Für den Fall, daß die Sprachenverordnungen aufgehoben werden würden, müßten die deutschen Abgeordneten darauf bedacht sein, keine Gegenleistungen zu erbringen. Stattdessen hätten sie dafür Sorge zu tragen, daß weder Regierung noch Verwaltungsorgane durch (geheime) Erlasse die Sprachenfrage regelten. Danach müßten die entstandenen Schäden repariert werden, so z.B. die Rückversetzung von Beamten auf ihre alten Stellen. Bei der gesetzlichen Regelung der Sprachenfrage hätten die Deutschen dafür die Voraussetzungen zu schaffen, daß Deutsch als Staats- und Armeesprache festgesetzt wurde. Außerdem müsse § 14 entweder aus der Verfassung gestrichen oder zumindest wesentlich eingeschränkt werden.

Wenn die Sprachenverordnungen nicht zurückgezogen werden würden, wovon Bareuther ausging, müsse die Obstruktion im Reichsrat unbedingt fortgesetzt werden. Sollte der Ausgleich mit Ungarn über § 14 zustande kommen, müsse der Widerstand der Deutschen militanter werden, da der Ausgleich die cisleithanische Reichshälfte sehr belaste.[1012]

Am 26. September 1898 wurde der Reichsrat in Wien wieder eröffnet. Als Präsident wurde abermals von Fuchs gewählt.[1013] Schon am zweiten Sitzungstag am 29. September 1898 demissionierte Baernreither als Handelsminister. Bereits vor längerer Zeit erklärte er, sofort zurückzutreten, wenn der Ausgleich über § 14 erledigt werden würde. Im Dringlichkeitsantrag des Verfassungstreuen Großgrundbesitzes wurde ausdrücklich auf die Ischler Abmachungen zwischen der österreichischen und ungari-

---

[1010] Egerer Zeitung, Nr. 70, 52. Jahrgang, 3.9.1898, S. 3
[1011] Egerer Zeitung, Nr. 71, 52. Jahrgang, 7.9.1898, S. 1
[1012] Egerer Zeitung, Nr. 71, 52. Jahrgang, 7.9.1898, S. 1
[1013] Egerer Zeitung, Nr. 77, 52. Jahrgang, 28.9.1898, S. 2

schen Regierung hingewiesen, nach denen statt der parlamentarischen Regelung des Ausgleiches eine selbständige Regelung der betreffenden Artikel für Ungarn durch den ungarischen Reichsrat, für Österreich dagegen die Anwendung des § 14 in Aussicht genommen wurde. Der Verfassungstreue Großgrundbesitz erklärte, daß dieser Vorgang der Verfassung offen widerspreche, daher vollziehe Baernreither schon vorzeitig den Rücktritt.[1014]

Der Rücktritt Baernreithers wirkte sich jedoch nicht auf die Opposition der deutschen Abgeordneten im Reichsrat aus, da ihnen dessen Eintritt in das Kabinett Thun von Anfang an suspekt erschien. In der gleichen Sitzung kritisierten Prade und weitere Parteimitglieder in einer Anfrage, daß die österreichische Regierung in den letzten Jahren in Deutschböhmen tschechische Beamte eingesetzt und dadurch eine planmäßige Slawisierung des deutschen Beamtenstandes stattgefunden habe. Darunter befänden sich viele Beamte, die entweder gar nicht deutsch könnten oder nur sehr schlecht und daher auch nicht in der Lage seien, die Sprache der Bevölkerung zu verstehen. Zahlreiche dieser tschechischen Beamten beteiligten sich zudem noch an der nationalen tschechischen Agitation, die zum Ziel habe, die angeblich germanisierten Gebiete Böhmens zurückzuerobern.

Besonders in Reichenberg befänden sich zahlreiche tschechische Beamte. So seien die Vorsitzenden und ihre Stellvertreter in allen drei Steuerkommissionen Reichenbergs bis auf eine Ausnahme alle Angehörige der tschechischen Nation. Der Handelsminister wurde aufgefordert, Verfügungen zu treffen, damit in den deutschen Städten Böhmens nur deutsche Beamte zum Einsatz kamen.[1015]

Die Aktivitäten der Deutschnationalen wurden zu Beginn des Monats Oktober immer weniger, die Bewegung um die Sprachenverordnungen hatte vorerst an Aggressivität verloren.

Eine Versammlung der Vertrauensmänner der deutschnationalen Partei Egers wurde am 1. Oktober 1898 abgehalten, bei der ca. 40 Personen anwesend waren. In dieser wurde eine Entschließung gefaßt, die auf einem Flugblatt verbreitet wurde, das jedoch nicht mehr erhalten ist. An der Versammlung nahmen auch Hofer und Iro teil, die am folgenden Tag im Bezirk Plan eine Veranstaltung abhielten. Da das Flugblatt mit der Entschließung nicht den Bestimmungen des Pressegesetzes entsprach, wurde die Staatsanwaltschaft zur weiteren Amtshandlung eingeschaltet.[1016]

Der Verein „Bund der Deutschen in Böhmen" stand mit dem „Alldeutschen Verband" aus Berlin in Verbindung. Damit verfolgte der „Bund der Deutschen in Böhmen" in den Augen der Behörde die gleichen staatsgefährlichen Tendenzen, wie der Verband aus Berlin. Dies ging aus der Nr. 27 der Berliner Zeitschrift „Alldeutsche Blätter" vom 3. Juli 1898 hervor, die den Artikel „Gedanken über die Entwicklung des alldeutschen Verbandes" enthielt. Ebenso lieferte der Aufruf der Vorstände der Vereine „Bund der Deutschen in Böhmen" und „Deutscher Männerturnverein in Prag", in dem es um die Errichtung eines deutschen Vereinshauses in Prag ging, den Beweis der politischen

---

[1014] Ascher Zeitung, Nr. 79, 35. Jahrgang, 1.10.1898, Beilage, S. 5
[1015] Stenographische Protokolle, 1. - 18. Sitzung, 15. Session, 1898, S. 66 f.
[1016] Bezirkshauptmannschaft Eger an Statthaltereipräsidium, Nr. 832 praes ai 1898, 4.10.1898, S. 230, SOAC; Fond čis.: 437, Kartón čis.: 24, Složka čis.: č. inv. 523, Příloh: č. 429 - 1190, Časový rozah: 1898

Tendenz des „Bundes der Deutschen" in Böhmen. Der Bund wurde einer schärferen Überwachung unterzogen.[1017]

Für kurzfristige Aufregung sorgten Anfang Oktober Versetzungen tschechischer Beamten in rein deutsche Gebiete und Städte. Anstelle des Bezirksrichters Urban in Tachau wurde der tschechische Adjunkt Jilecek/Jeloczek [1018] ernannt. Nachdem er weder in der Stadt noch in der Umgebung Tachaus, in keinem Privathaus und in keinem Hotel eine Wohnung fand, reichte er sein Versetzungsgesuch ein. Nun wurde an diese Stelle ein deutscher Richter gesetzt. Die „Egerer Zeitung" war mit dem Widerstand der Privat- und Geschäftsleute zufrieden, da sich zeige, daß sich gegen den Willen der deutschen Bevölkerung nichts ausrichten lasse.[1019] In der Nr. 86 der „Brüxer Zeitung" wurde vom selben Vorfall berichtet und die Zeitung feierte das Verhalten der Tachauer Bürger.[1020]

Gleiches ereignete sich im Bezirk Luditz. Dieser umfaßte 38 rein deutsche Gemeinden. Trotzdem teilte man ihm einen tschechischen Gerichtsadjunkten zu, der nur sehr schlecht die deutsche Sprache beherrschte. Ferner wurde der Landesgerichtsrat, ein Deutscher, nach Görken versetzt und auch an seine Stelle kam ein Tscheche. Alle 38 Gemeinden legten Widerspruch gegen dieses Vorgehen ein, der aber erfolglos blieb. Ebenso hatte eine Abordnung der betreffenden Gemeinden bei der zuständigen Stelle keine Wirkung.[1021]

Im Verordnungsblatt Nr. 111 der Post- und Telegraphendirektion für Böhmen wurde die Stelle eines Postkontrolleurs für die Stadt Brüx ausgeschrieben. Die Bewerber hatten zur Auflage, beider Landessprachen mächtig zu sein. Dieses Vorgehen wurde als unberechtigter Eingriff in die Existenz vieler Beamter bezeichnet, da sie in dieser Position sehr selten mit Parteiverkehr zu tun hätten. Die Verordnung beunruhigte um so mehr, weil in Zukunft die deutschen Beamten von allen Stellen, selbst in den rein deutschen Gebieten, wie es die Stadt Brüx war, ausgeschlossen würden, wenn sie die tschechische Sprache nicht beherrschten.[1022]

Gegen die Versetzung tschechischer Beamten wurde also weiter opponiert. Teilweise zeigte der Widerstand der einheimischen Bevölkerung Wirkung, denn in einigen Fällen wurden die Versetzungen zurückgezogen. Grund hierfür war die konsequente Weigerung der Bürger, ihnen Wohnraum zur Verfügung zu stellen.

Größeren Wirbel verursachte der Versuch, am Reichenberger Gericht tschechisch zu verhandeln. Hier wurde am 11. Oktober 1898 die Sprachenfrage am Kreisgericht wieder aktuell. In der Sache um Zahlung von 511 Gulden, die der Kaufmann Besely (Prag) an die Reichenberger Firma Rosenbaum & Deutsch zu leisten hatte, sprach der Anwalt Hlinka der beklagten Firma tschechisch. Da der Vorsitzende Richter Tschechisch nicht verstand, forderte er den Anwalt auf, der deutsch konnte, deutsch zu sprechen, was dieser ablehnte. Er begründete seine Ablehnung damit, daß die tschechische

---

[1017] Statthaltereipräsidium an Bezirkshauptmann Eger, Nr. 11556, 17.10.1898, S. 191, SOAC, Fond čís.: 437, Kartón čís.: 24, Složka čís.: č. inv. 523, Příloh: č. 429 - 1190, Časový rozah: 1898
[1018] Der Name ist in den Akten sehr unleserlich vermerkt, so daß er entweder „Jilecek" oder „Jeloczek" lauten könnte. Anm. d. Verf.
[1019] Egerer Zeitung, Nr. 81, 52. Jahrgang, 12.10.1898, S. 6
[1020] Stenographische Protokolle, 1. - 18. Sitzung, 15. Session, 1898, S. 884
[1021] Stenographische Protokolle, 1. - 18. Sitzung, 15. Session, 1898, S. 520
[1022] Stenographische Protokolle, 19. - 37. Sitzung, 15. Session, 1898, S. 1573

Sprache in ganz Böhmen Verhandlungssprache sei. Der Gerichtshof faßte den Beschluß, daß am Reichenberger Gericht nur die deutsche Sprache gerichtsüblich sei. Hlinka weigerte sich auch nach diesem Beschluß, deutsch zu sprechen und legte gegen den Beschluß des Gerichtes Beschwerde ein. Außerdem forderte er die Vertagung der Verhandlungen bis zur Entscheidung der Sprachenfrage.[1023]

Aufgrund der Sprachenverordnungen mußte das Kreisgericht in Reichenberg Verhandlungen in tschechischer Sprache erledigen und dazu einen besonderen tschechischen Senat bilden. Anwalt Dr. Hlinak verlangte die Anwendung der tschechischen Sprache vor Gericht, was jedoch Landesgerichtsrat Dr. Fischer ablehnte. Er begründete dies damit, daß im Bezirk Reichenberg die deutsche Sprache üblich sei. Ferner sei Artikel I des Gesetzes vom 1. Januar 1895 immer noch gültig und würde auch durch die neuen Sprachenverordnungen nicht berührt. Nach Rekurs Hlinaks entschied das OLG Prag, den Ablehnungsantrag Hlinaks aufzuheben und verordnete, künftig Verhandlungen in beiden Landessprachen beim Gericht Reichenberg zuzulassen. Die Begründung lautete, daß nach § 12 der Ministerialverordnung vom 24. Februar 1898 alle Gerichte in Böhmen in bürgerlichen Rechtsstreitigkeiten sämtliche Vorträge der Parteien in der von ihnen gebrauchten landesüblichen Sprache beurkunden müßten. Alle Parteien waren demnach berechtigt, eine der beiden Landessprachen zu gebrauchen.[1024]

Die Gemeindevertretung in Reichenberg faßte in Angelegenheit der Gerichtssprache einen Beschluß, in der die wiederholten Versuche, die tschechische Verhandlungssprache einzuführen, als Verletzung des Rechtes der Deutschen, innerhalb ihres geschlossenen Sprachgebietes nur die deutsche Sprache zuzulassen, bezeichnet wurden. Die Sprachenverordnungen der letzten beiden Ministerien hätten keine Gültigkeit, da noch immer § 13 der allgemeinen Gerichtsordnung in Kraft sei. Außerdem sei die Durchführung von tschechischen Verhandlungen unmöglich, da weder die Geschworenen noch die Handelsrichter tschechisch verstünden. Somit wurde die Entscheidung des OLG zurückgewiesen. Zuletzt forderte man den Stadtrat auf, in einer Eingabe an das Justizministerium den rein deutschen Charakter der Stadt und des Gerichtsbezirkes Reichenberg herauszustellen und zu verlangen, diesen Charakter auch in der Verhandlungssprache der Gerichte festzuhalten.[1025]

Der Oberste Gerichtshof in Wien entschied gegen eine Beschwerde des Kreisgerichtes Reichenberg, daß die Sprachenverordnungen auf geltenden Gesetzesbestimmungen beruhten, wonach beide Landessprachen, die tschechische und die deutsche, im ganzen Königreich Böhmen vollkommen gleichberechtigt seien. § 13 der Allgemeinen Gerichtsordnung werde nicht durch Artikel 1 des Einleitungspatentes zur Zivilprozeßordnung aufgehoben. § 13 der Gerichtsordnung bestimme, daß die Parteien und Vertreter in ihren Reden die landesüblichen Sprachen gebrauchen sollten. Darunter sei zu verstehen, daß jede Sprache, die ein größerer Teil der Bevölkerung des betreffenden Bezirkes spreche, als landesüblich gelte, deshalb seien dies in Böhmen Deutsch und Tschechisch.

Das Reichenberger Gericht berief sich auf das Kaiserliche Patent vom 30. Mai 1878, das anordnete, bei der Ausstellung von Dekreten über die Eignung zum Richteramt auf

---

[1023] Egerer Zeitung, Nr. 81, 52. Jahrgang, 12.10.1898, S. 7
[1024] Falkenau-Königsberger-Volksblatt, Nr. 80, 2. Jahrgang, 12.10.1898, S. 3
[1025] Falkenau-Königsberger-Volksblatt, Nr. 84, 2. Jahrgang, 26.10.1898, S. 3

die im Gerichtsbezirk übliche Sprache Rücksicht zu nehmen. Dadurch wurde das Patent jedoch nicht behoben, wonach in einzelnen Ländern die Landessprachen in einem bestimmten Bezirk nicht als übliche Gerichtssprachen anzusehen waren.[1026]

5.2.2.6. Die vorübergehende Aufgabe der Obstruktion seitens der deutschen Parteien

5.2.2.6.1. Die Verabschiedung eines Teiles des Ausgleichspaketes mit Ungarn

Hartnäckig hielt sich im Herbst 1898 das Gerücht, wonach die Sprachenverordnungen in nächster Zeit aufgehoben werden sollten. Auch die „Ascher Zeitung" berichtete darüber. Allerdings wurden derartige Meldungen von anderen, objektiveren Blättern, nicht bestätigt.[1027] Schönerer stellte aus diesem Grund in der 10. Sitzung am 14. Oktober 1898 an den Präsidenten des Abgeordnetenhauses die Anfrage, ob dieses Gerücht der Wahrheit entspreche, da sich der Präsident in enger Fühlung mit Thun und Dipauli befinde und in dieser Angelegenheit am besten Bescheid wissen könne. Dr. Fuchs erwiderte, daß ihm davon nichts bekannt sei.[1028]

Im Reichsrat trat die Kluft zwischen der radikalen „Schönererpartei" und den gemäßigten Kräften immer deutlicher zutage, die Einigkeit der deutschen Abgeordneten erhielt weitere Risse. Die Deutsche Volkspartei trat aus der Obmännerkonferenz aus. Grund für diesen Schritt lieferte das Abstimmungsverhalten der Mauthnergruppe und des Verfassungstreuen Großgrundbesitzes im Ausgleichsausschuß. Der Abgeordnete Groß (Deutsche Fortschrittspartei) stellte den Antrag, die ungarischen Ausgleichsvorlagen zurückzuweisen. Dieser Antrag wäre angenommen worden, da 13 Mitglieder der Rechten fehlten. Die beiden deutschen Parteien stimmten jedoch gegen den Antrag und damit gegen die anderen deutschen Abgeordneten. Aufgrund dieses Verrates an der deutschen Sache, beschloß die Deutsche Volkspartei den sofortigen Austritt aus der Obmännerkonferenz. Daraufhin verfaßte die Deutsche Fortschrittspartei eine Entschließung, in der erklärt wurde, daß durch den Austritt der Deutschen Volkspartei aus der Obmännerkonferenz diese als taktisches Organ wirkungslos werden würde. Die Fortschrittspartei blieb jedoch dabei, weiter eng mit den anderen deutschen Parteien zusammenzuarbeiten. Ähnlich äußerten sich auch die Mitglieder der Christlichsozialen Vereinigung in ihrer Kundgebung.[1029]

Am 4. November 1898 veranstaltete der Deutsche Verein in Eger eine Versammlung, bei welcher der Abgeordnete Lecher sprach. Er bedauerte zwar die Auflösung der Obmännerkonferenz, sie sei seiner Meinung nach jedoch nicht besorgniserregend. Die Konferenz sei einem nationalen Bedürfnis entsprungen und nur in nationalen Fragen tätig gewesen. Auch in Zukunft werde die Einigkeit der deutschen Abgeordneten in irgendeiner Form ihren Ausdruck finden, da diese notwendig sei.[1030]

Der Verfassungstreue Großgrundbesitz und die Mauthnergruppe erklärten, daß sie wegen der Ausgleichsvorlage nicht den Parlamentarismus in Frage stellten. Daher durfte

---

[1026] Ascher Zeitung, Nr. 4, 36. Jahrgang, 14.1.1899, Beilage, S. 7
[1027] Ascher Zeitung, Nr. 69, 36. Jahrgang, 30.8.1899, S. 2
[1028] Stenographische Protokolle, 1. - 18. Sitzung, 15. Session, 1898, S. 581
[1029] Egerer Zeitung, Nr. 86, 52. Jahrgang, 29.10.1898, S. 4
[1030] Egerer Zeitung, Nr. 88, 52. Jahrgang, 5.11.1898, S. 1

man vom Abstimmungsverhalten im Ausgleichsausschuß dieser beiden Parteien nicht überrascht sein.[1031]

Die „Ascher Zeitung" verurteilte scharf das Verhalten derjenigen Parteien im Reichsrat, die von der Obstruktion abkamen und den Ausgleich in erster Lesung vornahmen. Nach Ansicht der Sympathisanten der „Schönererpartei" sei klar, daß der Ausgleich sowieso von Thun über § 14 verabschiedet werden würde und so wäre es gleichgültig, ob der Reichsrat mit Beibehaltung der Obstruktion sofort geschlossen würde oder erst nach Ende der ersten Lesung. Die Fortschrittlichen kündigten an, nach Beendigung der ersten Lesung wieder in die Opposition zu gehen. Außerdem wurde die Aufgabe der Obstruktion als Bruch aller Schwüre kritisiert, die vor über einem Jahr geleistet wurden.[1032]

Als Erklärung für das wortbrüchige Verhalten der Liberalen und der Sozialdemokraten wurde angeführt, daß nur Eigennutz dahintersteckte. Nach Meldung der „Ascher Zeitung" besuchte Thun den Führer der Liberalen im Reichsrat, Pergelt, in dessen Privatwohnung in Wien, was nur bedeuten könne, daß sich beide über die Verhaltensweise im Reichsrat geeinigt hätten. Die Fortschrittlichen sollten demnach die Obstruktion aufgeben und seien im Gegenzug von der Regierung dafür entlohnt worden.[1033]

Am 1. Oktober 1898 wurde von den Egerer Ortsgruppenführern der „Schönererpartei" eine Entschließung gefaßt, in der die geänderte Taktik der deutschen Abgeordneten im Reichsrat als Verrat am Deutschtum verurteilt wurde. Außerdem bedeute die Aufgabe der Obstruktion den Bruch des Eides vom 11. Juli 1897. Man sprach allen deutschen Parteien die tiefe Verachtung aus, die vor Aufhebung der Sprachenverordnungen in die Beratungen über den Ausgleich getreten seien. Von der deutschnational gesinnten Wählerschaft erwartete man, daß sie diejenigen Abgeordneten aufforderte, die sich am Verrat beteiligten, ihr Mandat niederzulegen. Ferner sollten all die Parteimitglieder, die mit der Taktik ihrer Partei nicht einverstanden waren, aus dieser austreten. Den Abgeordneten der „Schönererpartei" wurde für ihr treues Einhalten der Obstruktion und der Nichtbeteiligung an den Ausgleichsverhandlungen der Dank ausgesprochen.[1034]

Die weiteren Verhandlungen im Abgeordnetenhaus drehten sich um den Ausgleich mit Ungarn. Zur Überraschung aller verharrten die deutschen Abgeordneten nicht in ihrer Obstruktionstaktik, da dies die sofortige Schließung des Reichsrates zur Folge gehabt hätte und der Ausgleich über die Notstandsgesetzgebung zustande gekommen wäre. Genau das wollte man verhindern. Daher war Diskussion und tatsächliche Arbeit erforderlich, um sich die Möglichkeit offen zu lassen, die Ausgleichsvorlage verändern zu können. Schließlich wären die deutschen Abgeordneten als Schuldige hingestellt worden, da sie die Verabschiedung des Ausgleich durch das Parlament verhinderten und so die Erledigung über § 14 erzwangen. Gerade diese Absicht der Regierung wollte man vereiteln. Die deutschen Parteien einigten sich, den Ausgleich in erster Lesung vorzunehmen. Der Verfassungstreue Großgrundbesitz brachte den Dringlichkeitsantrag ein, in dem gefordert wurde, daß Thun die Abmachungen mit der ungari-

---

[1031] Egerer Zeitung, Nr. 88, 52. Jahrgang, 5.11.1898, S. 2
[1032] Ascher Zeitung, Nr. 79, 35. Jahrgang, 1.10.1898, S. 1
[1033] Ascher Zeitung, Nr. 79, 35. Jahrgang, 1.10.1898, S. 1
[1034] Egerer Zeitung, Nr. 79, 52. Jahrgang, 5.10.1898, S. 5

schen Regierung bekanntgeben sollte. Danach wollten auch die deutschen Abgeordneten den Ausgleich in erster Lesung vornehmen.[1035]

Die „Egerer Zeitung" verurteilte das Verhalten der Schönerianer, die an der Obstruktion festhielten, da dadurch die Einheit der deutschen Parteien gefährdet sei. Nun würden vor allem die Mitglieder der Fortschrittspartei von den Schönerianern verhetzt. Sie bezeichneten die Aufgabe der Obstruktion als Verrat am Deutschtum, gäben dafür jedoch keine Begründung an. Schönerer betreibe mit dem Festhalten an der Obstruktion nichts anderes, als der Regierung zuzuarbeiten, da Thun bei neuerlicher Obstruktion den Reichsrat schließe und den Ausgleich durch § 14 verabschieden werde.[1036]

Am 13. Oktober 1898 trat Bareuther aus der Deutschen Volkspartei aus. Als Grund gab er an, mit der Beteiligung seiner Partei an den Ausgleichsdebatten im Parlament nicht einverstanden zu sein.[1037]

Im Anschluß an die erste Lesung des Ausgleiches veröffentlichte die Deutsche Fortschrittspartei eine Bekanntmachung, in der sie bekundete, seit dem Erlaß der Sprachenverordnungen auf dem Standpunkt des entschiedenen Widerstandes gegen die Regierung zu stehen, weil die Ursache der Opposition nicht beseitigt würde. Die gegenwärtige Kampfweise sei lediglich die Fortsetzung des unverminderten Widerstandes gegen die Regierung Thun. Die Art des taktischen Vorgehens, wenn es zweckdienlich sein sollte, müsse auf die jeweiligen herrschenden politischen Verhältnisse abgestimmt sein. Thun hoffte nach der Wiedereröffnung des Reichsrates auf die Obstruktion der deutschen Abgeordneten, damit er diesen sofort wieder schließen könne. Der Ausgleich mit Ungarn werde danach mit Hilfe des § 14 verabschiedet.[1038]

Am 15. Oktober 1898 hielt der Allgemeine Deutsche Schulverein, Ortsgruppe Dresden, eine Mitgliederversammlung ab, bei der Schücker über die nationalen Verhältnisse an der Sprachgrenze in Böhmen einen Vortrag hielt. Er betonte, daß er nicht die Leidensgeschichte der Deutschen aufrollen wolle, sondern die Bedeutung des Kampfes darlege, den die Deutschen zur Zeit fechten würden. Er schilderte die Bewegung des Panslawismus in Österreich, der mit allen Mitteln das Deutschtum zurückdränge. In diesem Kampf behaupteten die Deutschen jedoch ihren Posten. Die Gefahr des Panslawismus bedrohe auch das Deutsche Reich, nur sorge hier eine kraftvolle Regierung dafür, daß dem Einhalt geboten würde. In Österreich sei dies anders, aber die Deutschen hielten ihren Kampf durch, denn die moralische Unterstützung durch die reichsdeutschen Brüder sei sicher.[1039]

Schließlich streifte Schücker in seinen Ausführungen den anstehenden Ausgleich mit Ungarn, der die cisleithanische Hälfte benachteilige. Ungarn steuere nur 30 % der anfallenden Kosten des Staatshaushaltes bei, die restlichen 70 % müsse Cisleithanien leisten. Diese Aufteilung sei völlig ungerecht.

Zuletzt richtete Schücker sein Augenmerk auf die Sprachenverordnungen. Diese seien nicht aufrecht zu erhalten und die Deutschen beugten sich ihnen niemals. Er war fest davon überzeugt, daß die Deutschen diesen Kampf gewinnen würden. Den Sieg errin-

---

[1035] Egerer Zeitung, Nr. 79, 52. Jahrgang, 5.10.1898, S. 1 ff
[1036] Egerer Zeitung, Nr. 82, 52. Jahrgang, 15.10.1898, S. 1
[1037] Egerer Zeitung, Nr. 82, 52. Jahrgang, 15.10.1898, S. 3
[1038] Egerer Zeitung, Nr. 85, 52. Jahrgang, 26.10.1898, S. 1
[1039] Egerer Zeitung, Nr. 85, 52. Jahrgang, 26.10.1898, S. 1

ge man jedoch nur, wenn alle Deutschen einig und geschlossen blieben. Er forderte die Anwesenden auf, durch ihr Einwirken auf Presse und durch Versammlungen das Deutschtum in Österreich zu unterstützen.[1040]

Am 23. Oktober 1898 fand in Aussig ein Volkstag statt, den der „Deutschnationale Verein" Aussigs einberufen hatte. Um ihn zu boykottieren, hielten die Sozialdemokraten eine Gegenveranstaltung ab, bei der Schrammel, Hannig und Rieger sprachen. Die Bezirkshauptmannschaft ordnete ein Gendarmerieaufgebot an, um Ruhe und Ordnung zu sichern. Aussigs Bürgermeister Dr. Ohnesorg lehnte die Bitte des deutschnationalen Vereines um Beflaggung der Stadt ab.[1041]

An dem Volkstag nahmen ca. 3000 Personen teil. Der Vorsitzende des Deutschnationalen Vereines, Dr. Klepsch, begrüßte die Anwesenden und zeigte sich enttäuscht über die geänderte Taktik der deutschen Abgeordneten mit Ausnahme der Radikaldeutschnationalen und Dr. Bareuthers.[1042]

Reiniger verglich in seiner Rede die Stimmung bei den früheren Volkstagen und jetzt. Früher sei man zuversichtlich gewesen und heute müsse man über jene Volksvertreter richten, die das Vertrauen der Wähler enttäuschten. Er bezeichnete die geänderte Taktik im Reichsrat als schweren politischen Fehler, der nicht wieder gut zu machen sei. Er legte die Gründe dar, warum die geänderte Taktik nicht aufgehen könnte und forderte die Anwesenden auf, diejenigen deutschen Abgeordneten, die ihr Volk verraten hätten, nicht mehr als ihre Volksvertreter zu bezeichnen. Wenn die Regierung mit diesen Mandatsträgern paktiere, solle sie wissen, daß hinter diesen niemand stehe.[1043]

Nach Reinigers Rede wurde die Entschließung dieses Volkstages verlesen, die einstimmig angenommen wurde. Darin wurde festgestellt, daß viele deutsche Angeordnete die Eide gebrochen hatten. Man schwor rücksichtslosen Kampf gegen die Sprachenverordnungen und das deutschfeindliche Gebaren der Regierungsgewalt und fände nun die meisten Reichsratsabgeordneten auf Schleichwegen. Dieses Verhalten wurde als undeutsch und als politischer Fehler bezeichnet. Man war überzeugt, daß die neue Taktik nicht zum vorgegebenen Ziel führe, sondern zur Förderung der Slawen, Magyaren und zu neuen Steuerlasten für das deutsche Volk. Für diese Schäden wurden die wortbrüchigen Abgeordneten verantwortlich gemacht. Dagegen wurde allen Abgeordneten der „Schönererpartei" und Bareuther die Anerkennung ausgesprochen, weil diese dem Volk die Treue hielten. Man begrüßte außerdem das siegreiche Vordringen des radikal deutschen Gedankens im Volk selbst. Es wurde gelobt, den Kampf gegen die Sprachenverordnungen nicht eher einzustellen, bis diese zurückgezogen und dem Volk seine verbrieften Rechte wiedergegeben werden würden.[1044]

Zuletzt sprach Wolf, der die Abgeordneten beschimpfte, sich der neuen Taktik anzuschließen und alle Nachteile des Ausgleiches für die cisleithanische Hälfte aufzuzählen.[1045]

[1040] Egerer Zeitung, Nr. 85, 52. Jahrgang, 26.10.1898, S. 2
[1041] Ascher Zeitung, Nr. 86, 35. Jahrgang, 26.10.1898, S. 1
[1042] Ascher Zeitung, Nr. 86, 35. Jahrgang, 26.10.1898, S. 1
[1043] Ascher Zeitung, Nr. 86, 35. Jahrgang, 26.10.1898, S. 2
[1044] Ascher Zeitung, Nr. 86, 35. Jahrgang, 26.10.1898, S. 2
[1045] Ascher Zeitung, Nr. 86, 35. Jahrgang, 26.10.1898, Beilage, S. 6

Am 26. Oktober 1898 fand in Eger die Wahl des Gemeindeausschusses im zweiten Wahlkörper statt. Diese fiel zugunsten der Kandidaten der „Schönererpartei" aus. Sie blieben mit 216 : 108 Stimmen in der Majorität. Die Kandidaten der Bürgerpartei vereinigten 104 : 73 Stimmen auf sich. Von den gewählten 12 Gemeindeausschußmitgliedern waren vier bis fünf ausgesprochene Anhänger der „Schönererpartei", während die übrigen eher der deutschnationalen Richtung angehörten.[1046]

5.2.2.6.2. Das Scheitern der Anklageerhebung gegen Badeni

Im November beherrschten die Debatten im Reichsrat über die Anklageerhebung gegen Badeni die Aufmerksamkeit der Egerer Bürger. Ende April 1898 wurde der Antrag auf Anklageerhebung einem Ausschuß übergeben, der nun wieder auf die Tagesordnung der Reichsratsverhandlungen gesetzt wurde.

In der 19. Sitzung des Abgeordnetenhauses am 16. November 1898 stand die Anklagedebatte gegen Badeni auf der Tagesordnung, die eigentlich hätte zu Ende geführt werden müssen. Allerdings bemerkte die Rechte, daß ihre Majorität durch die Abwesenheit einiger Abgeordneter gefährdet war, daher wollte man die Verhandlung in dieser Sitzung nicht beenden. Die deutschen Abgeordneten erkannten die Absicht und strichen ihre Redner aus den Listen, damit die Abstimmung sofort erfolgen konnte.

Vizepräsident Ferjančič brach die Verhandlungen über die Anklage Badenis ab und leitete die Debatte über einige Notstandsanträge ein. Daraufhin erhoben sich unter den Linken heftige Proteststürme, denn diese verlangten, daß in dieser Sache das Haus befragt werden müsse. Der Präsident begann danach mit der Abstimmung. Die Vertreter der Katholischen Volkspartei fehlten. Die deutschklerikalen Abgeordneten Fink, Kapferer, Schöpfer und Rohracher, die Stojakowski-Gruppe, die Polnische Volkspartei und die Italiener votierten mit den deutschen Abgeordneten. Im Moment der Stimmenauszählung hatte die Opposition tatsächlich die Mehrheit. Während der Auszählung traten Dipauli und die komplette Katholische Volkspartei in den Sitzungssaal. Daraufhin wurde die Zählung abgebrochen und wiederholt, da diese auch im Nachhinein an der Abstimmung teilnehmen durften. Wegen des Einzuges der Katholischen Volkspartei erhob sich großer Lärm auf Seiten der Linken, weil Betrug vermutet wurde. Das Ergebnis lautete schließlich 154 : 152 für den Abbruch der Verhandlungen über die Anklagedebatte. Somit war klar, daß vor dem Eintreten der Katholischen Volkspartei die Opposition die Mehrheit hatte, da nachher Dipauli und Kaizl mit der Regierungskoalition stimmten.[1047]

Die „Egerer Zeitung" wertete dieses Ergebnis trotzdem als deutliches Signal für die Schwäche der Regierungsmehrheit im Reichsrat, weil sie das Ergebnis nur knapp erreicht habe.[1048]

Funke verwahrte sich gegen die Art und Weise, wie dieses Ergebnis zustande kam, da klar die Unregelmäßigkeit zu erkennen gewesen sei. Der Vizepräsident erklärte zu den Vorwürfen, daß auch in früheren Fällen diejenigen Abgeordneten, die bei einer Ab-

---

[1046] Bezirkshauptmannschaft Eger an Statthaltereipräsidium, Z. 892 praes., 26.10.1898, S. 181, SOAC, Fond čis.: 437, Kartón čis.: 24, Složka čis.: č. inv. 523, Příloh: č. 429 - 1190, Časový rozah: 1898
[1047] Egerer Zeitung, Nr. 92, 52. Jahrgang, 19.11.1898, S. 2
[1048] Egerer Zeitung, Nr. 92, 52. Jahrgang, 19.11.1898, S. 2

stimmung das Parlament betraten, an dieser noch teilnehmen könnten. Dagegen protestierten die Linken. Kaiser (Deutsche Volkspartei), der das Abstimmungsergebnis als zweifelhaft bezeichnete, stellte noch den Antrag, daß durch namentliche Abstimmung das Resultat überprüft werden sollte. Dieses Ansuchen lehnte der Vizepräsident ab, dadurch blieb das Abstimmungsergebnis bestehen.[1049]

In der 20. Sitzung des Reichsrates am 18. November 1898 verwarf das Abgeordnetenhaus den Beschluß vom 26. April 1898 mit 193 : 174 Stimmen. Damit wurde die Anklageerhebung gegen Badeni abgelehnt. Die Stimmen der Katholischen Volkspartei gaben dabei den Ausschlag.[1050]

Die „Egerer Zeitung" verurteilte scharf das Abstimmungsverhalten der Katholischen Volkspartei. Bei der ersten Abstimmung am 27. April 1898 habe die Regierung aufgrund der Stimmen der Katholischen Volkspartei eine Niederlage erlitten. Damals sei der Antrag auf Anklage Badenis wegen seines Polizeieinsatzes im Reichsrat einem Ausschuß zugewiesen worden. Nun sei Dipauli von der Katholischen Volkspartei Handelsminister im Kabinett Thun und seine ganze Partei stimme auf einmal mit der Regierung gegen die Anklage Badenis.[1051]

In der Bevölkerung des Ascher Kreises wurde bekannt, daß die neugegründete Brauerei in Asch angeblich tschechische Arbeiter beschäftigte. Zwei Angestellte, Zeidler und Puchinger, waren besonders den Anfeindungen der Bürger ausgesetzt, so daß sich die Geschäftsleitung zu einer Stellungnahme in diesem Fall veranlaßt sah. Der Gründungsausschuß der Aktienbrauerei in Asch veröffentlichte eine Erklärung, welche die Gerüchte, daß in der neuen Brauerei tschechische Arbeiter beschäftigt würden, als erfunden bezeichnete. Die beiden technischen Beamten Zeidler und Puchinger seien beide in rein deutschen Orten geboren worden und hätten trotz langjähriger Tätigkeit im Bürgerlichen Brauhaus in Pilsen ihr Deutschtum bewahrt, obwohl beide vielfachen Anfeindungen ausgesetzt gewesen seien. Puchinger schicke seine Kinder auf die deutsche Schule in Pilsen, was seine deutsche Gesinnung beweise.[1052]

In der Nacht vom 15. auf den 16. November 1898 wurden in der Gemeinde Turn und in den umliegenden Ortschaften Flugblätter verteilt, in denen die deutsche Bevölkerung zum Boykott gegen die tschechischen Bewohner aufgerufen wurde. Keiner sollte etwas von Tschechen kaufen und den tschechischen Mietern sollten die Wohnungen gekündigt werden. Begründet wurde der Aufruf damit, daß die Tschechen Feinde des Deutschtums wären. Ebenso sollten alle Tschechen boykottiert bzw. gekündigt werden, die sich für die Gründung einer tschechischen Schule einsetzten und dadurch die Steuerlast für alle erhöhten. Die Kosten für eine tschechische Schule sollten demnach nur diejenigen tragen, die tschechische Mieter mit schulpflichtigen Kindern weiterhin in ihren Häusern wohnen ließen. Eger wurde als Beispiel angeführt, da die Bürger genauso gehandelt hätten und die Tschechen zahlreich vertrieben worden wären. Der Aufruf des Flugblattes zog Konsequenzen für die tschechischen Bewohner nach sich. Am 16. November 1898 wurden alle Tschechen vorgeladen, die weiter für den Bau

---

[1049] Egerer Zeitung, Nr. 92, 52. Jahrgang, 19.11.1898, S. 2
[1050] Egerer Zeitung, Nr. 92, 52. Jahrgang, 19.11.1898, S. 3
[1051] Egerer Zeitung, Nr. 93, 52. Jahrgang, 23.11.1898, S. 1
[1052] Ascher Zeitung, Nr. 89, 35. Jahrgang, 5.11.1898, S. 10

einer tschechischen Schule stimmten. Diesen wurden hinterher die Wohnungen gekündigt.[1053]

Der neugewählte Stadtrat von Eger beschloß unter Vorsitz Bürgermeister Gschiers einstimmig in seiner Sitzung am 18. November 1898 auf Antrag des Stadtrates Dr. Bernardin, ein Anhänger Schönerers, dem Abgeordneten Schönerer, den Mitgliedern der Schönerergruppe und Bareuther den Dank für ihre Haltung gegenüber der neuen Taktik im Reichsrat auszusprechen. Außerdem wurde Wolf zum Erfolg bei seinem fünften Waffengang gratuliert. Die neue Stadtvertretung plante, Schönerer zum Ehrenbürger der Stadt Eger zu erheben und eine Straße nach ihm zu benennen.[1054]

Gegen Ende des Jahres 1898 verstärkten die Schönerianer ihre Agitationsbemühungen. Der Statthalterei in Prag wurde die Gründung des Vereines „Die Bismärcker" mit Sitz in Eger angezeigt. Der Verein erstreckte sich über die Länder Österreichs und hatte zum Zweck, seinen Mitgliedern den Besuch des Bismarckgrabes zu ermöglichen. Die erforderlichen Mittel wurden durch Mitgliedsbeiträge und Vereinsveranstaltungen aufgebracht. Aufgenommen wurden nur Mitglieder deutscher Abstammung, die eine schriftliche Erklärung abgeben mußten, unbedingte Anhänger Bismarcks zu sein.

Die Statthalterei verbot jedoch die Vereinsgründung mit dem Argument, daß der Verein laut Satzung wiederholte Aktivitäten im Ausland plane. Dieser Zweck stünde im Widerspruch mit dem geltenden Vereinsgesetz vom 15. November 1867, welches bestimmte, daß der Wirkungskreis eines Vereines sich nicht über die Landesgrenzen erstrecken durfte. Dem Titel und den Statuten nach sei der Verein als politisch anzusehen. Da die Vereinsstatuten nicht den gesetzlichen Vorschriften entsprächen, sei die Vereinsgründung gesetzwidrig.

Schönerer argumentierte, daß der Verein den Zweck habe, das Andenken eines verstorbenen Politikers wach zu halten, der überdies schon lange nicht mehr politisch aktiv gewesen sei. Daher könne der Verein nicht als politisch betrachtet werden. Ferner entfalte er keine Aktivitäten im Ausland, da die Geldbeschaffung, das Hauptziel des Vereines, im Inland erfolge und nur das Bismarckgrab besucht werden solle. Schönerer argwöhnte viel mehr, daß die Ehrung Bismarcks der Statthalterei nicht genehm sei und die deutschfeindlichen Tendenzen dieser Behörde den Ausschlag für das Vereinsverbot gegeben hätten.[1055]

Wie im Vorjahr, so auch 1898, wurde tschechischen Händlern die Teilnahme an den Jahrmärkten in deutschen Gebieten Böhmens erschwert.

Der Markthändler Em. Markup, wohnhaft in Linden (Cipětín), Bezirk Brüx, besaß seit dem Jahr 1889 in Komotau einen reservierten und bezahlten Standplatz am Jahrmarkt und kam wie gewöhnlich im Mai 1898. Als er seine Ware ablud, erschienen vier Polizisten, die das Auslegen seiner Ware verboten. Nachdem Markup seinen Wohnort, Bezirk Bürglitz (Křivoklát) genannt hatte, erklärten die Polizisten, daß er von nun an keinen Standplatz mehr besäße. Markup suchte den Komotauer Bürgermeister Schieser auf, der ihm mündlich die Bewilligung zum Warenverkauf auf dem Komotauer

---

[1053] Stenographische Protokolle, 19. - 37. Sitzung, 15. Session, 1898, S. 1948 f.
[1054] Bezirkshauptmannschaft Eger an Statthaltereipräsidium, Z. 1041 praes., 25.11.1898, S. 87, SOAC, Fond čís.: 437, Kartón čís.: 24, Složka čís.: č. inv. 523, Příloh: č. 429 - 1190, Časový rozah: 1898
[1055] Stenographische Protokolle, 19. - 37. Sitzung, 15. Session, 1898, S. 1659

Jahrmarkt erteilte. Wiederum legte Markup seine Waren aus, was die Polizisten wieder untersagten, da sie eine schriftliche Bestätigung des Bürgermeisters verlangten. Diese holte Markup schließlich auch ein. Er lud nun seine Waren ab, konnte diese aber nicht verkaufen, weil die Polizisten die deutschen Händler anstifteten, seinen Stand mit Wagen zu versperren. Auch anderen Kaufleuten wurde der Zutritt zum Komotauer Jahrmarkt verwehrt, da sie der tschechischen Nationalität angehörten. [1056]

Am 11. September 1898 erschien Markup beim Teplitzer Jahrmarkt. Auch dort wurde ihm der Verkauf seiner Waren nicht gestattet. Allerdings konnte er diesmal nicht erreichen, das Verbot aufzuheben. Da ein Stadtrat Markup ein Zeitlimit zum Abtransport seiner Waren setzte, das er nicht einhalten konnte, da er unterwegs war, um die behördliche Bewilligung zum Verkauf einzuholen, luden Straßenkehrer Markups Waren auf deren Wagen und zerstörten dabei den größten Teil. Dasselbe passierte auch anderen tschechischen Händlern. Die Stadtämter Saaz, Eger, Aussig, Schönlinde und Warnsdorf veröffentlichten in den Lokalblättern die Weisung, daß 14 Tage vor Eröffnung des Jahrmarktes jeder Händler, der verkaufen wollte, seinen Taufschein an das zuständige Gemeindeamt senden müßte. Dadurch sollte den tschechischen Verkäufern der Zutritt zu den Jahrmärkten verwehrt werden. [1057]

Der Abgeordnete Sokol und weitere Parteimitglieder brachten in der Sitzung des Abgeordnetenhauses vom 13. Dezember 1898 eine Interpellation wegen dieser Angelegenheit ein. [1058]

[1056] Stenographische Protokolle, 19. - 37. Sitzung, 15. Session, 1898, S. 1772
[1057] Stenographische Protokolle, 19. - 37. Sitzung, 15. Session, 1898, S. 1772
[1058] Statthaltereipräsidium an Statthaltereirat und Bezirkshauptmann Eger, Nr. 20348, 29.12.1898, S. 2, SOAC, Fond čis.: 437, Kartón čis.: 25, Složka čis.: č. inv., Příloh: č.1 - 1328, Časový rozah: 1899

6. Das Jahr 1899

6.1. Fortsetzung der Obstruktion der deutschen Parteien und des Boykotts

Der Sprachengebrauch im böhmischen Landtag wurde 1899 durch die Geschäftsordnung geregelt. Danach waren beide Landessprachen zulässig, ebenso die Protokollführung in beiden Sprachen. Außerdem wurden mündliche und schriftliche Anträge in die andere Sprache durch die Landtagskanzlei übersetzt und die Anfragen bei Abstimmungen in beiden Sprachen vorgenommen.[1059]

Der Schlußabsatz aller Landtagsbeschlüsse lautete: „Diese Verwilligung, welche aus freiem guten Willen erfolgt, soll zu keinem Nachtheil und zu keiner Schmälerung der Privilegien, Freiheiten, Rechte und alter guter Gewohnheiten und Bräuche dieses Königreiches weder jetzt, noch zu künftigen Zeiten gereichen; und werden Ihre Majestät hierüber einen genugsamen Revers gnädigst fertigen .."[1060]

Gleichzeitig fällte der Oberste Gerichtshof eine Entscheidung hinsichtlich des Sprachgebrauches bei Gericht. Er urteilte auf Antrag als Revisionsinstanz, daß die Parteien bei allen Gerichten Böhmens berechtigt seien, die deutsche und die tschechische Sprache zu benutzen. Die Sprachenverordnungen vom 24. Februar 1898 enthielten den Gebrauch beider Landessprachen vor Gericht innerhalb der Grenzen, die in der kaiserlichen Entschließung vom 8. April 1848, einem noch immer geltenden Gesetz, gezogen worden seien.[1061]

Daraufhin beschloß der Klagenfurter Gemeinderat in einer Sitzung, künftig bei der Neubesetzung städtischer Beamten- und Dienerstellen nur noch deutsche Bewerber zu berücksichtigen.[1062] In einer Sitzung der Advokatenkammer Troppaus Mitte Januar 1899 entschied man, nur die deutsche Sprache als Geschäftssprache zu verwenden.[1063] Im Gegenzug wurde in der Plenarsitzung des tschechischen Advokatenvereines am 16. Februar 1899 der Beschluß gefaßt, an alle tschechischen Rechtsanwälte die Aufforderung zu richten, in ihren Eingaben an die obersten Justizbehörden in Wien ausschließlich die tschechische Sprache zu benutzen. Diejenigen Rechtsanwälte, die zugleich Abgeordnete waren, sollten sich an die Spitze dieser Aktion stellen.[1064]

Die Stadt Pilsen entschied, nur noch Eingaben in tschechischer Sprache anzunehmen, was die Statthalterei nicht rügte.[1065]

Nach diesem Urteil des Obersten Gerichtshofes wurde die deutsche und tschechische Bevölkerung mobilisiert. Auf tschechischer und deutscher Seite wurden Plakate aufgehängt und Zeitungsnachrichten veröffentlicht, in denen beide Nationalitäten dazu aufriefen, die Geschäftsleute der jeweils anderen Nation nicht zu unterstützen und nur

---

[1059] Slapnicka: Von der Sprache der Gesetze und den Gesetzen über die Sprache, S. 34
[1060] Wellner, Max: Beiträge zur Geschichte des böhmischen Staatsrechtes, S. 5
[1061] Falkenauer-Königsberger-Volks-Blatt, Nr. 4, 3. Jahrgang, 14.1.1899, S. 2
[1062] Falkenauer-Königsberger-Volks-Blatt, Nr. 6, 3. Jahrgang, 21.1.1899, S. 3
[1063] Falkenauer-Königsberger-Volks-Blatt, Nr. 6, 3. Jahrgang, 21.1.1899, S. 3
[1064] Falkenauer-Königsberger-Volks-Blatt, Nr. 15, 3. Jahrgang, 22.2.1899, S. 3
[1065] Ascher Zeitung, Nr. 6, 36. Jahrgang, 21.1.1899, S. 1

bei Geschäftsleuten der eigenen Nationalität zu kaufen. Die Tschechen wählten die Schlagworte „svůj k svemu", die Deutschen „Deutsche kauft bei Deutschen".[1066]

In einer Anfrage Prades und einiger Parteimitglieder an den Justizminister in der 33. Sitzung des Abgeordnetenhauses am 19. Januar 1899 schilderten die Abgeordneten die Aktivitäten der Tschechen gegen die deutsche Wirtschaft. Sie brachten vor, daß die Tschechen seit Jahren den Kampf gegen die Deutschen auf die Wirtschaft übertrügen. Die Parole „svůj k svemu" sei ausgegeben und Vereine gegründet worden, die zum Ziel hätten, die Deutschen wirtschaftlich zu schädigen. Ungehindert von behördlichen Beanstandungen predigten die Zeitungen diesen Kampf. In den vergangenen Monaten sei von Prag aus eine Liste tschechischer Firmen veröffentlicht worden, bei denen die Tschechen kaufen sollten. Im Dezember 1898 habe die „Radiakální Listy" unbeanstandet eine Zusammenstellung tschechischer Kaufleute veröffentlicht, bei denen die Prager Tschechen einkaufen sollten, damit nicht Juden und Deutsche unterstützt werden würden. In früheren Nummern der gleichen Zeitung seien Aufstellungen von Kaufleuten veröffentlicht worden, die doppelsprachige Aufschriften trügen. Es sei dazu aufgerufen worden, bei diesen nicht zu kaufen. In der Zeitung „Hlasy z Podr." sei die Mahnung an tschechische Frauen zu lesen gewesen, die trotzdem bei Deutschen und deutsche Waren kauften, sich an ihre nationale Pflicht zu erinnern und nur tschechische Geschäftsleute zu unterstützen und tschechische Waren zu erwerben.[1067]

Im Reichsrat wurden auch zu Beginn des Jahres 1899 Meinungsverschiedenheiten handgreiflich ausgetragen. In der Sitzung am 27. Januar 1899 applaudierte ein tschechischer Journalist der „Národní Listy" Kramářs Rede. Daraufhin begaben sich Wolf und andere deutsche Abgeordnete zur Journalistenloge und griffen ihn an. Einige Jungtschechen folgten den Deutschen, um ihn zu schützen, so daß ein Handgemenge zwischen tschechischen und deutschen Abgeordneten entstand. Zwischen Wolf und dem jungtschechischen Abgeordneten Pospišill entwickelte sich eine Rauferei, an der sich im weiteren Verlauf deutsche und jungtschechische Abgeordnete beteiligten.[1068] Ähnliche Szenen ereigneten sich auch im März im böhmischen Landtag, so daß die Deutschen geschlossen den Saal verließen.[1069] Der Reichsrat wurde am 1. Februar 1899, nach Annahme des Antrages der Opposition über das Staatsdienergesetz am Vortag, vertagt.[1070]

Anfang des Jahres 1899 organisierten sich die deutschnationalen Arbeiter in einem eigenen Verein, der speziell für Arbeiter nationalistischer Gesinnung gedacht war, da die Sozialdemokratie für diese Strömung innerhalb der Arbeiterschaft keinen Platz bot. Der Bezirkshauptmann von Komotau berichtete, daß dort nach Egerer Vorbild eine Organisation der deutschnationalen Arbeiterschaft gegründet worden sei. Der Impuls zur Vereinsgründung sei ebenso von Eger ausgegangen.[1071] Dem Bezirkshauptmann

---

[1066] Ascher Zeitung, Nr. 8, 36. Jahrgang, 28.1.1899, S. 2
[1067] Stenographische Protokolle, 19. - 37. Sitzung, 15. Session, 1899, S. 2216
[1068] Schulthess', 40. Bd., S. 188
[1069] Whiteside: Georg Ritter von Schönerer, S. 179
[1070] Der Antrag der Opposition vom 31. Januar 1899 sah vor, daß das Staatsdienergesetz rückwirkend vom 1. Januar 1899 in Kraft treten sollte. Er wurde mit 150 : 149 Stimmen erfolgreich verabschiedet. Schulthess', 40. Bd., S. 188.
[1071] Statthaltereipräsidium an Statthalterierat und Bezirkshauptmann Eger, Nr. 19888/1898, 27.1.1899, S. 61, SOAC, Fond čís.: 437, Kartón čís.: 25, Složka čís.: č. inv., Příloh: č.1 - 1328, Časový rozah: 1899

von Eger war jedoch von einer derartigen Gründung nichts bekannt und er konnte darüber auch nichts in Erfahrung bringen. Die deutschnationalen Arbeiter schlossen sich dem bereits bestehenden deutschvölkischen Gehilfenverein an und die geänderten Vereinsstatuten genehmigte die Statthalterei am 6. Februar 1899. Franz Stein unternahm zwar Agitationsreisen zur Gründung von deutschnationalen Arbeitervereinen, die aber erfolglos verliefen. Der Einfluß der Sozialdemokraten in Eger und Umgebung war zugunsten der deutschnationalen Arbeiterschaft gesunken. Erst zu Pfingsten 1899 sollte in Eger der erste Vertretertag der deutschvölkischen Arbeiterschaft stattfinden. Auf diesem sollte ein politisches und wirtschaftliches Arbeiterprogramm beraten werden und die Abgeordneten Iro, Schönerer und Wolf sprechen.[1072] Nach einer Mitteilung, welche die Polizeidirektion Prag erhielt, wies die Parteileitung der Sozialdemokratie ihre Organisationen an, in allen Orten, in denen sich Anhänger der Sozialdemokratie befanden, in der nächsten Zeit Volksversammlungen abzuhalten, um hier über die Handhabung des § 14, die als Absolutismus bezeichnet wurde, zu protestieren.[1073]

Ebenso wurde registriert, daß sich Lehrer, vor allem die jüngeren, im verstärkten Maß von den Ideen der deutschnationalen Bewegung angesprochen fühlten. Der Landesschulrat nahm mit Bedauern zur Kenntnis, daß die jüngeren Lehrer bei der am 22. Januar 1899 in Eger abgehaltenen Lehrerversammlung den Reden der radikalen Landtagsabgeordneten lebhaften Beifall spendeten. Der Lehrer Josef Wieser aus Liebenstein hielt dabei eine Rede, die weniger durch den Inhalt, sondern durch Darstellung, Sprachgewalt und Leidenschaft seines Auftretens den Beifall der weniger besonnenen Lehrer erhielt. Der Landesschulrat zog die weitere Verwendung dieses Lehrers in Zweifel und überlegte, ob Weiser durch die Art und Weise seiner Rede die Grenze des Erlaubten überschritten und dadurch Grund für die Einleitung einer Disziplinaruntersuchung gegeben hätte.[1074]

Um 14.00 Uhr eröffnete Kramer, der auch zum Vorsitzenden gewählt wurde, die Veranstaltung, an der sich ca. 500 Lehrer aus den Bezirken Eger, Asch Plan u.a. eingefunden hatten. Ferner waren noch die Abgeordneten Schücker, Röhling, Reiniger, Iro und Bürgermeister Gschier mit mehreren Vertretern des Egerer Gemeindeausschusses anwesend. Schönerer und Hofer entschuldigten ihr Fernbleiben.

Iro forderte die Lehrer auf, sich der „Schönererpartei" anzuschließen, weil sie dadurch etwas erreichen könnten. Genaueres darüber, welche Vorteile die Parteizugehörigkeit dem Mitglied bieten konnte, war nicht zu erfahren.

Die Versammlung verlief relativ ruhig. Im Vordergrund der Ansprachen stand die Erörterung der sozialen Situation der Lehrer, das nationale Moment blieb fast unberührt.

Die von den beiden Referenten und von den Abgeordneten Iro und Reiniger gehaltenen Reden zur Förderung der radikalnationalen Bewegung hatten nur auf die jüngeren

---

[1072] Bezirkshauptmannschaft Eger an Statthaltereipräsidium, Nr. 97 praes., 15.2.1899, S. 63, SOAC, Fond čis.: 437, Kartón čis.: 25, Složka čis.: č. inv., Příloh: č.1 - 1328, Časový rozah: 1899

[1073] Statthaltereipräsidium an Bezirkshauptmann Eger, Nr. 2441, 7.2.1899, S. 119, SOAC, Fond čis.: 437, Kartón čis.: 25, Složka čis.: č. inv., Příloh: č.1 - 1328, Časový rozah: 1899

[1074] Präsidium des Landesschulrates für Böhmen an den Vorsitzenden des Bezirksschulrates Eger, Nr. 32, 4.2.1899, S. 98, SOAC, Fond čis.: 437, Kartón čis.: 25, Složka čis.: č. inv., Příloh: č.1 - 1328, Časový rozah: 1899

Lehrer Eindruck erweckt und verfehlten sicher nicht ihre Wirkung im nordwestlichen Böhmen.[1075]

Die deutschen Parteien nahmen zu Jahresbeginn 1899 ihre Kampagnen gegen die Sprachenverordnungen verstärkt wieder auf. In Aussig fand am 5. Februar 1899 eine Versammlung der Vertrauensmänner der Deutschnationalen Böhmens statt, die ca. 150 Menschen besuchten.

Man faßte einstimmig eine Entschließung, die an die gleichzeitig in Reichenberg tagende Vertrauensmännerversammlung geschickt wurde. Man erblickte in der Formulierung der nationalen Forderungen der Deutschen, die von den deutschen Parteien, einschließlich der Christlichsozialen, aber ohne die „Schönererpartei" aufgestellt wurden, den Versuch, der Regierung eine neue Möglichkeit zur Beugung der Obstruktion zu bieten. Sehr bedenklich wertete man die Teilnahme Bareuthers an der Fassung für Böhmen, da sie das Mißtrauen der radikalen Deutschen noch vergrößere. Prade wurde gebeten, diesen Vermittlungsversuch nicht mit zu unterstützen. Vor Erfüllung der auf allen Volkstagen aufgestellten Forderungen nach Abschaffung der Sprachenverordnungen dürften sich die Deutschen keinem Versöhnungsversuch empfänglich zeigen. Besprechungen oder unverbindliche Gespräche seien unnötig, da dies ein Zeichen der Nachgiebigkeit darstelle, stattdessen sei unbeugsamer Widerstand vonnöten. Die in Aussig Versammelten betrachteten ferner die mißbräuchliche Anwendung von § 14 als vollzogenen Verfassungsbruch und als Einführung des Absolutismus.

Schließlich wurde über die Beschickung des böhmischen Landtages beraten und man einigte sich darauf, daß eine Teilnahme für einen deutschen Abgeordneten undenkbar sei.[1076] Am 13. März 1899 versammelten sich die deutschböhmischen Abgeordneten und legten fest, nicht an den Verhandlungen des böhmischen Landtages teilzunehmen.[1077]

Zugleich wurde gegen das Verbot der Egerer Behörden, zu Bismarcks Ehren ein Denkmal zu errichten, protestiert. Am 12. Februar 1899 marschierten ca. 200 Anhänger Schönerers gegen 10.30 Uhr unter Führung von Hofer, Stein und Josef Herzog (Schriftleiter der „Egerer Nachrichten") durch mehrere Straßen der Stadt und sangen nationale Lieder. Ziel des Zuges war das Kaiser Joseph Denkmal.

Hofer hielt eine Rede, an deren Fortsetzung ihn aber die inzwischen erschienenen Beamten Hirsch und Siegrich hinderten. Die Menge zog daraufhin über den Marktplatz, am Haus der Bezirkshauptmannschaft vorbei zum Stadthaus. Vor dem Gebäude sammelten sie sich wieder und stimmten das Lied „Wenn alle untreu werden" an. Siegrichs Forderung zum Auseinandergehen kamen die Demonstranten aber nicht sofort nach, erst nach einer weiteren zerstreuten sie sich.[1078] Czerny rechnete damit, daß die Schönererpartei den 1. April 1899, Bismarcks Geburtstag, in demonstrativerer Weise als bisher feierte. An diesem Tag sollten auch Übertrittserklärungen zum Protestantis-

---

[1075] Vorsitzender des Bezirksschulrates Eger an Präsidium des Landesschulrates Prag, Nr. 71 praes., 23.01.1899, S. 102 f., SOAC, Fond čis.: 437, Kartón čis.: 25, Složka čis.: č. inv., Příloh: č.1 - 1328, Časový rozah: 1899
[1076] Ascher Zeitung, Nr. 11, 36. Jahrgang, 8.2.1899, 2. Beilage, S. 5
[1077] Egerer Zeitung, Nr. 21, 53. Jahrgang, 15.3.1899, S. 2
[1078] Bezirkshauptmannschaft Eger an Staatsanwaltschaft Eger, Z. 190 praes., 15.2.1899, S. 146, SOAC, Fond čis.: 437, Kartón čis.: 25, Složka čis.: č. inv., Příloh: č.1 - 1328, Časový rozah: 1899

mus überreicht werden.[1079] Es gab in Eger jedoch weder Übertritte von Katholiken zum Protestantismus noch besondere Feiern. Die 12 Konvertierungen waren schon vorher erfolgt.[1080]

Die Vertreter der Deutschen Fortschrittspartei, der Deutschen Volkspartei, des Verfassungstreuen Großgrundbesitzes, der Christlichsozialen Partei und der Deutschen Freien Vereinigung einigten sich auf eine gemeinsame Kundgebung. Darin beklagten sie, daß seit den Badenischen Sprachenverordnungen das öffentliche Leben lahmgelegt werden würde. Im Parlament könne nicht mehr gearbeitet werden, die Bevölkerung würde wirtschaftlich benachteiligt, die politischen Rechte seien bedroht und die Verfassung in Frage gestellt. Die Schließung des Reichsrates habe den Sinn, den Ausgleich mit Ungarn über den § 14 zu erledigen, der jedoch nicht derselbe sei, den Badeni aushandelte, sondern eine neue Fassung, die für die cisleithanische Hälfte noch ungünstiger sei. Unter Badeni hätten die Probleme begonnen, da er den Ausgleich nicht mit einem geeinten Parlament verabschieden wollte, sondern sich die Stimmen der Jungtschechen mit den Sprachenverordnungen erkauft hätte. Auch die Nachfolger seien nicht daran interessiert, den Ausgleich parlamentarisch zu erledigen, sondern auf Kosten des deutschen Volkes. Ferner bedauerten die Unterzeichner, daß sich auch Vertreter der deutschen Parteien auf die Seite der Regierung stellten und trotz der Nachteile für die cisleithanische Reichshälfte den Ausgleich unterstützten. In Zukunft müßten die deutschen Parteien einig zusammenstehen, da ihr Ziel nicht sei, die Monarchie und deren Völker zu entzweien, sondern gegen das System anzukämpfen, in dem die Deutschen benachteiligt würden.[1081]

Nach Veröffentlichung der Kundgebungen der deutschen Parteien, publizierten die Jungtschechen ein Manifest, in dem festgestellt wurde, daß nach Einführung der tschechischen Sprache bei den Behörden in Böhmen und Mähren der Kampf der Tschechen um die Gleichberechtigung ihrer Nation nicht zu Ende wäre. Aufgrund der historischen Rechte und der Majorität der tschechischen Nation im Land müßte die tschechische Sprache eine Vorrangstellung erreichen. Man strebe keine Sonderstellung für das tschechische Volk an, sondern lediglich die Gleichwertigkeit der tschechischen Sprache mit der deutschen in den von Tschechen bewohnten Gebieten. Die Obstruktionshaltung der deutschen Parteien werde verurteilt, da die Badenischen Sprachenverordnungen beseitigt worden seien. Die Schuld am lahmgelegten Parlament und die daraus resultierenden Folgen für Wirtschaft und Gesellschaft trügen nach Ansicht der Jungtschechen nur die deutschen Obstruktionsparteien, die jede parlamentarische Arbeit verhinderten.[1082] Eine Verständigung mit den deutschen Landsleuten sei nur auf der Basis der Gleichberechtigung der tschechischen Sprache möglich, was bisher immer noch nicht der Fall sei. Ferner forderte man die Erweiterung der Befugnisse des Böhmischen Landtages und die Autonomie der böhmischen Verwaltung, um legislative Arbeit für Wirtschaft und Soziales zu ermöglichen.[1083]

[1079] Statthaltereipräsidium an Bezirkshauptmann Eger, Nr. 5481, 26.3.1899, S. 219, SOAC, Fond čis.: 437, Kartón čis.: 25, Složka čis.: č. inv., Příloh: č.1 - 1328, Časový rozah: 1899
[1080] Bezirkshauptmannschaft Eger an Statthaltereipräsidium, Nr. 343 praes., 4.4.1899, S. 219, SOAC, Fond čis.: 437, Kartón čis.: 25, Složka čis.: č. inv., Příloh: č.1 - 1328, Časový rozah: 1899
[1081] Egerer Zeitung, Nr. 11, 53. Jahrgang, 8.2.1899, S. 1
[1082] Egerer Zeitung, Nr. 13, 53. Jahrgang, 15.2.1899, S. 1 f.
[1083] Egerer Zeitung, Nr. 13, 53. Jahrgang, 15.2.1899, S. 2

Czerny wurde Ende Februar 1899 angewiesen, wieder über die Stimmung in der Bevölkerung zu berichten.[1084]

Nur auf dem Land war zu beobachten, daß die „Schönererpartei" an Einfluß verlor. Grund dafür waren ihre nicht erfüllten Versprechungen. Außerdem entsprach die „Los von Rom"-Bewegung nicht den religiösen Überzeugungen der ländlichen Bevölkerungsschichten, da diese weiterhin am Katholizismus festhielten. All diese Aspekte bewirkten, daß das Interesse an der radikalen Partei allmählich zurückging. In einzelnen Landgemeinden, wie Fleissen, Steingrub, Aberoth und Trebendorf, wurde die deutschnationale Bewegung durch die agitatorische Tätigkeit der Gemeindevorsteher beständig wach gehalten.

Anfang März 1899 gerieten Deutsche und Tschechen in einem Gasthaus in Karlsbad aneinander. Tschechische Gäste sangen tschechische Lieder, was die anwesenden Deutschen störte. Sie stimmten sodann deutsche Weisen und Lieder an, was die Tschechen ihrerseits als Provokation auffaßten. Die Tschechen wurden darauf hingewiesen, daß Karlsbad eine deutsche Stadt und ihr Verhalten ungebührlich sei. Danach drohten die Tschechen mit einer Rauferei, die jedoch verhindert werden konnte.[1085]

In der Stadt Eger hingegen konnte man eher die Zu- als die Abnahme der radikalnationalen Bewegung beobachten. Wenn auch die Anhänger Schönerers nur einen Bruchteil der Gesamtbevölkerung Egers stellten, so hatten sich diese doch durch ihr rücksichtsloses und terroristisches Vorgehen ein solches Übergewicht im gemäßigten Bevölkerungsteil verschafft, daß diese Bürger ganz in den Hintergrund gedrängt wurden, da ihnen der Mut und die Tatkraft fehlten, eine Gegenbewegung zu initiieren. Dazu kam noch, daß der überwiegende Teil der Gemeindevertretung Egers radikalnational gesinnt war.

Die Egerer Lokalblätter „Egerer Zeitung" und „Egerer Nachrichten" gaben die Stimmung der Bevölkerung absolut richtig wieder. Die „Egerer Nachrichten" waren das Sprachrohr der Radikalnationalen, während die „Egerer Zeitung" die gemäßigte Richtung vertrat. Allerdings eignete sich diese Zeitung in den letzten Wochen und Monaten wieder einen schärferen Ton an.

Die sozialistische Bewegung ging in Folge der nationalen tatsächlich zurück. Darauf deuteten verschiedene Umstände hin, besonders jene, daß die sozialdemokratische Partei nun in der Öffentlichkeit nicht mehr besonders hervortrat, wie dies früher der Fall gewesen war. Überdies wurden sozialdemokratische Versammlungen in letzter Zeit öfter von den Deutschnationalen gestört oder von vornherein verhindert.[1086]

Ferner gab Czerny der Statthalterei Prag bekannt, daß einer seiner Mitarbeiter, Wenzel Lötsch, Eger wegen der fortgesetzten Hetze gegen seine Person verlassen wollte. Am 1. September 1897 war Lötsch in den Dienst der Bezirkshauptmannschaft Eger als Diurnist eingetreten. In der Zeit nach dem Egerer Volkstag von 1897 wirkte er bei den

---

[1084] Statthaltereipräsidium an Bezirkshauptmann Eger, Nr. 3618, 22.2.1899, S. 159, OAC, Fond čis.: 437 OÚ Cheb, Kartón čis.: 25, Složka čis.: 222 pres 1899, Kat. č.269, Příloh: 3
[1085] Ascher Zeitung, Nr. 20, 36. Jahrgang, 11.3.1899, S. 1
[1086] Bezirkshauptmannschaft Eger an Statthaltereipräsidium, Nr. 222 praes., 3.3.1899, S. 159 f., OAC, Fond čis.: 437 OÚ Cheb, Kartón čis.: 25, Složka čis.: 222 pres 1899, Kat. č. 269, Příloh: 3

Zeitungskonfiskationen mit und wurde deshalb auf offener Straße mit „Spitzel" und anderen Schimpfworten beleidigt. Am 1. Februar 1899 wurde ihm mit der Begründung die Wohnung gekündigt, daß sich die Verhältnisse geändert hätten.[1087]

Die Gemeinden im Egerer und Ascher Bezirk weigerten sich weiterhin, die politischen Behörden in ihrer Arbeit zu unterstützen. Der Bürgermeister von Gablonz, Posselt, verschickte an alle deutschen Gemeinden ein Rundschreiben,[1088] in dem er anklagte, daß viele deutsche Gemeinden den Beschluß vom Juli 1897, die Arbeiten im übertragenen Wirkungskreis einzustellen, nicht genau einhielten. Er bat, im jeweiligen Bezirk sicherzustellen, daß die Arbeiten wieder ausgeführt würden. Sollten die gefaßten Beschlüsse nicht überall streng durchgeführt werden, wäre das Festhalten einzelner Gemeinden daran völlig wertlos und unwirksam und die gebrachten Opfer und Mühen zwecklos.[1089]

Die Bezirksvertretung Eger erteilte in ihrer Sitzung am 16. Dezember 1898 an den Bezirksausschuß die Weisung, alle Eingaben, die nicht in Deutsch abgefaßt seien, ausnahmslos zurückzustellen, bis eine deutsche Übersetzung beigebracht werde. Dieser Beschluß wurde in der Sitzung vom 6. März 1899 aufrechterhalten, ungeachtet des Erlasses des Landesausschusses des Königreiches Böhmen an den Bezirksausschuß Eger, in welchem der Landesausschuß erklärt hatte, daß er den Beschluß des Bezirksausschusses Eger nicht billigen und auch nicht beachten werde. Die Beschlüsse der Bezirksvertretung Egers standen aber nicht im Widerspruch mit Artikel 19 des Staatsgrundgesetzes über die allgemeinen Rechte der Staatsbürger (zweiter Absatz). Die Auslegungen dieser Bestimmungen legten das Hauptgewicht auf das Wort „landesüblich" und im Egerer Verwaltungsbezirk war nur die deutsche Sprache landesüblich. Für diese Anschauung sprach der Erlaß vom 13. Februar 1899, in dem die Bezirke der Bezirkshauptmannschaften im Hinblick auf ihre Amts- und Dienstsprache dargestellt wurden. Der Bezirk Eger wurde danach in die Bezirke mit deutscher Amts- und Dienstsprache eingeteilt. Im Erlaß vom 7. Januar 1899, in dem die Aufhebung der Beschlüsse der deutschen Gemeinden, tschechische Zuschriften nicht anzunehmen, angeordnet wurde, betonte man ebenfalls die Landesüblichkeit der zweiten Landessprache in der betreffenden Gemeinde. Bei der Beurteilung der Gesetzmäßigkeit des Egerer Beschlusses könnte höchstens das Argument auf den vorliegenden Fall angewendet werden, daß die Bezirksvertretung gemäß obliegenden Amtshandlungen die Erledigung der Zuschrift von einer im Gesetz nicht ausdrücklich begründeten Bedingung, nämlich der Verpflichtung, einer tschechischen Eingabe auch eine deutsche Übersetzung beizulegen, abhängig gemacht wurde. Sollte sich ein Widerspruch mit dem geltenden Bezirksvertretungsgesetz ergeben, konnte man gegen die betreffende Bezirksvertretung vorgehen.[1090]

[1087] Wenzel Lötsch an Ministerium des Inneren, 7.3.1899, S. 188, SOAC, Fond čís.: 437, Kartón čís.: 25, Složka čís.: č. inv., Příloh: č.1 - 1328, Časový rozah: 1899
[1088] Statthaltereipräsidium an Bezirkshauptmann Eger, Nr. 4363, 16.3.1899, S. 205, SOAC, Fond čís.: 437, Kartón čís.: 25, Složka čís.: č. inv., Příloh: č.1 - 1328, Časový rozah: 1899
[1089] Statthaltereipräsidium an Bezirkshauptmann Eger, Nr. 4363, 16.3.1899, Abschrift Nr. 2110, S. 206, SOAC, Fond čís.: 437, Kartón čís.: 25, Složka čís.: č. inv., Příloh: č.1 - 1328, Časový rozah: 1899
[1090] Bezirkshauptmannschaft Eger an Statthaltereipräsidium, Z. 437 praes., 4.6.1899, S. 274 ff, SOAC, Fond čís.: 437, Kartón čís.: 25, Složka čís.: č. inv., Příloh: č.1 - 1328, Časový rozah: 1899

Schon seit einigen Wochen wurde in der Presse das Gerücht ausgestreut, Thun beabsichtige, per § 14 ein Sprachengesetz zu verabschieden. Die tschechische Presse verurteilte dieses Projekt, ebenso die deutschen Parteien, weil das Vorgehen mit einem durch § 14 oktroyierten Gesetz verfassungswidrig wäre. Die Deutschen führten ihren Kampf für die Verfassung, nicht gegen sie. Da die Regierung nicht damit rechnete, daß beide Nationalitäten die Vorlage so deutlich ablehnten, wurde es im Laufe der Zeit um den Gesetzentwurf stiller. Lediglich die „Národní Listy" verbreiteten hartnäckig dieses Gerücht weiter und behaupteten ebenso, die Grundzüge des Gesetzes zu kennen. Danach sollte Böhmen in fünf Sprachgebiete eingeteilt werden, in zwei einsprachig tschechische, ein großes überwiegend deutsches, ein überwiegend tschechisches und ein gemischtsprachiges. In den beiden einsprachigen Gebieten sollte einsprachig amtiert werden, aber um dem Prinzip der Gleichberechtigung zu entsprechen, müßte auf jedem Amt ein zweisprachiger Beamter angestellt sein. In dem gemischtsprachigen Gebiet, dazu gehörte auch Prag, sollte zweisprachig amtiert werden, daher mußten die Beamten zweisprachig ausgebildet sein. Ferner bestritten die „Národní Listy", daß der Reichsrat die Kompetenz zur Lösung der Sprachenfrage besäße, diese hätte nach ihrer Ansicht nur der böhmische Landtag.[1091]

Der böhmische Landtag beschloß am 22. April 1899 in Abwesenheit der deutschen Abgeordneten ein Gesetz, welches das deutsche Sprachgebiet in ein gemischtsprachiges umwandelte. Der Egerer Bezirksausschuß richtete an die Statthalterei Prag eine Eingabe, in der sie gebeten wurde, das Gesetz über die Regelung der Sprachenfrage bei den autonomen Behörden, das der böhmische Landtag am 22. April 1899 verabschiedete, nicht dem Kaiser zur Sanktion vorzulegen. Auch die Stadtvertretung Egers protestierte gegen dieses Gesetz. Wiederum wurde in der Eingabe auf die historische Sonderstellung des Egerlandes verwiesen. Durch die Bestimmung des Gesetzes, wonach es den Mitgliedern der Gemeindeausschüsse frei stehe, in einer der beiden Landessprachen zu sprechen, bestehe die Möglichkeit, tschechischen Chauvinisten und ihrer Agitation Tür und Tor zu öffnen. Da im deutschen Sprachgebiet kaum jemand Tschechisch verstehe, würden die Sitzungen der Gemeindeausschüsse sinnlos werden, da die Arbeiten nicht mehr erledigt werden könnten. Ferner sollten laut des Gesetzesentwurfes auch in den rein deutschen Gebieten alle Erlässe des Landesausschusses zweisprachig veröffentlicht werden. Bei Nichteinhaltung der Bestimmung drohte ein Bußgeld bis zu 200 Gulden. In der Eingabe führte man aus, welchen Aufruhr eine derartige Bestimmung haben könnte. So seien gewalttätige Ausschreitungen aufgrund der Vorschrift, in denen sich die Erregung der Bevölkerung Luft verschaffte, nicht auszuschließen. Das neue Sprachengesetz für die autonomen Behörden hätte außerdem eine große Erbitterung in der deutschen Bevölkerung zur Folge und ungeahnte Konsequenzen für die staatlichen Behörden.[1092]

Am 25. April 1899 traf Wolf in Asch zu einer Versammlung des Deutschnationalen Vereines ein. Es wurde einstimmig eine Resolution gefaßt, in der man sich gegen die allgemeine Anwendungspraxis des § 14 verwahrte. Die Versammelten verlangten die sofortige Aufhebung der Sprachenverordnungen als Voraussetzung dafür, daß im Staat wieder geordnete Zustände einträten. Ebenso lehnte man die Aufgabe der Obstruktion ab, da man darin das Mittel des schärfsten Widerstandes erblicke. Die Besprechungen

---

[1091] Egerer Zeitung, Nr. 33, 53. Jahrgang, 26.4.1899, S. 1
[1092] Egerer Zeitung, Nr. 48, 53. Jahrgang, 17.6.1899, S. 1

mit der Regierung und die zu dieser Zeit aufgestellten nationalen Forderungen wurden abgelehnt, weil auch die Großgrundbesitzer und die Christlichsozialen an den Gesprächen beteiligt gewesen seien. Schließlich forderten die Anwesenden, echte Meinungs- und Versammlungsfreiheit ohne Pressezensur durchzuführen. Zuletzt forderte man die deutschen Abgeordneten auf, mit aller Entschiedenheit und Radikalität die Anerkennung der deutschen Sprache als Staatssprache zu erzwingen.[1093]

Schlesinger wies die Vorwürfe der „Schönererpartei" energisch zurück, die behauptete, die Deutsche Fortschrittspartei würde Abmachungen mit der Regierung treffen, um die Mandate im böhmischen Landtag weiterhin zu behalten, obwohl die Abgeordneten aus dem Landtag ausgetreten seien. Diese Behauptungen entbehrten jeglicher Grundlage und wurden von ihm als „aus der Luft gegriffen" bezeichnet, welche die öffentliche Meinung in die Irre führen sollten.[1094] Selbst die „Ostdeutsche Rundschau" verwahrte sich gegen die Vorwürfe Wolfs, der Schlesinger bezichtigte, derartige Vereinbarungen mit Thun getroffen zu haben. Die Abgeordneten der „Schönererpartei" wurden aufgerufen, durch Wahrheit und Offenheit für ihre Ziele einzutreten und in diesen Zeiten deutsche Volksgenossen nicht durch üble Gerüchte zu verleumden, da die Einheit aller Deutschen oberstes Gebot sei.[1095]

Ende April wurde erneut versucht, am Egerer Gericht die tschechische Sprache als Verhandlungssprache einzuführen. Am 27. April 1899 fand in Eger der Beleidigungsprozeß des Tschechen Dr. Treftrunk gegen Karl Scholz und Wilhelm Siegrich statt. Zur Verhandlung erschien Tieftrunks Anwalt Dr. Miřička, der eine Vollmacht seines Mandanten vorwies, durch die er berechtigt wurde, tschechisch zu sprechen. Er stellte den Antrag, die Verhandlung auf tschechisch führen zu dürfen, dem schließlich entsprochen wurde. Im Verhandlungsverlauf forderte Miřička die Vertagung des Verfahrens, da Treftrunk noch eine Subsidiarklage wegen Verleumdung und falscher Zeugenaussage in Prag anhängig hätte. Diesem Antrag wurde nicht entsprochen.

Während der Verhandlung erschien Treftrunk doch noch im Gerichtssaal, was zur Folge hatte, daß Miřička von nun an deutsch sprechen mußte, da sein Mandant anwesend war und deutsch verstand. Im weiteren Verlauf versuchte Treftrunk sich einige Male zu entfernen, damit sein Anwalt Grund hatte, tschechisch zu sprechen, was der Richter jedoch scharf ablehnte.

Die Verhandlung endete mit dem Freispruch der Beklagten. Die Egerer Bevölkerung wurde durch dieses Verfahren tief verbittert, da Treftrunk und Miřička offensichtlich erproben wollten, das Monopol der deutschen Sprache am Egerer Gericht zu brechen.

Abends versammelten sich viele Demonstranten vor dem Gerichtsgebäude und in der Bahnhofstraße, um auf Miřička zu warten. Da er am selben Tag abreisen wollte, versuchte er, heimlich und bewaffnet aus der Stadt zu gelangen, was jedoch mißlang. Wegen seiner Bewaffnung wurde er über Nacht in Gewahrsam genommen, so daß sich die Erregung in der Bevölkerung etwas legte.[1096]

[1093] Ascher Zeitung, Nr. 33, 36. Jahrgang, 26.4.1899, Beilage, S. 3
[1094] Egerer Zeitung, Nr. 26, 53. Jahrgang, 1. April 1899, S. 2
[1095] Egerer Zeitung, Nr. 27, 53. Jahrgang, 5.4.1899, S. 1
[1096] Ascher Zeitung, Nr. 34, 36. Jahrgang, 29.4.1899, S. 9

6.2. Das Brünner Nationalitätenprogramm

Das Frühjahr 1899 stand ganz im Zeichen der wieder in Angriff genommenen Versuche, die Sprachenfrage in Böhmen zu lösen. Allerdings bedeutete dies nicht, die fortwährend vorhandene Gängelung der tschechischen Minderheit im deutschen Gebiet einzuschränken oder gar abzustellen. Nr. 35 der „Egerer Nachrichten" enthielt einen Artikel mit der Überschrift „Deutsche Volksgenossen des Egerlandes", dem ein Aufruf beigefügt war, wonach am 7. Mai 1899 eine Volksversammlung in Eger abgehalten werden sollte, in der gegen den Beschluß des böhmischen Landtages betreffend des Gebrauchs der Landessprachen bei den autonomen Behörden und gegen das Auftreten der beiden Tschechen Dr. Miřička und Dr. Treftrunk in Eger Stellung genommen werden sollte. Eine Anzeige für die Volksversammlung wurde noch nicht eingereicht. Falls die Durchführung der Veranstaltung doch beantragt werden würde, verbot Czerny diese im Hinblick auf die herrschende antitschechische Tendenz in der Bevölkerung. Da Demonstrationen zu erwarten waren, wurde das Polizeiaufgebot verstärkt und dementsprechende Sicherheitsmaßnahmen ergriffen. Die Ruhe, die in letzter Zeit in Eger einkehrte, wurde in den letzten Tagen durch die Ereignisse im böhmischen Landtag, die Verabschiedung eines Entwurfes für ein Sprachengesetz, gestört.[1097]

Die Aufregung in der Bevölkerung wurde durch eine Stellenbesetzung wieder verstärkt. Der Tscheche Březina wurde zum Gerichtsvorsteher von Lobositz ernannt. Nach der letzten Volkszählung bestand die Stadt Lobositz zu 87 % aus Deutschen, der Bezirk zu 75 %. Außerdem waren an diesem Gericht schon zwei Tschechen angestellt, wovon einer nur schlecht deutsch sprach. Gleichzeitig gab es mehrere deutsche Bewerber um die Stelle, die Tschechisch in Wort und Schrift vollkommen beherrschten, aber nicht berücksichtigt wurden. Der Stadtrat von Lobositz protestierte in einem Telegramm an den Justizminister gegen die Stellenbesetzung. In der „Egerer Zeitung" wurde diese Personalpolitik als weiterer Versuch zur Tschechisierung des deutschen Gebietes bezeichnet.[1098]

Am 9. Mai 1899 veranstaltete der „Bund der deutschen Landwirte in der Ostmark" in Eger eine Versammlung, in der Schönerer und Iro sprachen. Die Kundgebung wurde zur Erinnerung an den Egerer Volkstag von 1897 abgehalten und vom Landtagsabgeordneten August Dötz geleitet.

Schönerer sprach in sachlicher Weise über die landwirtschaftlichen Verhältnisse des Egerlandes, die von allen staatlichen Vertretungskörpern vernachlässigt werden würden. Er griff dann die übrigen deutschen Abgeordneten an, mahnte die Anwesenden, den Schwur von Eger treu zu halten, trat für die „Los von Rom"-Bewegung ein und beteuerte, daß in Eger auf jeden Fall ein Gedenkstein für Bismarck errichtet werden sollte.[1099]

Iro konstatierte den in Eger noch immer herrschenden freudigen Kampfwillen. Seit der Einführung der Sprachenverordnungen komme noch die Herrschaft des § 14 hinzu, daher hätten die Egerländer keinen Grund, vor den Behörden zu defilieren und ihre

---

[1097] Bezirkshauptmannschaft Eger an Statthaltereipräsidium, Nr. 465 praes., 3.5.1899, S. 300 f., SOAC, Fond čís.: 437, Kartón čís.: 25, Složka čís.: č. inv., Příloh: č.1 - 1328, Časový rozah: 1899
[1098] Egerer Zeitung, Nr. 28, 53. Jahrgang, 8.4.1899, S. 3
[1099] Bezirkshauptmannschaft Eger an Staatsanwaltschaft Eger, Nr. 749 praes., 17.7.1899, S. 463, SOAC, Fond čís.: 437, Kartón čís.: 25, Složka čís.: č. inv., Příloh: č.1 - 1328, Časový rozah: 1899

Loyalität zum Staat zu zeigen. Auch am Veteranenfest sollten sie nicht teilnehmen und jede Frau sollte öffentlich an den Pranger gestellt werden, die am Fest mitwirkte. Er wandte sich ebenfalls gegen die deutschen Abgeordneten, besonders gegen die Liberalen, da sie nichts bewirkt hätten. Es sei notwendig, daß die Deutschen ihre Abgeordneten zu entschlossener Tat drängten. Iro wies in diesem Zusammenhang auf Belgien hin, wo durch rücksichtslose Obstruktion die Wahlreformvorschläge zurückgenommen wurden. Ein derartiger Widerstand sei notwendig, nicht eine „Wassersuppenopposition", wie sie die Liberalen betrieben. Die „Los von Rom"-Bewegung besprach er ebenfalls, wobei er vom Regierungsvertreter unterbrochen wurde. Iro beendete seine Rede mit dem Hinweis, die Deutschen hätten die Pflicht, ihre Heimat zu erhalten und zitierte eine Strophe eines Gedichtes, deren Schlußworte lauteten: „Das Egerland mit Freuden stets zum Heerbann der Germanen."[1100]

Der letzte Redner, ein Landwirt, sprach über die sozialen Reformen auf nationaler Grundlage und griff dabei die Sozialdemokraten an. Er forderte, in erster Linie für das Volkstum einzutreten. Außerdem richtete er an die Anwesenden den Appell, sich bewußt zu sein, was sie am 11. Juli 1897 erlebt hätten und fuhr fort, daß der Adler des Egerer Wappens von einem Gitter umgeben sei, was anzeige, daß das Deutschtum bedroht sei. Vom Gitter wolle man ihn befreien, damit der Adler die Deutschen zu Alldeutschlands Siegerflug führte. Gleich nach diesen Worten erklärte der Regierungsvertreter die Versammlung für aufgelöst.[1101]

In einem Prager Lokalblatt wurde behauptet, daß sich die deutschen Städte Böhmens schon jetzt darauf vorbereiteten, das neue Heimatrecht zu umgehen und es für die Tschechen im deutschen Sprachgebiet unmöglich zu machen, es überhaupt zu erlangen. Um den Tschechen die Erwerbung des Heimatrechtes durch zehn Jahre ununterbrochenen Wohnsitzes in einer Gemeinde bis zum Jahr 1901 zu verwehren, sollten in jedem größeren deutschen Ort Verzeichnisse über die dort wohnenden tschechischen Familien angelegt werden. Darin seien Daten über die Anzahl der Familienmitglieder, deren Alter, Beschäftigung und die Dauer des Aufenthaltes jedes einzelnen im Ort festzuhalten. Diejenigen Familienmitglieder, die in einem Jahr oder in drei Jahren das Heimatrecht erhielten, sollten nun entlassen bzw. deren Wohnungen gekündigt und dafür gesorgt werden, daß sie im gleichen Ort keine andere Wohnung bzw. Beschäftigung mehr fänden. Dadurch erreiche man die Unterbrechung des geforderten zehnjährigen Aufenthaltes im gleichen Ort. Auf diese Weise sollte systematisch fortgefahren werden, damit die Erwerbung des Heimatrechtes für tschechische Familien hintertrieben würde. Nach einer Zeitungsnotiz werde angeblich in der Reichenberger Gegend schon mit der Kündigung tschechischer Arbeiter begonnen.[1102]

Nach Eger wurde ein Zeitungsausschnitt der Nr. 134 der „Národní Politika" vom 15. Mai 1899 mit der Order übermittelt, entsprechende Nachforschungen anzustellen.

[1100] Bezirkshauptmannschaft Eger an Staatsanwaltschaft Eger, Nr. 749 praes., 17.7.1899, S. 463, SOAC, Fond čis.: 437, Kartón čis.: 25, Složka čis.: č. inv., Příloh: č.1 - 1328, Časový rozah: 1899

[1101] Bezirkshauptmannschaft Eger an Staatsanwaltschaft Eger, Nr. 749 praes., 17.7.1899, S. 463, SOAC, Fond čis.: 437, Kartón čis.: 25, Složka čis.: č. inv., Příloh: č.1 - 1328, Časový rozah: 1899

[1102] Statthaltereipräsidium an Bezirkshauptmann Eger, Nr. 5392, 4.5.1899, S. 310, SOAC, Fond čis.: 437, Kartón čis.: 25, Složka čis.: č. inv., Příloh: č.1 - 1328, Časový rozah: 1899

In dieser Notiz wurde über eine Mißhandlung eines tschechischen Bürgers in einem Lokal in Eger berichtet.[1103]

Über den in der „Národní Politika" berichteten Vorfall leitete die Gendarmerie intensive Nachforschungen ein, die jedoch zu keinem positivem Ergebnis führten, auch der städtischen Polizei war von diesem Zwischenfall nichts bekannt. Es war nicht auszuschließen, daß der Bahnassistent Schmidt, der in dem Artikel genannt wurde, mit der Zeitungsnotiz in Zusammenhang stand, zumal er vermutlich aus der Pilsener Gegend stammte.[1104]

Nach Angabe des Oberkellners, der im Lokal bediente, besaß ein tschechischer Bahnassistent, angeblich Schmidt, das Abonnement für den Mittagstisch vom 5. bis 13. April 1899. Der Bahnassistent bediente sich stets der tschechischen Sprache, worüber sich einzelne Gäste beim Oberkellner beschwerten. Daraufhin sah sich der Oberkellner veranlaßt, Schmidt in schriftlicher Form zu ersuchen, im Lokal nicht mehr tschechisch zu sprechen. Schmidt blieb danach dem Mittagstisch fern und betrat das Lokal nicht mehr. Ferner sagte der Oberkellner aus, daß Schmidt den Gerichtsadjunkten Koči angestiftet habe, ebenfalls das Abonnement auf den Mittagstisch zu kündigen, was dieser abgelehnt habe. Daraus ging hervor, daß Schmidt die Absicht hegte, Abonnenten abzuwerben, um dadurch das Lokal in Mißkredit bei tschechischen Kunden zu bringen. Nach Abschluß der Untersuchung konnte nicht ausgeschlossen werden, daß der Zeitungsartikel von Schmidt selbst geschrieben oder zumindest von ihm veranlaßt wurde.[1105]

Am 20. Mai 1899 veröffentlichten die fünf vereinigten deutschen Parteien, ohne Beteiligung der Radikalen und Alldeutschen, ein nationales Programm, das unter dem Namen „Deutsches Pfingstprogramm" bekannt wurde.[1106] Es hatte folgenden Inhalt:

Die Anerkennung der seit Jahrhunderten errungenen Stellung der Deutschen wurde gefordert, da diese durch die planmäßige und immer weitergehende Bedrohung gefährdet war, da die Behauptung der Vormachtstellung der Deutschen im Staat gleichzeitig seine Erhaltung bedeutete. Die staatsrechtlichen Bestrebungen der anderen Nationalitäten sollten abgewiesen werden, die Verfassung in Kraft bleiben und weiterhin der Gesamtstaat Österreich fortbestehen. Man forderte die Beseitigung des § 14 und betonte, daß sich die Beziehungen zu Ungarn nicht im Geist des Ausgleichs von 1867 entwickelt hätten. Die allgemeine Vermittlungssprache in Österreich sollte die deutsche sein, die im Reichsrat, im Ministerium und in den öffentlichen Verhandlungen des obersten Gerichtshofes Anwendung fand. Jeder Staatsbeamte sollte verpflichtet werden, seine Kenntnisse der deutschen Sprache in Wort und Schrift nachzuweisen, die Unterrichtsanstalten sollten zu diesem Zweck dementsprechend ausgestattet werden.

[1103] Statthaltereipräsidium an Statthaltereirat und Bezirkshauptmann Eger, Nr. 8990, 17.5.1899, S. 361, OAC, Fond čis.: 437 OÚ Cheb, Kartón čis.: 25, Složka čis.: 563 pres, Kat. č. 273, Příloh: 4

[1104] Bezirkshauptmannschaft Eger an Statthaltereipräsidium, Nr. 563 praes., 31.5.1899, S. 360, OAC, Fond čis.: 437 OÚ Cheb, Kartón čis.: 25, Složka čis.: 563 pres, Kat. č. 273, Příloh: 4

[1105] Landesgendarmeriekommando Nr. 2, Abteilung Nr. 7 in Eger an Bezirkshauptmannschaft Eger, 31.5.1899, S. 359, OAC, Fond čis.: 437 OÚ Cheb, Kartón čis.: 25, Složka čis.: 563 pres, Kat. č. 273, Příloh: 4

[1106] Münch: Böhmische Tragödie, S. 413 f.

Ferner war man der Ansicht, daß die Aufhebung der Sprachenverordnungen für Böhmen unabdingbar sei, ebenso eine nationale Abgrenzung. Zu diesem Zweck sollten national getrennte Verwaltungsbezirke und entsprechende Wahlkreise für die Wahl der öffentlichen Vertretungen geschaffen werden. Die obersten staatlichen Verwaltungs- und Gerichtsbehörden sollten aus einer deutschen und einer tschechischen Abteilung bestehen und bei den Landesbehörden selbständige Beamtenkörper gebildet werden. Die deutsche Sprache sollte die innere und äußere Amtssprache bei allen Behörden werden, lediglich in den gemischtsprachigen Gebieten und in den Vororten Prags eine vollständig paritätische Behandlung beider Sprachen erfolgen. Für gemischtsprachige Bezirke war die Errichtung von Minoritätsschulen vorgesehen, in reinsprachigen bedurfte die Einrichtung von Minoritätsschulen der Genehmigung durch die zuständige Gemeinde.[1107]

Die tschechischen Abgeordneten bezeichneten das Pfingstprogramm als Attentat auf die Geduld des tschechischen Volkes. In den Forderungen der Deutschen sehe man die Absicht, die historische Individualität Böhmens zu zerstören. Dem Programm sagte man also den Kampf an.[1108]

Die Sozialdemokraten hielten im Mai 1899 in Brünn ihren Parteitag ab und verabschiedeten einstimmig ihr „Brünner Nationalitätenprogramm"[1109], das die allgemeine politische Einstellung der österreichischen Sozialdemokratie dieser Zeit zeigte. Die nationalen Fragen sollten durch Reformen und im Rahmen des bestehenden Staates gelöst werden und man entschied sich für die Lösung der Nationalitätenprobleme auf demokratischem Weg, was per Parteibeschluß sanktioniert wurde.[1110] Im Vergleich des sozialdemokratischen Parteiprogrammes mit dem der bürgerlichen Parteien trat eine gewisse Unbestimmtheit hervor. Die Resolution sollte praktischen Bedürfnissen entsprechen und man vermied, auf die umstrittenen Fragen konkreter einzugehen, z.B. auf den Minderheitenschutz sowie auf die Fragen der Schul- und Amtssprache. Die Verfasser, darunter Victor Adler, erörterten bewußt keine Details. Adler jedoch lehnte es ab, ein Programm vorzulegen, über dessen Inhalt keine klaren Vorstellungen vorhanden seien, denn sachliche Meinungsverschiedenheiten könnten so leicht die nationalen Differenzen innerhalb der Partei verschärfen.[1111] Diese Befürchtungen waren durchaus begründet, da das Programm bei der Annahme auf Widerstand bei den Tschechen und Slowenen stieß. Die Kritik der Tschechen richtete sich gegen die deutschliberale Tendenz, die Nationalitätenfrage nur als Kulturfrage und nicht als verfassungs- und interessenspolitisches Problem aufzufassen.[1112] Die nationalen Wirren in Österreich hemmten nach Meinung der Sozialdemokraten den politischen und kulturellen Fortschritt der Völker, welche lediglich auf die politische Rückständigkeit der öffentlichen Einrichtungen zurückzuführen seien. Die Fortführung nationaler Auseinandersetzungen sei ein Mittel, womit die herrschende Klasse ihr Primat sichere und die Volksinteressen an jeglicher Äußerung hemme.

[1107] Münch: Böhmische Tragödie, S. 414 f.
[1108] Münch: Böhmische Tragödie, S. 415
[1109] Zeßner: Josef Seliger, S. 201 f.
[1110] Zeßner: Josef Seliger, S. 201 f.
[1111] Mommsen: Die Sozialdemokratie und die Nationalitätenfrage, S. 315 f.
[1112] Mommsen: Die Sozialdemokratie und die Nationalitätenfrage, S. 321 f.

Der Parteitag erklärte, daß die Regelung der Nationalitäten- und Sprachenfrage in Österreich auf der Grundlage der Gleichberechtigung und des gleichen Rechtes im Interesse des Proletariats liege und diese sei nur in der Demokratie möglich, die auf gleichem, allgemeinem und direktem Wahlrecht basiere. Erst in einem derartigen Staat könnte die arbeitende Klasse zu Wort kommen, in dem auch alle feudalen Privilegien im Staat und in den Ländern beseitigt worden seien. Die Entwicklung der nationalen Eigenarten der Völker sei nur auf der Basis des gleichen Rechtes möglich, unter Vermeidung jeglicher Unterdrückung. Daher müsse zuerst der feudale, staatlich-zentrale Bürokratismus beseitigt werden.[1113]

Nach Erfüllung all dieser Grundsätze sei es möglich, in Österreich Ordnung zu schaffen und den nationalen Streit zu beenden. Folgende Prinzipien mußten nach Meinung der Delegierten anerkannt werden:

1. Österreich war in einen demokratischen Nationalitäten-Bundesstaat umzubilden.

2. An Stelle der historischen Kronländer wurden national abgegrenzte Selbstverwaltungskörper gebildet, deren Gesetzgebung und Verwaltung durch Nationalkammern, die durch das allgemeine, gleiche und direkte Wahlrecht gewählt waren, erfolgte.

3. Sämtliche Verwaltungsgebiete ein und derselben Nation bildeten zusammen einen national einheitlichen Verband, der seine nationalen Angelegenheiten völlig selbständig erledigte.

4. Das Recht der nationalen Minderheiten wurde durch ein eigenes Gesetz garantiert, welches das Reichsparlament beschloß.

5. Nationales Vorrecht wurde nicht anerkannt, daher wurde die Forderung nach einer Staatssprache abgelehnt. Das Reichsparlament bestimmte, inwiefern eine Vermittlungssprache nötig war.

Der Parteitag der internationalen Sozialdemokratie sprach die Überzeugung aus, daß nach diesen oben aufgeführten Grundsätzen eine Verständigung der Völker möglich sei. Er erklärte, daß er das Recht jeder Nationalität auf nationale Existenz und Entwicklung billige. Die Völker könnten Fortschritt in ihrer Kultur nur erzielen, wenn sie in enger Solidarität zusammengingen und nicht in Streit getrennt seien.[1114]

Die grundsätzliche Schwäche des Programmes lag in der Nichtberücksichtigung der wirtschaftlichen Interdependenzen und im Versuch, die Isolierung der nationalen Angelegenheiten von den politischen Machtgegensätzen bei gleichzeitiger Lokalisierung anzuvisieren. Die praktische Umsetzung dieses Programmes wurde ferner durch Außerachtlassen der umstrittenen Schul-, Ämter-, Sprachen- und Wirtschaftsfragen in Zweifel gezogen. Schon auf dem Gesamtparteitag wurde es von den nationalen Gruppen unterschiedlich interpretiert, so von den tschechischen Sozialdemokraten als Zukunftsprogramm aufgefaßt. Übereinstimmung bestand nur in der Forderung, die Bezeichnung „die im Reichsrate vertretenen Königreiche und Länder" in einen demokratisch-parlamentarischen Staat umzuformen.[1115]

[1113] Mommsen: Die Sozialdemokratie und die Nationalitätenfrage, S. 335 f.
[1114] Mommsen: Die Sozialdemokratie und die Nationalitätenfrage, S. 336
[1115] Mommsen: Die Sozialdemokratie und die Nationalitätenfrage, S. 336 ff

Die Deutsche Volkspartei, die Deutsche Fortschrittspartei, der Verfassungstreue Großgrundbesitz, die Christlichsoziale Vereinigung und die Freie Deutsche Vereinigung legten nach der Veröffentlichung des Brünner Nationalitätenprogramms ihre nationalpolitischen Forderungen offen.[1116]

Aufgrund der herausragenden historischen Stellung der Deutschen als staatstragendes Volk verlangte man den Bruch mit dem Grundsatz der Berücksichtigung der Ansprüche anderer Nationalitäten der Monarchie auf Kosten des deutschen Volkes, weil dadurch der Nationalitätenstreit in Österreich nicht beendet werden würde. Alle staatsrechtlichen Bestrebungen anderer Nationalitäten wurden abgelehnt und weiterhin an der Einheit des Reiches unter der Bezeichnung „Österreich" festgehalten. Ferner sollte § 14 abgeschafft werden, da man die Auswirkungen seiner Anwendung nun erkannt habe. Die Beziehungen zu Ungarn müßten neu geregelt werden, am Bündnis mit dem Deutschen Reich halte man fest.[1117]

Um hinsichtlich der Sprachenfrage geordnete Zustände herzustellen, müßte ein Gesetz verabschiedet werden und gleichzeitig alle bisherigen Verordnungen aufgehoben werden. Danach sollte Deutsch die allgemeine Vermittlungssprache in Österreich werden. Parteien, die nicht Deutsch verstünden, sollte ein Dolmetscher zur Seite gestellt werden. Die innere Amtssprache sollte ebenfalls Deutsch sein. Über die Heranziehung der tschechischen Sprache in Böhmen sollte erst bei der Gebietseinteilung verhandelt werden. In den deutschen Gebieten sollte Deutsch auch die äußere Amtssprache sein, in den gemischtsprachigen Gebieten die paritätische Anwendung beider Landessprachen eingeführt werden. In den rein tschechischen Gebieten sollte nur tschechisch amtiert werden. Alle Beamten müßten den Nachweis erbringen, der deutschen Sprache mächtig zu sein, teilweise sollten die höheren Beamten ihre Prüfungen in einzelnen Fächern in Deutsch ablegen. Um diesen Vorschriften entsprechen zu können, sollte an allen Schulen deutsch unterrichtet werden. In den deutschen Gebieten sollten nur deutsche Priester angestellt werden.[1118] Die obersten Gerichts- und Verwaltungsbehörden sollten aus einer deutschen und einer tschechischen Abteilung bestehen.[1119]

6.3. Die Protestwelle nach Verabschiedung des Ausgleiches mit Ungarn und der Steueranhebungen durch die Notstandgesetzgebung

Nach Veröffentlichung des Brünner Programmes nahmen die österreichische und die ungarische Regierung die Verhandlungen über die Ausgleichsfrage wieder in Angriff, wobei die wirtschaftlichen Fragen geklärt werden konnten. Man einigte sich darauf, in der cisleithanischen Reichshälfte den Ausgleich nicht auf parlamentarische Weise zu verabschieden. Die ungarische Regierung stimmte diesem Verfahren zu und zugleich trat für Ungarn ab dem 10. Juni 1899 der Rechtszustand eines selbständigen Zollgebietes ein. Es bestand zwischen beiden Hälften kein Zoll- und Handelsbündnis mehr, sondern nur noch eine Zollgemeinschaft, welche solange Gültigkeit besaß, als beiderseits die Reziprozität aufrecht erhalten werden konnte. Diese Zollgemeinschaft sollte bis zum 1. Dezember 1907 beibehalten werden, also bis zum ursprünglich in Aussicht

---

[1116] Im folgenden wurden nur die Forderungen für Böhmen unter Ausschluß der Betrachtungen für die anderen Länder der Monarchie beachtet. Anm. d. Verf.
[1117] Egerer Zeitung, Nr. 41, 53. Jahrgang, 24.5.1899, S. 1
[1118] Egerer Zeitung, Nr. 41, 53. Jahrgang, 24.5.1899, S. 1 f.
[1119] Egerer Zeitung, Nr. 41, 53. Jahrgang, 24.5.1899, S. 2

genommenen Termin des Ablaufs der zehnjährigen Ausgleichsperiode und spätestens 1901 der Versuch unternommen werden, ein regelrechtes Zoll- und Handelsbündnis auf verfassungskonformem Weg abzuschließen. Sollte dies bis 1903 nicht gelingen, durften keine internationalen Handelsverträge über das Jahr 1907 hinaus abgeschlossen werden.[1120] Am 20. Juli 1899 wurden durch eine kaiserliche Verordnung mittels § 14 die Bier-, Branntwein- und Zuckersteuer angehoben. Die Verteuerungen für obengenannte Güter und einige andere Veränderungen, darunter der Zolltarif und Begünstigungen für das Gewerbe, traten am 1. August, 1. Dezember 1899 und ab dem 1. Januar 1900 in Kraft.[1121]

Diese weitreichenden wirtschaftlichen Veränderungen, die ohne Parlament verabschiedet wurden, leiteten eine neue Protestwelle ein. Die Deutsche Fortschrittspartei gab ein Manifest bekannt, das am Schluß die Namen Funke, Groß und Pergelt trug. Darin wurden die chaotischen Zustände in Österreich und die unfähige Regierung kritisiert, die sich nur mit § 14 zu helfen wußte. Seit einem halben Jahr sei der Reichsrat geschlossen und damit den deutschen Vertretern die Möglichkeit genommen, verfassungskonform für die Rechte des deutschen Volkes einzutreten. In der Zwischenzeit mache die Slawisierung auf administrativem Weg weitere Fortschritte. Ohne die Bewilligung des Reichsrates seien der Ausgleich mit Ungarn, die Aushebung der Rekruten und Steuererhöhungen per § 14 durchgeführt worden. Der Ausgleich mit Ungarn habe für Cisleithanien die größten wirtschaftlichen Nachteile, bei dessen Verwirklichung seien außerdem die Wünsche und Beschwerden der Bevölkerung nicht berücksichtigt worden. Ferner hätte er weitere Steuererhöhungen für breite Volksschichten zur Folge, wie die Anhebung der Zuckersteuer um ca. 50 % bewies. 70 % der gemeinsamen Kosten müßte die cisleithanische Reichshälfte auslegen. Man lege gegen den Ausgleich und dessen verfassungswidrige Verabschiedung Protest ein, überhaupt protestiere man gegen das verfassungswidrige Vorgehen der Regierung Thun, die nur mit dem Notparagraphen herrsche, ohne den Reichsrat zu beteiligen.[1122]

Die Protestkundgebungen der deutschen Oppositionsparteien gegen die Anhebung der Verzehrsteuern aufgrund des § 14 wurden von den jungtschechischen Abgeordneten verurteilt. Allerdings konnten sie nicht verhindern, daß auch ihre Landsleute Protestkundgebungen gegen die Steuererhöhungen veranstalteten und Deputationen entsandten wurden. Angeblich wurde den Jungtschechen die Errichtung einer tschechischen Schule in Troppau und die Besetzung einer hohen Stelle in der Statthalterei Prag mit einem jungtschechischen Abgeordneten von Thun zugesichert, wenn sie die Regierung weiterhin unterstützten.[1123] In Prag mehrten sich die Stimmen in der Presse, die mit der Politik der Jungtschechen unzufrieden waren. Man warf ihnen vor, sich in die Fußstapfen der Alttschechen begeben zu haben. Das Lokalblatt von Libochowitz, das früher Eduard Grégr nahestand, berichtete, daß die Unsicherheit, die seit einem Jahr andauere, von der Regierung absichtlich aufrecht erhalten würde. So sei die tschechische Frage in Wien ohne die tschechischen Abgeordneten debattiert worden. Man befürchte, daß die Polen und die Katholische Volkspartei den Tschechen ein Sprachengesetz aufoktroyierten, ohne das tschechische Volk zu befragen. Weiterhin wurden die tschechi-

---

[1120] Schulthess', Bd. 40, S. 194 f.
[1121] Schulthess', Bd. 40, S. 196
[1122] Egerer Zeitung, Nr. 59, 53. Jahrgang, 26.7.1899, S. 1
[1123] Egerer Zeitung, Nr. 59, 53. Jahrgang, 26.7.1899, S. 3

schen Abgeordneten kritisiert, da sie sich ohne Widerstand der Regierung Thun ergeben hätten und nicht mehr die Kraft besäßen, sich ihrem Diktat zu widersetzen.[1124] Die ungewisse Zukunft verunsicherte die Jungtschechen, dabei war nicht zu übersehen, daß die Abgeordneten befürchteten, nach der nächsten Wahl auf der Oppositionsbank Platz nehmen zu müssen.[1125] Zwar stützte Thun die Jungtschechen nach wie vor, aber sie mußten sich mit dem Gedanken vertraut machen, daß sie bei einer anderen Regierung weniger Gehör für ihre Forderungen fanden. In der „Egerer Zeitung" wurde kritisiert, daß die jetzige Regierung weiterhin mit § 14 regiere, nur die Interessen der Tschechen und Polen beachte und das Wohl der Gesamtmonarchie völlig aus den Augen verloren habe.[1126]

Auch der Egerer Gemeindeausschuß verurteilte in einer einstimmig angenommenen Resolution die Steuererhöhungen und die Verabschiedung des Ausgleichs durch § 14. Im Mißbrauch des Paragraphen erblickte man eine grobe Verletzung der Verfassung und forderte zugleich die Wiederherstellung verfassungsmäßiger Zustände.[1127]

Die endgültige Verabschiedung des ungarischen Ausgleiches und die Steuererhöhungen und vor allem die Art und Weise, wie sie zustande kamen, reizte die deutschstämmige Bevölkerung sehr in ihrer Demonstrationslust. Die Tätigkeiten des Vereines „Bund der Deutschen in Böhmen", der laut Satzung nicht politisch war, wurden von der Statthalterei Prag näher betrachtet. Besonderes Augenmerk wurde darauf gelegt, ob er Bestrebungen in nationaler Hinsicht, z.B. die Veröffentlichung nationaler Kundgebungen, entwickelte, welche die Statuten eines nicht politischen Vereines überschritten. Ferner wurde der soziale Status der Mitglieder in der Hinsicht überprüft, ob sich Lehrer aktiv an den Aktionen des Vereines beteiligten oder ihm als Mitglieder beitraten.[1128] Ein Bezirkshauptmann meldete, daß Iro Briefe und Druckschriften an Vertrauensmänner und die Ortsgruppen des „Bundes der Deutschen in Böhmen" verschickte, in denen er die Adressaten aufforderte, Protestdemonstrationen zu veranstalten.[1129]

Mit Ausnahme der Egerer und Schönbacher Ortsgruppe entwickelte der „Bund der Deutschen in Böhmen" nur geringe Aktivitäten. Die Tätigkeiten der beiden genannten Ortsgruppen beschränkten sich größtenteils auf gesellige Veranstaltungen, deren Reinerlös entweder der Ortsgruppe selbst zugute kam oder armen Gehilfen und Lehrlingen gespendet wurde. Bei der Egerer Gruppe wurde noch nicht beobachtet, daß sie die statutarischen Kompetenzen überschritt, ebensowenig konnte festgestellt werden, ob Lehrer Mitglieder des Bundes waren.[1130]

Hoyer hielt eine Rede bei der Versammlung des „Bundes der deutschen Landwirte in der Ostmark" am 9. Juli 1899, die der landesfürstliche Kommissär im weiteren Verlauf

---

[1124] Egerer Zeitung, Nr. 57, 53. Jahrgang, 19.7.1899, S. 2
[1125] Egerer Zeitung, Nr. 54, 53. Jahrgang, 8.7.1899, S. 2 f.
[1126] Egerer Zeitung, Nr. 54, 53. Jahrgang, 8.7.1899, S. 3
[1127] Egerer Zeitung, Nr. 60, 53. Jahrgang, 29.7.1899, S. 4
[1128] Statthaltereipräsidium an Bezirkshauptmann Eger, Nr. 12031 praes., 8.7.1899, S. 506, SOAC, Fond čís.: 437, Kartón čís.: 25, Složka čís.: č. inv., Příloh: č.1 - 1328, Časový rozah: 1899
[1129] Statthaltereipräsidium an Statthaltereirat Eger, Nr. 15888, 3.9.1899, S. 653, SOAC, Fond čís.: 437, Kartón čís.: 25, Složka čís.: č. inv., Příloh: č.1 - 1328, Časový rozah: 1899
[1130] Bezirkshauptmannschaft Eger an Statthaltereipräsidium, Nr. 754 praes., 28.7.1899, S. 505, SOAC, Fond čís.: 437, Kartón čís.: 25, Složka čís.: č. inv., Příloh: č.1 - 1328, Časový rozah: 1899

auflöste. Ob die Rede der Grund zur Auflösung war oder der fortdauernde Lärm, konnte Hoyer in seiner Aussage nicht beurteilen. An den Wortlaut seiner Rede konnte sich Hoyer ebenfalls zum Zeitpunkt der Einvernahme nicht mehr erinnern. Seiner Meinung nach habe er ungefähr gesagt, daß das Gitter um den Adler im Egerer Stadtwappen die Verpfändung an die Krone Böhmens symbolisiere. Die Worte, daß das deutsche Volk bedrängt sei etc. bestritt er, gesprochen zu haben, außerdem behauptet zu haben, daß man nur dem zweiköpfigen Adler folgen wolle. Unter dem zweiköpfigen Adler verstehe er den „russischen Vater", für den die Tschechen sich einsetzten. Außerdem habe er seine stete Loyalität zum österreichischen Staat betont.[1131]

Die Steuererhöhungen, die per § 14 für Zucker, Branntwein und Bier eingeführt wurden, hatten eine gewaltige Agitation zur Folge. Nicht nur die deutschen Oppositionsparteien sondern auch die Sozialdemokraten und die radikalen tschechischen Parteien beteiligten sich an der Stimmungsmache. Deshalb verlangte die Statthalterei für die nächsten Wochen wieder wöchentliche Berichte über die Stimmungslage der Bevölkerung und über alle Aktivitäten, die sich gegen die Steuererhöhungen richteten. In allen Versammlungen, in denen gegen § 14 protestiert wurde, mußten Amtsabgeordnete entsendet werden. Falls die Redner die Anwendung des Paragraphen kritisierten, was gleichzeitig Kritik gegen die Regierung bedeutete, mußte mit aller Strenge vorgegangen und eventuell die Versammlung aufgelöst werden. Öffentliche Volksversammlungen sollten verboten werden, sofern es dafür eine gesetzliche Grundlage gab. Ebenso genau wurde die Presse beobachtet, ob sie sich an der Hetze beteiligte. Das gleiche galt für alle Versuche, Plakate aufzuhängen, die zum Besuch von Veranstaltungen gegen § 14 einluden.[1132]

Die Bekanntgabe der Steuererhöhungen rief in der Egerer Bevölkerung nachhaltige Erregung hervor, die aber noch nicht zu Demonstrationen führte. Am 25. Juli 1899 veranstaltete der deutschvölkische Gehilfenverein unter der Federführung Herzogs eine Versammlung, die von ca. 2000 Personen besucht wurde. Die Sozialdemokraten stellten die Mehrheit unter den Teilnehmern. Die Veranstaltung verlief ruhig, genauso die Versammlung vom 30. Juli 1899, welche die Sozialdemokraten einberiefen.

Bemerkenswert war, daß zu diesem Zeitpunkt die Schönerianer in der Wählergunst sanken. In Trautenau fanden die Wahlen für die Gemeindevertretung statt, bei denen die Schönerianer mit ihrem Kandidaten Hermann Wolf eine herbe Niederlage einstecken mußten. Besonders im dritten Wahlkörper war die Niederlage verheerend. Von 1207 Stimmen (81 % Wahlbeteiligung) entfielen nur 210 auf die „Schönererpartei" und 607 auf die Deutsche Fortschrittspartei. Im zweiten Wahlkörper errangen die Liberalen eine fünfsechstel Mehrheit, im ersten Wahlkörper den vollen Sieg. Der Wahlausgang zeigte, daß das Deutschtum siegte, aber „die Stänkerer und die Generalpächter der politischen Verrohung" niedergeworfen waren.[1133] Mit dem Wahlergebnis war die „Egerer Zeitung" sehr zufrieden, da die Deutsche Fortschrittspartei gestärkt aus den Wahlen hervorging.[1134]

[1131] Protokoll, aufgenommen bei der Bezirkshauptmannschaft Eger, 23.9.1899, S. 711, SOAC, Fond čis.: 437, Kartón čis.: 25, Složka čis.: č. inv., Příloh: č.1 - 1328, Časový rozah: 1899
[1132] Statthaltereipräsidium an Bezirkshauptmann Eger, Nr. 13195, 26.7.1899, S. 533 f., SOAC, Fond čis.: 437, Kartón čis.: 24, Složka čis.: č. inv. 523, Příloh: č. 429 - 1190, Časový rozah: 1898
[1133] Egerer Zeitung, Nr. 56, 53. Jahrgang, 15.7.1899, S. 2
[1134] Egerer Zeitung, Nr. 56, 53. Jahrgang, 15.7.1899, S. 2

Die gewalttätigen Übergriffe auf die jeweils andere Nationalität verstärkten sich nach Bekanntgabe der Steuererhöhungen. In Pilsen wurden 20 Schüler der deutschen Gewerbeschule auf dem Heimweg von einem Ausflug von 30 tschechischen Knechten angegriffen. Mehrere Deutsche wurden dabei verletzt. Selbst der Gemeindewachmann beteiligte sich an der Schlägerei. Grund für die Gewalttätigkeiten war das Singen deutscher Lieder von den Schülern.[1135]

Genauso wurden Proteste wegen Stellenbesetzungen mit Tschechen im deutschen Gebiet laut. Eine Deputation aus der Stadt und dem Bezirk Lobositz sprach beim Justizminister wegen der Besetzung der Richterstelle mit einem Tschechen vor. Nach Auskunft des Justizministers war die Stellenbesetzung jedoch nicht mehr zu ändern. Allerdings versprach er, Abhilfe bei den Gerichtsadjunkten zu schaffen, da beide nur schlecht Deutsch sprachen. Später wurde ein Gerichtsadjunkt von Lobositz versetzt, aber dessen Nachfolger war wieder ein Tscheche, der das Deutsche genauso schlecht beherrschte.[1136]

Die Gemeindevertretung von Saaz beschloß einstimmig, das Singen tschechischer Lieder als strafbaren Exzeß zu ahnden. Die Polizei wurde angewiesen, gegen derartige Zügellosigkeiten mit aller Strenge vorzugehen.[1137]

Im August 1899 erreichten die Protestaktionen einen neuen Höhepunkt. Nach Mitteilung der Wiener Polizeidirektion sollten am 29. Juli 1899 Flugblätter verteilt werden, auf denen gegen die Anwendung des § 14 protestiert wurde.[1138] Am 3. August 1899 war eine Versammlung in Schönbach gegen die Steuererhöhungen geplant, die Iro einberief und auf der auch Hofer und Reiniger sprechen sollten. Die Veranstaltung wurde mit großer Spannung erwartet, jedoch wegen größerer Tumulte nicht abgehalten. Nachdem sie gescheitert war, bewegten sich ca. 200 Anhänger der deutschnationalen Bewegung, an der Spitze Iro und Hofer, nationale Lieder singend durch die Straßen Egers. Der Umzug wurde bald durch Amtsabgeordnete und Polizei zerstreut. Auffällig war, daß sich hieran viele junge Burschen und Bürger beteiligen wollten. Danach nahm die Erregung in Eger ab.

Nach den Steuererhöhungen brodelte es in der Bevölkerung bei Graslitz. Die „Graslitzer Volkszeitung" veröffentlichte am 12. August 1899 einen Artikel, in dem gegen die Beteiligung Deutscher an den im August und September stattfindenden Veteranenfesten Stellung bezogen wurde. Über folgenden Vorfall während des Veteranenfestes wurde berichtet: Zwei Engländer, die nicht deutsch verstanden, erhoben sich nicht, als die Kaiserhymne gesungen wurde, worüber der Kommandant des Veteranenvereines, ein Tscheche, sehr verärgert war. Die Engländer erhielten daraufhin eine Vorladung des Bezirksgerichtes. Aufgrund dieser Begebenheit wurde den deutschen Bürgern abgeraten, sich an derartigen Festen zu beteiligen, weil sie in Schwierigkeiten geraten könnten, ohne es zu bemerken. Nehme man an einem von der Regierung veranstalteten Veteranenfest teil, bezeuge man damit sein Einverständnis mit den Sprachenverordnungen. Auffällig an diesem Zeitungsbericht waren die Angriffe gegen Franz Joseph, da sonst die Person des Kaisers als über den Streitigkeiten erhabene Institution nicht

---

[1135] Egerer Zeitung, Nr. 57, 53. Jahrgang, 19.7.1899, S. 2
[1136] Egerer Zeitung, Nr. 62, 53. Jahrgang, 5.8.1899, S. 3
[1137] Ascher Zeitung, Nr. 64, 36. Jahrgang, 12.8.1899, S. 9
[1138] Statthaltereipräsidium an Bezirkshauptmann Eger, Nr. 13148, 26.7.1899, S. 509, SOAC, Fond čís.: 437, Kartón čís.: 25, Složka čís.: č. inv., Příloh: č.1 - 1328, Časový rozah: 1899

angegriffen wurde. Ihm wurde die Schuld an den Verhältnissen in Böhmen gegeben, da er Badeni per Handschreiben verabschiedet hätte, obwohl die Deutschen seine Verurteilung forderten. Zudem wähle er die Minister aus und stütze Thuns Regierungsarbeit mit § 14. Zuletzt hätte es der Kaiser in der Hand, die Sprachenprobleme zu lösen, indem er per kaiserlicher Verordnung den „tschechischen Sprachenzwang" aufheben könnte. Letztere Lösung sei jedoch nur eine im deutschen Sinn, ohne Beachtung der Gleichberechtigung.[1139]

In Graslitz ereigneten sich blutige Zusammenstöße wegen der mit § 14 durchgeführten Steuererhöhungen. Am 17. August 1899 zogen abends mehrere hundert Personen durch die Stadt und sangen die „Wacht am Rhein". Am 19. August wiederholten sich die Demonstrationen mit ca. 300 bis 400 Teilnehmern, die sich sich am Marktplatz versammelten, nachdem vorher schon ein Zug bestehend aus Anhängern der Sozialdemokratie und der Völkischen Partei durch die Straßen marschierte. Vor dem Amtsgebäude stoppten Gendarmen die Demonstranten. Bezirkskommissär Rott befahl das Einschreiten der Polizei, was zu großer Verbitterung in der Bevölkerung führte. Außerdem nahm Rott einem Demonstranten den Zuckerhut weg, worauf die Menge die Lieder „Wacht am Rhein", „Deutschland, Deutschland über alles" und das Lied der Arbeit sang. Nachdem die Gendarmen blank gezogen hatten, bewarfen die Demonstranten das Amtsgebäude mit Steinen.

Am 20. August zog am Abend, ohne besonderen Grund, ein Trupp von 16 Gendarmen am Marktplatz auf, die von Spaziergängern mit ironischen „Heil"- und „Pfui"-Rufen empfangen wurden, woraufhin Rott den Marktplatz räumen ließ. Dabei gingen die Gendarmen, von denen die meisten Tschechen waren, sehr rücksichtslos vor, was die Menge wiederum besonders aufregte. Nach einer Weile schlossen sich zahlreiche Menschen zusammen und marschierten über den Marktplatz. Steine wurden auf das Amtsgebäude geworfen und vereinzelt auch auf die Gendarmen, die mit aufgepflanztem Bajonett Wache standen. Diese Gendarmen stürzten sich daraufhin auf die Menge, schlugen auf zahlreiche Leute ein und stürmten sogar das in der Nähe gelegene Hotel „Weißer Schwan", obwohl es dafür keinen Anlaß gab. Da sich die Situation zuspitzte, wurden Schüsse in die Menge gefeuert, obgleich der Bürgermeister von Graslitz und einige Gemeindevorsteher in Verhandlungen mit Rott standen, um die Lage zu entschärfen. Bei diesen Ausschreitungen wurden insgesamt drei Personen getötet, fünf schwer und viele leicht verletzt.

Am 21. August brodelte es immer noch in Graslitz und Rott wurde mit Steinen beworfen, wenn er sich in der Öffentlichkeit zeigte, da zehn Verhaftete noch nicht frei gelassen wurden. Am Nachmittag erschienen Hofer und Verkauf, um zu vermitteln. Ferner wurde eine außerordentliche Gemeindeausschußsitzung einberufen. Als Ergebnis erfolgte die Abberufung Rotts, der Graslitz heimlich verlassen mußte. Für ihn übernahm der Bezirkshauptmann und Statthaltereirat von Karlsbad, Ferdinand Ritter von Maurig[1140], die Amtsgeschäfte. Die von Rott angeforderte Militärverstärkung wurde wieder zurückbeordert.[1141] Bei den letzten gewalttätigen Zusammenstößen in Graslitz leitete der Vorstand der politischen Behörden Verhandlungen mit den Wortführern der Auf-

---

[1139] Graslitzer Volkszeitung vom 12. August 1899, S. 745, SOAC, Fond čis.: 437, Kartón čis.: 25, Složka čis.: č. inv., Příloh: č. 1 - 1328, Časový rozsah: 1899

[1140] Hof- und Staatshandbuch der österreichisch-ungarischen Monarchie für 1899, S. 618

[1141] Egerer Zeitung, Nr. 67, 53. Jahrgang, 23.8.1899, S. 3

rührer ein, die dazu führten, daß die Verhafteten wieder auf freiem Fuß gesetzt wurden. Der Justizminister wies in diesem Zusammenhang darauf hin, daß dieser bedauerliche Vorgang die ganze Untersuchung in Frage stelle. Außerdem seien die Konsequenzen dieser unberechtigten Einmischung eines politischen Beamten in richterliche Tätigkeiten bedenklich. Für die Enthaftung seien allein die Bestimmungen der Strafprozeßordnung relevant, daher dürften politische Beamten keine richterlichen Tätigkeiten übernehmen.[1142]

Die Ausschreitungen in Graslitz waren Diskussionsgegenstand auch im Reichsrat, denn in der 2. Sitzung am 20. August 1899 stellten Hofer und Genossen diesbezüglich eine Anfrage an den Innenminister. Die Hauptschuld an den gewalttätigen Ausschreitungen trügen nach Hofers Meinung der Kommissär Rott und der Gendarm Hruschka aus Nieder-Georgenthal. Gegen die Bevölkerung, die nicht die Absicht hatte, zu demonstrieren, sei in herausfordernder Weise vorgegangen worden. Ohne jede Veranlassung seien Frauen und Kinder mit Gewehren und Bajonetten angegriffen worden. Dem Angriff sei keine Aufforderung vorausgegangen, sich zu zerstreuen. Die Gendarmen seien gewaltsam in das Hotel „Weißer Schwan" eingedrungen, hätten Fensterscheiben zerschlagen und Schüsse auf die Tanzenden im ersten Stock abgefeuert. Auf Befehl Rotts hätten zwei Gendarmen in Feuerposition den Eingang des Hotels bewacht. Die amtliche Darstellung, wonach aus dem Hotel geschossen worden sei und die Erklärungen der Gendarmen und des Statthaltereirates Ritter von Maurik, die Polizisten handelten in Notwehr, seien erlogen, um die Schuld abzuwälzen. Die Angriffe auf die Bevölkerung seien wohlvorbereitet gewesen, da ein Gendarm vorher angekündigt habe, daß es an diesem Tag 50 Tote geben würde. Außerdem habe Hruschka die Schüsse abgefeuert. Die Verhafteten seien ferner im Amtsgebäude mißhandelt worden, wobei sich Hruschka besonders hervorgetan habe. Der verhaftete Natermann sei mit dem Gewehr am Kopf verwundet, Wilhelm sei an eine Bank geworfen worden und habe sich dabei das Schienbein verletzt.[1143] Korazin sei die Treppe heruntergestoßen und ihm mit Schimpfworten das Bajonett angesetzt worden.[1144] Hruschka habe außerdem den verhafteten Herold auf das Steinpflaster geworfen, ihm mit den Gewehrkolben auf den Arm geschlagen und ihn mehrmals geohrfeigt. Gendarm Tak habe Reidl zum Eingang hineingestoßen und ihn mit den Worten „Elender Hund, schlechter Hund, deutscher Hund" beleidigt. Der Innenminister wurde von den Interpellanten aufgefordert, Untersuchungen gegen Rott und die beteiligten Gendarmen einzuleiten, Rott zu suspendieren und alle Schuldigen zu bestrafen.[1145]

Am 21. August 1899 fand in Aussig eine vom sozialdemokratischen Wahlverein einberufene Volksversammlung statt, an der etwa 2000 Personen teilnahmen. Die Veranstaltung bezweckte, gegen die Anwendung des § 14 und die damit verbundenen Steuererhöhungen zu protestieren.

Der Abgeordnete Schrammel besprach scharf die politische Lage, die Steuererhöhungen und forderte die Anwesenden auf, an einer Demonstration gegen die neuen Steuern teilzunehmen.

[1142] Statthaltereipräsidium an Bezirkshauptmann Eger, Nr. 16579, 23.9.1899, S. 669, SOAC, Fond čis.: 437, Kartón čis.: 25, Složka čis.: č. inv., Příloh: č.1 - 1328, Časový rozah: 1899
[1143] Stenographische Protokolle, 1. - 14. Sitzung, 16. Session, 1899, S. 53
[1144] Stenographische Protokolle, 1. - 14. Sitzung, 16. Session, 1899, S. 53 f.
[1145] Stenographische Protokolle, 1. - 14. Sitzung, 16. Session, 1899, S. 54

Vor dem Versammlungslokal formierten sich die Teilnehmer mit Plakaten, zu einem Zug und marschierten unter Absingen einiger Arbeiterlieder zum Marktplatz. Dort waren schon drei Gendarmen mit aufgepflanztem Bajonett postiert, welche die Plakate konfiszieren sollten, was jedoch nicht gelang. Nach Intervention Schrammels zog die Bezirkshauptmannschaft die Gendarmen zurück. Vor dem Stadthaus standen 20 städtische Polizisten, die allerdings nur dafür sorgten, die Ruhe und Ordnung aufrecht zu erhalten und nicht in das Geschehen eingriffen. Am Marktplatz zerstreute sich die Menge.[1146]

Am 27. August 1899 fand in Asch eine Demonstration gegen § 14 statt, an der sich zahlreiche Bürger der Stadt beteiligten und bezeugten, mit der radikalen Obstruktionstaktik einverstanden zu sein. Unter Absingen nationaler Lieder bewegte sich der Zug, der nur aus Männern bestand, durch die Straßen der Stadt. Vor der Gendarmerie brachen sie in Erinnerung an die Ereignisse in Graslitz in Entrüstungsrufe aus. Tins hielt am Marktplatz eine Rede, die oft von zustimmenden Rufen aus der Menge unterbrochen wurde. Zum Schluß ermahnte er die Demonstranten, ruhig auseinanderzugehen, was auch geschah.[1147]

Nach den Zusammenstößen in Graslitz einigten sich Ende August 1899 die tschechischen Reichsrats- und Landtagsabgeordneten bei einer gemeinsamen Besprechung in Prag auf ihre zukünftigen Forderungen. Die Abgeordneten verharrten weiterhin bei ihren staatsrechtlichen, nationalen und politischen Forderungen für das tschechische Volk. Ziel war es, die Erneuerung der staatsrechtlichen Stellung der böhmischen Krone und die sprachliche Gleichheit in allen Teilen Böhmens zu verwirklichen. Die Erfüllung dieser Ansprüche gewährte den Machterhalt der Monarchie, der durch die großdeutsche Agitation gefährdet war. Man bedauerte die momentanen Zustände in Österreich, die dem Wohlstand des Volkes abträglich wären. Zur Lösung der Probleme boten die jungtschechischen Abgeordneten unter der Voraussetzung ihre Hilfe an, daß nichts geschehen dürfe, was dem Recht des tschechischen Volkes widerspräche. Geeignete Mittel zur Krisenbewältigung erblickte man in der Umgestaltung des gegenwärtigen Kabinetts in eine parlamentarische Regierung, die sich auf die autonomistische Majorität stütze. Ferner sei der energische Wille der Staatsverwaltung vonnöten, um auf allen Gebieten die volle Gerechtigkeit gegenüber allen Völkern in die Tat umzusetzen und sämtliche Gesetze, die das slawische Volk benachteiligten, zu beseitigen. Die Regierung müßte bestrebt sein, die konstitutionellen Zustände auf Basis der nationalen und bürgerlichen Gleichheit in Verwaltung und Gesetzgebung wiederherzustellen und die Autonomie der Königreiche und Länder zu erweitern.

Die tschechischen Abgeordneten erklärten sich bereit, die Beseitigung der nationalen und sprachlichen Streitigkeiten zu unterstützen, wenn zwischen beiden Völkern eine gerechte Lösung gefunden werden würde. Allerdings lehnte man alle Eingriffe ab, welche die Rechte der Tschechen schmälerten, so z.B. die Einführung der deutschen Sprache als Staatssprache, um die Obstruktion zu beseitigen.

[1146] Ascher Zeitung, Nr. 68, 36. Jahrgang, 26.8.1899, S. 2
[1147] Ascher Zeitung, Nr. 69, 36. Jahrgang, 30.8.1899, Beilage, S. 3

Zuletzt stellte man fest, daß das tschechische Volk tief verbittert über die Regierung sei, da sie ihre gerechten Forderungen nicht erfülle und bestehendes Unrecht nicht beseitige.[1148]

Um die aufgeregte Stimmung im deutschen Gebiet Böhmens zu beruhigen, ordnete Ministerpräsident Thun an, daß die Bezirkshauptmannschaften, selbst wenn diese Verpflichtung nicht bestand, doch freiwillig Übersetzungen bereitstellen sollten, falls mit einem derartigen Ersuchen an sie herangetreten werden würde. Dadurch sollte der Verbreitung sprachlicher Schwierigkeiten wirksam Einhalt geboten werden.[1149]

6.3.1. Das Veteranenfest am 3. September 1899 in Eger

Schon im Vorfeld agierten die Deutschnationalen dahingehend, das Veteranenfest zu sabotieren. Hintergrund war, daß diese Feste Verbundenheit mit der Regierung und dem Kaiserhaus ausdrückten, da die österreichischen Kriegsveteranen geehrt wurden, und damit der österreichische Staat. Mehrere Flugblätter wurden verteilt, auf denen zu lesen waren:

> „Deutsche Egraner! Zeigt durch Euer Verhalten am 3. September, daß Ihr keine schwarzgelben Regierungsmamelucken, sondern selbstbewußte, stolze Deutsche seid, die sich für empfangene Fußtritte nicht bedanken! Hurrah Germania! keine Beflaggung! keine Betheiligung am Feste! Laßt die Regierungsveteranen bei ihrer schwarzgelben Hudelei allein!"[1150]

Bereits um 6.00 Uhr wurden am 3. September 1899 ca. 600 auswärtige Veteranen am Bahnhof in Eger abgeholt, die trotz der gewaltigen Hetze der Deutschnationalen am Fest teilnahmen. Der Einzug in die Stadt Eger vollzog sich ohne Störung. Ca. zehn Häuser waren schwarz-gelb und schwarz-rot-gelb beflaggt. Als gegen 10.00 Uhr eine kleine Veteranenabteilung die Bahnhofsstraße passierte, lief ein junger Bursche herbei, der einen Zuckerhut mit der Aufschrift „§ 14" trug und bald darauf wieder verschwand.

Gegen 10.30 Uhr bewegte sich ein langer Zug von Veteranen über den Marktplatz in die Erzdekanatskirche, wo der Prälat des Stiftes Tepl die Messe zelebrierte und sodann die feierliche Weihe vornahm. Czerny, die Beamten der Bezirkshauptmannschaft und der Obmann des Veteranenvereines in Eger, Czech, nahmen an den Feierlichkeiten teil. Die Stadtvertretung Egers beteiligte sich nicht, bereitete jedoch Schwierigkeiten beim Ablauf der Feier, indem sie die Preisung und Fahnen verweigerte.

Zwischen 14.00 und 15.00 Uhr fand der Festzug der Veteranen statt, der sich zum Kriegerdenkmal am Theaterplatz bewegte, wo Kränze niedergelegt wurden. Alles verlief ohne jede Störung und auf dem Festplatz entwickelte sich bald ein lebhaftes Treiben. Einige junge Burschen wollten das Fest stören und hatten dazu vermutlich von

---

[1148] Egerer Zeitung, Nr. 75, 53. Jahrgang, 20.9.1899, S. 1
[1149] Statthaltereipräsidium an Bezirkshauptmann Eger, Nr. 13135, 21.8.1899, S. 609, SOAC, Fond čís.: 437, Kartón čís.: 25, Složka čís.: č. inv., Příloh: č.1 - 1328, Časový rozah: 1899
[1150] Flugblatt, S. 745, SOAC, Fond čís.: 437, Kartón čís.: 25, Složka čís.: č. inv., Příloh: č. 1 - 1328, Časový rozah: 1899

den Nationalen den Auftrag hierfür erhalten. Diese wurden in handgreiflicher Weise eines Besseren belehrt und davongejagt. [1151]

Gegen 18.00 Uhr marschierten etwa 300 bis 400 Nationale zum Bahnhof, um Schönerer zu empfangen, dessen Ankunft geheim gehalten worden war. Der Zug, den außer Schönerer noch Iro begleitete, war als Gegendemonstration zum Veteranenfest gedacht. Während des Marsches dorthin stießen die Teilnehmer mehrmals „Heil"-Rufe, teilweise auch verhöhnende Zurufe, aus. Hierbei kam es zu keinen Ausschreitungen. Während des Volksfestes und beim Rückmarsch der Veteranen wurden diese vom Garten des Gasthauses von Nationalen verhöhnt.

Etwa gegen 20.30 Uhr versammelten sich Nationale, Sozialdemokraten und deren Anhänger, da eine Veteranenabteilung Eger verließ. Die Veteranen, die über den wenig gastlichen Empfang in Eger verbittert waren, drückten ihren Unwillen offen aus. Einige größere Gruppen von Veteranen und Sympathisanten der Deutschnationalen gerieten am Marktplatz aneinander, ohne daß dies jedoch in Tätlichkeiten ausartete. Als die Situation sich zuspitzte, rückte eine größere Abteilung des Gendarmeriepostens in das Amtsgebäude der Bezirkshauptmannschaft ein. Czerny begab sich mit zwei Konzeptsbeamten auf den Marktplatz, um zu vermitteln. Der Bürgermeister und mehrere Stadträte baten ihn, die Gendarmerie nicht ausrücken zu lassen, da sie sich für das ruhige Auseinandergehen der Menge verbürgten. Der städtischen Polizei gelang es allmählich, den Platz zu räumen. Die Nationalen fanden sich mittlerweile in der Turnhalle zusammen. Um 21.30 Uhr herrschte wieder Ruhe. [1152]

In der Nr. 71 der „Egerer Nachrichten" vom 6. September 1899 erschien ein sehr tendenziöser Bericht über das Veteranenfest, der Anlaß für eine Demonstration lieferte. Am gleichen Tag zogen völlig überraschend ca. 300 Personen, größtenteils Sozialdemokraten, aber auch einige Veteranen, unter Absingen des „Liedes der Arbeit" vor die Redaktion der „Egerer Nachrichten", wo sie Hofer und Iro mit „Pfui"-Rufen bedachten und auch sonst ihrer Erbitterung in kräftiger Weise Ausdruck verliehen. Die anwesenden Deutschnationalen verhöhnten die Demonstranten, woraufhin sich diese auf die Deutschnationalen stürzten und sie von der Straße abdrängten. Dabei kam es zum Handgemenge, in dessen Verlauf ein Stadtrat, mehrere Mitarbeiter der „Egerer Nachrichten" und einige Deutschnationale verprügelt wurden. Die städtische Polizei wurde nicht Herr der Situation, da sie völlig unvorbereitet war.

Der Lärm dauerte schon eine halbe Stunde, so daß Czerny Hirsch beauftragte, beruhigend auf die Menge einzuwirken. Es gelang, die Demonstranten vom Marktplatz zu entfernen. Sie zogen daraufhin zu einem Gasthaus, in dem sich Hofer und Iro befanden, stellten sich vor diesem auf und brachen wieder in stürmische „Pfui"- und „Nieder"-Rufe auf die beiden Abgeordneten aus. Czerny und Hirsch begaben sich zum Gasthaus, um eventuelle Gewalttätigkeiten zu verhindern, da die Demonstranten hochgradig erregt waren. Von hier aus zog die Menge zur Wohnung des Vorsitzenden der Veteranen, Kummer, dem sie „Hoch"-Rufe ausbrachten, danach zerstreute sie sich.

[1151] Bezirkshauptmannschaft Eger an Statthaltereipräsidium, Z. 930 praes., 4.9.1899, S. 622 ff, SOAC, Fond čis.: 437, Kartón čis.: 25, Složka čis.: č. inv., Příloh: č.1 - 1328, Časový rozah: 1899
[1152] Bezirkshauptmannschaft Eger an Statthaltereipräsidium, Z. 930 praes., 4.9.1899, S. 622 ff, SOAC, Fond čis.: 437, Kartón čis.: 25, Složka čis.: č. inv., Příloh: č.1 - 1328, Časový rozah: 1899

Erst später wurde bekannt, daß ein Nationaler bei der Rauferei am Marktplatz verletzt wurde, allerdings nicht lebensgefährlich.

Am 16. September 1899 fanden wiederum Demonstrationen gegen die „Egerer Nachrichten" statt. Gegen 20.15 Uhr marschierten ca. 200 Personen, teils Veteranen, teils Sozialdemokraten vom Stadtpark in Richtung Marktplatz. Einige hielten Lampions mit der Aufschrift „Nieder mit den Egerer Nachrichten" in der Hand, die ihnen jedoch von der Polizei abgenommen wurden. Vor dem Stadthaus demonstrierten sie gegen den deutschnationalen Stadtrat, danach gingen sie zur Redaktion der „Egerer Nachrichten", vor der sie „Pfui"- und „Nieder"-Rufe auf die Zeitung und die Abgeordneten Schönerer, Iro und Hofer ausstießen. Beim Versuch, die Menge vom Marktplatz wegzuschieben, verhaftete die Wache einen Demonstranten wegen Widerstandes gegen die Staatsgewalt. Dieser, ein Sozialdemokrat, wurde in das städtische Gefängnis gebracht. Sofort sammelte sich die Menge, die inzwischen auf ca. 1000 Personen angewachsen war, vor dem Gebäude der Bezirkshauptmannschaft und verlangte stürmisch mit der Erklärung, nicht eher gehen zu wollen, bevor dieser entlassen werden würde, die Freilassung des Häftlings. Nachdem die Haltung der Demonstranten immer bedrohlicher wurde, entschloß sich der diensthabende Wachtmeister, den Häftling nach Feststellung seiner Personalien gehen zu lassen. Nach der Freisetzung des Verhafteten zog die Menge neuerdings zur Redaktion der „Egerer Nachrichten", danach zum Marktplatz und von dort durch die Bahnhofstraße, wobei sie zwei Strophen der Volkshymne sangen und „Hoch" riefen. Ziel war das Café „Künzel", das Stammlokal der Deutschnationalen. Dort riefen sie „Pfui" und „Nieder mit den Deutschnationalen". Die Demonstranten kehrten danach zum Marktplatz zurück und gingen von dort auseinander. Czerny befand sich vor der Bezirkshauptmannschaft, um gegebenenfalls eingreifen zu können.[1153]

6.4. Die Abschaffung der Sprachenverordnungen unter Clary-Aldringen

6.4.1. Thuns Rücktritt und die Aufhebung der Sprachenverordnungen

Am 25. September 1899 reichten Thun und dessen Kabinett den Rücktritt ein. Hintergrund der Demission war die parlamentarische Krise, die Thuns Meinung nach nur durch seinen Abschied gelöst werden konnte. Die Vorschläge, das Chaos durch Kampfmittel und Oktroyierungen zu lösen, wurden von Franz Joseph abgelehnt. Thuns Versuch scheiterte, eine Verständigung im Parlament durch Vermittlung Dr. v. Fuchs' einzuleiten. Schon vor der Reise des Kaisers nach Tirol war die Entlassung des Kabinetts beschlossen, da kein Ausweg aus der Krise in Sicht war.[1154] Das Scheitern der Regierung Thun zeigt sich schon allein anhand der Notverordnungen: Badeni erließ in seiner Amtszeit vier Notverordnungen, Gautsch benötigte sieben und Thun 28.[1155]

Nachfolger wurde Manfred Graf von Clary und Aldringen. Sein Ministerium stellte wiederum nur eine provisorische Lösung dar, denn am 21. Dezember 1899 nahm auch er seinen Abschied. Unter dem neuen Kabinettschef mußten die Jungtschechen um ihre bevorzugte Stellung fürchten. Ebenso hegte man Befürchtungen, die Sprachen-

---

[1153] Bezirkshauptmannschaft Eger an Statthaltereipräsidium, Z. 965 pr., 17.9.1899, S. 659, OAC, Fond čís.: 437 OÚ Cheb, Kartón čis.: 25, Složka čís.: 965 pres, Kat. č. 277, Příloh: 1
[1154] Egerer Zeitung, Nr. 77, 53. Jahrgang, 27.9.1899, S. 2
[1155] Münch: Böhmische Tragödie, S. 410

verordnungen könnten aufgehoben werden. Am 1. Oktober 1899 hielt der jungtschechische Abgeordnete Herold in Weinberge eine Rede, in der er kritisierte, daß sich die Staatsautorität wiederum dem Willen der Herrschaft und Gewalttätigkeit der deutschen Fraktion unterwerfe. Diese sollte auf Kosten des tschechischen Volkes entlohnt werden, obwohl sie zwei Jahre lang das Recht mit Füßen getreten habe. Die Gleichberechtigung der tschechischen Sprache sollte wieder einmal beseitigt werden, die teilweise durch die Sprachenverordnungen gesichert gewesen wäre. Er fuhr fort, daß die tschechische Sprache das Recht habe, im ganzen Königreich als Amtssprache eingesetzt zu werden, worauf man auch weiterhin bestehe.[1156]

Clary-Aldringen hob die Gautschen Sprachenverordnungen für Böhmen und Mähren mit den Verordnungen vom 14. Oktober 1899 auf. Er tat dies, um die Obstruktion der deutschen Abgeordneten im Reichsrat zu beenden. Die neuen Verordnungen[1157] hatten drei Paragraphen und danach galt wieder die Taaffe-Stremayrsche Verordnung mit den Abänderungen durch Pražák und Schönborn.[1158]

6.4.2. Die Reaktionen der deutschen und tschechischen Bevölkerung auf die Aufhebung der Sprachenverordnungen

Wegen der Aufhebung der Sprachenverordnungen kam es in vielen Orten mit tschechischen Bewohnern zu Krawallen. In Tabor wurden Fensterscheiben von Häusern, in denen Deutsche wohnten, eingeworfen, ähnliches ereignete sich in Taus. In Jungbunzlau schlugen Demonstranten die Fenster mehrerer Fabrikanlagen deutscher Unternehmer ein.[1159]

Ein Bezirkshauptmann leitete eine mit „Protest" überschriebene Eingabe, in der scharf gegen die Aufhebung der Sprachenverordnungen polemisiert wurde, an das Statthaltereipräsidium weiter, die er von einer Deputation entgegennahm. In einem anderen Fall empfing ein Bezirkshauptmann eine demonstrative Deputation und entsprach deren Bitte, die vorgesetzte Behörde von der Aufregung und Mißstimmung der Bevölkerung wegen der Aufhebung der Sprachenverordnungen in Kenntnis zu setzen. Die Bezirkshauptmänner wurden angewiesen, diese Protestkundgebungen nicht anzunehmen und sie nicht an die Statthalterei weiterzuleiten.[1160]

In einigen Fällen verweigerten deutsche Gastwirte und Hoteliers Offizieren und Beamten wegen der „zde"[1161]-Demonstrationen, die bei Kontrollversammlungen stattfanden, Kost und Logis.[1162]

In einzelnen deutschnationalen Versammlungen, insbesondere bei den Ortsgruppen des „Bundes der Deutschen in Böhmen" kam es vor, daß nach Schluß der Versammlung und nachdem sich der behördliche Abgeordnete entfernt hatte, die Teilnehmer

---

[1156] Egerer Zeitung, Nr. 79, 53. Jahrgang, 4.10.1899, S. 2
[1157] Der vollständige Wortlaut befindet sich im Anhang.
[1158] Klepetař: Der Sprachenkampf in den Sudetenländern, S. 108
[1159] Ascher Zeitung, Nr. 85, 36. Jahrgang, 25.10.1899, S. 1
[1160] Statthaltereipräsidium an Bezirkshauptmann Eger, Nr. 19452, 29.10.1899, S. 753, SOAC, Fond čis.: 437, Kartón čis.: 25, Složka čis.: č. inv., Příloh: č.1 - 1328, Časový rozah: 1899
[1161] Zahlreiche tschechische Soldaten riefen bei Nennung ihres Namens beim Appell nicht „hier", wie es vorgeschrieben war, sondern „zde", was auf deutsch „hier" bedeutet. Anm. d. Verf.
[1162] Statthaltereipräsidium an Bezirkshauptmann Eger, Nr. 19477, 29.10.1899, S. 754, SOAC, Fond čis.: 437, Kartón čis.: 25, Složka čis.: č. inv., Příloh: č.1 - 1328, Časový rozah: 1899

beisammen blieben oder sich an andere Orte begaben, wobei vom Bund bestellte Wanderlehrer oder andere Personen weitere Vorträge hielten, die dadurch der behördlichen Kontrolle entzogen wurden.[1163]

Der Führer der Deutschnationalen in Eger, Adolf Schmidt, gab eine Postkarte heraus, in der er zur strengeren Organisation der Deutschnationalen Egers aufrief. Hintergrund war die kommende Landtagswahl. Wegen der Vorgänge bei der Fahnenweihe des Egerer Militärveteranenvereines nahm man an, daß sich eine starke Bewegung gegen die Neuwahl Iros bemerkbar machen würde. Dies versuchten die hiesigen Schönerianer durch eine Fragebogenaktion und die dadurch effizientere Organisation zu verhindern.[1164]

Zeitungsmeldungen zufolge beschlossen die Gemeinden Eisenbrod, Böhm. Trübau, Kauřim und die tschechischen Gemeindevorsteher von Krumau und Kalsching, ihre Mitwirkung bei der Erledigung der Geschäfte im übertragenen Wirkungskreis einzustellen. Entweder sollte dies sofort geschehen oder ab dem 1. Januar 1900.[1165]

Am 29. Oktober 1899 fand in Prag eine vertrauliche Vertreterversammlung der Bezirks- und Gemeindeautonomie statt, um sich darüber schlüssig zu werden, wie sich die tschechischen Gemeinde- und Bezirksvertretungen während der oppositionellen Kampfhaltung, die im Manifest der jungtschechischen Partei proklamiert wurde, in der inneren Amtsführung verhalten sollten. Die Versammlung hatte nur vorbereitenden Charakter und bezweckte zunächst lediglich die Annahme der Resolution. Ferner sollte eine Grenze gezogen werden, innerhalb derer die einzelnen autonomen Faktoren, je nach ihrer Beschaffenheit und der ihnen zur Verfügung stehenden Mittel, eine ausgiebigere Aktion starten konnten.

Nach den „Národní Listy" der Nr. 301 vom 30. Oktober 1899 sollte das Papier, das für diesen Kongreß ausgearbeitet wurde, über ein besonderes „Aviso fin" in allen tschechischen Bezirken angenommen werden und je nach den Verhältnissen in den einzelnen Bezirken etwas unterschiedlich formuliert sein. So wurden spezielle Versammlungen einberufen, die alle am gleichen Tag stattfinden sollten. Die Resolution ging soweit, daß sie jene kaiserlichen Beamten, die sich an der Aufhebung der Sprachenverordnungen beteiligten, der Umgehung rechtsgültiger Gesetze und der Verletzung des Diensteides beschuldigte. Die Teilnehmer des Kongresses verpflichteten sich, auch auf die Beamtenschaft einzuwirken, damit sie im bevorstehenden Kampf einheitlich vorging. Ferner wollte man mit aller Entschiedenheit diejenigen bekämpfen, welche die Gleichberechtigung der tschechischen Sprache verletzten, und beschloß, zur Verteidigung aller Rechte der Nation auch im gesamten Verkehr mit den landesfürstlichen Ämtern, egal welcher Instanz, beizutreten.[1166]

Falls diese Resolution die Beeinflussung der kaiserlichen Beamten bezweckte, erwartete die Statthalterei, daß sich die politischen Beamten Böhmens von ihren stets hoch-

---

[1163] Statthaltereipräsidium an Bezirkshauptmann Eger, Nr. 18163, 12.10.1899, S. 728, SOAC, Fond čis.: 437, Kartón čis.: 25, Složka čis.: č. inv., Příloh: č.1 - 1328, Časový rozah: 1899
[1164] Bezirkshauptmannschaft Eger an Statthaltereipräsidium, Z. 1195 pr., 4.11.1899, S. 763, SOAC, Fond čis.: 437, Kartón čis.: 25, Složka čis.: č. inv., Příloh: č.1 - 1328, Časový rozah: 1899
[1165] Statthaltereipräsidium an Bezirkshauptmann Eger, Nr. 19405, 30.10.1899, S. 758, SOAC, Fond čis.: 437, Kartón čis.: 25, Složka čis.: č. inv., Příloh: č.1 - 1328, Časový rozah: 1899
[1166] Statthaltereipräsidium an Bezirkshauptmann Eger, Nr. 19788, 2.11.1899, S. 764 f, SOAC, Fond čis.: 437, Kartón čis.: 25, Složka čis.: č. inv., Příloh: č.1 - 1328, Časový rozah: 1899

gehaltenen Grundsätzen der Disziplin und der korrekten Haltung nicht abbringen ließen und jede Werbung abwiesen, an dem nationalen Parteikampf teilzunehmen.

Die radikaltschechische Seite schlug vor, die autonomen Behörden im übertragenen Wirkungskreis sollten den Staatsbehörden passiven Widerstand entgegenbringen, wie z.B. alle Aufträge unerledigt zu lassen, Vergenzen nicht zu beachten, und über die Gemeindevorsteher oder Bezirksvorsteher sollten Geldstrafen verhängt werden. Letztere sollten zudem nicht bezahlt werden, sondern es auf deren Exequierung ankommen lassen. Außerdem sollten sie für gewisse Arbeiten Staatsvorschüsse verlangen, so für die Steuereinhebung, Militärevidenzhaltung etc. Es sollte auch angeregt werden, in deutsch abgefaßte Schriftstücke der kaiserlichen Behörden, die bei tschechischen Gemeindeämtern und Bezirksvertretungen einlangten, überhaupt nicht zu beachten. Ebenso sollte die Bevölkerung veranlaßt werden, deutsche Schreiben der Staatsbehörden nicht zu beachten.

Weiterhin plante man die Errichtung eines eigenen Überwachungsausschusses, der zur Aufgabe hatte, die Wahrung der Rechte der tschechischen Sprache im äußeren und inneren Amtsverkehr zu beobachten. Jede Verletzung der Gleichberechtigung der tschechischen Sprache sollte diesen Ausschüssen gemeldet werden, zudem sicherte man auch kostenlosen Rechtsschutz zu.[1167]

In ihrer Resolution erklärten die Vorstände der böhmischen Bezirks- und Stadtvertretungen das natürliche Recht einer Nation, ihre Sprache im amtlichen Verkehr voll und ganz zur Anwendung gelangen zu lassen, wenn man in einem national gemischten Staat lebe. Dieses Prinzip gelte bis jetzt für beide Landessprachen im Königreich Böhmen und habe auch danach aufgrund der alten Landesgesetze noch Gültigkeit, denn sie seien niemals durch ein Gesetz abgeschafft worden. Diese Gesetze kämen in der jüngeren Vergangenheit in der Resolution Ferdinands I. vom 8. April 1848 zum Ausdruck, die in der Provinzialgesetzsammlung 1848 veröffentlicht wurden, was auch das Oberste Gericht in der Plenarsitzung vom 13. Dezember 1898 anerkannte. Nach Artikel 1 dieser Gesetze bildete die böhmische Nationalität die Basis dafür, daß die tschechische Sprache in allen Zweigen der Staatsverwaltung und des öffentlichen Unterrichtes mit der deutschen Sprache vollkommen gleichberechtigt war. Nach Artikel 9 waren alle öffentlichen Ämter und Gerichtsstellen mit Personen zu besetzen, die beide Landessprachen beherrschten. Schließlich erkannte Artikel 19 des Staatsgrundgesetzes die Gleichberechtigung aller Völker im Staat an und das gleiche Recht für alle Sprachen in Schule, Amt und öffentlichen Leben.[1168]

Man erklärte, falls der tatsächliche Sachverhalt vor Herausgabe der Badenischen Sprachenverordnungen im April 1897 von den gesetzlichen Bestimmungen abgewichen sei, daß dieser Zustand ungesetzlich sei und von einem Regierungssystem herbeigeführt würde, das der tschechischen Nationalität feindlich gegenüberstünde. Die Badenischen und später die Gautschen Sprachenverordnungen führten nichts anderes herbei, als die Aufhebung dieses ungesetzlichen Zustandes und verschafften der tschechischen Sprache im Amt die im Gesetz angeführte Stellung. Die Aufhebung der

---

[1167] Statthaltereipräsidium an Bezirkshauptmann Eger, Nr. 19788, 2.11.1899, S. 764 ff, SOAC, Fond čís.: 437, Kartón čis.: 25, Složka čis.: č. inv., Příloh: č.1 - 1328, Časový rozah: 1899
[1168] Statthaltereipräsidium an Bezirkshauptmann Eger, Nr. 19788, 2.11.1899, S. 764 ff, SOAC, Fond čís.: 437, Kartón čis.: 25, Složka čis.: č. inv., Příloh: č.1 - 1328, Časový rozah: 1899

Sprachenverordnungen durch die Verordnungen vom 17. Oktober 1899 führten den Rechtszustand vor dem 5. April 1897 wieder ein, wodurch die gleichberechtigte Stellung der tschechischen Sprache in Ämtern und in der Öffentlichkeit, und dadurch die tschechische Nation, verletzt würde. Jeder Beamte, der sich nach den Verordnungen vom 17. Oktober 1899 richte, umgehe rechtsgültige Gesetze und verletze seinen Diensteid, der ihn zur strengsten Beachtung der Staatsgrundgesetze verpflichte.[1169]

Die Versammelten verpflichteten sich, das gleiche Recht der tschechischen Sprache im Sinne der bestehenden und angeführten Gesetze mit allen rechtlichen Mitteln zu verteidigen, alles zu unternehmen, was zur Vermeidung dieser Rechtsverletzung beitrage und mit aller Energie auf Bürger und Beamte einzuwirken, in diesem Verteidigungskampf einheitlich vorzugehen und gegen jeden einzuschreiten, der den Versuch unternähme, die tschechische Sprache im ganzen Königreich Böhmen oder in einzelnen Bezirken in eine untergeordnetere Rolle als die deutsche Sprache zu drängen. Ferner sollte die Bevölkerung dahingehend beeinflußt werden, die Rechte der tschechischen Nation hartnäckig zu verteidigen, wie dies die Versammelten selbst täten und sie sollte zugleich versprechen, die Verteidigung ihrer Rechte im gesamten Verkehr mit den landesfürstlichen Ämtern und Gerichten, gleichgültig welcher Instanz oder Kategorie, zu garantieren.[1170]

Nur eine kulturell und volkswirtschaftlich gereifte und starke Nation konnte ihre Rechte erfolgreich erkämpfen, daher wollten alle Beteiligten mit vollem Eifer an der Entwicklung der tschechischen Nation im Inneren mitarbeiten, um in politischer und wirtschaftlicher Hinsicht zu erstarken. Dafür mußte sich jeder einzelne jeder Verletzung seiner persönlichen, politischen und nationaler Rechte energisch entgegenstellen. Die Jungtschechen versprachen jedem Tschechen tatkräftigen Schutz und Hilfe, sollte er in seinen nationalen Rechten beschränkt werden. Dadurch konnte im bevorstehenden Kampf eine nachdrückliche Verteidigung der tschechischen Nationalität in Wort und Schrift organisiert und durchgeführt werden. Die Versammelten stimmten der Resolution der letzten Sitzung der Vertrauensmänner der jungtschechischen Partei vollkommen zu, in der unter anderem die Einigung aller national gesinnten Parteien zur Schaffung einer gemeinsamen Organisation gewünscht wurde. Die Leitung einer derartigen Organisation konnte mit allen Mitteln die Verteidigungsaktion zur Durchführung bringen, sofern die vorhandenen Vereine und Organisationen dafür nicht schon vorsorgten.[1171]

Im Reichsrat begann nun die Obstruktion durch die jungtschechischen Abgeordneten. Vorläufig beschränkte sich diese darauf, die Tagesordnung durch endlose Reden und Wiederholung des Gesagten nicht zur Ausführung gelangen zu lassen.[1172]

Fuchs (Jungtschechen) schlug im Reichsrat vor, daß sich die tschechischen Abgeordneten verpflichteten, die Obstruktion einzustellen und alle Staatsnotwendigkeiten bis zum 31. Dezember 1899 zu erledigen, wenn ein Ausschuß gebildet werden würde, der

---

[1169] Statthaltereipräsidium an Bezirkshauptmann Eger, Nr. 19788, 2.11.1899, S. 764 ff, SOAC, Fond čis.: 437, Kartón čis.: 25, Složka čis.: č. inv., Příloh: č.1 - 1328, Časový rozah: 1899
[1170] Statthaltereipräsidium an Bezirkshauptmann Eger, Nr. 19788, 2.11.1899, S. 764 ff, SOAC, Fond čis.: 437, Kartón čis.: 25, Složka čis.: č. inv., Příloh: č.1 - 1328, Časový rozah: 1899
[1171] Statthaltereipräsidium an Bezirkshauptmann Eger, Nr. 19788, 2.11.1899, S. 764 ff, SOAC, Fond čis.: 437, Kartón čis.: 25, Složka čis.: č. inv., Příloh: č.1 - 1328, Časový rozah: 1899
[1172] Ascher Zeitung, Nr. 94, 36. Jahrgang, 25.11.1899, S. 4

alle notwendigen Passagen für ein Sprachengesetz entwerfe. Sollte der Entwurf nicht innerhalb von sechs Wochen angenommen und nicht innerhalb von vier Monaten vom Reichsrat verabschiedet werden, so sollte die Regierung das Recht und die Pflicht haben, die innere tschechische Amtssprache per Ministerialerlaß einzuführen. Die deutschen Abgeordneten lehnten diesen Vorschlag ab.[1173]

Zwischen der Deutschen Fortschrittspartei und der Deutschen Volkspartei auf der einen und der „Schönererpartei" auf der anderen Seite brach ernster Zwiespalt auf, der in dem Beschluß der Deutschen Fortschrittspartei und der Deutschen Volkspartei mündete, den Anträgen und Anfragen der „Schönererpartei" grundsätzlich die Unterstützung zu verweigern.

Der Statthalterei Prag war der Streit im deutschen Lager nicht unangenehm. Vom Standpunkt des österreichischen Staatsinteresses war die Spaltung zu begrüßen, da klar und deutlich eine Fraktion abgelehnt wurde, die konsequent den österreichischen Reichsgedanken bekämpfte. Unter diesen Umständen war es für die Behörden einfacher, der staatsgefährdenden Agitation der Schönerianer entgegenzuwirken. Es mußte alles versucht werden, um die Verbreitung der „Schönererpartei" besonders im Egerer Bezirk zu verhindern, was speziell für die bevorstehende Landtagswahl galt. Daher wurden die radikalen Vereine und ihrer Presse einer schärferen Überwachung unterzogen und die strengere Anwendung der Vorschriften für Versammlungsanzeigen der deutschradikalen Parteien und Verbände in Erinnerung gebracht.[1174]

Iro kandidierte für die Wahl eines Abgeordneten der Stadt Eger. Für seine Wiederwahl entfalteten die Schönerianer eine eifrige Agitation. Die Christlichsozialen, Liberalen und Sozialdemokraten befürworteten die Kandidatur des Rechtsanwaltes Dr. Utschicks, einem gemäßigten Deutschen. Utschick äußerte sich bisher noch nicht, ob er antreten werde oder nicht. Die Schönerianer boten alles auf, um ihn zum Verzicht der Kandidatur zu bewegen. Falls er wirklich antreten sollte, sprach vieles dafür, daß er erfolgreich abschneiden würde. Schon allein durch die offizielle Nominierung Utschicks war die Wiederwahl Iros zweifelhaft.[1175]

6.5. Ausblick nach dem Jahr 1899

Ernst von Koerber, der am 19. Januar 1900 das Amt des Ministerpräsidenten übernahm und sich über vier Jahre halten konnte, erzielte anfänglich Erfolge. So konnte er die Tschechen und die Deutschen im Reichsrat dazu bewegen, die Obstruktion aufzugeben und wichtige budgetäre und militärische Maßnahmen im November 1900 erledigen. Im März 1901 passierte das erste Gesetz über die Rekrutierung seit 1897 den Reichsrat. Die Obstruktion loderte wieder auf, als Koerbers Absichten zu den Sprachengesetzen bekannt wurden. In seinem Gesetzentwurf teilte er Böhmen in zehn Kreise ein, von denen fünf rein tschechisch, drei rein deutsch und zwei gemischtsprachig sein sollten. Diese sollten ebenso für einen Großteil der Aufgaben zuständig sein, die vorher von der Statthalterei erledigt wurden. Der Entwurf fiel wegen der Unversöhnlichkeit der beiden Nationalitäten durch. Die Deutschen lehnten die Einführung

---

[1173] Ascher Zeitung, Nr. 97, 36. Jahrgang, 6.12.1899, S. 2
[1174] Statthaltereipräsidium an Bezirkshauptmann Eger, Nr. 21645, 21.11.1899, S. 794, SOAC, Fond čís.: 437, Kartón čís.: 25, Složka čís.: č. inv., Příloh: č.1 - 1328, Časový rozah: 1899
[1175] Bezirkshauptmannschaft Eger an Statthaltereipräsidium, Nr. 1264 praes., 15.12.1899, S. 820, SOAC, Fond čís.: 437, Kartón čís.: 25, Složka čís.: č. inv., Příloh: č.1 - 1328, Časový rozah: 1899

der inneren tschechischen Amtssprache strikt ab und verlangten klare Zusagen für die ethnisch-nationale Kreiseinteilung, während die Tschechen bemängelten, daß die formale Gleichberechtigung der tschechischen Sprache in allen Landesteilen, also auch in den deutschen, fehlte.[1176] Daraufhin vertagte er am 24. Juni den Reichsrat und regierte mit Verordnungen weiter. Am 8. Juli 1900 gab Koerber bekannt, daß er den Reichsrat auflöse und Neuwahlen für Januar 1901 ansetze. Erstmals wurde die sechsjährige Legislaturperiode, die von der Verfassung vorgesehen war, nicht voll ausgeschöpft.[1177] Die Reichsratswahlen 1901 waren für die „Schönererpartei" und die anderen Nationalen ein großer Erfolg. 21 Abgeordnete der „Schönererpartei" wurden gewählt, Schönerer wieder in Eger, ebenso Wolf, Iro, Stein und Bareuther. 20 der 21 Mandate errang man in Böhmen, hauptsächlich in den ländlichen Industriegebieten. Die „Schönererpartei" war zum ersten Mal in ihrer Geschichte eine der größten politischen Parteien. Die Deutsche Volkspartei erreichte 48 Sitze (Verlust 5), die Deutsche Fortschrittspartei 32, die Christlichsozialen 25 (Verlust 4) und die Sozialdemokraten 10 (Verlust 2).[1178]

Jede Diskussion über eine friedliche Koexistenz beider Nationalitäten war zu dieser Zeit in Böhmen unmöglich, da Deutsche und Tschechen die Richtung des „Jedem das Seine" scharf vertraten. Auf dieser Grundlage konnte kein Kompromiß gefunden werden. Die Krise des Jahres 1897 wurzelte sicherlich in der Charakteristik der österreichischen Verfassung, dennoch war sie nicht unvermeidlich. Schönerers Führungspersönlichkeit machte sein Instinkt, nicht sein Intellekt aus. Die Alldeutschen besaßen kein gesellschaftliches Konzept dafür, was geschehen sollte, wenn man die Macht im Staat errungen hatte. Ihre Taktik bestand einfach darin, auf den Gegner einzuschlagen, wenn man Schwächen entdeckte und ihn so aus der Fassung zu bringen. Schönerers Absicht lag nur darin, die revolutionäre Bewegung am Leben zu erhalten und keine Realpolitik zu betreiben, da dies für ihn Illoyalität bedeutete. Joseph Kaizl und Karl von Grabmayer, beide Gegner Schönerers, urteilten, daß Schönerers Brutalität eine erfolgreiche politische Technik gewesen sei.[1179]

[1176] Hoensch: Geschichte Böhmens, S. 397
[1177] Whiteside: Georg Ritter von Schönerer, S. 189
[1178] Whiteside: Georg Ritter von Schönerer, S. 191 f.
[1179] Whiteside: Georg Ritter von Schönerer, S. 196 f.

7. Schlußbetrachtung

Zusammenfassend läßt sich feststellen, daß Badenis Sprachenverordnungen durchaus gute Ansätze zeigten, aber den Kern des Problems nicht beseitigten. Die Deutschen trauerten um ihre verlorene Vormachtstellung in Böhmen und im österreichischen Reichsrat und fühlten sich durch die Sprachenverordnungen in ihrem Deutschtum bedroht. Badenis Sprachenverordnungen führten de facto die tschechische Amtssprache ein, eine Forderung, welche die Tschechen schon lange zu verwirklichen versuchten. Objektiv betrachtet, war die Einführung der tschechischen Amtssprache in gemischten Gebieten und rein tschechischen Gebieten zu befürworten, um die Gleichberechtigung aller Nationalitäten zu garantieren. In den rein deutschen Gebieten Deutschböhmens mußte die Einführung der tschechischen Amtssprache geradezu den Widerstand der deutschen Bevölkerung herausfordern, denn die Deutschen waren der Meinung, in der Wahrung ihrer Nationalität benachteiligt zu werden. Zudem bevorzugten die Badenischen Sprachenverordnungen eindeutig die tschechische Seite, denn die Einführung der tschechischen Amtssprache im deutschen Teil Böhmens stand in keinem Verhältnis zum Erfordernis. In diesen Bezirken war der tschechische Bevölkerungsanteil eindeutig unterrepräsentiert und das sehr deutlich, wie alle Statistiken belegen.[1180]

Zudem darf nicht außer acht gelassen werden, daß Badeni die Verordnungen weniger aus dem Antrieb erließ, die Nationalitätenkonflikte in Böhmen zu lösen, sondern um die Jungtschechen zur Regierungsbildung zu gewinnen, denn er besaß keine sichere Mehrheit nach den Wahlen des Jahres 1897, und mit den Klerikalen, deutschen Parteien oder den Sozialdemokraten wollte er nicht koalieren. Der Versuch einer Koalition mit den Christlichsozialen war unter Taaffe schon gescheitert.

Den Deutschen kamen die Sprachenverordnungen insofern gelegen, da sie nun einen „Sündenbock" für die Konflikte in Böhmen gefunden hatten. Die Tschechen erprobten logischerweise die praktische Anwendbarkeit der Sprachenverordnungen auch im deutschen Gebiet und reizten damit die Deutschen. Allerdings hatten es die deutschen Abgeordneten in den Jahren, bzw. Jahrzehnten zuvor versäumt, als sie noch die Mehrheit im Reichsrat innehatten, die deutsche Sprache rechtlich als Landessprache zu fixieren. Außerdem bewiesen sie in den Jahren 1897 bis 1899 ihre Inflexibilität in Bezug auf das Tagesgeschehen. Da sie alten Träumen über die deutsche Vormachtstellung in Böhmen nachhingen, versäumten sie es, sich auf eine neue politische Ära einzurichten und ihren Standort darin zu definieren und zu sichern. Mit ihrem Dogmatismus und ihrem „Furor Teutonicus" in Gestalt Schönerers waren objektive und pragmatische Lösungen des böhmischen Knotens nicht mehr möglich.

Überhaupt schien niemand großes Interesse daran zu haben, das Nationalitätenproblem in Böhmen ernsthaft zu lösen. Es fehlte eine politische Führungspersönlichkeit, welche die Führungsrolle und damit Verantwortung übernahm und weitsichtigere Pläne ausarbeitete, ohne auf den kurzfristigen politischen Tageserfolg zu achten. Badeni hatte als vormaliger Statthalter von Galizien keine profunden Kenntnisse über die Gegebenheiten in Böhmen und zudem fehlten ihm sachkundige Berater. Die Politik dieser Jahre war von vorübergehenden Zielen und dem typischen österreichischen „Dahinwursteln"

[1180] Siehe dazu die Bevölkerungsstatistiken im Anhang

bestimmt. Das bezeugen auch die vielen Kabinettswechsel in dieser Zeit. Allein in den Jahren 1897 bis 1899 wechselte der Ministerpräsident dreimal und ebenso oft das Kabinett, wenn auch einige Posten immer gleich besetzt blieben. Trotzdem brachten diese häufigen Wechsel Unruhe in Innen- und Außenpolitik.

Die Deutschböhmen sahen die deutsche Sprache in ihrem Gebiet als heilige Institution an. Als mit den Badenischen Sprachenverordnungen die tschechische Amtssprache eingeführt wurde, entbrannte ein Sturm der Entrüstung und sogleich wurden alle legalen und illegalen Maßnahmen zum Boykott der Tschechen angewandt. Die Vertreibung der Tschechen aus dem Egerer Kreis und dem Ascher Gebiet beweist ganz klar, daß die Deutschen im großen und ganzen, bis auf wenige Ausnahmen, an einer Gleichberechtigung mit der anderen Nationalität nicht interessiert waren. Schon der Ton der „Ascher Zeitung" und vergleichbarer Blätter, die Schönerer und seinen Genossen nahe standen, belegt dies. Darin wurden die Tschechen grundsätzlich als minderwertiges Volk betrachtet und genauso bezeichnet. Ebensowenig scheute man sich, verachtende Kraftausdrücke und Schimpfwörter zur Bezeichnung alles Tschechischen zu verwenden. Es verwundert nicht, wenn die Tschechen zum Gegenschlag ausholten und ihrerseits auf gleiche Art und Weise zurückschlugen und die tschechische Sprache bei Ämtern und Gerichten in Deutschböhmen einzuführen versuchten. Unterschwellig war der Nationalitätenkonflikt zwischen Deutschen und Tschechen zwar latent vorhanden, kam aber erst nach Veröffentlichung der Badenischen Sprachenverordnungen offen zum Ausbruch.

Bedenklich war nur das Ausmaß der Agitation gegen die tschechische Bevölkerung. Diese Hetze nahm die Funktion eines Automatismus an, dem sich wenige entziehen konnten. Wie der Jahresverlauf darstellt, beteiligten sich auch viele „angesehene" Bürger und Honoratioren, wie der Egerer Bürgermeister, an der nationalistischen Bewegung. Besonnene Stimmen, wie Pfersche und Ulbrich, die einen eigenen Sprachenentwurf zur Lösung des Konfliktes vorlegten, im echten Interesse an der Lösung der verworrenen Situation, wurden nicht einmal angehört, sondern sofort von den Radikalen als Volksverräter verhetzt und einem Spießrutenlauf in der eigenen Heimatgemeinde ausgesetzt. Nach Juli 1897, als beide ihren Entwurf veröffentlichten, war es ihnen nicht mehr möglich, politisch tätig zu sein und sie verschwanden so in der politischen Versenkung.

Die „Schönererpartei" hatte alles und jeden voll im Griff. Wie den Berichten der Bezirkshauptmannschaft Eger oftmals zu entnehmen ist, fürchteten sich viele Egerer Bürger vor dem Terror der Schönerianer und unterstützen aus diesen Gründen nicht die tschechischen Mitbürger. Der radikale Aktionismus nahm schon bald den Charakter einer Massenbewegung an. Anhand der Agitation der Schönerianer ist klar zu erkennen, daß diese Gruppierung, die auch nicht das Massenpotential der Wähler repräsentierte, die Egerer Bevölkerung kontrollierte. Ihnen lag ebensowenig daran, die Konflikte zu entschärfen oder gar zu lösen, sondern das Feuer der Empörung über die Sprachenverordnungen am Brennen zu erhalten. Anhand einiger Beispiele aus den Berichten der Bezirkshauptmannschaft Eger wird ersichtlich, welche Bevölkerungsschicht sich besonders an der Agitation beteiligte: ein Teil der Arbeiterschicht, die sozial Schlechtergestellten und junge Burschen, teilweise auch Mädchen, die sich leicht begeistern ließen

Der Großteil der Bevölkerung war zwar konservativ, aber nicht nationalistisch eingestellt. Dies beweist der Umstand, daß eigentlich einige Vermieter ihren tschechischen Mietsparteien nicht kündigen wollten, sondern von den Schönerianern regelrecht dazu gezwungen wurden. Die Beamten der Behörden boten sich als Zielscheibe regelrecht an, da sie die Staatsgewalt repräsentierten, welche den Deutschen die Sprachenverordnungen aufnötigte. Daß die Agitation in Gewalt eskalierte, war eine logische Konsequenz, wie die Ermordung Richters in Herrlich zeigt. Nach und nach richtete sich die Gewalt nicht nur gegen die Tschechen, sondern gegen alle Strömungen, die der Richtung der Schönerianer widersprach: die Juden und den katholische Klerus. Allerdings war die „Los von Rom"-Bewegung im Egerer- und Ascher Kreis völlig erfolglos, da der Katholizismus in der Bevölkerung zu stark verwurzelt war.

Ebenso beherrschten die Schönerianer das Tagesgeschehen im Reichsrat, welcher zu einem Schauplatz ständiger Handgreiflichkeiten verkam. Nicht die politischen Debatten bestimmten die Tagesordnung, sondern fliegende Tintenfässer, raufende und lärmende Abgeordnete. Auch hier zeigte sich der Sog der radikalen Agitation, da ebenso die Sozialdemokraten wie die Abgeordneten der Deutschen Fortschrittspartei, die vorher niemals mit den Schönerianern zusammengearbeitet hätten und diese eher belächelten, sich an den Tumulten im Reichsrat beteiligten.

Eines allerdings schaffte die Regierung Badeni, was vorher keiner gelang und auch nicht beabsichtigt war: Die deutschen Parteien standen eine Zeitlang geschlossen im Abgeordnetenhaus zusammen und agierten miteinander, anstatt gegeneinander. Der Parteienzwist war für mehrere Monate vergessen. Zum ersten Mal gingen alle deutschen Parteien, zeitweise auch die Christlichsozialen, miteinander den Weg einer politischen Forderung, nämlich den der Abschaffung der Sprachenverordnungen.

Nach den Exzessen in Prag, welche nur mittels des Standrechtes beseitigt wurden, und nach dem Rücktritt Badenis, änderte sich unter der neuen Regierung Gautsch in agitatorischer Hinsicht nicht viel, allerdings muß dabei bedacht werden, daß Gautsch nur ein Provisorium darstellte. Die Hetze gegen die Tschechen ging unvermindert weiter, ebenso die Anstrengungen der Deutschnationalen, ihr Deutschtum mit aller Macht zu verteidigen. Was sollten die Behörden vor Ort auch zum Schutz der Tschechen unternehmen? Seitens der Bevölkerung wurde ihnen jede Amtshandlung erschwert. So stellten viele Gemeinden Deutschböhmens die Arbeiten im übertragenen Wirkungskreis ein, was eine stattliche Mehrarbeit der Beamten bedeutete, bei gleichzeitig annähernd gleichem Personal. Die Neueinstellungen zur Deckung des Arbeitsanfalls reichten bei weitem nicht aus. Zwar stellte die Statthalterei Prag die erforderlichen finanziellen Mittel zur Verfügung, aber vor Ort gestaltete sich die Personalbesetzung schwierig, denn fast niemand wollte angesichts des vorherrschenden Terrors der Radikalen für Regierungsbehörden arbeiten und damit die Sprachenverordnungen unterstützen. Zudem mußten die Konfiskationen geradezu ins Leere laufen, weil auf Seiten der Zeitungshersteller und -händler alle zusammenarbeiteten, um ihre Propaganda im Volk zu verbreiten. Andererseits verhinderte die schwerfällige Bürokratie und das zu geringe Personal erfolgreiche Beschlagnahmen. Außerdem bleibt zweifelhaft, ob die Konfiskationen die Situation im Egerer und Ascher Kreis überhaupt auf Dauer hätten entschärfen können, da auch durch Flugblätter Propaganda ausgestreut werden konnte und von diesem Mittel ausgiebig Gebrauch gemacht wurde, wie die verschiedenen deutschnationalen Postkarten zeigten.

Die Hetze der Schönerianer trug Früchte, denn viele tschechische Arbeiter, Familien und Beamte mußten aufgrund des Terrors Deutschböhmen verlassen, da ihnen entweder der Arbeitsplatz oder die Wohnung gekündigt wurde. Neuversetzte Beamten tschechischer Nationalität konnten oftmals ihren Dienst nicht antreten, da sie keinen Wohnraum fanden.

Die Lage beruhigte sich zwar im Jahr 1898, aber von der Aufgabe der Forderungen nach Abschaffung der Sprachenverordnungen konnte keine Rede sein. Vielmehr reagierten Politiker und Bevölkerung auf Ereignisse im böhmischen Landtag und im Reichsrat und wurden nicht mehr so stark aus eigener Initiative aktiv wie im Vorjahr. Auch die Schönerianer mußten zur Kenntnis nehmen, daß der Wille der Bevölkerung zu Demonstrationen und Ausschreitungen abnahm. Derartige Gewalttätigkeiten wie 1897, als vereinzelt Menschen ermordet wurden oder das Standrecht ausgerufen werden mußte, blieben aus. Der Protest beschränkte sich im großen und ganzen, mit wenigen Ausnahmen, auf geräuschintensivere Demonstrationen ohne tätliche Ausschreitungen. Es fällt ebenso auf, daß die Organisation der Demonstrationen eher improvisatorischen Charakter besaß. Die großen Versammlungen des Vorjahres fanden nicht mehr statt, stattdessen einzelne kleinere Veranstaltungen mit sehr begrenzter lokaler Bedeutung. Die nationalistische Presse, wie die „Egerer Nachrichten" oder die „Ascher Zeitung", waren ständig bemüht, das Feuer der Empörung in der Bevölkerung am Lodern zu erhalten, denn ihre Demonstrationsmüdigkeit war zu erkennen.

Wenngleich große Demonstrationszüge und Veranstaltungen fehlten, die augenscheinlich der Empörung Ausdruck verliehen, so bedeutete dies keinesfalls, daß der Boykott gegen die tschechischen Bewohner aufhörte. Nunmehr fanden die Sticheleien im Verborgenen statt und saßen dadurch tiefer. Den Tschechen wurden nach wie vor Wohnungen und Arbeitsplatz gekündigt. Wie im Vorjahr, so auch 1898, veröffentlichte man Listen tschechischer Familien und Arbeitnehmer, um diese aus dem deutschen Gebiet zu vertreiben. Ab 1898 wurde das „Problem" des Heimatrechtes für die Radikalnationalen akut, denn nach diesem Gesetz hatte jeder das Recht, das Heimatrecht verliehen zu bekommen, wenn er sich zehn Jahre ohne Unterbrechung im selben Wohnort befand. Nach Schätzung der Nationalisten hätten die ersten Tschechen das Heimatrecht im Jahr 1901 erlangt, sofern sie nicht zum Umzug gezwungen worden waren.

Die großen Ereignisse, die im Jahr 1897 stattfanden, wie der Egerer Volkstag oder der Akademikertag in Eger, fehlten im folgenden. Die Erinnerung an den Volkstag war bei weitem nicht so weitreichend, wie gewünscht und die Gedächtnisveranstaltung 1898 nur ein unbedeutender Aufguß der Veranstaltung des Vorjahres. Genausowenig wurde die Idee der Verlegung der Universitäten von Prag in das deutsche Gebiet weiterbetrieben, der Ausschuß, der am Egerer Akademikertag eingesetzt wurde, schlief nach und nach ein und versank in der Bedeutungslosigkeit.

Es läßt sich feststellen, daß der Boykott der tschechischen Bevölkerung eher im Stillen und unterschwellig erfolgte und nicht mit lautem Getöse wie im Vorjahr vonstatten ging. Nichtsdestoweniger war die Lage für die tschechische Minderheit unerträglich, denn sie wurden ständig in irgendeiner Weise drangsaliert, sei es durch Verlust des Arbeitsplatzes, der Wohnung oder durch tätliche Angriffe auf Leib oder Eigentum. Die

Tschechen Egers mußten immer befürchten, Arbeitsplatz oder Wohnung zu verlieren oder auf der Straße tätlich angegriffen zu werden, auch wenn oberflächlich die Situation eher ruhig schien.

Der Wechsel im Amt des Ministerpräsidenten von Badeni zu Gautsch und Thun-Hohenstein erbrachte ebensowenig eine allgemeine Beruhigung in Deutschböhmen. Die neuen Sprachenverordnungen, die das Übergangsministerium unter Gautsch erarbeitete, bedeuteten eine Kompromißlösung, um den Deutschen entgegen zu kommen. Nun wurde Böhmen dreigeteilt und den Deutschen ein eigenes Sprachgebiet zugebilligt, was diese immer forderten. Allerdings zeigte sich hierbei, daß die maßgebenden Deutschen nicht gewillt waren, auf Kompromisse einzugehen. Der Einfluß der radikalen Gruppierungen war noch zu groß, als daß die gemäßigteren Kräfte, wie die Fortschrittlichen, Gehör fanden. Dies zeigte sich daran, daß jene, welche im Reichsrat für kurze Zeit die Obstruktion aufgaben, in der Öffentlichkeit als Volksverräter diffamiert wurden. An diesem Beispiel läßt sich dokumentieren, daß es den Radikalen nur um Krawallinszenierungen und Aufwiegeln ging. Thun versuchte, der Obstruktion mit der Androhung der sofortigen Schließung des Abgeordnetenhauses beizukommen, womit er teilweisen Erfolg erzielte. Für wenige Wochen war halbwegs geregelte Arbeit im Reichsrat möglich, allerdings der Erfolg bescheiden, denn die politische Situation änderte sich in Böhmen nicht. Da mit den Abgeordneten im Parlament keine Gesetzesvorlage verabschiedet werden konnte, wußte sich Thun nicht anders zu helfen als auf die Notstandsverordnung zurückzugreifen, also auf § 14. Mit kaiserlichen Verordnungen sollte der dringend zu erledigende wirtschaftliche Ausgleich mit Ungarn verabschiedet werden. Die ungarische Regierung hätte die Situation in Böhmen entscheidend beeinflussen können, denn man bestand zuerst auf der parlamentarischen Verabschiedung des Ausgleiches, ermöglichte dann aber der österreichischen Regierung ein Schlupfloch, so daß diese den Ausgleich per § 14 verabschieden konnte, während die Ungarn den Ausgleich durch das Parlament ratifizierten.

Thuns Regierungszeit war von Hilflosigkeit und taktischem Ungeschick, wie bei seinen Vorgängern, gekennzeichnet. Allerdings muß dabei erwähnt werden, daß sich die Lage in Böhmen wegen des Einflusses der „Schönererpartei" durch maßvollere Sprachenverordnungen zuerst nicht wesentlich geändert hätte. Jedoch wäre dies einen Versuch wert gewesen. An der Einführung der tschechischen Amtssprache ging langfristig kein Weg vorbei. Unter Beachtung der regionalen Gegebenheiten, wozu ein Kenner der böhmischen Verhältnisse vonnöten gewesen wäre, hätte man gemäßigte Sprachenverordnungen ohne größere Schwierigkeiten einführen können. So hätte man für die einsprachigen Gebiete die jeweilig dominierende Sprache als Amtssprache festsetzen können und für die gemischtsprachigen eben beide Landessprachen im gleichberechtigten Verhältnis. Ein erster Schritt in diese Richtung boten die Gautschen Sprachenverordnungen an. Einige deutschfortschrittliche Politiker äußerten sich nach deren Einführung durchaus positiv und nannten sie für die Deutschen akzeptabel. Da der Einfluß der Schönerianer im Egerer Gebiet bereits sank, wären die Gautschen Verordnungen, vielleicht noch etwas nachgearbeitet, eine Kompromißlösung gewesen. Ebenso zeigt das Jahr 1898, daß die große Welle der Gewalttätigkeiten gegen tschechische Mitbürger abflaute. Eine längere Dauer der Regierung Gautsch hätte durchaus in sprachlicher Hinsicht einige Erfolge erzielen können. Die Berufung Thuns zeigte, wie die Berufung Badenis, das Ungeschick Franz Josephs bei der Besetzung des Ministerpräsidentenpostens. Thun war als Statthalter Böhmens mit seiner Politik weder bei den Deutschen noch bei den Jungtschechen in bester Erinnerung. Daher regte sich nach dessen Ernennung keine Euphorie bei den Parlamentariern.

Die Regierung Thun führte sich zu Beginn des Jahres 1898 ungeschickt ein, was Coudenhoves Verhalten im böhmischen Landtag zeigte. Nachdem ein farbentragender deutscher Student verprügelt wurde, äußerte er sich zuerst dahingehend, daß Farbentragen kein Grund zur Gewaltanwendung der Prager Bürger wäre. Einige Tage später erließ die Polizeidirektion ein Verbot, das alle sichtbaren Vereinsabzeichen unter Strafe stellte. Im Kern richtete es sich gegen die deutschen Studenten. Folglich verloren die deutschen Bürger Böhmens ihr letztes Vertrauen, das vielleicht noch vorhanden war, in die Regierung Thun. Alle Sympathien verscherzte sich Thun mit der Handhabe des § 14, den die Verfassung eigentlich nur für den Notstand vorsah, von dem er jedoch regen Gebrauch machte. Als einige Verbrauchssteuern 1899 per Verordnung erhöht wurden, hatte Thun endgültig bei der Bevölkerung verloren.

Kaiser Franz Joseph kann man ebenso wenig aus der Verantwortung entlassen, denn er hätte der Regierungspraxis mit dem § 14 ein Ende setzen können, wenn er die Verordnungen nicht sanktioniert hätte. Durch seine Verweigerung, diese Praxis mitzutragen, wäre Thun gezwungen gewesen, sich mit den Parteien im Reichsrat auseinanderzusetzen. Allerdings hätte die Gefahr bestanden, die Obstruktion von der deutschen auf die tschechische Seite zu verlagern. Joseph Maria Baernreither zog die Konsequenzen und verließ die Regierung, als die Verwendung des § 14 zunahm. Allerdings war er es auch, der die deutsche Phalanx durchbrach und sich dem Kabinett Thuns anschloß. Dadurch war er für die Radikalen eine gefundene Zielscheibe, um ihn und den Großgrundbesitz als Verräter am Deutschtum zu diffamieren. Letztendlich trug Baernreithers Beteiligung an der Regierung Thun nicht zur Besänftigung der Stimmung in Deutschböhmen bei, obwohl er als Regierungsmitglied die Möglichkeit gehabt hätte, etwas in Sachen Sprachenverordnungen zu bewegen.

Die Anklagedebatte gegen Badeni zeigt anschaulich, wie hart die Regierung Thun sich am Rande der Legalität bewegte. Der Antrag der deutschen Abgeordneten wäre aufgrund der fehlenden Abgeordneten angenommen worden, was de facto die Anklageerhebung gegen Badeni bedeutet hätte. Doch durch den Abbruch der Abstimmung just in dem Moment, als die Abgeordneten der Katholischen Volkspartei das Abgeordnetenhaus betraten und diese nicht für die Anklageerhebung stimmten, war eine Mehrheit dagegen vorhanden. Trotzdem zeigte sich, daß die Regierung Thun gegen Ende des Jahres 1898 sichtbar an Stärke verlor und die Regierungsmajorität nicht gefestigt war. Das geht auch aus dem Abstimmungsverhalten der Katholischen Volkspartei hervor, die einmal für die Anklageerhebung stimmte und dann im entscheidenden Moment im November 1898 sich doch dagegen entschied. Ausschlaggebend hierfür war der Ministerposten Dipaulis. Die überdurchschnittliche Anwendung der Notstandsgesetzgebung symbolisierte die Hilflosigkeit der Staatsführung, sich dem Nationalitätenproblem zu stellen und es nicht durch „Dahinwursteln" und kurzfristige Zugeständnisse an eine nationale Seite für den Moment zu lösen, sondern dauerhaft.

Das Jahr 1899 kennzeichnete drei Großereignisse: das Brünner Nationalitätenprogramm, die Verabschiedung des Ausgleiches mit Ungarn, der die Anhebung einiger Verbrauchssteuern zur Folge hatte und die Einsetzung eines neuen Ministerpräsidenten, der die Sprachenverordnungen aufhob.

Zu Beginn des Jahres 1899 wurde die Obstruktion im Reichsrat wieder aufgenommen und in handgreiflicher Art und Weise fortgeführt. Die Schließung des Reichsrates am 1. Februar 1899 beendete eine größere Eskalation der Gewalt im Parlament. Dafür verlagerten sich die nationalen Meinungsverschiedenheiten in den böhmischen Landtag. Durch den Auszug der deutschen Abgeordneten aus dem böhmischen Landtag wurden diese Debatten vorerst beendet. Im Anschluß daran erfolgte die Veröffentlichung von Parteiresolutionen durch die deutschen, später durch die tschechischen Abgeordneten.

Der Beschluß des böhmischen Landtages, das deutschsprachige Gebiet Böhmens als gemischtsprachig zu behandeln, hatte eine Protestwelle bei den autonomen Behörden, die davon betroffen waren, zur Folge. Er konnte als Plattform für den tschechischen Nationalismus dienen und die Administration des betreffenden Ortes zum Erliegen bringen, wenn darauf bestanden wurde, tschechisch zu amtieren und zu verhandeln. Die Übersetzungen hätten den Behördengang noch zusätzlich erschwert und die Verwaltung nahezu zum Stillstand gebracht, solange die Voraussetzungen für die zweisprachige Amtierung, die in keiner Behörde des deutschsprachigen Gebietes bestanden, geschaffen wurden. Die Behörden des Egerer und Ascher Kreises erläuterten diese Bedenken ausführlich in ihren Protestnoten. Dieser Beschluß des böhmischen Landtages forderte den Widerstand der deutschen Bevölkerung heraus und wurde an den tschechischen Mitbewohnern ausgetragen.

Die Agitation der deutschnationalen Kreise im Egerer und Ascher Bezirk nahm 1899 wieder verstärkt zu. Inzwischen konzentrierte sich das Geschehen auf die Ämter und Behörden. Viele Gemeinden verweigerten die Annahme und Bearbeitung tschechischer Eingaben. Die tschechische Bevölkerung wurde nun mehr als dies bisher der Fall gewesen war, auch von einigen staatlich-administrativen Stellen, die eigentlich für den Schutz der Minderheiten zu sorgen hatten, boykottiert. Somit waren sie außer dem Druck durch die Bevölkerung, den sie ab 1897 zu erleiden hatten, auch noch dem der meisten Gemeinden ausgesetzt. Die Nationalitätenkonflikte verlagerten sich zunehmend in die Gerichte, da während der Sitzungen diese Konflikte offen ausgetragen wurden. Als Beispiel sei hier der Prozeß Treftrunk/Miřička angeführt, der in Eger für große Aufregung sorgte. Ebenso mußten sich die oberen Instanzen mit der Verwendung der einen oder anderen Sprache in diesem oder jenem Gebiet Böhmens und deren juristischen Korrektheit befassen.

Die gewalttätigen Ausschreitungen hatten zwar nicht den exzessiven Charakter der Vorjahre, besonders des Jahres 1897, sie kamen aber in regelmäßigen Abständen vor. Ein Höhepunkt des Jahres 1899 waren die Gewalttätigkeiten in Graslitz, die sich über mehrere Tage hinzogen. Andere, länger anhaltende Straßenschlachten kamen nicht vor. Die Erörterung der Fragestellung, wer „Schuld" an den Gewalttätigkeiten trug, ist wenig ergiebig, denn beide Nationalitäten leisteten ihren Beitrag, um dem jeweils anderen Volksstamm das Leben so schwer wie möglich zu gestalten. Die Minderheit des jeweiligen Gebietes in Böhmen wurde von der Majorität in irgendeiner Weise benachteiligt oder boykottiert. Die Staatsbeamten und -angestellten bildeten auch weiterhin im deutschen Gebiet für Anfeindungen die ideale Zielscheibe, da sie Vertreter einer Regierung waren, die nach Meinung der deutschen Bevölkerung das Deutschtum entscheidend zurückzudrängen versuchte. Die Besetzung offizieller Stellen wurde daher genau überwacht und sofort regte sich Widerstand, wenn sie mit Bewerbern tschechischer Nationalität besetzt wurden.

Das „Deutsche Pfingstprogramm" der deutschen Parteien, unter Ausschluß der „Schönererpartei" und das Brünner Nationalitätenprogramm der Sozialdemokratie sollten die Problematik in Böhmen lösen. Dies bedeutete jedoch nicht, die tschechische Nationalität als vollwertiges Mitglied anzuerkennen, sondern die Manifestation der Vormachtstellung der deutschen Sprache und des deutschen Kulturgutes. Die Forderung nach Abschaffung der Sprachenverordnungen stand an erster Stelle und wurde auch weiterhin vehement vertreten. Die deutsche Sprache sollte die innere und äußere Amtsführung beherrschen, lediglich in gemischtsprachigen Gebieten und in den Prager Vororten sollten beide Landessprachen paritätisch angewandt werden. In reinsprachigen Bezirken durften Minoritätsschulen errichtet werden, was der Bewilligung der zuständigen Gemeinde bedurfte. Diese Forderung war ungenau formuliert, ließ sie doch die Interpretation dahingehend zu, daß die Einrichtung von deutschen Minoritätsschulen in rein tschechischen Kreisen erst durch die betreffende tschechische Gemeinde gebilligt werden mußte, was in dieser Form sicher nicht beabsichtigt war. Bemerkenswert am Brünner Nationalitätenprogramm war die Beteiligung der Sozialdemokratie, welche die Ansprüche der anderen deutschen Parteien genauso mit vertrat, obwohl sie seitens ihres Parteiprogramms und der Parole „Proletarier aller Länder vereinigt euch" aus betrachtet, die Zurückdrängung einer Nationalität und die Vormachtstellung der anderen in Böhmen eigentlich nicht mit unterstützen konnte. Diese Schwierigkeit, welche die Sozialdemokraten innerhalb der Partei spaltete, denn die tschechischen Sozialdemokraten kritisierten diese Beteiligung am Brünner Programm, stand auch im Vordergrund des darauffolgenden Parteitags. Zur friedlichen Lösung des Konfliktes trug das Programm freilich nicht bei, denn die Spannungen wurden dadurch nur verstärkt. Die tschechischen Politiker mußten in diesem Programm den Anschlag auf ihre Nation sehen, da von Gleichberechtigung keine Rede war und auch nicht beabsichtigt.

Im September 1899 fand in Eger das Veteranenfest statt, das die Bevölkerung wiederum in Aufregung versetzte. Die Radikalnationalen versuchten, die Bürger dahingehend zu beeinflussen, das Fest zu boykottieren. Im Rahmen der Feierlichkeiten wurden Kriegsveteranen geehrt, die für die österreichische Monarchie und das Kaiserhaus gekämpft hatten. Staat und Kaiser waren nach Ansicht der radikalen Kräfte schuld an der Staatskrise und dem Zurückdrängungsprozeß des Deutschtums innerhalb der österreichischen Monarchie, daher durfte ein „guter Deutscher" nicht an der Festveranstaltung teilnehmen, da er dadurch seine Verbundenheit mit einem System ausdrückte, das sein Volkstum bedrohte. Allerdings repräsentierten die Radikalen mit dieser Ansicht nicht die Mehrheit der Egerer Bevölkerung, denn die zahlreichen Demonstrationen vor der Redaktion der „Egerer Nachrichten" bezeugten, daß sich viele dieser Argumentation nicht anschlossen und sie diese auch nicht teilten.

Die Verabschiedung des Ausgleiches mit Ungarn hatte eine neue Welle der Empörung der Deutschböhmen zur Konsequenz, denn zum einen wurde er nicht mit Beteiligung des Parlamentes sanktioniert und zum anderen folgten ihm Erhöhungen einiger Verbrauchssteuern, wiederum per kaiserlichem Handschreiben. In dieser Phase traten die Diskussionen um die Sprachenverordnungen in den Hintergrund. Nach der Erledigung des ungarischen Ausgleiches hatte die Regierung Thun ausgedient und wurde von Manfred von Clary-Aldringen als Ministerpräsident abgelöst. Um die Staatsgeschäfte wieder ausüben zu können, zog er kurz nach seiner Ernennung die Sprachenverordnungen zurück. In den darauffolgenden Jahren opponierte die jungtschechische Seite gegen die Regierung und obstruierte im Reichsrat. Nun folgten all die bekannten Ereignisse der Jahre 1897 bis 1899 unter umgekehrten Vorzeichen: Jetzt zettelten v.a. die Tschechen Straßenschlachten und Boykottaufrufe an, versuchten, den Deutschen in gemischtsprachigen Gebieten das Leben schwerer zu gestalten.

Als Fazit läßt sich feststellen, daß durchaus einige wenige Lösungsansätze verschiedener deutscher und tschechischer Politiker vorhanden gewesen wären, diese eher als Diskussionspapier vorgelegt wurden, denn eine Verständigung beider Nationalitäten in Böhmen war nicht mehr möglich, da sich die Fronten seit dem Ausgleich 1867 mit Ungarn zu verhärten begannen. Der letzte Zeitpunkt, beide Volksstämme miteinander auszusöhnen, wären die Ausgleichsverhandlungen 1890 gewesen, welche die tschechische Seite scheitern ließ. Eine Verständigung wäre zu einem früheren Zeitpunkt möglich gewesen, hätte man sich auf Regierungsseite zu konstruktiver Arbeit durchgerungen. Allerdings herrschte in der österreichischen Regierung ein Regierungsstil vor, der von kurzzeitigen Erfolgen und momentanen Übereinkünften, also eher kurzsichtig geprägt war. Langfristige Projekte zur Sicherung des nationalen Friedens in Böhmen wurden nicht in Angriff genommen, war man doch im Reichsrat auf eine Koalition angewiesen, so daß kein Ministerpräsident nach dem Ausgleich den Mut fand, diese Problematik langfristig aufzuarbeiten. Um den Koalitionspartner an sich zu binden, wurden immer wieder Vergünstigungen, meistens für die Jungtschechen in Form von Minoritätsschulen und dgl. gewährt. Besonders auffallend war diese Handlungsweise während der Regierungszeit Taaffes. Zur Erhaltung der Mehrheit im Reichsrat, gewährte er den Jungtschechen immer wieder kleine nationale Privilegien. Aufgrund dessen wurden die nationalen Forderungen der Jungtschechen immer maßloser, zumal vor dem Hintergrund der immer lauter werdenden Forderung nach Verwirklichung des böhmischen Staatsrechtes, Taaffes Handlungsweise durchaus nicht ungefährlich für den Bestand der Gesamtmonarchie war.

Nach der Veröffentlichung der Badenischen Sprachenverordnungen waren die Fronten zwischen beiden Nationalitäten derart verhärtet, daß die Chance für eine Lösung der Problematik vertan war, daran änderte auch die Zurücknahme im Jahr 1899 nichts mehr. Führende deutsche Politiker streuten in den deutschen Gebieten Böhmens ein Gefühl der Angst aus, von den Tschechen völlig slawisiert zu werden, so daß der Wunsch nach Angliederung an das Deutsche Kaiserreich öffentlich propagiert wurde. In den Jahren 1897 bis 1899 war diese Idee in den Köpfen der gewöhnlichen Bürger noch nicht sehr ausgeprägt, wurde aber durch die ständige Stimmungsmache seitens der Radikalen breiten Schichten bekannt.

Die Saat, die durch die deutsche radikalnationale Agitation gesät wurde, ging in späteren Jahren auf und führte unter anderem auch zum Zusammenbruch der Habsburger Monarchie. Das Jahr 1897 läutete die letzte Etappe des Zerfalls der Donaumonarchie ein, denn zuviel Porzellan wurde in diesem Jahr und in den Vorjahren zerschlagen, als daß der Wunsch nach einem eigenen tschechischen Nationalstaat aufzuhalten gewesen wäre und damit der Zusammenbruch der gesamten Monarchie.

Regierungsbezirk Eger

(Egerländer Sprach- u. Stammesgebiet)

8. Anhang

8.1. Die Sprachenverordnungen der Jahre 1897 bis 1899

8.1.1. Die Sprachenverordnungen für Böhmen vom 5. April 1897 [1181]

I.

Verordnung der Minister des Inneren, der Justiz, der Finanzen, des Handels und des Ackerbaues vom 5. April 1897, L.G.Bl. Nr. 12, betreffend des Gebrauch der Landessprachen bei den Behörden im Königreiche Böhmen.

§1. Die Gerichts- und staatsanwaltschaftlichen Behörden, sowie die den Ministerien des Inneren, der Finanzen, des Handels und des Ackerbaues unterstehenden Behörden im Königreiche Böhmen sind verpflichtet, die an die Parteien über deren mündliche Anbringen oder schriftliche Eingaben ergehenden Erledigungen und Entscheidungen in jener der beiden Landessprachen auszufertigen, in welcher das mündliche Anbrigen vorgebracht wurde oder die Eingabe abgefaßt ist.

§2. Protokollarische Erklärungen der Parteien sind in jener der beiden Landessprachen aufzunehmen, in welcher die Erklärung abgegeben wird.

§3. Urkunden oder andere Schriftstücke, welche in einer der beiden Landessprachen abgefaßt sind und als Beilagen, Beihelfe oder sonst zum amtlichen Gebrauch beigebracht werden, bedürfen keiner Übersetzung.

§4. Die nicht über Einschreiten der Parteien erfolgenden behördlichen Ausfertigungen haben in jener der beiden Landessprachen zu erfolgen, die von der Person, an welche die Ausfertigung gerichtet werden soll, gesprochen wird. Ist die Sprache, deren sich die Partei bedient, nicht bekannt, oder ist sie keine der beiden Landessprachen, so ist jene der Landessprachen zu gebrauchen, deren Verständnis nach Beschaffenheit des Falles, wie insbesondere nach dem Aufenthaltsorte der Partei vorausgesetzt werden kann.

§5. Die Bestimmungen der §§1 - 4 gelten auch rücksichtlich der Gemeinden und autonomen Organe im Königreiche Böhmen in jenen Angelegenheiten, in denen sie als Partei anzusehen sind.

§6. Aussagen von Zeugen sind in jener Landessprache aufzunehmen, in welcher dieselben abgegeben wurden.

§7. Von den im §1 bezeichneten Behörden ist die Sprache des mündlichen Anbringens oder der Eingabe, mit welcher eine Partei eine Sache anhängig macht, bei allen der Erledigung oder Entscheidung dienenden Amtshandlungen anzuwenden. Insbesondere hat bei den Gerichtshöfen die Antragstellung und Beratung im Senate in dieser Sprache zu erfolgen.

Bei Amtshandlungen, die nicht über Einschreiten einer Partei eingeleitet werden, sind nach Beschaffenheit des Gegenstandes beide Landessprache oder eine derselben anzuwenden.

[1181] Sutter: Die Badenischen Sprachenverordnungen von 1897, Bd. I., S. 274 ff.

Ist zum Zweck der Erledigung der im Absatz 1 und 2 bezeichneten Angelegenheit mit anderen landesfürstlichen, nicht militärischen Behörden im Lande schriftlicher Verkehr zu pflegen, so gelten auch für diesen Verkehr die im Absatz 1, beziehungsweise 2 gegebenen Bestimmungen.

Für den Verkehr der Behörden außer dem Lande und mit Zentralstellen hat es bei den bestehenden Vorschriften zu verbleiben.

§8. Alle amtlichen Bekanntmachungen, welche zur allgemeinen Kenntnis im Lande bestimmt sind, haben in beiden Landessprachen zu ergehen. Lediglich für einzelne Bezirke oder Gemeinden bestimmte amtliche Bekanntmachungen haben in den Landessprachen zu erfolgen, welche in den betreffenden Bezirken oder Gemeinden üblich sind.

§9. Sind an einer Sache mehrere Parteien beteiligt, die sich in ihren mündlichen Anbringen oder Eingaben verschiedener Landessprachen bedienen, so haben die im §1 genannten Behörden die Erledigung oder Entscheidung in beiden Landessprachen auszufertigen, falls nicht ein Einverständnis der Parteien vorliegt, daß die Ausfertigung nur in einer der beiden Landessprachen erfolgen soll.

Bei den der Erledigung oder Entscheidung der Sache dienenden Amtshandlungen, die unter Mitwirkung der Parteien vorgenommen werden, ist, soweit nicht die gegenwärtige Verordnung etwas andere bestimmt, die Sprache der Eingabe, nötigenfalls in Ermangelung eines anderweitigen Einverständnisses der Parteien, auch die zweite Landessprache anzuwenden.

§10. In strafgerichtlichen Angelegenheiten sind die Anklageschrift, sowie überhaupt die den Beschuldigten betreffenden Anträge, Erkenntnisse und Amtshandlungen in jener der beiden Landessprachen abzufassen, deren er sich bedient hat.

In dieser Sprache ist auch die Hauptverhandlung zu pflegen und das Verhandlungsprotokoll zu führen und es sind in derselben insbesondere die Vorträge des Staatsanwaltes und des Verteidiger zu halten und die Erkenntnisse und Beschlüsse zu beraten und zu verkünden.

Von den Bestimmungen des vorstehenden Absatzes darf nur insofern abgegangen werden, als dieselben mit Rücksicht auf ausnahmsweise Verhältnisse, insbesondere mit Rücksicht auf die Zusammensetzung der Geschworenenbank unausführbar sind oder der Angeschuldigte selbst den Gebrauch der anderen Landessprache begehrt.

Bei Hauptverhandlungen gegen mehrere Angeschuldigte, welche sich nicht derselben Landessprache bedienen, ist die Hauptverhandlung in jener Landessprache abzuhalten, welche das Gericht für den Zweck der Hauptverhandlung entsprechender erachtet.

In allen Fällen sind die Aussagen der Angeschuldigten und der Zeugen in der von ihnen gebrauchten Landessprache aufzunehmen und die Erkenntnisse und Beschlüsse jedem Angeschuldigten in dieser Sprache zu verkünden und auf Verlangen auszufertigen.

§ 11. In bürgerlichen Rechtsstreitigkeiten ist das Protokoll über die mündliche Verhandlung in der Sprache der Verhandlung, wenn aber die Parteien nicht die gleiche Landessprache gebrauchen, in der Sprache der Klage zu führen (§ 7).

Aussagen von Zeugen, Sachverständigen und Parteien, die zum Zwecke der Beweisführung vernommen werden, sind jedoch stets in der von diesen Personen bei ihrer Aussage gebrauchten Landessprache im Protokolle zu beurkunden.

Das Gleiche gilt hinsichtlich der Vorträge der Parteien und der von ihnen bei einer mündlichen Verhandlung abgegebenen Erklärungen, soweit nicht das Protokoll lediglich eine zusammenfassende Darstellung des Inhaltes des mündlichen Parteivorbringens gibt.

Das Gericht hat bei der mündlichen Verhandlung die Sprache zu gebrauchen, in welcher die Verhandlung von den Parteien geführt wird.

Bei Beteiligung von Parteien, die sich bei der Verhandlung verschiedener Landessprachen bedienen, hat das Gericht die Sprache des ersten Anbringens, nötigenfalls beide Landessprachen zu gebrauchen.

Alle richterlichen Erklärungen sind in der Sprache, in der sie vom Richter abgegeben wurden, und wenn die Verkündigung in beiden Landessprachen erfolge, auf Verlangen der Parteien in beiden Landessprachen zu protokollieren.

§ 12. Die Eintragung in die öffentlichen Bücher (Landtafel, Bergbuch, Grundbuch, Wasserbuch, Depositenbücher usw.), dann in die Handelsfirmen-, Genossenschafts- und andere öffentliche Register sind in der Sprache des mündlichen oder schriftlichen Ansuchens, beziehungsweise des Bescheides, auf dessen Grund sie erfolgen, zu vollziehen. In derselben Sprache sind die Intabulationsklauseln bei Urkunden beizusetzen.

Bei Auszügen aus diesen Büchern und Registern ist die Sprache der Eintragung beizubehalten.

§ 13. Bei allen landesfürstlichen Kassen und Ämtern im Königreiche Böhmen, die mit Geld gebaren, hat es hinsichtlich der Führung der Kassenjournale, Kassaausweise und aller sonstigen Kassenbehelfe, welche von den Zentralorganen zur Ausübung der Kontrolle oder Zusammenstellung periodischer Nachweisungen benützt werden, bei den bestehenden sprachlichen Vorschriften zu verbleiben.

Dasselbe gilt bezüglich des inneren Dienstganges und der Manipulation des Post- und Telegrafendienstes und der Zentralleitung unmittelbar unterstehenden ärarischen industriellen Etablissements sowie den gegenseitigen Verkehr der betreffenden Ämter und Organe.

Auf die nichtärarischen Postämter mit größerem Geschäftsumfange finden die Bestimmungen der gegenwärtigen Verordnung nach Tunlichkeit Anwendung.

§ 14. Der Verkehr der im § 1 bezeichneten Behörden mit den autonomen Organen richtet sich nach der Geschäftssprache, derer sich dieselben bekanntermaßen bedienen.

§15. Die Geltung der Dienstsprache der militärischen Behörden und der Gendarmerie, für den Verkehr mit denselben und für deren dienstliche Anforderungen, wird durch diese in keiner Weise berührt.

§16. Die gegenwärtige Verordnung tritt am Tage der Kundmachung in Wirksamkeit. Am gleichen Tage verlieren alle in früheren Verordnungen enthaltenen Bestimmungen, die mit den Vorschriften der gegenwärtigen Verordnung in Widerspruche stehen, ihre Kraft.

        Badeni m.p.   Bilinski m.p.
        Ledebur m.p.   Gleichspach m.p.
               Glanz m.p.

II.

Verordnung des Ministeriums des Inneren, der Justiz, der Finanzen, des Handels und des Ackerbaues vom 5. April 1897, L.G.Bl. Nr. 13, bestreffend die sprachliche Qualifikation der bei den Behörden im Königreiche Böhmen angestellten Beamten.

§1. Beamte, die bei den gerichts- und staatsanwaltschaftlichen Behörden sowie bei denjenigen Behörden im Königreiche Böhmen, welche den Ministerien des Inneren, der Finanzen, des Handels und des Ackerbaues unterstehen, nach dem 1. Juni 1901 angestellt werden, haben die Kenntnis beider Landessprachen in Wort und Schrift nachzuweisen.

§2. Dieser Nachweis ist entweder gelegentlich der für den betreffenden Dienstzweig vorgeschriebenen praktischen Prüfung oder bei einer hierfür eigens anzuberaumenden Prüfung, der sich der Beamte spätestens drei Jahre nach seinem Dienstantritte zu unterziehen hat, zu erbringen.

Letztere Prüfung kann Manipulationsbeamten nachgesehen werden, wenn deren sprachliche Eignung während ihrer probeweisen Verwendung nachgewiesen wird.

Die näheren Bestimmungen über die Vornahme dieser Prüfungen werden im Wege einer besonderen Verordnung getroffen.

Unteroffizieren, die mit dem Certificat versehen und nach Böhmen zuständig sind, kann in besonderen rücksichtswürdigen Fällen der Nachweis der sprachlichen Eignung vom Ressortminister erlassen werden.

§3. Unbeschadet obiger Bestimmungen ist schon dermalen nach Tunlichkeit und Zulaß des Dienstes Vorsorge zu treffen, daß in jenen Zweigen des Staatsdienstes, für welche die Verordnung vom 5. April 1897, betreffend des Gebrauch der Landessprachen bei den Behörden im Königreiche Böhmen Giltigkeit hat, die einzelnen Behörden mit sprachkundigen Beamten nach Maß des tatsächlichen Bedürfnisses besetzt werden.

        Badeni m.p.   Bilinski m.p.
        Ledebur m.p.   Gleispach m.p.
               Glanz m.p.

8.1.2. Die Gautschen Sprachenverordnungen[1182]

Verordnung der Minister des Innern, der Justiz, der Finanzen, des Handels und des Ackerbaues vom 24. Februar 1898, L.G.Bl. Nr. 16, betreffend den Gebrauch der Landessprachen bei den Behörden im Königreiche Böhmen.

(Kundgemacht in der amtlichen Wiener Zeitung vom 5. März 1898.)

Vorbehaltlich gesetzlicher Regelung werden für die gerichts- und staatsanwaltschaftlichen Behörden sowie die den Ministerien des Innern, der Finanzen, des Handels und des Ackerbaues unterstehenden Behörden im Königreiche Böhmen nachstehende Vorschriften provisorisch erlassen:

§ 1. Erledigungen und Entscheidungen, welche über mündliche Anbringen oder schriftliche Eingaben von Parteien an dieselben ergehen, werden in jener der beiden Landessprachen ausgefertigt, in welcher das mündliche Anbringen vorgebracht wurde oder die Eingabe abgefaßt ist.

§ 2. Protokollarische Erklärungen der Parteien sind in jener der beiden Landessprachen aufzunehmen, in welcher die Erklärung abgegeben wird.

§ 3. Urkunden oder andere Schriftstücke, welche in einer der beiden Landessprachen abgefaßt sind und als Beilagen, Behelfe oder sonst zum amtlichen Gebrauche beigebracht werden, bedürfen keiner Übersetzung.

§ 4. Behördliche Ausfertigungen, welche nicht über Einschreiten von Parteien oder nicht an Personen ergehen, welche die Angelegenheit anhängig gemacht haben, erfolgen in jener der beiden Landessprachen, die von der Person, an welche die Ausfertigung gerichtet werden soll, gesprochen wird.

Ist diese Sprache nicht bekannt oder ist sie keine der beiden Landessprachen, so ist jene der Landessprachen zu gebrauchen, deren Verständnis nach Beschaffenheit des Falles, wie insbesondere nach dem Aufenthaltsorte der Partei vorausgesetzt werden kann.

§ 5. Die Bestimmungen der §§ 1 - 4 gelten auch rücksichtlich der Gemeinden und autonomen Organe im Königreiche Böhmen in jenen Angelegenheiten, in denen sie als Parteien anzusehen sind.

§ 6. Aussagen von Zeugen sind in jener Landessprache aufzunehmen, in welcher dieselben abgegeben wurden.

§ 7. Amts- und Dienstsprache der Behörden, auf welche diese Verordnung Anwendung findet, ist jene Landessprache, zu welcher als Umgangssprache sich die anwesende Bevölkerung ihres Amtsbezirkes nach dem Ergebnisse der jeweiligen Volkszählung bekennt.

In sprachlich gemischten Amtsbezirken haben beide Landessprachen gleichmäßig Anwendung zu finden.

Als sprachlich gemischte Amtsbezirke im Sinne des vorstehenden Absatzes sind anzusehen:

[1182] Sutter: Die Badenischen Sprachenverordnungen, Bd. 1, S. 278 f.

a) Die Amtsbezirke jener Behörden und Organe, deren Amtsbezirk nur eine oder mehrere Gemeinden umfaßt, wenn wenigstens in einer Gemeinde des Amtsbezirkes mindestens ein Viertel der anwesenden Bevölkerung nach den Ergebnissen der letzten Volkszählung sich zu der anderen Landessprache als Umgangssprache bekennt.

b) Die Amtsbezirke jener Behörden, deren Amtsbezirk einen ganzen Gerichtsbezirk umfaßt, wenn wenigstens ein Fünfteil der Gemeinden des Gerichtsbezirkes eine zu der anderen Landessprache sich bekennende Bevölkerung hat oder in dem sub a) bezeichneten Maße sprachlich gemischt ist.

c) Die Amtsbezirke jener Behörden, deren Amtsbezirk sich über mehrere Gerichtsbezirke erstreckt, wenn auch nur ein Gerichtsbezirk anderssprachig oder im Sinne der Bestimmung sub b) als sprachlich gemischt anzusehen ist.

d) Die Amtsbezirke der für die Landeshauptstadt Prag bestellten Behörden.

§ 8. Insoweit für Amtshandlungen, welche der Erledigung oder Entscheidung eines mündlichen Anbringens oder der Eingabe einer Partei dienen, in dieser Verordnung keine besondere Verfügung getroffen ist, haben sich die Behörden für solche Amtshandlungen ihrer eigenen Amtssprache zu bedienen; in sprachlich gemischten Amtsbezirken hat hiebei die im Parteianbringen gebrauchte Amtssprache Anwendung zu finden.

Bei Amtshandlungen, die nicht auf Einschreiten einer Partei eingeleitet werden, haben sich die Behörden ihrer eigenen Amtssprache zu bedienen, insofern die Beschaffenheit des Gegenstandes nicht die Anwendung der anderen Landessprache erfordert; in sprachlich gemischten Amtsbezirken dagegen ist stets jene der beiden Amtssprachen zu gebrauchen, welche der Beschaffenheit des Gegenstandes entspricht.

Ist zum Zwecke der Erledigung der im Absatze 1 und 2 bezeichneten Angelegenheiten mit anderen landesfürstlichen, nicht militärischen Behörden im Lande schriftlicher Verkehr zu pflegen, so gelten auch für diesen Verkehr die im Absatze 1, beziehungsweise 2 getroffenen Bestimmungen.

Für den Verkehr mit Behörden außer dem Lande und mit Zentralstellen hat es bei den bestehenden Vorschriften zu verbleiben.

§ 9. Alle amtlichen Bekanntmachungen, welche zur allgemeinen Kenntnis im Lande bestimmt sind, haben in beiden Landessprachen zu ergehen. Lediglich für einzelne Bezirke oder Gemeinden bestimmte amtliche Bekanntmachungen haben in den Landessprachen zu erfolgen, welche in den betreffenden Bezirken oder Gemeinden üblich sind.

§ 10. Sind an einer Sache mehrere Parteien beteiligt, die sich in ihren mündlichen Anbringen oder Eingaben verschiedener Landessprachen bedienen, so haben die Behörden die Erledigung oder Entscheidung in beiden Landessprachen auszufertigen, falls nicht ein Einverständnis der Parteien vorliegt, daß die Ausfertigung nur in einer der beiden Landessprachen erfolgen soll.

Bei den der Erledigung oder Entscheidung der Sache dienenden Amtshandlungen, die unter Mitwirkung der Parteien vorgenommen werden, ist, soweit nicht die gegenwärtige Verordnung etwas anderes bestimmt, die Amtssprache der betreffenden Behörde anzuwenden; in sprachlich gemischten Amtsbezirken sind in Ermangelung eines anderweitigen Einverständnisses der Parteien beide Sprachen anzuwenden.

§ 11. In strafgerichtlichen Angelegenheiten sind die Anklageschrift, sowie überhaupt die den Angeschuldigten betreffenden Anträge, Erkenntnisse und Amtshandlungen in jener der beiden Landessprachen abzufassen, deren er sich bedient hat.

In dieser Sprache ist auch die Hauptverhandlung zu pflegen und es sind in derselben insbesondere die Vorträge des Staatsanwaltes und des Verteidigers zu halten und die Erkenntnisse und Beschlüsse zu verkünden.

Von den Bestimmungen des vorstehenden Absatzes darf nur insoferne abgegangen werden, als dieselben mit Rücksicht auf ausnahmsweise Verhältnisse, insbesondere mit Rücksicht auf die Zusammensetzung der Geschworenenbank unausführbar sind oder der Angeschuldigte selbst den Gebrauch der anderen Landessprache begehrt.

Bei Hauptverhandlungen gegen mehrere Angeschuldigte, welche sich nicht derselben Landessprache bedienen, ist die Hauptverhandlung in jener Landessprache abzuhalten, welche das Gericht für den Zweck der Hauptverhandlung entsprechender erachtet.

In allen Fällen sind die Aussagen der Angeschuldigten und der Zeugen (§ 6) in der von ihnen gebrauchten Landessprache aufzunehmen und die Erkenntnisse und Beschlüsse jedem Angeschuldigten in dieser Sprache zu verkünden und auf Verlangen auszufertigen.

§ 12. In bürgerlichen Rechtsstreitigkeiten ist das Protokoll über die mündliche Verhandlung in der Amtssprache des Gerichtes, in sprachlich gemischten Gerichtsbezirken (§ 7 lit. b) aber, wenn sich nicht beide Parteien bei der Verhandlung der anderen Landessprache bedient haben, in der Sprache des ersten Anbringens (Klage, Gesuch) zu führen.

Aussagen von Zeugen, Sachverständigen und Parteien, die zum Zwecke der Beweisführung vernommen werden, sind jedoch stets in der von diesen Personen bei ihrer Aussage gebrauchten Landessprache im Protokolle zu beurkunden.

Das Gleiche gilt hinsichtlich der Vorträge der Parteien und der von ihnen bei einer mündlichen Verhandlung abgegebenen Erklärungen, soweit nicht das Protokoll lediglich eine zusammenfassende Darstellung des Inhalts des mündlichen Parteivorbringens gibt.

Das Gericht hat bei der mündlichen Verhandlung die Sprache zu gebrauchen, in welcher die Verhandlung von den Parteien geführt wird.

Bei Beteiligung von Parteien, die sich bei der mündlichen Verhandlung verschiedener Landessprachen bedienen, hat das Gericht nötigenfalls beide Landessprachen zu gebrauchen.

Alle richterlichen Erklärungen sind ohne Rücksicht darauf, in welcher Sprache sie vom Richter abgegeben wurden, in derjenigen Sprache zu protokollieren, in welcher gemäß Absatz 1 das Verhandlungsprotokoll geführt wird.

§ 13. Die Eintragung in die öffentlichen Bücher (Landtafel, Bergbuch, Grundbuch, Wasserbuch, Depositenbücher usw.), dann in die Handelsfirmen-, Genossenschafts- oder andere öffentliche Register sind in der Sprache des mündlichen oder schriftlichen Ansuchens, beziehungsweise des Bescheides, auf dessen Grund sie erfolgen, zu vollziehen. In derselben Sprache sind die Intabulationsklauseln bei Urkunden beizusetzen.

Bei Auszügen aus diesen Büchern und Registern ist die Sprache der Eintragung beizubehalten.

Stimmt die Sprache des mündlichen oder schriftlichen Ansuchens mit der Amtssprache der die Eintragung vollziehenden Behörde nicht überein, so ist der Eintragung eine Übersetzung in der Amtssprache beizufügen.

In diesem Falle ist über Ansuchen der Partei bei der Ausfertigung von Auszügen aus den erwähnten Büchern und Registern auch noch auf diese Übersetzungen Rücksicht zu nehmen.

§ 14. Bei allen landesfürstlichen Kassen und Ämtern im Königreiche Böhmen, die mit Geld gebaren, hat es hinsichtlich der Führung der Kassajournale, Kassaausweise und aller sonstigen Kassenbehelfe, welche von den Zentralorganen zur Ausübung der Kontrolle oder Zusammenstellung periodischer Nachweisungen benützt werden, bei den bestehenden sprachlichen Vorschriften zu verbleiben.

Dasselbe gilt bezüglich des inneren Dienstganges und der Manipulation des Post- und Telegraphendienstes und der der Zentralleitung unmittelbar unterstehenden ärarischen industriellen Etablissements, sowie für den gegenseitigen Verkehr der betreffenden Ämter und Organe.

Auf die nichtärarischen Postämter mit größerem Geschäftsumfang finden die Bestimmungen der gegenwärtigen Verordnung nach Tunlichkeit Anwendung.

§ 15. Der Verkehr der Behörden mit den autonomen Organen richtet sich nach der Geschäftssprache, deren die Letzteren sich bekanntermaßen bedienen.

§ 16. Die Geltung der Dienstsprache der militärischen Behörden und der Gendarmerie, für den Verkehr mit denselben und für deren dienstliche Anforderungen, wird durch diese Verordnung in keiner Weise berührt.

§ 17. Hinsichtlich der sprachlichen Qualifikation der Beamten sind die Behörden unter genauer Beachtung der grundsätzlichen Bestimmungen dieser Verordnung gehalten, die Besetzung der einzelnen Dienstesstellen lediglich nach Maßgabe des tatsächlichen Bedürfnisses vorzunehmen. Jeder Beamte wird somit das an Sprachkenntnissen besitzen müssen, was der Dienst bei der Behörde seiner Verwendung wirklich erfordert.

Hiernach ist schon bei den Konkursausschreibungen vorzugehen.

§ 18. Diese Verordnung tritt mit 15. März 1898 in Wirksamkeit; mit demselben Tage treten die Ministerialverordnung vom 5. April 1897, L.G.Bl. Nr. 12, betreffend den Gebrauch der Landessprachen bei den Behörden im Königreiche Böhmen, dann die Ministerialverordnung vom 5. April 1897, L.G.Bl. Nr. 13, betreffend die sprachliche Qualifikation der bei den Behörden im Königreiche Böhmen angestellten Beamten und alle früheren mit den gegenwärtigen Vorschriften im Widerspruche stehenden Bestimmungen außer Kraft.

    Gautsch m. p.   Böhm m. p.
    Koerber m. p.   Ruber m. p.
              Bylandt m. p.

8.1.3. Die Clary-Aldringschen Sprachenverordnungen vom 14. Oktober 1899

Verordnung der Ministerien des Innern, der Justiz, der Finanzen, des Handels und des Ackerbaues vom 14. Oktober 1899, L.G.Bl., Nr. 29, betreffend den Gebrauch der Landessprachen bei den Behörden im Königreiche Böhmen.[1183]

(Kundgemacht in der amtlichen Wiener Zeitung vom 17. Oktober 1899)

§ 1. Die Ministerialverordnung vom 24. Februar 1899, L.G.Bl., Nr. 16, betreffend den Gebrauch der Landessprachen bei den Behörden im Königreiche Böhmen, wird außer Kraft gesetzt.

§ 2. Bis zur gesetzlichen Regelung, welche in Vorbereitung steht, haben in Ansehung des Gebrauches der Landessprachen jene Bestimmungen und Grundsätze provisorisch in Anwendung zu kommen, welche hiefür bis zum Zeitpunkte des Beginnes der Wirksamkeit der mit 15. März 1898 außer Kraft getretenen Ministerialverordnung vom 5. April 1897, L.G.Bl., Nr. 12, maßgebend gewesen sind.

§ 3. Die gegenwärtige Verordnung tritt mit dem Tage der Kundmachung in Kraft.

                  Clary m.p.
    Koerber m.p.   Kindinger m.p.
    Stibral m.p.   Kniaziolucki m.p.

[1183] Sutter: Die Badenischen Sprachenverordnungen, Bd. I, S. 284 f.

8.2. Statistiken

8.2.1. Bevölkerung Böhmens

Die Bevölkerung der einzelnen Kreise Böhmens. Ergebnisse der Volkszählungen von 1857 bis 1900 [1184]

Kreis	1857	1869	1880	1890	1900
Hptst. Prag	142 588	157 713	173 175	182 530	201 589
Prag	483 407	578 326	611 268	741 502	899 373
Budweis	283 694	303 390	319 220	322 538	339 377
Pisek	298 842	322 143	338 408	329 065	329 135
Pilsen	384 759	384 912	457 182	472 332	497 206
Eger	352 191	392 235	427 028	447 542	499 937
Saaz	239 754	268 955	316 552	357 930	433 699
Leimeritz	438 269	486 435	510 127	551 194	623 516
Jungbunzlau	373 743	402 691	425 559	456 382	491 936
Gitschin	272 661	295 883	322 893	327 403	333 152
Königgrätz	368 438	395 192	411 241	421 565	430 243
Chrudim	348 271	361 298	378 261	384 180	396 552
Tschaslau	391 120	410 963	437 786	442 528	446 938
Tabor	320 713	336 260	340 631	335 657	330 101
Böhmen ges.	4 795 025	5 140 544	5 560 819	5 843 094	6 318 697

Die Bevölkerung der politischen Bezirke des Kreises Eger. Ergebnisse der Volkszählungen von 1857 bis 1900 [1185]

Pol. Bezirk	1857	1869	1880	1890	1900
Asch	23 589	27 911	32 230	34 264	39 206
Eger	43 965	50 422	56 194	56 790	62 203
Falkenau	52 706	59 422	63 484	71 465	88 172
Graslitz	38 453	40 966	44 920	48 483	53 852
St. Joachimsthal	21 343	24 501	25 829	26 996	29 296
Karlsbad	40 718	49 356	61 354	66 996	83 605
Luditz	28 454	30 435	30 888	29 536	28 898
Plan	31 471	34 766	36 859	35 679	35 695
Tachau	40 364	44 200	42 372	40 906	41 502
Tepl	31 126	30 256	32 898	36 410	37 508

[1184] Bohmann: Bevölkerungsbewegungen in Böhmen, S. 103
[1185] Bohmann: Bevölkerungsbewegungen in Böhmen, S. 118

Deutsche und Tschechen im Kreis Eger. Ergebnisse der Volkszählungen von 1880 bis 1900 [1186]

Deutsche

Pol. Bezirk	1880	1890	1900
Asch	32 230	34 254	36 083
Eger	53 500	53 748	57 619
Falkenau	52 355	69 816	85 563
Graslitz	44 902	48 401	53 288
St. Joachimsthal	25 788	26 934	28 958
Karlsbad	61 060	66 782	82 101
Luditz	30 430	29 055	28 464
Plan	36 859	32 623	34 039
Tachau	42 368	40804	41 187
Tepl	32 872	36 396	38 695
Deutsche gesamt	412 364	438 813	485 997

Tschechen [1187]

Pol. Bezirk	1880	1890	1900
Asch	0	10	3
Eger	298	142	176
Falkenau	417	543	900
Graslitz	18	82	24
St. Joachimsthal	41	62	33
Karlsbad	294	214	215
Luditz	437	441	389
Plan	0	74	86
Tachau	4	65	61
Tepl	26	14	7
Tschechen gesamt	1 535	1 647	1 894

Das nationale Bevölkerungsverhältnis im Jahr 1880 [1188]

Kreis	Deutsche :	Tschechen
Hauptstadt Prag	19,6	80,4
Prag	1,3	98,7
Budweis	44,2	55,8
Pisek	18,5	81,5

[1186] Bohmann: Bevölkerungsbewegungen in Böhmen, S. 168
[1187] Bohmann: Bevölkerungsbewegungen in Böhmen, S. 168
[1188] Bohmann: Bevölkerungsbewegungen in Böhmen, S. 158 f.

Pilsen	28,6	71,4
Eger	99,7	0,3
Saaz	85,1	14,9
Leimeritz	87,9	12,7
Jungbunzlau	51,2	48,8
Gitschin	36,2	63,8
Königgrätz	24,6	75,4
Chrudim	14,6	85,4
Tschaslau	3,2	96,8
Tabor	0,3	99,7
Böhmen gesamt	37,2	62,8

Pilsen verlor im 19. Jahrhundert seinen überwiegend deutschen Charakter, da es Bergbau- und Industriezentrum war. 1867 erhielten die Tschechen in der Stadtvertretung die Mehrheit, 1878 wurden die deutschen Straßennamen durch tschechische ersetzt und 1897 schieden die Deutschen völlig aus der Stadtvertretung aus.[1189] In Prag vollzog sich die Umwandlung von der deutschen zur tschechischen Mehrheit noch früher. Dort gab es bis 1860 eine deutsche Mehrheit in der Stadtvertretung, danach nicht mehr.[1190]

Nationalitäten von 1880 - 1900, Anteil in Prozent[1191]

Böhmische Länder	1880	1890	1900
Tschechen	62,1	62,0	62,0
Deutsche	35,9	35,9	35,4

Deutsche Städte mit je über 10 000 Einwohnern des Jahres 1910[1192]

Stadtgemeinde	1910 Einwohner	Deutsche in Prozent
Asch	21 880	100
Aussig	39 301	94,5
Böhmisch-Leipa	12 065	95,4
Brüx	25 692	84,3
Dux	12 399	66,2
Eger	26 682	99,4
Falkenau	8 867	99,5
Gablonz	29 521	91,8
Graslitz	13 857	100
Karlsbad	17 446	99,3
Reichenberg	36 350	93,6

[1189] Bohmann: Bevölkerungsbewegungen in Böhmen, S. 206
[1190] Bohmann: Bevölkerungsbewegungen in Böhmen, S. 213
[1191] Schenk: Die Böhmischen Länder, S. 179
[1192] Schenk: Die Böhmischen Länder, S. 180

Tetschen	10 640	99,4
Trautenau	16 106	90,6
Troppau	30 762	92,1

Anzahl der Deutschen an der Bevölkerung Prags[1193]

Stadt	1880		1910	
	Deutsche	Prozent	Deutsche	Prozent
Prag	32 657	20,6	18 753	8,5

Die Bevölkerung Egers:[1194]

Jahr	Gesamtzahl der Stadtbevölkerung	Tschechen (bis einschl. 1921 meist Militär)	Tschechen im %-Anteil zur Gesamtbevölkerung
1880	17085	201	1,17
1890	18658	73	0,39
1900	23517	158	0,68
1910	25457	133	0,52

[1193] Schenk: Die Böhmischen Länder, S. 180
[1194] Sturm: Einführung in die Geschichte der ehemals freien Reichsstadt Eger, S. 11

8.3. Ortsverzeichnis[1195]

Altengrün	Jindřichovice
Arnau	Hostinné
Asch	Aš
Auscha(u)	Úštěk
Aussig	Ústí nad Labem
Bensen	Benešov
Bergreichenstein	Kašperské Hory
Bilin	Bílina
Bischofteinitz	Horšovský Týn
Bistritz	Bystřice
Böhm. Kamnitz	Česká Kamenice
Braunau	Broumov
Brüx	Most
Buchau	Bochov
Buchau	Buchov
Chrudim	Chrudim
Dauba	Dubá
Dux	Duchcov
Eger	Cheb
Eibenberg	Tisová u Kraslic
Elbogen	Loket
Falkenau	Sokolov
Frankenhammer	Sněžná
Franzensbad	Františkovy Lázně
Friedland	Frýdlant
Frühbuß	Přebuz
Gabel	nicht vorhanden
Gablonz	Jablonec
Gorken	nicht vorhanden
Graslitz	Kraslice
Gratzen	Nové Hrady
Grulich	Králíky
Grünberg	u Kraslic
Haida	Bor u České Lípy
Hainspach	Haňšpach
Hainspach	Haňšpach
Hartmanitz	Hartmanice
Heinrichsgrün	Jindřichovice
Herrlich	Hrdlovka
Herrmannsgrün	Heřmanov u Jindřichova
Hirschenstand	Jelení
Hochgarth	šindelová
Hochofen	Vysoká Pec
Hohenelbe	Vrchlabí

[1195] Alle Orte wurden entnommen aus: Ortslexikon der böhmischen Länder 1910 - 1965

Hohenfurth	Vyšší Brod
Hohenstollen	Vysoká Štola u Fojtova (Voitsgrün)
Hostau	Hostouň
Jitschin	Jičín
Joachimsthal	Jáchymov
Jungbunzlau	Mladá Boleslav
Kaaden	Kadaň
Kalsching	nicht vorhanden
Kammersgrün	Lužec u Fojtova (Voitsgrün)
Karbitz	Chabařovice
Karlsbad	Karlovy Vary
Katharinaberg	Hora Svaté Kateřiny
Kirchberg	Kostelní
Klattau	Klatovy
Kohling	Milíře u Šindelova
Komotau	Chomutov
Königgrätz	Hradec Králové
Königinhof	Dvůr Králové nad Labem
Königswart	Kynžvart
Kratzau	Chrastava
Kratzau	Chrastava
Kronstadt	Mlýnská u Kostelní
Krumau	Krumlov
Kuttenberg	Kutná Hora
Landskron	Lanškroun
Leipa	Lípa
Leitmeritz	Litoměřice
Leitomischl	Litomyšl
Liebenstein	Libá
Lobositz	Lovosice
Luditz	Žlutice
Marienbad	Mariánské Lázně
Markhausen	Hraničná
Marschendorf	Maršov
Mies	Stříbro
Miletitz	Miletice
Mühlberg	Lesík u Nejdeku
Neu-Bistritz	Nová Bystřice
Neu-Hammer	Nové Hamry
Neudeck	Nejdek
Neudorf	Nová Ves zu Stříbrné
Neuern	Nýrsko
Neuhaus	Žírnice
Niemes	Mimoň
Oberleutensdorf	Horní Litvínov u Litvínova
Oedt	Poustka
Palitz	Palič u Lipové

Pechbach	Smolná u Rotavy
Petrowitz	Petrovice
Petschen	Peč
Pfraumberg	Přimda
Pilmersreuth	Pelhřimov u Háje
Pilsek	Pílesk
Pilsen	Plzeň
Písek	Písek
Plan	Planá
Planitz	Plánice
Platten	Horní Blatná
Platten	Horní Blatná
Podersam	Podbořany
Policka	Policka
Politz-Budweis	nicht vorhanden
Postelberg	Postoloprty
Postelberg	Postoloprty
Prachatitz	Prachatice
Pradatitz	nicht vorhanden
Preßnitz	Přísečnice
Puppau	nicht vorhanden
Reichenberg	Liberec
Rochlitz	Rokytnice nad Jizerou
Rokinitz	Rokytnice v Orlických horách
Ronsperg	Poběžovice
Rossenreuth	Mýtinka
Rothau	Rotava
Rothau	Rotava
Rumburg	Rumburk
Saaz	Žatec
Sauer(s)rach[1196]	(Sauersack) Přebuz
Schatzlar	Šacléř
Scheft	Hradecká
Schindlwald	Šindelová
Schluckau	nicht vorhanden
Schluckenau	šluknov
Schönau	Sněžná
Schönlind	Krásná Lípa
Schönlinde	Krásná Lípa
Schönwerth	Krásná u Kraslic
Schwaderbach	Bublava
Schwarzenbach	Černá zu Kostelní
Sebastiansberg	Hora Svatého Šebestiána
Silberbach	Stříbrná
Silbersgrün	Háj u Jindřichovic

[1196] Siehe Kap. 4.2.1. Der Name dieses Ortes kann nicht eindeutig entziffert werden, laut Ortslexikon gibt es keinen mit diesem Namen. Am nächsten käme die Bezeichnung „Sauersack".

Staab	Stod
Stecken	Štocky
Tabor	Tábor
Tachau	Tachov
Tannwald	Tanvald
Technitz	Těchnice
Tepl	Teplá
Teplitz	Teplice
Tetschen	Děčín
Thierbach	Suchá
Trautenau	Trutnov
Troppau	Opava
Truiskaifen	Rudná u Nejedek
Tutschkau	nicht gefunden
Ullrichsgrün	Oldřich
Wallern	Volary
Warnsdorf	Varnsdorf
Weißwasser	nicht gefunden
Wergstädtel	nicht gefunden
Werkelsdorf	Teplice nad Metují
Weseritz	Bezdružice
Weseritz	Veseč
Wildenschwert	Ústí nad Orlicí
Wildstein	Vildštejn
Winterberg	Vimperk u Čeřeniště (Tschersing)
Znaim	Znojmo
Zwickau	Zvikov

9. Literaturverzeichnis

9.1. Primärquellen
Akten[1197]

OAC, Fond čis.: 437 OÚ Cheb, Kartón čis.: , Složka čis.: , Kat. č. , Příloh:[1198].

SOAC, Fond čis.: 437, Kartón čis.: 21, Složka čis.: č. inv. 522, Příloh: č. 1 - 600, Časový rozsah: 1897.

SOAC, Fond čis.: 437, Kartón čis.: 22, Složka čis.: č. inv. 522, Příloh: č. 601 - 1008, Časový rozsah: 1897.

SOAC, Fond čis.: 437, Kartón čis.: 23, Složka čis.: č. inv. 523, Příloh: č. 1 - 428, Časový rozsah: 1898.

SOAC, Fond čis.: 437, Kartón čis.: 24, Složka čis.: č. inv. 523, Příloh: č. 429 - 1190, Časový rozsah: 1898.

SOAC, Fond čis.: 437, Kartón čis.: 25, Složka čis.: č. inv., Příloh: č. 1 - 1328, Časový rozsah: 1899.

SOAC, č. 5-11-35, 1-34 [**Gschier, Gustav:** Sammlung zum Egerer Volkstag].

Gesetz- und Amtsblätter

Amtsblatt der k.k. Bezirkshauptmannschaft und des k.k. Bezirkschulrates in Eger, Jahrgang 1897.

Gemeindeamtsblatt der Stadt Eger, 12. Jahrgang 1897.

Gemeindeamtsblatt der Stadt Eger, 13. Jahrgang 1898.

Reichsratsprotokolle

Stenographische Protokolle über die Sitzungen des Hauses der Abgeordneten des österreichischen Reichsrates im Jahre 1897, 1. - 20. Sitzung der 12. Session, Wien 1897.

Stenographische Protokolle über die Sitzungen des Hauses der Abgeordneten des österreichischen Reichsrates im Jahre 1897, Bd. 1: 1. - 17. Sitzung der 13. Session, Bd. 2: 18. - 32. Sitzung der 13. Session, Wien 1897.

Stenographische Protokolle über die Sitzungen des Hauses der Abgeordneten des österreichischen Reichsrates im Jahre 1898, Bd.1: 1. - 15. Sitzung der 14. Session, Bd. 2: 16. - 25. Sitzung der 14. Session, Wien 1898.

Stenographische Protokolle über die Sitzungen des Hauses der Abgeordneten des österreichischen Reichsrates in den Jahren 1898 und 1899, Bd. 1: 1. - 18. Sitzung der 15. Session, Bd. 2: 19. - 37. Sitzung der 15. Session, Wien 1899.

[1197] Die Fonds sind nicht näher gekennzeichnet, sondern tragen nur die Numerierung.
[1198] Die Nummern für die Bezeichnungen Kartón čis., Složka čis., Kat. č. und Příloh variieren je nachdem, aus welchem Karton zitiert wird. Die Nummern des Kartons reichen von 21 bis 25, die restlichen fallen uneinheitlich aus. Die Archivstücke tragen neben den Nummern keine weiteren Benennungen.

Statistische Handbücher

Hof- und Staatshandbuch der österreichisch-ungarischen Monarchie für 1897, Wien, o.J.

Hof- und Staatshandbuch der österreichisch-ungarischen Monarchie für 1898, Wien, o.J.

Hof- und Staatshandbuch der österreichisch-ungarischen Monarchie für 1899, Wien, o.J.

Zeitungen und sonstige Periodika

Ascher Zeitung, Jg. 34 - 36 (1897 - 1899).

Egerer Zeitung, Jg. 51 - 53 (1897 - 1899).

Falkenau-Königsberger-Volks-Blatt, Jg. 1 - 3 (1897 - 1899).

Franzensbader Tagblatt, 1. Jg. 1898.

9.2. Sekundärliteraturverzeichnis

American History, hrsg. v. Garraty John, Gallagher, Michael J. u. Singer, Aaron, Orlando, San Diego [u.a.] 1986.

Baernreither, Joseph Maria: Der Verfall des Habsburgerreiches und die Deutschen. Fragmente eines politischen Tagebuches 1897 - 1917, hrsg. v. Mitis, Oskar, Wien 1938.

Bernatzik, Edmund: Die österreichischen Verfassungsgesetze mit Erläuterungen, Wien ²1911.

Bohmann, Alfred: Bevölkerungsbewegungen in Böhmen 1847 - 1947 mit besonderer Berücksichtigung der Entwicklung der nationalen Verhältnisse, München 1958.

Bosl, Karl: Oberpfalz und Egerland im Spannungsfeld der internationalen Politik, in: Böhmen und seine Nachbarn. Gesellschaft, Politik und Kultur in Mitteleuropa, Veröffentlichungen des Collegium Carolinum, Bd. 32, München, Wien 1976, S. 147 - 156.

Brandl, Josef: Schönfeld. Ehemalige königlich freie Bergstadt im Egerland, Erzhausen b. Darmstadt 1983.

Brandley, John F.N.: Czech nationalism in the 19th century, New York 1984.

Conte-Egon Caesar, Sokol, Hans: Der alte Kaiser. Franz Joseph I. vom Berliner Kongreß bis zu seinem Tode, Graz, Wien, Köln 1955.

Czernin, Rudolf Graf: Der Nationalitäten- und Sprachenstreit in Österreich, Wien 1900.

Funder, Friedrich: Vom Gestern ins Heute. Aus dem Kaiserreich in die Republik, Wien 1952.

Garver, Bruce M.: The Young Czech Party 1874 - 1901 and the emergence of a multi-party system, New Haven, London 1978.

Haberkern, Eugen/Wallach, Joseph Friedrich: Hilfswörterbuch für Historiker. Mittelalter und Neuzeit. Erster Teil: A - K, Tübingen ⁷1987.

Hamann, Brigitte: Hitlers Wien. Lehrjahre eines Diktators, München ³1996.

Hanke, Alfred: Die nationale Bewegung in Aussig von 1848 - 1914. Ein Beitrag zur Geschichte des deutschen Nationalismus in den Sudetenländern, Amsterdam, Berlin, Wien 1943.

Hantsch, Hugo: Die Nationalitätenfrage im alten Österreich. Das Problem der konstruktiven Reichsgestaltung, Wien 1953.

Harrington-Müller, Diethild: Der Fortschrittsklub im Abgeordnetenhaus des österreichischen Reichsrates 1873 - 1910, Wien [u.a.] 1972.

Hellbling, Ernst C.: Die Landesverwaltung in Cisleithanien, in: Die Habsburgermonarchie 1848 - 1918, Bd. II: Verwaltung und Rechtswesen, hrsg. v. Wandruszka, Adam u. Urbanitsch, Peter, Wien 1975, S. 194 - 269.

Höbelt, Lothar: Kornblume und Kaiseradler. Die deutschfreiheitlichen Parteien Altösterreichs 1882 - 1918, Wien, München 1993.

Hoensch, Jörg K.: Geschichte Böhmens. Von der slavischen Landnahme bis zur Gegenwart, München ³1997.

Hugelmann, Karl Gottfried: Das Nationalitätenrecht nach der Verfassung von 1867; der Kampf um ihre Geltung, Auslegung und Fortbildung, in: Das Nationalitätenrecht des alten Österreich, hrsg. v. Hugelmann, K.G., Wien, Leipzig 1934, S. 79 - 286.

Kaindl, Raimund Friedrich: Der Völkerkampf und Sprachenstreit in Böhmen im Spiegel der zeitgenössischen Quellen, Wien und Leipzig 1927.

Kann, Robert A., David, Zdeněk D.: The peoples of the Eastern Habsburg Lands 1526 - 1918, in: A history of Eastern Central Europe, Vol. VI, hrsg. v. Sugar, Peter F., Treadgold Donald W., Washington 1984, S. 292 - 446.

Kann, Robert A.: Das Nationalitätenproblem der Habsburgermonarchie. Geschichte und Ideengehalt der nationalen Bestrebungen vom Vormärz bis zur Auflösung des reiches im Jahre 1918, Bd. 1: Das Reich und die Völker, Graz, Köln ²1964.

Kann, Robert A.: The Habsburg Empire. A study of integration and disintegration, New York 1973.

Kielmannsegg, Erich Graf: Kaiserhaus, Staatsmänner und Politiker, Wien, München 1966.

Klabouch, Jiří: Die Lokalverwaltung in Cisleithanien, in: Die Habsburgermonarchie 1848 - 1918, Bd.II: Verwaltung und Rechtswesen, hrsg. v. Wandruska, Adam und Urbanitsch, Peter, Wien 1975, S. 270 - 305.

Klepetař, Harry: Der Sprachenkampf in den Sudetenländern, I. Folge, Prag [u.a.] 1930.

Kořalka, Jiří, Crampton, R. J.: Die Tschechen, in: Die Habsburgermonarchie 1848 - 1918, Bd. III, 1. Teilband: Die Völker des Reiches, hrsg. v. Wandruszka, Adam u. Urbanitsch, Peter, Wien 1980, S. 489 - 521.

Kořalka, Jiří: Das Nationalitätenproblem in den böhmischen Ländern 1848 - 1918, in: Österreichische Osthefte, 5 (1963) S. 2 - 12.

Kořalka, Jiří: Tschechen im Habsburgerreich und in Europa 1815 - 1914. Sozialgeschichtliche Zusammenhänge der neuzeitlichen Nationsbildung und der Nationalitätenfrage in den böhmischen Ländern, Wien, München 1991.

Kosch, Wilhelm: Die Deutschen in Österreich und ihr Ausgleich mit den Tschechen, Leipzig 1909.

Kramář, Karel: Anmerkungen zur böhmischen Politik, Wien 1906.

Křen, Jan: Die Konfliktgemeinschaft. Tschechen und Deutsche 1780 - 1918, Veröffentlichungen des Collegium Carolinum, Bd. 71, übers. v. Heumos, Peter, München 1996.

Křen, Jan: Nationale Selbstbehauptung im Vielvölkerstaat: Politische Konzeptionen des tschechischen Nationalismus 1890 - 1938, in: Integration oder Ausgrenzung, hrsg. v. Křen, J., Kural, V., Brandes, D., Bremen 1986, S. 15 - 65.

Lehmann, Hartmut: Von der liberalen zur nationalen Revolution. Das Nationalitätenproblem in Österreich 1848 - 1918, in: Archiv für Kulturgeschichte, 57, 1975, S. 444 - 464.

Lehmann, Silke und Hartmut: Das Nationalitätenproblem in Österreich 1848 - 1918, Göttingen 1973.

Melzer, J.: Deutscher Volkstag in Eger. 11. Juli 1897, Leipzig 1897.

Menger, Max: Der böhmische Ausgleich, Stuttgart 1891.

Molisch, Paul: Zur Geschichte der Badenischen Sprachverordnungen vom 5. und 22. April 1897, Wien 1923.

Mommsen, Hans: Die Sozialdemokratie und die Nationalitätenfrage im habsburgischen Vielvölkerstaat, Bd. I: das Ringen um die supranationale Integration der zisleithanischen Arbeiterbewegung (1867 - 1907), Wien 1963.

Münch, Hermann: Böhmische Tragödie. Das Schicksal Mitteleuropas im Lichte der tschechischen Frage, Berlin, Hamburg 1949.

Ortslexikon der böhmischen Länder 1910 - 1965, hrsg. v. Sturm, Heribert, München ²1995.

Pekař, Josef: Tschechoslowakische Geschichte. Für die höheren Klassen der Mittelschulen, bearb. u. eingel. v. Glettler, Monika, verf. v. Pekař, Josef, Prag, 1921, Benediktbeuern 1988 (Nachdruck).

Plaschka, Richard: Das böhmische Staatsrecht in tschechischer Sicht, in: Das böhmische Staatsrecht in den deutsch-tschechischen Auseinandersetzungen des 19. und 20. Jahrhunderts, hrsg. von Birke, Ernst und Oberdorffer, Kurt, Marburg/Lahn 1960, S. 1 - 14.

Prinz, Friedrich: Auf dem Weg in die Moderne, aus: Deutsche Geschichte im Osten Europas. Böhmen und Mähren, hrsg. v. Prinz, Friedrich, Berlin 1993, S. 303 - 378.

Prinz, Friedrich: Die böhmischen Länder von 1848 bis 1914, in: Handbuch der Geschichte der böhmischen Länder, hrsg. v. Bosl, Karl, Bd. 3, Stuttgart 1968, S. 3 - 238.

Prinz, Friedrich: Geschichte Böhmens 1848 - 1948, Frankfurt/Main, Berlin 1991.

Rádl, Emanuel: Der Kampf zwischen Tschechen und Deutschen, übers. v. Brandeis, Richard, Reichenberg 1928.

Schenk, Hans: Die Böhmischen Länder. Ihre Geschichte, Kultur und Wirtschaft, Bielefeld 1993.

Schultze, Walter, Thimme, Friedrich: Johannes von Miquels Reden, Zweiter Band 1870 bis 1878, Halle a. d. Saale, 1912.

Schulthess' europäischer Geschichtskalender, hrsg. v. Roloff, Gustav, Neue Folge. Bd. 40, München 1899.

Seton-Watson, R.W.: A history of the Czechs and Slovaks, Hamden/Conneticut 1965.

Sewering-Wollanek, Marlies: Brot oder Nationalität? Nordwestböhmische Arbeiterbewegung im Brennpunkt der Nationalitätenkonflikte (1889 - 1911), Marburg 1994.

Sieghart, Rudolf: Die letzten Jahrzehnte einer Großmacht. Menschen, Völker, Probleme des Habsburger-Reichs, Berlin 1932.

Slapnicka, Helmut: Die Stellungnahme des Deutschtums der Sudetenländer zum „Historischen Staatsrecht", in: Zeitschrift für Ostforschung, 8 (1959) S. 15 - 41.

Slapnicka, Helmut: Von der Sprache der Gesetze und den Gesetzen über die Sprache. Die Rechtsordnung zwischen Zentralismus uns Autonomie, in: Böhmen im 19. Jahrhundert. Vom Klassizismus zur Moderne, hrsg. v. Seibt, Ferdinand, Frankfurt/Main 1995, S. 25 - 36.

Spuler, Bertold: Regenten und Regierungen der Welt. Neuere Zeit 1492 - 1918, Bd. 2,3, Würzburg 1962.

Die Sprachverordnung vom 5. April 1897, Prag 1897.

Stourzh, Gerald: Die Gleichberechtigung der Nationalitäten in der Verfassung und Verwaltung Österreichs 1848 - 1918, Wien 1985.

Stourzh, Gerald: Die Gleichberechtigung der Volksstämme als Verfassungsprinzip 1848 - 1918, in: Die Habsburgermonarchie 1848 - 1918, Bd. III, 2. Teilband: Die Völker des Reiches, hrsg. v. Wandruszka, Adam u. Urbanitsch, Peter, Wien 1980, S. 975 - 1206.

Sturm, Heribert: Bayern und Eger seit dem Beginn des 19. Jahrhunderts, in: Böhmen und Bayern, Vorträge der Arbeitstagung des Collegium Carolinum in Cham, München 1958, S. 109 - 127.

Sturm, Heribert: Biographisches Lexikon zur Geschichte der böhmischen Länder, Bd. I (A - H), München, Wien 1979.

Sturm, Heribert: Der Egerer Volkstag von 1897, in: Mitteilungen des Vereins für vogtländische Geschichte und Altertumskunde zu Plauen, Jg. 42, (S. 55 - 80)

Sturm, Heribert: Einführung in die Geschichte der ehemals freien Reichsstadt Eger und des historischen Egerlandes, in: Eger und das Egerland. Volkskunst und Brauchtum, hrsg. v. Schreiner, Lorenz, München, Wien 1988.

Sutter, Berthold: Die Badenischen Sprachenverordnungen von 1897. Ihre Genesis und ihre Auswirkungen vornehmlich auf die innerösterreichischen Alpenländer, Bd. I und II, Graz, Köln 1960.

Sutter, Berthold: Die politische und rechtliche Stellung der Deutschen in Österreich 1848 bis 1918, in: Die Habsburgermonarchie 1848 - 1918, Bd. III, 1. Teilband: Die Völker des Reiches, hrsg. v. Wandruszka, Adam u. Urbanitsch, Peter, Wien 1980, S. 154 - 339.

Šolle, Zdenek: Die tschechische Sozialdemokratie zwischen Nationalismus und Internationalismus, in: Archiv für Sozialgeschichte, 9 (1969), S. 181 - 266.

Urban, Otto: Die tschechische Gesellschaft 1848 bis 1918, 2 Bd., Bd. 1 übers. v. Schlegel, Henning, Wien [u.a.] 1994.

Ursin, J.: Die Egerer Sprachenfrage, in: Flugschrift des Vereines „Alldeutsche Presse", Wien 1908.

Vacha, Brigitte (Hrsg.): Die Habsburger. Eine europäische Familiengeschichte, Sonderausgabe, Graz [u.a.] 1996.

Weinmann, Josef: Egerländer biographisches Lexikon. Mit ausgewählten Personen des ehemaligen Regierungsbezirkes Eger, Bd. 1 (A - M), Bayreuth 1985.

Weinmann, Josef: Egerländer biographisches Lexikon. Mit ausgewählten Personen des ehemaligen Regierungsbezirkes Eger, Bd. 2 (N - Z), Bayreuth 1987.

Wellner, Max: Beiträge zur Geschichte des böhmischen Staatsrechtes, Wien 1869.

Whiteside, Andrew G.: Georg Ritter von Schönerer. Alldeutschland und sein Prophet, Graz, Wien, Köln 1981.

Winters, Stanley B.: The Young Czech Party (1874 - 1914). An appraisal, in: Slavic Review 28 (1968), S. 426 - 444.

Zeßner, Klaus: Josef Seliger, in: Lebensbilder zur Geschichte der böhmischen Länder, Bd. 2, hrsg. v. Bosl, Karl, München, Wien 1976, S. 187 - 216.

10. Abbildungsverzeichnis

Abb. 1, S. 288: Brandl, Josef: Schönfeld, S. 25.

11. Abkürzungsverzeichnis

OAC   Okresní Archiv Cheb (Kreisarchiv Eger)[1199]

SOAC   Statní Okresní Archiv Cheb (Staatliches Kreisarchiv Eger)

12. Personenregister

Abrahamowicz, David Ritter von 87, 163

Adler, Victor, Dr. 38 f., 259

Auersperg, Adolf Fürst von 18

Badeni, Kasimir Graf 12 f., 25 ff., 29 ff., 36, 39, 41 47, 53, 64, 67, 69, 72, 74, 87 f., 91 f., 94, 107, 110, 117 f., 121, 131 f., 139 ff., 146 f., 151, 155 f., 159 ff, 167 ff, 187, 216, 227, 234 f., 243 f., 251, 266, 271, 279, 281, 283 f., 292

Badeni, Stanislaus 26

Baernreither, Joseph Maria 20, 26 ff., 141, 164, 204 f., 235, 236, 284

Bánffy, Desider Freiherr von 232, 234

Bareuther, Ernst, Dr. 131, 228 ff., 235, 241 f., 245, 277

Bismarck, Otto Fürst von 22, 37 f., 40, 74, 211, 228 ff., 256

Blumenstock-Halban, Heinrich Ritter von 26

Clary und Aldringen, Manfred Graf von 8, 11, 271 f., 286, 297

Coudenhove, Carl Graf 75, 77, 79, 84, 102 f., 105, 114, 137, 154, 172, 180, 189 f., 192 f., 196 f.

Czerny, Heinrich, Dr. 102 f., 120, 133 f., 137, 154, 157, 159, 176, 178, 180 f., 184, 196, 199, 207, 210, 213 f., 221, 227 f., 230, 233, 250, 252, 256, 269 ff.

Dipauli, Josef Baron 36, 150, 166, 204, 229, 239, 243 f., 284

Dudek 75, 131

Ebenhoch, Dr. 36, 90, 150

Eberth, Franz 58, 60 f.

Engel, Emanuel 28, 38, 41, 68, 210

Eppinger, Karl 81

[1199] Beide Bezeichnungen stehen für das gleiche Archiv in Eger.

Falkenhayn, Julius Graf von 10, 41, 122, 164 ff., 169, 202, 208, 216

Ferdinand II. 8, 48

Ferjančič, Andreas Ritter von 243

Franz Joseph I. 16 ff., 30, 40, 47, 65 f., 73 f., 86, 147, 198, 201, 210, 232, 165, 271, 283 f.

Friedjung, Heinrich 38

Fuchs, Viktor Freiherr von, Dr. 141, 208, 235, 239, 271, 275

Funke, Alois, Dr. 29, 35, 68, 106, 109 ff., 141, 155, 163, 194 f., 243, 262

Gautsch, Paul Freiherr von 8, 10 f., 28, 31, 41, 169 f., 178, 187, 190, 192, 197, 200 ff., 214 f., 223, 227, 230, 271 f., 274, 281, 283, 293, 297

Grabmayer, Karl von 71, 141, 217, 277

Grégr, Eduard 43, 46 f., 48, 262

Grégr, Julius 43, 46 f. 48

Gschier, Gustav, Dr. 12, 14, 72, 86, 98, 106, 180 ff., 113, 121, 143 ff., 149, 167 f., 178 f., 181, 222, 227 f., 245, 249

Hallwich, Hermann 19, 25

Herold, Josef, Dr. 26, 48, 51, 65, 155, 197, 201, 267, 272

Hirsch, Dr., Advokatskonzipient 82 f., 128 f.

Hirsch, Statthaltereikonzipist 96, 107, 188, 213, 250, 279

Hofer, Johann Lorenz/Laurenz 79, 94, 103, 107, 128, 135, 143 ff., 152, 179, 191, 198 f., 218 f., 225, 228 f., 234, 236, 249 f., 265 ff., 270 f.

Hohenwart, Karl Graf von 9, 15 ff.

Iro, Karl 41, 56 f., 62, 70, 78, 87, 90, 103, 105, 107 f., 117, 131 f., 142 f., 146, 151 f., 155, 158 f., 198, 202, 214, 225, 227 f., 234, 236, 249, 256 f., 263, 265, 270 f., 273, 276 f.

Jaworski, Appolinar Ritter von 155, 165

Joseph II. 9, 34, 45, 93, 107, 113, 167 f., 175, 180, 227, 250

Kaizl, Joseph 26 f., 29, 31, 40, 44, 46 ff., 77, 139, 204, 243, 277

Kathrein, Theodor, Dr. 53, 68, 87, 141, 146

Kittel, Franz 56, 61, 87, 106, 143, 158, 163

Koerber, Ernst von 214, 276 f., 297

Kramář, Karel, Dr. 29, 33, 40 f., 44, 47, 51 f., 77, 87, 167, 248

Lecher, Otto, Dr. 158 f., 164, 167, 239

Lippert, Julius 64, 201, 217

Lueger, Karl, Dr. 36, 38 f., 108, 141, 158, 162, 166, 214

Maria Theresia 9, 45

Masaryk, Tomáš, Dr. 44, 47 f., 53

Melzer, Josef 12, 14, 119

Miquel, Johannes von 16

Miřička, Dr. 255 f., 285

Mommsen, Theodor 152 f.

Pacák, Friedrich, Dr. 26, 65, 67 f., 139, 197

Palacký, František 9, 42, 46, 223 ff.

Pekař, Josef 153

Pergelt, Anton, Dr. 106, 111, 141, 164, 227, 240, 262

Pfersche, Emil 70, 75, 125, 163, 217, 280

Plener, Ernst von 15 f., 24

Plener, Ignaz von 15, 20

Podlipný, Johann, Dr. 189, 192, 224, 231

Pražák, Alois von, Dr. 19, 21, 84, 272

Reiniger, Heinrich, Dr. 72 f., 77 ff., 88 ,96, 106 f., 138, 144, 151 f., 169, 175 f., 184, 225, 228 f., 233, 242, 249, 265

Rieger, Franz, Dr. 15, 42, 46 f., 242

Schäffle, Albert 9, 15 ff.

Schlesinger, Ludwig 48, 80 f., 19, 225

Schmeykal 24, 33

Schönerer, Georg 7, 13, 22, 36 ff., 56 f., 59 ff., 69 ff., 84, 86 ff., 94, 105, 107 f., 111, 140, 143, 146, 151 f., 154 ff., 158 ff., 163, 166, 172 ff., 178 f., 187 f., 198, 202, 204, 208, 210, 213 ff., 225, 227 f., 230, 239 ff., 245, 249 f., 252, 255 f., 264, 270 f., 276 f., 279 f., 283, 286

Schücker, Karl, Dr. 73, 77, 79, 82, 88, 92, 106, 110, 112, 118 f., 159, 167 ff., 182 f., 205, 208, 210, 213, 216 f., 225, 234, 241, 249

Siegrich, Wilhelm, Statthaltereiconzipistspraktikant 147 f., 213, 250, 255

Sokol, Joseph 162, 174, 209, 219, 246

Stadler von Wolffersgrün, Friedrich 12, 96 f., 105, 109 ff., 114, 118, 121, 124, 129 f., 172

Stein, Franz 158, 176, 179, 212 ff., 217, 249 f., 277

Steinwender, Otto, Dr. 26, 70, 141, 217

Stremayr, Karl von 19, 21, 34, 272

Stummer, Joseph 226 f.

Sykora, Johann, Bezirkssekretär 102 f., 157, 168

Taaffe, Eduard Graf 19, 21 f., 24 f., 30, 34, 36, 43, 272, 279, 287

Tausche, Anton 57, 60 f.

Thun und Hohenstein, Franz Graf von 11, 25, 46, 139, 195, 200, 203 ff., 209, 215 f., 220, 224 ff., 229 f., 232, 234 ff., 239 ff., 244, 254 f., 262 f., 266, 269, 271, 283 f., 286

Tins, Karl 74, 95 ff., 129 ff., 152, 163, 268

Treftrunk, Dr. 255 f., 285

Türk 70, 85, 87, 143, 158, 209

Ulbrich, Josef 70, 125, 194, 280

Verkauf, Leo, Dr. 155, 208, 266

Vogl, Carl 97, 106, 118

Welfersheimb, Zeno Graf von 27

Wilhelm II. 40, 74

Windischgrätz, Alfred Fürst zu 24 f.

Wolf, Karl Hermann 13, 40, 59 f., 68 f., 87, 105, 116, 138, 143, 146 f., 158 f., 162 f., 166 f., 172, 182, 188, 191 ff., 195, 197, 208, 210, 217, 225, 227, 229, 233, 242, 245, 248 f., 254, 264, 277

Zuckermann, Dr. 82 f.

www.ingramcontent.com/pod-product-compliance
Lightning Source LLC
Chambersburg PA
CBHW020110010526
44115CB00008B/770